教育部人文社会科学研究规划项目资助
"裂变与融合：先秦青铜艺术史研究"（项目批准号：16YJA760014）
最终研究成果

裂变与融合

先秦青铜艺术史

李 嘉 / 著

人民出版社

《裂变与融合：先秦青铜艺术史》
序

　　青铜器是公认的文明标志之一，青铜时代已经形成跨大陆交流与互动世界体系。人类经过数千年漫长红铜冶炼试验才发明了合金青铜，大约五千年前环黑海地区率先进入青铜时代；采矿、冶炼、合金、铸造（范铸法、失蜡法）、锻造（冷锻、热锻）技术体系已经成熟，然后陆续传播到整个旧大陆，促进了四大文明古国的形成和爱琴海、中亚两河文明的兴起，镶嵌、錾刻、包金、鎏金、错金银工艺亦相继出现。

　　青铜时代世界体系中青铜冶炼制造技术大同小异，青铜工艺或青铜器却百花齐放因时因地各具特色。四大文明古国中东亚的中国进入青铜时代较晚，但后来居上青铜艺术最丰富多彩。中国青铜器不是最早，也未必最大最重最好；但种类繁多形式复杂数量巨大，确实无与伦比。中国出土和传世的先秦青铜器成千上万，富有艺术价值的青铜器亦成百上千。国家文物局2002年起陆续发布了三批共195件禁止出国展览国宝文物，件件独一无二，不仅具有重要历史价值，亦是中国艺术典范。其中青铜器多达42件，可以构成一部极简青铜艺术史。大约四千年前夏代开始之际青铜冶铸技术经中亚传播到了东亚，形成了青铜之路。许宏《东亚青铜潮》介绍了东亚青铜器来龙去脉，东亚青铜器源自中亚细亚，商周时期形成高潮，秦汉时期波及朝鲜半岛、日本列岛。如果说环黑海地区是青铜艺术初澜，传入西亚两河流域、北非尼罗河流域是第二波，在中亚、东亚普及就是第三波高潮。青铜时代中国青铜艺术丰富多样，但并非中国特有，仍然是世界青铜艺术重要组成部分。上古文明世界其他地区青铜铸造或锻造种类和数量不多，但质量和水平不低。古代埃及青铜锻造法老人像与铸造狮身人面雕塑、两河流域青铜人头像与神像、印度河谷青铜舞女、希腊锻造或铸造青铜人像神像与酒瓮、中亚错金银青铜礼仪战斧、欧洲贴金青铜日月星盘与太阳马车及铜管乐器数量不是很多，也都是不朽艺术品。铸剑为犁或化干戈为玉帛，青铜兵器被改造成了生产工具或礼器，东亚进入了青铜时代鼎盛时期或重器时代。传说禹铸九鼎、秦始皇销天下兵器铸十二铜人，应该都是青铜艺术杰作。

中国历史上青铜艺术也是继彩陶艺术、玉器艺术之后第三波艺术浪潮。新石器时代彩陶艺术已经登峰造极，玉器艺术波澜起伏持续到了青铜时代；夏商周三代青铜艺术异军突起，与玉器艺术交相辉映，形成先秦艺术主旋律。中国青铜工具、兵器、车马具和装饰品与中亚、西亚一脉相承，体现了青铜时代世界体系的共同性；青铜礼器则大都模仿陶器，如鼎、鬲、甗、豆、尊、盉、壶、盘，又有所创新，继承了东亚礼乐传统。青铜艺术不只是美术，至少还包括音乐。先秦时期青铜乐器空前繁荣，青铜铃、铎、铙、钟、镈、钲、鼓、錞于齐全。曾侯乙编钟是迄今所发现的编钟中数量最多、保存最好、音乐性能最佳、铸造最为精美的一套，钟架长 7.48 米、宽 3.35 米、高 2.73 米，六个青铜佩剑武士和八个圆柱承托着七根彩绘木梁，构成曲尺形钟架；编钟音列充实，音色优美，音域宽广，每一个乐钟都能发出两个乐音，即所谓"一钟双音"。作为礼乐器曾侯乙编钟不仅空前绝后，亦举世无双。

上古中国是无与伦比的青铜制造大国，中国青铜器虽多为实用器或礼器，但亦独具艺术魅力，早已有人从艺术角度来欣赏和研究。中国青铜器图录与专题研究著作已经汗牛充栋，竟然还没有一本青铜艺术史。李嘉博士勇敢承担了这项填补空缺的工作。其所著《裂变与融合：先秦青铜艺术史》首先介绍了青铜冶炼技术和铸造工艺的滥觞与成熟，指出青铜冶铸技术推陈而器物铸造工艺出新，论述了藏礼于器又文以载道。先秦青铜器与礼乐文明密切相关，大致可分为食器、酒器、水器、兵器、乐器、车马器和杂器，可用于冠礼、婚礼、祭礼、射礼和丧礼。钟鸣鼎食是礼乐文明标志。青铜器纹饰丰富多样，常见动物纹亦有几何纹，以饕餮纹、龙纹、夔纹、凤鸟纹最为著名。青铜铭文既是书法作品，也是不朽文献。李泽厚《美的历程》曾经以"狞厉的美"来概括商周青铜饕餮艺术。李嘉博士分门别类地探讨了先秦青铜艺术裂变与融合关系，分别论述晋系青铜艺术之中庸温婉、齐系青铜艺术之兼容并蓄、楚系青铜艺术之浪漫灵动、燕系青铜艺术之典雅朴实、秦系青铜艺术之淳朴粗犷、吴越青铜艺术之风刀霜剑，以及周边青铜艺术之和而不同。最后用制器尚象概括先秦造物观念对青铜艺术的影响，讨论了物以致用适用观、顺天从命天命观、取象比类自然观、因物赋形造型观、审曲面势材料观、技以载道技术观、器以藏礼伦理观，系统完整地概括了先秦青铜艺术史，并提出了自己的一家之说。先秦青铜器不仅蕴含着中华民族设计智慧，同时也折射出中国早期艺术历史的发展脉络，可以成为当代艺术设计借鉴蓝本。

　　《裂变与融合：先秦青铜艺术史》全面系统研究了夏商周三代青铜器，可以说是一部中国青铜文化史。青铜艺术丰富多样异常发达显示上古中国是青铜时代世界体系重要组成部分。因此，本书不只是先秦青铜艺术史，亦是夏商周三代文明史，为理解青铜时代世界体系中的中国文明提供了线索。

易　华

2022 年 10 月

目　录

第一部分　滥觞与成熟

第二部分　裂变与融合

第三部分　先秦造物观念与造物制度的演变

导　言

一、研究缘起

　　先秦青铜艺术史是中国艺术史的重要组成部分，也是中华文化的重要组成部分之一。在中国艺术的发展进程中，青铜艺术主导了近 20 个世纪的行程，深刻影响了中国艺术的基本走势，为中国艺术的发展明确了方向。同时先秦青铜遗物所蕴涵的深厚的文化信息，是建构和诠释中国文化本原的重要材料，弥补了典籍之不足。杨晓能认为："处于社会、政治、文化和宗教的最高层次，身居科技与艺术前沿，古代中国青铜礼器无疑是那个时代最为显赫、最富有创造力且高度浓缩的物质文化代表。世界上没有任何其他古代文明像古代中国一样，拥有长达两千年的制造和广泛使用青铜礼器的现象。"[①]

　　就先秦青铜艺术的发展轨迹而言，其经历了商周之一统、春秋战国之裂变、秦汉之融合，因循这一轨迹，青铜艺术跟随中华民族政治、经济、文化，以及人的审美意识变化的节奏，形成了以礼乐文化为中心，以不同的经济形态、地理环境、风俗信仰为背景的多元复合的艺术面貌。通过先秦青铜

---

①　[美] 杨晓能：《另一种古史：青铜器纹饰、图形文字与图像铭文的解读》，唐际根、孙亚冰译，生活·读书·新知三联书店 2017 年第 2 版，第 5 页。

艺术史的研究，有利于我们将先秦青铜造物的历史现象还原到当时的社会背景之下，进而探究先秦时期的器物文化与工艺技术、哲学思想与造物观念之间的逻辑关系。早在先秦时期众多的民族和多元的文化就开始了不断地相互碰撞、影响，在不断地交流、交融的过程中，文化逐渐沉淀，艺术不断创新，内容得以扩展，内涵持续丰富，在秦汉帝国形成之前，大量铸造复杂、装饰精美的青铜器物凝聚着统治者治世理念的礼乐制度，汇集着百姓价值观念的宗教信仰，以迎合着大众审美理想的艺术风貌，成为了先秦文化发展史最为重要的载体之一。对于先秦青铜艺术史的梳理，也有利于我们管窥中华文化兼收并蓄历史基因的形成脉络。

二、相关学术史回顾

先秦青铜器物的研究始于两汉，较为全面的研究肇始于宋代，直到清代中叶，因乾嘉学派"辨章学术，考镜源流"而得到进一步的发展。应该说古人的著述为近现代的研究提供了许多可借鉴的成果和资料，但是同时我们也要看到他们研究方法和研究内容的局限性。直至 20 世纪三四十年代，中国才建立了自己的考古地层学和考古类型学理论。在近一个世纪的时间里，大批专家、学者前赴后继，对中国先秦青铜文化进行了深入地挖掘、整理，取得了丰硕的研究成果。前辈学人立足历史文献学、考古学研究，对中国古代青铜器的发展史进行了细致梳理，有赖于他们的辛勤耕耘与笔耕不辍，才为先秦青铜艺术史的研究提供了大量翔实的可供借鉴的材料，这些研究成果不仅反映了学界对中国早期青铜器研究的重视，同时它们也是本书开展研究的重要基础。

（一）国内研究现状

将先秦青铜器物作为艺术研究对象，始于历史学和考古学者对其上装饰纹样的关注。岑家梧认为："吾国铜器艺术之精美，冠于世界。国人致力此学者，当推容庚，容氏任北平故宫博物院古物审查委员，曾就辽宁行宫所藏殷周铜器中，选得九十二器，著为图录，名曰宝蕴楼彝器图录，此外有颂斋吉金图录（容氏自藏器）、善斋彝器图录（刘体智藏器）等。郭沫若于铜器花纹形制，又进而作比较研究，著作亦多。此外如徐中舒、唐兰等，均有著作。吾国铜器之研究，至此一变从来侧重铭文之气习，转而作艺术学上之探究矣。"①岑家梧文中提及的几位学者都是历史学和考古学先驱，在他们的引领下，此后关于青铜艺术的研究不曾中断，研究者们大都是基于历史文献、出土材料、传世遗存等展开研究，文献数量众多，本书主要选取以艺术学研究为主的著述，梳理归纳为以下三类。

1. 艺术史研究论著中的相关著述

艺术史研究分为宏观的通史研究、中观的区域史和断代史研究、微观的专题研究，作为中国艺术的重要组成部分，青铜艺术是宏观、中观、微观研究都频繁关注的对象。

宏观的艺术通史研究。多是将青铜艺术纳入中国艺术史、美术史、工艺美术史、设计史的宏观叙述。由李松主编的《中国美术史·夏商周卷》用了逾一半的篇幅从中国青铜器的起源、分期、造型、纹饰与装饰手法以及青铜器中的雕塑性作品、绘画性题材、铭刻文字等方面对夏商周的青铜艺术做了全方位的阐述。②田自秉、王家树两位各自撰写的《中国工艺美术史》开中国工艺美术史和设计史研究之先河，其中对先秦时期的青铜器造型、纹饰做了类型学阐释，是后人研究的基石。③近年来又有多部工艺美术史或设计史著作问世，包括尚刚的《中国工艺美术史新编》④、赵农的《中国艺术设计史》⑤、

① 岑家梧：《中国艺术考古学之进展》，收录于《中国艺术论集》，上海书店出版社1991年版，第92—93页。
② 参见李松：《中国美术史·夏商周卷》，齐鲁书社、明天出版社2000年版。
③ 参见田自秉：《中国工艺美术史》，商务印书馆2014年版。参见王家树：《中国工艺美术史》，文化艺术出版社1994年版。
④ 参见尚刚编著：《中国工艺美术史新编》，高等教育出版社2007年版。
⑤ 参见赵农：《中国艺术设计史》，陕西人民美术出版社2009年版。

夏燕靖的《中国艺术设计史》①、李立新的《中国设计艺术史论》② 等，其中对于先秦青铜艺术都有涉及，不断添加的考古新材料、研究新视角、学界新观点，丰富了原有的艺术史面貌。但是由于这些著述多是教材的体例，所以研究内容广而深度不足。王浩滢、王琥认为技术环节是设计发展基础条件之一，在《设计史鉴：中国传统设计技术研究（技术篇）》中，他们将青铜铸造技术作为中国传统金属铸造工艺发展史的重要组成部分，简要介绍了青铜器的铸造技术和装饰工艺的发展进程。③ 高丰从器物文化史的视角观照青铜艺术，主要从青铜器物功能的演进和器形设计与技术发展的关系两个方面，梳理了中国青铜器物文化发展的基本脉络，认为青铜器形制的变化受功能的制约和生活方式的影响。④

中观的断代史与区域史研究。谢崇安从繁杂的考古现象和历史文献中梳理条贯，在《商周艺术》中对商周青铜艺术做了简要梳理，他认为商周青铜艺术经历了四个发展阶段，每个阶段都有不同的风格特征，作为王朝艺术重要组成部分，青铜器艺术风格的普遍性和稳定性是礼制的象征。⑤ 邵学海把先秦艺术流变置于文化发展的背景下进行阐述，在文化发展的进程中探寻中国艺术风格形成与演进的深层动因，以独立篇章对先秦时期的青铜艺术做了整体性描述，将先秦青铜艺术的发展分为四个阶段，划出两个高峰和两大区域。⑥ 皮道坚对楚文化的艺术遗物进行细致梳理，以楚艺术的不同表现形式展开叙事，构建了区域性断代艺术史，将楚艺术最辉煌的青铜艺术分为春秋和战国两个发展阶段，并对楚国青铜艺术的形制、组合方式、纹饰风格等进行了详尽阐述，认为楚青铜艺术在早期延续西周风格，春秋中后期开始逐渐摆脱西周范式，并在战国时期形成了器形轻快、

① 参见夏燕靖：《中国艺术设计史》，南京师范大学出版社 2016 年版。
② 参见李立新：《中国设计艺术史论》，人民出版社 2011 年版。
③ 参见王浩滢、王琥编著：《设计史鉴：中国传统设计技术研究（技术篇）》，江苏美术出版社 2010 年版。
④ 参见高丰：《中国器物艺术论》，山西教育出版社 2001 年版。
⑤ 参见谢崇安：《商周艺术》，巴蜀书社 1997 年版。
⑥ 参见邵学海：《先秦艺术史》，山东画报出版社 2010 年版。

造型奇巧、纹饰写实的楚地风格。① 李夏廷、李劭轩把晋国青铜艺术放在
中国青铜文化发展的大背景下，勾勒出晋国青铜艺术发展的历史轨迹，将
晋国青铜艺术的装饰纹样分为神化动物类、写实动物类、几何形类和图像
人物类，并概括了晋国艺术发展不同阶段青铜艺术的主要特征。② 张增祺
运用丰富的考古材料梳理了滇国青铜艺术的发展脉络，以青铜器具的使用
功能为分类依据，将滇国青铜器分为生产工具、生活用具、兵器、乐器、
装饰及工艺品五大类，并借助这些青铜器的形制及其图像和文献资料，勾
勒出古滇国民众生活的图景，阐释了青铜艺术在古滇文化中的重要地位。③
蒋孟以巴族代表性青铜器物为研究对象，通过以艺术学、考古学等多学科
为辅的角度对迄今发现的巴族地区青铜器进行分类研究，从巴族青铜器的
背景与工艺、器类与形制、纹饰与图语、精神与内涵四个方面对中国巴族
青铜艺术的发展历程进行阐释。④

　　微观的专题性研究。以青铜器物中的某一类器物为研究对象，从其形
制、功能的演进入手，进而探讨青铜艺术与先秦人们生活的关系。冯卓慧以
商周青铜镈为研究对象，充分利用音乐考古学的研究方法，较为清晰地梳
理了先秦时期镈的发展脉络，基本建构起镈演变发展的谱系结构，为商周
时期礼乐文明与音乐文化的研究提供了丰富的实物资料和一条有序的参照
标尺。⑤ 曾曦以先秦时期的青铜鼎为研究对象，探讨了青铜鼎的设计发展进
程，以及与其相关的先秦物质、社会和精神文化内涵，将设计行为的发展放
到先秦时期的社会、政治、经济、文化、物质、制度、生活方式中去审视，
从文化观照的视野来梳理古代设计演进的逻辑和过程，探索传统器物设计的
本质与哲理，为当代设计找寻继承发展可供借鉴的蓝本。⑥

① 参见皮道坚：《楚艺术史》，湖北美术出版社 2012 年版。
② 参见李夏廷、李劭轩编著：《晋国青铜艺术图鉴》，文物出版社 2009 年版。
③ 参见张增祺主编：《滇国青铜艺术》，云南美术出版社、云南人民出版社 2000 年版。
④ 参见蒋孟：《巴族地区青铜艺术研究》，博士学位论文，武汉理工大学，2013 年。
⑤ 参见冯卓慧：《商周镈研究》，博士学位论文，中国艺术研究院，2008 年。
⑥ 参见曾曦：《法象明器占施知来——先秦鼎文化考论》，博士学位论文，武汉理工大学，
　　2010 年。

2.装饰艺术与艺术美学研究中的相关论述

先秦青铜器物上繁复精美的装饰艺术是青铜研究者关注的焦点之一，围绕青铜器的装饰题材、造型特征、纹样的组织形式、装饰意趣、象征性等议题展开了多方面的研究，并从艺术美学的角度展开深入挖掘，探究错金镂采的表象背后所蕴含的深刻美学内涵。相关论述可分为整体性研究和个性化研究两大类。

整体性研究。这一类研究将先秦时期青铜艺术装饰纹样作为一个整体展开研究。岑家梧认为："殷周之铜器图饰，……形态均整，无甚变化；至春秋战国，风格突变，动物图，像多作飞跃卷伏之状，渐近自然之描写，间或刻以车马狩猎图像。"[①] 陈望衡将青铜艺术的纹饰、造型、铭文置于先秦特定的历史条件下，以大量的史实，富有说服力地论证了中国青铜艺术作为中国文明社会的物质标志，孕育着华夏文明的胚胎，其中包含着丰富的美学和艺术学的观念，他将中国青铜器的特点归纳为种类繁多、风格诡异、工艺精湛、内涵丰富，并将其美学特征凝练总结为"狞厉之美"，提出中国青铜艺术可以与古希腊艺术竞相辉映、相提并论的观点，对中国先秦美学思想研究产生了重要影响。[②] 李松、贺西林在《中国古代青铜器艺术》中对商周青铜装饰艺术作了有见地的分析，认为商周青铜器在统一的时代风格特点之下，不同的器类、同类器物的不同作品有着不同的审美表现，其审美特征是造型、装饰多种因素的综合表现。[③] 罗坚认为青铜器的装饰艺术构成了表意、象征的形象体系，是神话、巫术、宗教、文化、习俗和审美意识演变、融合的结果。青铜文化是研究先秦社会、历史、文化、风俗、宗教和艺术的重要史料，其合规律性和合目的性蕴含着巨大的审美价值，较为完整地反映了先秦审美意识的发展和嬗变。[④] 杨远在《透物见人——夏商周青铜器的装饰艺术

---

① 岑家梧：《中国艺术考古学之进展》，收录于《中国艺术论集》，上海书店出版社 1991 年版，第 96 页。
② 参见陈望衡：《狞厉之美——中国青铜艺术》，湖南美术出版社 1991 年版。
③ 参见李松、贺西林：《中国古代青铜器艺术》，陕西人民美术出版社 2002 年版。
④ 参见罗坚：《从象征到写实——论先秦青铜文化的审美特性》，《江海学刊》1998 年第 6 期。

研究》中主要论述了夏商周青铜器造型、装饰设计、装饰工艺的发展变化，认为这些发展变化反映在审美思想上呈现出从崇神到理性化再到多样化的演进趋向，并提出青铜器装饰艺术具有"简—繁—简—繁—简"的发展规律，不同时期"繁""简"变化的内涵是不一样的，与不同时代的社会观念有着密切联系。① 汪瑞霞认为先秦时期的青铜设计受中国人特有的"象思维"影响，在整体、动态、直观的"象思维"作用下，完成了对物象的抽象化，表现出技术美、材料美、功能美、艺术美高度统一的美学特征。审美心理的成熟在青铜造物设计中的表现，标志着中国传统文化天人合一、天人伦理观下对立统一设计思想的形成。②

个性化研究。这一类著述主要关注青铜装饰艺术中的某一种装饰纹样或装饰母题。刘敦愿在《美术考古与古代文明》中分设《青铜器装饰纹样的起源与母题研究》和《战国青铜器风俗画题材的再商榷》两个章节，集结多年研究青铜器装饰纹样的论文，论文均以某一种或一类纹样母题为研究对象，将纹样的起源与流变置于先秦特定的社会文化语境中，探究纹饰的涵义与功用，提出了一些可进一步商榷的新观点。③ 黄厚明将贡布里希的"图式与改良"理论运用到饕餮纹的风格分析中，认为饕餮纹是一个具有人格属性的复杂图像系统，它以龙纹、鸟纹、日纹等图像元素为基础，按照冠、面、身、尾饰等不同位格的变化、简化、转化、替代与重组，构建了一个完整的图像结构，为学界对于该纹样的解读提供了新的思路，也为重新认识先秦青铜艺术和思想提供了新契机。④ 向祎和司秀琳将鄂尔多斯青铜器动物纹分为肉食动物、草食动物、禽类和其他类四种类型，采用结构主义的研究方法，探讨了中国北方早期文化体系中动物纹样独具特色的民族审美和民族精神，认为纹样写实性强、粗犷奔放，源于北方草原文化独特的审美视角。⑤ 赵德云和

---

① 参见杨远：《透物见人——夏商周青铜器的装饰艺术研究》，科学出版社 2015 年版。
② 参见汪瑞霞：《中国青铜设计文化"象思维"洞悉》，《文艺争鸣》2010 年第 22 期。
③ 参见刘敦愿：《美术考古与古代文明》，人民美术出版社 2007 年版。
④ 参见黄厚明：《商周青铜器饕餮纹的文化原型》，《南京艺术学院学报（美术与设计版）》2009 年第 1 期。
⑤ 参见向祎、司秀琳：《摭谈鄂尔多斯式青铜器的动物纹样》，《中原文物》2014 年第 4 期。

杨建华在系统收集材料的基础上，廓清西南夷兵器上蹲踞式人形图像流行和传播的时空范围和特征，结合出土情境和周边地区相关发现，对该图像的功用和文化含义进行分析，认为蹲踞式人形图像与早期滇文化区的丧葬活动密切相关，与萨满教的祖先崇拜有一定联系。①

3.造物思想与物质文化研究中的相关论述

先秦青铜造物艺术凝结了高超的铸造技巧，蕴含着丰富的造物智慧，伴随着传统文化研究的回暖，专注先秦造物思想的研究也逐渐多了起来。这也回应了卡尔·雅斯贝斯关于轴心期的论述："人类一直靠轴心期所产生、思考和创造的一切而生存。每一次新的飞跃都回顾这一时期，并被它重燃火焰。自那以后，情况就是这样。轴心期潜力的苏醒和对轴心期潜力的回忆，或曰复兴，总是提供了精神动力。"② 研究者们渴望从先秦典籍和造物遗存中爬梳持续发展的原生动力。这一类研究大致可分为整体化一和小中见大两个层次。

整体化一的研究。这一层次的研究将中国传统设计文化、设计思想、造物观念作为一个整体进行观照，相关的著述中部分包含先秦青铜艺术所涉及的文化特征、思想观念等研究内容。赵克理在《顺天造物：中国传统设计文化论》中认为三代青铜文化是中国传统伦理设计文化的先驱，对中国传统设计文化产生了重要影响，它所包含的文化理性具有实践理性特征，设计文化自觉由此萌生，人的理性逐步觉醒，同时铸刻于青铜器的铭文在抽象化的过程中进一步获得符号学的意义，为书法这一独特文化现象的出现奠定了基础。③ 兰娟在其博士论文《先秦制器思想研究》中，以三代的制器活动为对象，充分借鉴考古类型学、语言学、符号学、风格学等多学科的理论与方法，从器物本体、社会文化范畴的角度，对制器者的社会身份与相关制器行

---

① 参见赵德云、杨建华：《西南夷青铜兵器上蹲踞式人形图像初探》，《文物》2020 年第 5 期。

② [德] 卡尔·雅斯贝斯：《历史的起源与目标》，魏楚雄、俞新天译，华夏出版社 1989 年版，第 14 页。

③ 参见赵克理：《顺天造物：中国传统设计文化论》，中国轻工业出版社 2008 年版。

为，器物使用者的使用体验与评价，器物的形制、纹饰与结构，先秦先贤们对制器活动的评述与批判等四个方面分别探讨了夏、商、西周和东周四个时期的制器思想，勾勒出夏商周三代制器思想演变的基本轨迹，并对揭示"形而上之道"与"形而下之器"之间的意义界限作了适度解读。① 青铜制器作为夏商周制器活动的重要组成，文中虽没有作明确划分和强调，但却贯穿文章始终。徐飚以先秦时期流传下来的工艺专书《考工记》为经，以先秦诸子的造物理想为纬，对先秦时期在器物制造与设计方面所取得的历史经验做了整理与阐释，为疏通我国古代设计传统与当代设计发展之间的源流关系做一个基础的理论铺垫与学术探索。② 胡飞从五行之"金"研究中国古代设计，关注本土设计文化的自我演进。在《中国传统设计思维探索》一书中，他选取中国传统金属造物中的"鼎""钺""锁"为对象，在宏观视野下将大量感性的微观材料作有序显现，梳理金属器物的社会功能的变迁与形制演进的轨迹，通过考察典籍文献中与金属工艺相关的论述，追溯历史原点，归纳不同器物造物活动中的设计文化意识，厘清中国早期设计文化意识投射到政治、经济、文化等领域的相关理论、学说与观念，探讨和阐释了中国传统金属造物设计的演进逻辑和文化内涵，建构了基于中国传统设计思维方式的"巧适事物"的设计思维模型，提出了有益于中国传统设计思维方式现代转化的可行性路径。③

小中见大的研究。胡伟峰以先秦独辀马车为研究对象，采用实物考察和文献研究相结合的方法，以"人为事物"的观点，考证和推演先秦时期车的物理结构和意向功能，从"双重属性"出发，对先秦独辀马车的设计制造范式和设计思想进行系统研究，并结合现代设计理念和思维逻辑对传统设计思想进行了现代阐释。④ 程曼妮以商周青铜器钮饰为研究对象，在以功能划分

① 参见兰娟：《先秦制器思想研究》，博士学位论文，南开大学，2014年。
② 参见徐飚：《成器之道：先秦工艺造物思想研究》，江苏美术出版社2008年版。
③ 参见胡飞：《中国传统设计思维方式探索》，中国建筑工业出版社2007年版。
④ 参见胡伟峰：《中国古代设计思想研究：以先秦独辀马车为例》，中国轻工业出版社2017年版。

大类，以造型样式差异归纳小类，兼顾题材与风格特征分类的基础上，探究了青铜器物上的钮饰所折射出的设计智慧，将它们归纳为师法自然、立象尽意、贵和尚中、动静相辅，并提出了可供现代设计借鉴的"融入自然、和谐共生""承载寓意，传递情感"的启示。① 李嘉以先秦青铜壶形器的发展演变为线索，运用历史分析、系统论、形式分析法、比较研究等方法，梳理了先秦造物艺术发展的基本轨迹，认为青铜"壶"形器的发展演变不仅折射出中华民族的设计智慧，其所蕴含自然生态观、伦理观、材料观、价值观，以及情感特征、功能特征和造物观念都可以为中国当代设计提供借鉴的蓝本。② 卢昉以陕西商周青铜艺术为研究对象，运用文献典籍、图像资料，结合"二重论证"和多元方法论等研究方法，对陕西商周青铜器的艺术源流、纹饰类型、风格特征、象征意义、文化内涵等进行了细致梳理，认为陕西商周青铜器物具备实用与装饰两重属性，不仅是先秦先民精神生活的物化观照，也是生产技术、审美特征的直观体现，它们所蕴含的物质基础暗合精神文化，是先秦时期艺术哲思与工匠精神的完美结合。他将陕西先秦时期青铜艺术设计思想总结为：器物设计与生产方式相适应，器物设计与文化内涵的一致，器物设计与科学技术相同步。③

（二）国外研究现状

自 20 世纪 30 年代开始，国外学者运用西方艺术史研究方法涉足中国青铜艺术研究领域，也取得相当丰硕的成果。他们的研究大致可以分为三个类型：青铜器纹饰的类型划分、纹饰演变与象征意义、青铜器与早期中国。

青铜器纹饰的类型划分。国外学者关注中国青铜器物最初是从纹饰的类型划分着手。瑞典学者高本汉（Bernhard Karlgren）大约在 1930 年前后开始关注中国的青铜器，先后发表了《早期中国铜镜铭文》（1934）、《中国青

---

① 参见程曼妮：《商周青铜器钮饰研究》，硕士学位论文，湖北工业大学，2018 年。
② 参见李嘉：《抚壶论道：造物史视野中的先秦青铜"壶"形器》，中国社会科学出版社2016 年版。
③ 参见卢昉：《陕西商周青铜艺术的当代转化》，科学出版社 2018 年版。

铜器中的殷周》（1936）、《中国青铜器年代考》（1937）、《中国铜器的新研究》（1937）、《殷代的武器和工具》（1945）等论文。在《中国铜器的新研究》中，他通过对 1285 例样品的统计分析，将青铜器物的纹饰分为 A、B、C 三种风格类型，分别是原生型风格、衍生型风格和中间型风格，其中原生型与衍生型相互排斥，中间型则与前两者并存。① 沃尔夫林的学生巴霍菲尔（Ludwig Bachhofer），考察青铜纹饰部位与器物形制的关系，套用欧洲艺术史的风格发展模式，提出中国青铜器的发展经历了由低级的古风风格发展为高级的古典风格，并最终发展为繁缛的巴洛克风格的观点，他认为中国青铜器的纹样风格变迁具有逻辑有序的进化历程，他按历史演进将这一过程分为四个阶段：商代、西周、春秋与战国。② 巴霍菲尔的高足罗樾（Max Loehr）以李济《记小屯出土之青铜器》为研究基础，将安阳殷墟青铜器划分为五个连续的风格发展演进序列，即由最初的细线纹饰逐步发展为轮廓鲜明的塑形性纹饰。③ 罗樾的这一观点随着发掘出土的考古材料不断增多得到印证，"成为描述商代青铜器风格发展一种广为接纳的方法"④。

　　纹饰演变与象征意义。基于纹饰分类的基础上，学者们探讨中国早期青铜器上的纹饰及其所具有的符号学意义。罗樾和他的学生贝格利（Robert Bagley）都认为商代青铜器上的纹饰只是一种装饰艺术，不具有对外在现实的直接暗示。⑤ 日本学者林巳奈夫以商周时期青铜器装饰纹样为研究对象，运用考古类型学的方法，对商周时期青铜器的纹饰做了系统性研究，将相关研究成果整理、归纳集结成册，在《殷周青铜器综览（第二卷)》中，他借助拓片和照片资料，主要探讨了商代至春秋早期中国青

① 参见 Bernhard Karlgren, "New Studies on Chinese Bronzes", *Bulletin of the Museum of Far Eastern Antiquities*, Stockholm, 9, 1937, p.11。
② 参见 Ludwig Bachhofer, *A Short History of Chinese Art*, NewYork, 1946, preface, pp.53-54。
③ 参见 Max Loehr, "The Bronze Style of the Anyang Period（1300-1028B.C.)", *Archives of Chinese Art Society of American*, 7, 1953, pp.42-53。
④ [美] 方闻：《中国青铜时代的艺术：研究方法与途径》，黄厚明、谈晟广译，《西北美术》2015 年第 1 期。
⑤ 参见 Max Loehr, *Ritual Vessels of Bronze Age China*, New York, 1968, pp.12-13。

铜器纹饰的类型与图像意义。① 在《神与兽的纹样学：中国古代诸神》中，他重点追溯了青铜器上兽面纹的生成与变化、形式特征与象征意义等进行了系统介绍。② 这些研究都为后来的青铜装饰纹样研究奠定了良好的基础。

青铜器与早期中国。这一类研究将青铜器置于先秦时期的历史语境中，探究青铜器与早期中国社会、政治、经济、文化、宗教、艺术等方面的关系。旅美学者巫鸿因其对中国文化的深刻理解和艺术史研究卓有见地的领悟，为国内艺术史学研究提供了新方法、新思路。他用"纪念碑性"这个概念对中国古代艺术史作了系统的解释和重构，他认为中国古代玉器、青铜器等"可携器物"（portable objects）是具有强烈"纪念碑性"的礼器，具有堪比埃及金字塔的政治、宗教和美学意义，它们特殊的视觉和物质形式具有强化权力概念的功能，是宗教、礼仪和社会地位的象征。③ 英国著名汉学家、艺术史学者杰西卡·罗森（Jessica Rawson）对于中国早期青铜器的研究主要聚焦两个方面：成套青铜器在礼仪活动中的作用，以及后世对早期青铜器器形及纹饰的复兴。④ 她认为在早期中国，礼仪背景是墓葬中随葬品创作和使用的最重要语境，"这些器物不仅有助于理解特定时期的物质文化，同时也有助于理解与这些青铜礼器相关的信仰和习俗"⑤。旅美学者杨晓能在《另一种古史：青铜器纹饰、图形文字与图像铭文的解读》一书中，从历史学、考古学、古文字学、宗教学和艺术学的多学科视角，结合文献资料和考古材料，突破青铜器铭文与纹饰的传统认知，提出"图像铭文"这一新概念，以

① 参见 [日] 林巳奈夫：《殷周青铜器综览·第二卷·殷周时代青铜器纹饰之研究》，[日] 广濑薰雄、近藤晴香译，郭永秉润文，上海古籍出版社 2019 年版。

② 参见 [日] 林巳奈夫：《神与兽的纹样学：中国古代诸神》，常耀华等译，生活·读书·新知三联书店 2016 年版。

③ 参见 [美] 巫鸿：《中国古代艺术与建筑中的"纪念碑性"》，李清泉、郑岩等译，上海人民出版社 2017 年版。

④ 参见 [英] 杰西卡·罗森：《祖先与永恒：杰西卡·罗森中国考古艺术文集》，邓菲等译，生活·读书·新知三联书店 2017 年第 2 版，《前言》第 5 页。

⑤ [英] 杰西卡·罗森：《祖先与永恒：杰西卡·罗森中国考古艺术文集》，邓菲等译，生活·读书·新知三联书店 2017 年第 2 版，《前言》第 6 页。

中国古代青铜礼器上的纹饰、图形文字和图像铭文三种视觉媒体为基点，论证了三者的演化与早期中国社会、文化、政治、宗教和艺术发展的密切关系，他认为"古代中国青铜礼器是凝集统治者治国理念、大众宗教信仰、社会礼乐制度、时代艺术风尚的载体，它与所承载的三种媒体的问世，是几千年史前文化孕育、积淀、发展、创新的结晶，以及青铜时代中原王朝统治手段在青铜礼器上的视觉化与艺术化体现"①。

这些学者都是活跃在世界汉学、史学、艺术史学研究领域的著名学者，他们的研究成果着实让我们大开眼界，同时也为研究的展开提供了许多新的思路和方法。总体而言，国内外在青铜艺术的研究方面取得了丰厚的成果，然而多学科交叉研究略显薄弱，如能将历史学、考古学、民族学、人类学、社会学、地理学等学科的成果和方法引入研究之中，将会提供更广阔的理论视野，使先秦青铜艺术得到全方位的展示。再者，伴随着"礼崩乐坏"与"百家争鸣"，中华艺术与文化曾经历过一个风格裂变的时期，多元并存的局面随着秦之一统而逐渐融合走向大同，对这一特点前人在研究中虽有提及却未受到重视。另外，通过文献检索，尚未看到基于艺术史视角的有关青铜艺术的断代专门史研究成果，这都为本书的展开提供了研究和创新的空间。本书将在国内外研究成果的基础上，重点探讨先秦青铜艺术史的理论建构，因循裂变与融合的发展轨迹对先秦青铜艺术进行深入研究。

三、关于书中相关时间概念的界定

本书将青铜艺术置于"先秦史"的历史范畴之中，认为先秦青铜艺术经历了裂变与融合的演变历程，为了方便行文和阅读的需要，简要对书中相关的时间概念做以下说明。

---

① ［美］杨晓能：《另一种古史：青铜器纹饰、图形文字与图像铭文的解读》，唐际根、孙亚冰译，生活·读书·新知三联书店 2017 年第 2 版，第Ⅵ页。

（一）关于"先秦"

对于"先秦"，学术界主要有三种不同的界定方式。

其一是将秦统一中国之前的全部历史归为先秦。公元前 221 年以前的全部历史都在此范围之内，这一种界定有时间下限但无时间上限。按此方法界定的有吕思勉的《先秦史》等史学文献，林会承的《先秦时期中国居住建筑》、陈振裕的《先秦漆器概述》、邵学海的《先秦艺术史》等文献也以此方式界定先秦。

其二，指秦以前的历史时期，即夏商周三代。

其三，专指春秋战国时期①。

本书所谓"先秦"在时间界定上取第一种界定方式，即秦以前全部的历史时期。这样的界定主要出于如下考虑：造物的发展有一个漫长的演变过程，已知在我国域内出土的最早的青铜器物是马家窑文化出土的青铜刀，在考古学意义上这一时期是新石器时代晚期，大约是公元前 3300 年到公元前 2050 年间。已知最早的铜制件是姜寨遗址出土的铜制管状物，距今约 5970 年。② 同时我们不排除未来的考古发掘工作发现新的材料，将这一时间向前推进。所以，本书研究的时间范畴大约界定在新石器时代晚期到秦统一中国之前。二里头文化也被认作是夏文化，所以本书中所研究的先秦也就是通常所谓的夏商周时期。根据《夏商周断代工程 1996—2000 年阶段成果报告（简本）》所划定的时间界限，夏的起止年限为公元前 2070 年至公元前 1600，商为公元前 1600 至公元前 1046，西周为公元前 1046 至公元前 771 年。③

---

① 李泽厚在《美的历程》第三章"先秦理性精神"开篇指出："所谓'先秦'，一般均指春秋战国而言。"

② 参见刘诗中：《中国青铜时代采冶铸工艺》，江西科学技术出版社 1997 年版，第 2 页。

③ 参见夏商周断代工程专家组：《夏商周断代工程 1996—2000 年阶段性成果报告（简本）》，世界图书出版公司北京公司 2000 年版，第 86—88 页。

（二）关于分期

本书将先秦大致分为三个时期，即先秦早期、先秦中期和先秦晚期，这里对三个时期作大致划分，并结合考古学的相关成果对各时期做简要的说明。

先秦早期：指二里头文化（夏）和商文化时期。二里头文化时期的大致时间是公元前 2070 年到公元前 17 世纪前后。商文化时期的大致时间是公元前 17 世纪到公元前 1046 年，可以分为商早期、商中期和商晚期三个阶段，商文化早期的大致时间是公元前 17 世纪到公元前 1544 年左右，也就是包括二里岗下层文化期，商文化中期的时间大约是公元前 1544 年到公元前 1250 年，主要包括二里岗上层文化期和殷墟一期；商文化晚期大致时间是公元前 13 世纪中叶到公元前 1046 年，包括殷墟文化二期、三期和四期。[①] 先秦早期是青铜器从萌芽走向成熟的重要时期。

先秦中期：主要指西周时期，即公元前 11 世纪中叶到公元前 771 年。先秦中期主要分为三段：西周早期是指周武王至周昭王时期，西周中期是指周穆王至周孝王时期，西周晚期是指周夷王至周幽王时期。这一时期的青铜器在承袭晚商旧制的基础上进一步发展。

先秦晚期：主要指春秋战国时期，即公元前 770 年到公元前 222 年。这一时期分成春秋时期和战国时期两个阶段，其中春秋时期分为春秋早期、春秋中期和春秋晚期三个阶段，对应的时间分别是公元前 770 年到公元前 671 年、公元前 670 年到公元前 571 年、公元前 570 年到公元前 476 年，战国时期分为战国早期、战国中期和战国晚期三个阶段，对应的时间分别是公元前 475 年到公元前 376 年、公元前 375 年到公元前 276 年、公元前 275 年到公元前 222 年。这一时期青铜器形制多有创新，呈现出多元化特点。

[①]　关于商文化的分期主要参见安金槐：《试论郑州商代城址——隞都》，《文物》1961 年第 Z1 期；方酉生：《郑州商城即仲丁都隞说》，《武汉大学学报（社会科学版）》1991 年第 1 期；李锋：《偃师商城与郑州商城性质之我见》，《郑州大学学报（哲学社会科学版）》1996 年第 2 期。

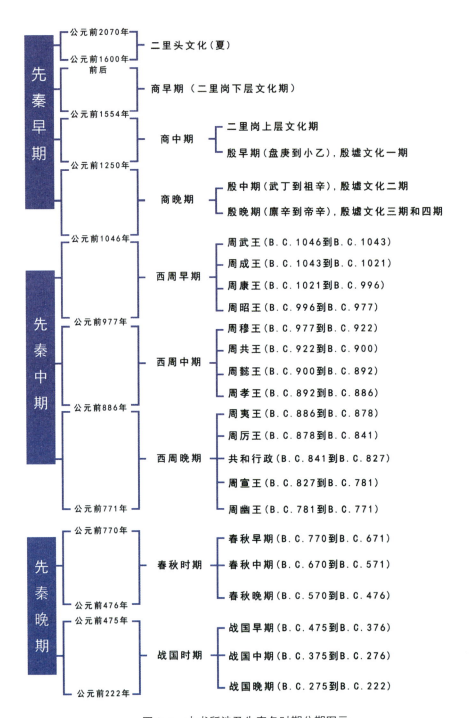

图 0-1　本书所涉及先秦各时期分期图示

16

第一部分

滥觞与成熟

第一章　技艺推陈：青铜艺术的起源与发展

　　青铜艺术的出现除了需要掌握铜的冶炼技术以外，制陶技术的成熟对其铸造技术也起着决定性的作用。大约在距今 13000 年左右，生活在华夏大地上的早期人类开始使用陶制的器具。这是人类运用"火"改变物质材料的本来属性，使其具有与之前截然不同的物质属性的创造性活动，是人类造物活动一次质的飞跃。在陶器烧造成功之后，人类造物史的又一次质的改变当属铜冶铸技术的出现和成熟。随着冶铜技术的不断进步，人类逐步掌握了冶炼青铜的方法，青铜渐渐成为制造器物的主要原料之一，可以说人类学会冶炼青铜是科技革命史上一个意义深远的成就。[1]

第一节　冶铸技术的滥觞

　　青铜时代泛指"以红铜或青铜制成武器和切割器具的时代"[2]。这个定义是由丹麦人汤姆森（Christian Jurgensen Thomsen）于 1836 年提出的。张光直认为中国的青铜时代至少持续了 1500 年之久，大约是公元前 2000 年至公

---

[1]　参见陈振中：《青铜生产工具与中国奴隶制社会经济》，中国社会科学出版社 1992 年版，第 2 页。

[2]　转引自张光直：《中国青铜时代》，生活·读书·新知三联书店 1999 年版，第 2 页。

元前 3 世纪秦代止，这一时期是青铜器在中国考古记录中有显著的重要性的时期，而辨识"显著的重要性"的根据则是以所发现器物的种类和数量为依据，这一依据说明青铜器在人们生活中的中心地位这一事实。[①] 青铜器具在社会生活中所具有的重要地位与其作为社会财富的主要构成元素不可分割，由铜矿开采、冶炼、加工、制模、铸造、运输等一系列环节所建构的庞大的生产加工系统，以及强大的政治权力支撑，为中国青铜时代的辉煌奠定了坚实的基础。

一、冶铜术的出现

新技术的产生都植根于它所处的社会环境和生产力发展水平的基础之上。冶铜术的发生不仅仅是一个技术变革，更是一个极其复杂的文化现象，在人类历史发展的长河中所具有的文化意义不言而喻。对中国冶铜术起源的探究，了解其发生、发展的规律和特点是探索中国古代文明起源至关重要的问题之一。在我国古代的文献中有许多和冶铜相关的记载。

> 昔夏之方有德也，远方图物，贡金九牧，铸鼎象物，百物而为之备，使民知神奸。
>
> 《左传·宣公三年》

> 蚩尤以金作兵。兵有五，一弓二殳三矛四戈五戟。
>
> 《世本·作篇》

> 禹穴之时，以铜为兵，以凿伊阙，通龙门。
>
> 《越绝书·越绝外传记宝剑》

---

① 参见张光直：《中国青铜时代》，生活·读书·新知三联书店 1999 年版，第 1—2 页。

禹收九牧之金，铸九鼎，象九州。

《山堂考索》

黄帝与西王母会于王屋，铸此镜随日用之。

《刘氏类山》

黄帝采首阳山铜，铸鼎于荆山下。

《文心雕龙辑注》

这些文献记载的虽多是古史传奇或神话传说，但是它们所提供的线索，结合考古发掘的实物资料和研究成果，也可以帮助我们寻觅华夏冶铜术发生和发展的历史痕迹。

人类对于青铜的冶炼冶铸技术的掌握大致可以分为两个阶段。第一个阶段是掌握红铜的冶炼技术。红铜，即自然铜，是一种软质金属，熔点在1000℃左右。原始先民在烧造陶器的时候掌握了将窑温提升到1000℃左右的技术，为红铜的冶炼提供了最基本的技术准备。第二个阶段是青铜铸造技术的成熟。所谓青铜，是红铜加锡、铅等的合金，因其颜色青灰而得名。加锡的目的是为了降低铜的熔点，加强铜液的流动性，便于铸造，加锡也可以提高青铜的硬度。

昔者先王未有宫室，冬则居营窟，夏则居橧巢。未有火化，食草木之实，鸟兽之肉，饮其血，茹其毛。未有麻丝，衣其羽皮。后圣有作，然后修火之利，范金合土，以为台榭宫室牖户；以炮以燔以亨以炙，以为醴酪。治其麻丝，以为布帛。以养生送死，以事鬼神上帝。皆从其朔。

《礼记·礼运》

通过这段描述我们可以了解到上古之世人们对于物质文化发展的认识虽然不完整，但是对于"火"的利用，却充分体现出原始先民对于高温和热能的技术运用水平。"修火之利"强调了"火"在生产生活中的重要性，而"范金合土"则是指运用模范法制作青铜器具。

考古界对于把青铜的萌生阶段称为"铜石并用时代"还是"红铜时代"一直存在争议。据考古发掘的资料，迄今为止我国已知最早的铜件是1973年在陕西临潼姜寨仰韶文化遗址出土的黄铜片和黄铜管状物。经冶金专家用金相显微镜、带有能谱分析的扫描显微镜鉴定：黄铜片残块含铜66.54%，含锌25.56%，含铅约为5.92%；黄铜管状物含锌约32%、含铜69%，不含锡和铅。从成分上看，这两个铜件都属于铜锌合金的黄铜。[1] 两个铜件出自同一期文化层，属于仰韶文化典型的半坡类型，碳十四测定距今约5970年。[2] 姜寨出土的两个铜件虽然仅仅只是铜块，还不能被称为"铜器"，但其重要价值在于它们是我国目前已知最早的熔炼铜制品，至少可以证明在5970年前生活在华夏大地上的先民就已经掌握了简单的铜冶炼技术。

对于青铜是如何被发明的，学界一直存在两种意见：多数学者认为青铜的冶铸技术是在冶炼红铜的长期生产实践中逐渐形成和完善的，因为只有首先学会制造红铜器，才有可能进一步掌握合金技术。还有部分学者认为在开采和冶炼红铜矿时，因为矿石成分不纯，含锡、铅等元素较多，由于冶炼不完全，而炼出青铜。[3] 青铜与红铜相比具有熔点低、硬度高、熔液的流动性好、便于铸造等优点，所以青铜一经发现，很快就替代了红铜。

二、先秦冶铜业分布

新石器时代中晚期，由于石质工具的增多以及耕地面积的扩大，农业经

[1] 参见韩汝玢、柯俊：《姜寨第一期文化出土黄铜制品的鉴定报告》，收录于西安半坡博物馆、陕西省考古研究所、临潼县博物馆：《姜寨——新石器时代遗址发掘报告》上册，文物出版社1988年版，第544—548页。
[2] 参见刘诗中：《中国青铜时代采冶铸工艺》，江西科学技术出版社1997年版，第2页。
[3] 参见朱凤瀚：《古代中国青铜器》，南开大学出版社1995年版，第5页。

济在生产生活中逐渐占据主导地位，与此同时，畜牧业和手工业也得到长足发展。随着劳动生产率的提高，劳动产品的增多，人类历史上第一次社会大分工随之而来：畜牧业从农业中分离出来。（游牧部落从其他的野蛮人群中分离出来。）"在这一阶段工业的成就中，特别重要的有两件。第一是织布机；第二是矿石冶炼和金属加工。铜、锡以及二者的合金——青铜是顶顶重要的金属；青铜可以制造有用的工具和武器，但是并不能排挤掉石器；这一点只有铁才能做到，而当时还不知道冶铁。"[①] 在恩格斯看来，新石器时代中晚期，农业、手工业和工业技术的发展为冶铜术的萌生提供了充分的技术准备和物质基础。

冶铜术的萌生有三个必要的条件：矿石资源、冶铸高温以及还原焰。矿石资源是冶铜术所需要的自然条件，也是首要条件。常见的含铜矿石有：孔雀石、硅孔雀石、绿松石、磷铁铜矿等。其中孔雀石的含铜量最高，约达57.4%，硅孔雀石的含铜量约为33.1%，绿松石的含铜量约为7.8%，磷铁铜矿的含铜量最低，仅为6.4%左右。冶铸高温和还原焰与制陶技术的发展水平有着不可分割的联系。依据半个多世纪以来考古工作者对先秦时期铜冶遗址开展的考古发掘工作的成果，本书对先秦时期的铜矿冶分布做简要梳理。根据考古工作者获得的早期铜器及与铸铜有关的遗址、遗物资料，先秦时期的铜冶遗址大致可以分为以下四个区域：

（一）辽西地区的铜冶遗址

辽西地区主要指辽宁省西部地区及与之相邻的内蒙古赤峰地区，其中心区域包括大兴安岭南端、七老图山、努鲁尔虎山以及辽河上游的老哈河和西拉木伦河及其周边地区，燕山北麓和大凌河流域则属于辽西地区的外围地带。历史上的辽西地区是一个相对独立的历史地理文化区，距今 8000 至5000 年间，这里先后兴起了兴隆洼文化、赵宝沟文化、富河文化、红山文化、小河沿文化、夏家店下层文化、魏营子文化、夏家店上层文化等史前文

---

① ［德］恩格斯：《家庭、私有制和国家的起源》，中共中央马克思恩格斯列宁斯大林著作编译局编译，人民出版社 2018 年版，第 179 页。

化。距今 5500 年的牛河梁女神庙、积石冢、金字塔以及玉猪龙等，更是进一步表明早在 5000 多年前，这里就已经产生了基于公社而又凌驾于公社之上的社会组织形式，这里也被誉为最先进发出的"中华文明曙光"。①

辽西地区铜矿和锡矿储量丰富，具有发展冶铜业的资源优势。现有的考古发掘和研究结果显示，辽西地区至迟在距今 4000 至 3500 年的夏家店下层文化期就已进入青铜时代，并经历了夏家店下层文化和夏家店上层文化两个典型的青铜文化期。② 经碳十四测年，其上层文化的持续时间约为公元前 1500 年至公元前 1000 年，下层文化的持续时间约为公元前 2000 至公元前 1500 年，夏家店下层文化的持续时间早于中原地区的商文化。

考古学者和地质工作者在辽西地区发现了一大批与早期冶铜技术有关的遗址和遗物，该地区主要的先秦时期矿冶遗址有凌源县牛河梁炼铜遗址群、赤峰市翁牛特旗尖子山和克什克腾旗哈巴其拉的炼铜遗址、克什克腾旗依和沃门特采矿遗址等，其中牛河梁炼铜遗址群可确认的炼铜遗址有 15 处，各遗址所见冶炼遗物与夏家店下层文化遗物共生；尖子山炼铜遗址使用含铜锌为主的共生氧化矿石冶炼红铜，初步判断遗址年代为夏家店下层文化时期；哈巴其拉炼铜遗址是一处涵盖有红山文化、疑似夏家店下层文化和夏家店上层文化的遗址；依和沃门特采矿遗址是一处锡多金属共生矿，该遗址的年代和文化属性初步判定为青铜时代早期，大致年代相当于中原地区商代晚期至西周早期。③ 此外，在林西县大井铜矿、喀喇沁旗明干山铜矿、翁牛特旗西水泉铜矿、敖汉旗喇嘛洞铜矿、凌源县烧锅地铜矿点和八家子铜矿点、杨杖子铜矿点、柏杖子铜矿点都发现了古代开采的遗迹。在林西县大井、巴林右旗

① 参见李延祥等：《辽西地区早期冶铜技术》，《广西民族学院学报（自然科学版）》2004 年第 2 期。
② 李延祥、陈建立、朱延平：《西拉木伦河上游地区 2005 年度贾矿冶遗址考察报告》，收录于北京科技大学冶金与材料史研究所、北京科技大学科学技术与文明研究中心编：《中国冶金史论文集》第四辑，科学出版社 2006 年版，第 335 页。
③ 李延祥等：《辽西青铜时代早期矿业遗址考察报告》，收录于中国人民大学北方民族考古研究所、中国人民大学历史学院考古文博系编：《北方民族考古》第 3 辑，科学出版社 2016 年版，第 290 页。

塔布敖包、宁城县红城子、凌源县三官店子等地发现有冶炼遗迹和遗物。[①]

结合辽西地区的采矿、矿冶遗址的研判结果和相近遗址出土的早期青铜遗物，说明辽西地区在青铜时代早期已经具备冶炼金属铜和金属锡的能力，并在青铜器物的铸造过程中实现了铜锡二元配料。同时，考古发掘工作表明辽西地区作为中国长江以北最大的锡矿产地，也是目前明确具有早期锡矿开采遗址的地区，这一发现为中原地区早期青铜冶铸技术中锡金属的来源提供了重要研究指向。[②]

（二）甘青新地区的铜矿冶遗址

黄河上游的甘青地区也曾出土了数量较多的具有地域性特征的青铜器物及铜片、铜渣，这些出土物多属于马家窑文化、齐家文化等新石器时期文化类型。1987 年在宁夏回族自治区中卫市发现的照壁山铜矿遗址，由古矿洞、居住遗址和冶炼遗址三部分组成，从后来的考察取样获悉此遗址的最初开采应是春秋战国时期。[③]

位于新疆伊犁地区尼勒克县城南约 3 公里的喀什河南岸、阿吾拉勒山北坡的奴拉赛古铜矿冶遗址是迄今为止在新疆境内发现的年代最早的铜矿冶遗址，其年代大约在公元前第一千纪或更早，是一处春秋战国时期的遗址。[④]该遗址包括圆头山古铜矿遗址和奴拉赛古铜矿开采、冶炼遗址。在圆头山古铜矿遗址，发现有露天采掘矿坑和大型石器。奴拉赛古铜矿的竖井、巷道的规划和开掘与近现代矿井几无差别。[⑤]奴拉赛遗址的露天采坑长 100 米，深

---

① 参见陈建立：《中国古代金属冶铸文明新探》，科学出版社 2014 年版，第 45 页。

② 参见李延祥等：《辽西青铜时代早期矿业遗址考察报告》，收录于中国人民大学北方民族考古研究所、中国人民大学历史学院考古文博系编：《北方民族考古》第 3 辑，科学出版社 2016 年版，第 296—297 页。

③ 参见陈建立：《中国古代金属冶铸文明新探》，科学出版社 2014 年版，第 50 页。

④ 参见凌勇、梅建军、吕恩国：《新疆伊犁地区出土史前铜器的科学分析》，《自然科学史研究》2008 年第 3 期。

⑤ 参见姜付炬：《喀什河与喀孜温——伊犁史地论札之七》，《伊犁师范学院学报（社会科学版）》2012 年第 1 期。

50 米，为世所罕见。① 奴拉赛遗址的铜矿采矿区现已发现十余处已塌毁的竖井洞口，洞口周围和竖井中发现大量矿石、圆形或扁圆形的石锤。在奴拉赛沟谷内较平坦的地方还有冶炼遗址。

（三）中原地区的铜矿冶遗址

中原地区主要指今河南省及与之相邻的安徽省北部、河北省南部、山西省东南部、陕西省东部、山东省西部的黄河中下游地区，这一区域是中华文明的重要发祥地。中原地区的古铜矿遗址以中条山矿区最为重要，该遗址以晋南中条山的垣曲为中心，包括周边的夏县、闻喜、绛县等地。这里是我国四大产铜基地之一，也是铜矿冶遗址最为密集的地区之一。

已知的中原地区铜冶遗址属于龙山文化中期的有河南汝州煤山遗址和郑州牛砦遗址，两个遗址分别出土有炉壁残块。煤山遗址出土的炉壁是多次使用的熔炉，炉中铜的近似值为 95%，专家认为是熔化红铜的熔炉。在汝州城东北还有两个单生铜矿，其中一个有 11 个老矿洞，专家认为该遗址是早期利用当地铜矿生产红铜的场所。②

作为中原文化区的中心，黄河中游地区的主要先秦历史遗存还包括大量的青铜器铸造遗址。位于河南省偃师县的二里头铸铜遗址，是我国迄今所知时代最早的大型铸铜遗址，该遗址第三期早商文化层出土了泥质熔铜残块，铸造青铜的泥范和熔渣、青铜刀、青铜铃、青铜爵等。该铸铜遗址延续使用的时间有 300 年左右，从二里头遗址第二期到第四期一直存在，在我国考古学和冶金学研究中具有特殊意义。③ 位于河南省郑州市商城以南的南关外铸铜作坊遗址，依据出土的同时代的陶器可以判断这里是商代前期的铸铜遗

① 参见华觉明、卢本珊：《长江中下游铜矿带的早期开发和中国青铜文明》，《自然科学史研究》1996 年第 1 期。

② 参见李京华：《关于中原地区早期冶铜技术及相关问题的几点看法》，《文物》1985 年第 12 期。

③ 参见郑光：《二里头遗址的发掘——中国考古学上的一个里程碑》，收录于中国先秦史学会、洛阳市第二文物工作队编《夏文化研究论集》，中华书局 1996 年版，第 66—80 页。

址。位于郑州市商城北墙外约 300 米处，是紫荆山铸铜作坊遗址，1956 年曾在那里发掘出相当于商代中期的二里岗上层的房基、窖穴、铸铜场地等遗迹，还有孔雀石、木炭、铅块、铜渣、陶范，以及铜质的钺、镞、钩等。位于河南省安阳市小屯东南 1 公里的苗圃北地铸铜作坊遗址，从考古发掘的情形推断该作坊的面积不少于 1 万平方米。该遗址出土了大量的铸造青铜方鼎、圆鼎、瓿、爵、斝、卣、方彝等陶范，数量达三四千块。[①] 位于殷墟的孝民屯铸铜作坊遗址经前后三次发掘，分东、西两区三处铸铜遗址，总面积超过五万平方米，是殷墟迄今为止发现的最大的一处商代铸铜遗址。在该铸铜遗址的历次发掘中，发现的铸铜遗迹有范土备料坑、范块阴干坑、大型青铜器铸造场所，以及与铸铜活动有关的祭祀坑等，最多的是原料取土坑和铸铜遗物废弃堆积。[②]

据刘诗中在《中国青铜时代采冶铸工艺》中记述，目前发掘规模最大的一处西周铸铜作坊遗址是北窑村铸铜作坊遗址，位于河南省洛阳市老城区北约 1 公里的北窑村一带，面积约 28 万平方米，已发掘的遗迹、遗物有房基、地下水管道、炼铜炉残块、烘范窑和大量铸造青铜器的陶范。出土的陶范不仅包括方鼎、圆鼎、瓿、盉、卣、爵等青铜容器，还有青铜乐器、车马器、兵器和生产工具的陶范。另有铸造大件青铜容器装饰的牛头范、羊头范、象头范等。考古专家依据出土的陶范判断这里曾是一处以铸造青铜容器为主，兼铸车马器、生产工具和兵器的综合性铸铜作坊。位于河南省新郑县东城内的大吴楼铸铜作坊遗址是有代表性的东周时期的铸铜遗址，分布面积约 10 万平方米，除发掘出土大量的陶范模具以外，还首次发现了春秋时期可以提高铸造工效的新型陶范——立式叠铸的镰范。

垣曲胡家峪铜矿的店头遗址所存门字型木支护构件经中国社科院考古研究碳十四年代测定为距今 2315±75 年，树轮矫正年代 2325±85 年，约为公

---

① 参见刘诗中编著：《中国青铜时代采冶铸工艺》，江西科学技术出版社 1997 年版，第 180 页。
② 参见岳占伟等：《河南安阳市孝民屯商代铸铜遗址 2003—2004 年的发掘》，《考古》2007 年第 1 期。

元前 4 世纪初，即战国晚期。① 在距垣曲 100 公里左右的塔尔山也发现了数处铜矿冶遗址，其研究意义不仅是因为它是位于黄河流域的主要采冶基地，更值得重视的是它的地理位置临近夏县东下冯遗址、襄汾陶寺遗址、垣曲商城遗址、安阳殷墟、洛阳北窑西周铸造遗址和侯马晋国铸铜遗址，所以这一地区与周边青铜文化发展的重要关系可见一斑。位于山西省侯马市的牛村古城铸铜作坊遗址曾是东周时期晋国铸造青铜器的手工作坊，该遗址出土了种类繁多的陶范，揭示了东周时期青铜器铸造技术及其工艺水平。该遗址分为两处，通过对两处铸造遗址出土的铸造遗物进行比对，不难看出，东周时期晋国的青铜铸造作坊根据铸造青铜器物的种类已有了明确的分工。②

（四）长江流域的铜矿冶遗址

迄今已知长江流域最早的先秦采冶铜矿的遗址是江西瑞昌铜岭遗址。该遗址位于今铜岭铜铁矿山一侧，分布范围大约 0.5 平方公里。主要矿物为次生的孔雀石和蓝铜矿，由露采、开挖槽坑转入地下开采，以及采用大型木槽选矿。该矿已经采用井巷联合开拓，木支护结构随着年代循序演进。所出坑木经碳十四年代测定，最早为商代中期，其后开采直至春秋晚期。该遗址另有陶器、竹器等具有时代特征的古矿工生产生活用具出土，它们的年代与碳十四测定的年代基本相符。③ 该遗址位于长江中游，规模之大和年代之久远都令人叹为观止，由于保存完好，受到学术界的高度重视。根据该遗址的考古发掘我们可知，商代中期采矿技术业已完备。据此推断，在商代中期之前应该有一个长时间的技术准备和发展的阶段。先秦古籍中有与铜矿分布或铜制品的产地相关的记载：

> 淮、海惟扬州：彭蠡既猪，阳鸟攸居；三江既入，震泽厎

---

① 参见李延祥：《中条山古铜矿冶遗址初步考察研究》，《文物季刊》1993 第 2 期。
② 参见刘诗中编著：《中国青铜时代采冶铸工艺》，江西科学技术出版社 1997 年版，第182—183 页。
③ 参见江西省文物考古研究所铜岭遗址发掘队：《江西瑞昌铜岭商周矿冶遗址第一期发掘简报》，《江西文物》1990 年第 3 期。

定……厥贡惟金三品，瑶、琨、篠簜，齿、革、羽、毛惟木……
厥包橘、柚，锡贡。沿于江、海，达于淮、泗。荆及衡阳惟荆州：
江、汉朝宗于海，九江孔殷，沱、潜既道，云土梦作乂……厥贡
羽、毛、齿、革，惟金三品，杶、干、栝、柏，砺、砥、砮、丹，
惟箘、簵、楛，三邦厎贡厥名。

《尚书·禹贡》

东南曰扬州，其川三江，其浸五湖，其利金、锡、竹箭……荆
州其利丹、锡、齿、革……

《周礼·职方氏》

燕之角，荆之干，妢胡之笴，吴粤之金锡，此材之美者也。

《考工记·总叙》

先秦文献中的"金"即指"铜"，而非我们现时所指的黄金。从以上
文献的记载中，我们可知古时的扬州和荆州是铜、锡的主要产地。已知的
先秦古矿冶遗址中以铜绿山古铜矿遗址最为显赫，其地理位置与文献中的
"扬州""荆州"都不算太远，铜料的运输相对便利。该古铜矿遗址地位之
显赫不仅因其规模最为宏大，也因它的科学技术内涵最为全面和丰富，对
其进行的碳十四年代测试的结果可知这一矿区最早的开采时间大约在殷早
期，最迟的开采时间不晚于西周。[1] 就其 40 万吨的铜炼渣推算，古代提炼
的红铜应当在 4 万吨左右。[2] 先秦时期值得关注的铜矿冶遗址还有皖南古
矿冶遗址群，迄今为止已发现先秦矿冶遗址近 20 处，主要包括凤凰山矿冶
遗址、江木冲冶炼遗址、木鱼山冶炼遗址等。从皖南古矿冶遗址的分布面
积、采炼规模、技术水平及其在先秦青铜文化中所起的作用，堪与古荆州

---

[1] 参见胡永炎、胡静：《铜绿山古铜矿遗址》，《湖北文史资料》1997 年第 3 期。

[2] 参见夏鼐：《铜绿山古铜矿的发掘（代序）》，收录于黄石市博物馆编著：《铜绿山古矿冶遗
　　址》，文物出版社 1999 年版，第 1 页。

矿冶媲美。[①]

长江中下游除江西瑞昌铜岭古铜矿遗址、湖北大冶矿区的铜绿山古铜矿遗址、皖南古矿冶遗址外，还有位于湖北阳新县开采于西周晚期至春秋早期的港下古矿遗址、丰山洞矿冶遗址，与铜绿山开采同期的位于湖北鄂州市的汀祖矿冶遗址，位于湘西沅麻盆地主要开采于战国时期的麻阳采矿遗址等。长江流域先秦时期冶铜业的兴盛表明这里是中国青铜文化赖以生存的物质基础，同时也是中国青铜时代重要的战略要地。古史常新，科研探索未有穷期，随着考古发掘工作的不断发展，相信会有更多的先秦冶铸遗迹被发现，一些曾经的结论可能会被改写，一些谜题终将被揭示。

三、铸造技术的形成

1975 年，甘肃东乡林家马家窑文化遗址出土青铜刀（见图 1-1[②]）被认为是中国最早的青铜器，专家判定是 B.C.3000 左右的遗存，为单范铸就。在甘肃永登连成蒋家坪马厂文化遗址也曾出土 1 件残铜刀，判定的年代是 B.C.2300—B.C.2000。[③] 这表明，在公元前 3000 年至公元前 2300 年，中国域内已经出现了范铸青铜器。但是学界关于青铜刀是使用泥范还是石范铸造尚无定

图 1-1 马家窑文化遗址出土青铜刀

[①] 参见华觉明：《中国古代金属技术——铜和铁造就的文明》，大象出版社 1999 年版，第48 页。

[②] 华小燕：《"中华第一刀"赏析——兼论林家遗址出土的马家窑文化青铜刀的价值地位》，《民族日报》2022 年 3 月 18 日，第 4 版。

[③] 参见孙淑云、韩汝玢：《中国早期铜器的初步研究》，《考古学报》1981 年第 3 期。

论，暂时也还没有证据证明石范铸造技术早于泥范铸造。石范多适用于铸造形制简单的单体物件，如铜镞、铜钺、铜斧、铜锛等。自 20 世纪 30 年代以来，在中国的广大地区均出土过先秦时期铸造青铜器物的石范。[①]

模范法大约出现在新石器时代晚期，从考古发掘来看，龙山文化晚期的山西襄汾陶寺遗址是中国最早发现铜器遗存的遗址之一，该遗址 3296 号墓葬中出土的铜铃是红铜铸造，多范合铸而成，含铜量高达 97.8%。[②] 河南登封王家岗遗址的龙山文化灰坑中出土的 1 件铜片，被认为是铜鬲腹与袋足的残片，据金相观察，含锡量大于 7%，无疑属于青铜[③]，但该遗址未见完整的青铜容器。如果该残片能被证实是某件容器的一部分，那将弥补从早期铜器到二里头三期青铜礼器之间的缺环，从而为人们展现中国古代青铜冶铸技术一脉相承的发展演变过程。

根据目前掌握的资料，河南偃师二里头文化出土的鼎、爵、斝是已知最早的青铜礼器组合，它们都是用多件范、芯装配而成的复合陶范制作，和后来的同类器件相比，虽然形制较为简陋，但器形规整，器壁仅厚 2 毫米左右，说明当时的范铸技术已达到相当高的水平。"所有铜器都由铸造成形，已明确地显现了金属成形以铸造为主这一早期工艺传统的确定走向。"[④] 标志着中华文明从二里头文化正式步入独具特色的"青铜时代"。

四、模范工艺的发明

王世襄说："任何一门艺术，到了某一时期，呈现出前所未有的灿烂光辉，因而被称为黄金时代，都是从它的前一时期的成就继承、发展而来

---

① 参见苏荣誉、华觉明、李克敏等：《中国上古金属技术》，山东科学技术出版社 1995 年版，第 99 页。

② 参见张岱海：《山西襄汾陶寺遗址首次发现铜器》，《考古》1984 年第 12 期。

③ 参见刘诗中编著：《中国青铜时代采冶铸工艺》，江西科学技术出版社 1997 年版，第 2 页。

④ 华觉明：《中国古代金属技术——铜和铁造就的文明》，大象出版社 1999 年版，第 17 页。

的。"① 中国青铜艺术亦是如此，它的成就是从原始陶器继承发展而来。对于青铜铸造而言，物质材料和技术条件的准备至关重要。铜矿资源的开采与冶炼为青铜器的出现提供了物质材料，先进的制陶技术则为青铜器的出现提供了技术条件。制陶业发展到一定阶段，对于烧制陶器的窑内温度以及还原焰技术的掌握，为铜器的冶铸提供了必要的技术准备，原始陶器的形制为青铜器的铸造提供了可行的设计思路。在先秦文献中，常将"陶""冶"并提：

> 昔者夏后开（启），使蜚廉折金于山川，而陶铸之于昆吾。九鼎既成，迁于三国。
>
> 《墨子·耕柱篇》

> 以粟易械器者不为厉陶冶；陶冶亦以其械器易粟者，岂为厉农夫哉？且许子何不为陶冶，舍皆取诸其宫中而用之？何为纷纷然与百工交易？何许子之不惮烦？
>
> 《孟子·滕文公》

《孟子·滕文公》中提及的"陶冶"指烧制陶器，冶铸农具的人。《墨子·耕柱篇》中的"陶铸"则是指用陶范制作铜器，这些文献记载都说明早在夏时华夏先民已经掌握了用陶范铸造青铜器物的技术。早期的模范工艺主要采用石范，它被认为是一种标尺，用以判断冶铸技术的发展阶段。一般而言，使用石范多是冶铸技术初始阶段②，这一时期多采用石范铸造青铜刀、铜镞、铜锛、铜斧、铜凿等。

二里头文化作为中国青铜时代的开端，遗址中出土的青铜礼器主要有：爵、斝、鼎、盉。在铸造工艺上，二里头遗址铜器都是采用块范铸造法铸造，并从单范铸造发展到多范铸造，还采用了复合陶范铸造技术。由于铜器形制往往是仿自同期或略早的陶质或石质器物，所以形态上还保有一定

---

① 王世襄：《谈古论艺》，生活·读书·新知三联书店 2010 年版，第 38 页。
② 参见华觉明：《中国古代金属技术——铜和铁造就的文明》，大象出版社 1999 年版，第 86 页。

图1-2　青铜盉（夏晚期）

程度的原始性，代表着中国青铜器的起源和早期发展的重要阶段。[1] 二里头遗址出土的青铜盉（见图1-2[2]）经焊接修复而呈现曾经的形态：细小鋬，三空心锥状足，昂首的流。该铜盉通体几乎找不到铸造的范线，研究人员推测至少采用了两或三块外范、一块腹部泥芯、一块鋬的泥芯和一块足底范组成铸型。[3] 从二里头遗址出土的遗存看，块范铸造技术已经基本成熟，为青铜礼器器形的繁复变化奠定了基础。

第二节　铸造技术的发展

先秦青铜器因其形制与纹饰所具有的鲜明的民族特点和时代风貌，而被公认为中国古代文明的象征，民族文化和艺术的瑰宝。其铸造技术之精湛，为世人所称誉，在世界艺术史和冶铸史上都有着重要的历史地位。克里尔曾说过："就是把欧洲和美国最好的铸造技师集中到一起，采用现代的冶铸技术，也很难做得比商周青铜器更好。"[4] 第一个运用现代科学技术对中国青铜器进行研究的美国学者盖顿斯（R. J. Gettens）曾不无感慨地说："也许商周

---

[1] 参见梁宏刚、孙淑云：《二里头遗址出土铜器研究综述》，《中原文物》2004年第4期。

[2] 中国青铜器全集编辑委员会编：《中国青铜器全集（夏商一）》第1卷，文物出版社1996年版，图版第19页。

[3] 参见廉海萍、谭德睿、郑光：《二里头遗址铸铜技术研究》，《考古学报》2011年第4期。

[4] H. G. Creel, *Studies in Early Chinese Culture,* First Series, American Council of Learned Societies, Studies in Chinese and Related Civilizations, No.3, 1938.

青铜器铸造的秘密，需要等到下一代才能最终得以揭开。"[1] 凭借有限的文献记载我们很难窥见商周青铜冶铸工业的全貌，我们需要依托考古工作者的研究成果来梳理先秦青铜冶铸技术发展的整体脉络，并依此推断出青铜艺术形成之初最基本的物质和技术准备。

一、冶铸器具的实用性

目前发现的商代铸铜遗址规模都比较大，根据这些遗址出土的大量的陶范、泥芯、陶模、坩埚、铜炼渣等遗物，可以明显地看出当时青铜冶铸技术已经发展到一个较高的水平。同时，我们还可以从这些遗物看出商代铸造青铜器已经有了明确的分工，每个铸铜作坊都有各自的生产专项，有的铸造生产工具，有的铸造礼器，有的铸造武器，细致的分工不仅能提高生产效率，同时说明当时的铜器铸造业具有一定的组织性。

商代青铜器的铸造方法主要采用模范法，使用的器具主要包括熔铜坩埚、熔炉、模、范等。

熔铜坩埚是商代前期较为常见的熔铜用具，在前文提及的商代前期铸铜遗址郑州市南关外铸铜遗址和紫荆山北地铸铜遗址都有发现。根据两个遗址出土的遗物来看，商代前期的熔铜坩埚主要有三种：第一种是泥质灰陶大口尊改制成的熔铜坩埚，这种由灰陶尊改制的坩埚是二里岗商文化常见器物，改制时在器壁内外涂较厚的草拌泥，以加固器壁。第二种是砂质红陶大口缸改成的熔铜坩埚，大小与泥质灰陶大口尊相近，适宜铸造小型的青铜器物。其耐火程度要比泥质灰陶大口尊高，所以只在外壁涂草拌泥。第三种是用黏土堆制而成的坩埚，椭圆形口，外部敷有较厚的草拌泥。[2] 此外在郑州南关

[1] R. J. Gettens. *The Freer Chinese Bronzes*, Vol. Ⅱ, Technical Studies, Freer Gallery of Art, Oriental Studies, No. 7, Washington. C.,1969.

[2] 参见杨育彬：《夏和商早、中期青铜器概论》，收录于中国青铜器全集编辑委员会：《中国青铜器全集 1：夏 商 1》，文物出版社 1996 年版，第 51 页。

外遗址还发现有铜制的鼓风嘴，其用于何种工具尚不能肯定，估计是用于较大型的炉式工具。

商代后期的铸铜技术进一步发展，熔铜多使用熔炉。目前已知商代后期主要的铸铜遗址是殷墟苗圃北地铸铜作坊遗址和孝民屯铸铜作坊遗址。根据商代后期铸铜遗址的情况分析，商代后期的常见熔炉大致也有三种：第一种是土炉式熔炉，即建筑在地面上的竖炉。第二种是土坑式熔炉。这两种熔炉体积较大，铸造大型青铜器时使用。第三种是小型陶制炼铜器皿夹砂炉，形制与商代前期常见的坩埚类似，质地包括粗砂硬胎和细沙泥胎两种，胎质坚硬，铸造小型青铜器时使用。①

商代不同类型、不同大小的熔铜设备熔化铜的方法皆属于"内加热"式，这种加热方式不同于古代西方外加热的坩埚熔铜法，"外加热"时，铜液易被氧化，所以还需在浇注前进行脱氧，而"内加热"可以达到更高的实际熔铜温度，由于木炭与铜接触，也避免了铜液的氧化，而且"内加热"法无需脱氧，所以"内加热"法不仅节省了劳动时间，也提高了铸件的质量。②《考工记》中记载加热时控制温度的方法：

> 凡铸金之状，金与锡，黑浊之气竭，黄白次之；黄白之气竭，
> 青白次之；青白之气竭，青气次之，然后可铸也。

《考工记·攻金篇》

先秦时期没有现代的温控设备，对于铜熔液温度的控制是靠眼睛来判断的，《考工记·攻金篇》中的这段文字表明，早期的匠师们在熔铸青铜时，是根据青铜溶液温度升高时颜色的不断变化来判断铸造的时机。现代科学认为，合金热辐射的规律与温度相关，所以古人根据合金热辐射的颜色和温度之间的关系来掌控浇铸时机是有科学依据的。将需要冶炼的铜、锡加入熔炉，在温度较低的时候，合金主要发射人的肉眼观察不到的红外线，所以

---

① 参见朱凤瀚：《古代中国青铜器》，南开大学出版社1995年版，第498—499页。
② 参见朱凤瀚：《古代中国青铜器》，南开大学出版社1995年版，第500页。

呈"黑浊之气"；随着熔炉内的温度不断升高，可见光的辐射逐渐为肉眼所感知（可见光的波长范围约为 7700—4000 埃），波长不同的辐射光颜色不同，肉眼可见光的颜色依次为黄白、青白、青，辐射光颜色的变化真实而科学地表达了用肉眼观察到的合金的单色发射本领最大值自长波段向短波段推移的过程，《考工记》所言"铸金之状"，就是用肉眼来观测的一种光测高温技术。①

二、铸造方法的科学性

商代的青铜铸造方法主要是模范法，也称为块范铸造法。模范法在二里头时期就已开始使用，是应用最为广泛和普遍的青铜铸造方法，前文提到的二里头时期的铜盉就是使用模范法铸制的。这种方法的制作大致可以简述如下：以铸造形制较为简单的青铜方鼎铸形示意图为例（见图1-3②），先根据预铸方鼎的形状用陶土制成模型，铸造工艺上被称为"模"或"母范"；然后再将陶泥片敷在模型的外面，得到预铸件外廓的铸型组成部分，在铸造工艺上称

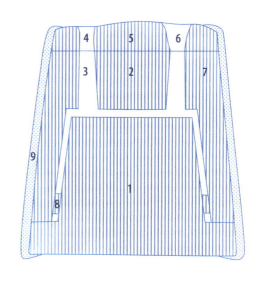

1.泥芯和底范　2.顶范　3.型腔
4.冒口　5.浇口范　6.浇口
7.腹范　8.鼎耳泥芯　9.草拌泥

图1-3　方鼎铸形示意图

---

① 参见戴吾三编著：《考工记图说》，山东画报出版社 2003 年版，第 50 页。

② 夏步领绘制。

为"外范",为了方便将外范从模上脱下,一般会将外范分割为若干块,外范之间有"榫卯"连接;"外范"制好后,还要用泥土制成一个体积与容积内腔相同的"芯",通称为"内范",然后将外范与内范套合,外范与内范中间的间隔即是预铸器物的厚度,这个间隙也称"型腔";将套合好的鼎范倒置过来,鼎足朝上;最后将熔化的铜液从鼎足底部预留的浇口注入,铜液会将外范与内范之间的型腔注满;待铜液冷却后,除去"外范"与"内范"即得到欲铸之铜鼎。

模范法分为浑铸法和分铸法。浑铸法多用于器形较为简单器物的铸造,可一次性完成铸造。该方法先根据要制作的器形制作器身模、范和附件模、范,然后将这些器身范和附件范组合到一起,浇铸铜液,待铜液冷却后,除去范件,即完成铸造工作。二里岗时期的圆鼎、斝等器物,根据其器底的范痕推断都是浑铸法一次铸成。分铸法过去曾被认为是春秋时期才出现的青铜铸造方法[1],近年来的考古发掘证实,这种铸造方法不仅在商代已被运用,且在商代前期的二里岗文化时期已经被运用于青铜器的铸造中。分铸法是指铜器经多次浇铸完成,可分为后铸、先铸、焊接三种形式。根据青铜器铸造技术的发展序列,应是先有后铸法,再有先铸法。后铸法是先铸器物的主体部分,然后再在其上浇铸附件。殷墟妇好墓出土的大量精美青铜器之所以能够有复杂化的造型,就是仰赖分铸法的使用。例如妇好鸮尊的鋬就采用后铸法铸造,鸮尊顶部有预铸的接榫,

图1-4 四羊方尊(商晚期)

---

① 参见郭宝钧:《关于戟之演变》,转引自郭沫若:《郭沫若全集·考古编》,科学出版社2002年版,第210—220页。

为增加局部强度，还特地将尊体的泥芯挖除一部分，因此鸮卣的内壁形成凸块。[1] 先铸法是先将附件浇铸好，在铸造器物主体部分的时候将附件放入主体部分的陶范中，再进行浇铸。如四羊方尊（见图 1-4[2]）就是使用先铸法铸造，尊体采用复合陶范浑铸而成，分为尊颈、尊腹和圈足三段，以扉棱的中心线为界设范，四面共使用 24 块外范，再与内芯和底范套合起来，四隅的羊角先铸，嵌入套合的范内，与羊首铸接起来，蟠龙是在尊体完成之后再接铸在器肩。[3] 商代晚期青铜铸造中使用分铸法是"后铸法"与"先铸法"并存，并以"后铸法"居多。[4]

焊接法是分铸法发展到一定阶段以后，技术进步的产物。和后铸法和先铸法不同的是，后铸法和先铸法采用机械铸接的方法，焊接法则是采用金属熔接的方式。它是将器物的每个部件都分别铸造，然后用熔点较低的铅锡合金焊料将各部件组合到一起。通常认为焊接法是春秋中期以后被广泛采用的青铜铸造方法。[5] 春秋晚期淅川下寺一号墓出土的铜器普遍使用了多种形式的焊接技术，有的采用焊接剂，有的使用铸接法。墓中出土的 48 号铜盏，浮雕盏耳是使用焊接剂焊接在盏身，同墓出土的 55 号铜鼎，鼎壁有六个长方形铸出孔，孔内宽外窄，起铆钉的作用，焊接时将六个空芯的浮雕兽身铸口对准铸出孔，捆扎牢固，从铸出口内口注入铜液，即将浮雕兽与鼎壁焊接起来。但是由于工匠没有很好地掌握金属热胀冷缩的原理，在铸造时未能将接铸的两个铜件加热到相同的温度，焊接未能到达最高的牢固度，所以该鼎出土时六个浮雕兽都从铸出孔脱离。[6]

---

[1]　参见华觉明：《中国古代金属技术——铜和铁造就的文明》，大象出版社 1999 年版，第137 页。

[2]　中国青铜器全集编辑委员会编：《中国青铜器全集 4：商 4》，文物出版社 1998 年版，图版第 113 页。

[3]　参见华觉明：《中国古代金属技术——铜和铁造就的文明》，大象出版社 1999 年版，第142 页。

[4]　参见《安阳殷墟五号墓座谈纪要》，《考古》1977 年第 5 期。

[5]　参见彭适凡、华觉明、李仲达：《江西地区早期铜器冶铸技术的几个问题》，收录于中国考古学会编：《中国考古学会第四次年会论文集》，文物出版社 1983 年版，第 76 页。

[6]　参见汤文心：《淅川下寺一号墓青铜器的铸造技术》，《考古》1981 年第 2 期。

分铸法的使用解决了浑铸法无法解决的复杂器形的铸造问题，不仅改进了铸造工艺，提高了生产效率，而且运用分铸法铸制的范片、附件，对于已成熟的浑铸技术则是"易如反掌"，所以华觉明认为郭宝钧以"执简驭繁，寓巧于拙"来评价中国青铜时代的青铜铸造技术观念及其工艺体现是非常中肯的，同时他还认为这个概括甚至可以被作为中国传统手工制造业的通行法则。[①] 总的来看，随着铸造技术的不断发展，先秦时期的青铜器物多是由多种铸造方法与工艺结合铸制的，铸造技术的发展也为青铜器器形的丰富多变提供技术前提。

三、范铸技术的规范化

器物形制的发展演变总要经历一个由简入繁的过程，总是先有主体的器形，然后再逐步增设附件和功能体。从青铜冶铸技术的发明到殷商时期，青铜器的铸造方法不论是浑铸法还是分铸法，都已逐渐形成了一套完整的制作规范。

以浑铸法为例简要介绍铸制青铜器的步骤[②]：

第一步制模。模，即"母范"。母范依据其质料不同，可分为陶模、木模、骨模、石模等多种，已铸好的青铜器亦可以作为母范，具体选用何种质料制作母范根据铸件的形状而定，最常见的母范多为陶模。[③] 如果使用陶土作模，首先，根据所要铸造器物的形状用陶土制成泥模，并刻画上纹饰，阴干焙烧后成为陶模。

第二步制范。根据母范制作外范和内范。外范的制法在前文介绍铸造方法的科学性时已作简要介绍，先用薄片范泥印在母范的外壁上，而后通

---

① 参见华觉明：《观念转变与技术创新——以陶范铸造和失蜡法为例》，《自然辩证法通讯》1999 年第 1 期。

② 参见朱凤瀚：《古代中国青铜器》，南开大学出版社 1995 年版，第 528—535 页。

③ 参见朱凤瀚：《古代中国青铜器》，南开大学出版社 1995 年版，第 528 页。

过加厚范泥得到母范。以腹范为例，腹范的厚度视铸件大小而定，小件器物的腹范一般约厚 2—3 厘米。因为采用块范法，一般腹范的外范分为几个范块，所有腹范的范泥不是同时堆贴到母范上，而是逐次堆贴，当第一块范泥堆贴好后，将分型面修齐，并挖出榫、卯，涂上分型剂，然后再在母范上继续贴另一块范泥。[①] 因为挖出了榫卯，在合范时可以保证范块不错位。二里头时期的器物表面多为素面，商以后青铜器器表花纹增多，这些花纹在制作母范时就已经刻画上。商至春秋早期，母范上的纹饰图案大多是手工刻画。

内范也被称为"泥芯"，制法有三种：第一种制法是翻制好外范后，利用母范来制内范。这种方法是将模型表面进行削刮，削刮的厚度即是将要铸造的青铜器器壁的厚度，削刮过的母范即成为内范[②]，对于这种制法学术界存在不同的看法，认为该方法存在局限性，不适宜广泛运用。第二种制法是把母范制成空心，从其腹腔中脱出芯。[③] 第三种是利用外范制芯。将外范焙烧后合拢，在外范的内壁贴上与预铸铜器器壁厚度相同的范泥，再在其中添加制作泥芯的材料，修整好得到芯范，即内范，再除去贴在外范内壁的范泥，合范后，范泥曾在的位置就是型腔。[④]

第三步合范。通过预留在内外范上的榫卯或者支钉、定位销等，将制好的内外范组合起来，使其扣合严密，然后将其外壁涂抹草拌泥，使其在干燥过程中受到约束，不至开裂，导致变形，同时也可以保证内外范扣合的严密性。随后将其放置在适宜的环境中阴干，最后入窑烧造成一套完整的陶范。青铜器器表的范缝可以帮助我们推断铸制器物时使用内外范的情况和合范的技术水平。

第四步浇注。烧制好的陶范立即进行浇注，可以防止浇注中产生气泡。

---

① 参见朱凤瀚：《古代中国青铜器》，南开大学出版社 1995 年版，第 531 页。
② 参见万家保：《古代中国青铜器的失蜡法和块范法铸造》，《大陆杂志》1984 年第 2 期。
③ 参见冯富根、王振江、白荣金等：《商代青铜器试铸简报》，《考古》1980 年第 1 期。
④ 参见冯富根、王振江、华觉明等：《殷墟出土商代青铜觚铸造工艺的复原研究》，《考古》1982 年第 5 期。

如果陶范已经冷却，需要对陶范进行预热，方可浇注，否则溶液的高温容易引起陶范炸裂。浇注时多将合范倒扣从底部浇注铜液，陶范外会涂抹草拌泥用以加固，大型青铜器的浇注还要将合拢的范埋入砂中，以防"跑火"。外范底部会留出灌注铜熔液的浇口，大型的青铜器还会留出排气排渣的冒口，浇注过程中产生的大量气体通过冒口排出。浇口和冒口多设在器足端部，三足器中的一足端为浇口，另两足端为冒口；四足器可能两足端作浇口，另两足端为冒口；圈足器浇口设在圈足端部。浇口和冒口设在足底端，是因为青铜容器都是倒置浇注，这样气孔、渣滓都集中于器底。器物上部较为致密，较少瑕疵，花纹清晰美观。①

第五步脱范修整。待铜液冷却后，脱掉陶范，然后对青铜器器表进行打磨、锯锉，去除多余的毛刺、铜屑，器表光洁、纹饰清晰的青铜器就铸造完成了。

如果说浑铸法的规范化操作是青铜器批量生产的前提，那么分铸法的广泛使用则让大量造型复杂、装饰繁复的青铜器铸造成为可能。华觉明从妇好墓出土的青铜器中选取了36类44件，从铸造方法、铸型工艺、浇注位置三个方面对它们进行了铸造工艺分析，通过他所列出的相关信息和数据统计，可知选取的12件妇好墓出土铜斝都是采用分铸法铸造，使用先铸法铸接柱帽，使用后铸法铸接鋬鋬。具体的铸造步骤是：先铸柱帽，在铸造斝身的时候将柱帽放入陶范之中，使其铸接在斝柱上，然后再将鋬鋬铸接到斝腹一侧。同时，妇好墓出土的青铜器模范分型也很明确，圆形容器器腹三等分，有扉棱时六等分；方鼎和长方形器物以对角线的延长线为界，腹范分成4块，有扉棱时分成6块或者8块。妇好墓出土的3件柱足方鼎，虽然大小、形制有差异，但是铸造方法基本一致，铸型过程中使用了连接在一起的芯范和底范，以及顶范和4块腹范。② 这说明在商代晚期青铜器物铸造的工序已经规范化。

---

① 参见刘诗中编著：《中国青铜时代采冶铸工艺》，江西科学技术出版社1997年版，第127页。

② 参见华觉明、冯富根、王振江等：《妇好墓青铜器群铸造技术的研究》，收录于《考古》编辑部编：《考古学集刊》第1辑，中国社会科学出版社1981年版，第244、247、252页。

四、合金配比的标准化

金正耀带领的团队运用铅同位素分析和等离子体发射光谱分析（ICP）等自然科学方法研究中国上古青铜器获得的一些数据，根据这些数据可以判定二里头文化后期已经开始尝试铸造高铅含量的青铜器，他们认为二里头早期和中期的锡青铜铸造、稍晚的铅锡青铜的发明，都是夏代青铜工艺的重要成就，青铜时代主要合金类型锡青铜和铅锡青铜的配置技术在夏代已经基本形成，并为先秦青铜文明的高度发达奠定了基础[①]，这也表明二里头文化晚期对于铅金属的性质已经有了一定了解。

前文我们已经提到，青铜是红铜加锡、铅的合金，加锡和铅的目的是为了降低铜的熔点，加强铜液的流动性，以便于铸造，同时加锡也能提高青铜的硬度。既然是合金，那么铜、锡、铅的比例又是如何决定呢？铜、锡、铅的比例不同，青铜的质地一样吗？

> 攻金之工：筑氏执下齐，冶氏执上齐，凫氏为声，栗氏为量，段氏为镈器，桃氏为刃。金有六齐：六分其金而锡居一，谓之钟鼎之齐；五分其金而锡居一，谓之斧斤之齐；四分其金而锡居一，谓之戈戟之齐；三分其金而锡居一，谓之大刃之齐；五分其金而锡居二，谓之削杀矢之齐；金、锡半，谓之鉴燧之齐。
>
> 《考工记·攻金篇》

> 金柔锡柔，合两柔则为刚。……白所以为坚也，黄所以为牣也，黄白杂，则坚且牣，良剑也。
>
> 《吕氏春秋·别类篇》

从以上先秦文献中可以获知，在长期的实践探索中，古人不仅发现在红

---

① 参见金正耀：《二里头青铜器的自然科学研究与夏文明探索》，《文物》2000 年第 1 期。

铜中加入不同比例的锡所得到的合金质地不同，而且他们还将此发现运用到不同功能器物的铸造中，使合金的物理性能更加适应器物的功能需求。《考工记》中关于"六齐"配比标准的记载也是世界上最早关于铸造青铜器物所用合金成分比例的明确记载。对于其中"六分其金"中"金"的含义，专家们持不同意见，梁津认为"金"是金银铅锡之总和，马承源认为"六齐"中的"金"指金和锡的化合，特指单纯的锡青铜[1]，张子高认为"金"是指赤铜[2]，由于对"金"字的理解不同，对"六齐"的比例也就产生了不同的观点（见表1-1）。

表1-1　专家对"六齐"铜锡含量观点对比表

观点代表 / 器物类型	戴震	梁津[1]	陈梦家[2]	郭宝钧[3]	王班[4]	张子高[5]
	合金锡	合金锡	合金锡	铜锡	合金锡	铜锡
钟鼎之齐	6：1	6：1	6：1	85.71：14.29	83.33：16.67	86：14
斧斤之齐	5：1	5：1	5：1	83.33：16.67	80：20	83：17
戈戟之齐	4：1	4：1	4：1	80：20	75：25	80：20
大刃之齐	3：1	3：1	3：1	75：25	66.66：33.33	75：25
削杀矢之齐	5：2	5：2	5：2	71.43：28.57	60：40	71：29
鉴燧之齐	1：1	2：1	1：1	66.66：33.33	50：50	67：33

注：① 参见梁津：《周代合金成分考》，《科学》1925年第10期。

② 参见陈梦家：《殷代铜器三篇》，收录于《陈梦家学术论文集》，中华书局2016年，第421页。

③ 参见郭宝钧：《中国青铜器时代》，生活·读书·新知三联书店1963年版，第12页。

④ 转引自张颖：《对于"六齐"成份诸见解的思考》，《阜阳师范学院学报（自然科学版）》1994年第1期。

⑤ 参见张子高：《六齐别解》，《清华大学学报》1958年第2期。

资料来源：作者制表。

---

① 参见马承源主编：《中国青铜器》（修订本），上海古籍出版社2003年版，第497页。

② 参见张子高：《六齐别解》，《清华大学学报》1958年第2期。

虽然专家对于"六齐"的配比观点不一，但从形式上看，"六齐"排列规整，以"钟鼎之齐"为首，"金"与"锡"的比例成反比，依次递减与递增，正如陈梦家所说"这种合金公式代表战国时代整齐化了的方式"[1]。有专家对979件先秦青铜器的1040件样品做了检测试验，其结果是先秦青铜器的含锡量主要介于4%—20%之间，虽然与"六齐"记载的比例有所出入，但是金、锡含量从"钟鼎"向"鉴燧"的递减与递增的趋势没有改变。[2]

先秦时期熔铸青铜时无法做到现代工业冶铸的取样化验，因此铜与锡的比例关系主要指下料之比，并不是铸成后的铜锡比例关系。在高温熔铸过程中，铜、锡都会发生氧化反应，尤以锡的氧化最为迅速，所以，当青铜器铸成之后，铜锡的成分比与下料之比存在差异。从生产实践来看，含锡量达到25%以上的青铜工具都非常脆，不利于使用，含锡量达到50%的青铜器，稍经撞击就会碎裂，不具备制作成工具的条件。

先秦时期能够冶炼的金属只有铜、锡、铅等数种，只能依据不同金属间的配比关系来满足器物铸造需求。华觉明等人利用数理统计的方法对商周青铜器的合金成分数据进行分析，认为殷墟时期铸造二元高锡青铜器的技术已经成熟，对铜和锡的选材与工技控制相当严格，技术成熟度较高；西周时期已有较严格的成分控制方法铸造三元高锡中铅青铜器。[3] 这一研究结论为探讨"六齐"的形成以及先秦时期青铜器铸造合金配比的规律性提供了科学依据。中国社科院考古研究所先后对殷墟妇好墓、殷墟西区墓葬群、郭家庄160号墓等墓葬出土青铜器的化学成分做了大量的检测分析工作，也认为当时的工匠对于青铜合金配比与机械性能的关系已经有了相当深入的认识，并且对于操作也有相当严格的控制。[4]

"六齐"是先秦铸铜工匠们长期生产实践的科学总结，为不同使用功能

---

[1]　陈梦家：《殷代铜器三篇》，收录于《陈梦家学术论文集》，中华书局2016年版，第422页。

[2]　参见苏荣誉、华觉明、李克敏等：《中国上古金属技术》，山东科学技术出版社1995年版，第307页。

[3]　参见华觉明、王玉柱、朱迎善：《商周青铜合金配制和"六齐"论释》，收录于杜石然主编：《第三届国际中国科学史讨论会论文集》，科学出版社1990年版，第274—281页。

[4]　参见刘煜：《殷墟青铜礼器铸造工艺研究综论》，《华夏考古》2009年第1期。

器物的铸造提供了铜锡配比参考标准，从而保证了青铜器物铸造的成功率，降低了原材料的损耗，提高了生产效率。

五、失模技法的先进性

从早期利用石范铸造造型简单的器物，到运用合范法铸造青铜容器，再到掌握分铸、焊接技术生产较为复杂的青铜礼器，中国先秦时期的青铜器铸造技术在生产实践中不断进步。除了最为广泛地运用范铸法以外，工匠们还发明了失模法、叠铸法等铸造方法。

失模法，也称熔模法，是一种用低熔点的易熔材料（或易燃材料）制作"母范"的青铜铸造工艺，由于母范的熔点低或易燃，外范与内范制好后，不脱范，对内外范加热（使用易燃材料则将其烧成灰烬），低熔点的"母范"遇热熔化后从预留口流出，母范的熔液流净后（易燃材料则将灰烬排空），再进行青铜熔液的浇注，待熔液冷却后，器形与"母范"一致。木材、植物纤维、油脂、蜂蜡等可失性材料都可用来作为失模法的模料，"模的可失观念之建立，是铸造工艺思想的一大飞跃，为提高器形、纹饰的复杂程度提供了极大的可能"[1]。此种方法一般用来铸造细密精美的镂空铸件。可失性材料选择蜡、镴[2]的铸造方法亦被称为"失蜡法"（Lost-wax Approach）或"失镴法"（Lost-pewter Approach），如果母模选用易燃的草绳，则被称为"失绳法"（Lost-cord Process）。已知的研究表明，失绳法早于失蜡法，从出现的器形推断，其使用的时间至迟可上溯到商代晚期，直到战国晚期类似的工艺仍有应用。[3] 失绳法常被用于器物提梁的铸型。谭德睿对上海博物馆藏晚商青铜戈枭卣进行了考察，该卣的提梁呈绞股绳索状，双耳部位有范缝，并有细线捆扎的痕迹，其他部分无范缝，也不见磨砺范缝的痕迹，认为

---

[1] 华觉明：《中国古代金属技术——铜和铁造就的文明》，大象出版社1999年版，第179页。
[2] 镴是锡和铅的合金，通常被称为"焊锡"或"锡镴"。
[3] 参见华觉明：《中国古代金属技术——铜和铁造就的文明》，大象出版社1999年版，第180页。

该卣的绳索状提梁应为失模法铸造而成。①

以蜡作为母范制作材料的方法也称"失蜡法"，失蜡法的发明被认为是人类冶铸史上的重要成就之一，B.L.Simpson 甚至将失蜡法与火和轮的发明相提并论②。与两河流域的苏美尔人和叙利亚人大约在公元前3000年左右就采用失蜡法相比较，中国失蜡铸造技术出现的时间较晚，这与中国复合陶范技术和分铸法技术的先进性不无关系。与失蜡法有关的文献记载，最早见于东晋葛洪《西京杂记》，书中记载了一名叫丁缓的长安工匠，技艺超群：

> 长安巧工丁缓者，为常满灯，七龙五凤，杂以芙蓉莲藕之奇。又作卧褥香炉，一名被中香炉。本出房风，其法后绝，至缓始更为之。为机环，转运四周，而炉体常平，可置之被褥，故以为名。又作九层博山香炉，镂为奇禽怪兽，穷诸灵异，皆自然运动。又作七轮扇，连七轮，大皆径丈，相连续，一人运之，满堂寒颤。

《西京杂记·巧工丁缓》

文中虽未指明常满灯和博山炉的铸造技法，但是常满灯七龙五凤杂以芙蓉莲藕的复杂形态，九层博山炉上镂刻的奇禽怪兽却非失蜡法是无以铸成的。《唐会要》卷八十九中有一段记载：

> 武德四年七月十日，废五铢钱，行"开元通宝"钱，……郑虔会稡云："询初进蜡样，自文德皇后招一甲跡，故钱上有招文。"

《唐会要·泉货》

这段记载说的是：唐初，将要铸行"开元通宝"时，将蜡样呈送文德皇后过目时，文德皇后用指甲在蜡样上掐了一下，留下了甲痕，所以铸造的开元通宝上有了新月痕。以上的记载都是与失蜡法有关系的文献，但是并没有提及失蜡法的工艺流程。关于失蜡法的工艺流程最早见于南宋金石学家赵希

---

① 参见谭德睿：《中国早期失蜡铸造问题的考察与思考》，《南方文物》2007年第2期。

② 参见 B.L.Simpson, *Development of the Metal Casting Industry, American Foundry men's Association*, Chicago, 1948, p.49。

鹄在《洞天清禄集》的描述：

> 古者铸器，必先用蜡为模。如此器样，又加款识刻画毕，然后
> 以小桶加大而略宽，入模与桶中。其桶底之缝，微令有丝线漏处。以
> 澄泥和水如薄糜，日一浇之，候干再浇，必令周足遮护。讫，解桶
> 缚，去桶板，急以细黄土，多用盐并纸筋固济于元澄泥之外，更加
> 黄土二寸。留窍，中以铜汁泻入。然一铸未必成，此所以为之贵也。

《洞天清禄集·古钟鼎彝器辨》

除《洞天清禄集》外，宋代的另一位金石学家王黼也曾根据周召公尊上
的指痕，认为该尊是失蜡法所制。

> 以蜡为模，以指按蜡所成也。

《宣和博古图》

宋应星在世界上第一部关于农业手工业的综合性著作《天工开物》中详
细记载了运用失蜡法制作万钧钟的过程。国外学界一直认为早期中国不掌握
失蜡法制作青铜器的技术，对于中国何时开始运用失蜡法铸造青铜器一直是
考古学界、冶金史学界研究的重要课题，先秦时期中原冶铸工匠们是否掌握
失蜡法的铸造技术也一直是学术界争论的焦点，争论的关键在于其结论直接
关系到商周青铜器制作奥妙能否全部揭开，而争论的原因在于根据铸造成型
的器件有时很难判断其是由失蜡法还是模范法铸造。周卫荣认为铸件的工艺
特征决定了铸造它所使用的技术，失蜡法铸造的铸件都具备可扭曲性、柔
性和软模出软形的工艺特征。[1] 曹献民认为我国的失蜡法铸造技术在春秋晚
期出现于云南地区，到汉代时各种工艺已臻于完善。[2] 然而事实胜于雄辩，
1978 年 5 月河南省淅川下寺楚王子午墓出土的多件青铜器均有失蜡法铸造

---

① 参见周卫荣：《失蜡工艺的起源与失蜡铸造的工艺特征——兼谈失蜡工艺问题研究的进展
   与意义》，《南方文物》2009 年第 4 期。
② 参见曹献民：《云南青铜器铸造技术》，收录于《云南青铜器论丛》编辑组：《云南青铜
   器论丛》，文物出版社 1981 年版，第 204 页。

的痕迹，王子午鼎的腹外的六只怪兽是以失蜡法铸造成形后再与鼎体铸接为一体的；蟠螭纹盏的盏足、盏耳及盖顶握手都是由失蜡法铸就后，再铸接到盏腹或盏盖上的。这些青铜器中以透雕云纹铜禁（见图1-5[①]）的铸造最为精美，该铜禁四周游龙围绕，纹饰结构复杂的框边是用失蜡法铸造的，据称错综结构的内部支条尚可见蜡条支撑的铸态。这些铜器是中国目前已知最早使用失蜡法铸制的青铜件[②]，这也就表明在春秋晚期，楚文化地区的铸造匠师已经极为熟练地掌握了失蜡铸造工艺，失蜡法在中国的起源至少应该在春秋晚期之前，对这批失蜡铸件的确认，并不否认更早的失蜡铸件的存在。1978年湖北随县曾侯乙墓出土的"曾侯乙尊盘"，造型精美，工艺精湛，堪称失蜡法铸造的典范之作，也是战国早期楚系青铜铸造的巅峰作品之一，我们在介绍楚系青铜器时再作详细描述。

图1-5 透雕云纹铜禁（春秋晚期）

由于蜡料的优异性能，在很长的一段时间，失蜡法占据着可失模料的统治地位，无论在东方或是西方都是如此。但是制范用的蜡料配方中虽然加入了松香、蜂蜡、动物油脂等原料，以提升蜡料的塑形性能，但是在塑造延展性强的母范的时候，蜡料存在一定的局限性。台北故宫博物院张光远

---

① 中国青铜器全集编辑委员会编：《中国青铜器全集10：东周4》，文物出版社1998年版，图版第76页。

② 参见苏荣誉、华觉明、李克敏等：《中国上古金属技术》，山东科学技术出版社1995年版，第310页。

对 1923 年与莲鹤方壶一同出土于河南新郑的蛇网盖冠龙虎方壶的铸法进行了论证，他认为该壶的盖冠是以失模法制成，但是使用的模料不是"蜡"，而是"镴"，这个"镴"不是蜂蜡，而是铅锡合金料。铅的熔点是 372.5℃，质地很软，锡的熔点是 232℃，质地也很软，若铅与锡按 3：2 的比例配置的合金（1978 年曾侯乙墓曾有这样配比的合金出土），熔点降至 183℃，质地依然甚软，且其韧性却较蜡质坚挺，且不易折，也不易熔，用这样配比的铅锡合金做"镴"模，在外范预热过程中，铅锡合金熔化泻尽，空留外范以浇铸。因铅锡的合金，古称为"镴"，亦称"焊药"，所以这种方法被张氏称为"失镴法"。同时，张光远认为，这种镴料没有一定的配方，是中国古代工艺全由经验累积而得的一种"非科学之科学"的文明成就。①

第三节　装饰工艺的推陈出新

　　随着冶铸技术的不断发展，青铜器物愈发精美，然而先秦的人们并没有满足于器形的多变，也许是他们对青铜单一的青灰色泽产生了"审美疲劳"，也许是他们对铸造技术提出了挑战，于是他们渴望看到青铜器能被其他颜色渲染、点缀。每一种新技术的发明，总是和人们对生活的追求和对美的欲望分不开的，青铜装饰工艺应运而生。

一、镶嵌工艺

　　镶嵌工艺是指将其他质料嵌入青铜器表面的装饰加工工艺。先秦时期青

---

① 参见张光远：《中国最早"失镴法"春秋中期"蛇网盖冠龙虎方壶"的铸法论证》，《东南文化》2002 年第 1 期。

铜器上的嵌入质料包括绿松石、玛瑙、彩石、红铜、金、银等多种，可以分为非金属镶嵌工艺和金属错嵌工艺两种。

（一）非金属镶嵌工艺

早在新石器时代，绿松石、彩石、玉石等质料就被作为主要的镶嵌材料点缀在陶、骨、牙器上，产生了丰富的装饰效果。甘肃马家窑文化马厂类型遗址曾出土嵌有骨珠的石雕人头像，山东大汶口文化遗址也曾出土嵌有绿松石的骨质指环、骨雕筒。随着青铜时代的来临，镶嵌技术日臻成熟，并应用于青铜装饰工艺。非金属镶嵌工艺是指嵌入的质料是非金属材料，包括绿松石、玛瑙、彩石、螺钿、琉璃、兽骨等质料，这些质料的特点是质地坚实，有天然的纹理，可以磨制加工。非金属镶嵌工艺的制作方法是在器物上先铸成阴文的纹饰，然后根据纹饰的规格加工嵌入料。为了达到良好的装饰效果，嵌入的质料需要加工成小而薄的片状，用树胶、漆或桐油等物质做黏合剂将加工好的料片嵌入阴纹中，最后再经打磨，一件非金属镶嵌的青铜器就完成了。

绿松石被认为是最早出现在青铜器物上的装饰石料。1981年河南偃师二里头遗址出土镶嵌绿松石铜牌饰（见图1-6[①]），长14.2厘米，宽9.8厘米，由精心磨制的各种互相吻合绿松石小片精巧地镶嵌于青铜牌上，粗线

图1-6　镶嵌绿松石铜牌饰（夏晚期）

---

① 尚刚：《中国工艺美术史新编》（附录光盘），高等教育出版社2007年版。

条构成的兽面图案，雄浑、大方，透着兽面的霸悍神秘的气质。关于二里头青铜牌饰的镶嵌工艺学界有不同的观点，李京华认为二里头遗址出土的嵌绿松石圆形铜牌的"制作方法应是铸镶法，绝不是嵌镶法"①。郑光认为二里头出土的嵌绿松石铜牌饰是先铸成镂孔的框架，然后在镂孔中镶嵌绿松石。②

镶嵌工艺多应用于青铜兵器、玉器、牙器、骨器等，如妇好墓出土的青铜戈、玉援铜内戈、嵌绿松石象牙杯等，这些器物均是以绿松石来装饰的。现藏于中国国家博物馆的嵌绿松石兽面纹方罍，传1934年出土于河南安阳，是迄今为止罕见的通体镶嵌绿松石的青铜器。此外，寿县蔡侯墓、淅川下寺楚墓均出土有春秋晚期嵌绿松石的兵器、车马器等。

除了绿松石外，常见的青铜器装饰嵌入质料还有玉石、玛瑙、螺钿、琉璃等。美国华盛顿弗列尔美术馆藏1件西周时期的嵌螺钿铜戈，传1931年出土于浚县辛村。1973年，陕西岐山贺家村出土1件西周时期的长援无胡戈，在长内的末端两面均用绿玉片精细地镶嵌在铸好的阴文夔龙纹样内，做工考究。③1965年湖北江陵望山一号楚墓出土的越王勾践剑，在剑格两面和剑首装饰有蓝色琉璃和绿松石镶嵌的纹饰，剑格琉璃作兽面纹。④云南江川李家山出土战国时期的圆形舞蹈镂空铜饰上装饰有玛瑙珠和孔雀石。⑤随着非金属镶嵌技术水平的不断提升，装饰在青铜器上的非金属的种类不断增加，多种非金属被同时镶嵌在器物上，装饰效果日趋繁复。

---

① 李京华：《〈偃师二里头〉有关铸铜技术的探讨——兼谈报告存在的几点问题》，《中原文物》2004年第3期。

② 参见郑光：《二里头遗址与我国早期青铜文明》，收录于中国社会科学院考古研究所编：《中国考古学论丛——中国社会科学院考古研究所建所40年纪念》，科学出版社1993年版，第191页。

③ 参见戴应新：《陕西岐山贺家村西周墓葬》，《考古》1976年第1期。

④ 参见湖北省文化局文物工作队：《湖北江陵三座楚墓出土大批重要文物》，《文物》1966年第5期。

⑤ 参见张增祺主编：《滇国青铜艺术》，云南美术出版社、云南人民出版社2000年版，第299页。

（二）金属错嵌工艺

金属错嵌工艺也是一种镶嵌工艺，它的嵌入物为金属。先秦时期常见的金属嵌入料有红铜、金、银。中国古代在金属器物的表面镶嵌金属片或金属丝的工艺，也称为"错"。根据嵌入金属性质的不同，又分为"错金""错银""错铜"，也称为"金错""银错""铜错"，如果嵌入料有金和银两种，则称为"错金银"或"金银错"。错嵌工艺的出现表明人们对金属性能的认识不断深入，对其加工工艺的掌握不断提升。

最早的错嵌工艺是错红铜，北京故宫博物院所藏传世商代错红铜戈，美国旧金山亚洲艺术博物馆藏商代错红铜青铜钺[1]，表明早在商代，人们已经掌握了错金属工艺。

金属错嵌工艺大致可分为以下四道工序：

第一道工序是铸器。铸造金属错嵌工艺的铜器，大多在制作陶范的时候，就依据纹饰在母范上预留凹槽，待器物铸成后，在凹槽内错嵌金属。山西侯马东周铸造遗址就曾出土过错金属器物的陶范。[2]

第二道工序是镂金。铜器铸成后，之前预留的凹槽还需进一步加工錾凿，使凹槽的切面呈燕尾状，以便嵌入的金属牢固不脱。朱凤瀚认为，错金工艺是在铜器铸成后，用墨笔在器表绘出纹饰，然后用硬度较强的工具沿纹饰錾刻浅槽，再在槽内嵌入金丝。[3]

第三道工序是镶嵌。将金属丝（片）适当加温，再捶打成凹槽的形状，使之与器物结合妥帖。对于不便捶打的小型或薄胎器物，则需要用玉石或者玛瑙制成的"压子"将金属（片）挤入凹槽内。

第四道工序是磨错。金属丝（片）镶嵌完毕，铜器表面并不是平整的，

---

[1] 参见贾云福、胡才彬、华党明：《曾侯乙青铜器红铜花纹铸镶法的研究》，收录于中国科学院自然科学史研究所技术史研究室主编：《科技史文集》第 13 辑，上海科学技术出版社 1985 年版，第 82 页。

[2] 参见侯马市考古发掘委员会：《侯马牛村古城南东周遗址发掘简报》，《考古》1962 年第 2 期。

[3] 参见朱凤瀚：《古代中国青铜器》，南开大学出版社 1995 年版，第 547 页。

还需要用错石加以磨错。《诗经·小雅·鹤鸣》有云："它山之石，可以为错"。有学者认为，"错"应为"厝"，是一种细砂岩制成的厝石，用以将嵌入的金属厝磨得与铜器表面"严丝合错"，再用木炭加清水打磨器表，使之光滑平整。某些器物为了更为光亮，还会用皮革反复打磨。[①] 1965 年湖北江陵望山楚墓出土一个木质箱，箱内有粗细石工具各一件，专家认为即为"错石"。

西周至春秋早期的青铜艺术遗存中罕见金属错嵌工艺制作的青铜器。山西侯马铸铜遗址就曾出土"采桑图"范，说明镶嵌在铜器上纯铜花纹薄片是事先铸就的。[②] 春秋中期以后的金属错嵌工艺青铜器数量逐渐增多。春秋中期有代表性的器物有 1936 年河南辉县甲乙墓出土的扁圆壶，该器"颈部铸对象、对鸟纹，腹部嵌镶红铜龙纹三层，龙纹下，象纹上，又各嵌镶红铜菱形界纹一道"[③]。春秋晚期有代表性的金属错嵌器物有 1923 年出土于陕西浑源李峪村的镶嵌红铜狩猎纹豆，器盖和器身各有两组狩猎图案，描绘了春秋晚期贵族狩猎的生动场面，铸制者用洗练的线条刻画出走兽奔腾，禽鸟飞跃，狩猎者或张弓射击，或持矛投掷的场景；1978 年河南淅川下寺 2 号墓出土 2 件铜浴缶，浴缶盖和缶身镶嵌红铜质料的夔龙纹和云纹[④]；以及 1955 年安徽寿县蔡侯墓出土的蔡侯敦、豆、方鉴、尊缶、方尊缶、盥缶、盘等青铜器，器表的装饰花纹皆采用镶嵌红铜工艺[⑤]；1980 年河北

图 1-7　嵌红铜狩猎纹壶（战国早期）

---

① 参见苏荣誉、华觉明、李克敏等：《中国上古金属技术》，山东科学技术出版社 1995 年版，第 334 页。

② 参见贾峨：《关于东周错金镶嵌铜器的几个问题的探讨》，《江汉考古》1986 年第 4 期。

③ 郭宝钧：《商周铜器群综合研究》，文物出版社 1981 年版，第 98 页。

④ 参见张剑、赵世刚：《河南省淅川县下寺春秋楚墓》，《文物》1980 年第 10 期。

⑤ 参见安徽省博物馆编著：《寿县蔡侯墓出土遗物》，科学出版社 1956 年版，第 7—9 页。

新乐中同村出土的错红铜龙纹豆，器盖和器身分别镶嵌红铜夔龙纹，圈足上装饰以嵌红铜叶状纹[1]。战国早期的镶嵌红铜器物遗存有1935年出土于河南汲县山彪镇的水陆攻战铜鉴一对[2]，1952年出土于河北唐山贾各庄的嵌红铜狩猎纹壶（见图1-7[3]）等[4]。

　　春秋中期以后金属错嵌工艺进一步发展，除了错铜工艺外，错金、错银、错金银器物层出不穷，形成了先秦晚期青铜装饰工艺的一大特色。春秋中期以后，楚、宋、蔡、吴、越等地流行作鸟书错金铭文，春秋中期的栾书缶，春秋晚期的子乍弄鸟尊上都有错金铭文。1965年山西长治分水岭出土错金云纹铜盖豆，通体纹饰皆以错金装饰，器盖和器腹的主题纹饰是云纹，另有三瓣柿蒂纹、"K"纹、斜三角云纹、垂叶纹作辅纹，主纹与辅纹交错呼应，错金工艺精湛，历时两千余年仍然光彩熠熠[5]。20世纪70年代在河北省平山县三汲村出土错银有翼神兽2对，4件，两对神兽除头向相反外，形体及各部分纹饰皆相同，神兽昂首挺胸，转颈侧视，前胸宽阔而低沉，两肋生翼，翼上饰长羽纹，臀部浑圆，爪如钢钩，后尾斜垂呈花鞭状，尾饰羽片和长毛纹，除了用银线错出全身千变万化的云纹外，还用银线错出口、眼、耳、鼻、毛、羽以加强其神态，使翼首倍添神秘威武

图1-8　错银几何纹扁壶（战国中期）

①　参见文启明：《河北新乐中同村发现战国墓》，《文物》1985年第6期。

②　参见郭宝钧：《山彪镇与琉璃阁》，科学出版社1959年版，第18页。

③　中国青铜器全集编辑委员会编：《中国青铜器全集9：东周3》，文物出版社1997年版，图版第122页。

④　参见安志敏：《河北省唐山市贾各莊发掘报告》，《考古学报》1953年Z1期。

⑤　参见边成修：《山西长治分水岭126号墓发掘简报》，《文物》1972年第4期。

图1-9 错金银铜杖首（战国早期）

之感①，除了错银工艺技术的精湛，翼兽形态的活灵活现也展现了工匠高超的造型能力和表现技巧。美国弗利尔美术馆藏的错银几何纹扁壶（见图1-8②）也是战国中期错银工艺的佼佼者，通体装饰对称的错银几何纹，纹饰华美，工艺精良。

错金银是先秦晚期较常见的装饰工艺，错金和错银两种工艺现于一器，金银两色强烈的色彩对比，在青灰色青铜的衬托下，更是华丽夺目。用错金银工艺制作的器物还有与错银有翼神兽同出于河北平山中山王䗪墓错金银龙凤鹿方案架、错金银虎噬鹿器座③、1981年洛阳小屯出土的错金银铜鼎、曲阜鲁国故城出土的错金银铜杖首（见图1-9④）等，都堪称先秦青铜错金银工艺的杰作。

金属错嵌工艺与非金属镶嵌工艺相互映衬的作品昭示着镶嵌工艺技术水平的不断进步。1975年河南省三门峡上村岭出土的错金龙耳方鉴，该鉴的口沿和颈部有错金嵌绿松石的复合菱形图案，鉴腹外壁以勾连纹为界栏，栏内装饰有错金嵌绿松石方形几何图案，方鉴的四个龙形大耳上均以绿松石镶纹饰。⑤ 1964年山东临淄商王庄出土嵌金镶绿松石大铜镜，该铜镜直径

① 参见河北省文物研究所：《䗪墓——战国中山国国王之墓》，文物出版社1996年版，第139—140页。

② 中国青铜器全集编辑委员会编：《中国青铜器全集7：东周1》，文物出版社1998年版，图版第151页。

③ 参见张守中、郑名桢、刘来成：《河北省平山县战国时期中山国墓葬发掘简报》，《文物》1979年第1期。

④ 中国青铜器全集编辑委员会编：《中国青铜器全集9：东周3》，文物出版社1997年版，图版第63页。

⑤ 参见河南省博物馆：《河南三门峡市上村岭出土的几件战国铜器》，《文物》1976年第3期。

29.8 厘米，镜钮以三环钮呈鼎足状设于镜周，镜背纹饰作四等分，饰以云纹，在粗线条的云纹上错以金丝，地嵌绿松石，还嵌有 9 枚（失 4 枚）银质乳丁，该铜镜镜体巨大，图案结构严谨，纹饰配置巧妙，装饰工艺精湛。[1]

先秦时期青铜镶嵌工艺的探索与技术积累，为西汉青铜装饰工艺的发展奠定了良好的技术基础，1964 年陕西西安西关出土西汉金错蟠虺纹钫，1968 年河北满城西汉中山靖王刘胜墓出土错金银鸟篆纹铜壶都基本保持了战国时期的制作工艺和装饰传统。

二、包金工艺

黄金作为一种贵重金属，良好的延展性，稳定的化学性能，不易氧化，色泽闪耀等特点，使其成为精致器件的装饰材料。将极薄的金箔包裹在青铜铸件表面，称为"包金工艺"。包金工艺出现不晚于殷代，在殷墟西北冈大墓曾出土包金铜泡。在殷墟考古发掘中还出土了大量厚度不超过 0.2 毫米的金叶，研究人员从有些金叶上有少许铜锈的现象判断，这些金叶应该曾经包裹于青铜器物表面，出土时由器物上脱落。[2] 包金工艺是最快速便捷地将金与青铜贴合起来的方式。从考古材料看，包金工艺至迟沿用至战国晚期，河南浚县辛村卫国墓地 24 号墓曾出土两件西周时期的包金兽首，铜底厚重而刻镂精致的纹饰，包金薄而匀，花纹细线露显出来；42 号墓曾出土数片极薄的用以包裹铜矛柄的金叶。[3] 琉璃阁第 60 号墓出土包金贝币 1000 枚以上，

图 1-10　包金镶银铜泡饰（战国中期）

---

[1]　参见齐文涛：《概述近年来山东出土的商周青铜器》，《文物》1972 年第 5 期。

[2]　转引自朱凤瀚：《中国青铜器综论》上册，上海古籍出版社 2009 年版，第 794 页。

[3]　参见郭宝钧：《浚县辛村》，科学出版社 1964 年版，第 62、53 页。

图1-11　金面罩铜人像（商晚期）

还有60多面包金蟠龙纹甲泡，琉璃阁甲墓出土包金铜贝1548枚[1]，中山王𰯼墓出土的包金镶银铜泡饰（见图1-10[2]），直径分别为5.2厘米和5.8厘米，铜泡饰整体呈圆形，外圈鼓棱，并包有金片，内圈中间镶嵌一朵用银片捶打成梅花，娇俏精致[3]。

如果在包裹金箔的时候使用了黏合剂，也称为"贴金工艺"，黏合剂一般用金胶漆或大漆。殷墟妇好墓出土的铜虎形饰中有一件的眼睛"似以金叶镶贴"[4]。叶小燕认为贴金的金箔更薄，贴金比包金更节省金箔，由于使用了黏合剂，贴金的金箔与铜器贴合更加紧密，不易脱落，有时会被误认为是鎏金。[5] 曾侯乙墓出土940件金箔，另有大量的贴金箔马饰和弹簧状金丝[6]，长治分水岭出土的铜泡、车軎等，由于年代久远，很多包金或贴金青铜器出土时金箔已经脱落，有时判断其是包金还是贴金还需经过现代技术的检验。贴金最有代表性的器物当属三星堆出土的金面罩铜人像（见图1-11[7]）。制作金面罩时，先将金箔套在铜人头像的脸上，经过锤棒的敲打按压，金箔与人头像的面部和五官都紧密贴合，形成面罩；再将面罩取下挖去眼眶内的金箔，然后回火使之定型，最后使用大漆将金面罩黏合在铜人像的面部。[8]

---

① 参见郭宝钧：《山彪镇与琉璃阁》，科学出版社1959年版，第61、71页。
② 河北博物院编：《战国雄风：古中山国》，文物出版社2014年版，第127页。
③ 参见河北省博物院编：《战国雄风：古中山国》，文物出版社2014年版，第127页。
④ 参见中国社会科学院考古研究所编著：《殷墟妇好墓》，文物出版社1980年版，第111页。
⑤ 参见叶小燕：《我国古代青铜器上的装饰工艺》，《考古与文物》1983年第4期。
⑥ 参见湖北省博物馆编著：《曾侯乙墓：战国早期的礼乐文明》文物出版社2007年版，第19页。
⑦ 四川省文物考古研究院等：《三星堆出土文物全纪录·青铜器》，天地出版社2009年版，第124页。
⑧ 参见赵殿增：《三星堆文化与巴蜀文明》，凤凰出版社2004年版，第398—399页。

三、鎏金工艺

早在西周时期中原地区的铸铜工匠就发明了鎏锡工艺，张子高考证《诗经·秦风·小戎》《释名·释车》中"鋈"字的本义即为"镀锡"。[①] 郭宝钧认为周纬在《中国兵器史稿》中提及的殷墟出土的内质红铜、外镀锌镍的"铜盔"[②]；浚县辛村出土的"表面发银白色的铜戈"、山彪镇一号墓出土的表面银白色的剑，均为鎏锡之器[③]。1967 年和 1972 年甘肃灵台白草坡西周墓出土通体镀一层锡的铜戈、铜钺、铜戟，外表银光灼灼，未见锈痕，还有援基部镀锡的短剑。[④] 冶金史学家认为华觉明认为镀锡和鎏金都属于表面处理工艺，镀锡可以分为热镀和鎏锡两种，鎏金则经过涂压金汞，烘烤后形成镀层。[⑤] 鎏金工艺又称汞镀金或是火镀金，是我国早期金属文明的又一项重大发明，比西方早几个世纪。

关于鎏金工艺的记载，最早见于《后汉书》。

（玉）检用金缕五周，以水银合金以为泥。

《后汉书·祭祀》

鎏金工艺主要分四个工序：

第一个工序是煞金。把金箔剪成碎片，放入坩埚中加热至 400℃左右，然后倒入水银，用铜棒搅动，使金完全溶解于水银之中，然后加冷水使之冷却，制成银白色泥膏状的金汞合金，俗称"金泥"。

第二个工序是抹金。用磨炭打磨掉铜器表面的铜锈，用铜质的"涂金棍"将"金泥"与盐、矾的混合液均匀地涂抹于预鎏金器物的表面，边涂抹

① 参见张子高：《从镀锡铜器谈到鋈字本义》，《考古学报》1958 年第 3 期。
② 参见周纬：《中国兵器史稿》，中华书局 2018 年版，第 58 页。
③ 参见郭宝钧：《中国青铜器时代》，生活·读书·新知三联书店 1963 年版，第 47 页。
④ 参见初仕宾：《甘肃灵台白草坡西周墓》，《考古学报》1977 年第 2 期。
⑤ 参见华觉明：《中国古代金属技术——铜和铁造就的文明》，大象出版社 1999 年版，第 189 页。

边推压，以保证金泥在器物表面黏附牢靠。

第三个工序是开金。以适当温度的木炭烘烤器表，令水银蒸发，将黄金留于器表，其色泽也由银白色转为金黄色，同时用鬃刷拍打器表，使鎏金层紧贴器表。如果期望器表的黄金有一定的厚度，则需要重复抹金和开金数次。

最后一个工序是压光。使用玉石或者玛瑙制作的"压子"沿器物表面进行压平、磨光，使鎏金层与铸器牢固结合，呈现出金光闪烁的效果。

除了鎏金工艺外，也有在青铜器表面鎏银的工艺，制作工序与鎏金相同，使用银汞热融的"银泥"涂抹器表，但是现在可见的鎏银器物数量少于鎏金。

目前所见最早的青铜鎏金实物有 1982 年浙江省绍兴市狮子山的 1 件鎏金嵌玉扣饰[1]，山东省曲阜市出土的一个鎏金长臂铜猿[2]，两件器物均为春秋战国之交遗存，所以判断鎏金工艺的出现时间是春秋晚期。

图 1-12　长信宫灯（西汉）

战国时期鎏金器开始增多，鎏金工艺也由最初应用于饰物等小件器物逐步扩展到青铜容器的装饰。曲阜鲁国故城战国早期乙墓出土鎏金镶玉铜带钩[3]、河南辉县固围村 M1 出土的大玉璜的两端为铜质鎏金[4]。鎏金工艺也与其他工艺同时使用，如美国塞克勒美术馆藏一件战国早期的错金银鸟纹壶，敞口，敛颈，鼓腹，平底，矮圈足，肩部设一对铺首衔环耳（缺一环），颈、腹部共有三周错金银的鸟纹，腹部装饰带间有三周弦纹，器口、颈部、腹部及圈足四个鎏金带将

① 参见牟永抗：《绍兴 306 号战国墓发掘简报》，《文物》1984 年第 1 期。
② 参见叶小燕：《我国古代青铜器上的装饰工艺》，《考古与文物》1983 年第 4 期。
③ 参见山东省文物考古研究所等编：《曲阜鲁国故城》，齐鲁书社 1982 年版，第 152 页。
④ 参见中国科学院考古研究所编著：《辉县发掘报告》，科学出版社 1956 年版，第 80、81 页。

三个装饰带隔开，该器纹饰布局疏密有致，错金银与鎏金工艺结合使用使整器显得华贵大方。

西汉时，鎏金工艺发展到高峰，西汉贵族墓葬多有鎏金器物随葬，且多是大件器物，仅满城汉墓出土的鎏金铜器就有长信宫灯（见图1-12[①]）、鎏金虎形铜器座、鎏金对兽形铜饰、鎏金镶玉铜铺首、漆案鎏金铜部件、鎏金银蟠龙纹铜壶、鎏金银乳钉纹铜壶、鎏金鸳鸯铜戈等[②]。造型之优美，制作之精湛，件件堪称中国古代艺术史之精品。

四、刻纹工艺

刻纹工艺是指用尖锐的工具在铸好的青铜器上刻凿花纹的装饰工艺，是一种兴起于春秋晚期，盛行于战国早期和中期的青铜装饰工艺。关于刻纹工艺的兴起，李学勤以出土遗物的分布为依据，判断刻纹工艺是南北方同时兴起[③]，叶小燕则认为刻纹铜器的出土地虽不同，但同类器物的形制、质地、图案基本相同或相似，可能是某一地区工匠所创制并生产的青铜器物，作为商品流通到其他地区[④]。

刻纹工艺的发明与铁器的出现和广泛使用密切相关，能够在青铜器器表留下刻纹的工具硬度一定高于青铜器，所以锐利的铁质刻刀是刻纹工艺的必备条件。此外刻纹青铜器器壁较薄，多为锻打而成，与厚重的礼器形成了鲜明的对比。何堂坤对1978年江苏淮阴高庄战国中期墓出土的20多件刻纹铜器的合金成分、金相、表面等进行了科学分析，他认为刻纹铜器的合金配比及锻打成型技术都最适合于刻纹工艺。[⑤]

---

① 河北博物院编：《大汉绝唱：满城汉墓》，文物出版社2014年版，第147页。

② 参见河北博物院编：《大汉绝唱：满城汉墓》，文物出版社2014年版，第146—219页。

③ 参见李学勤：《东周与秦代文明》，上海人民出版社2016年版，第212—213页。

④ 参见叶小燕：《东周刻纹铜器》，《考古》1983年第2期。

⑤ 参见何堂坤：《刻纹铜器科学分析》，《考古》1993年第5期。

刻纹铜器的制作大致分为六道工序[1]：

第一道工序浇铸器坯。按适合的合金成分浇铸出铜器的坯材。

第二道工序锻打成型。在高温下，用锤锻的方式将坯材加工成型。

第三道工序再结晶退火。这一工序是为了改善材料的塑性，降低其硬脆性。

第四道工序磨光。打磨器表，使其光滑。

第五道工序刻纹。在器表光滑的青铜器表面刻画花纹。

第六道工序镀锡、铅，或鎏金。以掩盖研磨不精而留下的纹道，不仅可以保护器表，同时还能获得光洁闪亮的视觉效果。

第五道工序的刻纹还分前期粗錾和后期细刻两大步骤：前期粗錾是指刻纹工艺首先以錾凿为主，在青铜器器表錾刻出楔形点，这一步的作用是花纹的定位，为下一步的细致刻画做准备；后期细刻指刻纹工艺的细化加工，多为分段刻画，这一步将前期的楔形点用线条连接起来，在青铜器器表形成花纹纤细，线条流畅的装饰纹样。

1964 年在江苏六合程桥东周墓出土 5 片有浅刻画纹的碎铜片，内容虽有不同，但是纹饰的风格和铜片的厚度相同，研究者判断它们同属一件器物，纹饰描绘有树木、野兽、对饮的人物和侍者等，应该是一幅贵族燕饮狩猎图，由于錾刻时着力不等，纹饰构成虚线的图像[2]。1978 年河南省博物院等单位在信阳固始县侯古堆 1 号陪葬墓坑中发掘出土了 1 件造型与工艺堪称完美的线刻对虎纹三足壶。该壶造型独特，器表除肩部刻有带状回环纹外，其余均是刻有以梭形纹相隔的斗虎纹，器盖周边也有带状回纹环绕。[3] 辉县琉璃阁 1 号墓出土刻纹奁、辉县赵固所发现的刻纹铜鉴、长治分水岭 12 号墓发现的刻纹铜匜、陕县后川 204 号墓发现的刻纹铜匜都是使用刻纹工艺装饰的青铜器，器上用硬度极高的尖锐工具在铜器上刻画，线条细如发丝的人

① 参见何堂坤：《刻纹铜器科学分析》，《考古》1993 年第 5 期。

② 参见汪遵国、郁厚本、尤振尧：《江苏六合程桥东周墓》，《考古》1965 年第 3 期。

③ 参见固始侯古堆一号墓发掘组：《河南固始侯古堆一号墓发掘简报》，《文物》1981 年第 1 期。

物、园林、狩猎、舞蹈等纹饰，都有异曲同工之妙。① 山东长岛王沟东周墓群 2 号墓出土鎏金刻纹铜匜和鎏金刻纹铜鉴的残片（见图 1-13②），从铜鉴的残片判断，铜鉴的外壁素面，内壁除口沿外满刻花纹后鎏金，自口沿向下一共三个装饰带，装饰带之间以简单的双线三角纹、纵短线、三线三角纹隔开，第一个装饰带是三树一

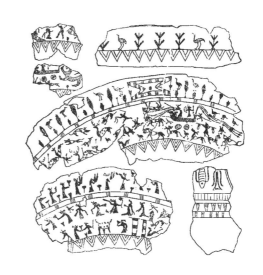

图 1-13　鎏金刻纹铜鉴（春秋晚期）的残片纹饰摹本

鸟的二方连续图案，第二个装饰带是树与鸟穿插的二方连续图案，第三个装饰带描绘了生动的狩猎和宴饮的场景，狩猎的场景中有车马行进、勇士持弓、猎犬、野兽、梅花鹿奔跑其间，猎鹰在空中盘旋，宴乐的场景中有一只正在煮食的大鼎，鼎旁有人执勺，有人执豆，有人舞蹈……该铜鉴上在刻纹后还饰以鎏金。③ 还有上海博物馆藏战国刻纹宴乐画像楕桮，其上以刻纹的手法刻画了 3 所建筑、2 辆车、48 个人、33 只鸟、10 只兽，以及其他各种器物，所有的人、建筑、车辆、鸟兽皆安排有序，画面组织协调规整，描绘了一幅战国时代贵族生活的写照，是一件不可多得的珍品。④

　　刻纹工艺不仅用于纹饰的刻画，同时也是铭文刻写的重要手段，而且从现在掌握的材料看，刻纹工艺用以刻铭的时间可能远远早于刻画纹饰。曲沃北赵村晋国墓地出土刻写了长篇铭文的编钟，将青铜器上刻写铭文的年代上推至西周末年。刻铭青铜器还有中山王礜墓出土的铜方壶，其器表铭文 448

---

① 　参见郭宝钧：《商周铜器群综合研究》，文物出版社 1981 年版，第 102 页。

② 　李步青、林仙庭、王富强：《山东长岛王沟东周墓群》，《考古学报》1993 年第 1 期。

③ 　参见李步青、林仙庭、王富强：《山东长岛王沟东周墓群》，《考古学报》1993 年第 1 期。

④ 　参见马承源：《漫谈战国青铜器上的图像》，《文物》1961 年第 10 期。

字皆以刻画的方式撰写。

刻纹工艺不仅流行于中原地区，云南也出土了大量刻纹铜器，江川李家山出土的孔雀衔蛇纹铜锥、虫兽纹铜臂甲都是战国时期的遗物，器上以线刻花纹，线条流畅，形象生动，是古滇国青铜艺术精品。刻纹工艺也是汉代青铜器常用的装饰工艺，刻纹铜器的种类也较战国时期更加丰富，铜灯、薰炉、铜镇、动物雕塑等也常以刻纹工艺装饰。1971年广西合浦出土的凤灯，通体以刻纹工艺刻画凤鸟的羽毛，还在灯罩刻画一回首兽纹[1]；1986年江西南昌京家山出土刻纹铜盘，盘面以刻纹的手法满刻奔虎、飞龙、凤鸟、怪兽、孔雀、麋鹿、猕猴等图案，在动物间还间以卷草纹，刀法犀利，花纹繁缛，精致异常[2]。

五、髹漆工艺

漆是漆树的树脂，具有防腐蚀耐酸碱的特性。中国是世界上最早发现和使用漆的国家，早在新石器时代就开始制作漆器，河姆渡遗址就曾出土朱漆木碗。近日考古工作人员又在浙江余姚井头山遗址发掘出土两件木器，发现器表涂有人工漆，将人类使用漆的历史提前到8000多年前。[3]在青铜器表面髹漆，其功能无外有二，一是装饰，二则可防锈蚀。

殷商时期，中国的漆器工艺已十分发达，许多墓葬中都有精美的漆器出土，髹漆也成为青铜器物装饰的一种工艺手段。1979年河南罗山天湖商代晚期墓地出土纹饰阴线部位髹填黑漆的青铜鼎3件，髹漆后的纹饰更为清晰，形象更加逼真。[4]

---

[1] 参见广西壮族自治区文物考古写作小组：《广西合浦西汉木椁墓》，《考古》1972年第5期。
[2] 参见陈定荣：《南昌市京家山汉墓》，《考古》1989年第8期。
[3] 参见曾毅等：《世界使用漆的历史提早到8000多年前》，《光明日报》（电子版）2021年7月8日第9版。
[4] 参见欧潭生：《罗山天湖商周墓地》，《考古学报》1986年第2期。

　　暂时未见西周至春秋时期髹漆漆器的记载。战国时期，楚国的漆器工艺最为发达，这一时期的楚式青铜器髹漆者不在少数，如淅川和尚岭 1 号墓出土填漆云纹铜鼎 2 件，在器盖所饰卷云纹中填漆[1]，信阳长台关 2 号楚墓出土铜镜 1 件，镜背髹朱色漆地，以黑、银灰、黄三色漆描绘盘结的蟠虺纹，纹饰精巧生动[2]；包山 1 号楚墓出土圆形铜镜 1 件，镜背以红、黄、金三色漆绘内、外两组图案，内圈以一凤一凰间以云纹的圆形适合纹样，外圈为变形卷云纹修饰；包山 2 号楚墓出土圆形镜和方形镜各 1 件，圆镜镜托髹黑漆，方镜镜托髹黑漆，以朱色绘凤鸟、以黄色凤鸟身上的翅羽，并以朱黄两色的勾连云纹装饰其间[3]，漆绘绘制精巧，色彩艳丽，独具特色。还有曾侯乙墓出土的编钟以人形为簴，形若武士，站立呈托举状，武士的服装与身体一同铸造成型，然后在衣服上髹以黑漆，再沿凸起的衣襟边缘绘朱色花瓣纹，下裳则绘直线条纹；编钟的铜圆柱柱身、柱座、柱顶皆以黑漆为地，再以朱、黄色绘云纹、花瓣纹、三角雷纹、鳞纹、圆圈纹等纹饰。[4]

　　战国时期，铜器的髹漆装饰不仅局限于填错纹饰，还与错嵌工艺等结合，使青铜器呈现更加丰富的装饰效果。1974 年，河南省三门峡上村岭曾出土一件跽坐人漆绘铜灯，该灯通高 48.9 厘米，分段铸制，跽坐人的头部和躯干为分段铸制后再铆接为一体，跽坐人头戴冕冠，发梳偏髻，冠带系于颚下，腰束宽带，带勾以浮雕状呈现；双手持叉形灯柱，柱顶有圆形灯盘，直径 32.7 厘米，盘内有三个尖钉形烛座。灯盘外缘有三角形漆彩，叉形灯柱上有朱色髹漆，由于年代久远，只剩少量髹漆遗迹。[5] 1977 年河北省平山出土，现藏于河北省文物研究所的勾连云雷纹

[1]　参见河南省文物研究所、南阳地区文物研究所、淅川县博物馆：《淅川县和尚岭春秋楚墓的发掘》，《华夏考古》1992 年第 3 期。

[2]　参见河南省文物研究所编著：《信阳楚墓》，文物出版社 1986 年版，第 111 页。

[3]　参见湖北省荆沙铁路考古队编著：《包山楚墓》上册，文物出版社 1991 年版，第 37、194 页。

[4]　参见湖北省博物馆编著：《曾侯乙墓》上册，文物出版社 1989 年版，第 78—80 页。

[5]　参见河南省博物馆：《河南三门峡市上村岭出土的几件战国铜器》，《文物》1976 年第 3 期。

图1-14　勾连云雷纹方壶（战国中期）

方壶（见图1-14①），是战国中期的作品，该壶与嵌绿松石方壶形制相似，只是遍布器表的是勾连云雷纹，而在横铸好的沟槽中不仅镶嵌有绿松石，还镶嵌有红铜，同时还填以蓝漆，使该壶更显其雍容华贵。辉县琉璃阁甲墓出土髹漆蟠螭纹盖豆，器盖已遗失，器身中部有凸弦纹一周，其上下均饰变形蟠螭纹装饰带，并髹有黑漆。②

青铜器装饰采用髹漆工艺一直延续到西汉时期，广西贵县罗泊湾汉墓出土铜钫1件，器表髹黑漆，并画有图案；出土壶1件，壶颈部和腹部漆绘制彩色的蝉形垂叶纹和勾连云纹图案；还有1件提梁漆绘筒，仿竹筒造型，分上下两节，每节分两段，每段都以漆绘制完整的画面，涉及人物、禽兽、花木、山岭、云气等。③

---

① 中国青铜器全集编辑委员会编：《中国青铜器全集9：东周3》，文物出版社1997年版，图版第158页。

② 参见李琴：《故宫博物院藏辉县琉璃阁甲乙墓青铜器》，《中原文物》2010年第6期。

③ 参见广西壮族自治区博物馆编著：《广西贵县罗泊湾汉墓》，文物出版社1988年版，第34—38页。

第二章　藏礼于器：青铜器物的形制与构成

中国的青铜时代以大量礼器和兵器为典型特征，这与西方青铜时代以武器和切割工具为标志有所不同。"国之大事，在祀与戎。"先秦时期，王朝国家观念逐渐形成，礼器作为参与王朝国家重大事务的常规用器是各种礼仪活动不可或缺之物。先秦时期的"礼"的表现形式包括仪式和器物两个部分，仪式是行礼者通过动作表达象征性的过程，在这个过程中行礼者要借助器物的辅助完成仪式的全过程，在不同的礼仪活动中使用的器物也有明确的区分。

第一节　器物的分类与造型特征

先秦时期的青铜器种类繁多，功能与形制有着明确的区分，也有各自不同的名称。李济依据器足形态将青铜容器分为圜底目、平底目、圈足目、三足目、四足目、盖形目。[①] 田自秉根据生活用途的不同，将青铜器分为烹饪器、食器、酒器、水器、杂器、兵器、乐器、工具等八类。[②] 马承源按照器物

---

① 参见李济：《记小屯出土之青铜器》，《考古学报》1948 年第 3 期。
② 参见田自秉：《中国工艺美术史》，商务印书馆 2014 年版，第 32—37 页。

的用途和性质归类的方法，将青铜器分为：兵器、饪食器、酒器、盥水器、乐器、杂器等类。[①]借鉴多位学者的分类方法，本书以青铜器的功用为主要依据，将青铜器分为食器、酒器、水器、兵器、乐器、车马器、其他类型器七类。

一、食器

人的最基本的需求是满足生存需要的生理需求，"民以食为天"的观念在中华数千年的文明史中源远流长。"食为政首"强调政事之首是农业问题，"以农为本"自先秦开始成为悠悠千年华夏民族的治世理念。早期文献有许多相关论述。

八政：一曰食，二曰货，三曰祀，四曰司空，五曰司徒，六曰司寇，七曰宾，八曰师。

《尚书·洪范》

王者以民人为天，而民人以食为天。

《史记·郦生陆贾列传》

夫礼之初，始诸饮食。

《礼记·礼运》

王者以民为天，而民以食为天。

《汉书·郦陆朱刘叔孙传》

"神农耕而作陶"。制陶业伴随着原始农业的发展而出现，"耕"的目的是生产粮食，"陶"是用以加工食物的器具，由陶制食器演变而来的青铜食

---

① 参见马承源主编：《中国青铜器》（修订本），上海古籍出版社 2003 年版，第 22 页。

器在先秦青铜器物中占有很大的比重。这里提到的食器是与食物相关的青铜器物，既包括烹饪用器，也包括盛装食物的器皿，以及食用食物时的器物。依此，本书将青铜食器分为烹饪器、盛食器和辅餐器三类。

（一）烹饪器

烹饪器是指用于加工食物的器皿。先秦时期主要的烹饪方式是蒸煮，最常见的器皿有鼎、甗、鬲等。

1.鼎

《玉篇》中对于"鼎"的定义是"所以熟食器也"，即"鼎"是用来将食物煮熟的器物。考古发掘出土的鼎的底部和足部多残留有烟炱，也证明了鼎的烹煮功能。依据鼎的这一实用功能将其归入烹饪器。

作为先秦青铜礼器的重要组成之一，鼎除了作为烹饪器的实用功能外，它还具有象征着国家权力的符号意义。散见于早期文献中的"夏铸九鼎"的传说，记录了"鼎"在先秦社会中的特殊地位和意义。

> 桀有昏德，鼎迁于商，载祀六百。商纣暴虐，鼎迁于周。德之休明，虽小，重也。其奸回昏乱，虽大，轻也。天祚明德，有所底止。成王定鼎于郏鄏，卜世三十，卜年七百，天所命也。周德虽衰，天命未改。鼎之轻重，未可问也。
>
> 《左传·宣公三年》

> 昔者夏后开使蜚廉折金于山川，而陶铸之于昆吾；是使翁难雉乙卜于白若之龟，曰："鼎成三足而方，不炊而自烹，不举而自藏，不迁而自行，以祭于昆吾之墟，上乡！"上乙又言兆之由曰："飨矣！逢逢白云，一南一北，一西一东，九鼎既成，迁于三国。"夏后氏失之，殷人受之；殷人失之，周人受之。夏后、殷、周之相受也，数百岁矣。
>
> 《墨子·耕柱篇》

67

（昭襄王）五十二年，周民东亡，其器九鼎入秦。周初亡。

《史记·秦本纪》

　　一般认为青铜鼎的形制是由陶鼎演变而来，《说文解字》云："鼎，三足两耳，和五味之宝器也。""三足两耳"是对鼎形器形态的界定，"和五味"则是对其功能的描述。陶鼎多为三足圆腹，所以早期的青铜鼎多为三足圆鼎（见图 2-1①），后来逐渐演变出了四足方鼎（见图 2-2②）。鼎的整体形态主要由三部分组成：鼎腹、鼎耳和鼎足。从形态演变来看，鼎的形态变化主要表现为这三个部分的不断演变。

<table>
<tr><td>图 2-1　董鼎（西周早期）</td><td>图 2-2　司母辛方鼎（商晚期）</td></tr>
</table>

　　鼎腹：青铜鼎主要分为两类，即圆鼎和方鼎，区别圆鼎和方鼎的主要标志就是器腹。器腹浑圆，是圆鼎；器腹四方，是方鼎。先秦早期的青铜鼎以圆鼎为多，方鼎大约出现在商文化繁盛期（二里岗文化），如杜岭大方鼎，

① 王丹青：《燕国燕地与燕侯——从首都博物馆藏克盉克罍说起》，《收藏家》2019 年第 1 期。
② 中国青铜器全集编辑委员会编：《中国青铜器全集 2：商 2》，文物出版社 1997 年版，图版第 39 页。

最有代表性的方鼎当属后母戊大方鼎（也称司母戊大方鼎）。先秦早期青铜圆鼎的器腹较深，后来逐渐出现器腹浅的鼎，先秦中期出现了鼎腹浅，腹底略有弧度的盘鼎，先秦晚期在盘鼎的基础上又演变出现了器腹浅，腰部内敛的束腰平底鼎，如王子午鼎。

鼎耳：青铜鼎作为蒸煮食物使用的器皿，加热后器身温度随之升高，不便于搬移，鼎耳则是为了方便搬移设置的功能体，可以借助其他器具达到挪移青铜鼎的目的。搬移大型的"鼎"用的器具被称为"铉"，是一种青铜制作的钩状物件，《说文解字》："铉，所以举鼎也。"搬动小型的鼎则使用"鋊"，《说文解字》："鋊，所以句鼎耳于炉炭。"先秦早期青铜鼎的鼎耳多位于鼎的口沿部位，左右相对，半弧状，与口沿基本垂直，或略向外侈，厚度与口沿相当，无装饰。鼎耳有实芯，也有凹槽空芯。先秦中期青铜鼎鼎耳的位置出现变化，鼎耳位置下移，从鼎颈部外壁横向伸出，转而向上，并向外侈。先秦晚期，鼎耳的造型有装饰性变化，特别是束腰平底鼎，鼎耳随鼎口沿的外侈而伸展。四足方鼎的鼎耳多为方形，如后母戊大方鼎，偶有见鼎耳上添加其他装饰。

对于鼎足与鼎耳的位置关系，早在 20 世纪 50 年代，郭宝钧就提出了四点配列和五点配列法。他认为先秦早期的三足圆鼎多是采用耳足四点配列法，到殷墟晚期开始采用耳足五点配列。[①] 所谓四点配列是指一个足在鼎耳的垂直线下，其他两足，分别在另一鼎耳的两旁，因一耳与一足重叠，所以称四点配列，这是商代中期以前鼎鬲类耳足配列的特点。所谓五点配列是指以鼎的三足为三个顶点，构成一个等边三角形，鼎的双耳位于这个等边三角形其中两条边线中点连线的延长线上。

鼎足：先秦早期，准确来说是二里头到商初，鼎足多为实锥足，如1987 年出土于河南偃师县坞垱头村二里头遗址的坞垱头锥足铜鼎。商中期出现空芯锥状足，商中后期演变出实芯柱状足。作为充满设计变化的功能体，鼎足除了最为常见的锥状足和柱状足之外，商中期出现了扁足，妇好

---

① 参见郭宝钧：《商周铜器群综合研究》，文物出版社 1981 年版，第 5—6 页。

图 2-3　兽面纹虎足鼎（商晚期）

扁足鼎就是一例。扁足鼎扁足的形态应是由锥状足演变而来，最初如锥状足，接触面仅足尖部分，逐渐演变为接触面增大的 L 形扁足。1989 年江西新干大洋洲出土扁夔足鼎 16 件，其中扁圆状夔足鼎 9 件，形制基本相同，纹饰有所区别，夔足呈扁圆状；另有扁平状夔足鼎 5 件，形制纹饰均有区别，罐形鼎 2 件。① 兽面纹虎足鼎（见图 2-3 ②）就是其中之一，该鼎通高 38.2 厘米，鼎身折沿方唇，浅腹圜底，方形立耳上各设一卧虎，腹下接扁圆体变形虎形三足，虎口侈张。

先秦早期，青铜鼎的装饰主要出现在颈部，呈与器物口沿平行的带状装饰。随时间的推移，装饰面积逐渐扩大，向器腹、器足扩散，多以带状装饰为主。扁足鼎的足部多为镂空装饰。先秦晚期还出现了有盖的鼎，鼎盖多隆起做圜顶，盖顶作圈足状钮，盖顶装饰多以盖中心为圆心的环状装饰。

2. 鬲

鬲是用来煮粥的器物，龙山文化出土有陶制鬲。查阅早期文献能够帮我们大致了解鬲的形制和功能。

款足者谓之鬲。

《尔雅·释器》

① 参见彭适凡、刘林、詹开逊等：《江西新干大洋洲商墓发掘简报》，《文物》1991 年第 10 期。
② 中国青铜器全集编辑委员会编：《中国青铜器全集 4：商 4》，文物出版社 1998 年版，图版第 18 页。

实不中其声者谓之窾。

《史记·太史公自序》

其空足曰鬲，以象三德，飨承天祜。

《汉书·郊祀志》

鬲，鼎属也。

《说文解字》

鼎和鬲在形制上有许多相似之处，西周时期有铭文的青铜鬲常自称为"鼎"，《说文解字》更是指明鬲是鼎的一种。对于鼎和鬲在形制上的区别，我们从上文转引早期文献的记载了解到前人认为"空足者为鬲"，但是从我们对器物形制的了解和掌握来看，鼎也有空足，所以这个关于鼎和鬲的区别是不能成立的。我们借助苏秉琦对于陶鬲的研究来帮我们厘清鼎和鬲在形制上的区别，"鼎是由一个半球形器加上三足，鬲是腹足不分"[1]。这大概可以理解为鼎和鬲最大的区别在于器腹与器足的关系，鼎腹和鼎足可以明确地辨别为两个部分，而鬲的器腹和器足是连体的，没有明确界限。

邹衡依鬲裆部的形制将鬲分为两类：分裆鬲和联裆鬲。[2] 分裆鬲裆部三分，袋状足间界线明确；联裆鬲

图 2-4 兽面纹四足鬲（商中期）

---

[1] 苏秉琦：《陕西省宝鸡县斗鸡台发掘所得瓦鬲的研究（节选）》，收录于《苏秉琦考古学论述选集》，文物出版社 1984 年版，第 104 页。

[2] 参见邹衡：《论先周文化》，收录于《夏商周考古学论文集》，科学出版社 2001 年第 2 版，第 275—276 页。

足间无明显分界，侧视其裆部为连贯拱形。

青铜鬲大约出现在二里岗上层期，分裆鬲是殷商时期和西周早期较为流行的鬲的形态。联裆鬲多见于西周中期以后。先秦早期的铜鬲体态较高，器腹较深，三足铜鬲的耳足如这一时期的铜鼎，多呈四点配列，在殷墟晚期的时候开始采用五点配列，也有四足鬲（见图2-4①）。先秦中期以后，铜鬲的器腹逐渐变浅，口沿部分变宽，出现了无耳铜鬲。

青铜鬲的装饰和青铜鼎也有相似之处，先秦早期的装饰主要是于口沿平行的带状装饰，先秦中后期出现满装饰的青铜鬲。

3. 甗

中国烹饪文化的特点是煎炒烹炸，而先秦时期烹饪制作的方式并不复杂，主要以蒸煮为主。青铜鼎和青铜鬲都是用以煮食，青铜甗则是用以蒸食，其功用类似如今的蒸锅。

> 甗，甑也，一曰穿也。
>
> 《说文解字》

> 甗之为器，上若甑而足以炊物，下若鬲而足以饪物，盖兼二器而有之，或三足而圜，或四足而方。
>
> 《宣和博古图》

> 甗，无底甑也。
>
> 《仪礼集释》

介绍甗必先介绍甑，甑是蒸饭的器皿，底部有用以透气的孔，蒸饭时放在鬲上。甗是由甑和鬲合而为一演变来的器物，使用时下部的鬲盛水，食物放在上部的甑中，置于火上，通过加热鬲中的水形成蒸汽来加工甑中的食物。

---

① 曹玮主编：《赫赫宗周：陕西青铜文明巡礼（上）》，三秦出版社2015年版，第16页。

鬲是先秦时期较为常见的烹饪器，有一体式和分体式两种主要形制。一体式甗甑和鬲铸为一体，不可分。分体式甑和鬲分别铸造，甑和鬲各为一体，使用时套合在一起，分合方便。青铜甗的鬲部多以分裆鬲为主。先秦早期的青铜甗多为一体式，偶见分体式，先秦中期以后分体甗开始出现，并逐渐增多。早期甗的甑部无耳，大约在殷墟时期出现立耳，如驻马嘴兽面纹青铜甗，后来又衍生出錾耳。先秦中期以后，青铜甗数量增多，出土于江西余干黄金埠的应监甗（见图 2-5 [1]），为甑、鬲两部分连体合铸，腰部底层有箅 [2]。这一时期还出现了方甗，如师趛方甗（见图 2-6 [3]）。先秦晚期的青铜甗不论是圆体还是方体，多为分体甗，如河南三门峡上村岭出土的蟠龙纹甗。

图 2-5　应监甗（西周早期）

图 2-6　师趛方甗（西周中期）

[1]　中国青铜器全集编辑委员会编：《中国青铜器全集 6：西周 2》，文物出版社 1997 年版，图版第 90 页。

[2]　参见朱心持：《江西余干黄金埠出土铜甗》，《考古》1960 年第 2 期。

[3]　中国青铜器全集编辑委员会编：《中国青铜器全集 5：西周 1》，文物出版社 1996 年版，图版第 45 页。

图 2-7　仲枏父甗（西周晚期）

一体式甗的甑部有立耳，多铸于甑的口沿部位，殷墟时期出现了铸于甑外壁的半环耳，鬲部无耳。分体式甗的甑部和鬲部都有耳，甑部多为口沿部立耳，鬲部则多为铺首衔环耳。除常见的一体式和分体式青铜甗外，殷中期还出现了联体甗和方形甗，联体甗最具代表性的就是妇好三联甗。就现在掌握的资料看，方形甗的演进有个过程，大约在西周中后期出现了甑和鬲皆为方形的一体甗，如扶风庄白二号窖藏与仲枏父甗（见图 2-7[①]），春秋时期出现了甑和鬲均为方形的分体甗，如上村岭虢墓，考古发掘报告称其为 I 式甗[②]。

（二）盛食器

盛食器是指盛放煮熟的食物的器皿，其功能近似如今的盘碟。先秦时期的青铜盛食器主要有簋、簠、盨、豆等。

1.簋

青铜簋是先秦时期祭礼常见之盛放食物的器皿。

　　於粲洒扫，陈馈八簋。

《诗经·小雅》

[①]　曹玮主编：《周原出土青铜器》第 5 卷，巴蜀书社 2005 年版，第 974 页。

[②]　参见中国科学院考古研究所编著：《上村岭虢国墓地》（黄河水库考古报告之三），科学出版社 1959 年版，第 16 页以及图版五十六（LVI）图 6。

于我乎,每食四簋。

《诗经·秦风》

凡祭祀,共簠簋,实之,陈之。

《周礼·地官》

宰夫设黍稷六簋于俎西,二以并,东北上。

《仪礼·公食大夫礼》

青铜簋大约出现在殷墟时期,多与鼎组合使用。"簋"本写作"毁",宋代金石学家皆释为敦,经清代学者校正,至1935年容庚在《商周彝器通考》中进一步考证,方才得以正名。[1]《周礼·地官·舍人》的"共簠簋",郑玄注:"方曰簠,圆曰簋。盛黍稷稻粱器。"使我们大致明确了簋的基本形制和功用。

青铜簋的主要形制变化在器腹、器耳和器足。青铜簋的器腹较深,最初多为腹径大于口径的鼓腹圈足无耳器(见图 2-8[2]),到殷墟中后期出现半

图 2-8 兽面纹簋(商早期)

图 2-9 利簋(西周早期)

① 参见朱凤瀚:《中国青铜器综论》上册,上海古籍出版社 2009 年版,第 124 页。
② 中国青铜器全集编辑委员会编:《中国青铜器全集 1:夏 商 1》,文物出版社 1996 年版,图版第 162 页。

图 2-10　散车父簋（西周晚期）

环形双耳簋，耳下方有时会加饰方形或钩状珥，偶见铺首衔环双耳簋。先秦中期出现了在圈足之下加一方形底座的器形，如利簋（见图2-9①）。也有的器形在圈足下加三扁足或三兽形足。先秦中期还出现了有盖的青铜簋，盖顶捉手作圈足状，如散车父簋（见图2-10②）。就器身形制而言，青铜簋的器口有的内敛，有的外侈，器腹有鼓腹亦有垂腹，有盖或无盖，有耳或无耳，耳下有珥或无珥，圈足下有底座或者无底座，这些特征并不会干扰我们辨识青铜簋，因为青铜簋最典型的特征是圆形、鼓腹、圈足的较大型青铜器。

青铜簋的装饰多以带状饰于器颈、圈足、器腹、器盖，有耳簋的器耳装饰较为丰富，特别是耳下的珥变化多样，底座的装饰也是有底座青铜簋承载装饰的重要部位。

2. 簠

对于簠和簋的形制，郑玄《周礼·地官·舍人》注："方为簠，圆为簋。"簠也是祭祀、仪礼常见的器物。

> 凡祭祀，共簠簋，实之，陈之。
>
> 《周礼·地官》

> 宾北面自间坐，左拥簠梁，右执涪，以降，公辞。
>
> 《仪礼·公食大夫礼》

---

① 中国青铜器全集编辑委员会编：《中国青铜器全集 5：西周 1》，文物出版社 1996 年版，图版第 46 页。

② 曹玮主编：《周原出土青铜器》第 2 卷，巴蜀书社 2005 年版，第 181 页。

宋以降，学者们将长方形、斗状、器盖与器身同形的器物定名为"簠"。对于其功用，一般认为簠的功用与簋相当，也是盛放黍稷稻粱的器物，只是器形与簋有所区别。郑玄注《周礼·秋官·掌客》："簠，稻粱器也。"依据郑玄的注推断簠和簋在功用上也应有所区别，簠可能是盛装稻粱的器皿。叔家父簠的铭文中也有"用盛稻粱"的记载，该铭文佐证了郑玄对簠的功用的描述。田自秉认为："古时北方多食黍稷，用簋，稻粱在当时是一种珍食，（西周时期）创造簠以盛稻粱，在器皿形态上加以区别。"[1]

青铜簠出现于西周时期，盛行于西周末至春秋初期，战国晚期以后消失。[2] 青铜簠的形制特点是器身和器盖同形，呈长方形斗状，可以相互扣合，半环耳或环耳铸于器盖和器身短边。西周早期的青铜簠的器身和器盖多为四面斜壁状，后由斜壁演变为折壁，如伯公父簠（见图 2-11[3]）。郭宝钧认为这一变化是因为簠的形制是仿制同形竹编器，斜壁腹浅，容量受限，春秋

图 2-11 伯公父簠（西周晚期）

中期（新郑）开始出现了折壁簠，簠口加深增直壁[4]，容量显著加大。

3. 盨

盨的形制类似于簠。盨为圆角长方形，均有盖，器身和器盖可以相扣合。《说文解字》中虽然有盨的字义："槦盨，负载器也，从皿，须声。"但

① 田自秉：《中国工艺美术史》，商务印书馆 2014 年版，第 53—54 页。

② 参见马承源主编：《中国青铜器》（修订本），上海古籍出版社 2003 年版，第 135 页。

③ 中国青铜器全集编辑委员会编：《中国青铜器全集 5：西周 1》，文物出版社 1996 年版，图版第 79 页。

④ 参见郭宝钧：《商周铜器群综合研究》，文物出版社 1981 年版，第 137 页。

是"盨"并未见于三礼。一直以来金石学家们一直将此类器物称为簋，直至1927 年容庚在《殷周礼乐器考略》中区别了盨与簋的形制，此类器才得以定名 [1] 。盨的功用与簋同，盛黍稷稻粱之用。

　　李零认为早期的盨脱胎于附耳方鼎。[2] 根据考古发现掌握的资料，目前已知最早的青铜盨出于西周时期的曲沃北赵晋侯墓 13 号墓的盨 1 [3]。青铜盨出现于西周中期，主要流行于西周晚期，春秋以后使用已不太普遍。青铜盨形制特征的主要变化在于盖顶，多数青铜盨的盖顶为四个矩尺形钮或坏形钮，也有的盖顶做圈足状捲手。器腹下方多为圈足，足跟外侈，偶见器底接四足青铜盨。伯多父盨（见图

2-12 [4]） 1976 年扶风县云塘村窖藏出土，通高 22 厘米，口径26×28 厘米，器身呈椭方形，器盖上有四个锯齿形钮，器腹微鼓，矮圈足外侈，圈足四边各有一个矩形缺口，器身短边各饰一个兽首形半环耳，器盖、盖顶、口沿和圈足均饰窃曲纹，盖面与器腹是瓦楞纹。[5]

图 2-12　伯多父盨（西周晚期）

4.豆

　　青铜豆仿制于同时期盛行的陶豆，始见于商后期，盛行于春秋晚期至战

①　参见容庚：《殷周礼乐器考略》，《燕京学报》1927 年第 1 期。
②　参见李零：《论爰盨发现的意义》，《中国历史文物》2002 年第 6 期。
③　参见朱凤瀚：《关于北赵晋侯诸墓年代与墓主人的探讨》，收录于北京大学中国传统文化研究中心编：《文化的馈赠——汉学研究国际会议论文集》考古学卷，北京大学出版社2000 年版，第 193—194 页。
④　曹玮主编：《周原出土青铜器》第 3 卷，巴蜀书社 2005 年版，第 496 页。
⑤　参见陕西周原考古队：《陕西扶风县云塘、庄白二号西周铜器窖藏》，《文物》1978 年第11 期。

国时期。

> 醢人，掌四豆之实。
>
> 《周礼·天官》

> 凡诸侯之礼，上公豆四十，侯伯豆三十有二，子男二十有四。
>
> 《周礼·掌客》

> 司官撷豆笾勺爵觚觯几洗筐于东堂下。
>
> 《仪礼·少牢馈食礼》

醢是肉酱，醢人是西周时期掌管四豆的宦官，所谓"掌四豆之实"就是掌管四种豆所盛装的不同的肉酱。

青铜豆是礼器的一种，常以偶数组合使用，故有"鼎俎奇而笾豆偶"的说法。青铜豆的形制主要由上下两个部分组成，上部是器身，是盛装食物的功能体，下部为柄，是方便持捧的功能体。早期青铜豆腹部较深，呈半球状，无盖，如 1978 年出土于宝鸡高泉村的周生豆（见图 2-13[①]）。春秋时期出现了

<table>
<tr><td>图 2-13　周生豆
（西周早期）</td><td>图 2-14　黄夫人豆
（春秋早期）</td><td>图 2-15　四虎蟠龙纹豆
（春秋晚期）</td></tr>
</table>

---

① 中国青铜器全集编辑委员会编：《中国青铜器全集 5：西周 1》，文物出版社 1996 年版，图版第 71 页。

有盖的青铜豆，盖顶多为圈足状捉手，也有盖顶做三环钮，如 1983 年河南光山宝相寺出土的黄夫人豆（见图 2-14[①]），是春秋早期遗存。随着器形的演进，有盖的青铜豆器腹两侧加设环形耳，如 1923 年出土于山西浑源李峪村的四虎蟠龙纹豆（见图 2-15[②]）。早期青铜豆的柄部较粗，柄高与腹部深度相同或相近，柄部粗细变化不大，柄中部稍内收，随器形的演进和工艺技术的发展，青铜豆的柄部逐渐变细，高度也逐渐降低，柄部直径一般为腹部直径的五分之一左右，底部逐渐外侈，做圈足或加方形底座，底部直径大于柄部直径。

还有一种形制的青铜豆，有的学者把它归入"铺"，陈梦家认为"铺乃豆类，以音推之当为笾"[③]。因为该形制的器物也自名为"豆"，本书统一将其归为豆。从形制的演进来看，这一类型青铜豆与早期青铜豆相比，器腹浅，口径大，类似现代盘子的造型，多无盖，粗柄束腰，柄部多有镂花，柄部与口沿直径的比大约是 1：2。

5. 敦

敦，作器名读作 dui（音对），先秦文献中有记载。

> 廪人概甑甗匕与敦于廪爨，廪爨在雍爨之北。
>
> 《仪礼·少牢馈食礼》

> 敦牟卮匜，非馂莫敢用。
>
> 《礼记·内则》

> 有虞氏之两敦，夏后氏之四琏，殷之六瑚，周之八簋。
>
> 《礼记·明堂位》

---

① 中国青铜器全集编辑委员会编：《中国青铜器全集 7：东周 1》，文物出版社 1998 年版，图版第 86 页。

② 中国青铜器全集编辑委员会编：《中国青铜器全集 8：东周 2》，文物出版社 1995 年版，图版第 35 页。

③ 陈梦家：《寿县蔡侯墓铜器》，《考古学报》1956 年第 2 期。

宋代金石学者将簋自名之"毁"释为敦，清嘉庆初年钱坫在《十六长乐堂古器款识考》中首次指出"毁"应该释为簋，其后将"敦"另定为一种器物名称。其一，郑玄在《礼记·内则》注："敦牟黍稷器也。"敦也是盛放黍稷的器物。其二，"敦"并不是青铜器自名之本字，因自名与敦同音，文献假借敦为其名。[①]

据目前掌握的资料来看，青铜敦出现于春秋中期，依其形制大致可以分为三类：第一类多为平底或近平底，器身大于器盖，器盖多平顶，器腹圆曲，器身与器盖相合呈扁圆形，盖顶有三个或四个环形钮，或作圈足状捉手，如1976年山西闻喜上郭村采集的西周晚期或春秋早期几何纹敦（见图2-16[②]）。第二类器身与器盖各为半球状，合之成为球状，器盖与器身大小相等或略小于器身，多为三蹄足，偶见圈足，器盖上有三个环形钮，亦有器盖做三足状钮，倒置时与器身相仿，还有的青铜敦盖顶作圈足捉手，如上海博物馆藏镶嵌几何纹敦（见图2-17[③]），是战国中期遗物。第三类是在第一类的平底下加圈足或三足。

图 2-16　几何纹敦（西周晚期或春秋早期）　　图 2-17　镶嵌几何纹敦（战国中期）

① 参见朱凤瀚：《中国青铜器综论》上册，上海古籍出版社 2009 年版，第 142 页。
② 中国青铜器全集编辑委员会编：《中国青铜器全集 8：东周 2》，文物出版社 1995 年版，图版第 40 页。
③ 中国青铜器全集编辑委员会编：《中国青铜器全集 8：东周 4》，文物出版社 1998 年版，图版第 28 页。

（三）辅餐器

辅餐器是指除了烹饪食物和盛装食物的器皿之外，进食者在餐饮活动中所需要使用的工具，这一类工具使用青铜铸制的主要就是俎和匕。

1.俎

俎是指将烹饪好的肉类置于其上，以利于分割的工具，其功用类似于今天的案板。俎除了用以分割煮熟的肉类以外，也是先秦时期重要的祭祀礼器。

> 王日一举，鼎十有二，物皆有俎，以乐侑食。
>
> 《周礼·天官冢宰》

> 匕俎从设。
>
> 《仪礼·士昏礼》

> 不登于俎。
>
> 《左传·隐公五年》

> 如今人方为刀俎，我为鱼肉，何辞为。
>
> 《史记·项羽本纪》

> 俎，几也。
>
> 《輶轩使者绝代语释别国方言》

考古发掘出土的青铜俎较少，传世品也不多，由俎案和俎足两部分组成，形制类似现代的小板凳。俎案为长方形，案面平直或略呈下弯弧状，长一市尺（33厘米）左右，宽半尺（16.5厘米）左右，长宽比约为2∶1，俎案多有镂空花纹或镂孔，方便切肉时肉汁流走。俎足多在16厘米到24厘米之间，俎足形制多变化，有柱状足、矩形镂孔足、凹形板足等。

辽宁锦州博物馆藏双铃俎（见图 2-18①），是 1979 年义县花尔楼窖藏出土，也有文献认为其是晚商遗物。长 33.5 厘米，宽 18 厘米，高 14.5 厘米，板壁厚 0.2 厘米，重 2.5 公斤，俎面呈长方形浅

图 2-18　双铃俎（商末周初）

槽状，下方连接相对的倒凹字形板状足，足面设细雷纹地兽面纹，板状足间空档两端各悬挂一扁形小铃②。孙明认为双铃俎一类的悬铃铜器"应该是北方草原文化的铜铃与中原商周文化青铜礼器融合而形成的混合型青铜器"③。

2. 匕

匕是指从烹饪器中将食物挹取出来的器物，其作为器名在先秦文献中亦有记载。

> 不丧匕鬯。
>
> 《易经·震》

> 匕俎从设。
>
> 《仪礼·士昏礼》

> 廪人概甑甗匕与敦于廪爨，廪爨在雍爨之北。
>
> 《仪礼·少牢馈食礼》

---

① 中国青铜器全集编辑委员会编：《中国青铜器全集 6：西周 2》，文物出版社 1997 年版，图版第 18 页。

② 参见孙思贤、邵福玉：《辽宁义县发现商周铜器窖藏》，《文物》1982 年第 2 期。

③ 孙明：《商周时期悬铃青铜礼器研究》，收录于中国人民大学北方民族考古研究所、中国人民大学历史学院考古文博系编：《北方民族考古》第 2 辑，科学出版社 2015 年版，第 160 页。

郑玄在《仪礼》注中解释匕的功用:"匕所以匕黍稷""匕所以别出牲体也",可以看出匕就是取食黍稷和肉类的工具,其功用类似现在使用的羹匙。匕的这一功用已被考古发掘的资料所证实:安徽寿县蔡侯墓出土七件升鼎中各附一匕,八件鬲中也各附一匕[1];湖北随县曾侯乙墓出土青铜匕共计14件,其中1件置于两件大鼎的口沿之上,1件置于束腰大平底鼎内,2件置于小铜鬲上,10件置于鼎形器内[2]。

图2-19 微伯瘋匕(商末周初)

青铜匕由前端的勺部和后端的柄部组成,依其柄的形制可以分为曲柄和直柄两类,直柄青铜匕与现代的长柄羹匙几无大异。先秦早期青铜匕的勺部呈叶片形,前端较尖锐,中间有凹,曲柄,柄尾端平齐,多饰有纹样。殷后期勺部的前端逐渐无尖变得圆滑起来,并出现了直柄匕。1976年陕西扶风县庄白村一号窖藏出土微伯瘋匕(见图2-19[3])两件,形制、纹饰、大小及铭文相同,通长32.5厘米,匕首长15.2厘米,柄长17.3厘米,柄呈绹索状,梯形把手,把手上设镂孔双头兽纹,匕内壁铸铭1行5字。[4]

二、酒器

中国人酿酒有着悠久的历史,在裴李岗文化(公元前6000年—公元前

① 参见陈梦家:《寿县蔡侯墓铜器》,《考古学报》1956年第2期。
② 参见湖北省博物馆编:《曾侯乙墓》上册,中国社会科学院考古研究所编辑,文物出版社1989年版,第216—217页。
③ 曹玮主编:《周原出土青铜器》第4卷,巴蜀书社2005年版,第778页。
④ 参见陕西周原考古队:《陕西扶风庄白一号西周青铜器窖藏发掘简报》,《文物》1978年第3期。

5000 年）遗址、磁山文化（公元前 5400 年—公元前 5100 年）遗址和河姆渡文化（公元前 5000 年—公元前 4000 年）遗址均出土有酒器。"从我国目前考古发现的新石器时代早期阶段的诸文化面貌来看，特别是伴随新石器时代而到来的农业振兴，制陶术的出现，表明谷物酿酒的社会物质条件已逐渐成熟，谷物酿酒由此肇兴。"[1] 至殷商时期，人们已熟练地掌握了酒的生产技术，酒的种类也随之增多，酒也因原料的不同有着不同的名称：以黍为原料的是"酒"，类似于现代的黄酒；以稻为原料的是"醴"，类似于现在的甜酒；以秬（也称黑黍）为原料的是"鬯"，类似于今天未加香料前的白酒。盛酒之器也因不同的功用和酒的不同种类而多起来。

先秦时期是中国古代礼制制度的成熟期，"酒以礼成"更是确定了酒在先秦社会中的重要地位，青铜酒器在先秦青铜艺术中所占的比重也证明了这一点。不过值得强调的是，先秦早期，特别是殷商时期，商人崇尚饮酒，达到了奢靡浪费的程度，更是有"酒池肉林"的故事描述商纣王的腐化堕落。周人认为商因饮酒而亡国，西周初年就下了"禁酒令"，所以相较于先秦早期，先秦中期和晚期的酒器数量相对较少，主要以礼器为多。

先秦时期青铜酒器的种类较多，大致可分为储酒器、饮酒器和温酒器。

（一）储酒器

储酒器是指用来盛装酒的器皿，主要包括尊、壶、卣、盉、罍、方彝、觚等。

1. 尊

尊是先秦《三礼》中常见的器物。

> 凡祭祀，以法共五齐三酒，以实八尊。
>
> 《周礼·地官》

---

[1]　赵匡华、周嘉华：《中国科学技术史·化学卷》，科学出版社 1998 年版，第 524 页。

> 司尊彝掌六尊六彝之位，诏其酌，辨其用，与其实。
>
> 《周礼·春官》

> 秋而载尝，夏而楅衡。白牡骍刚，牺尊将将。
>
> 《诗经·鲁颂》

> 泰，有虞氏之尊也。山罍，夏后氏之尊也。著，殷尊也。牺象，周尊也。
>
> 《礼记·明堂位》

　　王国维在《说彝》中说："尊彝皆礼器之总名也。古人作器皆云作宝尊彝，或云作宝尊，或云作宝彝，然尊有大共名之尊，有小共名之尊，又有专名之尊。"① 他认为大共名之尊包括全部礼器，小共名之尊是壶卣罍等的总称。宋代金石学者吕大临的《考古图》中收录的尊不具备统一的器形特征，有的是罍，有的是簋，还有的是壶，《考古图》中的"尊"可被视作是"大共名"。在宋人王黼编撰的《宣和博古图》中尊以"小共名"作

图 2-20　兽面纹牛首尊（商中期）

为器类名，作者将尊、壶、罍、觯等收录为"尊"。容庚在《商周彝器通考》中将"尊"作为形体较宽、侈口、腹部粗而鼓张、高圈足的一类青铜器的器名，并将壶、卣、罍、觯、瓿等排除在外，"尊"成为专名之尊。

　　青铜尊主要流行于商前期到西周中期，其功能就是存储酒浆，并在祭祀、礼仪等活动中使用。依其形制可分为有肩尊、无肩尊和仿生形尊。有肩尊又可分为圆尊和

---

① （清）王国维：《说彝》，收录于《观堂集林》卷三，中华书局 2004 年重印版，第 153 页。

方尊。圆尊口、颈、腹、足断面为圆形，鼓腹，早期口径小于肩径，随工艺技术的进步和审美标准的变化，器口逐渐外侈，成为喇叭口形，伸展的口径是全器最阔直径，颈内收，折肩，圈足，如上海博物馆藏兽面纹牛首尊（见图2-20[①]），肩部饰有三个浮雕状牛首，腹部饰兽面纹。方尊的口、颈、腹、足断面为方形，其他特征与圆尊基本相同。殷中后期，分铸法和焊接法的使用，扉棱、兽首等装饰出现在青铜尊上，最有代表性的有国宝级青铜器四羊方尊。

鸟兽尊，也称"牺尊"，是最具典型性的先秦青铜艺术之一。这一类型的器物多以动物为模仿对象，造型生动有趣，体现了先秦时期青铜铸造匠人高超的技术水平和写实能力。最具代表性的有殷墟出土的妇好鸮尊（见图2-21[②]），美国弗利尔美术馆藏象尊（见图2-22[③]），曲沃北赵晋侯墓出土的凤鸟尊，宝鸡茹家庄出土的象尊，山西浑源李峪村出土的战国时期的牛尊

图2-21　妇好鸮尊（商代晚期）

图2-22　象尊（商代晚期）

① 中国青铜器全集编辑委员会编：《中国青铜器全集1：夏 商1》，文物出版社1996年版，图版第111页。

② 中国青铜器全集编辑委员会编：《中国青铜器全集3：商3》，文物出版社1997年版，图版第114页。

③ 中国青铜器全集编辑委员会编：《中国青铜器全集4：商4》，文物出版社1998年版，图版第126页。

图 2-23　盠驹尊（西周早期）

等，1955 年陕西眉县李村西周铜器窖藏出土的盠驹尊（见图 2-23[①]），现藏于国家博物馆，整尊做骡驹形，昂首站立，竖耳垂尾，背上设覆瓦形盖，器腹和盖设圆涡纹，盖上铭文 4 行 11 字，器上铭文 9 行 94 字。这一类鸟兽尊也常被称为鸟兽卣。

2. 壶

一直以来，学者们多认为壶形器是模仿自然界的生物形态而创造的器物，《诗经》和《东观余论》中已有类似的记载：

> 七月食瓜，八月断壶。
>
> 《诗经·国风》

> 壶之象如瓜壶之壶。诗所谓"八月断壶"，盖瓜壶也。上古之时……因壶（瓠）以为壶。
>
> 《东观余论》

对于壶形器的功用，学界多认为壶既是酒器，也是水器。在《诗经》和"三礼"中都有描述壶为酒器的记载：

> 韩侯出祖，出宿于屠。显父饯之，清酒百壶。
>
> 《诗经·大雅》

> 尊两壶于房户间，斯禁，有玄酒，在西。设篚于禁南，东肆，

---

① 曹玮主编：《赫赫宗周：陕西青铜文明巡礼（下）》，三秦出版社 2015 年版，第 271 页。

加二勺于两壶。

《礼记·乡饮酒义》

《周礼》中也有壶为水器的记载。

　　挈壶氏掌挈壶以令军井。挈辔以令舍，挈畚以令粮。凡军事，
县壶以序聚桥。凡丧，县壶以代哭者，皆以水火守之，分以日夜。
及冬，则以火爨鼎水而沸之，而沃之。

《周礼·夏官司马》

有的青铜壶自铭为水器，如1974年山东莱阳前河前村出土己国青铜壶2件，其中1壶圈足内有铭文"己侯作铸壶，事（使）小臣台（以）汲，永宝用"[1]。

青铜壶的形制变化多样，有的青铜壶又自铭为"卣"，所以笔者曾在拙作《抚壶论道：先秦青铜壶形器》中将壶、卣、盉等形制上具有一致性特点的青铜器物同归于广义的"壶形器"展开研究。这里为了对器形介绍的更加细致，仍然将壶、卣、盉等分开介绍。

青铜壶的典型特征是长颈或较长颈、鼓腹、圈足，有盖或无盖，有提梁或无提梁。

商前期的青铜壶较为少见，从掌握的资料来看，商前期青铜壶无提梁铜壶与提梁壶之分，无提梁铜壶有兽面纹三足壶（见图2-24[2]），该铜壶斜肩，深鼓腹，肩

图2-24　兽面纹三足壶（商代中期）

---

① 李步青：《山东莱阳县出土己国铜器》，《文物》1983年第12期。

② 曹玮主编：《赫赫宗周：陕西青铜文明巡礼（上）》，三秦出版社2015年版，第30页。

部偏上设有双钮，下部为兽首形三足，该壶的时代与二里岗上层期时代相当。有提梁的铜壶有 1974 年出土于湖北省黄陂县盘龙城李家嘴 1 号商墓的李家嘴细直颈提梁铜壶。

作为酒器，在西周时期的许多铜壶多有自铭，如郑懋叔壶自铭"醴壶"，杨姞壶自铭"羞醴壶"，夌季良父壶有铭文"用盛旨酒"等。壶从西周早期开始逐渐成为周文化的重要礼器，往往成对出现，与鼎、簋、盘、匜等构成周文化基本的礼器组合。

　　司宫尊于东楹之西，两方壶……尊士旅食于门西，两圜壶。

　　　　　　　　　　　　　　　　　　　　　《仪礼·燕礼》

　　壶用虽一而方圜有异，故燕礼与夫大射卿大夫则皆用圜壶，以其大夫尊之所有事，示为臣者有直方之义，故用方。以其士旅食卑之所有事，示为士者以顺命为宜，故用圜。

　　　　　　　　　　　　　　　　　　　　　《宣和博古图》

西周时期青铜壶的数量大幅增加，其形制主要以方壶和圆壶为主，在方和圆的基础上器形做更多变化，依王黼《宣和博古图》的论述，方壶和圆

图 2-25　梁其壶（春秋中期）

图 2-26　三年瘨壶（春秋晚期）

（圜）壶在使用上各具其内在象征意义。颂壶、梁其壶（见图2-25①）、散车父壶都是西周晚期方壶的典型代表，梁其壶1940年扶风任家村出土，通高35.6厘米，整器呈圆角方形，颈两侧设铺首衔环耳，盖作镂空波曲纹边，器腹以条带作格，格中饰卷体兽纹。三年𤼈壶（见图2-26②）、十三年𤼈壶、几父壶等都是西周晚期圆壶的典型代表。

先秦晚期青铜壶的发展分为春秋和战国两个阶段，春秋时期承西周旧制，以方壶为主体，最具代表性的当属莲鹤方壶，该壶1923年出于河南新郑李家楼郑国国君墓，同出一对，1件藏于河南省博物院，名莲鹤方壶（见图2-27③），1件藏于故宫博物院，名立鹤方壶，是中国首批禁止出国（境）展览文物之一。战国时期则以圆壶为主流。除了方壶和圆壶外，先秦晚期的青铜壶的形制主要还有：提梁（链）壶、扁壶和瓠壶三种形制。

提梁（链）壶应是在吸取提梁卣形制的基础上的再创造，与提梁卣相比则更加轻便美观。具有代表性的有山东省博物馆藏公孙窖提梁壶（见图2-28④）和淅川下寺3号墓出土的提链壶、曾侯乙墓出土一对战国早期的提链壶，1957年长沙烈士公园

图2-27 莲鹤方壶
（春秋中期）

图2-28 公孙窖提梁壶
（春秋晚期）

① 中国青铜器全集编辑委员会编：《中国青铜器全集5：西周1》，文物出版社1996年版，图版第140页。
② 曹玮主编：《周原出土青铜器》第4卷，巴蜀书社2005年版，第662页。
③ 郎绍君等主编：《中国造型艺术辞典》，中国青年出版社1996年版，第342页。
④ 中国青铜器全集编辑委员会编：《中国青铜器全集9：东周3》，文物出版社1997年版，图版第26页。

图 2-29　鸟盖蟠龙纹瓠壶
（春秋晚期）

3 号墓出土的蟠虺纹提链壶等。

扁壶指器腹正背两面扁平或微鼓，器腹两侧圆曲，长方形圈足。扁壶初见于战国，盛行于汉代，传世与出土的扁壶数量不多，一般认为是秦国常用的盛酒器，如前文提及的错银几何纹扁壶，三晋地区亦有出土，有盖的扁壶更是极为少见的珍品。

瓠壶，也称曲颈瓠壶，其形似瓠瓜，腹部较为圆鼓，颈部细长向一侧弯曲，如赵卿墓出土的瓠壶和陕西革命历史博物馆藏鸟盖蟠龙纹瓠壶（见图 2-29[①]）。

3. 卣

殷墟甲骨卜辞中就有"鬯三卣"或"秬鬯一卣"的记载。先秦文献记载的卣与"秬鬯"总相关联，在西周金文中更是屡见"锡汝鬯一卣"（盂鼎铭文）的铭文，故卣被认为是专门用来盛装秬鬯的酒器。

以秬鬯二卣，曰，明禋，拜手稽首休享。

《尚书·周书》

鬯人掌共秬鬯而饰之。凡祭祀，社壝用大罍，禜门用瓢赍，庙用脩……

《周礼·春官》

厘尔圭瓒，秬鬯一卣、告于文人。

《诗经·大雅》

---

① 中国青铜器全集编辑委员会编：《中国青铜器全集 8：东周 2》，文物出版社 1995 年版，图版第 73 页。

　　秬鬯一卣，虎贲三百人。

《春秋左氏传·僖公二十八年》

　　但是古籍中并没有关于"卣"器形的描述和记载。郑玄在《周礼·春官·鬯人》注："'脩'读曰'卣'，卣，中尊，谓献象之属。"[①] 郑玄在这里指出了卣是一种中型大小的酒器，为牺象之属，并不是一种特定的器形的专名，但是他对于卣的器形也未作具体描述，时至今日，人们对于"卣"的形制存在多种意见。对于青铜"卣"的研究始见于《考古图》，书中归为"卣"的器物大致可以分为三类：第一类：横截面为椭圆形，有盖，颈部内敛，鼓腹，颈侧有提梁，圈足。如卷四立戈父己卣、田卣。第二类：敞口，无提梁，束颈深腹，扁圆形腹，盖或有或无，圈足，如卷四父己卣、木父己卣等。第三类：平底，无足，小口，深腹，器两侧分设双环耳，如乐司徒从卣、龙文三耳卣。朱凤瀚认为第二类实是"觯"，第三类应属"瓶"。[②] 也就是说被朱凤瀚认定为卣的主要是有提梁的一类。李济也认为"有无提梁应为'卣'与'觯'的区别"[③]。提梁卣的出现，应是在提梁壶形制的基础上衍生出来的器形，从现在掌握的资料来看，卣是商代后期才陆续出现的器形，有圆体壶形、扁圆体、筒形、方形、鸟兽形等五类，其中第一类的圆体壶形被马承源归纳入"壶"类[④]。即便如此，将卣和提梁壶明确分开仍为难事。在查阅文献资料的过程中，常会发现同一件器物在不同的资料中或被称为"卣"，或被称为"提梁壶"。

　　先秦早期青铜卣的形制变化较大，依其形态特征大体分为：器身矮胖，横截面为椭圆形的矮圆卣；器体修长，器身横截面为椭圆形，器颈修长的长圆卣；圆口方体，长颈内曲，折肩直腹的方卣四类。1981 年出土于陕西汉

---

①　（汉）郑玄注，（唐）贾公彦疏，赵伯雄整理，王文锦审定：《周礼注疏》，北京大学出版社 2000 年版，第 602 页。

②　参见朱凤瀚：《古代中国青铜器》，南开大学出版社 1995 年版，第 105 页。

③　李济：《记小屯出土之青铜器》，《考古学报》1948 年第 3 期。

④　参见马承源主编：《中国青铜器》（修订本），上海古籍出版社 2003 年版，第 217 页。

93

图 2-30 兽面纹卣（商代中期）

中城固县的兽面纹卣（见图 2-30[1]），通高23.7厘米，直口长颈，鼓腹圈足，颈部两侧设半环耳套接索状提梁。晚商出现了器身装饰有扉棱的卣，如 1976 年陕西扶风庄白村窖藏出土的商卣（见图 2-31[2]），虽是西周早期遗存，却带有典型的晚商风格，该卣通高35 厘米，器口椭圆，鼓腹敛口，高圈足，颈部两边饰半环形耳套接兽首提梁，十字形的扉棱从器盖至圈足将卣四分；盖面与器腹饰兽面纹，盖沿、颈部和圈足饰卷尾夔纹；盖器同铭，盖铭 5 行，器铭 6 行，各 30 字。[3] 另外这一时期还有仿生形卣，如 1980 年河南罗山后李村出土的鸮卣（见图 2-32[4]），通高 21 厘米，器身作两鸮相背形，盖

图 2-31 商卣（西周早期）

图 2-32 鸮卣（商晚期）

---

① 曹玮主编：《赫赫宗周：陕西青铜文明巡礼（上）》，三秦出版社 2014 年版，第 29 页。
② 曹玮主编：《周原出土青铜器》第 3 卷，巴蜀书社 2005 年版，第 530 页。
③ 参见曹玮主编：《周原出土青铜器》第 3 卷，巴蜀书社 2005 年版，第 531 页。
④ 中国青铜器全集编辑委员会编：《中国青铜器全集 4：商 4》，文物出版社 1998 年版，图版第 149 页。

为鸮首，器为鸮身，器身有四道棱脊，设龙首提梁，盖饰兽面纹，腹饰鸮翼，上下分饰龙纹和凤鸟纹，器底铸一龟纹。

西周中晚期卣逐渐销声匿迹，之后的青铜卣主要出现在非中原区，应该是中原卣的余温，这正符合"礼失而求诸野"的古训。这一时期青铜卣除了承袭晚商形制以外，器腹逐渐由扁圆形演变为圆形，仿生形卣数量增多。这一时期装饰有厚大、复杂扉棱的卣渐渐多起来，最为甚者当属美国波士顿美术馆藏的鸟纹卣。

4. 盉

学界对于青铜盉属于酒器还是水器尚存不同的意见。吕大临依据《说文解字》中许慎给盉下的定义："盉，皿部，调味也。"[①] 认为它"盖整和五味以共调也"[②]。王国维在《说盉》一文中写道："自其形制言之，其有梁或鋬者，所以持而荡涤之也；其有盖及细长之喙者，所以使荡涤时酒不泛滥也；其有喙者，所以注酒于爵也。"[③] 所以王国维认为："余谓盉者，盖和水于酒之器。所以节酒之厚薄者也。……盉之为用，在受尊中之酒与玄酒而和之，而注之于爵。"[④] 虽然陈梦家认为："王国维之说缺乏证据，以前曾加以怀疑，并推测它是和鬱于酒的温器，也仍需加以修正。"[⑤] 但是陈梦家并未找出其他证据推翻王国维之说，所以之后学者多从王说，认为盉是和酒之器。容庚多次断定王说可行，并提出盉应称作"鐎"，是温酒用的器物。[⑥] 郭宝钧所持观点与容庚相若。[⑦] 朱凤瀚则从先秦墓葬考古发掘中发现青铜盉常与

---

① （汉）许慎撰，（清）段玉裁注：《说文解字注》，上海古籍出版社 1988 年版，第 212 页。

② （宋）吕大临、赵九成：《考古图续考古图考古图释文》，中华书局 1987 年影印本，第 117 页。

③ （清）王国维：《说盉》，收录于《观堂集林》卷三，中华书局 2004 年重印版，第 153 页。

④ （清）王国维：《说盉》，收录于《观堂集林》卷三，中华书局 2004 年重印版，第 152—153 页。

⑤ 陈梦家：《西周铜器断代》上册，中华书局 2004 年版，第 480 页。

⑥ 参见容庚、张维持：《殷周青铜器通论》，中华书局 2012 年版，第 47 页。

⑦ 参见郭宝钧：《商周铜器群综合研究》，文物出版社 1981 年版，第 151 页。

图2-33　兽面纹盉（商早期）

青铜盘同出，故判断盉为水器。① 马承源在《中国青铜器》中虽然将"盉"归入酒器，但是他综合性考虑了前辈学者的研究，并结合考古研究的新材料，判断"它（盉）与酒器组合，用水以调和酒，它（盉）与盘相组合，起盥沐作用"②。

青铜盉出现于二里头文化末期，流行于商至西周。从二里头文化末期到商前期，青铜盉的共性特征是上有口以纳容，一侧设管状流以倾注，另一侧置鋬用以执，如1976年河南中牟黄店出土的兽面纹盉（见图2-33③）。商代后期出现了顶部有器盖的敞口铜盉，流不再设在顶部，而是设在肩部或者腹部。圜底盉的形制如上小下大的卵形，小口垂腹，器足为圈足或三足。圜底圈足铜盉主要流行于殷墟中期前后，流行时间不长。圜底三足盉出现于殷墟早期，一直沿用至西周以后。袋足盉出现于殷墟中晚期，分联裆盉与分裆盉，联裆盉多为三足，分裆盉以四足为多。

先秦中期青铜盉的器形在承继殷墟中晚期器形的基础上，器身变化较为丰富，出现了鬲形盉、圜底鼓腹盉、扁体壶形盉和圈足盉。④ 这一时期青铜盉或盖钮作卧兽状、或流作鸟首状、或器足作夔龙状扁足等，体现铸造者的匠心运用。1975年陕西岐董家村窖藏出土的卫盉（见图2-34⑤），通高29

① 参见朱凤瀚：《古代中国青铜器》，南开大学出版社1995年版，第136页。
② 马承源主编：《中国青铜器》（修订本），上海古籍出版社2003年版，第242页。
③ 中国青铜器全集编辑委员会编：《中国青铜器全集1：夏 商1》，文物出版社1996年版，图版第101页。
④ 参见李嘉：《抚壶论道：造物史视野中的先秦青铜"壶"形器》，中国社会科学出版社2016年版，第121页。
⑤ 曹玮主编：《周原出土青铜器》第2卷，巴蜀书社2005年版，第330页。

厘米，盖高隆，设环形钮，口沿平折，束颈鼓腹，袋状裆下接三柱状足，前为管状长流，相与流相对一侧为兽首半环錾，錾上有链与盖相连。[1] 1976 年陕西临潼窖藏出土的王盉（见图 2-35[2]），通高 36厘米，器腹为扁圆形，前有长流，后有兽形錾，下有四兽形扁足。西周中期青铜盉有的自铭为"鎣"，1964 年陕西长安张家坡窖藏出土

图 2-34 卫盉（西周中期）

的伯百父鎣（见图 2-36[3]），通高 21.7 厘米。蟠龙状盖，侈口束颈，广折肩，圆腹下设三个乳状足，前有管状流，后设兽首錾，盖内有 8 字铭文"白（伯）百父乍（作）孟姬縢鎣"。

图 2-35 王盉（西周晚期）

图 2-36 伯百父鎣（西周晚期）

① 参见庞怀青等：《陕西省岐山县董家村西周铜器窖穴发掘简报》，《文物》1976 年第 5 期。
② 曹玮主编：《赫赫宗周：陕西青铜文明巡礼（下）》，三秦出版社 2014 年版，第 308 页。
③ 曹玮主编：《赫赫宗周：陕西青铜文明巡礼（下）》，三秦出版社 2014 年版，第 309 页。

先秦晚期青铜盉的形制多是在承西周旧制基础上的创新，并因文化类型的地域性而呈现多元化特点。这一时期的铜盉主要有圆腹盉、鬲形盉、瓢形盉、鸟形盉、罐形盉和方腹盉。[①]

5.方彝

在先秦文献中，"彝"有着和"尊"类似的定位，应是青铜器的共名。

> 祭祀，以疏布巾幂八尊，以画布巾幂六彝。

《周礼·天官冢宰》

> 春祠夏禴，祼用鸡彝鸟彝，皆有舟。

《周礼·春官》

从考古发掘和窖藏出土的先秦青铜器物来看，并未见自铭为"彝"的器物。虽然王黼在《宣和博古图》中将自铭为"毁"的器物称为"彝"，后经专家考证命名为"簋"的器物称为"彝"，同时他也将一件器腹横截面和侧面、圈足皆为长方形、四隅和腰间有扉棱的器物称为"彝"。容庚与张维持合著的《殷周青铜器通论》中认为："有一种长方高身似尊而有盖的，当为盛酒的器，应别为一类，因其无所系属，姑名之曰方彝。"[②] 对于先秦时期这一形制青铜器的器名并无其他考证，所以本书沿用"方彝"一名。

青铜方彝流行时间大概是商晚期到西周中期，方彝的造型特点是横截面为纵短横长，有屋顶形盖，盖顶有屋顶状钮，四隅有扉棱，有的方彝器身四面中线也有扉棱，每一边中央都有缺口，各器缺口大小不一。折方彝（见图2-37[③]）是1976年陕西扶风庄白村一号窖藏出土的西周早期青铜方彝，通高41.6厘米，庑殿四阿式盖，盖顶设屋顶形盖钮，器身平沿外折，直口深

---

① 参见李嘉：《抚壶论道：造物史视野中的先秦青铜"壶"形器》，中国社会科学出版社2016年版，第130页。

② 容庚、张维持：《殷周青铜器通论》，中华书局2012年版，第52页。

③ 曹玮主编：《周原出土青铜器》第3卷，巴蜀书社2005年版，第566页。

鼓腹，高圈足，盖、腹、圈足四角和中线设扉棱，盖和器身以兽面纹为饰，圈足饰顾首夔纹。青铜方彝较为特殊的形制是殷墟妇好墓出土的妇好偶方彝（见图 2-38 [①]），该器似两件方彝的联体，故称"偶方彝"。

图 2-37　折方彝（西周早期）

图 2-38　妇好偶方彝（商晚期）

6. 罍

前文提及罍和彝、卣都是酒器。在先秦文献和《尔雅·释器》中也都记载了罍作为盛酒器的使用功能和使用场合。

　　　皆有罍，诸臣之所酢也。

《周礼·春官》

　　　我姑酌彼金罍，维以不永怀。

《诗经·周南》

　　　天道至教，圣人至德。庙堂之上，罍尊在阼，牺尊在西。

《礼记·礼器》

① 尚刚编著：《中国工艺美术史新编》（附录光盘），高等教育出版社 2007 年版。

彝卣罍器也。小罍谓之坎。

《尔雅·释器》

郭璞在《尔雅·释器》注："罍形似壶，大者受一斛。""斛"是古代的量词，旧时十斗为一斛，后改为五斗为一斛。以此，我们知道罍是形状类似于壶的器皿，其容量大，是用来装酒的器皿。但是《仪礼》中还有如下记载：

设洗于阼阶东南，罍水在东，篚在洗西，南陈。

《仪礼·大射仪》

司宫设罍水于洗东，有枓。

《仪礼·少牢馈食礼》

这说明罍也作水器。

青铜罍见于商晚期，流行至春秋中期，主要有圆罍和方罍两种类型。

先秦早期的圆罍器口内敛，短颈，圆肩或广肩，器身最大直径在肩部

与器腹相接之处，器肩无饰，或饰兽首。1955年河南郑州白家庄出土的兽面纹罍（见图2-39①），也称鼍罍，是商代中期遗存，通高24.3厘米，敛口，口沿外卷，长颈折肩，深鼓腹，圜底，高圈足，颈部饰三个对称的龟形图案，肩部饰以云雷纹，器腹饰以兽面纹和云雷纹，圈足饰以弦纹，并有三个镂孔。② 也有的圆罍饰一双环钮状器耳，器底为平底无足或平底圈足，这一时期有部分青铜圆罍有盖。方罍形似方彝，不同的是四隅为曲线，

图2-39 兽面纹罍（商中期）

---

① 中国青铜器全集编辑委员会编：《中国青铜器全集1：夏 商1》，文物出版社1996年版，图版第127页。

② 参见张建中：《郑州市白家庄商代墓葬发掘简报》，《文物参考资料》1955年第10期。

也有屋顶状盖和盖钮，肩部有对耳。

先秦中期圆罍口径开始扩大，束颈，器肩明显扩宽，圆肩或折肩，器腹两侧设兽首衔环耳，宽边外撇高圈足。1961 年湖北江陵万城出土火龙纹罍（见图 2-40[1]）两件，形制基本相同，侈口束颈，广肩敛腹，外撇圈足，除颈部和圈足饰两道弦纹外，自肩部向下分别饰斜角式目纹带、火纹与龙纹相间装饰带及内填卷角龙纹的三角纹。[2] 这一时期方罍肩部设大环耳。陵方罍（见图 2-41[3]）是 1976 年陕西扶风庄白村一号窖藏出土的西周早期青铜遗存，通高 38.2 厘米，长方形口，深腹，下腹斜收，肩两侧各设一半兽首耳套接衔环，下腹部一侧设一兽面环鋬，长方形圈足。[4]

图 2-40 火龙纹罍（西周早期）　　　　图 2-41 陵方罍（西周早期）

先秦晚期圆罍口径进一步扩大，短束颈，广圆肩或广折肩，器肩一对大环耳，下腹直径略小于器肩，高圈足。

① 中国青铜器全集编辑委员会编：《中国青铜器全集 6：西周 2》，文物出版社 1997 年版，图版第 113 页。
② 参见中国青铜器全集编辑委员会编：《中国青铜器全集 6：西周 2》，文物出版社 1997 年版，图版说明第 37 页。
③ 曹玮主编：《周原出土青铜器》第 3 卷，巴蜀书社 2005 年版，第 580 页。
④ 参见陕西周原考古队：《陕西扶风庄白一号西周青铜器窖藏发掘简报》，《文物》1978 年第 3 期。

7. 觥

先秦文献中对于觥多有记载：

> 我姑酌彼兕觥，维以不永伤。
>
> 《诗经·周南》

> 跻彼公堂，称彼兕觥，万寿无疆。
>
> 《诗经·豳风》

> 兕觥其觩，旨酒思柔。
>
> 《诗经·小雅》

> 兕，似牛。
>
> 《尔雅·释兽》

虽然"觥"常见于早期文献，但是将器腹椭圆、前有短流、后有半环状鋬、有角兽形盖、圈足或四足形制的青铜器物命名为"觥"来自王国维《说觥》，他在文中列举了六个论据证明此器形应称为"觥"[1]，虽然后代学人对此持异议，并提出了相关理据[2]，但是并没有其他资料给此器形另定他名，所以我们仍沿用王氏之说。

青铜觥最早见于殷墟晚期，流行至西周早期，因其使用时间不长，所以器物数量不多，器形变化不大。殷墟晚期的青铜觥最初作牛角状，下有圈足。后来逐渐转变为兽形，器腹为椭圆形，兽首及背部为盖，兽首上有角，取下盖后的器身几同匜。商晚期还有仿生形觥，作牛状、羊状或怪兽状，四足，器盖取下形制如四足匜，这种仿生形觥和仿生形尊的区别在于有无鋬，以及器盖的形制。西周时期出现了器腹为方形的觥，器腹形制类

---

[1] 参见（清）王国维：《说觥》，收录于《观堂集林》卷三，中华书局 2004 年重印版，第 147—151 页。

[2] 参见朱凤瀚：《中国青铜器综论》上册，上海古籍出版社 2009 年版，第 192—194 页。

似方彝，有扉棱。

有代表性的器物有折觥（图见 2-42①），折觥和前文提及的折方彝同时出土于陕西扶风庄白村一号窖藏，通高 28.7 厘米，器腹长方外鼓，前有流，后设鋬，方圈足，器盖呈羊首形，两只大型犄角，高鼻凸目，两齿外露，器腹四隅及中线设扉棱，通体以兽面纹和夔纹为饰，云雷纹为地，并间以象纹、鸮纹、蛇纹、蝉纹②。

图 2-42　折觥（西周早期）

先秦时期的青铜盛酒器种类较多，除了以上介绍的以外还有瓿、缶、瓮等，在此不一一介绍。

（二）饮酒器

饮酒器是指喝酒时使用的器皿。常见的有觯、爵、斝、角、觚等。

1. 爵

爵是二里头时期就出现的青铜礼器，也被称为最早出现的青铜礼器，是先秦时期各种礼制活动经常使用的器皿，在"三礼"中多有记载。

> 梓人为饮器，勺一升，爵一升，觚三升。献以爵而酬以觚。

> 《考工记·梓人》

爵类器的定名经专家多方考证，认为名实相符，学界对于青铜爵属于酒器也无异议，但是对于其属于温酒器还是饮酒器尚存争论。容庚认为其属煮（温）酒器，其理据是青铜爵口缘上两立柱不便于饮酒，并且他自藏父乙

---

① 郎绍君等主编：《中国造型艺术辞典》，中国青年出版社 1996 年版，第 306 页。
② 参见陕西周原考古队：《陕西扶风庄白一号西周青铜器窖藏发掘简报》，《文物》1978 年第 3 期。

爵器腹下方有烟炱痕。① 但是马承源认为青铜爵应属饮酒器,他的理据是绝大多数青铜爵没有烟炱,再者青铜入火稍久,青铜中的锡即易析离而损坏器表,所以他认为纹饰精美的青铜爵作为温酒器的可能性不大。本书遵从马氏观点,将其归入饮酒器。

青铜爵形制的主要特征是器身为圆筒状,收腰或直腹,沿口缘一侧伸展出可倾注液体的流,流与口缘交汇处有两个小立柱,另一侧伸出尖状的尾,器腹一侧有鋬,鋬所在位置与流和尾的连线可做垂直线,平底或卵底,器腹下有三尖足,其中一足在鋬下。青铜爵主要流行于二里头到西周中期,其后就不再见。

图 2-43　乳钉纹爵（夏晚期）

二里头文化作为青铜爵的滥觞期,出土器件不多,就形制而言,这一时期的青铜爵皆为平底扁体爵,流和尾的倾斜度不大,流与口缘相交处有的不设立柱,束腰,鋬的弧度较大,有的有镂空装饰。虽然总体来看这一时期的青铜爵制作略显粗糙,但是也不乏精美之作,如 1975 年河南偃师二里头遗址出土的乳钉纹爵（见图 2-43②）,是迄今为止年代最早的青铜爵,造型精巧,流细长,流与尾向两侧伸展,与爵身连接处有两个小柱,束腰平底,三足纤长,器腹一面有两道弦纹,其间装饰五枚乳钉纹,腹部一侧有鋬,鋬上设两个细长镂孔③,整器比例秀美。

---

① 参见容庚、张维持:《殷周青铜器通论》,中华书局 2012 年版,第 43 页。

② 中国青铜器全集编辑委员会编:《中国青铜器全集 1:夏 商 1》,文物出版社 1996 年版,图版第 7 页。

③ 参见郎绍君等主编:《中国造型艺术辞典》,中国青年出版社 1996 年版,第 259 页。

商早期青铜爵承继二里头时期的形制，流略有加宽，口缘处加唇边。商中期以后，青铜爵多为器腹横截面为圆形的圆体爵，器壁增厚，没有唇边，均设菌形或平顶立柱，器足加厚加粗，出现了圜底爵。商晚期青铜爵的形制日趋成熟，制作日渐精巧，流与尾的长度相当，鋬上设兽首装饰，圜底或平底。先秦中期（西周早期到西周中期）青铜爵基本延袭晚商样式。在商晚期到西周早期还有一类有盖无柱爵，器盖如觥，做牺首或龙首状，无立柱，有圜底和平底之分。

2. 角

角的定名源于《考古图》，自宋以来，形与爵类，无流，有双翼的三足青铜器被称为"青铜角"，但是学界根据先秦文献认为这一类器物的定名仍需考证。

> 宗庙之祭，贵者献以爵，贱者献以散，尊者举觯，卑者举角。
>
> 《礼记·礼器》

根据郑玄《礼记·礼器》注："四升曰角。"贾公彦引《韩诗》做《周礼·考工记·梓人》疏："一升曰爵，二升曰觚，三升曰觯，四升曰角，五升曰散。"据此，对于角的容积的设定为四升，而依《考古图》对角形制的认定，其容积应与爵同。本书仍遵常，将按约定俗成名称来介绍青铜角。

青铜角出现在二里头文化时期，器身形制与爵相近，不同之处在于口沿设左右对称的与爵尾相似的双翼，侧视口沿呈"V"形，早期的青铜角在器腹一侧设管状流，另一侧有鋬，双翼连线与鋬所在位置呈垂直关系，三足，一足在鋬下。如乳钉纹角（见图2-44[①]）是河南偃师二里头文化遗存，现藏于上海博物馆，通高20.6厘米，敞口作凹弧形，口沿两端似翼状上翘，器身狭长而扁，下接外鼓假腹，上有镂空圆孔，下设三棱形锥足；腹下部设一

[①] 中国青铜器全集编辑委员会编：《中国青铜器全集 1：夏 商 1》，文物出版社 1996 年版，图版第 12 页。

斜置的管状流，流上有两个曲尺状饰，器颈装饰乳钉纹。[1]

  青铜角主要见于二里头文化到西周早期，出土和传世的数量远不及青铜爵，二里头到商早期，青铜角多为扁体平底，俯视为两端尖、中间扁圆橄榄形。商晚期到西周早期，器形多有变化，出现了有盖角，有的盖顶还作振翅欲飞的鸟状钮，圜底或平底。现藏于美国弗利尔美术馆的父癸角（见图2-45[2]）传出土于河南安阳，通高22.5厘米，有盖，盖上设半环形钮，器口弧曲，前后尖锐，器腹呈卵形，一侧有牛首鋬，三足纤长尖锐，器盖和器腹饰兽面纹和云雷纹。[3]

图 2-44 乳钉纹角（夏晚期）   图 2-45 父癸角（商晚期）

  除了俗称的"角"以外，先秦时期还有一种形制如"牛角"的青铜器，有专家认为这种牛角形器更符合"角"的称谓[4]。如1954年江苏丹徒烟墩山出土牛角形铜器一件，即为此类。

---

[1] 参见陈佩芬编著：《中国青铜器辞典》第3册，上海辞书出版社2013年版，第789页。

[2] 中国青铜器全集编辑委员会编：《中国青铜器全集3：商3》，文物出版社1997年版，图版第32页。

[3] 参见中国青铜器全集编辑委员会编：《中国青铜器全集3：商3》，文物出版社1997年版，图版说明第16页。

[4] 参见容庚、张维持：《殷周青铜器通论》，中华书局2012年版，第44页。

3. 觚

青铜觚并未见有自铭器，器定名亦始于宋人之《考古图》，书中收录卢江李氏藏觚，并引李氏云该觚可容二爵，与贾公彦疏一致[1]。虽然随着现代考古学的发展，我们发现被称为觚的器物的容积并不一定是二爵，但是也未有新证推翻这个定名，所以本书仍沿通用。

先秦文献多有提及觚，最熟悉的莫过于《论语》。

> 觚不觚，觚哉，觚哉。

《论语·雍也》

> 主人北面盥，坐取觚洗。

《仪礼·燕礼》

从考古发掘来看，觚与爵常同出，所以判断它们是一组青铜器，也有与斝同出。青铜觚的基本形制是喇叭形口，筒状身，高圈足，器腹、器足均有四棱。

青铜觚初见于商早期，到西周中期以后就不再使用。

商早期青铜觚器身较粗，器口外侈，高圈足，这一时期圈足高度有甚者占整器高度的三分之一左右，装饰主要集中在靠近器底的位置和圈足部分。商中期觚的器身逐渐变细，圈足靠近器底部位有镂空十字花，装饰仍集中在靠近器底的位置和圈足部分。如镂孔雷纹觚（见图 2–46[2]）湖北盘龙城遗址出土，通高 16.8 厘米，口外侈，腰部较粗，圈足较高，足径略小

图 2–46　镂孔雷纹觚（商中期）

---

① 参见（宋）吕大临：《考古图》卷五，中华书局 1987 年版，第 113 页。
② 中国青铜器全集编辑委员会编：《中国青铜器全集 1：夏 商 1》，文物出版社 1996 年版，图版第 154 页。

于口径，腰部和圈足上饰四条装饰带，自上而下依次分别是平行弦纹、兽面纹、镂孔雷纹、对角夔纹。[1]

商晚期青铜觚的形制变化不大，出现了低体青铜觚，还出现了靠近器底部分器腹鼓出的样式，圈足的十字花不再做成镂空状或者根本无十字花，装饰面积逐渐扩大，有扉棱的青铜觚增多，还出现了方形觚。如亚址方觚（见图2-47[2]）1990年出土于安阳郭家庄160号墓，方口喇叭形，束颈高圈足，觚身自口部至圈足有四条扉棱，器身以云雷纹为地，饰蕉叶纹和兽面纹[3]。

西周早期青铜觚数量开始减少，多承商晚期形制，偶见中腰非常细的青铜觚。如扶风庄白出土的旅父乙觚（见图2-48[4]），通高25.2厘米，侈口细腹，喇叭状圈足，器壁较薄，圈足中部饰夔龙纹，上下饰带状目雷纹，

图2-47 亚址方觚（商晚期）　　　图2-48 旅父乙觚（西周早期）

① 参见湖北省文物考古研究所编著：《盘龙城：1963—1994年考古发掘报告》上册，文物出版社2001年版，第189页。

② 中国青铜器全集编辑委员会编：《中国青铜器全集2：商2》，文物出版社1997年版，图版第131页。

③ 参见中国社会科学院考古研究所编著：《安阳殷墟郭家在商代墓葬（1982年—1992年考古发掘报告)》，中国大百科全书出版社1998年版，第94页。

④ 曹玮主编：《周原出土青铜器》第3卷，巴蜀书社2005年版，第584页。

内有镶嵌物，出土时已经剥落。[1] 马承源认为数量的骤减是因漆木觚取而代之[2]，笔者认为也与西周初年禁酒有关。

4. 觯

觯也是用以饮酒之器，《说文解字》："觯，乡饮酒角也。"《礼记》《仪礼》中都有关于觯的内容。

> 主人实觯酬宾。
>
> 《仪礼·乡饮酒礼》

> 宗庙之祭，贵者献以爵，贱者献以散，尊者举觯，卑者举角。
>
> 《礼记·礼器》

前文已及，贾公彦疏"三升曰觯"，按旧说觯的容积小于觚而大于角。青铜器未见有自铭为"觯"的器皿，其定名源于宋人王黼《宣和博古图（卷十六）》。

青铜觯的形制特征是：横截面为圆形或扁圆形，敞口，有盖或无盖，束颈，鼓腹，腹径略大于口径，高圈足。青铜觯始见于殷中期，流行至西周中期，之后几乎不见。

殷中期青铜觯根据器身横截面形态的不同，可以分为扁圆觯和圆觯两种，侈口、束颈、深腹、圈足、有盖或无盖。殷晚期至西

图 2-49 父己觯（商晚期）

周中期还出现有椭方觯，其横截面为四角有弧度的方形。觯的形制与壶相仿，尺度小于壶，似壶的缩版，有出土的觯自铭为"壶"。父己觯（见图

---

① 参见曹玮主编：《周原出土青铜器》第3卷，巴蜀书社2005年版，第585页。

② 参见马承源主编：《中国青铜器》（修订本），上海古籍出版社2003年版，第172页。

2-49[1]）传1950年出土于河南安阳，是商代晚期遗存，通高17.2厘米，器盖中部设菌状钮，器腹呈椭圆形，侈口束颈，鼓腹圈足，颈部和圈足饰龙纹，腹部及盖面饰兽面纹。[2]

（三）温酒器

先秦时期的温酒器主要是斝。

"斝"字是一个典型的象形字，是对青铜斝完美地模仿。先秦文献中多有提及"斝"，是祼礼必用之器。

> 诸臣之所昨也，秋尝冬烝，祼用斝彝、黄彝，皆有舟。
>
> 《周礼·春官》

图2-50 乳钉纹斝（夏晚期）

祼通"灌"，所谓祼礼就是以酌郁鬯酒献尸，不饮而灌地的礼仪。斝的基本形制与爵同，侈口，口沿处无流无尾，器身比爵粗，口缘处有双立柱，腹侧有鋬，设在双立柱的中分线上，三足，其中一足在鋬下。最早将斝归入温酒器是容庚，他因青铜斝腹底烟炱判定，再者出土和传世的青铜斝腹底有烟炱的较多，所以如此归类。

青铜斝主要流行于二里头文化期至西周早期。二里头文化期的青铜斝大口、圆腹、腹部筒形、圜底、三空足。如河南省博物院藏夏晚期乳钉纹斝（见图2-50[3]），

---

① 中国青铜器全集编辑委员会编：《中国青铜器全集2：商2》，文物出版社1997年版，图版第142页。

② 参见中国青铜器全集编辑委员会编：《中国青铜器全集2：商2》，文物出版社1997年版，图版说明第67页。

③ 中国青铜器全集编辑委员会编：《中国青铜器全集1：夏 商1》，文物出版社1996年版，图版第16页。

造型古朴，通高 45 厘米，敞口，口沿加厚，口沿前端立一对菌帽柱，长颈束腰，鼓腹圜底，器腹一侧设鋬，鋬上有三个竖形镂孔，下设三个袋状空足，其中一足在鋬下。①

商早期青铜斝的器颈以长颈为主，腹部鼓出，三角形空锥足，足略有外撇，这一时期还出现腹部分裆如鬲的器形。现藏于上海博物馆的兽面纹斝（见图 2-51②）通高 31.1 厘米，敞口，口部有加厚的唇边，上设两个较高的菌形柱，高颈，腹部分裆如袋形，下接与腹部相通的空心锥状足，以联珠纹为栏，兽面纹为饰，纹饰华丽典雅。③

商中期青铜斝的器颈缩短，腹部圆鼓，平底或圜底。商晚期出现了四足方斝，1976 年河南安阳小屯妇好墓出土 3 件妇好大方斝（见图 2-52④），

图 2-51　兽面纹斝（商中期）　图 2-52　妇好大方斝（商晚期）　图 2-53　凤柱斝（商晚期）

---

① 参见陈佩芬编著：《中国青铜器辞典》第 4 册，上海辞书出版社 2013 年版，第 841 页。

② 中国青铜器全集编辑委员会编：《中国青铜器全集 1：夏 商 1》，文物出版社 1996 年版，图版第 96 页。

③ 参见中国青铜器全集编辑委员会编：《中国青铜器全集 1：夏 商 1》，文物出版社 1996 年版，图版说明第 29 页。

④ 中国青铜器全集编辑委员会编：《中国青铜器全集 3：商 3》，文物出版社 1997 年版，图版第 55 页。

形制、纹饰基本相同，通高 68.8 厘米，口外侈，呈长方形，口沿短边中部有对称的方塔形立柱，顶面和四角有扉棱，深腹平底，四棱锥尖状四足，足外撇，器身自上而下分别饰蕉叶纹、夔纹、兽面纹、云雷纹。斝口沿处的立柱有菌形、钉帽形，较为特殊的还有凤鸟形柱帽，1973 年陕西岐山贺家村一号窖藏曾出土 1 件凤柱斝（见图 2-53[①]），口沿上设两立柱，立柱上各饰一个高冠凤鸟。

三、水器

先秦青铜器中还有一类用于盥洗的器皿，主要功能是盛装、灌注水，我们称之为水器，亦可将之称为盥器。这一类器物的种类没有食器、酒器那么丰富，主要有盘、匜、鉴、浴缶等。马承源按其使用时的主要功能将其分为承水器、注水器、盛水器和挹水器四大类，因其器形类别不多，在此我们不做分类。

1.盘

盘是先秦时期使用的承水器，这里的承水与盛水有所区别，承水或说是指接水，盛水则是表明该器皿的主要功能是装水。关于盘的使用散见于两周典籍。

> 进盥，少者奉盘，长者奉水，请沃盥，盥卒授巾。
>
> 《礼记·内则》

从考古发掘来看，青铜盘最早见于二里岗文化上层期，西周中期开始常与盉（盨）相伴而出，春秋战国时期常与匜配套使用。盉（盨）在这里不是作为酒器，而是浇注用的水器，因其有管状流，方便将水倾倒出来。

---

① 曹玮主编：《周原出土青铜器》第 6 卷，巴蜀书社 2005 年版，第 1242 页。

青铜盘的形制承继于陶制盘，商代早期的青铜盘数量不多，多为圆盘，敞口、圈足、无耳是这一时期盘的主要特征。西周中期盘的形制发生较大变化，始设双耳，有的在圈足下再加足以增加盘的高度，有的盘在口沿部位增设流，如1975年扶风庄白村墓葬出土的伯雍父盘（见图2-54[1]），通耳高15.5厘米，口径44厘米，腹深10.5厘米，敞口，圈足，附耳，宽流，与流对应的一侧有兽首鋬，颈部饰回首卷尾夔纹[2]。有的盘作方形，如现藏于中国国家博物馆的虢季子白盘（见图2-55[3]），该盘是西周晚期三大青铜器之一，也是迄今为止所见先秦时期体量最大的一件铜盘；春秋战国时期出土的青铜盘数量最多，形制最为多样，如前文提及的曾侯乙尊盘中的盘，1966年河南潢川出土的蟠蛇纹盘等。

图 2-54 伯雍父盘（西周中期）

图 2-55 虢季子白盘（西周晚期）

2. 匜

匜是先秦时期浇注时使用的铜器。先秦时期有自名的青铜匜，多写作"也"。在《礼记》中有记载。

奉匜沃盥。

《左传·僖公二十三年》

敦牟卮匜，非馂莫敢用。

《礼记·内则》

---

[1] 曹玮主编：《周原出土青铜器》第7卷，巴蜀书社2005年版，第1398页。

[2] 参见罗西章、吴镇烽、雒忠如：《陕西扶风出土西周伯诸器》，《文物》1976年第6期。

[3] 丛文俊：《吉金夜话（一）·虢季子白盘》，《艺术品》2018年第1期。

图 2-56　筍侯匜（西周中期）

铜匜约出现在西周中期，西周晚期至春秋时期是其流行期，在这一时期的墓葬中常与盘伴出。铜匜的横截面多近乎椭圆形，器腹似瓢，前端口沿为流，后端设鋬，西周时期的铜匜底部有三足或四足，筍侯匜（见图 2-56①）1974 年出土于山西闻喜上郭村，通长 35 厘米，高 16.5 厘米，器形椭圆而长，深腹圜底，龙形鋬，器底设四扁体兽形足。② 春秋以后铜匜多为圈足或无足。

3. 鉴

铜鉴是用以盛水的器皿。《说文解字》："鉴，大盆也。"先秦时期有自名为"鉴"的铜器，如吴王光鉴。"鉴"在金文中可写作"鉴""监""滥"等，先秦典籍有以下记载。

> 春始治鉴。凡外内饔之膳羞，鉴焉。凡酒浆之酒醴，亦如之。祭祀，共冰鉴。宾客，共冰。大丧，共夷槃冰。夏颁冰，掌事，秋刷。
>
> 《周礼·天官冢宰》

> 鼎鼓几梴壶滥，戈剑羽旄齿革，挟而埋之，满意。
>
> 《墨子·节葬》

> 功名著乎盘盂，铭篆著乎壶鉴。
>
> 《吕氏春秋·慎势》

---

① 中国青铜器全集编辑委员会编：《中国青铜器全集 6：西周 2》，文物出版社 1997 年版，图版第 61 页。

② 参见《筍侯匜》，《文史月刊》2021 年第 4 期。

生而美者，人与之鉴。

《庄子·则阳》

铜鉴亦是承继了陶鉴的形制发展而来，在没有铜镜的时代，人们会用器皿盛水后观看自己的容颜，这盛水的器皿最初的功能即是照鉴容貌。据以上的典籍我们可知，先秦时期的铜鉴还可盛冰，功能类似今天的冰箱；还可沐浴，类似今天的浴缸。根据考古发掘获得的资料，铜鉴出现于春秋时期，战国时最为流行。

铜鉴为体型较大的盛水器，有横截面为圆形的圆鉴和横截面为方形的方鉴。圆鉴多束颈鼓腹，颈部与上腹部外侧接环耳，圈足或无圈足。如美国弗利尔美术馆藏智君子鉴（见图2-57①）。方鉴如方斗状，口大底小，

图 2-57　智君子鉴（春秋晚期）

短颈方唇，深腹，腹壁自颈部下方圆缓内收，腹部两侧设环形耳，方圈足，如寿县蔡侯墓出土的方鉴、曾侯乙墓出土铜方鉴。

四、兵器

中国青铜时代有别于其他文明青铜时代的一个重要特征就是青铜被大量用于礼器和兵器的铸造，而非生产工具，这也正回应了《春秋左氏传·成公十三年》"国之大事，在祀与戎"的描述。兵器作为中国青铜时代的一个重

---

① 中国青铜器全集编辑委员会编：《中国青铜器全集 8：东周 2》，文物出版社 1995 年版，图版第 86 页。

要标志，不仅品类丰富，而且还因地域不同各具特色，对青铜兵器种类和形制特征的梳理，让我们看到了在先秦时期诸侯割据、战乱不止的大背景下，青铜兵器的铸造者为了不断提升武器攻击力而进行的优化设计，如今布满铜锈的青铜兵器似乎在向我们述说着两千年前兵戈扰攘、枕戈寝甲的岁月。

1. 戈

戈亦称"勾兵"，是冷兵器时代最为常见的兵器，也是出现最早的青铜兵器，见于二里头文化时期，一直延续至战国、秦，形制有变化和演进，并存在区域差别。在冷兵器时代，兵器的杀伤力在一定程度上决定着战争的成败，一件小小的铜戈头上每个功能体的设计都能使我们领略到先秦时期兵器设计者的造物智慧。铜戈头主要由援、胡、内、阑四部分组成（见图 2-58[①]），也有没有胡的戈，称为"无胡戈"。

1. 锋　2. 援　3. 刃　4. 穿　5. 胡
6. 上阑　7. 内　8. 侧阑　9. 下阑

图 2-58　铜戈（直内戈，商晚期）各部位名称示意图

　　一件戈由四部分组成，铜戈头、柲、柲冒、鐏。柲多为木质，南方楚国和吴越地区也使用竹制，先秦早期柲的横截面是圆形，殷时期则多为椭圆形，椭圆形较圆形的旋转性差，在用力时握在手中不易转动，这是殷时的设计优化。戈的攻击力在援的一端，西周以后柲的横截面多为前扁后圆的形态，这一形态不仅更利于紧握，同时也有助于使用者准确掌控戈的进攻方向，这是又一次提升使用舒适度、强化青铜戈攻击力的设计改良。戈柲的长度有长、中、短之分，郭宝钧认为："普通与人站立时的眉端略等谓之中兵，

---

①　中国青铜器全集编辑委员会编：《中国青铜器全集 3：商 3》，文物出版社 1997 年版，图版第 202 页。

比中兵长一倍的谓之长兵，隔杀或车战时用之最便，比中兵短一半的谓之短兵，一手执盾者用之最便。"①

秘冒是为防止秘上端劈裂而设。从考古发掘情况看，商代戈多无秘冒，而是使用绳子缠裹，秘冒大约出现在殷中期以后，除青铜质地外，还有象牙、木质等。鐏是设于秘后端的物件，少见于先秦早期和中期的青铜戈，多见于春秋晚期以后的戈。鐏的上段中空，截面形状与秘的横截面相同，以容秘，一般用钉将其与秘固定在一起，鐏下端有锐底和平底两种形制，一般认为锐底是为了方便将戈插在地面上。鸟戈与鐏（见图2-59②）现藏于中国台北故宫博物院，是一件战国时期错金戈，戈首装饰一立雕的凤鸟，虽然锈蚀严重，但是犹然隐约可见镶嵌的金丝，戈的銎孔内有残存木秘，鐏有銎孔，以安插秘。③

图2-59 鸟戈与鐏（战国）

援是戈最主要用于进攻的部分，呈条状，前端尖锐为锋，下端锋利为刃。先秦早期多为直援，呈水平状，中期以后援锋上翘，晚期出现弧援。殷时期，援的刃部沿秘向下延长，这一部分称为胡。戈的刃部加长，提升了攻击力。

内是戈后部长方形的部分，其作用主要是将戈头与秘紧密固定起来，学界一般以"内"的形制作为戈类型的划分依据，将戈主要分为直内戈、曲内戈、銎内戈。二里头遗址出土的青铜戈均为无胡戈，但有直内和曲内之分。殷墟时期几种形制都有，西周时期铜戈多承殷墟形制，曲内戈少见，多为直内戈，銎内戈数量相对较少，有胡戈和无胡戈都有，胡的长度有中胡和长胡之分。春秋时期以有胡直内戈为主，援部长短不一，胡部亦有长短之别。

① 郭宝钧：《殷周的青铜武器》，《考古》1961年第2期。

② 陈芳妹：《故宫青铜兵器图录》，国立故宫博物院1995年版，第196页。

③ 参见陈芳妹：《故宫青铜兵器图录》，国立故宫博物院1995年版，第70页。

阑是援与内交接处突起的细棱，将戈头与柲固定的时候，细棱可以嵌入柲上的凹槽内，其作用一是使戈头与柲紧密贴合，二是防止援受力时后陷。戈靠近柲的一侧有孔，用以穿绳将戈头与柲紧密固定在一起。固定时先在柲上穿孔，孔的大小形态以内的截面设定，将内从孔中穿出，再用绳子经由穿将柲和戈头绑缚在一起。

2. 矛

矛亦称"刺兵"，始见于二里岗文化上层期，也是先秦时期较为常见的重要青铜兵器，其主要由铜矛头、柲和镦三部分组成。矛柲同戈柲的质料相同，多为木质，南方多有竹制，江陵雨台山望山 1 号墓、沙冢 1 号墓都曾出土"积竹柲"矛，所谓积竹柲，就是以圆木条为芯，在芯外围与圆木条等长的细长竹片，再用丝线缠紧，然后髹漆①。因矛是刺杀工具，矛柲不用考虑握在手中转动影响杀伤力的问题，所以矛柲横截面多为圆形。矛后端的铜件称为镦，与前文介绍戈柲后端的铜件称为鐏有所区别，《礼记》中有所记载。

　　岂曰无衣？与子同袍。王于兴师，修我戈矛。与子同仇！

《诗经·秦风》

　　酋矛当有四尺，夷矛三寻。

《考工记·庐人》

　　进戈者前其鐏，后其刃，进矛戟者前其镦。

《礼记·曲礼》

　　矛的杀伤力主要是前端的铜矛头，矛头分为叶和骸两部分（见图

---

① 参见湖北省文物考古研究所：《江陵望山沙塚楚墓》，文物出版社 1996 年版，第 58 页、第 179 页。

2-60[①]）。叶部呈叶片状，尖部为锋，左右有刃，中间有脊；矛头的后端为骹部，用以插柲，骹部上细下粗，与脊相通。学界一般以叶的长短形态作为矛类型划分的主要依据，短叶矛在骹的两侧设有半环状钮作系，长叶矛在叶的尾端、骹的两侧设孔为系。西周以后矛头的叶部逐渐向窄长方向发展，到春秋时期多呈柳叶状，刺伤力增强。

1.锋 2.刃 3.叶 4.脊 5.系

图 2-60　铜矛（商晚期）各部位
　　　　名称示意图

3. 戟

戟可以被理解为戈与矛的合体。1973 年在河北藁城台西村殷早期遗址出土了矛、戈联装戟一件[②]，这是迄今为止已知最早的戟，说明殷早期的戟是戈与矛分铸联装。

　　　　岂曰无衣？与子同泽。王于兴师，修我矛戟。与子偕作！

《诗经·秦风》

　　　　令有重罪者，出犀甲一戟。

《淮南子·氾论训》

根据水陆攻战纹壶上攻占场景的图像，两军对峙，执戟的士兵站在执戈士兵前面，他们持戟的戟柲很长，马承源根据郑玄《诗经》笺"戟，车戟也，长丈六尺"，推断戟是车战之器，长度是 3.69 米[③]。

① 曹玮主编：《赫赫宗周：陕西青铜文明巡礼》（上），三秦出版社 2015 年版，第 49 页。

② 参见李捷民、华向荣、文启明等：《河北藁城县台西村商代遗址 1973 年的重要发现》，《文物》1974 年第 8 期。

③ 参见马承源主编：《中国青铜器》（修订本），上海古籍出版社 2003 年版，第 34 页。

图 2-61　侯戟（西周早中期）

1930 年郭沫若在《说戟》认为戈矛结合即为戟①，大量的出土遗物也证明了他的论断。青铜戟的基本形制同戈，在戈柲顶端装柲冒的位置装设一矛头，它同时具备了戈和矛的功能，既能横杀，也可刺杀。西周早期戟开始成为习见的青铜兵器，有浑铸和分铸两种类型。先秦中期的戟多为浑铸型。中国台北故宫博物院藏西周早中期侯戟（见图 2-61②），呈大十字形，高度大于宽度，通高 26.8 厘米，宽 18.5 厘米，戟援中间有脊，后有一大圆穿，胡有三穿，用以固定在木柲上。③

西周时期的戟主要有两种形制，即戈矛组合和戈刀组合，戈刀组合的刀顶端后弯成勾状。戈刀组合未能延续到西周中期，间接说明这一形制的杀伤力远不如戈矛组合。春秋战国时期戟多为分铸型，戈、矛分铸，再联装到柲上。分铸不仅便于铸造，而且这一时期出现了一些程式化的制作工艺，如果使用时任何矛头损坏了，可以换上同尺寸的新矛头，在一定程度上可以节约制作成本。

除了习见的形制以外，从考古发掘的情况来看，青铜戟还有一些特殊的形制，曾侯乙墓出土 30 柄铜戟，全为长柲，三种形制，分别是三戈带刺、三戈无刺、双戈无刺，刺即指顶端的矛。曾侯乙墓出土的三戈带刺戟，戟柲上安装三个戈形戟头和一个矛头，最上方的戈头有内，援部最长，下方的两个戈头无内。④

① 　参见郭沫若：《说戟》，收录于《郭沫若全集·考古编》第四卷，科学出版社 2002 年版，第 188 页—202 页。

② 　陈芳妹：《故宫青铜兵器图录》，国立故宫博物院 1995 年版，第 166 页。

③ 　参见陈芳妹：《故宫青铜兵器图录》，国立故宫博物院 1995 年版，第 57 页。

④ 　参见湖北省博物馆编著：《曾侯乙墓》上册，文物出版社 1989 年版，第 264—287 页。

4. 镞

镞，也称"矢镞"，是指箭铤前端锋利的箭头，是先秦时期使用损耗最大的一类青铜兵器。镞由前端尖锐的前锋、突起的中脊、镞侧的边翼、翼上锋利的刃、翼下垂作倒刺状为后锋，镞下伸出圆锥状的铤部组成（见图 2-62[①]）。

青铜镞是安装在箭杆前端具有杀伤力的锋刃，最早见于二里头文化，一直延续使用至战国时期，后被铁镞取代。镞的形制在先秦时期变化较大，地域性差别大，我们仅根据其翼和脊的变化将其分为三类：双翼镞、三翼镞和三脊镞。

双翼镞在先秦时期使用最为广泛，镞身两侧有双翼，中脊与两翼之间的界限分

1. 前锋 2. 刃 3. 脊 4. 翼
5. 本 6. 后锋 7. 铤 8. 关

图 2-62 铜镞（管銎三翼式镞，战国）各部位名称示意图

明，这一类型的镞的变化主要在双刃的斜度、两翼的伸展度、后锋的长度及是否回勾等。三翼镞是指在中脊上有三翼，翼上皆有刃，最早见于殷文化遗址，盛行于春秋晚期至战国时期。三脊镞无镞翼，有三脊，脊即为刃，在商早期遗址曾出土骨质三脊镞，故青铜三脊镞的形制与其有承继关系，但是这种形制的青铜镞在先秦时期并未流行。

5. 钺

青铜钺是一种形制与斧类似的兵器，由钺首、钺柲两部分组成。钺首和斧头的区别在于钺首扁且宽阔。钺有内或銎，以内插入柲中或以柲装入銎中以固定，平实的肩部紧密贴合在柲上。

[①] 甘肃省文物考古研究所编著：《西戎遗珍：马家塬战国墓地出土文物》，文物出版社 2014 年版，167 页。

一人冕执刘，立于东堂；一人冕执钺，立于西堂。

《尚书·顾命》

大柯斧重八斤，一名天钺，是钺大于斧也。

《太公六韬》

鏚钺矩彭。

《春秋左氏传·昭公十五年》

图 2-63　夔纹钺（商中期）

青铜钺最早见于二里头文化时期，流行于商至西周时期，东周以后较为少见。二里头时期的大型钺钺首长度大于钺首中腰长度或相近，自肩部向刃部逐渐开阔，钺身正中或设圆孔，或装饰兽面纹镂孔；多斜刃，刃角多外侈；肩部多装饰；短内钺多在肩部设穿，长内钺有的还在内上设穿。夔纹钺（见图 2-63[①]）出土于湖北黄陂盘龙城，通高 41.4 厘米，刃宽 26.7 厘米，钺身近似梯形，长方形直内扁平而长，平肩，两侧外张，弧刃，钺身中央有一个大圆孔，肩部两侧有对称长条形穿，肩下及两侧均饰带状夔纹；正面夔纹，目作椭圆形，前后有两列云纹，两侧夔纹作竖立状，眼睛圆瞪，身作云纹，夔尾作蝉纹状。[②]

钺依其形制大小可以分为小型钺和大型钺两种类型，马承源认为小型钺

---

① 中国青铜器全集编辑委员会编：《中国青铜器全集 1：夏 商 1》，文物出版社 1996 年版，图版第 168 页。

② 参见湖北省文物考古研究所编著：《盘龙城：1963—1994 年考古发掘报告》上册，文物出版社 2001 年版，第 177 页。

应称为"鏚"①，多出于先秦时期的小型墓葬，墓主人多为低级贵族。小型钺钺首长度大概在 17—25 厘米，属实用兵器。小型钺的钺首有个由窄变宽的演进过程，先秦早期的钺首呈长条形，近刃部略向外侈，商以后钺首宽度增加，弧刃，钺身装饰增多，有的有中孔；小型钺的内有长内和短内之分，有的长内设有圆孔状穿以固定柲；殷晚期现有銎小型钺，钺身极为宽扁，刃向两边伸展并外卷，受柲銎多为管状，如三孔管銎钺（见图 2-64②），该钺通高 18.2 厘米，宽 10.7 厘米，钺身有三圆孔，刃角外侈反卷，銎背中间有铃，铃上设小系环钮，具有北方草原特色③。西周早期还有异形钺，如甘肃白草坡出耳形虎含銎钺（见图 2-65④），通高 23.1 厘米，整体似半环状，钺身作猛虎扑食纹，顶端下弯似虎头，虎头含銎并有横穿孔，尾下有短胡二穿，以虎背为利刃。

图 2-64　三孔管銎钺（商末周初）　　　　图 2-65　耳形虎含銎钺（西周早期）

大型钺的钺首长度多在 30 厘米以上，均出土于大型墓葬，墓主人皆是地位显赫的贵族。钺是具有权力象征意义的兵器，史载周武王牧野誓师时

①　参见马承源主编：《中国青铜器》（修订本），上海古籍出版社 2003 年版，第 43 页。

②　陈芳妹：《故宫青铜兵器图录》，国立故宫博物院 1995 年版，第 146 页。

③　参见陈芳妹：《故宫青铜兵器图录》，国立故宫博物院 1995 年版，第 49 页。

④　中国青铜器全集编辑委员会编：《中国青铜器全集 6：西周 2》，文物出版社 1997 年版，图版第 189 页。

"左杖黄钺，右秉白旄。"商纣王败后自焚，武王以黄钺斩断商纣头颅，并以玄钺斩纣王嬖妾。虢季子白盘有铭文"赐用钺，用征蛮方。"《史记·周本纪》中有详细记述。

6.剑

《说文解字》云："剑，人所带兵也，从刃佥声。"剑是人随身携带的兵器。对于剑的尺度在《考工记·桃氏》中有所记载。

春秋时期，诸侯国战乱纷起，剑作为重要的青铜武器，其铸造技术受到关注。吴越之地的铸剑技术在这一时期当为翘楚，吴国著名铸剑师干将莫邪的传说流传千年。

> 吴粤（越）之剑，迁乎其地而弗能为良，地气然也。

《考工记·总叙》

图 2-66　鎏金菱形纹剑（西周早期）

苏州博物馆藏鎏金菱形纹剑（见图 2-66[①]），是战国时期吴越铸剑的代表作之一。通长 43.3 厘米，剑身较宽，前锋尖锐，双刃薄而锋利，中起脊线，剑茎表面呈不规则龟裂状，上缠丝绳，剑身两面装饰菱形鎏金网格纹。

青铜剑由两部分组成：剑身和剑把。剑身的前端尖锐处为剑锋，中间凸出的棱是剑脊，剑脊两侧是"从"，剑身两边的刃称为"锷"，剑身与剑把结合处是剑格，剑把被手握住的部分称为"茎"，茎末端是"首"。

[①]　苏州博物馆编：《吴钩重辉：苏州博物馆新入藏青铜兵器》，文物出版社 2014 年版，第 87 页。

从考古发掘的情况看，剑的长度有长、中、短三种尺寸，但是是否以此来判断佩剑者的身份尚无定论。青铜剑的铸造应该不晚于商，流行是西周以后。从剑的形制看，西周早期的青铜柳叶形短剑多出于西北、关中和北部区域。中原地区大约在春秋早期流行"柱脊剑"，这种剑的脊部隆起呈圆棱，剑身近柳叶形，圆形剑首，无剑格，春秋晚期以后不再见。春秋晚期至战国时期剑多为单脊剑，剑的横截面为菱形，有剑格。战国时期有的剑中脊内凹形成血槽。

7. 弩机

弩是在弓箭的基础上发展而来的远射程杀伤性武器，由铜制弩机、木臂、弓三部分组成。铜制弩机主要由牙、望山、悬刀、机塞、枢轴五个部分组成。弩机与强弓配合使用，首先将箭镞放置在弩机上，拉紧弓弦，两牙稳定箭镞，然后扣动悬刀，牙即下缩，弦猛然松开将箭镞弹射出去。弩的强度单位以石计，机身铭文多有"六石""八石"等，使用最普遍的是六石弩，其射程是 260 米。

> 魏氏之武卒，以度取之，衣三属之甲，操十二石之弩，负服矢五十个，置戈其上，冠胄带剑。
>
> 《荀子·议兵》

> 天下之强弓劲弩，皆自韩出。溪子、少府、时力、距来，皆射六百步之外。韩卒超足百射，百发不暇止，远者达胸，近者掩心。
>
> 《战国策·韩策》

从考古发掘掌握的材料来看，铜制弩机大约出现在春秋晚期，战国时期使用较为普遍，强弩的力量可达十二石，射程在 600 步之外。一般认为弩机是楚国人发明的，在铜制弩机之前还有使用木质弩机的阶段。

> 黄帝之后，楚有弧父。弧父者，生于楚之荆山，生不见父母。为儿之时，习用弓矢，所射无脱。以其道传于羿，羿传逢蒙，逢蒙传

于楚琴氏。琴氏以为弓矢不足以威天下。当是之时，诸侯相伐，兵刃交错，弓矢之威不能制服。琴氏乃横弓着臂，施机设郭，加之以力，然后诸侯可服。琴氏传之楚三侯，所谓句亶、鄂、章，人号麋侯、翼侯、魏侯也。自楚之三侯传至灵王，自称之楚累世，盖以桃弓棘矢而备邻国也。自灵王之后，射道分流，百家能人，用莫得其正。

《吴越春秋·勾践阴谋外传》

铜制弩机在战国时期使用的还是木质的郭，秦汉以后都使用铜制郭，弩机不断改良，使用的舒适度和穿射力不断增强。

8.胄

胄，即"盔"，战国时称为"鍪"，其作用是在作战时保护头部和颈部，使其不受伤害，属防御型兵器。

古者有鍪而绻领，以王天下者矣，其德生而不辱，予而不夺。

《淮南子·氾论训》

迄今为止，考古发掘出土最多的一次是在安阳侯家庄西北冈 1004 号大墓南墓道北段，共出土商代青铜胄不少于 147 件[1]，其形制基本相同，在装饰上有所区别。呈帽形，圆顶，深腔，斜平口。因为胄腔较深，可以有效地保护头部；左右向下延伸，保护耳朵和颈部；胄顶有一个圆形管状物，未作穿孔，专家认为可能是安插缨饰之用。

西周时期的铜胄（见图 2-67[2]）常见的有两种形制，一种承商制，但是使用皮革和铜两种材料制成，只在额、顶、耳、枕、颈等部位使用铜制，其他部分使用皮革者，这样制作的胄重量减轻，使用起来较为轻便，减弱颈

---

[1] 参见田建花、金正耀：《南京博物院藏侯家庄 1004 号大墓出土青铜胄》，《东南文化》2014 年第 3 期。

[2] 《北京文物精粹大系》编委会、北京文物局编：《北京文物精粹大系·青铜器》，北京出版社 2001 年版，第 153 页。

项的负重，对提升士兵的战斗力有一定的影响。另一种以全铜制成，胄顶上竖弧形长脊或镂空网状长脊。战国以后胄多以铁制。

先秦的青铜兵器除了以上介绍的以外还有殳、甲等，不一一赘述。

五、乐器

图 2-67　铜胄（西周早期）

先秦的礼乐制度为中国 2000 多年封建社会制定了基本的社会规范，王国维认为："其旨则在纳上下于道德，而合天子诸侯卿大夫士庶民以成一道德之团体"[1]。如果说"礼"的作用在于"序人伦，明尊卑"，那"乐"的作用就是"和上下，通人心"。"以礼为主，以乐辅之"是中国古代先贤治国理政大智慧的体现。"礼"将人分成上下有别的不同等级，等级的存在有可能成为社会组织的不安定因素，于是就有了"乐"，以"乐"来调和等级间的矛盾。

> 乐者天地之和也，礼者天地之序也，和故百物皆化，序故群物皆别。
>
> 《礼记·乐记》

> 礼者殊事合敬者也；乐者异文合爱者也。
>
> 《礼记·乐记》

"钟磬之声，礼乐之邦。"描述了中国早期宫廷音乐的基本形式，先秦时期的乐是乐舞、乐曲、乐歌的统称，乐舞、乐曲、乐歌都离不开乐器的相伴，先秦礼制对于不同的仪式使用乐器的数量、种类有明确的规定，不

---

[1]（清）王国维：《殷周制度论》，收录于《观堂集林》卷十，中华书局 2004 年重印版，第454 页。

可僭越，先秦乐器的种类很多，以青铜制作的主要有铃、钟（镈）、铙、錞于、鼓等。

1. 铃

图 2-68　铜铃（夏晚期）

前文已及，1983 年在山西襄汾陶寺遗址龙山文化晚期墓葬曾出土红铜制作铃形器 1 件，这是已知我国考古所得最早的铜铃。二里头文化遗址先后出土了该文化早期、晚期青铜铃（见图 2-68[①]）其横截面为叶片状，单侧有长方形扉棱，顶上有钮。因铜铃出土时位于墓主人腰部或有纺织品痕迹，所以考古研究者认为二里头铜铃并非乐器，而是装饰物。不仅二里头文化，先秦其他时期青铜铃也有系于动物脖颈，或装饰于青铜器物底座的，这些类别的铜铃应属杂器，但是因其形制与作为乐器的铜铃相同或相近，所以我们仍把二里头文化的铜铃作为青铜乐器的先声。

铃是先秦礼乐使用的乐器之一。

　　大祭祀，鸣铃以应鸡人。

《周礼·春官》

先秦时期的青铜铃以其铃口形制分为两种类型：平口型和内弧口型，内弧口型出现在殷墟晚期。先秦早期青铜铃顶部有钮以系，顶内部有鼻以系铃舌，铃舌除铜制外，也有骨质，殷墟中期以前多为单扉铃，铃表面多有装饰，顶部钮逐步变大成半环形，殷墟晚期以后出现了双扉铃。先秦中期以后，顶内有鼻系铃舌，铃舌逐渐增大增长，铃两侧多无扉棱，铃表多有装

---

①　中国青铜器全集编辑委员会编：《中国青铜器全集 1：夏 商 1》，文物出版社 1996 年版，图版第 23 页。

饰，铃口的内弧幅度不一。

2. 铙

铙，也称为钲或执钟，是最早出现的青铜打击乐器之一。先秦文献对其功用有所记载。

以金镯节鼓，以金铙止鼓。

《周礼·地官》

鼓戒三阕，车三发，徒三刺，乃鼓退，鸣铙且卻。

《周礼·夏官》

从郑玄注《地官》："铙如铃，无舌，有秉，执而鸣之，以止击鼓。"我们可知铙形如铃，无舌，有柄，用手执柄，敲击其发出声响，在退军时敲击铙以停止击鼓，表示退兵。

青铜铙的器表多有纹饰和铭文，根据纹饰和铭文的方向判断铙是器口向上使用的。铙的形制与铃相似，器体大于铃，横截面为两端尖的叶片形，口沿多为内弧形，偶见平口铙，铙下部有一与铙体相通的中空执柄，可接木柄。

青铜铙以其形制大小可分为小型铙和大型铙两个类别，小型铙主体部分长度小于 25 厘米，其执柄以上部分宽度大于长度，多见于商晚期遗址和西周早期遗址。商晚期遗址出土的铙多成组出，由大到小，比例相次，最常见的是三件一组，成组的铙即为"编铙"，妇好墓曾出土五件大小相次的青铜铙一组。亚址编铙（见图 2-69[1]） 1990 年出土于安阳殷墟郭家庄西 160 号墓，大中小三件，大的通高 24.6 厘米，中的通高 20.6 厘米，小的通高 17.2 厘米，器形相同，体呈扁筒形，口内呈凹弧形，平顶，顶略窄于口，钲之两

---

[1]　中国青铜器全集编辑委员会编：《中国青铜器全集 3：商 3》，文物出版社 1997 年版，图版第 183 页。

图 2-69　亚址编铙（商晚期）　　　　图 2-70　象纹大铙（商晚期）

面饰兽面纹。[1] 先秦时期小型铙的铙体和执柄上多有兽面纹和铭文。有学者对殷墟出土的三件组编铙做了音频检测，认为它们需要与其他乐器配合方能演奏乐曲[2]。主体部分超过30厘米，体大而厚重的是大型铙，流行于商晚期至西周早期。已知最大的青铜铙是1983年出土于湖南宁乡月山铺乡龙泉村茶园的象纹大铙（见图 2-70[3]），通高 103.5 厘米，重 221 公斤。大型铙不能手持而击，多是插在相应的座上敲击。

　　无论是小型铙还是大型铙，器型变化不大，只是在长宽比例和装饰纹样、铭文上有所差别，特别是纹饰的区域性特征能够帮助我们辨别青铜铙的地域文化属性。青铜铙与甬钟的形态接近，一般认为青铜铙是甬钟的先声。

3. 钟（镈）

　　一般认为青铜钟由青铜铙演变而来，是流行于先秦中期和晚期的重要打击乐器，被视为众乐之首，也是这一时期重要的青铜礼器之一，据文献可知

---

[1]　参见中国社会科学院考古研究所编著：《安阳殷墟郭家庄商代墓葬》，中国大百科全书出版社 1998 年版，第 104 页。

[2]　参见马承源主编：《中国青铜器》（修订本），上海古籍出版社 2003 年版，第 273 页。

[3]　上海博物馆编：《古乐新韵：中国古代青铜乐器》，上海人民美术出版社 2000 年版，第 16 页。

其功用，在宗庙祭祀、礼制仪式、战场杀戮等都曾使用青铜钟。

> 礼仪既备，钟鼓既戒。……皇尸载起，鼓钟送尸
>
> 《诗经·小雅》

> 季武子以所得于齐之兵作林钟，而铭鲁功焉。
>
> 《左传·襄公十九年》

> 每食，击钟。闻钟声，公曰："夫子将食"，既食，又奏。
>
> 《左传·哀公十四年》

> 凡师，有钟鼓曰伐，无曰侵，轻曰袭。
>
> 《国语·吴语》

青铜钟作为先秦时期重要的礼制乐器，其钟体呈中间鼓两头尖的合瓦形，青铜钟口沿为内凹弧形，内壁有较为复杂的结构，据《周礼·冬官·考工记》"凫氏为钟"，钟各部位有着相应的名称。

> 凫氏为钟，两栾谓之铣，铣间谓之于，于上谓之鼓，鼓上谓之钲，钲上谓之舞，舞上谓之甬，甬上谓之衡，钟县谓之旋，旋虫谓之斡，钟带谓之篆，篆间谓之枚，枚谓之景，于上之攠谓之隧。十分其铣，去二以为钲。以其钲为之铣间，去二分以为之鼓间。以其鼓间为之舞修，去二分以为舞广。以其钲之长为之甬长，以其甬长为之围。参分其围，去一以为衡围。参分其甬长，二在上，一在下，以设其旋。薄厚之所震动，清浊之所由出，侈弇之所由兴，有说。钟已厚则石，已薄则播，侈则柞，弇则郁，长甬则震。是故大钟十分其鼓间，以其一为之厚；小钟十分其钲间，以其一为之厚。钟大而短，则其声疾而短闻；钟小而长，则其声舒而远闻。为遂，六分其厚，以其一为之深而圜之。
>
> 《考工记·凫氏》

1. 衡　2. 旋　3. 于　4. 舞　5. 枚
6. 篆　7. 铣　8. 甬　9. 钲　10. 鼓

图 2-71　铜钟（南宫乎钟，
西周晚期）各部位名称示意图

依据钟上的铭文，钟可以按功用分为三类：歌钟、龢钟和行钟。"歌钟"是指应歌的钟，"龢钟"是指应乐的钟，"行钟"则是指随从出行乐队使用的钟，也称"从钟"或"走钟"①。青铜钟依其形制可以分为甬钟和钮钟两大类。甬钟的顶部设有柄形的甬部，枚为长锥体，枚的顶部或圆或平，南宫乎钟（见图 2-71②）就是甬钟；钮钟的顶上为悬挂用 n 形钮，枚较低矮。甬钟大约出现在西周早期偏晚，西周中晚期流行；钮钟流行主要在春秋战国时期。

青铜钟和圆钟最大的区别就在于发音，圆钟只能发出一个频率音，而合瓦形钟可以发出两个频率音，敲击其鼓部和侧鼓部能发出两个呈大（小）三度音程的乐音。③

成套演奏的青铜钟即为"编钟"，1978 年湖北随县（今随州市）擂鼓墩一号墓出土的曾侯乙编钟的宏大巨制和悠扬乐音，在世界乐器史上独树一帜，它至今保存完好的演奏性能和铸于其上的乐律铭文证明，在公元前 5 世纪的中国南方"一钟双音"的制造技术已达到炉火纯青的地步，这一技术铸造的青铜钟可编制成音域在五个八度以上的固定音高组合式乐器——编钟。曾侯乙编钟以五声音位和七声音列展现了当时音乐内容之丰富和音乐水准之卓绝，其高、中、低音区的中间部分均具有完备齐全的半音列，保证了它良好的音乐表现性能。所以，学界认为曾侯乙编钟代表的不仅仅

---

① 参见马承源主编：《中国青铜器》（修订本），上海古籍出版社 2003 年版，第 277 页。
② 中国青铜器全集编辑委员会编：《中国青铜器全集 5：西周 1》，文物出版社 1996 年版，图版第 177 页。
③ 参见闻人军译注：《考工记译注》，上海古籍出版社 2008 年版，第 50 页。

是公元前 5 世纪中国青铜时代的文化技术成就，而且也是在当时条件下人类音乐文化所能够达到的最高水平①。关于曾侯乙编钟的形制我们在楚系青铜艺术的章节还会作详细介绍。

图 2-72　夔龙纹镈（春秋晚期）

　　镈钟是指单个打击乐器，盛行于春秋战国时期，是贵族在祭祀和宴飨时，与编钟和编磬共同演奏乐曲使用的乐器。镈钟的形制与钮钟相同，但明显大于钮钟。《说文解字》："镈，大钟，淳于之属，所以应钟磬也。"镈钟在演奏时也起指挥乐队的作用。夔龙纹镈（见图 2-72②）现藏于美国弗利尔美术馆，是春秋晚期遗存，通高 41 厘米，镈体呈合瓦形，钮呈对峙回首双虎状，团状蟠龙形枚，鼓部饰夔龙纹，舞部、篆部、钲部饰细蛇纹。③

4. 錞于

　　錞于是一种青铜打击乐器。根据现有的出土文物推断，錞于出现不晚于春秋时期，兴盛于战国和秦汉时期，东汉之后逐渐消匿。关于錞于的文献记载最早见于《周礼》。

　　　　以金錞和鼓。

　　　　　　　　　　　　　　　　　　　　　　《周礼·地官》

　　郑玄注曰："錞，錞于也，圜如碓头，大上小下，乐作鸣之，与鼓相和"。说明此时的錞于已是由青铜铸造，通常与鼓一同演奏。錞于就其形制，是青

---

①　参见邹衡、谭维四主编：《曾侯乙编钟》上册，西苑出版社 2015 年版，第 2 页。

②　中国青铜器全集编辑委员会编：《中国青铜器全集 8：东周 2》，文物出版社 1995 年版，图版第 105 页。

③　参见中国青铜器全集编辑委员会编：《中国青铜器全集 8：东周 2》，文物出版社 1995 年版，图版说明第 32 页。

铜打击乐器，然根据《国语》中的相关记载，其功能并不局限于演奏乐曲。

> 是故伐备钟鼓，声其罪也；战以錞于、丁宁，儆其民也。

《国语·晋语》

> 王乃秉枹，亲就鸣钟，鼓丁宁、錞于、振铎，勇怯尽应，三军皆哗，扣以振旅，其声动天地。

《国语·吴语》

这些文献均表明，在春秋时期，两军对垒的战场上，錞于是不可或缺的鼓舞士气的重要工具。从考古发掘看，錞于多出于长江流域、华南、西南一带，但是所出最早的錞于出于山西韩城梁带村春秋早期墓葬，山东沂水刘家店墓葬也出土了春秋中期錞于，战国以后的錞于多发现于长江流域、黔东、川东、鄂西、湘西等地。錞于应是随着战事的蔓延和人口的迁徙，从中原传至吴地，再从吴地经由越地传往楚域，并不断向南传播，使用錞于的地域范围得到不断延展。

錞于的形制变化除了肩部的阔窄、腰线的收放，器口的侈收以外，较为突出的变化在于顶部盘的设置以及钮的形制，专家一般认为无盘錞于属于

图 2-73　虎钮錞于（战国中晚期）

较为原始的形制，所以依其演进过程可分为有钮无盘式、有盘无钮式和有盘有钮式。李衍垣以錞于钮饰为依据，将錞于分为：无钮錞于、桥钮錞于、虎钮錞于、动物钮錞于四种类型。[1] 他将虎钮錞于从动物钮錞于中独立出来的原因有二，一是就数量而言，相较于其他动物钮錞于，虎钮錞于的数量较多；其次是因为虎钮錞于被认为是巴族青铜器的典型器物，具有典型的族属特征。虎钮錞于

---

[1] 参见李衍垣：《錞于述略》，《文物》1984 年第 8 期。

（见图 2-73[①]）现藏于湖南省博物馆，是战国中晚期遗存，该錞于造型肩宽腹直，肩部最大直径约为腹部直径的两倍，而腹高大于肩宽，自上而下的外廓曲线流畅柔和。

5. 鼓

关于鼓的描述最早见于《诗经》《周礼》《国语》等两周典籍。

> 鼓人掌教六鼓、四金之音声。以节声乐，以和军旅，以正田役，教为鼓而辨其声用。以雷鼓鼓神祀，以灵鼓鼓社祭，以路鼓鼓鬼享，以鼖鼓鼓军事，以鼛鼓鼓役事，以晋鼓鼓金奏。以金錞和鼓，以金镯节鼓，以金铙止鼓，以金铎通鼓。凡祭祀百物之神，鼓兵舞、帗舞者。凡军旅，夜鼓鼜，军动则鼓其众。田役亦如之。救日月，则诏王鼓。大丧，则诏大仆鼓。
>
> 《周礼·鼓人》

> 琴瑟击鼓，以御田祖。
>
> 《诗经·小雅》

> 是故伐备钟鼓，声其罪也；战以錞于、丁宁，儆其民也。
>
> 《国语·晋语》

> 王乃秉枹，亲就鸣钟，鼓丁宁、錞于、振铎，勇怯尽应，三军皆哗，扣以振旅，其声动天地。
>
> 《国语·吴语》

六鼓是指雷鼓、灵鼓、路鼓、鼖鼓、鼛鼓、晋鼓等六种传统鼓乐器，四金是指由青铜制作的铙、镯、铎、錞于。这些记载并没有明确鼓的质地，从

[①]　郎绍君等主编：《中国造型艺术辞典》，中国青年出版社 1996 年版，第 365 页。

图 2-74　兽面纹铜鼓（商晚期）

考古发掘来看，先秦时期的鼓多为木质，如曾侯乙墓曾出土"建鼓"，但鼓面已朽，仅剩鼓腔、贯柱及鼓座。先秦时期的青铜鼓有两种形制，一种主要流行于中原地区，其形制是鼓框横置，以青铜铸造，饰以兽面纹、乳钉纹，左右两鼓面以皮革制，鼓下设足。现在可见的仅两件，均为先秦早期遗物，一件是 1977 年出土于湖北崇阳的殷中期兽面纹铜鼓（见图 2-74 [①]），一件是日本住友氏藏殷晚期神人纹双鸟铜鼓。还有一种形制的铜鼓是战国以后流行于南方地区的铜鼓，全部由青铜铸造而成，仅一面为鼓面，另一面无底，中空。这一形制的铜鼓至今仍流行于南方少数民族聚居区，壮族、水族、布依族等南方少数民族在民间庆典、祭祀活动中还常使用。

六、车马器

先秦时期出行主要的交通工具是以马为动力的车——马车，所谓车马器即指在马车上使用的青铜构件，这一类青铜构件既有装饰类器具，亦有功能性器具。根据考古发掘所见先秦时期的车马坑的情况，这一时期马车结构变化不大，车体主要由一衡双轭、双轮独辕、栏式车舆等主要部件构成，仅在尺寸和局部形态上存在变化。殷墟时期为一车二马的形制，到了西周以后一车四马已较为普遍。在了解先秦青铜车马器之前我们简要介绍一下先秦时期车辆各部位的名称。

轮毂：轮毂其实包括轮和毂两部分，轮即车轮，毂是位于车轮中心以承

---

① 尚刚编著：《中国工艺美术史新编》（附录光盘），高等教育出版社 2007 年版。

车轴的部件，根据考古发掘所获资料，殷时期轮毂均为木质，未见有铜质构件。

车轴：贯穿两轮中心之毂，起连接两轮，保障两轮联动的作用。车轴中间较粗，两端较细，这一时期的车轴长度在2—3米。

车舆：即车辆可以承载人和物的部分。车舆底部为长方形，四边各有一根横木称为"车轸"，车轸落在车轴和车辕之上，车舆四周有围栏，商晚期车舆上已经设置伞盖。考古学者在山东滕州前掌大村遗址发现已知商代最早出现的车伞遗迹。①

车辕：也称"辀"，先秦时期的车辆多只有一根车辕，位于车辆的中轴线上，一般用曲木制作，前端上翘，后端平直置于车舆之下车轴之上，长度一般在2.5—3米之间，末端与车舆的后轸平齐，前端与衡相接。

车衡：接在车辕前端的横木，其上设车轭用以驾车。

在了解了先秦时期车辆的基本构造及其名称之后，我们再进一步了解车马器的名称、形制及其功能。先秦时期青铜制作的车马器主要包括以下几种：軎、辖、毂饰、轴饰、辕首饰、踵饰、銮铃、车轭等。

1. 軎、辖

軎和辖多是配套出现。軎是车轴两端分别套接在车轴上的筒形器，軎上开长方形孔，插入长条形的辖以将軎固定在车轴上，辖上有孔，用以穿皮绳将辖紧紧固定在軎上。殷代辖多为木质，西周以后逐渐使用铜质。通过对考古发掘出土的铜軎套接车轴一端磨损痕迹的分析，研究人员判定铜軎是深入车毂内的，这样可以加大轴的耐磨性，并且减小轴、毂之间的摩擦力。② 西周以后辖首一般兽首形，西周早期辖上的兽首造型较为写实，西周中晚期趋于简化。这一时期辖的设计也独具特色，如洛阳庞家沟西周墓葬出土的辖，辖

---

① 参见李淼等：《前掌大墓地马车的复原研究》，收录于中国社会科学院考古研究所编著：《滕州前掌大墓地》下册，文物出版社2005年版，第619页。

② 参见李淼等：《前掌大墓地马车的复原研究》，收录于中国社会科学院考古研究所编著：《滕州前掌大墓地》下册，文物出版社2005年版，第622页。

图 2-75　斜角雷纹、重环纹铜軎辖（春秋）

首作踞坐人像，头上戴冠，面部向外，背后有一块方形平板，铜辖插入軎上的辖孔以后，人像背后的方形平板正好悬覆在外侧的车毂之上。[①] 斜角雷纹、重环纹铜軎辖（见图 2-75[②]）出土于大堡子山秦文化遗址，形制与庞家沟所出軎辖相似，该辖首作兽首状，背后的长方形平板插入軎上的辖孔，该軎辖是春秋时期的遗存。

2. 毂饰

在车毂上使用铜饰始于殷墟晚期，使用铜饰的作用不仅仅是为了装饰，其主要的功能是加固车毂使其更加坚固耐用。先秦早期的毂饰就是在车毂两端各加一个铜䡲，铜䡲上有钉孔，可以将其固定在木质车毂上。殷墟到西周时期，毂饰发展为车毂两侧各由铜质䡲、軝、軹三节铜饰分段套合而成的形制。伴随着铸造工艺和制作技术的进步，车毂两侧的䡲、軝、軹合铸成一整节，这一形制应该是由三段式发展而来，但在使用时间上与三段式有并存关系。毂饰形制的进一步发展为整个车毂包括建辐的部分全部由铜䡲、軝、軹套合，铜軹发展成为上下密合的两个半圆，并凿出辐孔以纳车辐。[③]

3. 轴饰

西周时期车马坑所见车毂里侧，在车舆与车毂之间的车轴上多设有一个一端截面为杏仁状的铜管，另一端有一个方形平板的铜饰，使用木楔将其固

---

① 转引自张长寿、张孝光：《殷周车制略说》，收录于《中国考古学研究》编委会编：《中国考古学研究——夏鼐先生考古五十年纪念论文集》，文物出版社 1986 年版，第 143—145 页。

② 国家文物局编：《秦韵：大堡子山出土文物精粹》，文物出版社 2015 年版，第 101 页。

③ 参见张长寿、张孝光：《殷周车制略说》，收录于《中国考古学研究》，文物出版社 1986 年版，第 141—142 页。

定在车轴上，这个铜饰被称为"轴饰"。学界认为其作用在于固定伏兔。轴饰套在车轴和伏兔之上，方形平板悬覆在里侧的车毂上，可以起到保护里侧车毂的作用。[1]

4.辕首饰

先秦时期车辕的前后均装有铜质装饰物，装在辕前端的即"辕首饰"，也称为"𫐆"，是车辕前端用以持车衡者。

　　𫐆，車轅耑持衡者。从車元聲。

《说文解字》

根据考古发掘所得实物资料的情况，研究者认为先秦时期的辕首饰有两种基本形制，一种呈水平方向，多位于辕、衡交接处，突出于衡前，前端封闭，后端为一圆形管状物，可能可以起到制约车衡的作用；另一种呈垂直方向，上端作兽首或人形，插入辕前端以后，兽首或人形呈直立状立于衡前。[2] 1951

图 2-76　错金银兽首辕饰（战国中晚期）

年河南辉县固围村 1 号墓墓道中出土的错金银兽首辕饰（见图 2-76[3]），作兽首形，浓眉大眼，阔鼻筒耳，采用精细的错金银装饰工艺，兽首从侧面看上凸下凹，正好下合衡木，辕首饰中空，兽首的颈后为圆管状，安装在𫐆顶

---

[1] 参见张长寿、张孝光：《殷周车制略说》，收录于《中国考古学研究》编委会编：《中国考古学研究——夏鼐先生考古五十年纪念论文集》，文物出版社 1986 年版，第 143 页。

[2] 参见张长寿、张孝光：《殷周车制略说》，收录于《中国考古学研究》编委会编：《中国考古学研究——夏鼐先生考古五十年纪念论文集》，文物出版社 1986 年版，第 147 页。

[3] 中国青铜器全集编辑委员会编：《中国青铜器全集 8：东周 2》，文物出版社 1995 年版，图版第 170 页。

端，辀顶削作斜面，裹以粗布，塞入圆管内。①

5.踵饰

装在辕末端称为"踵"，其上的铜饰即为"踵饰"。踵饰形制的演进也可以让我们管窥这一时期的技术革新与进步。

先秦早期的踵饰主要有三种类型：

第一种类型为丁字形板状，上半部为一长方形横板，横板背面有双横耳，用以保护后轸。下半部为一半圆形板，背面有一横耳，用以封住辕踵。

第二种类型为丁字形板接套管，这一种类型也由上半部的长方形横板和下半部的圆形横板组合而成，不同之处在于板的背面不再设耳，而是在下半部的圆形板状物背面铸一"U"形铜管，铜管前端两侧有双半环耳，后端无顶，作槽状，平面为小半圆。这一类型使用时前端套在辕踵，后端与横板相连的槽部可容纳后轸。

第三种类型是在第二种类型的基础上的进一步改进，不再设置铜板，"U"铜管制成断面为梯形的铜管，上宽下窄，前端筒形部分套住辕踵，后端有槽接后轸。

先秦中期，上述三种形制的踵饰基本不见，代之以以下四种形制：

第一种为凹槽型，套管截面近"U"形，上部平齐，下部浑圆，尾端封闭，管上方中部开凹槽以纳后轸。

第二种为L形，前端凹下以纳后轸，尾端封闭，上有盖。

第三种为短筒形，直接套接在辕踵上，没有纳后轸的设置。

第四种为簸箕形，末端封闭，形似簸箕。

这七种类型的踵饰从形式与功能的演进来看，相互间有一定的承继关系，从形制来看，是向着更轻便更实用演变。

---

① 参见中国科学院考古研究所编著：《辉县发掘报告》，科学出版社 1956 年版，第 78 页。

6.銮铃

銮铃是立在车上的铜铃，出现于西周早期，一直流行至春秋战国时代，主要由上下两部分组成，上部为一正视为圆形或椭圆形，侧视为椭圆形的铜铃，设较宽的环状外缘，铜铃正面或两面作车辐状镂空，中含石丸；下部为一断面为方形的筒装銮，以安装在衡轭上，銮下部前后各有一孔，穿钉将銮铃固定在衡轭上。

　　銮在衡，升车则马动，马动则銮鸣。

《韩诗内传》

銮铃的形制变化不大，车辐状镂空多做"米"字状，此外，西周早期銮铃外缘上半部分做3—6个小孔，下半部分作长弧形镂孔，左右对称。（见图2-77[①]）是石鼓山西周墓地1号墓出土的銮铃，通高15.5厘米，铃体为圆形，下方接铸方形銮，铃身中部呈车辐状镂空，内含铃丸，外接圆形镂空扁扉棱。[②]

西周中期以后銮铃外缘上半部分也作长弧形镂孔；西周晚期銮铃外缘变窄，上下的弧形镂孔变宽；西周晚期到春秋早期銮铃的弧形镂孔进一步变宽，周围不设外缘。春秋中期以后銮铃的镂空和形制略有变化，有的銮铃呈圆角正方形，车辐状镂空简化为"十"或"＊"字形。镂孔和形制的变化，从考古发掘的实物来看，是因循时间轨迹发展演变。

以上谈及的五种车马器均属于车器，除此之外，先秦时期的车马器还有车衡上的铜质装饰物"衡饰"，装饰于车轭上装饰"轭饰"等，不逐一赘述。接下来我们介绍先秦时期众多马器中的两种。

图2-77　銮铃（西周）

---

① 上海博物馆编：《周野鹿鸣：宝鸡石鼓山西周贵族墓出土青铜器》，上海书画出版社2014年版，第73页。

② 参见上海博物馆编：《周野鹿鸣：宝鸡石鼓山西周贵族墓出土青铜器》，上海书画出版社2014年版，第72页。

7. 当卢

当卢之卢通"颅",是马匹面额的装饰物,位于马匹颅部正中。1980 年陕西临潼秦始皇陵西侧陵道中出土的铜车马,马首颅部就装饰有金质的叶片状当卢。铜质当卢初见于殷代,盛行于西周时期,其作用仅为马首装饰,所以形制十分丰富。

先秦早期已有当卢的雏形,当时仅为顶上双岐角状较为简陋的兽面形饰。西周以后当卢除了顶上的双岐角,中间设微微鼓起的圆泡,下部接长方形柄。牛首纹当卢(见图 2-78[①]),石鼓山西周 3 号墓地出土,长 21 厘米,宽 9 厘米,整体呈薄片状,顶端上部有两岐角,下端呈弧形锐角,中部呈圆形泡状,下有长方形柄,岐角下部、圆泡、长方形柄上各饰一个牛首形浮雕。

图 2-78　牛首纹当卢(西周)

在这一形制的基础上,逐渐发展为顶部为兽首,下接竖直长条形半管的较为流行的形制,只在兽首、纹饰、尺寸等有所区别。此外,还有双圆泡形当卢等其他形制。

8. 马冠

马冠是装饰在马前额上方的铜质装饰,流行于西周时期,根据考古发掘的情形,判断其是安装在皮质的冠上,再系带于马首。马冠饰(见图 2-79[②])出土于陕西扶风黄堆乡 1 号墓,同出两件,形制基本相同,大小略有差异,一件长 7.7 厘米,一件长 8.3 厘米,该冠饰为透雕铜质牌饰,牌面

---

① 上海博物馆编:《周野鹿鸣:宝鸡石鼓山西周贵族墓出土青铜器》,上海书画出版社 2014 年版,第 230 页。

② 曹玮主编:《周原出土青铜器》第 8 卷,巴蜀书社 2005 年版,第 1628 页。

微鼓，中脊有相背两个兽面，两侧为相背的一对凤鸟，长尾下一目一爪各组成一个龙头，图案构思精巧，形式组织复杂；背面有三钮。[1]

铜质马冠多为扇形，作兽面状，兽口、目、额部镂空，两侧为内凹弧形。除了当卢和马冠，先秦时期的马器还有马鼻形饰、马面胄等。

图 2-79 马冠饰（西周中期）

七、杂器

先秦时期除了使用青铜铸造食器、酒器、兵器、乐器等具有礼制功能和实用功能的器物外，也以青铜铸制很多日常生活中使用的器物，学界将这些器物都归入杂器，我们也遵从学术习惯，将未归入食器、酒器、水器、兵器、乐器、车马器六类的器物统一归入杂器，并依据器物的使用场景将它们分为生活用器、交易用器和权衡用器。

（一）生活用器

1. 铜镜
前文提及没有铜镜的时候以鉴盛水以照面，铜镜的出现便取而代之。

以铜为镜，可以正衣冠，以古为镜，可以知兴替，以人为镜，可以明得失。

《旧唐书·魏徵传》

迄今为止，我国已知年代最久远的青铜镜是 1975 年出土于甘肃广河县

---

[1] 参见贾靖、王均显：《扶风黄堆西周墓地钻探清理简报》，《文物》1986 年第 8 期。

图 2-80　七角星纹镜（新石器时代晚期）

齐家坪墓葬的铜镜，素面无纹。第二年在青海贵南县尕马台墓葬出土背面有七角星状纹饰和弦纹的青铜镜（见图 2-80[1]）一面，这两面铜镜均属齐家文化，距今已有四千多年历史，虽然铸造技术还显得较为粗浅，纹饰也尚不规范，但是却掀开了中国铜镜文化的漫长画卷。

目前掌握的资料显示，现在已知的先秦早期和中期的铜镜数量较少，主要出土于中原地区及其周边的河南、陕西、北京、辽宁等地，均为背面有钮的圆形镜，以无纹素面镜为主，有纹铜镜也仅作简单的几何纹和动物纹，先秦铸镜技术在这一时期逐渐形成。

春秋时期铸镜技术有所发展，虽然所见不多，但从可见的春秋铜镜也可

图 2-81　鸟兽纹镜（春秋早期）

窥见这一时期铸镜技术的发展和装饰风格的特点。鸟兽纹镜（见图 2-81[2]）出土于河南三门峡上村岭，直径 6.7 厘米，镜背设弓形平行双钮，钮上方饰一只头有双角的小鹿，钮下方饰一展翅欲飞的鸟纹，钮左右各饰一虎纹，所有纹饰均为阳线勾勒。[3] 战国晚期是中国铜镜发展史上一个重要的时期，不仅因为出土的这一时期铜镜的数量增长迅猛，而且铜镜制作精美，不乏经典传世之佳镜。从

---

[1]　郎绍君等主编：《中国造型艺术辞典》，中国青年出版社 1996 年版，第 259 页。

[2]　中国青铜器全集编辑委员会编：《中国青铜器全集 16：铜镜》，文物出版社 1998 年版，图版第 6 页。

[3]　参见中国科学院考古研究所：《上村岭虢国墓地（黄河水库考古报告之三）》，科学出版社 1959 年版，第 27 页。

出土地域来看也较为广阔，除中原文化区外，齐、吴越、燕、楚、秦、巴蜀、百越等考古文化类型均有出土。从铜镜的形制看，这一时期的铜镜以圆形镜为主，偶见方形铜镜，镜面平直，镜体较薄，镜背面中心多有一钮。从装饰纹样看，这一时期的铜镜纹样种类丰富，有几何纹、山字文、交龙纹、连弧纹、虎纹、凤鸟纹、狩猎纹、蟠螭纹等，从铸造技术来看，错金银、透雕、镶嵌工艺

图 2-82 错金银狩猎纹铜镜（战国）

等都运用到铜镜铸造中，如错金银狩猎纹镜、透雕龙凤纹镜、镶嵌玉琉璃镜等。1928 年出土于洛阳金村的错金银狩猎纹铜镜（见图 2-82[①]），现藏于日本京都永青文库，该镜直径 17.4 厘米，背面由三组相同的错金卷龙纹将镜背分成三等分，在相邻两组错金卷龙纹之间设置三组错银图案，分别是骑马武士持剑与猛虎搏斗、两异兽相博、一只神鸟，三组错金的卷龙纹金光熠熠，三组错银图案细密精致，从该镜纹饰构思之巧妙，制作之精细，使用金银错工艺之娴熟，判断该镜非战国时期寻常人使用之物，是一件铸镜精品。这不仅表明战国时期铜镜铸造技术的成熟和铸造业的快速发展，也证明了技术传播的广度，以及铜镜在各文化区域的人们的生活中得到普及。

我国的铜镜铸造技术一直流传到唐宋时期，宋元以后才逐渐衰退。

2. 铜灯

铜灯是战国中期出现的铜质照明用器物，实用与审美相得益彰，展示出先秦时期造物观念与制作技艺的完美融合。秦汉时期是铜灯的流行期。铜灯由"豆"演变而来，这一点不仅通过先秦文献得以推断，同时考古发掘和传世的铜灯年代最为久远的是豆形灯亦可证明。

---

① 尚刚编著：《中国工艺美术史新编》（附录光盘），高等教育出版社 2007 年版。

兰膏明烛，华镫错些。

《楚辞·招魂》

木豆谓之豆，竹豆谓之笾，瓦豆谓之登。

《尔雅·释器》

镫，锭也。

《说文解字》

虽然古时字多有通假，镫、登、锭多指同一事物，但是《尔雅·释器》中"瓦豆谓之登"之"登"与《楚辞·招魂》中"华镫错些"并非同一事物，"豆"在前文已在食器中加以介绍，根据《尔雅义疏》我们可知，古时候瓦豆是盛装大羹的器物，不论质地为木、竹、瓦，别名为"笾""登""镫"，这一类器物都被称之为"豆"①。这里的"豆"还是前面我们介绍的食器。但《楚辞·招魂》的"华镫错些"中的"镫"已经是指具有照明作用。

我国古代照明用灯具的主要燃料是油脂和蜡脂，从考古发掘出土的铜灯的形制来看，汉代以后的灯具才有插烛的柱台，所以用蜡作为灯具的主要燃料应该是汉代以后的事情，在先秦时期使用的是油脂燃料，所以灯具都有一个盛放油脂的灯盘。"按照考古界比较普遍的看法，陶豆可能是一种兼而用之的雏形灯具。战国时期的豆形灯具可以认定为中国最早的定型化的灯具。"②豆形灯具也是使用最为广泛，使用时间最长的灯具，20世纪初，我们广大的农村使用的油灯仍属于豆形灯。

马承源以铜灯的形制和使用功能为依据将铜灯分为高座灯、行灯和艺术造型灯。③王强依据铜灯的基本形制将战国时期的灯具分为豆形灯具、器皿

---

① 参见（清）郝懿行撰，王其和、吴庆峰、张金霞点校：《尔雅义疏》上册，中华书局 2017年版，第 497 页。

② 王强：《流光溢彩：中国古代灯具设计研究》，江苏大学出版社 2009 年版，第 13 页。

③ 参见马承源主编：《中国青铜器》（修订本），上海古籍出版社 2003 年版，第 301 页。

形灯具、人物形灯具、动物形灯具和多枝形灯具五大类。

（1）豆形灯即"高座灯"，是这一时期出现最早、使用最为普遍的形制，由灯盘、灯柄和灯座三部分组成，浅盘，圈足。现藏于北京故宫博物院的错银云纹豆形灯（见图11-23），是战国晚期遗存。

（2）器皿形灯是指这一时期的部分灯具有着与同时期铜器相近的形制的一类灯具，如河北省博物馆藏簋形铜灯（见图2-83①），以及甘肃平凉庙庄战国秦墓出土的鼎形铜灯，鼎形铜灯属于"行灯"。所谓行灯就是用于夜间导行的灯具。

图 2-83　簋形铜灯（战国中期）

（3）人物形灯具是指灯具作人物造型，这一类型的铜灯可以被看做是豆形灯的变体，它们的形制是将豆形灯的底座改制为一个人物造型，或踞坐，或站立，或骑在骆驼上，不论铜灯的人物造型如何，人物形铜灯都有一个共同特征就是人物均用手持灯柄，灯柄上有一个或两个灯盘。如河南三门峡市上村岭出土的踞坐人漆绘铜灯（见图2-84②），通高48.9厘米，人佣做踞坐姿态，身着

图 2-84　踞坐人漆绘铜灯（战国晚期）

---

① 中国青铜器全集编辑委员会编：《中国青铜器全集 9：东周 3》，文物出版社 1997 年版，图版第 182 页。

② 中国青铜器全集编辑委员会编：《中国青铜器全集 9：东周 1》，文物出版社 1998 年版，图版第 62 页。

右衽掩膝长襦，双手持 Y 形灯座，座上设圆形灯盘，盘内有三个尖钉形烛座，可同时承蜡三支，灯盘和灯座外有漆绘痕迹。[①] 中国国家博物馆藏人形附勺铜灯、湖北省博物馆藏骑骆驼人形铜灯都是此类灯具的佼佼者。

（4）动物形灯是指铜灯作仿生造型，如河北省博物馆藏象形铜灯，西安北郊战国铸铜工匠墓出土的雁足灯。

（5）多枝灯是指铜灯如树枝状，由主干伸出多个枝干，主干和枝干的末端都有一个灯盘。如十五连盏灯，在后文我们会详细介绍，此不赘述。

除了铜镜和铜灯以外，先秦时期的日常生活用的小型铜器还有带钩、席镇、燎炉等。一直以来学界认为北方草原游牧部族最早使用带钩，因为赵武灵王推行胡服骑射，所以带钩随着胡服在春秋战国时期传入中原。中原地区出土和传世的带钩数量不多，但精巧美观，多使用镶嵌、错金银、鎏金等工艺进行装饰加工。关于带钩的形制，我们将在第十章讲述鄂尔多斯式青铜器的时候进行详细介绍。中国先秦时期尚没有椅子，人们在地上铺席子，然后坐在席子上面，正式场合多跽坐，"席地而坐"的成语因此而来。人们走动、挪动都会造成席子移动或产生褶皱，于是用铜质的席镇压在席子的四角保持席子的平整。燎炉是春秋中期出现的用以烧炭取暖的铜器。据传 1923 年新郑李家楼出土燎炉一件，器壁内侧有铭文 7 字，该器形状似方盘，圆角平底，器壁长边外侧有环形钮，短边外侧各有 3 节提链。器底下部有柱状残足23 个。燎炉也有盘为圆形的。

（二）交易用器

中国古代货币起源与发展经历了恩格斯所说的物物交换、实物货币、金属称量货币和金属铸币四个阶段。在秦始皇统一货币之前，流通的铜质货币有贝币、刀币、布币、圜币等。

虞夏之币，金为三品，或黄，或白，或赤；或钱，或布，或

---

① 参见河南省博物馆：《河南三门峡市上村岭出土的几件战国铜器》，《文物》1976 年第
3 期。

刀，或龟贝。

《史记·平准书》

从考古发掘的情形来看，目前可见最早的金属铸币是山西保德林遮峪殷代墓葬和安阳殷墟出土的铜铸贝币。

1. 贝币

铜铸贝币最早见于 1953 年河南殷墟大司空村商代墓葬，发掘出土了三枚无纹铜铸贝。1971 年在陕西保德林遮峪村商代墓葬出土铜铸贝 109 枚。这些铜铸贝均仿天然贝壳铸造，是我国金属铸币的滥觞。

铜铸贝币出现后最初是作为金属称量货币，先秦晚期楚国承商周时期以贝币为流通货币的遗制使用铜铸贝币，至战国末年。楚国铜铸贝币（见图 2-85[1]）因其形似也被称为"蚁鼻钱""鬼脸钱"等，其形制是椭圆形，面部突起，上宽下窄，下方有孔，背面平底。楚国铜铸贝币与商周时期的铜铸贝币有着明显区别其面部有一或二个文字，商周铜贝币均无文字。有字者皆为楚贝币。

图 2-85　楚国蚁鼻钱（战国）

2. 布币

布币是一种形似铲子的金属铸币，是先秦时期流通的主要货币之一。在物物交换到实物交换的发展进程中，铲形工具作为生产生活中不可或缺的生产工具逐渐成为一般等价物，并最终具备了货币的功能。

---

[1]　任双伟：《货币里的中国史：历代钱币的源流和图释》，世界图书出版有限公司北京分公司 2018 年重印版，第 37 页。

关于布币名称的来历，学界有不同的看法，有的学者认为布币是由一种被称为"镈"的农具发展而来，因为"布"与"镈"同声相通。另有一派学者认为布币的原型是一种被称为"钱"的农具。

命我众人：庤乃钱镈，奄观铚艾。

《诗经·周颂》

镈，耨也。

《尔雅注疏》

钱，铫也。古田器。

《说文解字》

按以上文献的注疏，我们可知先秦时期"钱"是锹，"镈"乃锄，从布币的形态来看，后一派学者的观点更具有说服力。裘锡圭认为"布币所以名布之义，今已不可确知。如要勉强猜测，或许早期用为货币之一钱，其价值与一定量之一段布（类似今之一匹）相当，故遂以布名钱"[1]。

先秦时期布币流通较广，形制多样，据其发展演变序列可分为：原始布、空首布、平首布和圆首布。

(1) 原始布

原始布（见图2-86[2]）的形制因循铲形工具，无论是尺度和形态都未脱离铲形工具，币体硕大，上端设銎，銎的下端一直延伸到布币的中部，呈中部隆起的脊棱，较为厚重。也正因为如此，原始布币与铲形工具的区别不大，学者们在判断二者的差距时要凭借其刃口的形态方能将二者区别开来。作为铲形工具的铜器其刃口有使用过的痕迹，而作为流通货币的铜器的刃口

---

① 转引自王毓铨：《中国古代货币的起源和发展》（修订本），中国社会科学出版社 1990 年版，第41页。

② 任双伟：《货币里的中国史：历代钱币的源流和图释》，世界图书出版有限公司北京分公司 2018 年重印版，第4页。

光滑平整。原始布的铸行时间大约
是商晚期至西周早期。

（2）空首布

空首布是指一种形体较大、首
部内空的布币，因其下部形似一把
宽大的铲子，也称"铲布"。空首布
在尺寸上有特大型、大型、中型和
小型的区别，但是没有明确的分等，
应该是由原始布向空首布演进的过

图 2-86 原始布（西周）

程。先秦时期空手布依其形制特点可分为平肩弧足、斜肩弧足和耸肩尖足，
这几类空首布的铸行区域不同。考古发掘的材料显示，空首布初现于西周晚
期，流行于春秋战国时期，先秦时期晋文化所影响的区域和两周王畿所在区
域是铸行空首布的主要地区。① 根据考古发掘的资料分析，平肩弧足空首布
（见图2-87②）主要铸行于周王畿地区，斜肩弧足空首布（见图2-88③）铸

图 2-87 平肩弧足空首布（战国）　　图 2-88 斜肩弧足空首布（战国）

① 参见黄锡全：《先秦货币通论》，紫禁城出版社2001年版，第96页。
② 任双伟：《货币里的中国史：历代钱币的源流和图释》，世界图书出版有限公司北京分公
　司2018年重印版，第6页。
③ 任双伟：《货币里的中国史：历代钱币的源流和图释》，世界图书出版有限公司北京分公
　司2018年重印版，第6页。

行于周王畿、韩、魏地区，耸肩尖足空首布铸行于晋（赵）、卫地区。

（3）平首布

平首布由空首布演变而来，宽厚的空首简化为薄平的实首，主要铸行于战国时期，这一简化从布币的形态来看，是改空首布的笨重为平首布的轻巧，若从单个货币的重量上来看，这一简化也减轻了货币的重量，使得布币的携带更加方便，同时也节约了铸币用金属。由于这一时期列国分立，各国都发行平首布，韩国的韩布（见图 2-89[1]），还有赵国的赵布（见图 2-90[2]）等。平首布的形制也较为多样，有平首桥形、平首锐角、平首尖足、平首平肩小方足等类型。平首布的出现预示着布币的高度成熟。桥形布的肩部或平或圆，足部似弧形拱桥的布，也称桥足布。平首锐角布的首部向两侧各伸出一尖角，平肩，方足，裆部或平或尖。

图 2-89　韩布	图 2-90　赵布	图 2-91　燕布
（战国中晚期）	（战国中晚期）	（战国中晚期）

受桥足布的影响，战国中期楚国除了常见的蚁鼻钱以外，还铸行布币，我们称之为"楚布"，楚布有长布、连布和小布之形制。楚长布（见图 2-92[3]）平首、平肩、平裆、方足，腰部略微内收，通体狭长，通长 9.5——

---

① 任双伟：《货币里的中国史：历代钱币的源流和图释》，世界图书出版有限公司北京分公司 2018 年重印版，第 13 页。
② 任双伟：《货币里的中国史：历代钱币的源流和图释》，世界图书出版有限公司北京分公司 2018 年重印版，第 13 页。
③ 任双伟：《货币里的中国史：历代钱币的源流和图释》，世界图书出版有限公司北京分公司 2018 年重印版，第 29 页。

10.4厘米；楚连布（见图2-93①）是两个方足布币足部相连；小布就是小尺寸的布币。楚布与三晋两周布币的区别除了形制以外，还有布币面上的文字，楚布面上文字多含有"忻"，与楚蚁鼻钱上的文字同。楚布主要出土于今安徽、江苏，以及河南东南部、山东西南部和浙江地区，这一地区是楚占领淮泗、吴越以后的楚国东部地区，因此其铸行年代是战国中期以后。战国晚期燕国铸行了燕布（见图2-91②），燕布束腰较为明显，布上文字字体圆浑，制作相对粗糙，出土地多为燕下都遗址以及战国时期燕国属地。

图2-92　楚长布（战国）

图2-93　楚连布（战国）

（4）圆足布

圆足布（见图2-94③）的特点是圆首、圆肩、圆裆、圆足，也称"圆首圆肩圆足布"，布身两侧各有一竖线，面部铸有地名，背面有数字，周有廓线。圆足布有大小两等，大者通长7—8厘米，面宽约3—3.9厘米，重约10.5—18克；小者通长5—5.5厘米，面宽约2.5—2.8厘米，重约5—9克。④

---

① 任双伟：《货币里的中国史：历代钱币的源流和图释》，世界图书出版有限公司北京分公司2018年重印版，第30页。

② 任双伟：《货币里的中国史：历代钱币的源流和图释》，世界图书出版有限公司北京分公司2018年重印版，第13页。

③ 任双伟：《货币里的中国史：历代钱币的源流和图释》，世界图书出版有限公司北京分公司2018年重印版，第14页。

④ 参见戴志强、戴越：《圆足布和三孔布——读先秦布币（四）》，《中国钱币》2014年第4期。

在圆首布之前还曾出现过类圆足布，圆首，圆肩，尖足，主要铸行于战国时代的赵国。对于类圆足布与圆足布之间的发展序列关系，学界观点不一致。从形制演进的视角来看，类圆足布是圆足布的先声似无不妥，但也有学者从货币的大小及重量加以分析，认为圆足布早于尖足布。[①] 因为圆足布上只见"闵（蔺）""离石"两种钱文，对于圆足布的国属学界较为统一，是战国时期赵国铸行的货币。

圆足布还有一个派生形制，就是三孔布（见图2-95[②]），二孔布与圆足布形制相同，正面铸地名文字，背面记重，布首记数，三孔布与圆足布不同之处在于在它的首及两足分铸圆孔，故称"三孔布"。三孔布也有大小之分，大者通长7—7.9厘米，面宽约3.7—4厘米，重约13.7—17克；小者通长5.1—5.5厘米，面宽约2.6—2.8厘米，重约6.3—9.3克。[③] 对于三孔布的国属学界尚无定论，一种观点认为是秦国，一种观点认为是中山国，还有一种观点认为与圆足布同属赵国。

图2-94　圆足布（战国）　　　　　图2-95　三孔布（战国）

3. 刀币

刀币是先秦晚期流通较为广泛的金属货币，其形制来源于青铜凹刃削刀，

---

① 参见黄锡全：《先秦货币通论》，紫禁城出版社2001年版，第141页。

② 任双伟：《货币里的中国史：历代钱币的源流和图释》，世界图书出版有限公司北京分公司2018年重印版，第18页。

③ 参见戴志强、戴越：《圆足布和三孔布——读先秦布币（四）》，《中国钱币》2014年第4期。

说明青铜凹刃削刀也由一般等价物发展成为货币。刀币出现于春秋中晚期，流行至战国末年，是先秦晚期北方和东方的鲜虞、中山、燕、山戎、齐、赵等国的铸行货币，因其形制分为尖首刀币、针首刀币、截首刀币和直刀币；按其流通区域主要有鲜虞刀（见图2-96①）、中山刀、燕刀币、齐刀币和赵刀币等。

（1）原始尖首刀币

原始尖首刀币是形制最为原始的刀币，它的祖形起源于北方游牧地区日常使用的凹刃铜削②，是春秋战国时期最早的铸行货币之一。原始尖首刀币刀首较尖长，故清代李佐贤在《古泉汇》中"尖首刀"为之命名，学界沿用至今。

图 2-96 鲜虞刀（春秋）

　　　刀形上锐，故以尖首名之。

《古泉汇》

原始尖首刀币形体比较大，较为厚重，刀首宽，呈斜坡状，刀背脊呈弧形，柄部上宽下窄，圜部椭圆，制作较为粗糙。从考古发掘所见春秋晚期尖首刀币的形态来看，比早期尖首刀币在长度、重量上都有缩减，并开始出现文字。春秋晚期尖首刀币出土和传世的数量较少，其国（族）属问题，学界尚无统一结论。

战国时期的尖首刀（见图2-97③）形制多样，

图 2-97 尖首刀（战国）

---

① 任双伟：《货币里的中国史：历代钱币的源流和图释》，世界图书出版有限公司北京分公司 2018 年重印版，第 42 页。

② 张弛：《尖首刀若干问题初探》，《中国钱币》1993 年第 2 期。

③ 任双伟：《货币里的中国史：历代钱币的源流和图释》，世界图书出版有限公司北京分公司 2018 年重印版，第 43 页。

多见于战国早期鲜虞、中山墓葬，其形制与春秋晚期尖首刀币基本一致，有大小两种规格，大的通长约 16.1—17.7 厘米，刀首宽约 2—2.8 厘米，环径约 1.6—2.6 厘米，重量约在 11—23.6 克；小的通长约 14—16.2 厘米，刀首宽约 1.4—2.3 厘米，环径约 1.6—2 厘米，重量约在 5—21.9 克。[1]

（2）燕刀币

图 2-98　燕明刀（战国）

燕刀币，战国时期燕国铸行的刀币，其形制是在原始尖首刀币基础上发展而来。燕刀币币体首刃朝上，刀刃向左，是币体正面，面文多为"刀"字，对于"刀"，这个字有学者将其解为"明"，故称"燕明刀"（见图 2-98[2]），也有学者将其解作"易"，称"燕易刀"。这一类燕刀币背文或数字、或单字、或字组、或符号，种类繁多。燕刀币出土数量较大，仅河北易县燕下都遗址内就出土完整燕刀币 33315枚，另有破碎刀币数百斤。[3]

燕刀币依其形制可分为弧背和折背两种类型，弧背燕刀币早于折背燕刀币。与尖首刀币相比较，燕刀币尺度相对较小，刀首较短，刀尖钝，刀首与刀刃的夹角呈圆角状。燕刀币在形制演进过程中，其形制也有变化，首刃逐渐由内凹变为斜线，刀部逐渐有了外廓，弧背逐渐变为折背，制作逐渐精细化。

（3）齐刀币

齐刀币指春秋战国时期齐国铸行的金属货币，其形制也是在原始尖首刀币的基础上演进的。关于齐刀币的起源学界的观点主要可归纳为：形成于齐地说，渊源于西方中原说，源于北方说。各派均有理据，在此不作判定。

---

① 数据来源于黄锡全：《先秦货币通论》，紫禁城出版社 2001 年版，第 205—206 页。

② 任双伟：《货币里的中国史：历代钱币的源流和图释》，世界图书出版有限公司北京分公司 2018 年重印版，第 46 页。

③ 参见黄锡全：《先秦货币通论》，紫禁城出版社 2001 年版，第 224 页。

齐刀币的基本形制是首部内凹明显，币体有外廓，刀柄两面有两道直线，刀圜大，制作精良。齐刀币在铸行过程中，形制有变化，依其变化，又有大型刀和小型刀的区分。齐大型刀币目前已发现和著录的有七种：节墨大刀、莒邦大刀、齐之大刀、节墨之大刀、安阳之大刀、齐大刀和齐返邦长大刀[1]，其面文有三字、四字、五字、六字不等。对于其铸行时间，一般以三字为先，六字为后。

图 2-99　齐大刀（战国）

齐大刀（见图 2-99[2]）大部分通长约 18—18.9 厘米，只有节墨大刀的通长约 15—16 厘米。[3] 早期齐刀形似尖首刀，弧背，首刃内凹，隐有外廓，铜锡占比高，随时间流转，首刃渐呈平直状，刀身由宽渐窄，后期出现了窄小细长型刀币，含铅比例明显提升。

（4）针首刀币

针首刀币（见图 2-100[4]）是战国中期出现的一种刀币形制，这一形制的刀币币体较小，刀首刃部内凹弧度较大，刀首特别尖长，似针尖状，刀背弧度略小，刀刃部隐隐起外廓，刀身至刀柄由宽变窄，刀柄正面有两条直线纹，背面有一条直线纹，刀环呈圆形或椭圆形。

图 2-100　针首刀币（战国）

针首刀通长约 13.7—15 厘米，刀首宽 1.8—1.9 厘米，刀尾宽 1.3—1.6

---

① 参见张弛：《中国刀币汇考》，河北人民出版社 1997 年版，第 66 页。

② 任双伟：《货币里的中国史：历代钱币的源流和图释》，世界图书出版有限公司北京分公司 2018 年重印版，第 49 页。

③ 参见黄锡全：《先秦货币通论》，紫禁城出版社 2001 年版，第 280 页。

④ 任双伟：《货币里的中国史：历代钱币的源流和图释》，世界图书出版有限公司北京分公司 2018 年重印版，第 43 页。

厘米，环径约 1.45 厘米，重量约为 5—9 克。[1]

据文献，针首刀币只出土于河北迁西、承德、辽宁凌源等地，偶见于河北易县燕下都遗址。[2] 张弛认为针首刀是战国早期山戎铸行的货币[3]，黄锡全认为针首刀具有白狄文化特征[4]，有一点可以肯定，铸行针首刀币的应为先秦晚期北方少数民族。

（5）截首刀币

截首刀币（见图 2-101[5]）应算作异形的尖首刀币，迄今为止仅在山东境内出土，因其刀首被截去，所以称为"截首刀"，也叫"剪首刀"，这一类型的刀币从刀环、刀身文字的位置、刀柄两面的直线等特征与战国早期的尖首刀币基本一致。所以古泉学者认为截首刀币是尖首刀币截去刀首而成。

对于为什么会出现截首刀，学界意见不一。有的学者认为是为了窃取铜料[6]，有的认为是用于小额交易[7]，也有的认为是劣币[8]。

（6）直刀币

直刀币（见图 2-102[9]）的特征是刀体平直，

图 2-101　截首刀币（战国）

---

[1]　参见吴良宝：《中国东周时期金属货币研究》，社会科学文献出版社 2005 年版，第 86 页。

[2]　参见吴良宝：《中国东周时期金属货币研究》，社会科学文献出版社 2005 年版，第 89 页。

[3]　参见张弛：《尖首刀若干问题初探》，《中国钱币》1993 年第 2 期。

[4]　参见黄锡全：《先秦货币通论》，紫禁城出版社 2001 年版，第 215 页。

[5]　任双伟：《货币里的中国史：历代钱币的源流和图释》，世界图书出版有限公司北京分公司 2018 年重印版，第 44 页。

[6]　参见朱活：《古钱新典》，三秦出版社 1991 年版，第 76 页。

[7]　参见汪庆正：《十五年以来古代货币资料的发现和研究中的若干问题》，《文物》1965 年第 1 期。

[8]　参见李学勤：《重论博山刀》，收录于中国钱币学会编：《中国钱币论文集》第三辑，中国金融出版社 1998 年版，第 84 页。

[9]　任双伟：《货币里的中国史：历代钱币的源流和图释》，世界图书出版有限公司北京分公司 2018 年重印版，第 44 页。

它出现的时间相对较晚，有大型和小型之分，大型
的基本形制特征是刀首圆钝，形体细长，刀背稍有
弧度；小型的刀首平直，刀背无弧度，短小，刀体
薄。因为首刃圆钝，也称"平首刀币"或"圆首
刀币"。

　　依据现有资料，直刀币是战国时期赵国和中
山国主要铸行的金属货币，两国货币的区别是刀
体面文所在一侧刀柄所铸直线的数量，赵国直刀
币有两道直线，中山国直刀币有一道直线。此外，
还可依据面文来判定国属，直刀币上的面文多为

图 2-102　直刀币（战国）

地名，例如面文为"甘丹"必为赵直刀，因"甘丹"即"邯郸"，是赵国都
城，而"白人"即"柏人"，今河北隆尧县西，当时在中山域内，即为中山
直刀。

　　4. 圜钱

　　圜钱即圆形铜钱，是中国古代铸行时间最长的一种铜质货币。先秦时
期主要流通于战国中晚期的铜质圜钱有圆孔和方孔两种形制，也称圆穿和方
穿。古泉界多认为圜钱是由纺轮或玉璧演变而来，圆穿圜钱的铸行应早于
方穿。

　　战国时期铸行圜钱的诸侯国较多，从出土和传世的圜钱来看，可分辨出
秦圜钱、三晋两周圜钱、齐圜钱和燕圜钱等。圜钱因其面部的铭文不同而辨
别国属，三晋圜钱铭文是铸币的城邑名；秦圜钱铭文是重量，如"半两""两
甾"；齐圜钱和燕圜钱是方孔圜钱，铭文也用重量，如"一刀"等。这些都
为秦统一货币做好了铺垫。

　　（1）三晋两周圜钱

　　三晋两周中的三晋指西周晋国三分的韩、魏、赵，两周指东周王畿内分
出的"东周"和"西周"两个小国，三晋两周圜钱是指这些分裂的国家各自
铸行的金属货币。三晋之中的魏国是最早铸行圜钱的诸侯国，其铸行的圜钱

均为圆穿，内外无郭（见图2-103①），钱径在3.6—4.65厘米之间，内孔径在0.5—1.2之间，重量在8.15—18.5克之间。② 魏圜钱还有异形币"半釿"（见图2-104③），呈半圜形，中间有小孔，面有"半釿"二字。

图2-103　魏圜钱（战国）　　　　　　图2-104　魏半釿（战国）

三晋的赵国也铸行圜钱（见图2-105④），圆形圆穿，偶见方穿，面或有外郭，背面平素，钱径在2.6—3.6厘米之间，内孔径在0.7—1.1之间，重量在6.2—11.2克之间。⑤

两周圜钱有西周圜钱和东周圜钱之分，西周圜钱的钱面有"西周"二字，一般钱径2.6厘米，孔径0.7—0.8厘米，重3.8—4.2克；东周圜钱（见图2-106⑥）的钱面有"东周"二字，一般钱径2.5厘米，孔径0.9厘米，重4—6.6克。⑦

---

① 任双伟：《货币里的中国史：历代钱币的源流和图释》，世界图书出版有限公司北京分公司2018年重印版，第59页。

② 数据来自黄锡全：《先秦货币通论》，紫禁城出版社2001年版，第304—305页。

③ 任双伟：《货币里的中国史：历代钱币的源流和图释》，世界图书出版有限公司北京分公司2018年重印版，第59页。

④ 任双伟：《货币里的中国史：历代钱币的源流和图释》，世界图书出版有限公司北京分公司2018年重印版，第61页。

⑤ 数据来自黄锡全：《先秦货币通论》，紫禁城出版社2001年版，第306—307页。

⑥ 任双伟：《货币里的中国史：历代钱币的源流和图释》，世界图书出版有限公司北京分公司2018年重印版，第62页。

⑦ 数据来自黄锡全：《先秦货币通论》，紫禁城出版社2001年版，第308页。

图 2-105 赵圜钱（战国）

图 2-106 东周圜钱（战国）

（2）齐圜钱

齐国的主要流通货币是刀币，前文已经介绍过了，除了刀币以外，齐国也铸行圜钱。齐圜钱主要出土地在今山东境内，且多与齐大刀同出，与其他圜钱的区别在于面文，齐圜钱面文均有被释读为"賹"和"刀"的铭文，铭文有

图 2-107 齐圜钱（战国）

"賹六刀""賹四刀""賹刀"三种，学者认为齐圜钱（见图 2-107[1]）是国家控制发行的通用货币，发行时间可能是齐襄王复国以后，与齐刀可能存在一定的价值兑换关系[2]。

> 古者，天灾降戾，於是乎量资币，权轻重，以振救民。民患轻，则为之作重币以行之，於是乎有母权子而行，民皆得焉。若不堪重，则多作轻而行之，亦不废重，於是乎有子权母而行，小大利之。
>
> 《国语·周语》

---

[1] 任双伟：《货币里的中国史：历代钱币的源流和图释》，世界图书出版有限公司北京分公司 2018 年重印版，第 63 页。

[2] 参见黄锡全：《先秦货币通论》，紫禁城出版社 2001 年版，第 316—317 页。

齐圜钱皆为圆形方孔，面有外郭，背平素，钱径、孔径和重量，铸造工整。"赙六刀"大于"赙四刀"，"赙四刀"大于"赙刀"，三者有一定的渐次关系。齐大刀与齐圜钱同时流通，它们就若母币与子币的关系，我们可以把它们的共存视作是社会进步的一个重要标志，货币逐渐成为一种价值符号，进一步方便了商品交换行为。

今可见铸造齐圜钱所用的陶范、石范和铜范数量不多，虽多已残缺，但也依稀可见阴文的规整，模具设计的适用性，都彰显着齐国这个曾经的东方霸主在青铜铸造技术的精湛，以及对铸行货币的重视。

（3）燕圜钱

燕圜钱（见图2-108[①]）是燕国铸行的圜钱，皆为圆形方孔，也有三种

图 2-108　燕圜钱（战国）

形制，分别被释读为"明四圜钱""明刀圜钱"和"一刀圜钱"，前两种皆无郭，后一种有内外郭，三种圜钱的尺度大小与齐圜钱相似，"明四圜钱"大于"明刀圜钱"，"明刀圜钱"大于"一刀圜钱"。

因燕圜钱出土数量相对较少，从现在掌握的资料，"一刀圜钱"数量多于另外两种，再者，燕圜钱还曾与西汉八铢半两同出[②]，这些由燕圜钱的形制特征、面文、出土地信息等共同意涵的关于燕圜钱的信息密码还有待学者们进一步剥茧抽丝，呈现它的历史史实。

（4）秦圜钱

秦孝公即位以后，励精图治，革故鼎新，在施行商鞅所提出的废井田、重农桑、开阡陌、奖军功、实行统一度量和建立县制等一整套变法求新的策略后，秦国逐步由偏安西隅的蛮夷之国发展成为战国后期军事强大、经济富足的集权国家。湖北云梦睡虎地出土的秦简中的《金布律》有如下记载。

---

① 任双伟：《货币里的中国史：历代钱币的源流和图释》，世界图书出版有限公司北京分公司2018年重印版，第63页。

② 参见阎奇：《辽宁凌源县发现燕国□□钱》，《中国钱币》1994年第2期。

钱十一当一布，其出入钱以当金、布，以律。

《金布律》

《金布律》说明当时的秦
国的主要流通货币包括金、布
和钱。钱即是秦圜钱（见图
2-109[1]），是战国时期秦国铸行
的货币，是秦统一之后，施政统
一货币的基础货币形制。从前学界一直以为秦"半两"是秦统一之后的铸
行货币，但是从 1949 年以来的考古发掘工作中，已明确从战国时期的墓地
出土了秦圜钱。秦圜钱有圆形圆孔和圆形方孔两种形制。圆形圆孔钱周边
较薄，背面平素，面文有"一两"或"半寰"字样。"一两"钱的钱径约为
3.8—4 厘米，孔径约为 0.6—1.3 厘米，重量约为 9.41—15.62 克；"半寰"钱
的钱径约为 2.7—3 厘米，孔径约为 0.8—1.2 厘米，重量约为 6.9—12.5 克。[2]
圆形方孔钱面文有"半两"或"两甾"，钱体厚重，面文用大篆铸就的"半
两"二字清晰易辨，背面平素，内外无郭，钱径约为 2.6—3.7 厘米，孔径约
为 0.8—0.9 厘米，重量约为 2.1—9.5 克（多为 5.4 克左右，或 11 克左右）[3]；
"两甾"钱，有的有外郭，有的没有，背面平素，面文"两甾"。

图 2-109　秦圜钱（战国）

铅，六铢也。

《说文解字》

甾同锱，由《说文解字》可知"两甾"为十二铢，正好等于"半两"。
蒋若是撰文指出"先秦半两钱之出土多集中于秦对外战争之战略要地"[4]，

---

① 任双伟：《货币里的中国史：历代钱币的源流和图释》，世界图书出版有限公司北京分公司 2018 年重印版，第 73 页。

② 数据来源于黄锡全：《先秦货币通论》，紫禁城出版社 2001 年版，第 323—324 页。

③ 数据来源于黄锡全：《先秦货币通论》，紫禁城出版社 2001 年版，第 324 页。

④ 蒋若是：《论秦半两钱》，《华夏考古》1994 年第 2 期。

进一步说明秦在对外扩张的过程中通过在新占领区推行秦国货币的方式施政，也为其后的统一奠定了基础。这也说明货币除了在流通中所具备的价值以外，它也具备附加的认同功能。

> 及至秦，中一国之币为三等，黄金以镒名，为上币；铜钱识曰半两，重如其文，为下币。而珠玉、龟贝、银锡之属为器饰宝藏，不为币。然各随时而轻重无常。

> 《史记·平准书》

> 秦兼天下，币为二等：黄金以溢为名，上币；铜钱质如周钱，文曰"半两"，重如其文。而珠玉、龟贝、银锡之属为器饰宝藏，不为币。然各随时而轻重无常。

> 《汉书·食货志》

公元前 221 年，秦始皇破七国之畛域，集华夏为一统。乘秦统一之东风，秦"半两"以其便于携带，铸造规范化等优势成为中国历史上第一种统一货币，圆形方孔的铜质圜钱也成为中国使用了绵延两千年的货币形制，直至满清王朝的覆灭，方才退出历史舞台。

（三）权衡用器

权衡是称量器物重量的器具，权，本意是指秤锤，衡，本指秤杆。早期文献对于权衡有不少论述：

> 规矩取其无私，绳取其直，权衡取其平。

> 《礼记·深衣》

权衡的引申义是权力、法度、标准。

> 明于尊位必赏，故能使人尽力於权衡，死节於官职。

> 《韩非子·守道》

虽居高位，飨重禄，执权衡，握机秘，功盖当时，势侔人主，不得与之比逸。

《晋书·潘岳传》

先秦青铜器物中还有一类器物的用途与权衡相关，我们将它们归为权衡用器，下面分为权力用器和衡量用器，进行介绍。

1. 权力用器

权力用器是指在先秦时期行使权力时使用的一类器具，包括符节、玺印、权杖等。

（1）符节

符节，中国古代朝廷传达命令、调兵遣将，以及处理各类事务时候的凭证。一般使用金、铜、玉、角、竹等不同原料制成，使用时双方各执一半，合之以验真假。

若国有大故，则致万民于王门，令无节者不行于天下。

《周礼·地官》

华夏初民尚未发明文字之前采用刻痕记事的方法来记录一些重要事项，后来逐渐发展为在竹、木等材质上刻画一些特殊的符号作为某种标志或者象征，将这些有特殊符号的物件一分为二，分存两处，就可以作为信物使用，这就是最早的符节的雏形。先秦时期的青铜符节主要有两类：铜节和兵符。

① 铜节

节，是古时通行的凭证。关于节的使用制度最早见于《周礼》。

掌守邦节而辨其用，以辅王命。守邦国者用玉节，守都鄙者用角节。凡邦国之使节，山国用虎节，土国用人节，泽国用龙节，皆金也，以英荡辅之。门关用符节，货贿用玺节，道路用旌节，皆有期以反节。凡通达于天下者，必有节，以传辅之；无节者，有几则不达。

《周礼·地官》

郑玄注："邦节者，珍圭、牙璋、榖圭、琬圭、琰圭也。"贾公彦疏引《典瑞》："珍圭以征守，以恤凶荒；牙璋以起军旅，以治兵守；谷圭以和难，以聘女；琬圭以治德，以结好；琰圭以易行，以除慝。是其邦节也。"

弗辟则与之瑞节，而以执之。

《周礼·地官》

孙诒让正义："凡玉节，通谓之瑞节。"

达天下之六节：山国用虎节，土国用人节，泽国用龙节，皆以金为之；道路用旌节，门关用符节，都鄙用管节，皆以竹为之。

《周礼·秋官》

不腆先君之敝器，使下臣致诸执事，以为瑞节，要结好命。

《左传·文公十二年》

图2-110　鄂君启节（战国晚期）

由《周礼·秋官》可知，古时节有三种不同质地，玉质、铜质和竹质。玉质的节主要参与原始宗教相关的礼制性和象征性的祭祀活动，铜节有虎、人、龙等不同的形制，不同的国家使用不同的形制的铜节，使者用的旌节、门关用的符节和封邑使用的管节均用竹质。

1957年和1960年分两次出土于安徽寿县丘家花园的错金鄂君启节（见图2-110[①]）是战国时期楚国的铜节，共五枚，作剖开竹节状，按其上文字可知，其

---

① 中国青铜器全集编辑委员会编：《中国青铜器全集10：东周4》，文物出版社1998年版，图版第98页。

中两枚是舟节，即水陆通行凭证，两节均长 31 厘米，每节舟节上都有错金篆书铭文 9 行，计 165 字，另三枚是车节，即陆路通行凭证，长 29.6 厘米，每节车节上都有错金篆书 9 行，计 147 字。通过解读五枚铜节上的篆书，专家认为它是公元前 323 年楚国国君颁给受封于湖北鄂城的鄂君启的水陆通行铜节，在铭文中明确规定了不能贩运的物资的种类，记述了马、牛和徒卒等驮负的货物与舟、车的换算和折扣关系，规定了不同种类货物的征税机构和免税范围，两套铜节的使用期限为一年，在所规定的物资种类和数量范围内，关卡见到此铜节就不征税。[1]

除了"鄂君启节"的仿竹形制外，还有一种战国晚期楚文化铜节，上端作一兽首状，下接长方形条状物，上面的铭文均以"王命"二字启，所以也被称为"王命符节"，如 1946 年湖南长沙东郊黄泥坑出土的黄泥坑王命符节，长 20.6 厘米，宽 2.5 厘米，铭文写道："王命遄任一担食者之。"虽对九字的文义学界尚未统一，但对持节者通过驿站时，驿站当提供饭食是基本确定的。

先秦时期节的形制多样，但如今可见的铜节并不多，相信随着考古资料的不断丰富，今后我们还可以进一步丰富对铜节的研究。

② 兵符

兵符是我国古代调动军队，命官遣使时使用的符节。关于兵符，我们最熟悉的故事是"窃符救赵"的故事。

> 嬴闻晋鄙之兵符常在王卧内，而如姬最幸，出入王卧内，力能窃之。
>
> 《史记·魏公子列传》

先秦时期，信息传递不便，为了方便对于军队的掌控，于是发明了"兵符"制度。20 世纪 70 年代西安市郊秦杜县遗址附近出土的杜虎符（见图 2-111[2]），是我国现今唯一一件典藏的先秦时期秦国兵符。

---

① 参见王然主编：《中国文物大典》第 1 卷，中国大百科全书出版社 2001 年版，第 257 页.

② 郎绍君等主编：《中国造型艺术辞典》，中国青年出版社 1996 年版，第 368 页。

初与郡守为铜虎符、竹使符。

《汉书·文帝纪》

图2-111　杜虎符（战国中期）

应劭曰："铜虎符第一至第五，国家当发兵遣使者，至郡合符乃听之。""虎符"应为左右两半，分别存放在中央和地方，国家需要调遣军队的时候，派遣使者持符前往地方，与地方所持符相合，地方方能领命；如果地方遇到军情，需要中央派兵，也要派人持符前往中央，确认符节相合之后，方决定是否发兵。现藏于陕西革命历史博物馆杜虎符为左半部分，长9.5厘米，高4.4厘米，厚0.6厘米，重83克[1]，精铜铸就，呈站立之虎形，挺胸收腹，头高昂，尾上翘，耳朵向后紧贴着脑袋，昂扬威武。该虎符内侧对用胸肩的部分有一个三角形合榫，颈部有一个内大外小的孔，符身有错金篆书铭文40字："兵甲之符，右在君，左在杜。凡兴士被甲，用兵五十人以上，必会君符，乃敢行之。燔燧之事，虽无会符，行殹。"

此外，文献记载另有传世秦新郪虎符一件，是秦王颁与驻新郪（今安徽太和县北）将领的兵符，为伏虎形，有铭文31字，年代晚于杜虎符，1925年罗振玉曾将其编入《增订历代符牌图录》，后流失海外，1973年在法国巴黎某拍卖会上为一陈姓人士拍得。秦统一以后，虎符成为一种全国通行的调兵制度，现藏于中国国家博物馆的"阳陵虎符"就是秦始皇调兵遣将所用兵符。

这三件虎符的铭文大体相同，所不同的是驻军所在的地名，分别是"杜""新郪""阳陵"，以及对于秦王的称谓，杜虎符称秦王为"君"，新郪

---

[1]　参见王然编：《中国文物大典》第1卷，中国大百科全书出版社2001年版，第231页。

虎符称"王"，阳陵虎符则称"皇帝"，也说明三件虎符属于秦不同时期的兵符。

（2）印玺

印玺，或称"玺印"，中国古代具有凭信功能的官私印章。

> 符节、印玺、典法、策籍。
>
> 　　　　　　　　　　　　　　　　　　　　　　《管子·君臣》

> 玺谓之印。
>
> 　　　　　　　　　　　　　　　　　　　　　　《小尔雅·广服》

> 印，执政所持信也。
>
> 　　　　　　　　　　　　　　　　　　　　　　《说文解字》

蔡邕在《独断》中写道："玺者，印也。印者，信也。"《小尔雅集释》："艺文类聚引汉旧仪曰：'秦以前民皆以金、银、铜、犀象为方寸玺，各服其所好。自秦以来，天子独以玺称，始以玉为之。'"[1] 先秦时期的印玺本无区别，至秦始"玺"成为皇帝使用的印的专称。

中国最早的玺印产生于何时，学界尚无定论，追溯造物的历史，早期印纹陶的印纹模具已经具有了"印"最基本的物质功能，但还不具备"信"的精神功能。先秦时期玺印也被称之为"鈢"，于省吾在《双剑誃古器物图录》里收录了三方有钮印玺，这三方印玺均为青铜铸造，体薄，鼻钮，因为它们的印纹与商周时期青铜器上的族徽相似，他认为它们是商代具有族徽意义的印玺，依它们各自的印纹，他分别将它们命名为"商𤔲鈢""商𣈲鈢""商奇文鈢"[2]。"古玺印上均有纽，纽穿孔所以系印绶，印绶又系在腰带上，这就是佩印。"[3] 这三方印玺已具备印玺的基本形制和功能。

---

① 迟铎集释：《小尔雅集释》，中华书局 2008 年版，第 264 页。

② 参见于省吾：《双剑誃古器物图录》，中华书局 2009 年版，第 127—132 页。

③ 罗福颐编：《古玺印概论》，文物出版社 1981 年版，第 17 页。

殷商之后，均未见西周时期的印玺遗物，但通过《周礼》的记载，我们断定这一时期使用印玺。

凡通货贿以玺节出入之。

《周礼·地官》

货贿用玺节。

《周礼·地官》

辨其物之媺恶与其数量楬而玺之。

《周礼·秋官》

《周礼》的记载表明在西周时期"玺节"的使用和"货贿""物"有密切联系，这说明先秦中期"玺印"已经参与到商品交换过程中，它所承载的"信"的精神功能成为建立相互信任的生产关系和社会关系的桥梁和纽带。

公还，及方城。季武子取卞，使公冶问，玺书追而与之，曰："闻守卞者将叛，臣帅徒以讨之，既得之矣。敢告。"

《左传·襄公二十九年》

今日置质为臣，其主安重？今日释玺辞官，其主安轻？

《吕氏春秋·执一》

应侯因谢病，请归相印。

《战国策·秦策三》

春秋战国时期，印玺开始流行，然尚未见春秋时期的印玺实物，可见出土或传世的印玺多为战国遗物。战国印玺以青铜铸造为主，主要使用模范法和失蜡法铸制，也有铸后凿刻，朱文少，白文多。可分为官印和私印。官印多为官名，均可在《周礼》中找到对应的官职，如司徒、司马、司空、

司寇、大府等。楚大府印（见图
2-112[①]）现藏于故宫博物院，是
目前所见战国官印中形体最为硕
大的 1 件，该印通高 11.7 厘米，
边长 6.1×5.4 厘米，印钮呈柱形，
便于拿握。

　　战国时期的官印多为方形，
和这一时期货币相同，官印也有
着地域性特征。齐国的官印多为
方形。印玺上方有一凸起，印纹

图 2-112　楚大府印（战国）

呈"由"形，刘江认为这种印玺具有玺节的功能，应该还有一凹形印玺与
之相配，以便会盟时相互印证[②]。燕国的印玺除方形外，还有长方形，且多
加有细长柄。这一时期的印玺在判定国属时，除了从形制作判断以外，还
需要从其上的文字做判断，这些文字包括官职名称也包括地名，除了《周
礼》规定的官职外，各诸侯国也有自己的特有的官名，地名也是判定印玺
国属的重要媒介。

　　战国时期的私印根据其文字内容分为姓名印、吉语印、箴言印等。相较
于战国时期的官印，私印的形制可谓花样迭出，长方形、方形都属中庸之
形，条状、圆形、联珠形等，大小各异，2 厘米见方是最常见的形制，但也

图 2-113　东武城攻币鍴（战国）

①　郑珉中主编：《玺印》，上海科学技术出版社 2008 年版，第 6 页。
②　参见刘江：《中国印章艺术史》上册，西泠印社出版社 2005 年版，第 47 页。

有大到 6—7 厘米的，小到不足 1 厘米的。印钮多为鼻钮，也有兽钮和亭钮。如东武城攻币鉨（见图 2-113[1]）是战国时期齐国官印，通高 1.2 厘米，边长 2.3 厘米。

不论是官印还是私印，印玺文字的风格特征也是辨别国属的重要依据，我们将在下一章的铭文之载中专门论述。

（3）权杖

权杖是古代社会掌权者用来彰显地位、权力、威望的手杖。中国域内最早发现的权杖首是甘肃西和县宁家庄出土的彩陶权杖首和甘肃秦安大地湾出土的汉白玉权杖首，距今大约 5000 年—5500 年。[2] 张明华认为良渚文化的玉戚是象征军政大权的权杖，是中国古代权杖的雏形，并认为玺印自秦始皇统一之后替代了权杖制度。[3]

与数量庞大的其他类型的青铜器相比，先秦时期的权杖数量较少，是一类容易被忽视的器物，青铜权杖在先秦时期的多个文化类型均有出土。杨琳和井中伟认为中国古代的权杖的形制来源是多元的，先后受到了近东地区、伊朗、高加索，以及安纳托利亚高原等地区的装饰和造型风格的影响，并经历了一个本土化的过程。[4]

从目前考古发掘掌握的资料，权杖多为铜木制或铜竹制，由于时间久远，木质或竹质的杆部已经消失殆尽，唯剩下青铜质地的杖首向我们讲述着曾经的威严与辉煌。

杖首的形制主要有两种类型，第一种类型的杖首呈规则造型，这一类杖首整体形态对称，如扶风伯出土的铜杖头（见图 2-114[5]），主体呈球形，由主体均匀伸出五个尖齿状装饰，中间有銎孔可纳杖柄[6]。20 世纪 70 年代

---

[1] 郑珉中主编：《玺印》，上海科学技术出版社 2008 年版，第 4 页。

[2] 参见李水城：《权杖头：古丝绸之路早期文化交流的重要见证》，收录于中国社会科学院古代文明研究中心编：《中国社会科学院古代文明研究中心通讯》，2002 年第 4 期。

[3] 参见张明华：《谈谈中国古代权杖的发现》，《收藏家》2020 年第 1 期。

[4] 参见杨琳、井中伟：《中国古代权杖头渊源与演变研究》，《考古与文物》2017 年第 3 期。

[5] 曹玮主编：《周原出土青铜器》第 7 卷，巴蜀书社 2005 年版，第 1406 页。

[6] 参见罗西章，吴镇烽，雒忠如：《陕西扶风出土西周伯诸器》，《文物》1976 年第 6 期。

在甘肃玉门火烧沟四坝文化墓葬出土一件
四羊铜权杖首，杖首呈酒桶形，杖首中部
偏下对称地铸有四个羊首，羊角盘卷，杖
首靠近錾口位置饰有四道凹弦纹，该杖首
高 8 厘米，錾口径 2.8 厘米，杖首中部径
5 厘米。[①]

图 2-114　铜杖头（西周）

　　第二种类型的杖首铸造成动物形态，
如吴越文化出土的鸠杖首，三星堆出土的鸟首杖首和爬龙铜柱首，湖北荆门
郭店一号楚墓出土的"鸠杖"[②]，滇西北祥云大波那木椁铜棺墓出土的二豹铜
手杖、鄂尔多斯地区出土的鹤首杖首等，但总体看杖首以鸟造型居多，这与
鸟在东方文化中的意义有着重要关系。

　　　　少皞挚之立也，凤鸟适至，故纪于鸟，为鸟师而鸟名。凤鸟

　　氏，历正也；玄鸟氏，司分者也；伯赵氏，司至者也；青鸟氏，司

　　启者也；丹鸟氏，司闭者也。祝鸠氏，司

　　徒也；鴡鸠氏，司马也；鸤鸠氏，司空也；

　　爽鸠氏，司寇也；鹘鸠氏，司事也。五

　　鸠，鸠民者也。

　　　　　　　　《春秋左氏传·昭公十七年》

　　1984 年，江苏丹徒大港北山顶出土的吴
越文化"鸠杖"（见图 2-115[③]），出土时鸠
杖已朽，仅剩铜质杖首和杖镦，杖首长 21.2
厘米，顶部设錾，錾上站立一只身饰羽纹的
短喙翘尾鸠鸟，杖底部设杖镦，杖镦长 19.2

图 2-115　立鸟杖首及人形杖镦
　　　　　（春秋晚期）

---

① 参见李水城、水涛：《四坝文化铜器研究》，《文物》2000 年第 3 期。

② 参见王传富、汤学锋：《荆门郭店一号楚墓》，《文物》1997 年第 7 期。

③ 中国青铜器全集编辑委员会编：《中国青铜器全集 11：东周 5》，文物出版社 1997 年版，
　图版第 75 页。

厘米，上部为銎，銎下一裸体纹身踞坐人以头承杖，杖首和杖镦饰以云雷纹、锯齿纹、蟠虺纹①，这是一件吴越文化青铜精品。吴越之地以鸠为图腾，权杖上的鸠鸟有着聚民鸠治的涵义，这与汉代"老有所养"的鸠杖是有区别的。

2. 衡量用器

度量衡制度是百物制度的基础，是取信于民的关键举措。所谓"一器之设，一物之用，莫不合王制。"根据《周礼》，西周时期设置了管理度量衡的官吏，有内宰、合方氏、大行人等，《礼记》中也有有关记述。

> 朝诸侯于明堂，制礼、作乐、颁度量而天下大服。

《礼记·明堂位》

> 圣人南面而治天下，必自人道始矣，立权度量。

《礼记·大传》

先秦时期的先贤们早就意识到一个国家只有度量衡统一，才能保证王权的统治。

> 衡石一称，斗斛一量，丈尺一綧制，戈兵一度，书同名，车同轨。

《管子·君臣》

从现在掌握的资料来看，先秦时期的衡量用器的遗物虽不多，但也可以帮助我们管窥这一时期的度量制度与青铜造物的关系。

（1）量器

先秦时期习惯上把用以测量容量、容积的铜器称为量。器物因形制、容积的不同有着各自的名称，如斗、斛、釜、升等。

---

① 参见江苏省丹徒考古队：《江苏丹徒北山顶春秋墓发掘报告》，《东南文化》1998 年第 Z1 期。

十斗曰斛，十六斗曰籔，十籔曰秉。四秉曰筥，十筥曰稷，十
稷曰秅，四百秉为一秅。

《仪礼·聘礼》

秦国自商鞅变法以后，厉行法治，颁布了一系列法律制度，统一度量衡
也在其中。《吕氏春秋》也有相关记述。

日夜分，则同度量，钧衡石，角斗桶，正权概。

《吕氏春秋·仲春纪》

湖北云梦睡虎地出土秦简《效律》的简 3—7 明确规定了度量衡器的误
差限度，违者依法论处[1]，说明秦国将度量衡制度纳入法制规范建设。战国
时期秦国度量用器的遗存可以让我们了解当时秦律对于度量制度的严苛。
1982 年陕西礼泉县出土 1 件战国时期秦椭圆量，因其外壁左右分别刻有始
皇诏（右）和二世诏（左），称"二诏秦椭量"，该器椭圆形，口长 20.8 厘
米，宽 12.5 厘米，深 6.1 厘米，高 4.3 厘米，短方銎，銎长 5.7 厘米，中
空，可装把，柄面上刻字三行，自右向左分别是"右""北私府""半斗、
一"，[2]"北私府"是战国时期秦宫的收藏单位，该器也称"北私府半斗量"，
实测容量 980 毫升。"二诏秦椭量"上的铭文分属三个时期，从铭文来看，
该器本为秦国的标准器，秦始皇统一中国后，"端平法度""器械一量"，颁
诏将其定为标准器，秦二世袭之。另有传世商鞅方升 1 件，根据其上铭文，
判断其铸造于商鞅任大良造时期铸造的标准升量，长方形盘状，带銎，其上
铭文"爰积十六尊（寸）五分尊（寸）壹为升"，说明当时秦国的量器已经
采用"以度审容"的科学方法，该器底部加刻秦始皇二十六年（公元前 221
年）的诏书，在经过容积核审以后将其定为全国通用的标准器。[3] 商鞅方升

---

[1] 参见黄锦前：《张家山汉简〈二年律令〉之〈置吏律〉、〈户律〉、〈效律〉、〈傅律〉、〈置
后律〉、〈爵律〉校释》，硕士学位论文，武汉大学，2005 年，第 98 页。

[2] 参见陈孟东：《陕西发现一件两诏秦椭量》，《文博》1987 年第 2 期。

[3] 参见马承源：《商鞅方升和战国量制》，《文物》1972 年第 6 期。

175

的测得容积为 202.15 立方厘米，即 202.15 毫升，丘光明认为秦国量制的基本单位为升，1 升约等于今天的 200 毫升，100 升 =10 斗 =1 斛。①

陈梦家在初步整理了战国、秦、汉时期的度量衡的资料后，认为"秦始皇统一前的列国度量衡标准大致上是相近似而稳定的，差异和变化都不很大"②。

> 齐旧四量，豆、区、釜、锺。四升为豆，各自其四，以登于釜。釜十则锺。陈氏三量皆登一焉，锺乃大矣。
>
> 《春秋左氏传·昭公三年》

这段文字记录的是田陈篡齐后，革新度量标准，量制比姜齐之时都加了一成。1857 年在山东胶县灵山卫出土三件齐国量器，分别是子禾子釜（见图 2-116③）、陈纯釜（见图 2-117④）和左关𬭚（见图 2-118⑤），今分别藏

图 2-116　子禾子釜（战国早期）　　　图 2-117　陈纯釜（战国早期）

① 参见丘光明：《试论战国容量制度》，《文物》1981 年第 10 期。
② 陈梦家：《战国度量衡略说》，《考古》1964 年第 6 期。
③ 中国青铜器全集编辑委员会编：《中国青铜器全集 9：东周 3》，文物出版社 1997 年版，图版第 47 页。
④ 中国青铜器全集编辑委员会编：《中国青铜器全集 9：东周 3》，文物出版社 1997 年版，图版第 46 页。
⑤ 中国青铜器全集编辑委员会编：《中国青铜器全集 9：东周 3》，文物出版社 1997 年版，图版第 45 页。

于中国国家博物馆和上海博物馆。釜是战国时期齐国特有的量器，子禾子釜上的铭文就明确了左关铜使用的釜和铜的容量分别以仓廪之釜和半升为标准，该釜高 38.5 厘米，器腹最大直径 31.8 厘米，测得容积 20460 毫升。陈纯釜高 39 厘米，器腹最大直径

图 2-118 左关铜（战国早期）

32.6 厘米，测得容积 20580 毫升，与子禾子釜的容积基本相当。左关铜形状如半球状，口沿一侧设短流，整铜高 70.8 厘米，口径 19.2 厘米，出土后测得容量为 2070 毫升，约等于子禾子釜和陈纯釜容量的十分之一，即十铜为一釜。丘光明结合先秦文献与学界研究成果，以战国时期齐国遗存量器的实际测得容量为佐证，认为齐国的斗、升、釜、钟采用十进位制，单位容量为 205 毫升左右，即 1 升，100 升 =10 铜（斗）=1 釜。[1]

此外，还有楚国的"燕客箭量"、魏国的"安邑下关钟"、韩国的"上乐铜鼎"等都是战国时期有着量功能的铜器，或在铭文中以通用的量制单位标明自身容量，表明在先秦时期青铜器物的铸造技术不断规范化、标准化。

（2）衡器

衡器主要指称量重量用器。

> 贞而不挠，说在胜。
>
> 《墨子·经下》

校注："说贞，衡木如重焉而不挠，极胜重也。右校交绳，无加焉而挠，极不胜重也。衡加重于其一旁，必捶。权重相若也，相衡则本短标长，两加焉，重相若，则标必下，标得权也。"这说明先秦时期人们已经掌握了杠杆原理。权和衡杆就是利用杠杆原理制作的衡量重量的器物。

---

[1] 参见丘光明：《试论战国容量制度》，《文物》1981 年第 10 期。

①权

权是等重工具，相当于今天的砝码，主要用于测量重量。

先秦时期的重量单位较多，西周青铜器铭文中的匀、孚等都是重量单位，如守簋铭文"夷賓马两、金千匀"，禽簋"王易（赐）金百孚"等，但是相互间的换算关系却没有明确的记载。战国时期各国均使用斤、镒等。

> 荆国之法，得五员者，爵执圭，禄万檐，金千镒。
>
> 《吕氏春秋·异宝》

> 一镒之金，食百乘之一宿。
>
> 《管子·乘马》

> 君予金三十斤。
>
> 《战国策·东周》

> 有能得齐王头者，封万户侯，赐金千镒。
>
> 《战国策·齐策》

图2-119 高奴禾石铜权（秦）

今可见战国时期的权多为平底半球形，上有鼻钮，如春秋时期齐国的右伯君铜权，战国时期三晋遗物司马铜权和侯兴铜权，秦国的高奴禾石铜权等。中国国家博物馆藏的司马铜权高15厘米，底径19.5厘米，重30350克。侯兴铜权奴高2.6厘米，底径2.85厘米，重70.7克。高奴禾石铜权高17.2厘米，底径

23.6 厘米，重 30750 克（见图 2–119[①]）。

先秦时期楚国使用的是铜环权，一般与木衡搭配使用，现有湖北荆州博物馆藏 1975 年雨台山 410 号春秋墓葬出土铜环权 4 枚，重量分别是 0.8 克、1.5 克、3.5 克、7.1 克。1954 年和 1975 年在湖南长沙近郊和湖北江陵雨台山战国楚墓多次出土战国时期铜环权，都是成套出土，其重量单位有铢也有两，如长沙左家公山 15 号墓出土一套完整的权衡器，包括 9 枚铜环权、一根木衡杆和两个铜托盘，分别是一铢、二铢、三铢、六铢、十二铢、一两、二两、四两、八两。八两即半斤，按其推算，一斤约 250 克。[②] 其他成套的战国时期楚铜环权多也如此，铜环权重量多成倍递增。

②衡杆

衡杆相当于秤杆。"我国时代最早的秤的完整实物是发现于春秋时期的权衡器，有两种形式，一种是在北方齐和秦等方国墓葬出土的不等臂衡秤，一种是在南方楚国墓葬中出土的等臂衡秤。"[③] 不等臂衡秤类似现代杆秤，等臂衡秤类似现代天平秤。

国家历史博物馆藏楚国铜质衡杆两件，杆长 23.1 厘米，正中有悬钮，衡杆上有刻线，其中一件衡杆上刻十条等分线，另一件杆上除中间两格外，每半格处刻有线段。形制与长沙楚墓出土的木横杆相当，这两根铜质衡杆应该是一套衡器中的一部分。

第二节　先秦礼制与青铜器

礼制是中华文化的重要表征之一，钱穆认为中国的核心思想就是"礼"，

---

① 冀东山：《神韵与辉煌——陕西历史博物馆国宝鉴赏·青铜器卷》，三秦出版社 2006 年版，第 205 页。

② 参见涟溍：《说权论衡——秤的由来》，《南方文物》2007 年第 3 期。

③ 涟溍：《说权论衡——秤的由来》，《南方文物》2007 年第 3 期。

中国人之所以成为民族就因为"礼"为全中国人民树立了社会关系准则①。先秦时期是中华礼制文化形成和完善的重要阶段，并对后世礼乐制度的发展奠定了不可磨灭的基础。"在先秦的宗周时期，礼乐文化表现为一种国家政治制度——礼乐制度，它与宗法制、分封制和井田制并行，成为宗周社会上层建筑的几大支柱之一。"②

　　杨宽认为："'礼'的起源很早，远在原始氏族公社中，人们已惯于把重要行动加上特殊的礼仪。原始人常以具有象征意义的物品，连同一系列的象征性动作，构成种种仪式，用来表达自己的感情和愿望。这些礼仪，不仅长期成为社会生活的传统习惯，而且常被用作维护社会秩序、巩固社会组织和加强部落之间联系的手段。进入阶级社会后，许多礼仪还被大家沿用着，其中部分礼仪往往被统治阶级所利用和改变，作为巩固统治阶级内部组织和统治人民的一种手段。"③早期在仪式活动中具有象征意义的物品是陶质的，从二里头、二里岗遗址青铜礼器的成组出土，标志着青铜器作为礼制的物化形态标志物在夏文化活跃期已然确立。殷墟先后出土了大批的随葬青铜礼器组合，说明至商晚期礼器使用的制度化基本成熟。虽然《商君书》和《礼记》中先后有：

　　　　汤、武之王也，不循古而兴；殷、夏之灭也，不易礼而亡。

《商君书·更法》

　　　　五帝殊时，不相沿乐；三王异世，不相袭礼。

《礼记·乐记》

　　这些记载虽然表明王朝更迭时不沿袭礼制，但是这样的记述未必过于武断，准确地说没有被沿袭的"礼"是指礼的内容，而礼的形式一直被沿袭，

---

① 参见［美］邓尔麟：《钱穆与七房桥世界》，蓝桦译，社会科学文献出版社 1998 年版，第 8—9 页。
② 杨华：《礼乐文化与古代东方社会》，《社会科学战线》1995 年第 5 期。
③ 杨宽：《"冠礼"新探》，收录于《古史新探》，上海人民出版社 2016 年版，第 238 页。

并成为中华传统文化的重要组成。

成书于先秦之际的《周礼》《礼记》《仪礼》，对礼仪活动进行了全面整理与完善，它们既是中国古代政治制度的儒家经典之作，亦是中国古代礼仪制度的范本和教科书。"三礼"对周代礼仪制度进行了全面的记录，其中《周礼》偏重政治制度，《仪礼》侧重行为规范，《礼记》则是对具体的礼仪的解释和说明。虽然三礼成书时间有先后，《周礼》和《仪礼》成书于先秦时期，《礼记》成书于汉代，但是有一点是明确的，那就是"三礼"并非横空出世，它们的形成源于中华文明起源之初逐渐形成的礼制传统，所以《礼记》假孔子之口云：

> 孔子曰："夫礼，先王以承天之道，以治人之情，故失之者死，得之者生。……是故夫礼必本于天，殽于地，列于鬼神，达于丧、祭、射、御、冠、昏、朝、聘。故圣人以礼示之，故天下国家可得而正也。"

> 《礼记·礼运》

这段话明确告诉我们，"礼"在中华文化和政治传统中的重要地位。作为先秦礼制传统物化形式最外显形态的青铜礼器，包含着丰富的社会文化、政治制度、礼俗信仰和思想内涵信息，通过了解先秦时期礼制活动中青铜器物的组合与使用情况，对于进一步明晰青铜器物与先秦时期人们生活的关系有着重要意义。

一、冠礼用器

中国古代男子的成人礼称为"士冠礼"或"冠礼"，它起源于氏族社会的"成丁礼"，是氏族社会用以判定男子是否成为氏族正式成员的仪式，在周代经过儒家进一步改造，就成为了"冠礼"。经历了冠礼的男子方可参加社交活动，同时也开始接受成人之礼的各项约束。

冠者，礼之始也。

《礼记·冠义》

所以，冠礼被认为是一切礼仪的开始。《仪礼·士冠礼》分四个部分介绍了冠礼前的准备、冠礼的过程、冠礼的变礼和各种辞令、冠礼的礼意。

古者冠礼筮日、筮宾，所以敬冠事。敬冠事所以重礼，重礼所以为国本也。故冠于阼，以著代也。醮于客位，三加弥尊，加有成也。已冠而字之，成人之道也。见于母，母拜之；见于兄弟，兄弟拜之；成人而与为礼也。玄冠、玄端，奠挚于君，遂以挚见于乡大夫、乡先生，以成人见也。

《礼记·冠义》

结合《礼记·冠义》可知，男子的冠礼由他的父亲在宗庙中为其主持，在行礼前要选定日期和来宾，即筮日和筮宾。仪式的次序是先由来宾为行冠礼的男子加冠三次，即"三加"，加冠依次是缁布冠、皮弁、爵弁，加冠后由来宾为男子取"字"；然后男子去见母亲，母亲要向他行拜礼，之后去见兄弟，兄弟们也要对其行拜礼；接着更换黑色的冠和黑色的礼服，手持礼品依次去见国君、卿大夫和卿先生；最后由主人向来宾敬酒，赠送礼品，送出宾客；礼成。拥有"字"，以及母亲和兄弟向其行拜礼都是成人的标志。从《仪礼》的记载可知整个冠礼过程中会使用哪些类型的青铜器物。

夙兴，设洗，直于东荣，南北以堂深，水在洗东。陈服于房中西墉下，东领，北上。……侧尊一甒醴，在服北。有篚实勺、觯、角柶。脯醢，南上。爵弁、皮弁、缁布冠各一匴，执以待于西坫南，南面，东上。宾升则东面。

《仪礼·士冠礼》

冠礼当日，要早起摆放冠礼所需的服饰和器物，将接盥洗用废水的洗放置在堂东端屋翼的地方，盛水器放在洗的东边，将参与冠礼者的三套衣服由北而南依次放在东房的西墙下，衣领朝东，独设的一壶醴酒放在爵弁服的北边，醴酒的北边放着一个竹筐，里面放着青铜制作的勺、觯和匕。

> 赞者洗于房中，侧酌醴。加柶，覆之，面叶。宾揖，冠者就
> 筵，筵西，南面。宾授醴于户东，加柶，面枋，筵前北面。冠者筵
> 西拜受觯，宾东面答拜。荐脯醢。冠者即筵坐，左执觯，右祭脯
> 醢，以柶祭醴三，兴；筵末坐，啐醴，建柶，兴；降筵，坐奠觯，
> 拜；执觯兴。宾答拜。冠者奠觯于荐东，降筵，北面坐取脯，降自
> 西阶，适东壁，北面见于母。母拜受，子拜送，母又拜。
>
> 《仪礼·士冠礼》

"三加"之后，是来宾敬酒和拜见母亲，在这个过程中酒是必不可少之物，用以盛酒的器皿盛装醴酒。在中国古代酿酒的方法主要有两种，一种是"曲"酿，一种是"蘖"酿。曲酿的酒酒精含量较高，蘖酿的酒酒精含量相对较低。所谓醴酒，是指酒精含量相对较低的蘖酿。用来盛装醴酒的酒器应该是壶或者尊等储酒器，在《仪礼》中没有明确描述，但是对于冠礼过程中使用的器具及其使用方式描述地较明确，其中"出镜"率最高的就是觯。前文我们已经介绍过，觯是饮酒器。清代学者凌廷堪在《礼经释例》中断言："凡醴皆用觯，不卒爵。"[1] 在他看来凡是用醴酒时，使用的饮酒器都是觯，饮时只是啐一小口，并不饮尽。[2]《仪礼》中也预设了没有醴酒的情况：

> 若不醴，则醮用酒。尊于房户之间，两甒，有禁，玄酒在西，
> 加勺，南枋。洗，有筐在西，南顺。始加，醮用脯醢；宾降，取爵
> 于筐，辞降如初。卒洗，升酌。冠者拜受，宾答拜如初。冠者升筵
> 坐，左执爵，右祭脯醢，祭酒，兴，筵末坐，啐酒，降筵拜，宾答

---

① （清）凌廷堪：《礼经释例》，江西人民出版社 2017 年版，第 85 页。

② 参见（清）凌廷堪：《礼经释例》，江西人民出版社 2017 年版，第 85 页。

拜。冠者奠爵于荐东，立于筵西。彻荐、爵，筵、尊不彻。加皮
弁，如初仪。再醮，摄酒，其他皆如初。加爵弁，如初仪。三醮，
有干肉折俎，哜之，其他如初。北面取脯，见于母。若杀，则特
豚，载合升，离肺实于鼎，设扃鼏，始醮，如初。再醮，两豆，葵
菹、蠃醢。两笾，栗、脯。三醮，摄酒如再醮，加俎，哜之，皆如
初，哜肺。卒醮，取笾脯以降，如初。

《仪礼·士冠礼》

　　有的冠礼不使用醴酒，而是因袭旧俗使用"两甒"，"两甒"中的"甒"
是尊的一种，钱玄认为："盛酒之器又有甒，亦称瓦大；又有壶。壶大于
甒。"[1]"两甒"中的"两"，一是酒，一是玄酒，以玄酒为尊。玄酒在当时
是一种最为高档的酒类。有专家认为玄酒并不是酒，而是水，也不供人们直
接饮用，但是玄酒在礼仪中却比酒更受人尊崇，在各种礼仪仪式时，总是要
将盛放玄酒的壶具放置在比其他壶具更为重要、尊显的位置。而天子、诸
侯等，往往会用特制的铜镜"取水于月"，以供玄酒之用，这种高级的玄酒
被称为"明水"。在各种仪式上设置玄酒旨在表达对远古时代有水无酒，以
酒敬客的追念，表达行礼者对先人的缅怀。王国维认为先秦时期的各种仪
礼"无不有玄酒，此玄酒者，岂真虚设而但贵其质乎哉？盖古者宾主献酢，
无不卒爵，又爵之大者恒至数升，其必饮者，礼也；其能饮或不能饮者，量
也。先王不欲礼之不成，又不欲人以成礼为苦，故为之玄酒以节之。其用
玄酒奈何？曰：和之于酒而已矣"[2]。玄酒在先秦礼制中是不可或缺的酒类品
种，在礼仪中并不完全是虚设之物，而是具备实际用途，王国维认为玄酒是
供酒量小的人使用的，这样就不会使那些没有酒量的人因酒而困，有失礼
仪，玄酒的设置体现了先秦礼制的周密性与人性化。
　　使用醴酒，谓之醴礼，使用两甒，谓之醮礼。明清之交的学者张尔岐将

---

① 钱玄：《三礼通论》，南京师范大学出版社 1996 年版，第 143 页。
② （清）王国维：《说盉》，收录于《观堂集林》卷三，中华书局 2004 年重印版，第 152 页。

醴礼和醮礼的相异之处归纳为："醴侧尊在房，醮两尊于房户之间；醴用觯，醮用爵；醴筵从尊在房，醮筵从洗在庭；醴待三加毕乃一举，醮每一加即一醮；醴荐用脯醢，醮每醮皆用脯醢，至三醮，又有干肉折俎；醴赞冠者酌授宾，宾不亲酌，醮则宾自降取爵，升酌酒；醴者每加入房，易服，出庚立，待宾命，醮则每醮讫，立筵西，待宾命；醴者每加冠必祝，醴时又有醴辞，醮者加冠时不祝，至醮时有醮辞。"[1] 醮礼用以盛放两甒的酒尊放置在禁上，甒上还放着用以取酒的铜勺，用来饮酒的器皿则是爵，载有按骨节分解的牲体干肉的俎，如果礼盛杀牲，还要使用升鼎盛放牲体，并用扃（即铉）来抬放升鼎。

我们简要梳理了《仪礼》中所涉冠礼的过程，从酒的使用上可将冠礼分为醴礼和醮礼，醴礼使用的青铜器物大致包括尊、觯、勺、匕；醮礼使用的青铜器包括尊、爵、禁、勺、俎、升鼎、铉。

二、婚礼用器

恩格斯认为人类有"三种主要的婚姻形式，这三种婚姻形式大体上与人类发展的三个主要阶段相适应。群婚制是与蒙昧时代相适应，对偶制是与野蛮时代相适应，以通奸和卖淫为补充的专偶制是与文明时代相适应的"[2]。先秦时期的中国早已走出蒙昧，但还远未进入文明时代，如果说夏商时期的婚姻制度还有着原始的残余，那么到了西周，由于分封制和宗法礼制的影响，婚姻制度也发生了很大的变化。正所谓"殷道亲亲者，立弟。周道尊尊者，立子"。这不仅给了嫡长子特殊的身份和地位，同时也出现了嫡庶之分，所以王国维说："是故由嫡庶之制而宗法与服术二者生焉。"[3] 婚姻在中国古代

---

[1]　转引自彭林译注：《仪礼》，中华书局 2012 年版，第 22 页。

[2]　［德］恩格斯：《家庭、私有制和国家的起源》，中共中央马克思恩格斯列宁斯大林著作编译局编译，人民出版社 2018 年版，第 80 页。

[3]　（清）王国维：《殷周制度论》，收录于《观堂集林》卷十，中华书局 2004 年重印版，第 458 页。

宗族关系中占有重要的地位，因婚姻关系建立起来的血亲和姻亲是宗族得以壮大和扩展的重要维系，正是因为婚姻对于宗族的重要，所以中国古代一直奉行"父母之命，媒妁之言"的古训。婚礼列入《仪礼》，也说明婚礼是先秦礼制的主要内容之一。

> 夫礼始于冠，本于昏，重于丧祭，尊于朝聘，和于射乡，此礼
> 之大体也。
>
> 《礼记·昏义》

男子行冠礼后，方能娶妻。按《仪礼》的描述，士人娶妻要经历纳采、问名、纳吉、纳征、请期、亲迎等六个环节，谓之"六礼"。"婚礼的六礼程序是原汁原味的中国式的婚礼，汉唐以后虽然屡有变化或者简化，但都是以此为蓝本。"①

行"六礼"之前，男家需请媒氏与女家沟通，女家同意后，方可行六礼。

> 昏礼。下达，纳采用雁。……者出请，宾执雁，请问名。……
> 纳吉，用雁，如纳采礼。……纳征，玄纁，束帛，俪皮，如纳吉
> 礼。……请期，用雁。主人辞。宾许，告期，如纳征礼。
>
> 《仪礼·士昏礼》

纳采是纳其采择之礼，表示已经选择其女作为婚配对象；问名是问得女方姓氏后，归卜婚配之吉凶；纳吉是指归卜得吉兆后，告知女家，婚姻由此而定；纳征，也称为纳币，即男家派人前往女家送聘礼，女家纳聘后，婚姻之事乃成；请期，男家卜得婚礼吉日，并不直接告诉女家，而是派人到女家，请女家指定婚期，意在表达对女家的尊重；亲迎，男家准备好所有的婚礼陈设之后，前往女家迎娶新娘。

婚礼涉及的主要是男家和女家在六礼过程中的交往，根据《礼记·昏

---

① 彭林：《儒家礼乐文明讲演录》，广西师范大学出版社 2008 年版，第 103 页。

义》的记载，六礼的前五项仪节都由女家主人在宗庙设置坐席、几案，并亲自在宗庙门外拜迎男家使者。

> 昏礼者，将合二姓之好，上以事宗庙，而下以继后世也。故君子重之。是以昏礼纳采、问名、纳吉、纳征、请期，皆主人筵几于庙，而拜迎于门外，入揖让而升，听命于庙，所以敬慎、重正昏礼也。
>
> 　　　　　　　　　　　　　　　　　　　　　　　《礼记·昏义》

"敬慎重正，而后亲之，礼之大体，而所以成男女之别，而立夫妇之义也。男女有别，而后夫妇有义；夫妇有义，而后父子有亲；父子有亲，而后君臣有正。故曰：'昏礼者，礼之本也'。"[1] 此五礼均要"筵几于庙"，其间必不乏祭拜、宴饮等礼节，使用的酒器、食器等必不在少数，我们在此略作梳理。

纳采、问名之后，《仪礼》写道：

> 主人彻几，改筵，东上。侧尊甒醴于房中。……宾即筵坐，左执觯，祭脯醢，以柶祭醴三，西阶上北面坐。
>
> 　　　　　　　　　　　　　　　　　　　　　　《仪礼·士昏礼》

纳吉、纳征、请期之后，《仪礼》继续写道：

> 期，初昏，陈三鼎于寝门外东方，北面，北上。其实：特豚，合升，去蹄。……设扃鼏。设洗于阼阶东南。馔于房中：醯酱二豆，菹醢四豆，兼巾之，黍稷四敦，皆盖。大羹涪在爨，尊于室中北墉下，有禁，玄酒在西，绤幂，加勺，皆南枋。尊于房户之东，无玄酒，篚在南，实四爵合卺。
>
> 　　　　　　　　　　　　　　　　　　　　　　《仪礼·士昏礼》

---

[1]　（汉）郑玄注，（唐）孔颖达疏，龚抗云整理，王文锦审定：《礼记正义》，北京大学出版社 2000 年版，第 824 页。

这一段描述的是娶妻之日，男家的准备工作。男家在寝门外的东边放置三只鼎，其中盛放各种煮熟的牲体，每个鼎都配有铉和鼎盖，洗设在阼阶的东南，陈设的祭品还有醢酱、菹醢，盛放它们使用的是豆，共六只，盛放黍、稷使用的是四只敦，室内北墙下还放着禁，禁上有两甒酒，西边的是玄酒，室内东墙下也放着一甒酒，没有玄酒。南面有一只篚，里面放着四只爵和一对合卺。从这段记述，我们可知男家为婚礼准备所做的布置大致使用了储酒器铜尊，饮酒器烹饪器铜鼎，盛食器、铜豆、铜敦，辅餐器铜俎、铜勺，水器铜洗，还有铜铉、铜禁等，所有的器物都是为新妇到来的仪式准备的。

次日清晨，新妇要拜见公婆，赞礼者要代表舅姑向新娘行醴礼，公婆要款待新娘，还要款待送婚人，在这些仪节过程中，使用的器物与新婚之日基本相同，唯有赞礼者要代表舅姑向新娘行醴礼时使用的饮酒器是觶。

三、祭礼用器

中国上古时代的巫文化发展经历了从个体巫术到公众巫术的进程，逐步孕育出"神"的观念，导致了自然巫术向神灵巫术的发展。[1] 郭沫若认为："大概礼之起源于祀神，故其字后来从示，其后扩展而为对人，更其后扩展而为吉、凶、军、宾、嘉的各种仪制。"[2] 从宗教学的进化角度来说，祭祀文化是在巫觋文化的基础上发展而来的，同时祭祀还具有它本质的理性表现。《国语》有云：

> 及少暤之衰也，九黎乱德，民神杂糅，不可方物。夫人作享，
> 家为巫史，无有要质。民匮于祀，而不知其福。烝享无度，民神

---

① 参见陈来：《古代宗教与伦理：儒家思想的根源》，生活·读书·新知三联书店 2009 年版，第 101 页。

② 郭沫若：《十批判书》，人民出版社 2012 年版，第 73 页。

同位。民渎齐盟，无有严威。神狎民则，不蠲其为。嘉生不降，
无物以享。祸灾荐臻，莫尽其气。颛顼受之，乃命南正重司天以
属神，命火正黎司地以属民，使复旧常，无相侵渎，是谓绝地
天通。

《国语·楚语》

祭祀与巫觋的不同之处在于，巫觋借助的是巫术的力量，而祭祀是通过
献祭与祈祷等一系列规范性行为来达成与神灵的沟通。虽然我们还无法确定
巫术与祭祀的明确分野是在何时，但从有限的文字记载可知，夏以前是巫觋
文化，殷商时期已是典型的祭祀文化。

敬在养神，笃在守业。国之大事，在祀与戎。祀有执膰，戎有
受脤，神之大节也。

《左传·成公十三年》

殷人尊神，率民以事神，先鬼而后礼，先罚而后赏，尊而不
亲。其民之敝，荡而不静，胜而无耻。

《礼记·表记》

国之大事，在祀与戎。"祀"是指祭祀，"戎"则是指征伐。祭祀有分配
祭肉之礼——执膰，征伐有接受祭肉之礼——受脤。这段话明确地表达了先
秦时期国家的大事都与祭礼相关。祭礼的主要目的大致可以分为三种：消灾
害、祈福祉、谢神赐，而祭祀的对象却有很多，《周礼》将这些对象概括为
三大系统，一类是昊天上帝、日月星辰、风雨等，属于天神系统；一类是土
地山川、四方百物、社稷城隍等，属于地祇系统；还有一类则是祖先神、圣
人、历代帝王、先农、先蚕等，属于人鬼系统。《周礼》还将祭祀分为三个
等级：大祀、中祀、小祀，不仅祭祀有等级，参与祭祀活动的人也有等级
之分。

天子祭天地，祭四方，祭山川，祭五祀，岁遍。诸侯方祀，祭

189

山川，祭五祀，岁遍。大夫祭五祀，岁遍。士祭其先。

《礼记·曲礼》

"中国早期文化的理性化道路，是先由巫觋活动转变为祈祷奉献，祈祷奉献的规范——礼由此产生，最终发展为理性化的规范体系周礼。"①《周礼》不仅规定了祭祀的对象、等级和参与的人，更重要的是还明确了祭祀礼仪的规范。在这一套完整的行为规范内，器物的使用也有了明确的规定与要求。

凡家造，祭器为先，牺赋为次，养器为后。

《礼记·曲礼》

凡治人之道，莫急于礼。礼有五经，莫重于祭。

《礼记·祭统》

子云："敬则用祭器。故君子不以菲废礼，不以美没礼。"

《礼记·坊记》

从《礼记》中的这些记载，我们可知在先秦礼制中，器物被分为"祭器"和"养器"，"祭器"是祭祀用器物，"养器"是日常生活中使用的器物，祭器与养器有着明确的界限。从宗教学的角度来看，这样区分是基于神界与俗界两个世界的理论，即鬼神的幽暗世界和生人的光明世界，这两重世界的不同，也就产生了人世的种种禁忌。

君子将营宫室，宗庙为先，厩库为次，居室为后。凡家造，祭器为先，牺赋为次，养器为后。无田禄者不设祭器，有田禄者先为祭服。君子虽贫，不粥祭器；虽寒，不衣祭服；为宫室，不斩于丘木。

《礼记·曲礼》

---

① 陈来：《古代宗教与伦理：儒家思想的根源》，生活·读书·新知三联书店1996年版，第12页。

由于宗庙祭器是用以侍奉祖先的器物，这些器物是归属于祖先的，"祭服"作为"交接神明"的必不可少的道具，"丘木"本就是种植在墓地周围，以庇兆域的树木，它只属于地下的祖先。祭器的神圣性决定了它的使用只能在特定的时间、场所，与日常生活相区别。"神圣的世界是神灵、神秘力量居住或作用的地方，而世俗世界则属于日常生活常识的领域。神龛、神像、圣物、祭物、祭坛等都是神圣之物；神灵、祖先精灵等也是神圣之物；除此之外，某些活着的人，如首领、巫师（萨满）、活佛等宗教领袖也属于神圣的范畴。出家修行的人由于生活在圣地，生活在神圣氛围之中，因而也变得神圣起来。"[1]

祭祀既然是与神灵的沟通过程，由于涉及三大系统的神灵，同时每个系统的神灵又分不同的层次，神灵们有着不同的特性，所以祭法因祭祀对象而有所不同。

> 天地之祭，宗庙之事，父子之道，君臣之义，伦也。社稷山川之事，鬼神之祭，体也。丧祭之用，宾客之交，义也。羔、豚而祭，百官皆足，大牢而祭，不必有余，此之谓称也。
>
> 《礼记·礼器》

> 燔柴于泰坛，祭天也。瘗埋于泰折，祭地也。用骍犊。埋少牢于泰昭，祭时也。相近于坎、坛，祭寒暑也。王宫，祭日也；夜明，祭月也；幽宗，祭星也；雩宗，祭水旱也；四坎、坛，祭四方也。山林、川谷、丘陵，能出云，为风雨，见怪物，皆曰神。有天下者祭百神。诸侯在其地则祭之，亡其地则不祭。
>
> 《礼记·祭法》

祭祀要遵守伦常秩序，祭品与祭祀的规模、等级要相匹配。针对不同的神灵系统，"沟通"的方式也有所区别。与天神系统沟通用禋祀。与地祇系

---

[1] 金泽：《宗教禁忌》，社会科学文献出版社 1998 年版，第 32 页。

统的沟通用瘗埋。

> 以禋祀祀昊天上帝，以实柴祀日、月、星、辰，以槱燎祀司
> 中、司命、风师、雨师。
>
> 《周礼·春官》

图 2-120　史墙盘（西周晚期）

郑玄注："禋之言烟，周人尚臭，烟，气之臭闻者。"禋祀就是燔柴，即将祭品放置在柴上焚烧，通过焚烧过程中产生的烟达到与神灵沟通的目的。"禋祀"一词多现与先秦时期青铜器铭文中。被称为西周晚期三大青铜器之一的史墙盘（见图 2-120[①]），也称"墙盘"，铭文中就有"宜其禋祀"的字样。春秋时期的青铜器哀成叔鼎也有"永用禋祀"的铭文。《尚书》中也有：

> 王宾杀禋咸格，王入太室裸。
>
> 《尚书·周书》

这段记载是说周成王在洛邑举行盛大的祭祀，成王与助祭者杀牲，禋祀后，成王进入宗庙太室举行裸礼。不论是沟通天神，还是联系地祇，都需要备齐祭品。《礼记》中有记载：

> 君牵牲，夫人奠盎；君献尸，夫人荐豆。
>
> 《礼记·祭义》

> 官备则具备：水草之菹，陆产之醢，小物备矣。三牲之俎，八

---

① 中国青铜器全集编辑委员会编：《中国青铜器全集 5：西周 1》，文物出版社 1996 年版，图版第 188 页。

簋之实，美物备矣。……夫人荐豆执校，执醴授之执镫；尸酢夫人
执柄，夫人受尸执足。……凡为俎者，以骨为主。……俎者，所以
明祭之必有惠也。

《礼记·祭统》

在祭祀活动中使用的祭品，都用专门的器具盛放，这些器具包括盛放
牛、羊、猪三牲的青铜俎，盛放腌菜、肉酱的青铜豆，盛放黍、稷、麦、稻
的青铜簋。此外还有一个重要的祭品就是酒。

上古之时，中国的酿酒主要来源于谷物酿酒。只有获得了充足的粮食，
具备一定的经济实力，才有可能大批量的酿造酒类。酒是粮食的精华，是天
赐之美醪，拥有酒不仅是经济实力的彰显，也是身份、权力的象征。正因如
此，酒也就成了祭祀中所不可或缺的东西。许慎在《说文解字》中这样解释
祭奠的"奠"字，"奠，置祭也。从酋，酋，酒也。兀其下也，礼有奠祭。"
也就是说"奠"是指祭祀时将祭祀用品放置于神前。奠字下面的"兀"是指
凡是用以放置祭祀物的东西，如果将祭祀物放在席子上，则席子就是"兀"；
奠字上面的"酋"，指的就是酒。通过许慎对"奠"字的解释，我们便知先
秦时期祭祀时必有"酒"。

凡祭祀，以法共五齐三酒，以实八尊。大祭三贰，中祭再贰，
小祭壹贰，皆有酌数。唯齐酒不贰，皆有器量。

《周礼·酒正》

既载清酤，赉我思成，亦有和羹。

《诗经·商颂》

故玄酒在室，醴盏在户，粢醍在堂，澄酒在下。陈其牺牲，备
其鼎俎，列其琴瑟、管磬、钟鼓，修其祝嘏；以降上神与其先祖。
以正君臣，以笃父子，以睦兄弟，以齐上下，夫妇有所。

《礼记·礼运》

193

有以大为贵者。宫室之量，器皿之度，棺椁之厚，丘封之大，此以大为贵也。

有以小为贵者。宗庙之祭，贵者献以爵，贱者献以散，尊者举觯，卑者举角。五献之尊，门外缶，门内壶，君尊瓦甒，此以小为贵也。

《礼记·礼器》

从这些文字的记载中，可以看出，自商以来，在宗庙举行的祭祀活动中，酒都是必不可少的祭品，正因如此，储酒器也就成为了祭祀活动中的必备器具之一。不论是玄酒、醴盏、粢醍、澄酒都会被盛装在盛酒的器皿中，根据《礼记》中的规定放置在相应的位置上。除了从典籍的记载中我们了解在祭祀中的用途，从器物的铭文中我们也可以了解先秦时期祭祀活动中的作用，如中山王𰯼墓出土的方壶铭文中有："择燕吉金，铸为彝壶，节于禋醢，可法可常，以飨上帝，以祀先王。"[①] 其意是说，选取燕国优质的铜来铸造该壶，按照禋礼的规定装入酒浆，用来祭祀上帝和先祖。

四、射礼用器

射礼是中国古代社会上层社会按照一定的仪节规范举行的弓矢竞射礼，是古代六艺之一，是一种起源早、类型多、政治象征意义和文化内涵都极为丰富的古礼，在先秦礼仪制度中占有重要地位。学界普遍认为射礼起源于狩猎活动，杨宽认为："古人经常借用狩猎来进行军事训练和演习。大蒐礼就是一种借狩猎来进行的军事演习，……这种射礼，同样起源于借用狩猎来进行的军事训练。……狩猎的目的在'获'，而射礼的射中目标也叫'获'，

---

① 吴镇烽编著：《商周青铜器铭文暨图像集成》第22卷，上海古籍出版社2012年版，第449页。

很明显，射礼如同大蒐礼一样，是起源于借用田猎来进行的军事训练。"① 殷商时期的青铜器㲋觚上就留下了有关射礼的图像文字，单字铭文作一矢贯穿豕的身体的形态，豕是古时祭祀所用三牲之一，㲋觚上的这个图像文字应是表示一个射牲的仪式。

关于射礼的类型，据历代各家对《仪礼》《礼记》的注、签、疏，归纳出射礼的种类至少包括大射、宾射、燕射和乡射，各家对射礼的类型的认识有所区别，例如郑玄在《仪礼》"礼射不主皮。"注曰："礼射，谓以礼乐射也，大射、宾射、燕射是矣。"② 他认为射礼包括大射、宾射和燕射。孔颖达在《礼记·射义》注疏："凡天子、诸侯及卿大夫，礼射有三：一为大射，是将祭择士之射；二为宾射，诸侯来朝，天子入而与之射也，或诸侯相朝而与之射也；三为燕射，谓息燕而与之射……"③ 孔颖达认为此外还应包括乡射。杨宽认为："西周、春秋时代贵族所举行的'射礼'，共有四种，即'乡射''大射''燕射''宾射'。'乡射'是由乡大夫和士在乡学中行乡饮酒礼之后举行的；'大射'是天子或诸侯会集臣下在大学举行的；'燕射'是大夫以上贵族在行燕礼（宴会之礼）之后举行的；'宾射'是特为招待贵宾而举行的。后两种，是为了招待贵宾和举行宴会而举行，着重在叙欢乐，……前两种，就着重在行礼，通过行礼的方式来进行'射'的练习和比赛。"④

《仪礼》有《乡射礼》和《大射仪》两篇，在此我们也仅探讨乡射和大射的相关用器。

> 古者诸侯之射也，必先行燕礼；卿、大夫、士之射也，必先行乡饮酒之礼。
>
> 《礼记·射义》

---

① 杨宽：《"射礼"新探》，收录于《古史新探》，上海人民出版社 2016 年版，第 328 页。
② （汉）郑玄注，（唐）贾公彦疏，彭林整理，王文锦审定：《仪礼注疏》，北京大学出版社 2000 年版，第 277 页。
③ （汉）郑玄注，（唐）孔颖达疏，龚抗云整理，王文锦审定：《礼记正义》，北京大学出版社 2000 年版，第 1923—1924 页。
④ 杨宽：《"射礼"新探》，收录于《古史新探》，上海人民出版社 2016 年版，第 315 页。

所以在《仪礼》里我们看到的射礼都从酒宴开始。

> 乡射之礼。……尊于宾席之东，两壶，斯禁，左玄酒，皆加
> 勺。……席工于西阶上，少东。乐正先升，北面立于其西。工四人，
> 二瑟，瑟先，相者皆左何瑟，面鼓，执越，内弦。

《仪礼·乡射礼》

大射是诸侯为即将进行的祭祀、朝觐、盟会等选定人员，或者为了与群臣练习射艺而举行的仪节，其规格较高。杨宽对比了乡射礼和大射仪的相关礼节，两种仪节在内容上基本相同，只是大射仪的主人是国君，身份尊贵，礼仪的规模比乡射礼要大，他认为："实际上，大射仪就是一种高级的乡射礼，用来维护国君的地位和尊严的。"[1]

> 大射之仪。……乐人宿县于阼阶东，笙磬西面，其南笙钟，
> 其南鑮，皆南陈。建鼓在阼阶西，南鼓；应鼙在其东，南鼓。西阶
> 之西，颂磬东面，其南钟，其南鑮，皆南陈。一建鼓在其南，东
> 鼓；朔鼙在其北。一建鼓在西阶之东，南面。荡在建鼓之间。鼗
> 倚于颂磬，西纮。厥明，司宫尊于东楹之西，两方壶，膳尊两甒
> 在南。有丰。幂用锡若絺，缀诸箭。盖幂加勺，又反之。皆玄尊。
> 酒在北。尊士旅食于西鑮之南，北面，两圜壶。又尊于大侯之乏
> 东北，两壶献酒。设洗于阼阶东南，罍水在东，篚在洗西，南陈。
> 设膳篚在其北，西面。又设洗于获者之尊西北，水在洗北，篚在
> 南，东陈。小臣设公席于阼阶上，西乡。司宫设宾席于户西，南
> 面，有加席。卿席宾东，东上。小卿宾西，东上。大夫继而东上。
> 若有东面者，则北上。席工于西阶之东，东上。诸公阼阶西，北
> 面，东上。官馔。羹定。

《仪礼·大射仪》

---

[1] 杨宽：《"射礼"新探》，收录于《古史新探》，上海人民出版社2016年版，第325页。

乡射礼之前必行乡饮酒礼，其准备的不过是司空见惯的盛酒器——壶，以及用以从盛酒器中取酒的勺。在仪节的进行过程中，有礼乐的环节，礼乐器主要是瑟，也有钟磬，但规制不大。而大射仪之前必行的燕礼则需备下礼乐器，从《大射仪》中我们看到礼乐器包括笙、磬、钟、镈、建鼓、应鼙等，其中钟、镈（见图 2-121[①]）定为青铜铸制。建鼓是种形制较大的鼓，用木柱贯穿其中使其竖立起来，木柱的

图 2-121　秦子镈（春秋）

顶端饰有鸾鸟及华盖，柱子下端有四足。曾侯乙墓就曾出土过建鼓鼓座。大射礼备下的盛酒器使用方壶和圆壶，两种形制的壶放置的位置不同，且盛放的酒也因位置而有区别，有的盛放玄酒，有的盛放献酒。所使用器物中还有盛水的罍。

　　　主人坐取爵于上篚，以降。……宾以虚爵降。……主人坐取觯于篚，以降。……坐祭，立饮，不拜；既爵，授主人爵；降复位。众宾皆不拜，受爵，坐祭，立饮。每一人献，则荐诸其席。众宾辩有脯醢。主人以虚爵降，奠于篚。……举觯者进，坐奠觯于荐西。宾辞，坐取以兴，举觯者西阶上拜送。宾反奠于其所。举觯者降。……

　　　　　　　　　　　　　　　　　　　　　　　《仪礼·乡射礼》

　　在乡射礼的乡饮酒礼上，饮酒器主要是爵和觯，这与冠礼和昏礼同。

[①]　国家文物局编：《秦韵：大堡子山出土文物精粹》，文物出版社 2015 年版，第 97 页。

主人北面盥，坐取觯，洗。宾少进，辞洗。主人坐奠觯于
篚，兴对。……主人宾右奠觯答拜，降盥。……主人升，坐取
觯。……宾西阶上拜，受爵于筵前，反位。……宾坐，左执觯，
右祭脯醢，奠爵于荐右；……兴加于俎，坐挩手，执爵，遂祭
酒，兴，席末坐啐酒，降席，坐奠爵，拜，告旨，执爵兴。主人
答拜。乐阕。宾西阶上北面坐，卒爵，兴；坐奠爵，拜，执爵兴。
主人答拜。

《仪礼·大射仪》

在大射仪的燕礼上，饮酒器主要是觯和爵，而主人（也就是国君，或者
诸侯）所用的饮酒器主要是觯，这说明觯这种饮酒器在酒器中也具有身份等
级的象征作用。乡饮酒礼或燕礼之后，射的活动才正式开始，这里的射带有
一定的竞赛性质。

三耦俟于堂西，南面东上。司射适堂西，袒决遂，取弓于阶
西，兼挟乘矢，升自西阶。司射降自西阶；阶前西面，命弟子纳射
器。乃纳射器，皆在堂西。宾与大夫之弓倚于西序，矢在弓下，北
括。众弓倚于堂西，矢在其上。主人之弓矢，在东序东。……司射
犹袒决遂，左执弓，右执一个，兼诸弦，面镞；适堂西，以命拾取
矢，如初。……司马出于左物之南，还其后，降自西阶；遂适堂前，
北面立于所设福之南，命弟子设福，乃设福于中庭，南当洗，东
肆。……北面命释获者设中，遂视之。释获者执鹿中，一人执算以
从之。……司射适堂西，命弟子设丰。

《仪礼·乡射礼》

射箭比赛由司射主持，他会脱去左衣袖，戴上引弓用的扳指，套上护
臂，从西阶的西侧取了弓，右手持弓，左右挟持弓弦和四支箭矢，从西阶上
堂。然后，他会命令弟子将射礼使用的全部射具搬到西堂之下。所谓的射
具包括：弓、矢、决、遂、福、筭、中、丰等。这些射具中多为木质、玉质

或皮质。弓是远射兵器，由弓臂和弓弦组成；矢是箭，由箭杆、箭镞和箭羽组成，箭镞由石质、骨质发展而来，后来有铜质、铁质；决是护指器，即扳指；遂是护臂，一般为皮质；楅是放矢架；筭是计分用的筹；中是盛放筭的器械；丰是陈设饮酒器的托盘。

> 大夫与，则公士为宾。使能，不宿戒。其牲，狗也。亨于堂东北。尊，綌幂。宾至，彻之。蒲筵，缁布纯。西序之席，北上。献用爵，其他用觯。以爵拜者，不徒作。

《仪礼·乡射礼》

《仪礼》规定得十分清晰，如果有大夫参加乡射礼，宾必须由在官的士担任，要以狗为牲，献酒的时候用爵，其他情况用觯。大射仪的整个过程要比乡射礼复杂，使用的青铜礼器以酒器和食器为主。1993年河南平顶山应国墓地出土一件柞伯簋，簋的内底铸有铭文（见图2-122①）8行74字，经过专家的考证与释读，大意是：八月庚申这一天，周王在都城镐京举行大射礼。周王命令南宫率领王子弟中得爵之士，由师馯父率领王臣。周王以十钣红铜作为奖品，周王说：

图2-122 柞伯簋（西周中期前段）铭文拓本

"小子、小臣，你们要谨慎谦恭，持弓矢审固，若能射得，就取走这十钣红铜。"柞伯十次举弓，十发十获，没有一箭作废，于是周王将红铜奖励给柞

---

① 吴镇烽编著：《商周青铜器铭文暨图像集成》第11卷，上海古籍出版社2012年版，第448页。

伯，并且又赐给柞伯用作向王贡纳野物的田猎地。于是柞伯铸造此铜簋以为纪念，并以此祭奠周公，感谢周公在天之灵的庇佑。[①]

五、丧礼用器

丧礼是生者围绕离世之人所进行的一系列相关礼仪活动，既包括对离世之人的尸体处理和安葬过程，也包括在丧礼进行过程中，生者所必须遵守的行为和语言规范。《荀子》有云：

> 丧礼者，以生者饰死者也，大象其生以送其死也。故如死如生，如亡如存，终始一也。……凡礼，事生，饰欢也；送死，饰哀也；祭祀，饰敬也；师旅，饰威也。……故丧礼者，无他焉，明死生之义，送以哀敬，而终周藏也。故葬埋，敬藏其形也；祭祀，敬事其神也；其铭诔系世，敬传其名也。事生，饰始也；送死，饰终也；终始具，而孝子之事毕，圣人之道备矣。刻死而附生谓之墨，刻生而附死谓之惑，杀生而送死谓之贼。大象其生以送其死，使死生终始莫不称宜而好善，是礼义之法式也，儒者是矣。
>
> 《荀子·礼论》

民间素有"重死轻生，厚葬薄养"的说法，他们认为人由魂与魄两部分组成，魂来自于天，属阳，主管人的精神与意识，魄来自于地，属阴，主管人的血肉之躯，魂魄合则人生，魂魄分则人亡，魂升天，魄入地，最终二者归为天地之气，这正是华夏民族十分重视丧葬传统的原因。从考古发掘来看，"中国至迟在旧石器时代晚期已经有了葬墓。到了新石器时代，墓葬已有明确的制度"[②]。

[①] 参见袁俊杰：《两周射礼研究》，科学出版社 2013 年版，第 140 页。
[②] 王仲殊：《中国古代墓葬概说》，《考古》1981 年第 5 期。

> 古之葬者厚衣之以薪，葬之中野，不封不树，丧期无数，后之
> 圣人易之以棺椁，盖取诸大过。

《周易·系辞》

孔颖达注曰："不云'上古'，直云'古之葬者'，若极远者，则云'上古'，其次远者，则直云'古'。"从《周易》成书的年代来看，这里的"古"应是指夏时期，即夏的丧葬是十分简单的，既不积土以为坟，亦不立木以标其处。自陶器时代始，就形成了丧葬时用明器陪葬的风俗，那时的人们认为人死后尚有灵魂存在，还要饮食起居，孝子不忍让自己的亲人受饥寒之苦，所以在亲人的墓葬中为其准备了饮食起居所需的生活用具。裴李岗文化墓葬随葬品开始有了多寡之分①，二里岗遗址和盘龙城遗址的商代墓葬都有成套铜礼器出土，1976 年殷墟妇好墓出土随葬品 1928 件，其中有青铜器 468 件，另有小铜泡 109 个，这些青铜器中有妇好生前自作之器、某些王室成员为妇好所作的祭器、妇好母族为她所作的祭器、方国或族的贡品，以及专用于随葬的明器等②。

如果说殷商时期随葬的青铜礼器是以作器者的多寡和器物数量彰显墓主人的身份和地位，那么西周以后就是在"三礼"的框架下，以器物的形制、数量、组合来传递墓主人的身份信息。《仪礼》中有关于丧葬所用明器的记述。

> 用器：弓矢，耒耜，两敦，两杅，槃，匜。匜实于槃中，南
> 流。无祭器。有燕乐器可也。役器：甲，胄，干，笮。燕器：杖，
> 笠，翣。

《仪礼·既夕礼》

---

① 参见安志敏：《裴李岗、磁山和仰韶——试论中原新石器文化的渊源及发展》，《考古》1979 年第 4 期。

② 参见中国社会科学院考古研究所编著：《殷墟妇好墓》，文物出版社 1980 年版，第 15 页。

201

墓葬中器物数量的形制与多寡《礼记》中又有明确的描述。

> 礼有以多为贵者：天子七庙，诸侯五，大夫三，士一。天子之豆二十有六，诸公十有六，诸侯十有二，上大夫八，下大夫六。……有以少为贵者：天子无介，祭天特牲。天子适诸侯，诸侯膳以犊。诸侯相朝，灌用郁鬯，无笾、豆之荐。……有以大为贵者：宫室之量，器皿之度，棺椁之厚，丘封之大。此以大为贵也。有以小为贵者：宗庙之祭，贵者献以爵，贱者献以散，尊者举觯，卑者举角，五献之尊，门外缶，门内壶，君尊瓦甒。此以小为贵也。……是故君子大牢而祭谓之礼，匹士大牢而祭谓之攘。
>
> 《礼记·礼器》

> 鼎俎奇而笾豆偶，阴阳之义也。
>
> 《礼记·郊特牲》

西周早期墓葬的随葬礼器有：鼎、簋、爵、觯、尊、卣等，甘肃灵台白草坡1号墓出土随葬青铜食器和酒器共11种23件，其中有鼎7（含分裆鼎2、圆鼎3、方鼎2）、簋3、甗1、尊2、觯1、爵1、角1、斝1、盉1、卣3、斗2。器上有铭文"潶白乍宝尊彝"铭文，推断为康王时期[1]，属西周早期墓葬。陕西扶风庄白伯墓出土随葬鼎3（圆鼎1，带盖椭方鼎2）、簋2，为西周中期墓葬。平顶山应国95号墓出土随葬礼器鼎5、簋6、鬲4、盨3、方壶2、盘2、匜2、甗1、尊1，乐器甬钟7、编铃9，发掘人员推断该墓为西周晚期偏早[2]。而且从考古发掘掌握的情况来看，"周初以来，士以上的贵族皆用鼎、簋等礼器，庶人则只能用鬲、豆、盂、罐等日用陶器，始终

---

① 参见初仕宾：《甘肃灵台白草坡西周墓》，《考古学报》1977年第2期。
② 参见河南省文物研究所、平顶山市文物管理委员会：《平顶山应国墓地九十五号墓的发掘》，《华夏考古》1992年第3期。

不用鼎"①。西周中晚期的小型墓葬中一般不随葬青铜礼器，随葬器物多为陶器，且器物组合以鬲、簋、罐、豆为主，数量多寡不等。从墓葬出土的青铜礼器的组合情况来看，"西周早期以后，礼器中食器的比重逐渐加大，酒器则相对地减少。到了西周晚期至东周初期，最常见的礼器是鼎、簋、盘、匜、壶5类，鬲、甗、豆次之，酒器则居于更次要的地位。再从各器出现的数量来看，从西周中期开始，显然已成定规：甗、豆、盘、匜，一般都只出1器；壶，大多是2器；鼎、鬲、簋则无定数。鼎，多半成奇数，簋，往往成偶数；鬲则随鼎、簋之数而增减"②。

俞伟超等人认为周代的用鼎制度到了西周末期和春秋初年经历了一次破坏③，春秋中期至战国早期经历了第二次破坏，战国中、晚期经历了第三次破坏④。从两周之交开始，随葬器物的组合形式开始发生变化，湖北京山苏家垅曾侯墓是春秋早期墓葬，该墓出土鼎9、鬲9、方甗1、簋7、方壶2、豆2、盉1、盘1、匜1⑤。甘肃礼县圆顶山秦国1号墓出土铜器22件，计鼎6、簋2、方壶2、圆壶1、扁圆盉1、椭杯1、匜1、盘1、方盒1、车形器1、铃3、棺饰2；2号墓出土铜器38件，计鼎4、带盖鼎1、簋6、方壶2、圆壶1、扁圆盉1、盨1、匜1、盘1、盆1、戈4、剑3、削2、铃8、棺饰片2⑥，这两座墓葬的时间大概是春秋早期至中期。山西隰县瓦窑坡春秋墓葬23号墓出土铜礼器8件，鼎4、敦2、盘1、匜1，另有铜纽钟9件，该

① 俞伟超、高明：《周代用鼎制度研究（下）》，《北京大学学报（哲学社会科学版）》1979年第1期。

② 北京大学历史系考古教研室商周组编著：《商周考古》，文物出版社1979年版，第203页。

③ 参见俞伟超、高明：《周代用鼎制度研究（中）》，《北京大学学报（哲学社会科学版）》1978年第2期。

④ 参见俞伟超、高明：《周代用鼎制度研究（下）》，《北京大学学报（哲学社会科学版）》1979年第1期。

⑤ 参见湖北省文物考古研究所编：《曾国青铜器》，文物出版社2007年版，第11页。

⑥ 参见礼县博物馆、礼县秦西垂文化研究会编：《秦西垂陵区》，文物出版社2004年版，第20—21页。

墓葬为春秋晚期墓葬①。在春秋时期"鼎俎奇而笾豆偶"的规制已不再是行为准则。太原金胜赵卿墓亦属春秋晚期，该墓出土铜礼器99件，鼎27、鬲5、甗2、豆14、簠2、壶8、鸟尊1、鉴6、罍2、匜2、舟4、盘2、炭盘1、格2、勺6、肉钩14；还有铜编镈1套19件。②

　　湖北随州擂鼓墩曾侯乙墓是战国早期墓葬，1978年发掘出土青铜礼器和用具134件，礼器包括鼎20、鬲10、甗1、炉盘1、簋8、簠4、豆3、鼎形器10等25种器形，共117件；青铜用具包括炭炉、箕、镇等11类，共17件。③河南信阳长台关1号楚墓出土圆鼎5、敦2、壶2、高足壶2、三足敦1、盘4、匜1、提梁壶1、盂1等器，这些器物多为实用器，胎壁较薄，多数器表无纹饰④；江陵望山1号楚墓共出土铜鼎9、敦2、缶2、壶4、盂1、盥缶1、勺3、盘2、匜2，多数器物都制作的较简单粗糙，一般都为素面，少数器物有花纹⑤，这两个楚墓都属战国中期。这些墓葬发掘出土之器，有的装饰精美，有的粗鄙简陋，有的庞杂厚重，有的薄胎简朴，这与先秦晚期对于丧礼的争论不无关系。

　　　　乎诸侯死者，虚库府，然后金玉珠玑比乎身，纶组节约，车马藏乎圹，又必多为屋幕、鼎鼓、几筵、壶滥、戈剑、羽旄、齿革，寝而埋之。……

　　　　今王公大人之为葬埋，则异于此。必大棺中棺，革阓三操，璧玉即具，戈剑鼎鼓壶滥、文绣素练、大鞅万领、舆马女乐皆具，曰必捶涂差通，垄锐比山陵。

　　　　　　　　　　　　　　　　　　　　　　　　《墨子·节葬》

---

① 参见李夏廷、孙先徒、李建生等：《山西隰县瓦窑坡墓地春秋墓葬M23发掘简报》，《中原文物》2019年第1期。
② 参见山西省考古研究所、太原市文物管理委员会、陶正刚等：《太原晋国赵卿墓》，文物出版社1996年版，第17—78页。
③ 参见湖北省博物馆编著：《曾侯乙墓》上册，文物出版社1989年版，第175—252页。
④ 参见河南省文物研究所：《信阳楚墓》，文物出版社1986年版，第47—53页。
⑤ 参见湖北省文物考古研究所：《江陵望山沙塚楚墓》，文物出版社1996年版，第43—78页。

以生者饰死者也，大象其生以送其死也。故如死如生，如亡如存，终始一也。

《荀子·礼论》

荐器则冠有鍪而毋縰，瓮庑虚而不实，有簟席而无床第，木器不成斵，陶器不成物，薄器不成内，笙竽具而不和，琴瑟张而不均，舆藏而马反，告不用也。……象徙道又明不用也，是皆所以重哀也。故生器文而不功，明器貌而不用。

《荀子·礼论》

国弥大，家弥富，葬弥厚，含珠鳞施。夫玩好货宝，钟鼎壶滥，舆马衣被，戈剑不可胜其数。诸养生之具无不从者。题凑之室，棺椁数袭，积石积炭以环其外。

《吕氏春秋·节丧》

孔子谓：为明器者知丧道矣，备物而不可用也。哀哉！死者而用生者之器也，不殆于用殉乎哉？其曰明器，神明之也。涂车、刍灵，自古有之，明器之道也。孔子谓为刍灵者善，谓为俑者不仁，不殆于用人乎哉。

《礼记·檀弓》

在儒家看来，明器是区别于生者所用的器物，这种禁忌，既有理性基础，也有感性的恐惧。理性基础是指在先秦物质尚十分匮乏的时代背景下，逝者若大量使用器物则会占用有限的资源，而感性的恐惧，是指由于人们尚不能科学地认识生与死，从而产生对于亡灵和另一个世界的畏惧。明器作为为逝者在另一个世界生活所备之物，是生者对于逝者在另一个世界奉养的延续。孔子不赞成用生者之器作为明器，用"生者之器"与"用殉"相比对，从这个角度，我们能感受到儒家思想在面对生者与逝者的关系方面，既体现出人道关怀，也反映出理性智慧。荀子在这里表现出一种更为冷静的理性精神，他认为不论是祭器还是明器，都是示哀的一种表现形式，他从对亡灵去向的关注转移到对明器的"备而不用"意义的探讨。与儒家不同，墨子和被称为"杂家"的吕不韦则是反对厚葬之风的。他们从节俭的角度论述了厚葬之弊端，他认为厚葬久丧，不仅使财富被埋葬，同时也让从事葬器生产的人长期不能参与正常的生产劳动，是生产力的浪费。

第三章　文以载道：青铜艺术的纹饰与铭文

青铜器纹饰与铭文的研究一贯是中国青铜时代艺术史两个颇受关注的研究方向，青铜器上的纹饰呈现了先秦不同时期、不同地域装饰主题的变迁，是了解先秦政治、经济、社会、文化、宗教、信仰、审美等的重要依据之一，而青铜器上的铭文不仅承载着汉字字形结构演进的关键进程，是研究书法艺术发展演进的重要材料，同时铭文所记录的祭祀、征伐、赏赐、册命、追孝等内容是印证史料文献的重要佐证材料。

第一节　纹饰之美

青铜器精美绚烂的纹饰令中国青铜艺术独具特色，这些装饰纹饰的渊源可以上溯到原始社会时期的陶器纹饰，但与原始陶器纹饰的显著区别在于写实性减弱，抽象性增强，形式更加图案化。陈望衡认为："纹饰是青铜器艺术的主体部分，它最为集中、最为鲜明地反映了青铜时代的精神风貌。"[1] 如果说纹饰有如青铜的外衣，倒不如说是青铜器的语言，经历几千年之后，

---

[1]　陈望衡：《诡异奇美——中国古代青铜艺术鉴赏》，上海人民美术出版社 2002 年版，第14 页。

这些纹饰似乎在向我们述说着数千年前的种种。

　　一直以来，学界对于青铜器纹饰的研究存在两种相悖的理论立场，即所谓的"隐喻学派"和"风格学派"。以亨采（Carl Hentze）、张光直、巫鸿为代表的隐喻学派认为青铜器的纹饰与宗教信仰密切有关；以罗樾（Max Loehr）为代表的风格学派则坚决地认为青铜器上的纹饰只具备形式意义，不具备宗教含义，与宗教信仰毫无关系。近年来的研究表明，"隐喻学派"和"风格学派"的观点都不能对青铜器的纹饰意义进行诠释，青铜器的纹饰不仅局限于形式和宗教的双重含义，它还具备彰显身份、明确地位等功能，杰西卡·罗森（Jessica Rawson）认为妇好墓中出土的一对巨大的鸟形酒器和器上装饰就是拥有者尊贵身份的象征[1]。

　　由于青铜器物数量繁多，对于青铜器纹饰的定名和分类一直是个较为复杂的系统工作。早在 1941 年，容庚就在前人研究的基础上将青铜器的纹饰细分为 77 种[2]。之后，他和张维持将这 77 种纹饰归纳为三类，即几何形纹样、动物形纹样和叙事画纹样，其中几何纹样又分出云纹、雷纹、圆圈纹等八种，动物纹分为奇异和写实两类[3]；马承源将其分为兽面纹、龙纹、凤鸟纹、各种动物纹、各种兽体变形纹、火纹、几何纹、人物画像纹及其他[4]；朱凤瀚的分类法略同于容庚和张维持，他也将其分为动物类、几何形类和人物画像类三大类，但他进一步细化地又将动物纹分成八种，几何纹分为十种，他还对动物纹中的四种做了进一步细分[5]，总体来看，青铜器纹饰的分类方法无外乎将其分为动物纹、几何纹和画像纹三种，并在这三种基本分类的基础上再进行细分。本书的分类方法与他们相同，亦是以纹饰主题为分类依据，将青铜器的主题纹饰大致分为动物纹、几何纹、象形纹、人的形象四种类型，但是青铜器的纹饰不局限于此，还有植物纹等辅纹。

---

[1]　参见［英］罗森：《中国古代的艺术与文化》，孙心菲等译，北京大学出版社 2002 年版，第 72 页。

[2]　参见容庚：《商周彝器通考》上册，中华书局 2012 年版，第 99—156 页。

[3]　参见容庚、张维持：《殷周青铜器通论》，中华书局 2012 年版，第 103—120 页。

[4]　参见马承源主编：《中国青铜器》（修订本），上海古籍出版社 2003 年版，第 316—335 页。

[5]　参见朱凤瀚：《古代中国青铜器》，南开大学出版社 1995 年版，第 384—415 页。

一、动物纹的神化

关于青铜器上动物纹饰的文献记载，最早见于《吕氏春秋》。

> 周鼎著饕餮，有首无身，食人未咽，害及其身，以言报更也。

> 《吕氏春秋·先识览》

> 周鼎著象，为其理之通也，理通君道也。

> 《吕氏春秋·审分览》

对于青铜器上的动物纹饰的研究和描述最早见于《考古图》和《宣和博古图》：

> 癸鼎文作龙虎，中有兽面，盖饕餮之象。

> 《考古图》

> 然腹有蝉纹，脰饰饕餮，间之云雷，亦以贪者惩也。

> 《宣和博古图》

张光直认为中国古代文明是萨满式（shamanistic）的文明，中国古代巫师在沟通天地时所用的工具与全世界萨满式文化使用的工具大致相同，分别是神山、若干种树木、龟策（甲骨和八卦）以及各种动物[1]，所以他认为被铸于青铜器上的动物理所当然地成为协助巫觋沟通天地人神的"助手"。《宣公三年》的这段记载与张光直的推论不谋而合：

> 昔夏之方有德也，远方图物，贡金九牧，铸鼎象物，百物而为
> 之备，使民知神奸。故民入川泽山林，不逢不若，螭魅罔两，莫能

---

[1] 参见［美］张光直：《考古学专题六讲（增订本）》，生活·读书·新知三联书店 2010 年版，第6—8页。

逢之。用能协于上下，以承天休。

《春秋左氏传·宣公三年》

"通天地"是在青铜器上铸造动物纹饰的唯一目的吗？我们不敢妄言，但是从动物纹的形态上来看，其功能却未必只是"通天地"之用。容庚和张维持将青铜器上的动物纹分为写实动物纹和奇异动物纹两类；段勇将奇异类动物归为"幻想动物纹"，并做了专门研究[①]。动物纹饰的母题均来自现实生活中可见之动物，写实类动物纹饰是对现实动物形态的模仿，奇异类的动物纹饰则是运用抽象、夸张等艺术手段对现实动物形态进行艺术加工，建构出神秘、鬼魅的艺术形象，使人们通过联想将之与传说中的魑魅魍魉产生联系。这些源于现实又被幻想加工的动物形象具备现实动物所具备的一切形态结构特征，如眼、鼻、耳、躯干、四肢等，但是却具备了许多现实中的动物所不具备的慑人气质。

纵观青铜器物上的动物纹饰，我们将其分为兽面纹、龙纹、凤鸟纹、象纹、虎纹、蛇纹、蝉纹等来加以介绍。

（一）兽面纹

兽面纹，自宋以来一直称为"饕餮纹"，是延用吕大临在《考古图·卷一·五癸鼎》中依据《吕氏春秋》"周鼎著饕餮"记载，给出的定名。

周鼎著饕餮，有首无身，食人未咽，害及其身，以言报更也。

《吕氏春秋·先识览》

自开创现代考古学以来，对于"饕餮纹"这一定名，学界有所争议，李济依据《山海经·北山经》中"有蛇一首双身，名曰肥遗"的记载，将

---

① 参见段勇：《商周青铜器幻想动物纹研究》，上海古籍出版社 2012 年版。

之称为"肥遗"①；日本学者林巳奈夫依旧称其"饕餮"；以马承源为代表的国内学者认为"饕餮纹一词只限于'有首无身'这样的定义，绝大多数纹饰并非如此"②。而用"兽面"代替了"饕餮"。兽面纹比之"饕餮纹""肥遗"则具有更为广泛的学术意义，更明确地指出了这种纹饰的构图特征。兽面纹是指以动物头部正面形象为主体构成的纹饰，其主要图案特征是以鼻梁为中线，左右基本对称，一对炯目分置鼻梁两侧，鼻下一张开的大口和外露的獠牙，额顶一对觚角，形象较为细致的目上有双眉，眉上为双角，双目侧旁为双耳，双耳两侧有左右伸展的体躯和尾部，多数兽面纹还有曲张的兽爪，这种既表现了对象的正面，又同时表现对象的两个侧面的方法，我们称之为整体展开法，只有少数的兽面纹只有头部，没有体躯和尾部。兽面纹随时代发展，形态也不断发生变化，也会因器物形制的不同而作适形之变。

对于青铜器兽面纹的起源一般均追溯到良渚文化的玉器、龙山文化的陶器以及玉器上的兽面纹装饰，李学勤认为："这种纹饰（饕餮纹）确实应当有信仰、神话的意义，虽然我们还不完全知道应该怎样去解释。商代继承了史前时期的饕餮纹，这不仅是沿用了一种艺术传统，而且是传承了信仰和神话，这在中国古代文化史的研究上无疑是很重要的问题。"③

兽面纹是先秦早期青铜器上最常见的纹饰，最早见于二里岗上层期（商代早期），到西周中期都是最盛行的青铜器装饰纹样之一，它主要以主纹的形式装饰于器腹、器盖、口沿、器足等处。兽面纹的纹样组织形式最主要的形态变化是额上觚角，所以多数学者都是以角的形态变化作为兽面纹的分类依据。如林巳奈夫将兽面纹（饕餮纹）分为无角饕餮纹、T字形羊角饕餮纹、羊角饕餮纹、大耳饕餮纹、牛角饕餮纹、几字形羽冠饕餮纹、

---

① 参见李济《殷虚出土青铜礼器之总检讨》，收录于中华书局编辑部编：《中研院历史语言研究所集刊论文类编·考古编》第四册，中华书局 2009 年版，第 2748 页。
② 马承源主编：《中国青铜器》（修订本），上海古籍出版社 2003 年版，第 316—317 页。
③ 李学勤：《良渚文化玉器与饕餮纹的演变》，《东南文化》1991 年第 5 期。

水牛角饕餮纹、茸形角饕餮纹、尖叶角饕餮纹、羊角形二段角饕餮纹、大眉饕餮纹、两尖大耳饕餮纹以及其他类型的饕餮纹等 13 种。① 马承源依商代晚期至西周早期兽面纹角型的不同，将兽面纹分为了环柱角型兽面纹、牛角型兽面纹、外卷角型兽面纹等 11 种。② 段勇则将兽面纹分牛角、羊角、豕耳和变异四种类型，每个类型中又细分为若干小类，小类中再分亚型，亚型中再分式。③ 作为研究青铜器的考古学专家，他们依据考古类型学的方法将兽面纹进行细分，对于青铜器的断代是具有重要学术价值的，但从艺术史的角度来思考，我们会发现由于兽面纹纹饰的变化莫测，不论运用怎样的划分标准，似乎总存在一些难于归纳的类型。受篇幅所限，本书将不作兽面纹的类型划分，而是以时间发展为线索梳理兽面纹发展演进的特征变化，并作简要概述。

从所掌握的材料来看，先秦早期的兽面纹也因时间的更迭而有所变化，商代早期的兽面纹有时仅为一对兽目，骶角不发达，外卷角为主，纹饰多为单线或复线勾勒的图形，这一时期线条的运用受到广泛重视。如 1974 年在河南郑州张寨南街出土商代早期大铜鼎 2 件，也称杜岭铜鼎，1982 年又在郑州向阳回族食品厂发现一批商代窖藏青铜器，其中两件大方鼎的形制和纹饰布局均与杜岭方鼎相似。④ 杜岭方鼎（见图 3-1⑤）中较大的 1 件通高100 厘米，口径横长 62.5 厘米，纵长 61 厘米，兽面纹作带状装饰于鼎腹上部，其布局是每壁中间和四个转角各饰 1 组，两侧和下部饰乳丁纹，每个鼎

---

① 参见 [日] 林巳奈夫：《殷周青铜器综览（第二卷）——殷周时代青铜器纹饰之研究》，[日] 广濑熏雄、近藤晴香译，上海古籍出版社 2019 年版。林巳奈夫早期虽也称兽面纹为饕餮纹，但是他晚期的著作中还是认为兽面纹的定名更为恰当。参见 [日] 林巳奈夫：《神与兽的纹样学：中国古代诸神》，常耀华等译，生活·读书·新知三联书店 2016年版。

② 参见马承源：《中国青铜器》（修订本），上海古籍出版 2003 年版，第 318—320 页。

③ 参见段勇：《商周青铜器幻想动物纹研究》，上海古籍出版社 2012 年版，第 28—44 页。

④ 参见杨育彬、于晓兴：《郑州新发现商代窖藏青铜器》，《文物》1983 年第 3 期。

⑤ 中国青铜器全集编辑委员会编：《中国青铜器全集 1：夏 商 1》，文物出版社 1996 年版，图版第 34 页；河南省博物馆：《郑州新出土的商代前期大铜鼎》，《文物》1975 年第 6 期。

足的偏上部饰兽面纹两组，下部饰凸弦纹三周。① 杜岭铜鼎的兽面纹为阳刻的形式，所以拓本线条较为纤细，也有兽面纹为阴刻形式的（见图3-2②）。商代早期的兽面纹纹样构成较为简洁，兽面的形象也比较抽象，除了具备兽面纹的基本特征外，兽目是这一时期兽面纹的突出特征，多数兽目为乳凸状，觚角的形态不明显。

A   B

图 3-1　杜岭兽面纹大方鼎（商早期）及其器腹兽面纹拓本

殷墟早期兽面纹的觚角开始突出，形态变化也丰富了起来，内卷角（见图 3-3③）大量出现在纹样中，这一时期兽面纹的神秘感进一步增强，纹饰

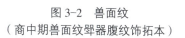

图 3-2　兽面纹　　　　　　　　　　　图 3-3　内卷角兽面纹
（商中期兽面纹斝器腹纹饰拓本）　　　（商中期兽面纹爵器腹纹饰拓本）

---

① 参见河南省博物馆：《郑州新出土的商代前期大铜鼎》，《文物》1975 年第 6 期。
② 上海博物馆青铜器研究组编：《商周青铜器文饰》，文物出版社 1984 年版，第 3 页。
③ 上海博物馆青铜器研究组编：《商周青铜器文饰》，文物出版社 1984 年版，第 28 页。

的装饰风格开始多元化。出土于陕西汉中城固县宝山镇的兽面纹罍（见图3-4①）就是一件很有特色的作品，器腹饰三组兽面纹，兽目呈乳突状突出于器表，觝角明显被强化，作凸起状。江西新干大洋洲出土的鬲形鼎（见图3-5②），以自肩部至足的长条高扉棱作鼻，粗眉圆眼，在兽面纹上以阴刻的雷纹，其间还穿插乳丁纹，点线结合，纹饰繁缛复杂起来，装饰意趣浓厚。

图3-4　兽面纹罍（商中期）

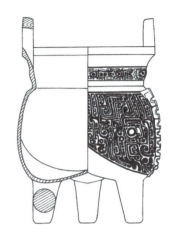

图3-5　兽面纹鬲形鼎（商中期）线描图

　　商代晚期的兽面纹强化了觝角的形式变化，运用主纹和底纹、平雕和浮雕相辅相成的装饰手法，兽面纹的样式增多，在底纹的衬托下兽面纹特征更加突出，结构更加清晰，兽面的特征具象化，甚至可以辨别出牛首兽面、羊首兽面（见图3-6③）、虎首兽面（见图3-7④）等形态，收藏于安徽省博物馆的兽面纹鬲（见图3-8⑤），器颈饰兽面纹，器腹饰三组以云雷纹衬地的

①　曹玮主编：《汉中出土商代青铜器》第1卷，巴蜀书社2006年版，第102页。
②　江西省博物馆、江西省文物考古研究所、新干县博物馆：《新干商代大墓》，文物出版社1997年，第50页。
③　江西省博物馆、江西省文物考古研究所、新干县博物馆：《新干商代大墓》，文物出版社1997年，第77页。
④　江西省博物馆、江西省文物考古研究所、新干县博物馆：《新干商代大墓》，文物出版社1997年，第82页。
⑤　安徽省博物馆：《安徽省博物馆藏青铜器》，上海人民美术出版社1987年版，第206页。

图 3-6　羊首兽面纹（商晚期
铜罍器肩立体雕羊首拓本）

图 3-7　虎首兽面纹（商晚期铜镈纹饰拓本）

牛首兽面纹，牛目圆睁，觝角高耸，显示出威武与神秘之感。城固出土的商代青铜鬲（四足鬲）的足部装饰的兽面纹，考古发掘报告称其为熊面纹，大眼凸出，嘴巴朝下，刻纹宽而深，内填黑色固体，熊首显得异常凶猛。①

　　青铜器上兽面纹应用的高峰在商晚期至西周早期这一阶段，西周早期兽面纹的纹饰特征基本承袭晚商的特点，这与西周王朝建立的背景相关。周王朝源于一支生活于关中地区的周人，他们的经济和文化水平都低于商人，青铜冶

图 3-8　牛首兽面纹
（商晚期兽面纹鬲器腹纹饰拓本）

图 3-9　兽面纹
（西周早期兽面纹觝圈足纹饰拓本）

---

① 参见王寿芝：《陕西城固出土的商代青铜器》，《文博》1988 年第 6 期。注：该文中称此器为"甗"。

铸水平较低，灭商以后周人拥有了商王朝的大批工匠，也就拥有了商人的青铜冶铸技术，所以西周早期的青铜器不论是形制还是纹饰都表现出明显地对于商文化的承继。兽面纹瓿是西周早期遗存，喇叭状圈足上饰一周兽面纹（见图3-9[①]），兽面纹受瓿圈足装饰区域的影响，简略掉左右伸展的兽身，强化了兽目、角、鼻、口，以粗线造型，用细线勾勒，粗细对比间彰显形式美感。

西周中期以后，特别是西周恭王、穆王时期以后，兽面纹趋向于分解式变化，这一时期的兽面纹的特点是瓿角的角型不易辨认，或只有象征性的角，躯干、尾部等均不详饰，兽面纹呈现变形发展的特征，大克鼎（见图3-10[②]）和小克鼎口沿部分装饰的兽面纹就属于这一类型，其形态较为简单，已具备窃曲纹的部分特征，这也是窃曲纹由兽面纹演变而成的重要依据。西周晚期青铜器制作相对粗糙，装饰其上的兽面纹也随波逐流，复杂的兽面已不多见，冟鬲（见图3-11[③]）是陕西扶风西周窖藏出土，款足饰兽面纹，是西周晚期遗物，这时的兽面纹已不再是青铜器装饰纹样的主流，相较于商末周初的繁复精致，既无地纹，也无饰线，显得简陋粗鄙。

图 3-10　变形兽面纹	图 3-11　兽面纹
（西周中期大克鼎口沿纹饰拓本）	（西周晚期鬲款足纹饰拓本）

西周中期以后，兽面纹在青铜器上的出现率明显降低，具有神秘诡谲内涵的兽面基本消失，取而代之的是被装饰美化的新形态，如春秋晚期兽面纹钟鼓部的兽面纹（见图3-12[④]）只是外部形态特征具有兽面纹的特点，兽面

① 曹玮主编：《周原出土青铜器》第3卷，巴蜀书社2005年版，第590页。
② 上海博物馆青铜器研究组编：《商周青铜器文饰》，文物出版社1984年版，第93页。
③ 曹玮主编：《周原出土青铜器》第1卷，巴蜀书社2005年版，第13页。
④ 上海博物馆青铜器研究组编：《商周青铜器文饰》，文物出版社1984年版，第85页。

的觚角、鼻、眼、眉、嘴都已不易
辨认。

图 3-12 变形兽面纹
（春秋晚期兽面纹钟鼓部纹饰拓本）

兽面纹的形态远不止我们列举
的这几种类型，它大体上经历了装
饰纹样由简入繁，又因繁就简的必
然过程。西周中期开始兽面纹呈现
分解简化的趋势，这是人们思想观
念转变的物化显现，正是这种对复杂纹样的简化与解构，引起了一些学者的
关注，杰西卡·罗森认为商周时期，包括兽面纹在内的装饰纹样，都依赖于
一个由众多的组件所构成的"装饰纹样系统"，而所谓的"组件"是指可供
工匠按照既有规则去学习、使用和组合的基本元素①。罗森的这一观点不无
道理，中国传统技艺的传承很多时候是依靠核心技巧的传授，就如同《考工
记》中在熔铜时对熔液的色泽掌握一样，由经验而总结，再联想到中国绘画
中画兰花、兰叶、雨竹等的口诀，对于只掌握基本绘画技巧的画者来说，这
些口诀可以帮助他们快速提高。那么沿着罗森的观点，我们可以推设：曾经
存在一些类似口诀的"既有规则"帮助工匠们绘制青铜器物上的复杂多变的
兽面纹样。

总的来说，兽面纹既具有广泛的社会功能，同时也体现了先秦时期特别
是先秦早期人们的复合宗教观念。作为原始的图腾神，它是祖先的神化；在
图腾神向人格神的转化中，它仍然保有了祖先偶像的本质，成为人们顶礼膜
拜的对象。

（二）龙纹

龙纹，旧称夔纹或夔龙纹。夔龙纹和饕餮纹一样，都是旧称，带有一些
约定俗成的因素。如近年来学界饕餮纹归入兽面纹一样，夔龙纹也被归入

---

① 参见［英］杰西卡·罗森：《祖先与永恒：杰西卡·罗森中国考古艺术文集》，邓菲等译，
生活·读书·新知三联书店 2017 年第 2 版，第 4 页。

龙纹。

夔纹，其定名源自多篇古籍，多指一足之动物。

> 夔谓蚿曰："吾以一足趻踔而行，予无如矣。今子之使万足，独奈何？"
>
> 《庄子·秋水》

> 东海中有流波山，入海七千里。其上有兽，状如牛，苍身而无角，一足，出入水则必风雨，其光如日月，其声如雷，其名曰夔。
>
> 《山海经·大荒东经》

> 龙，鳞虫之长，能幽能明，能细能巨，能短能长，春分而登天，秋分而潜渊。
>
> 《说文解字》

> 夔，神魖也，如龙，一足，从夂，象有角手人面之形。
>
> 《说文解字》

《吕氏春秋》和《韩非子》都通过鲁哀公和孔子的一段对话，假借孔子之口阐明夔并非一足。

> 鲁哀公问于孔子曰："吾闻古者有夔一足，其果信有一足乎？"孔子对曰："不也，夔非一足也。夔者忿戾恶心，人多不说喜也。虽然，其所以得免于人害者，以其信也。人皆曰：'独此一，足矣。'夔非一足也，一而足也。"哀公曰："审而是，固足矣。"
>
> 《韩非子·外储说左》

> 鲁哀公问于孔子曰："乐正夔一足信乎？"孔子曰："昔者舜欲以乐传教于天下，乃令重黎举夔于草莽之中而进之。舜以为乐正。夔于是正六律，和五声，以通八风，而天下大服。重黎又欲益求

人，舜曰：'夫乐天地之精也，得失之节也。'故唯圣人为能和乐之
本也。夔能和之，以平天下，若夔者一而足矣，故曰夔一足，非
一足也。

《吕氏春秋·察传》

夔龙纹则是指一些体躯蜿蜒的动物纹饰，其形态与甲骨文和金文中被辨
认为"龙"字的字形十分相似。自宋代《宣和博古图》中被冠名以来，一直
沿用。

龙纹是青铜器动物纹样中流行时间最久远，数量最庞大，形式演变最
为繁杂的一类纹饰。段勇以考古类型的分类方法将夔龙纹分为九种形式，分
别是 S 型、Z 型、W 型、L 型、O 型、C 型、A 型、Y 型、H 型，其中又分
三十四种亚型，有的亚型又分Ⅰ式、Ⅱ式等若干种，细数下来共有八十二式
之多。[1] 马承源根据龙纹的不同图案结构组成，将其主要分为爬行龙纹、卷体
龙纹、交体龙纹、双体龙纹和两头龙纹等五大类。[2] 先秦时期青铜器上龙纹的
演进过程大体是：商早期龙的形象较为抽象，至商中期以后龙的形态越来越鲜
明、具体。根据龙纹在青铜器上所呈现的形态。我们以马承源的分类方法将
其大致分为：爬行龙纹、卷体龙纹、交体龙纹、双体龙纹、两头龙纹等类型。

1. 爬行龙纹

爬行龙纹是指龙作爬行状的纹样，常见的爬行龙纹是龙的侧面形象，
它的一端是龙的头部，一端是龙的尾部，中段为龙的体躯部分。龙首一端
龙口大张，上下唇卷起，龙的额上有角，角型的形式多样；体躯下多有一
足，偶见双足或无足；龙尾多卷曲向上翘起。爬行龙纹（见图 3-13[3]）在

---

[1] 参见段勇：《商周青铜器幻想动物纹研究》，上海古籍出版社 2012 年版，第 63—87 页。
该书第 77 页称 C 型夔龙纹分为三个亚型，只列出两个，故在统计中按两型五式计。
[2] 参见马承源主编：《中国青铜器》（修订本），上海古籍出版社 2003 年版，第 320—323 页。
[3] 北京大学考古学系商周组、山西省考古研究所编著，邹衡主编：《天马—曲村（1980—
1989)》第 2 册，科学出版社 2000 年版，第 494 页。

最基础的爬行形态基础上，通过角的变化，衍生出数种造型变化，可区分出前卷角、后卷角、曲折角、多齿角、尖角、长颈鹿角等多种形态。不仅如此，通过龙首方向的改变，先秦的工匠们又创造出了龙回首企盼的形象，即"回首龙纹"，也称"顾龙纹"，是先秦青铜器上较为常见的一类龙纹样式（见图3-14[1]）。

图 3-13　爬行龙纹
（西周中期铜簋颈部纹饰拓本）

图 3-14　顾龙纹
（西周中期日己觥流口外侧纹饰拓本）

西周早期，还演变出以似凤鸟的长冠代替不同形态角型的长冠龙纹（见图3-15[2]），长冠龙纹的体躯有所增长，应该是图式的一种演进形式。还有象鼻龙纹，曾流行于商周之际，这一纹饰只是将龙口翻卷的上唇进一步延长，形似象鼻，故名。陕西扶风齐家村窖藏出土的柞钟（己）鼓部就装饰有象鼻龙纹（见图3-16[3]）。爬行龙纹多装饰于青铜器物的颈部、肩部、腹部、圈足等部位，盛行于商晚期和西周早期。

图 3-15　长冠龙纹
（西周中期中伐父甗颈部纹饰拓本）

图 3-16　象鼻龙纹
（西周中期柞钟鼓部纹饰拓本）

① 曹玮主编：《周原出土青铜器》第3卷，巴蜀书社2005年版，第479页。
② 曹玮主编：《周原出土青铜器》第1卷，巴蜀书社2005年版，第27页。
③ 曹玮主编：《周原出土青铜器》第1卷，巴蜀书社2005年版，第118页。

2. 卷体龙纹

卷体龙纹是指龙的体躯成卷曲状的纹样。《礼记》有云：

天子玉藻，十有二旒，前后邃延，龙卷以祭。

《礼记·玉藻》

孔颖达疏："'龙卷以祭'者，卷，谓卷曲，画此龙形卷曲于衣，以祭宗庙。"卷体龙纹盛行于商晚期至西周晚期。卷体龙纹的纹饰组织形式大体可分为两类，第一类是龙的体躯盘踞成圆形，龙头居于圆形的正中位置，这一类卷体龙纹也称"蟠龙纹"，多出现于青铜器的器盖（见图 3-17[①]），或者青铜盘的内底（见图 3-18[②]）。第二类卷体龙纹的龙身卷曲成环形，首尾相接，这类龙纹也被称为"团龙纹"，通常装饰于器腹、器肩等部位。如甘肃灵台白草坡 1 号墓出土的铜簋器腹的纹饰，就是典型的团龙纹。

图 3-17 卷体龙纹（西周晚期
叔山父簋顶捉手蟠龙纹摹本）

图 3-18 卷体龙纹（西周早期
天马曲村 M6081 铜盘内底摹本）

3. 交体龙纹

交体龙纹是指龙的体躯绞缠在一起的一种纹饰。郑玄对《周礼·春官》

---

① 曹玮主编：《周原出土青铜器》第 2 卷，巴蜀书社 2005 年版，第 209 页。
② 北京大学考古学系商周组、山西省考古研究所编著，邹衡主编：《天马—曲村（1980—1989）》第 2 册，科学出版社 2000 年版，第 342 页。

中的注疏，描绘出了交龙的形态。

> 王建大常，诸侯建旂。

《周礼·春官》

> 郑玄注曰：王画日月，象天明也。诸侯画交龙，一象其升朝，一象其下复也。

> 交龙为旂，旂，倚也。画作两龙相依倚也。

《释名·释兵》

图 3-19　交体龙纹（西周早期庄白村 1 号窖藏夔纹斗柄部纹饰拓本）

依此，交体龙纹的图案特征就是：两龙躯体交缠，一龙在上，一龙在下，下者上升，而上者下覆。交龙纹既有两条龙绞缠而成的，也有群龙绞缠而成的纹饰，群龙相绞缠是以两龙绞缠为基本单位，然后向上下左右不断重复复制而成，即由单独纹样演变成四方连续。是西周常见装饰纹样之一，如北京首都博物馆藏车軎上的交体龙纹，陕西扶风庄白村一号窖藏出土的夔纹斗的柄部装饰的交体龙纹（见图 3-19①），两条镂孔双首龙纹交织缠绕。

另外，有一种龙纹以龙首为中心，龙的体躯向两旁侧展开的纹饰，有的文献将其称为"双体龙纹"，在这里我们将这一类纹饰也归入交体龙纹中，因为这种龙纹究竟是古人在创作时为了强调龙的神性，而采用一首两身的夸张手法，还是在创作中为了避免两个龙首过于繁琐，而采用了两龙共用一首的形式，我们已无从知晓。这种双体龙纹因体躯的伸展，图形多为扁长形，所以多呈带状装饰于青铜器的器肩、圈足等较为狭长的区域。典型器有台北故宫博物院所藏西周晚期的颂壶，山东大学历史系藏春秋早期蟠龙纹方壶，河南博物院藏春秋中期的交龙纹方壶等都以浅浮雕状交体龙纹作为主纹装饰

---

① 参见曹玮主编：《周原出土青铜器》第 3 卷，巴蜀书社 2005 年版，第 602 页。

于器腹，龙头的前半部分立体凸出壶身，十分生动。

还有一种被称为蟠螭纹的纹饰，我们也将它们归入交体龙纹一类。将其归入交体龙纹的原因有二，一是因古籍中的记载"螭"是龙的一种，或说是小龙。

> 凡帝王者之将兴也，天必先见祥乎下民。黄帝之时，天先见大螾大蝼。
>
> 《吕氏春秋·应同》

> 黄帝得土德，黄龙地螾见。
>
> 《史记·封禅书》

这里的"螾"就是指"螭"，《说文解字》曰："螭若龙而黄，北方谓之地蝼，从虫离声，或云无角曰螭。"《汉书·司马相如传》中有"蛟龙赤螭"，注引文颖曰："龙子为螭。"张揖曰："赤螭，雌龙也。"[1]⋯⋯第二个原因则是因为蟠螭纹是由两条或两条以上的小螭相互绞缠，组成一个基本单元，再

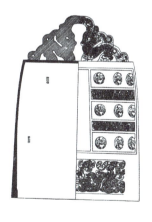

A   B

图 3-20　蟠螭纹（西周早期山彪镇 M1 铜钟及其纹饰摹本）

---

① （汉）班固撰，（唐）颜师古注：《汉书（卷五十六）》，中华书局 1962 年版，第 2551 页。

图 3-21　镼父壶（西周中期）器耳

采用重复的构成手法作二方连续的带状装饰，或者作四方连续的大面积装饰。蟠螭纹（见图 3-20①）是西周晚期至春秋战国时期青铜器上较为多见的一种装饰纹样。蟠螭纹改变了青铜器纹饰自出现以来惯用的轴对称形式，而是采用了均衡的构成法则，在青铜器纹饰发展过程中，蟠螭纹的出现被认为是春秋时期独特风格建立的标志，是青铜纹饰发展过程中不可小觑的一项重要变革。同时在铸造工艺上，蟠螭纹是以一个单元为模范，连续在外范上印模而成，因此蟠螭纹的出现也表明这一时期模范技术的变革与进步。

龙纹除了以上三种主要类型外，也根据龙的形象的变化而出现一些特殊类型的龙纹，龙的形象的不断丰满，除了平面化的龙纹多用于装饰器身，立体化的龙的形象也越来越多地被用以作为器耳（见图 3-21②）。

（三）凤鸟纹

凤鸟纹主要包括凤纹、鸟纹、鸱枭纹三大类，其中的凤纹当属幻想类动物纹，而鸟纹和鸱枭纹则属写实类动物纹。马承源依凤纹的冠形将凤纹分为多齿冠、长冠、花冠三种形式，依鸟纹角的形式将分出弯角、长颈鹿角和尖角鸟纹，还根据鸟尾形分出长尾、垂尾和分尾三种形式，另外还分出长喙鸟纹、鸢鸟纹、鸱枭纹和雁纹等。③ 段勇在其对于商周青铜器幻想动物纹样的研究中将凤鸟纹称为"神鸟纹"，并将其分为变形鸟纹和写实鸟

①　郭宝钧：《山彪镇与琉璃阁》，科学出版社 1959 年版，第 6 页。

②　曹玮主编：《周原出土青铜器》第 7 卷，巴蜀书社 2005 年版，第 1396 页。

③　参见马承源主编：《中国青铜器》（修订本），上海古籍出版社 2003 年版，第 323—325 页。

纹两类进行研究。①

已知最早的鸟纹出现在新石器时代的遗存上，以浙江反山、瑶山、上海福泉山等良渚文化遗址出土玉器上的鸟形象为典型代表。自商以来，青铜器动物纹样中凤鸟纹的出现频率仅次于兽面纹和龙纹，这与商始祖的传说有着一定联系。传说帝喾的妻子简狄吞食了燕子蛋然后生下了商祖契，即所谓"天命玄鸟降而生商"。关于玄鸟的文献记载有：

玄鸟，鳦也。

《诗经·商颂》

玄鸟，燕也。

《左传·昭公十七年》

燕燕，鳦。

《尔雅·释鸟》

《说文解字》对于燕字的释文曰："燕，玄鸟也。布翅，枝尾，象形，凡燕之属皆从燕。"从以上的记载和释文我们可知，玄鸟即是燕子。伴随着神秘的卵生传说，商人以玄鸟为图腾早无异议，《西清古鉴》卷十九中录有"周妇壶"1件，于省吾先生称其为"玄鸟妇壶"，并认为"'玄鸟妇'三字系合书……是研究商人图腾的唯一珍贵史料，系商代金文中所保留下来的先世玄鸟图腾的残余。……商代的宗教信仰，首先是祖先崇拜。壶铭既为玄鸟妇三字合文，它的含义，是作壶者系以玄鸟为图腾的妇人。再就壶的形制环玮和纹饰精美考之，可以判定此妇既为简狄的后裔，又属商代的贵族，玄鸟妇壶系商代晚期铜器"②。正是以燕子的基本形态为基础，商人对其长长的尾羽进行了幻想加工，添加冠羽、觚角，于是有了与现实的鸟纹有所区别的凤纹。

---

① 参见段勇：《商周青铜器幻想动物纹研究》，上海古籍出版社 2012 年版。

② 于省吾：《略论图腾与宗教起源和夏商图腾》，《历史研究》1959 年第 11 期。

1.鸟纹

鸟纹主要指具有典型鸟特征的一类纹饰,它和凤纹的最大区别就是没有夸张的花式冠和长尾。鸟纹出现于商晚期,多施与青铜器的颈部、肩部、圈足等部位,作为辅纹使用,(见图3-22①)是妇好偶方彝器盖上所饰鸟纹,鸟作站立状,尖喙圆眼,短翅长尾。陕西扶风强家村出土的师奂钟鼓部右侧装饰有小鸟纹(见图3-23②),主体纹样的粗线与细节的细线对比映照,图形外部边缘的外卷勾回与图形内部内卷的勾回相呼应,体现出西周中期小鸟纹图案化特征更明确。团鸟纹常装饰在器盖捉手的圆形区间内(见图3-24③)。

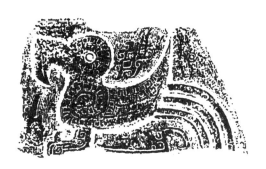

图 3-22　鸟纹(殷墟中期妇好偶方彝器盖局部纹饰拓本)

图 3-23　小鸟纹(西周中期师奂钟鼓部纹饰拓本)

图 3-24　团鸟纹(西周中期三年痶壶盖顶纹饰拓本)

---

① 中国社会科学院考古研究所编著:《殷墟妇好墓》,文物出版社1980年版,第51页。
② 曹玮主编:《周原出土青铜器》第2卷,巴蜀书社2005年版,第319页。
③ 曹玮主编:《周原出土青铜器》第4卷,巴蜀书社2005年版,第664页。

2. 凤纹

凤纹,古代文献对于凤的描绘有:

商之兴也,梼杌次于丕山;其亡也,夷羊在牧。周之兴也,鸑
鷟鸣于岐山,其衰也,杜伯射王于鄗。

《国语·周语》

文中的鸑鷟便是凤凰的别名。

鷗,凤。其雌皇。

《尔雅·释鸟》

晋代郭璞注曰"瑞应鸟。鸡头,蛇颈,燕颔,龟背,鱼尾,五彩色。高
六尺许。"《说文解字》云:"神鸟也。天老曰:凤像,麟前鹿后,蛇颈鱼尾,
龙文龟背,燕颔鸡喙,五色备举。出于东方君子之国,翱翔四海之外。过昆
仑,饮砥柱。濯羽弱水,莫宿丹穴。见则天下大安宁。字从鸟凡声。凤飞,
则群鸟从以万数。故凤古作朋字。"《山海经》和《诗经》中也有:

凤凰于飞,翙翙其羽,亦集爰止,蔼蔼王多吉士,维君子使,
媚于天子。

凤凰于飞,翙翙其羽,亦傅于天,蔼蔼王多吉人,维君子命,
媚于庶人。

凤凰鸣矣,于彼高冈,梧桐生矣,于彼朝阳,菶菶萋萋,雍雍
喈喈。

《诗经·大雅》

又东五百里,曰丹穴之山,其上多金玉。丹水出焉,而南流注
于渤海。有鸟焉,其状如鸡,五采而文,名曰凤凰,首文曰德,翼
文曰义,背文曰礼,膺文曰仁,腹文曰信。是鸟也,饮食自然,自
歌自舞,见则天下安宁。

《山海经·南山经》

图 3-25　顾首凤纹
（西周中期丰卣盖部纹饰拓本）

图 3-26　垂冠分尾凤纹
（西周中期丰卣腹部纹饰拓本）

图 3-27　凤纹（春秋赵卿墓
高柄小方壶柄部纹饰摹本）

《国语》《尔雅》《山海经》《诗经》的描述，我们可以勾勒出凤在先秦人们心目中的形象，它是祥瑞之禽，汇德、义、礼、仁、信于一身，是通天的神鸟。正是由于人们"凤之现身就是吉祥征兆"的神话信奉，凤形象被大量运用在青铜器装饰中。由于凤本就是一个被想象出来的形象，所以文献中对于它的形象描述有所差别，凤纹形态的千姿百态可能也正源于此。凤纹与鸟纹的主要区别在于冠、长尾等装饰性结构，翻卷的长尾，花式的冠羽，中国传统纹饰中凤凰的雏形已在孕育之中。凤纹在殷墟中期开始逐渐出现在青铜器上。1976年陕西扶风庄白村1号窖藏出土103件青铜器，其中有丰尊、丰卣、丰爵均以凤鸟纹为饰，凤纹作为尊、卣、爵的主纹，装饰在器物的腹部，丰卣盖面上装饰有四对顾首凤纹（见图3-25[1]），腹部饰垂冠分尾凤纹（见图3-26[2]）。金胜村高柄小方壶盖顶装饰有两条在云中飞舞的龙，壶身遍饰菱形几何纹，菱形内部装饰有相同的几何纹饰，而最为引人瞩目的是其执柄上造型优美的凤纹装饰（见图3-27[3]）。凤纹分为上中下三排，上排的凤鸟

① 曹玮主编：《周原出土青铜器》第4卷，巴蜀书社2005年版，第618页。
② 曹玮主编：《周原出土青铜器》第4卷，巴蜀书社2005年版，第619页。
③ 山西省考古研究所、太原市文物管理委员会、陶正刚等：《太原晋国赵卿墓》，文物出版社1996年版，第51页。

细长颈，头上有细角，昂首挺胸，翘尾，阔步行走；中排的凤鸟颈部细而弯长，亦作昂首阔步状；下排的凤鸟引颈仰视上方。[1] 执柄上的凤纹布局和谐，与执柄的形状结合巧妙，显示出设计者超凡的审美素养。

3.鸱鸮纹

《诗经·豳风》中有一篇题为《鸱鸮》的诗歌：

鸱鸮鸱鸮，既取我子，无毁我室。恩斯勤斯，鬻子之闵斯。

《诗经·豳风》

其中的鸱鸮多被释为猫头鹰。在这里我们归入鸱鸮纹的一类，包括鸱和鸮两种禽类，鸱有两解，一为鸱鹰，二为鸮。鸱鹰，是一种凶猛的鸟类，比鹰小。鸮，亦称"猫头鹰"，是鸮形目各种的通称，而枭，通"鸮"，所以我们发现青铜器命名是有时用"鸮"，有时用"枭"。在商晚期，以鸮为装饰主题的青铜器虽然不多，但是却都极具代表性，如妇好鸮尊、郭家庄大司空村539号墓出土的鸮卣（见图3-28[2]）。美国弗利尔美术馆藏的子乍弄鸟尊和太原金

图3-28　鸮卣（商晚期）

胜村出土的鸟尊都是春秋晚期作品，分别以鸮鸟和鸷鸟为创作母题，造型写实，形象生动，是先秦晚期晋系青铜艺术鸟兽尊的代表之作，在晋系青铜艺术的章节我们再做介绍。先秦时期以鸱鸮作为创作母题创作的仿生形器物相

---

① 参见山西省考古研究所、太原市文物管理委员会、陶正刚等：《太原晋国赵卿墓》，文物出版社1996年版，第44页。

② 中国青铜器全集编辑委员会编：《中国青铜器全集3：商3》，文物出版社1997年版，图版第137页。

对校多，以鸥鹗为主题的装饰纹样则并不多见，最为突出的当属妇好墓出土的系列青铜器，除了直接铸造成鹗形象的妇好鹗尊外，该墓出土的妇好组多件青铜器上可以寻见鸥鹗的形态，其一见于两件圈足觥的后端；其二见于两件鹗尊的尾部；其三见于偶方彝的盖面中部①。

除了上面列举的几类鸟纹外，先秦青铜器上还偶见雁纹等纹饰，因数量不多，所以不单独列为一类，马承源认为它们属于地域性装饰纹样②。

（四）其他动物纹饰

先秦青铜器装饰纹饰中，除了上述的几种最为常见的兽面纹、龙纹和鸟纹外，还有一些其他动物纹饰，包括虎纹、蛇纹、蝉纹、象纹等。

1. 虎纹

虎是青铜器较常见的一类装饰母题，最具代表性的当属日本泉屋博古馆藏商代晚期的虎食人卣（见图 3-29③）。该器作虎蹲踞状，整器由虎尾和足支撑，虎张开大口即将将人吞噬，人则手扶虎肩，脚蹬虎足，两眼圆睁，面部表情惊恐。该卣的虎背饰兽面纹，虎的前腿和人的双臂饰龙纹，人身饰蛇纹。堪称题材诡异，造型独特的 1 件佳作。先秦时期青铜器上的虎纹多以虎噬人为母题而作艺术加工。除虎食人卣外，妇好墓出土的大型铜钺两面靠近肩的部分均饰有以雷纹为地的虎扑人头纹（见图 3-30④），人头居于两虎口之间，虎作侧面形态，后面还有一小夔龙，二虎张开大口对准人头，作预吞噬状⑤，仿佛撕咬就在刹那之间。安徽省博物馆藏龙虎尊，1957 年出土于阜南县，通高 50 厘米，该器以平雕与浮雕相结合的装饰手法，器肩装饰有三

---

① 参见中国社会科学院考古研究所编著：《殷墟妇好墓》，文物出版社 1980 年版，第 31 页。
② 参见马承源：《商周青铜器纹饰综述》，收录于马承源：《中国青铜器研究》，上海古籍出版社 2002 年版，第 370 页。
③ 中国青铜器全集编辑委员会编：《中国青铜器全集 4：商 4》，文物出版社 1998 年版，图版第 148 页。
④ 中国社会科学院考古研究所编著：《殷墟妇好墓》，文物出版社 1980 年版，第 106 页。
⑤ 参见中国社会科学院考古研究所编著：《殷墟妇好墓》，文物出版社 1980 年版，第 105 页。

图 3-29　虎食人卣（商晚期）　　　　　图 3-30　虎扑人头纹（商晚期）

条蜿蜒的龙，龙首探出肩外，器腹以龙首下的扉棱为界，饰三组虎噬人图像，虎一头双身，作扑食状，虎口下方蹲着一个曲展双臂、赤膊文身的人，以虎头和人身为轴向两侧展开的构图，将虎的威猛以双倍呈现，更好地营造了威慑而神秘的氛围。① 有学者认为这些虎所食的人皆非常人，而是些鬼魅而已。②

2. 蛇纹

蛇纹，旧称蚕纹。因为蛇与蚕都是软体动物，更名的原因是因为蛇的眼睛比蚕的眼睛更为突出，而蛇眼的这一特征与青铜器上旧称蚕纹的形态更加贴近，纹饰上的鳞节也与蛇体表的特征比较吻合。商代晚期的青铜器上便有蛇纹（见图 3-31③）出现，纹饰的典型特征是头部宽大，一双大而突出的眼睛，曲折形的体躯上有鳞节，尾部向上卷起，蛇纹多做对称式重复，以二方连续的组织形式构成带状装饰。西周时期装饰有蛇纹的青铜器并不多见，形态主要延续商代的样式，如何尊器腹装饰的蛇纹（见图 3-32④）即是如此。

---

① 参见安徽省博物馆：《安徽省博物馆藏青铜器》，上海人民美术出版社 1987 年版，第 203 页。
② 参见马承源主编：《中国青铜器》（修订本），上海古籍出版社 2003 年版，第 325 页。
③ 上海博物馆青铜研究组编：《商周青铜器文饰》，文物出版社 1984 年版，第 221 页。
④ 上海博物馆青铜研究组编：《商周青铜器文饰》，文物出版社 1984 年版，第 221 页。

图 3-31　蛇纹（商晚期蛇纹簋口沿纹饰拓本）

图 3-32　蛇纹（西周早期
何尊腹部纹饰拓本）

图 3-33　侯母壶（春秋早期）

春秋战国时期蛇纹的装饰又多了起来，结构组织更为自由，有二方连续和四方连续等不同的组织形式。如 1978 年出土于山东曲阜望父台的侯母壶（见图 3-33[①]）是春秋早期器物，壶盖以平面与立体相结合的手法塑造了两蛇盘结的形态，位于壶盖中心部分的两蛇蛇头上扬为钮，装饰与实用兼顾。值得一提的是，在神话传说中，蛇与龙有着许多相似与相近之处，现实中的蛇为想象中的龙提供了创造发挥的最基本模式，正是蛇与龙之间的这种"亲缘关系"，以及蛇较为特殊的生活习性，让人们对蛇生出许多复杂的情绪，有敬畏，也有恐惧，于是在青铜器的装饰中出现了许多啖蛇、践蛇的形象，特别是滇文化青铜艺术中表现的最为突出。关于滇文化青铜艺术中的蛇纹饰在第十章再作介绍。

还有一种很细小的虺纹，以及由这种虺纹缠绕组成的纹饰，也被称为"蟠虺纹"。在早期文献中虺泛指蛇类，所以我们将其归为蛇纹。

维虺维蛇。

《诗经·小雅》

雄虺九首。

《楚辞·天问》

---

①　郎绍君等主编：《中国造型艺术辞典》，中国青年出版社 1996 年版，第 339 页。

虺，蜲地。

《广雅》

山西侯马白店铸铜遗址曾出土散虺纹（见图3-34[①]）和蟠虺纹陶模。散虺纹由多兽头组成，兽面填小圆点，以多种卷云和小圆点衬地，线条细密。蟠虺纹则虺体修长，多条虺体相互缠绕，有二方连续（见图3-35[②]）和四方连续（见图3-36[③]）等不同的构图形式。

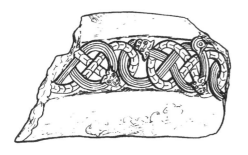

图 3-34 散虺纹（春秋侯马白店铸铜遗址陶模绘本）

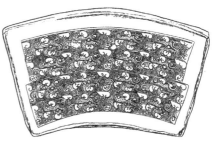

图 3-35 二方连续蟠虺纹（春秋侯马白店铸铜遗址陶模绘本）

图 3-36 四方连续蟠虺纹（春秋侯马白店铸铜遗址陶模绘本）

3. 龟纹

关于龟的文字记载最早见于甲骨文，在《山海经》中记有玄龟。

其中多玄龟，其状如龟而鸟首虺尾，其名曰旋龟，其音如判木，佩之不聋，可以为底。

《山海经·南山经》

因为龟的寿命很长，所以在中国传统

---

① 山西省考古研究所编著：《侯马白店铸铜遗址》，科学出版社2012年版，第265页。
② 山西省考古研究所编著：《侯马白店铸铜遗址》，科学出版社2012年版，第261页。
③ 山西省考古研究所编著：《侯马白店铸铜遗址》，科学出版社2012年版，第267页。

文化中龟是通灵的神兽，也是长寿的象征。

> 何谓四灵？麟、凤、龟、龙，谓之四灵。……龟以为畜，故人
> 情不失。故先王秉蓍龟，列祭祀，瘗缯，宣祝嘏辞说，设制度。
>
> 《礼记·礼运》

龟纹最早出现在商早期兽面纹罍的器颈，龟背以火纹装饰。由于龟是一种生活在水里的两栖动物，所以龟纹也多是被装饰在水器之上，如故宫博物院藏春秋晚期龟鱼纹方盘（见图 3-37[①]），内底满布浮雕的龟、鱼、蛙等水生动物。出土于郑州白家庄的黾罍是商代中期遗存，器颈部铸三个相同的龟形纹饰（见图 3-38[②]）。

图 3-37　龟纹
（春秋晚期龟鱼纹盘盘底纹饰）

图 3-38　龟纹
（商中期黾罍颈部纹饰拓本）

4. 鱼纹

鱼作为装饰母题出现在器物之上可以追溯到彩陶文化时期，最具代表性的是半坡彩陶的人面鱼纹盆，所以鱼纹作为青铜装饰纹样可以被视作是继承与创新发展的必然结果。《说文解字》称："鱼，水虫也。"其与龟有相似之

---

① 李夏廷、李劭轩编著：《晋国青铜艺术图鉴》，文物出版社 2009 年版，第 48 页。
② 吴镇烽编著：《商周青铜器铭文暨图像集成》第 25 卷，上海古籍出版社 2012 年版，第 3 页。

处，所以鱼纹多装饰于水器之上。1980 年，北京市文物工作队收得 1 件颇为完整的商代龟鱼纹盘，腹内底中部饰 1 龟纹，周边环绕游鱼 3 尾，鱼纹（见图 3-39[①]）呈俯视全形，鱼目圆瞪，鱼体狭长，背鳍、腹鳍各二，以人字形绘鱼鳞。[②] 商代晚期遗存鱼鼎的器腹内壁装饰有一个十分写实的鱼形纹饰（见图 3-40[③]），它也被认作是一个铭文字符。

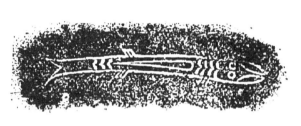

图 3-39　鱼纹（商中期龟鱼纹盘腹内鱼纹拓本）

图 3-40　鱼纹
（商晚期鱼鼎内壁纹饰拓本）

5.蝉纹

蝉在古代中国象征复活和永生，这个象征意义与它的生命周期有关。它最初的幼虫生长在土里，后来破土而出称为地上的蝉蛹，后又顺着树的枝干逐渐完成蜕皮羽化。由于人们一直以为蝉以露水为生，以其为纯洁的象征，所以人们对蝉甚是偏爱。西周后期至汉代的葬俗中，人们也常把玉质的蝉放入死者口中，以祈庇护和永生。

蝉，又名蜩。《诗经》中有多首诗歌描写过它。

四月秀葽，五月鸣蜩。

《诗经·豳风》

---

① 程长新：《北京发现商龟鱼纹盘及春秋宋公差戈》，《文物》1981 年第 8 期。
② 参见程长新：《北京发现商龟鱼纹盘及春秋宋公差戈》，《文物》1981 年第 8 期。
③ 吴镇烽编著：《商周青铜器铭文暨图像集成》第 1 卷，上海古籍出版社 2012 年版，第 118 页。

如蜩如螗，如沸如羹。

《诗经·大雅》

蝉纹形态简单，特征明确，极易辨认。殷墟中期，蝉纹始作为装饰纹样出现在青铜器上，商末周初的青铜器上，蝉纹常以辅纹的形式装饰于器盖、器颈、提梁、圈足等部位。典型的器物如西周时期的保卣的外底部，亦父壬卣、丰卣、伯卣的提梁等，有单独纹样组成，也有对称的带状组成。1974年安徽六安县出土一件蝉纹鼎，器腹饰一周蝉纹（见图3-41[①]）。西周晚期还有变形蝉纹，由夔纹组织成的蝉纹。安阳殷墟郭家庄文源绿岛小区商代墓葬5号墓出土的1件铜鼎（见图3-42[②]）的上腹部饰雷纹为地的蝉纹和涡纹相间纹，下腹部与上腹部以一道较细的凸弦纹隔开，在下腹部饰以雷纹为地的蝉纹，蝉纹的眼部为圆角方形，躯体呈长三角形。[③]

图3-41 蝉纹
（西周蝉纹鼎器腹纹饰拓本）

图3-42 蝉纹
（商晚期铜鼎器腹纹饰拓本）

---

① 安徽省博物馆：《安徽省博物馆藏青铜器》，上海人民美术出版社1987年版，第216页。

② 安阳市文物考古研究所编著：《安阳殷墟徐家桥郭家庄商代墓葬：2004—2008年殷墟考古报告》，科学出版社2011年版，第48页。

③ 参见安阳市文物考古研究所编著：《安阳殷墟徐家桥郭家庄商代墓葬：2004—2008年殷墟考古报告》，科学出版社2011年版，第47页。

6.象纹

象纹，有着大象典型的形态特征，长鼻、庞大的身躯和粗壮的四肢。有学者根据 1935 年和 1978 年在安阳殷墟王陵区附近先后发现两座象坑，坑内尚有较为完整的象骨，古文献关于象的记载，殷墟出土的大量有关象的卜辞，以及商代的大量玉器和青铜器上有象的形象等，推论在殷商时期中原地区即有象出没，且已为商人所熟悉，只是后来气候和地理环境发生了巨大变化，造成了象的南迁。[①] 这个结论不仅合理地揭示了殷墟象坑的存在，同时也为我们解开了商人为何将象作为艺术创作主题的疑问。河南洛阳出土的西周成王时期的士上卣的腹部就装饰有对称的象纹。1971 年陕西扶风齐镇村西周中期墓葬出土的象目纹鬲（见图 3-43[②]），三个袋足以中缝为界装饰三组象纹（见图 3-44[③]），大象一双阔耳向外展开，双目炯炯，写实而生动。

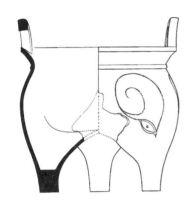

图 3-43　象目纹鬲（西周中期）摹本

图 3-44　象纹（西周中期象目纹鬲器腹纹饰拓本）

除了上述的几种动物纹样外，还有一些动物纹饰出现在先秦青铜器上，包括兔纹、鹿纹、蛙纹、豕纹等，这些动物纹饰数量相对较少，受篇幅所

① 　参见王宇信、杨宝成：《殷墟象坑和"殷人服象"的再探讨》，收录于胡厚宣等：《甲骨探史录》，生活·读书·新知三联书店 1982 年版，第 467—490 页。

② 　曹玮主编：《周原出土青铜器》第 6 卷，巴蜀书社 2005 年版，第 1131 页。

③ 　曹玮主编：《周原出土青铜器》第 6 卷，巴蜀书社 2005 年版，第 1131 页。

限，我们不一一介绍。

作为最常见的装饰主题，动物纹饰大量出现在青铜器上是先秦时期青铜艺术装饰母题选择的必然结果，这些动物纹饰虽各自具有独特的造型特征和象征意义，同时它们也有着以下几个共同的特点：

第一，神灵崇拜的表达。在我们介绍的动物纹饰中，兽面、龙纹、凤纹等都是具有一定的神秘诡谲特征的纹样，它们是来源于自然却高于自然的艺术创造，在原始形态的基础上，创作者添加了觗角、冠羽、长尾等结构形态，赋予了它们“神性”的特质，这种神化的本源归于人们对于周围世界认识的缺乏。正如列维·布留尔所说：“对原始人来说，纯物理（按我们给这个词所赋予的那种意义而言）的现象是没有的。流着的水、吹着的风、下着的雨、任何自然现象、声音、颜色，从来就不像被我们感知的那样被他们感知着，也就是不被感知成与其他在前在后的运动处于一定关系中的或多或少复杂的运动……原始人用与我们相同的眼睛来看，但是用与我们不同的意识来感知。”[①] 正是由于认知的局限，先秦时期人们的个体意识与所生存的自然环境浑然一体，由此而生成的神话母题也是“物我混同”或“物我同构”的，人化自然和自然人化是这一时期神话最基本的内涵特征，被神化的动物形象都是源于神话传说。正是由于将商周铜器艺术的动物装饰主题与古典文献中的神话和传说联系起来，青铜器在商周礼仪活动中的重要地位也随之确立[②]。如果说先秦时期青铜礼器的主要作用是“通天地”，那么这些装饰于其上的动物纹样的作用又是什么呢？张光直以《春秋左氏传·宣公三年》中关于“铸鼎象物”记述为依据，他认为夏人铸鼎象物，使人知道哪些动物是助人的神，即是可以助人通天地的，哪些动物是不助人通天地的[③]。也就是说，动物形象被铸造在青铜礼器之上，其目的是为了让它们帮助巫觋通民神、通天地、通上下。

第二，夸张的创作手法。先秦青铜器纹饰中，不论是幻想而来的兽面

① [法] 列维—布留尔：《原始思维》，丁由译，商务印书馆 1985 年版，第 34—35 页。

② 参见 Phyllis Ackerman，*Ritual Bronzes of China*，New York：Dryden Press, 1945。

③ 参见张光直：《青铜挥麈》，上海文艺出版社 2000 年版，第 188 页。

纹、龙纹、凤纹，还是写实的虎纹、蝉纹、象纹等，创作者在创作这些动物形象的过程中运用最多的造型手法就是夸张，圆瞪的兽目、华丽的冠羽、蜿蜒卷曲的身躯和尾部等。夸张的创作手法所营造的装饰效果也因时代的不同而有所差异。先秦早期夸张创作手法的运用，除了对形象的抽象化，最为突出的是对动物神性的烘托。这些动物形象多以现实生活中的动物为母题，但是它们或者背离了具体的动物形象，被风格化、幻想化；或者自身特征被淡化，形象变得诡秘，远离现实生活。以兽面纹为例，如果你曾有过与某一动物近距离接触的经历，你会发现当你与它正面对峙的时候，它所传递给你的信息要比你站在它的体侧看着它的感受更具有冲击力，兽面纹选取的正是这个最具视觉冲击力和感染力的角度，圆睁的双目似乎在瞪视一切，兽目在震慑着人心的同时也吸引着人们的目光。额上两只粗壮的大角或卷曲，或平展，鼻子似乎还在喘着粗气，多数的兽面纹面部形象狰狞可怖，而它们的身躯和四肢却被淡化削弱了，有的甚至直接被舍弃，与面部的深入刻画产生强烈的反差，进而凸显了兽面可怖的感染力。不论是兽面纹、龙纹、凤纹，在自然界中是很难找到与之完全对应的动物形象的，也正是这一点更加凸显了它们神化的特质，而这种神化的特质正是通过夸张的手法得以进一步渲染。多种动物特征的组合所呈现的不是自然生活，而是幻想，所要表现的是先秦时期人们对于至上神的敬仰，也正是因为至上神的形象在人们心中的不确定性，为青铜器上的动物纹饰的塑造提供了广阔的造型空间。与夸张的装饰造型手法相配合的是纹饰的组织构成形式，不论这些动物形象如何洗练、夸张，在青铜器物上都被大小相间、阴阳共存的密集组织在一起，这种组织形式无疑强化了青铜器雄沉、严肃、神秘的色彩。西周以后青铜器装饰纹饰的神秘色彩逐渐被淡化，代之以写实的造型手法，传统的兽面纹不再被放置在器物的重要部位作为装饰的主体，其形象也淡去了商时的狰厉和威慑，动物纹饰中的凤鸟纹和龙纹的地位大大提高，经常被作为装饰主体放置在青铜器的腹部和肩部。龙的身躯和冠角、凤鸟的冠羽成为这一时期夸张的主要对象，以凤纹为例，头部的冠被夸张地加长，并以花冠装饰，长羽时而飘垂，时而翻卷，商时诡秘的形象已不见踪迹，我们看到的是对形式美的追求，是充满着浓郁生活气息，活泼而优美的形态，这时凤鸟的神性并未消失，它带来的是一股人性化的装饰风格。

第三，由简入繁，因繁就简的演进过程。商代早期的青铜器器表较为素朴，装饰纹样比较单纯，以动物纹样为多，且多为兽面纹，这些纹饰的构成十分简洁，以线条勾勒或单层凸起。殷墟以后，青铜器上动物纹饰的种类逐渐丰富，出现了以云雷纹为底纹的二重花纹，丰富了纹饰的结构层次，也使动物纹饰的形象更为神秘庄重。随着铸造技术的不断进步，动物纹饰进一步变化，出现了形式严谨、构成诡秘的三重花纹，觥角、冠羽、尾部等被进一步夸张，甚至出现了鸟兽合体的复合形态。西周中期，动物纹饰的组织形式开始由对称变为较为自由的连续结构，画面效果更加活泼、生动，晚商的繁缛在这时已荡然无存，我们看到的是图案的趋于简化与素朴的装饰风格。西周时期青铜器上的动物纹饰逐渐简化并更具图案趣味。春秋战国时期，随着人的自我意识的进一步觉醒和对美的新追求，动物纹饰多采用写实的表现手法，如前文介绍的错金银狩猎纹铜镜，刻画的猛虎就生动写实，在强调动物神态的同时，也十分重视动物本体特征的描绘，体现出先秦晚期人们对于现实生命的关注。

二、几何纹的流变

人类对于几何纹饰的认知可以上溯到新石器时代，各式各样的直线、曲线、旋纹、三角形、锯齿形被彩绘或刻画在陶器和玉器上，对于刻画和彩绘几何图形的目的是出于装饰还是原始巫术，至今仍是世界艺术史学界的未解之谜，各方意见和争论颇多。普列汉诺夫认为："几何图形的装饰在原始装饰图案上占有非常显著的地位，并且在第四纪的工具上已可以看到。生产力的进一步发展给予了这类装饰的发展以新的推动力。在这里起特别巨大作用的就是陶器艺术……当人们学会了加工金属的时候，陶器上就开始出现了有时候是非常复杂的曲线，和直线并列在一起。总之，在这里，装饰图案的发展是和原始技术的发展，换句话说，是和生产力的发展有着最密切和明显的联系的。"[①] 罗樾（Max Loehr）认为动物纹饰是由"半几何纹形式"发展而来的，其目的是纯粹的设计图案。[②] 李泽厚先生的观点与罗樾相背，他认为仰韶、马家窑时期的原始彩陶的几何纹样已经比较清晰地表明它们是由动物形象的写实而逐渐变成抽象化、符号化的……这些在后世看来似乎只是"美观""装饰"而无具体意义的抽象几何图案，在当年则是具有严重的原始巫术礼仪的图腾含义的。[③]

我们暂且不去探讨几何纹饰的起源，因为这个悬而未决的艺术史之谜并不是本书研究的问题，我们可以断定的是几何纹是最早出现在青铜器上的纹饰之一，早在二里头时期的青铜器上就已有简单的几何纹饰，从青铜器形制是对原始陶器的承继和模仿的角度，我们认为早期青铜器上的纹饰是陶器纹饰的再现，原始陶器晚期的美学风格逐渐由活泼生动走向神秘凝重，这也是原始陶器纹饰对早期青铜器纹饰的影响的重要佐证。

先秦青铜器上常见的几何纹饰主要有弦纹、乳丁纹、直格纹、三角纹、连珠纹、圈点纹、云雷纹等。这些几何纹饰，无一例外地遵循了美的形式法则，体现了重复、对比、多样、统一、节奏、韵律、对称、均衡等形式美规律。这些几何纹饰多来源于原始彩陶、黑陶装饰，由于青铜与陶土性能的不同，在被运用于青铜器装饰时依据材料的性能在形态上有所变化。

（一）弦纹和乳丁纹

弦纹和乳丁纹是最早出现在青铜器上的几何纹样，具有明显的凸出效果是它们共同的纹饰特征。

[①] ［俄］普列汉诺夫：《论艺术——没有地址的信》，曹葆华译，生活·读书·新知三联书店1964年版，第160页。

[②] 参见［美］罗伯特·贝格利：《罗越与中国青铜器研究：艺术史中的风格与分类》，王海城译，浙江大学出版社2019年版，第99页。

[③] 参见李泽厚：《美的历程》，生活·读书·新知三联书店2009年版，第17—18页。

图 3-45　杜岭铜鬲（商早期）

《说文解字》曰："弦，弓弦也。从弓，象丝轸之形。"弦纹因其形似弓弦而得名。弦纹是最简洁的传统纹饰之一，最早见于新石器时代陶器，表现为刻画或者彩绘在器物颈、肩、足等部位的一道或数道平行的线条，在先秦时期的青铜器上则表现为一道或多道凸起的水平线，主要装饰在器颈、肩、腰和圈足部位，有时也以装饰主纹的界格出现，如前文曾提及的夏晚期的乳丁纹角，器腹装饰的乳丁纹上下均以弦纹为栏。商晚期到西周，不少器物仅以弦纹为饰，还出现了装饰于器物腹足部分人字弦纹，如杜岭所出铜鬲（见图3-45①）形制和纹饰都较为简单，颈部饰三周弦纹，裆足间各饰双线人字弦纹。中国国家博物馆藏长囟盉、岐山县博物馆藏卫盉（西周时期）器腹至款足都饰有双线人字弦纹。春秋中期以后，青铜器的装饰风格有了较大改变，许多器物不再做大面积复杂装饰，而是仅以几条平行的弦纹装饰器腹。

如台北故宫博物院藏春秋中期的庚壶，中山王圆壶等，这几件器物我们在后面再做介绍。也有以弦纹为主纹装饰全部器身器物，如胜盉、鸟首提梁壶等。

乳丁纹，是指青铜器表面凸起的圆点纹，因其形而得名。夏时期，乳丁纹与弦纹配合使用，使本来平素的器物凭添出一份生机。商以后，乳丁纹是青铜器纹饰中较为常见的一类辅纹，经常被连续运用作界格装饰，商时期许多大型的青铜方鼎上都有乳丁纹的身影，如前文提及的兽面纹方鼎。一排排整齐排列的乳丁，不仅可以很好地起到烘托主纹的效果，而且因重复排列而产生的肌理感，让器物与观赏者之间多了一份距离感。（见图3-46②）是陕

---

① 中国青铜器全集编辑委员会编：《中国青铜器全集 1：夏 商 1》，文物出版社 1995 年版，图版第 49 页。
② 曹玮主编：《周原出土青铜器》第 6 卷，巴蜀书社 2005 年版，第 1229 页。

西扶风贺家村墓葬出土，考古发掘报告认为该器的时代下限是西周早期①，曹玮主编《周原出土青铜器》中将其定为商代晚期遗存，它的器腹装饰有很典型的乳丁与雷纹相结合的纹饰，乳钉尖凸，雷纹规整，这样的纹饰组合也称"乳雷纹"。乳丁纹主要盛行于商至西周时期，先秦晚期逐渐淡出。

图 3-46 山簋（商晚期）

（二）云纹与雷纹

在几何纹饰中尤以云雷纹最为典型，在经历了青铜时代的转变以后，云雷纹逐渐发展为中国传统纹样中最具代表性的纹样之一——云纹。尽管有学者认为最早的云纹出现于

图 3-47 云纹（西周中期一式㿟钟鼓部纹饰拓本）

原始社会的彩陶②，但学界一般认同商周青铜器上的云雷纹是中国传统云纹的早期形态。通常将由曲线回旋构成的纹饰称为云纹（见图3-47③），将由直线回折构成的纹饰称为雷纹（见图3-48④），在实际应用中，两者的界限并不像给出的概念这样容易划分，因有的纹饰曲直兼有，所以多将两者并称云雷纹。以前有学者认为云雷纹是对人类指纹的模仿，但马承源则认为早期雷纹的粗犷与精细的指纹完全联系不起来⑤。尚刚认为云雷纹的得名与篆字

---

① 参见戴应新：《陕西岐山贺家村西周墓葬》，《考古》1976年第1期。

② 参见杨成寅、林文霞记录整理：《雷奎元论图案艺术》，浙江美术出版社1992年版，第216页。

③ 曹玮主编：《周原出土青铜器》第4卷，巴蜀书社2005年版，第792页。

④ 曹玮主编：《周原出土青铜器》第6卷，巴蜀书社2005年版，第1230页。

⑤ 参见马承源：《商周青铜器纹饰综述》，收录于马承源：《中国青铜器研究》，上海古籍出版社2002年版，第385页。

图 3-48　雷纹（商晚期山簋颈部纹饰拓本）

有关，曲线回旋和直线回折分别和篆书中的"云"和"雷"相似。① 商早期青铜器上就开始施用云雷纹，至商晚期云雷纹的构成形式已颇为成熟，装饰手段也十分丰富，不仅将云雷纹以二方连续的组织形式构成装饰带饰于器颈、肩、圈足等处作为辅纹；有时也将云雷纹用作主体纹样的底纹，用以烘托主纹，构成二重花纹；还会将云雷纹作为装饰的主题，大面积地装饰于器物表面。

　　云雷纹有时和乳丁纹结合在一起，组织成乳雷纹，图案呈菱形方格形，每个方格中间为一乳丁，方格的四周则为雷纹，乳雷纹盛行于商中晚期到西周早期，如山簋腹部的装饰。商时的乳丁较为平坦，西周的乳丁则长而尖。

　　曲折雷纹是西周雷纹装饰的一种变形，它以二方连续的雷纹为基本单位，以曲折起伏构建图案的变化结构。上海博物馆藏曲折雷纹卣（见图 3-49②）就是其中较为典型的一例。该卣的提梁饰以菱形雷纹，采用了粗细、稀疏的对比手法，对比间见变化；颈部中央饰有浮雕的外卷角兽首，两侧配以长冠鸟；盖面及腹部饰以曲折雷纹，为粗细相间隔的形式，同样是粗细、稀疏的对比手法，不仅突出了雷纹的形式感，还加强了图案的层次感，丰富器腹的视觉肌理感，使整器看起

图 3-49　曲折雷纹卣（西周早期）

---

①　参见尚刚编著：《中国工艺美术史新编》，高等教育出版社 2007 年版，第 61 页。

②　陈佩芬编著：《中国青铜器辞典》第 4 册，上海辞书出版社 2013 年版，第 1056 页。

来华美沉稳。陈佩芬认为这类粗细对比的
曲折雷纹与《说文解字》中所记载的黼纹
相似，"黼，白与黑相次文。"因为在青铜
器上不能用色彩来表现黑白关系，而采用
了稀疏和繁密，粗细相次的纹样。①

图 3-50　勾连雷纹（春秋晚期
勾连雷纹盖鼎纹饰摹本）

勾连雷纹是西周时期云雷纹的又一变
化，云雷纹不再是简单重复的二方连续，
而是以四方连续的形式出现，德国柏林国立博物馆藏勾连雷纹盖鼎，器身
和鼎盖遍布勾连雷纹（见图 3-50②），纹样组织规整有序，线条转折疏密交
错。郭家庄 160 号墓出土的大方鼎，器腹中上部装饰的小鸟纹以云雷纹为
地，在器腹中部布置了勾连雷纹。③

（三）直棱纹与瓦楞纹

直棱纹，也称直格纹，多见于西周早期的青铜器器腹装饰，连续的多条
垂直直线均匀分布于器腹外壁，以重复中见变化的装饰手法为本来单调的器
腹增添了变化。有的器物会将粗直棱凸起或凹陷。直棱纹是商代晚期出现的
青铜器装饰纹样，多装饰于盉、簋、鬲、尊。较为典型的有传出土于安阳的
马永盉，现藏于中国国家博物馆，该器器腹装饰直棱纹。陕西扶风庄白村一
号窖藏出土的瘐簋（见图 3-51④），器盖、器腹、器座都以直棱纹为饰。

瓦楞纹与直棱纹的形态相近，但方向不同，瓦楞纹以水平方向均匀分布
于器腹外壁，是西周早期开始常见于青铜簋器腹上的装饰纹样。如即簋（见
图 3-52⑤）器腹的装饰。

---

① 　参见陈佩芬：《夏商周青铜器研究（西周篇）》上册，上海古籍出版社 2004 年版，第
　　188 页。
② 　李夏廷、李劭轩编著：《晋国青铜艺术图鉴》，文物出版社 2009 年版，第 279 页。
③ 　参见刘一曼：《殷墟郭家庄 160 号墓的发现及主要收获》，《考古》1998 年第 9 期。
④ 　曹玮主编：《周原出土青铜器》第 4 卷，巴蜀书社 2005 年版，第 720 页。
⑤ 　曹玮主编：《周原出土青铜器》第 2 卷，巴蜀书社 2005 年版，第 306 页。

图 3-51　瘼簋（西周中期）　　　　　　图 3-52　即簋（西周中期）

（四）三角纹与菱格纹

三角纹（见图 3-53[1]），以连接的三角形构成似锯齿状的带状装饰，是一种较为单纯的几何形纹饰。由于上下三角形的对接，其中一半的三角形则呈凸起状（有时是上面的倒三角形，有时是下面的正三角形），产生肌理变化，从而起到丰富器表装饰的作用。先秦早期的三角纹多简洁无其他纹饰，后来常见的三角纹更多的是在内部填充图案，以动物纹和云雷纹居多，在三角纹内部填饰云雷纹的纹饰也被称为"三角云纹"（见图 3-54[2]）或"三角雷纹"。三角纹在青铜器的装饰中一般作为辅纹，饰于器物的颈部或者腹部。

图 3-53　三角纹（西周中期云雷纹鬲颈部纹饰拓本）

---

① 曹玮主编：《周原出土青铜器》第 7 卷，巴蜀书社 2005 年版，第 1318 页。
② 曹玮主编：《周原出土青铜器》第 5 卷，巴蜀书社 2005 年版，第 935 页。

图 3-54　三角云纹（西周中期斜角云纹鬲器肩纹饰拓本）

菱格纹，以菱形作为基本单元，通过重复的造型手法创造的纹样形式，也被称为"网格纹"，1987 年偃师二里头遗址出土的网格纹鼎（见图 3-55[①]）的器腹就装饰有带状菱格纹一周，菱格纹的线条均以阳线的形式呈现。作为迄今为止唯一的 1 件二里头文化青铜鼎，其在青铜艺术史上的意义不言而喻。所以菱格纹也是最早出现在青铜器上的装饰纹样之一。商晚期到西周时期，菱格纹多以辅纹的形式出现在器物的口沿、肩部，在保持菱格纹基本纹饰特征的基础上，在每

图 3-55　网格纹鼎（夏晚期）

个单元的菱格纹中填以大小渐次的菱格，视觉效果有所丰富。直到战国时期，菱格纹才开始逐渐摆脱单调的形式，开始与其他纹饰结合，融入一些新的元素，使菱格纹焕发生机。

（五）联珠纹

联珠纹，由呈带状横式排列的空心的小圆圈构成，因为像圆珠相连，故称联珠纹，是青铜器装饰中出现的最早的纹饰之一。商早期联珠纹开始作为装饰辅纹出现在主体纹饰的上下做界栏性装饰（见图 3-56[②]），这种装饰手

---

① 中国青铜器全集编辑委员会编：《中国青铜器全集 1：夏 商 1》，文物出版社 1996 年版，图版第 1 页。

② 曹玮主编：《周原出土青铜器》第 6 卷，巴蜀书社 2005 年版，第 1206 页。

图 3-56　联珠纹（商晚期高足杯器腹纹饰拓本）

法在先秦时期一直被沿用。

综上所述，几何形形态变化是图案发展的一般规律，弦纹、联珠纹、三角纹等纹饰在商代早期即已被运用于青铜器的装饰之中，并从最初多作为主纹逐渐转变为以辅纹的形式用来烘托动物纹主题，与动物纹样相辅相成。几何纹线条简洁，易于掌控，而由几何形重复而产生的充满节奏和韵律的装饰趣味逐渐被发掘，西周中期以后几何纹被广泛地作为青铜器装饰主纹，通过穿插、重复、勾连、正负形结合等方式形成新的图形，整齐美观，更加富于装饰趣味。这种由重复规整而带来的有条不紊的秩序，与周代的礼制思想有着间接的联系，同时也成为中国古代图案设计的重要法则。先秦晚期，几何纹常以主纹的形式装饰于器腹、器颈、器肩等部位，甚至作满器装饰。伴随着青铜装饰技术的不断更新，镶嵌、错金银、鎏金等装饰手段被运用于青铜器的装饰中，为规整、单调的几何纹注入了新的活力，纹饰呈现丰富绚丽的视觉效果，自夏商所开创的狰狞神秘的青铜器装饰风格被打破，随着几何纹饰在青铜器上的大量运用，中国古代青铜艺术进入一个新的历史时期。

三、象形纹的嬗变

象形，六书之一，是汉字最原始、最基本的造字方法。东汉许慎在《说文解字》的叙中写道："象形者，画成其物，随体诘诎。"① 对于原始先民来说，画和写没有太大区别，在没有文字的时代，人们除了通过语言，也

---

① （汉）许慎撰，（清）段玉裁注：《说文解字注》，上海古籍出版社 1988 年版，第 755 页。

通过图画来表达他们的目的与想法，而早期图画的最主要方式就是模仿，人类模仿的能力来自于表达的渴望。在青铜器物纹饰中除了动物纹外，还有很多象形纹也来源于对自然的模仿，目纹、绹纹、绳络纹、重环纹、垂鳞纹、环带纹等等，都是运用象形手法的装饰纹饰，这些象形纹饰有时作辅纹，有时与动物纹组合担当主纹，也有时单独以主纹的形式出现。马承源认为目纹、窃曲纹、环带纹（波曲纹）等都是由动物纹演变而来，而将它们归入变形兽体纹样；绹纹、绳络纹等则被归入其他类。[①] 而本书将这些纹样一并归入象形纹，理由有二：第一，几何是研究空间结构和性质的学科，几何中的图形有平面和立体之分，平面几何图形包括圆形、多边形、弧形和多弧形四类，立体几何图形包括柱体、锥体、旋转体、截面体四大类，而窃曲、绹纹等纹样与抽象的几何图形相比过于具象，不具备几何形的基本要素，所以不将其归入几何纹。第二，目纹、窃曲纹等纹样被看作是对眼睛或者动物形状的模拟，是否是由动物纹演变而来虽只是推测，但是目纹像眼睛，窃曲具有模拟动物形态的特征，绹纹、绳络纹与鳞纹、垂鳞纹、蕉叶纹一样，都是对现实事物的模仿，所以将它们一并归入象形纹加以介绍。

（一）目纹

自商代早期，青铜器装饰中就出现了没有动物形态组合的独眼纹饰。至今也没有任何文献资料解释这种奇怪的独眼纹饰具有何种意义。[②] 这种单独的眼睛纹饰，一般将之称为"目纹"。目纹多为椭方形，作凸起状，中间为一点或者一横线，一般与其他纹饰结合形成带状装饰，装饰在青铜器的器腹、颈部、盖部，作为主纹，有时也作为辅纹设于圈足。与云雷纹结合，被称为"目云纹"或"目雷纹"。殷墟中晚期，这类纹饰最为流行，西周初期

---

① 参见马承源主编：《中国青铜器》（修订本），上海古籍出版社 2003 年版，第 328—335 页。
② 参见马承源：《商周青铜器纹饰综述》，收录于马承源：《中国青铜研究》，上海古籍出版社 2002 年版，第 379 页。

图 3-57 目纹（西周早期父丁壶提梁纹饰拓本）

已十分少见。（见图 3-57[1]）是 1975 年陕西扶风召李村 1 号墓出土的提梁壶提梁纹饰拓本，以目纹与云纹相间。[2] 在贡布里希看来"眼睛和面具有驱赶邪恶的作用"是一种一直以来存在于不同文化的普遍信仰。[3]

（二）窃曲纹

在先秦青铜器上有一种运用较为广泛的纹样，这种纹样由上下皆为卷曲的细长条纹组成，并以二方连续的形式构成带状的纹饰，具有和《吕氏春秋》所记载的窃曲相同的特点。

> 周鼎有窃曲，状甚长，上下皆曲，以见极之败也。
>
> 《吕氏春秋·离俗览》

所以这类纹饰被称为窃曲纹。张光直将其称为"龙源几何形纹"[4]；马承源将其归入"兽体变形纹"，他认为窃曲纹是由于西周工匠喜欢将兽目作为图案中心的交联点，在兽目的两端做两条卷曲的以横的 S 形构成的龙纹，从而形成了无头尾之分的，构图形式较为复杂的兽体变形纹[5]。朱凤瀚也同

---

[1] 曹玮主编：《周原出土青铜器》第 7 卷，巴蜀书社 2005 年版，第 1335 页。

[2] 参见罗西章、吴镇烽、尚志儒：《陕西扶风县召李村一号周墓清理简报》，《文物》1976年第 6 期。

[3] 参见 [英] E. H. 贡布里希：《秩序感——装饰艺术的心理学研究》，杨思梁、徐一维、范景中译，广西美术出版社 2015 年版，第 290 页。

[4] 参见张光直、李光周、李卉等：《商周青铜器与铭文的综合研究》，中央研究院历史语言研究所专刊之六十二，中央研究院历史语言研究所 1973 年版，第 153 页。

[5] 参见马承源：《商周青铜器纹饰综述》，收录于马承源：《中国青铜器研究》，上海古籍出版社 2002 年版，第 384 页。

意将窃曲纹归入动物变形纹，他认为窃曲纹弯曲的条状线条是对夔龙纹和顾龙纹的体躯的简化与归纳，还借鉴了兽面纹以及长尾鸟纹的造型特征。[①] 从窃曲纹的纹样造型看，它确实具有与龙纹相似的特征，但是其最初的装饰母题已难以分辨，经过抽象化和几何化的装饰手段的塑造，将其与动物纹样联系起来也仅仅是一种图像的解释，但是因为它具有与龙纹相近的特点，所以本书将其归入象形纹饰一类。

　　窃曲纹出现于西周中期，一直流行至春秋时期。窃曲纹的出现与兽面纹、龙纹等幻想类动物纹样逐渐退出"神坛"有一定的关系，当青铜器不再是神秘狞厉的动物纹的载体，由动物纹简化、分解、重构的图形成为青铜器装饰的首选，这种主要以二方连续形式呈现的纹饰，成为西周中期以后装饰于青铜器颈部、盖沿、口沿、圈足等处的常见纹样。窃曲纹图案形态与顾龙纹相近，它们之间的主要区别在于顾龙纹有明确的龙首，而窃曲纹没有。窃曲纹的图形单元由几条弯曲的曲线构成，有的曲线作上下抱合状，有的上端的曲线将下端的曲线围合起来，在上下曲线的中间有的窃曲纹还装饰一

图 3-58　窃曲纹（西周中期五祀卫鼎颈部纹饰拓本）

图 3-59　窃曲纹（西周中期伯邦父鬲器腹纹饰拓本）

---

① 参见朱凤瀚：《古代中国青铜器》，南开大学出版社 1995 年版，第 398 页。

图 3-60　窃曲纹（西周晚期伯多父盨颈部纹饰拓本）

个圆形的乳丁，构成图形主体的曲线生出一些短小的歧枝向四周伸展，丰富了图形的视觉效果。（见图 3-58[1]）是 1975 年陕西岐山董家村窖藏出土的五祀卫鼎颈部窃曲纹拓本，是较为典型的样式，以"S"形为形态构成的基本单元，相互抱合形成二方连续的纹饰带，相邻两个单元的中心设圆形乳丁，似目纹。（见图 3-59[2]）是装饰于伯邦父鬲器腹的窃曲纹拓本，该纹饰打破了窃曲单纯的"S"形的基本形态，将构成图形的基本单位拆解成多个部分，彼此组合架联，纹饰的形态朴拙厚重；伯多父盨颈部的窃曲纹（见图 3-60[3]）也对"S"形做了调整，放置于中心的类似眼睛的乳丁随形态的变化而上下移动，为纹饰凭添一份灵动感。

（三）绹纹和绳络纹

绹，即绳索。绹纹，亦称"绳纹"。由于铸造技术的局限，先秦早期的提梁壶和提梁卣上的提梁并非青铜铸制，而是穿挂以麻质绳索，随着技术的进步，青铜提梁才逐步替代绳索，正因如此，早期的铜质提梁多仿制成绳索状，这可能是青铜器绳纹装饰的起源之一。华觉明依据商代提梁壶的绳纹提梁有麻质纤维的现象推断，仿绳提梁是通过失模法铸造而来，因作为模子的麻绳没有完全焚失掉，残留的纤维就留在了铸制提梁的铜液中[4]，也就是我们在第二章曾经提到的"失绳法"。绹纹主要流行于春秋中期至战国早期，

---

① 曹玮主编：《周原出土青铜器》第 2 卷，巴蜀书社 2005 年版，第 337 页。
② 曹玮主编：《周原出土青铜器》第 1 卷，巴蜀书社 2005 年版，第 22 页。
③ 曹玮主编：《周原出土青铜器》第 3 卷，巴蜀书社 2005 年版，第 499 页。
④ 参见华觉明：《中国古代金属技术——铜和铁造就的文明》，大象出版社 1999 年版，第 180 页。

其主要造型特征是两条绳相互绞结
而成，每条绳会被细线分割为多股，
少则 2 股，多则 9 股，绚纹也有似
三股绳编就的麻花辫的形式。

　　绚纹除了装饰在青铜器的提梁
处以外，一般呈水平方向，作为辅
纹装饰在青铜器的圈足、器耳、器
腹等部位，有时也作为主纹间的界
栏使用。较为特殊的有辉县赵固 1
号墓出土的青铜敦（见图 3-61[①]），
该器以绚纹为主纹，自上而下装饰
绚纹六周，该墓出土的提梁壶的颈
肩结合处也装饰有绚纹一周，但绳
被分割为 7 股[②]。现藏于伦敦大英博
物馆的赵孟介壶自上而下以 5 周绳
纹为界格将器表分为 6 个装饰区域，
现藏于美国弗利尔美术馆的智君子

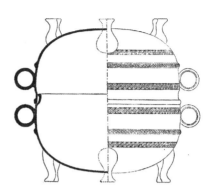

图 3-61　赵固铜敦（战国）摹本

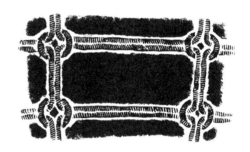

图 3-62　绳络纹（战国早期络纹壶器
腹纹饰拓本）

鉴和太原金胜村赵卿墓出土的龙凤纹壶也都运用了绳纹装饰圈足。

　　先秦晚期，绚纹还演变出一种较为复杂的构成纹饰，即绳络纹。这种纹
饰看上去好像几条绳索交织捆结，交结处有仿制铜环的造型，似乎将"绳
子"固定，从而在器物表面构成仿效绳环交错的网格状结构。绳络纹（见图
3-62[③]）常被用作主要纹饰，装饰于青铜器的器腹等部位。

（四）重环纹和垂鳞纹

　　重环纹，顾名思义，就是重复的环组成的纹样，流行于西周中晚期，它

①　中国社会科学院考古研究所编著：《辉县发掘报告》，科学出版社 1956 年版，第 114 页。
②　参见中国社会科学院考古研究所编著：《辉县发掘报告》，科学出版社 1956 年版，第 115 页。
③　上海博物馆青铜研究组编：《商周青铜器文饰》，文物出版社 1984 年版，第 339 页。

的图案特征是椭方形环纹横向或纵向重复构成的带状纹样。有学者将重环纹与卷龙纹的鳞形比较，认为二者具有共同的特征，而将重环纹归入鳞纹，称之为"鳞带纹"。① 重环纹一般以一个环形纹为单位或者以一大一小两环为单位重复构成，并有单行重环纹、双行重环纹两种图案组织形式。重环纹多装饰于青铜器的盖缘、肩部和圈足。1963 年陕西扶风齐家村窖藏出土的重环纹匜，口沿下饰一周以一环为纹样单位的重环纹（见图 3-63②），（见图 3-64③）是 1975 年陕西岐山董家村窖藏出土的善夫旅伯鼎颈部装饰的重环纹拓本，该纹饰是以一大一小的环纹为一个图案单位。

图 3-63　重环纹（西周晚期重环纹匜口沿下纹饰拓本）

图 3-64　重环纹（西周晚期善夫旅伯鼎颈部纹饰拓本）

垂鳞纹，形如鱼或蛇身上的鳞片状，作垂直排列。单行垂鳞纹多装饰于青铜器的盖沿和圈足。西周晚期至春秋时期，四方连续的垂鳞纹则常作为装饰的主纹出现在青铜器的器腹。陕西扶风庄白窖藏出土的十三年癫壶（见

---

① 参见马承源：《商周青铜器纹饰综述》，载上海博物馆青铜器研究组：《商周青铜器文饰》，文物出版社 1984 年版，序言第 26 页。
② 曹玮主编：《周原出土青铜器》第 2 卷，巴蜀书社 2005 年版，第 261 页。
③ 曹玮主编：《周原出土青铜器》第 3 卷，巴蜀书社 2005 年版，第 444 页。

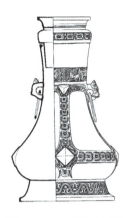

图 3-65　垂鳞纹（西周
中期十三年瘈壶摹本）

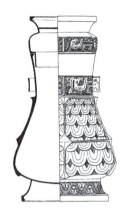

图 3-66　垂鳞纹（西周
晚期散车父壶摹本）

图 3-65[1]），器腹装饰有四纵一横的单行垂鳞纹十字带。散车父壶（见图
3-66[2]）器腹以四方连续的垂鳞纹为饰。

（五）波曲纹

波曲纹，旧称"环带纹"，因形如一条或几条宽带似波浪状起伏环绕器
身，而得名。容庚依据环带纹的波峰与波底空隙间常填以不同的纹饰，而将
其分为七种类型[3]，在和张维持合著的《殷周青铜器通论》中，他们将环带
纹更名为波纹[4]。王世民等人认为该纹饰应称为"波浪纹"[5]。李零对2009年
山西大河口西周墓地 1017 号墓出土的霸伯山簋器盖上的一圈连山形纹饰作了
细致研究后，认为"旧之所谓环带纹、波纹、波曲纹、波浪纹，其实应改叫
山纹、山形纹或连山纹"[6]。鉴于学界的各种争论，本书不作判定，仅以波曲

① 曹玮主编：《周原出土青铜器》第 4 卷，巴蜀书社 2005 年版，第 687 页。
② 曹玮主编：《周原出土青铜器》第 2 卷，巴蜀书社 2005 年版，第 196 页。
③ 参见容庚：《商周彝器通考》上册，中华书局 2012 年版，第 131—132 页。
④ 参见容庚、张维持：《殷周青铜器通论》，中华书局 2012 年版，第 108 页。
⑤ 参见王世民、陈公柔、张长寿：《西周青铜器分期断代研究》，文物出版社 1999 年版，第
191 页。
⑥ 李零：《山纹考——说环带纹、波纹、波曲纹、波浪纹应正名为山纹》，《中国国家博物馆
馆刊》2019 年第 1 期。

图 3-67　波曲纹
（西周中期三年瘐壶摹本）

纹作为这一类纹样的代称。

波曲纹是西周中期至春秋战国时期青铜器上运用得较为常见的一种纹饰，波曲纹多与其他纹饰组合使用，在波浪的峰、谷之间装饰窃曲纹、鳞纹、目纹、两头龙纹、鸟纹等，与十三年瘐壶一同出土的三年瘐壶（见图 3-67[①]），器身满饰波曲纹，在波浪的峰谷间装饰有窃曲纹。

（六）火纹

火纹，也称"涡纹"或者"囧纹"，最早见于湖北省屈家岭文化遗址出土的新石器时代的陶纺轮上。这类纹饰主要的特点是圆形，中间略有凸起，从圆形边界有向内涡旋的四道至八道弧线，用以代表光的流动，也或者被看做是围绕微凸的圆心涡旋的浪花。《考工记》中有"火以圜"的记载。

火纹在青铜器装饰中虽然使用的普及率并不高，但是沿用的时间却很

图 3-68　火纹（西周早期陵方罍器
肩纹饰拓本）

长，从商早期到先秦晚期一直没有间断过，并且火纹还经常与龙纹搭配使用。郑州白家庄 2 号墓出土的铜罍、3 号墓出土的铜斝上均装饰有火纹，1976 年陕西扶风庄白村一号窖藏出土的陵方罍肩部装饰有火纹（见图 3-68[②]），火纹的四道涡旋呈凸起状，由圆圈的边缘向中心旋转。

（七）蕉叶纹

在先秦的青铜装饰纹样中，动物纹一

---

① 曹玮主编：《周原出土青铜器》第 4 卷，巴蜀书社 2005 年版，第 663 页。

② 曹玮主编：《周原出土青铜器》第 3 卷，巴蜀书社 2005 年版，第 582 页。

直是最为常见的装饰纹样，其次是几何纹和各种象形纹，而植物纹样是最为少见的一类纹样。蕉叶纹，因其形似芭蕉叶而得名。其纹饰的主要特征是形似等腰三角形，而两对称边线呈弧线内敛，在蕉叶纹的内部会填充以动物纹、几何纹等纹饰，丰富纹饰的视觉效果。蕉叶纹多装饰于青铜觚、青铜尊的器颈、足部等酒器之上。蕉叶纹纹饰特征明显，装饰变化丰富，主要有仰叶和垂叶两种形式，仰叶形蕉叶纹的叶尖向上，垂叶形蕉叶纹的叶尖朝下。（见图 3-69[1]）是装饰于父辛爵尾部下方的蕉叶纹，是仰叶形蕉叶纹；1972年陕西扶风刘家村西周墓葬出土的兽面纹鼎器腹装饰有垂叶形蕉叶纹（见图3-70[2]）。由于造型简练，形式多样，在先秦各时期的青铜装饰中都能看到蕉叶纹的身影。蕉叶纹作为早期植物装饰纹样，它被瓷器装饰所继承，宋元以后的大量瓷器上有作为辅纹的蕉叶纹饰。

图 3-69 蕉叶纹（西周中期
父辛爵尾下纹饰拓本）

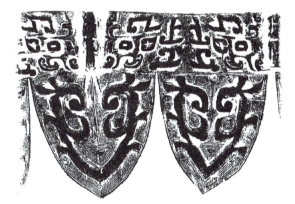

图 3-70 蕉叶纹（西周早期兽面纹鼎器腹纹饰拓本）

象形纹主要流行于先秦中期和晚期，随着人们抽象思维能力的提升，一些复杂的图形被抽象成具有图案趣味的象形纹饰，配合二方连续和四方连续等图案构成形式的运用，使青铜器物的装饰更加规范化和条理化，也体现出

---

[1] 曹玮主编：《周原出土青铜器》第 4 卷，巴蜀书社 2005 年版，第 631 页。

[2] 曹玮主编：《周原出土青铜器》第 6 卷，巴蜀书社 2005 年版，第 1155 页。

人们对于形式美感的追求。这种将自然事物"转化"为某种具有情感化意味的形态，正如苏珊·朗格在《艺术问题》中所提到的那样，"'转化'是对表象进行的一种特殊的处理，而不是对它的忠实复制；它创造的是一种与原表象等效的感性印象，而不是与原型绝对相同的形象；它用的是一种具有一定局限性但又十分合理的材料，而不是在性质上与那种构成原型的材料绝对相同的材料"[1]。在先秦青铜器的象形纹饰中，有时很难辨认出确切的模仿元素，由于经过了抽象与变形，在纹饰形式的观照中，我们可以领略到某些只可意会，不可言传的抽象意趣。

四、人的形象传达

图 3-71　铜人面具（商晚期）

人的形象在青铜器上出现可溯至商晚期，这一时期的青铜器多选择人面像作为装饰母题，虽然数量不多，但是每一件作品都令人过目难忘。1935 年在安阳武官北地出土一件铜人面具（见图 3-71[2]），现藏于中国台北中央研究院历史语言研究所，该面具通高 25.4 厘米，作人面形，细眉小眼，挺直的鼻梁，宽阔的大嘴，一对大耳，头顶设一半环形钮。[3] 1959 年，湖南宁乡发现的人面方鼎，亦是商晚期人面装饰纹样的佼佼者，该鼎通高 38.5 厘米，方鼎的四面各装饰一

---

[1] ［美］苏珊·朗格：《艺术问题》，滕守尧、朱疆源译，中国社会科学院出版社 1983 年版，第 94 页。

[2] 中国青铜器全集编辑委员会编：《中国青铜器全集 3：商 3》，文物出版社 1997 年版，图版第 216 页。

[3] 参见中国青铜器全集编辑委员会编：《中国青铜器全集 3：商 3》第 3 卷，文物出版社 1997 年版，图版说明第 95 页。

个人面，两侧的较大，两端的较小，人面的五官位置准确，表情严肃，嘴宽大，唇突出，唯有耳朵较为粗大。[1] 1973 年陕西岐山贺家村 1 号墓出土了商代晚期的人面纹铜泡（见图 3-72[2]），也以立体浮雕的人面纹为饰，眼睛和嘴部为镂孔状，瞪眼露齿。[3] 美国弗利尔美术馆藏的一件人面龙纹卣（见图 3-73[4]），传出土于河南安阳，该器通高 18.5 厘米，整个盉盖做人面形，粗眉大眼，阔鼻大嘴，双耳中心有镂孔，头顶左右还有一犄角。

图 3-72 人面纹铜泡（商晚期）

图 3-73 人面龙纹卣（商晚期）

除了这些单独以人面作为装饰造型元素的器物外，先秦时期还有一些与动物组合出现的人形纹饰，除了前文我们提到的虎噬人图像，还有一种半

图 3-74 鸟兽龙纹壶（春秋晚期）腹部装饰拓本

人半兽造型的纹饰，如鸟兽龙纹壶腹部装饰（见图 3-74[5]）。这种人与动物

---

[1] 参见高至喜：《商代人面方鼎》，《文物》1960 年第 10 期。

[2] 曹玮主编：《周原出土青铜器》第 6 卷，巴蜀书社 2005 年版，第 1273 页。

[3] 参见戴应新：《陕西岐山贺家村西周墓葬》，《考古》1976 年第 1 期。

[4] 中国青铜器全集编辑委员会编：《中国青铜器全集 3：商 3》，文物出版社 1997 年版，图版第 148 页。

[5] 上海博物馆青铜研究组编：《商周青铜器文饰》，文物出版社 1984 年版，第 345 页。

相结合的纹饰不禁让人联想到《山海经》中对半人半兽神物的描述：

> 其中多赤鱬，其状如鱼而人面，其音如鸳鸯，食之不疥。
>
> 《山海经·南山经》

> 有鸟焉，其状如鸡而白首，三足，人面，其名曰瞿如，其鸣自号也。
>
> 《山海经·南山经》

> 其神皆龙身而人面。其祠皆一白狗祈，糈用稌。
>
> 《山海经·西山经》

> 有鸟焉，其状如枭，人面而一足，曰橐𪇆，冬见夏蛰，服之不畏雷。
>
> 《山海经·西山经》

> 其十神者，皆人面而马身。其七神皆人面牛身，四足而一臂，操杖以行，是为飞兽之神。
>
> 《山海经·西山经》

　　以上只是《南山经》和《西山经》中部分关于人面神兽的描述，《山海经》中类似的描写还有数十条。这表明西周以后，人们开始意识到自我的力量，逐渐开始摆脱对神祇的依赖。人的自我意识觉醒的过程，是从人神的分离到人神一体，半人半兽纹样的出现，是人对于自身能力认识的图像化表达。人的形象逐渐卸除了"巫""觋"的面具，还以本真，商时头上生角、长着兽耳等显现神力的装饰不见了，与之一起消逝的是商代青铜器具神化而诡秘的宗教色彩，理性的因素被挖掘，人本主义思想开始蔓延，人的地位开始提高，人的原初本真的形象得以呈现。

　　在考古发掘所得和传世器物中，在西周中期以后的青铜器中还有一类较特殊的人物形象，他们腿有残疾，拄杖而立，我们称之为"刖人"。据《尚书》记载，是苗民创制了五刑：

　　　苗民弗用灵，制以刑，惟作五虐之刑曰法。杀戮无辜，爰始淫
　　为劓刵椓黥。

《尚书・吕刑》

　　所谓五刑，即墨刑、劓刑、刖刑、宫刑、大辟。刖刑在西周时期是仅次于死刑的一种刑罚，是砍去人脚的酷刑，刖人则是指受了刖刑的人。陕西庄白 1 号窖藏曾出土 1 件刖足人守门鼎（见图 3-75①），北京故宫博物院藏的刖人守门温食器等，为什么将刖人的形象铸造在青铜器中，我们已不得而知，但是刖人悲惨的形象表达出的被压迫、被残害的境遇，却深刻地反映了西周时期法制文化残暴的一面。山西闻喜上郭村晋侯

图 3-75　刖足人守门鼎（西周中期）

墓地也出土了 1 件刖足人守门辇车，我们留待后文再叙。

　　春秋战国时期，大量表现现实生活场景的图像出现在青铜器上，狩猎、宴乐、攻占、弋射、采桑等，这些人物画像是装饰图案与绘画之间的一种过渡形式，人物形象和画面构成具有图案平面化的特点，但人的活动表现得十分生动，这种带有叙事画特点的纹饰被认为是中国古代绘画艺术的先驱，两汉恢弘画像艺术的基础。狩猎纹是这一时期较为常见的一类题材，刘敦愿认为中国古代的狩猎活动可以分为规模宏大的大型集体围猎，也称"田猎"；个体的行猎活动，简称"徒猎"。田猎活动源于原始社会时期部落的集体性游猎活动，进入阶级社会以后，田猎被赋予了更多的社会功能，杨宽认为西

---

① 　曹玮主编：《周原出土青铜器》第 5 卷，巴蜀书社 2005 年版，第 926 页。

周以后田猎演变成进行军事演习的"大蒐礼"①。西周时期的"大蒐礼"有春夏秋冬之分,《周礼》《左传》《尔雅》都有记载。

中春,教振旅,司马以旗致民,平列陈,如战之陈。遂以蒐田。……中夏,教茇舍,如振旅之陈。……遂以苗田,如蒐田之法。……中秋,教治兵,如振旅之陈。……遂以狝田,如蒐田之法。……中冬,教大阅。……遂以狩田。

《周礼·夏官》

故春蒐、夏苗、秋狝、冬狩,皆于农隙以讲事也。

《左传·隐公五年》

王治农于籍,蒐于农隙,耨获亦于籍,狝于既烝,狩于毕时,是皆习民数者也。

《国语·周语》

春以蒐振旅,秋以狝治兵。

《国语·齐语》

春猎为蒐,夏猎为苗,秋猎为狝,冬猎为狩。

《尔雅·释天》

由于狩猎被赋予了多种的社会功能,所以备受重视,也让它成为一种纹饰创作题材出现在青铜器装饰中。器腹浑圆的青铜器因其器表面积大,易于装饰而成为人物画像装饰题材常用的载体,代表性的器物有美国旧金山亚洲艺术博物馆藏春秋晚期的狩猎纹壶和中国国家博物馆藏战国早期的镶嵌狩猎

---

① 参见杨宽:《"大蒐礼"新探》,收录于:《古史新探》,上海人民出版社 2016 年版,第265 页。

纹壶（见图3-76①）等。后者1952年出土于河北唐山贾各庄，该壶器肩的两耳双面皆装饰绚纹，两耳之间有六个嵌镶纯铜的三角涡纹；器腹由双重结钮绳络纹构成十二方格，分为上下两层，每格内都饰嵌镶狩猎纹；纹饰中可识别有人、禽、兽等图形，人持长矛与兽争斗，兽形可辨认出牛、象等，禽鸟有奔走的和飞腾的两种。② 这些器物多为春秋晚期及战国时期的遗存，装饰于其上的人物纹饰所呈现的还有先秦晚期诸侯和贵族们娱乐休憩的生活场景，如采桑、宴乐等，如故宫藏宴乐采桑狩猎水陆攻战纹壶，以及成都百花潭出土的嵌错宴乐采桑攻战纹壶（见图3-77③）。刘敦愿认为青铜器上的采桑图并不是表现劳动者田间的劳作活动，而是一种祭祀活动，是"籍田礼"的一部分。④

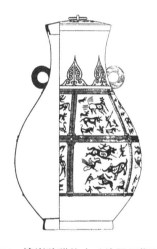

图3-76　镶嵌狩猎纹壶（战国早期）摹本　　图3-77　嵌错宴乐采桑攻战纹壶（战国）

　　山彪镇出土水陆攻战纹鉴一对，两鉴图案略同，各描绘人物286人，均将器腹外壁饰水陆攻战纹样3层，以宽带2条为界，上层每组10人，左右

---

① 安志敏：《河北省唐山市贾各莊发掘报告》，《考古学报》1953年第Z1期。

② 参见安志敏：《河北省唐山市贾各莊发掘报告》，《考古学报》1953年Z1期。

③ 中国青铜器全集编辑委员会编：《中国青铜器全集13：巴蜀》，文物出版社1994年版，图版第89页。

④ 参见刘敦愿：《中国青铜器上的采桑图像》，《文物天地》1990年第5期。

各5人，所有人物均腰部佩剑，有的手执戟盾，有的引弓射箭，有的执戟仗剑，有的提抛掷物；中层图案（见图3-78[1]）分成7组，描绘了指挥备战、摇旗助战、双方酣战、舟船之战、飞梯进攻、随军饭送等场景；下层有人物6组，每组7人，有的仗剑执盾，有的张弓欲发，有的隔人助战，有的引弓遥射。[2] 美国弗利尔美术馆藏车马猎纹鉴，用三角云纹装饰带将器表划分为器颈、器腹上部和器腹下部三个区域，采用多种装饰手法和工艺塑造了人物、车马和各种飞禽走兽。还有前文在介绍刻纹工艺时所提及的几件青铜器物，辉县琉璃阁刻纹奁、赵固刻纹铜鉴、陕县后川刻纹匜、山东长岛王沟东周墓群2号墓出土鎏金刻纹铜匜和鎏金刻纹铜鉴的残片等。

图3-78　铜鉴（战国）中层图案摹本

总体而言，先秦晚期出现在青铜器物之上的以人为主体的社会生活场景主要包括宴乐、狩猎、采桑等活动场景，在这些活动中，人称为图像表达的主体，充分展示人与自然抗争中所具有的能力，体现了这一时期人的自我意识的高度觉醒，反映了人们新的审美追求。对自然真实美感的体会，对舒适

---

① 郭宝钧：《山彪镇与琉璃阁》，科学出版社1959年版，第21页。

② 参见郭宝钧：《山彪镇与琉璃阁》，科学出版社1959年版，第19页。

自由生活的向往，取代了早期的沉闷与拘谨，伴随着铸造和装饰工艺的进步，先秦晚期青铜器物的装饰风格在写实的基础上更加注重画面氛围的营造，现实生活与艺术创作密切结合起来。

纵观先秦青铜器纹饰发展和演变的过程，我们不难发现在先秦早期狞厉的兽面纹占据着青铜装饰艺术的主流，从社会制度层面来看，这是先秦早期奴隶制度下王权与神权发展特定阶段的物化表现，被强化的狰狞形象是适应王权统治而进行的艺术加工，其目的是为了引起人们对王权和神权的敬畏，与之相匹配的是殷商巫史文化。先秦中期，周人对灿烂的殷商文化采取了"拿来主义"，所以西周初年的青铜器不论形制还是纹饰与殷商晚期几无区别，神秘威严的神化动物纹与几何纹交织呈现的繁缛仍然是这一时期装饰纹饰的基本风貌。西周中期，准确地说是周穆王以后，由于穆王喜好征战，朝政松弛，国是日非，以致西周王朝走向了衰落，政体的衰败表现在青铜艺术上体现出的器形铸制粗糙，纹饰趋于朴素，然而由西周早期承继的凤鸟纹在这一时期开始大行其道，由动物纹饰演变而来的象形纹在这一时期也充斥着青铜器装饰的显要位置。先秦晚期的青铜器装饰艺术大体可以分为两个阶段，第一阶段是春秋早期，这一阶段的青铜器的装饰纹饰基本与西周晚期相似，接近西周旧统；春秋中后期和战国时期的青铜器的装饰纹饰则因处于大变革时期，由于新技术的介入，器物的形制、纹饰都呈现异彩纷呈的风貌，区域性的差异日益明显，特别是人物画像在青铜器上的出现，在表现当时的现实生活的同时，也反映了当时人们的风貌和时代的精神。

第二节　铭文之载

对于先秦时期青铜器铭文的关注可追溯至两汉时期，除了《史记·郊祀志》记载汉武帝时期发现齐桓公所作之器的故事外，许慎在《说文解字》的序中也提及"郡国亦往往于山川得鼎彝，其铭即前代之古文。"1953 年湖南衡阳蒋家山东汉 4 号墓出土柱上带有文字的商代铜爵[①]，说明先秦青铜器在两汉时期已开始被关注。

先秦青铜器铭文成为具有学术价值的研究对象肇始于北宋，热衷于铭文书刻的人们开始系统地搜集、刊印和研究青铜器上的各种铭刻和文字资料，"金石学"成为一个新生的专门化知识领域。最初青铜器上的铭文被称作"钟鼎文"，后因其局限性而改作"金文"。虽然宋代学者们对于近代中国考古学的贡献不可忽视，但是我们也应看到宋代学者及其追随者们的研究存在"望文生义""望形生训"的事实。王国维认为这种弊端的形成是"顾自周初讫今垂三千年，其讫秦汉亦且千年。此千年中，文字之变化脉络不尽可寻，故古器文字有不可尽识者势也。古代文字假借至多，自周至汉，音亦屡变。假借之字，不能一一求其本字，故古器文义有不可强通者亦势也。自来释古器者，欲求无一字之不识，无一义之不通，而穿凿附会之说以生。穿凿附会者非也，谓其字之不可识义之不可通，而遂置之者亦非也"[②]。沈兼士将难以释读的铭文称作是"六书"形成之前的"文字画"。[③] 虽然学界对于青铜器纹饰的意义和功能争论不休，但是对于铭文的意义和功用早已达成共识。1930 年，郭沫若在《殷彝中图形文字之一解》中开创性地提出了"族徽理论"[④]，这一理论标志着青铜器铭文研究新时代的到来。其实在《考古图》中，吕大临对"木父己卣"的铭文进行释读时就曾有过"按父己即其名或字，云木者，恐氏族也"[⑤] 的推论，只是他的推测未能引起学界的重视。

商代晚期到西周末年青铜器铭文的发展与礼器形制与装饰的变化紧密相关，铭文甚至在一定程度上决定了形制与装饰。青铜艺术的定位发生了变

---

① 参见湖南省文物管理委员会：《衡阳苗圃蒋家山古墓清理简报》，《文物参考资料》1954 年第 6 期。

② （清）王国维：《毛公鼎考释序》，收录于《观堂集林》卷六，中华书局 2004 年重印版，第 293—294 页。

③ 参见沈兼士：《从古器款识上推寻六书以前的文字画》，《辅仁学志》1928 年（卷 1）第 1 期。

④ 参见郭沫若：《殷彝中图形文字之一解》，收录于《郭沫若全集·考古编》第四卷，科学出版社 2002 年版，第 13—22 页。

⑤ （宋）吕大临、赵九成：《考古图续考古图考古图释文》，中华书局 1987 年版，第 92 页。

化：具有象征意义的纹饰逐渐淡出，青铜礼器的文学价值不断提升，作为铭文艺术的重要载体，青铜艺术迎来了新的发展时期。关于铭文，《礼记》中这样描述：

> 铭者自名也，自名以称扬其先祖之美，而明著之后世者也。为先祖者，莫不有美焉，莫不有恶焉。铭之义，称美而不称恶，此孝子孝孙之心也，唯贤者能之。铭者，论譔其先祖之有德善、功烈、勋劳、庆赏、声名，列于天下，而酌之祭器，自成其名焉，以祀其先祖者也。显扬先祖，所以崇孝也。身比焉，顺也。明示后世，教也。

> 夫铭者，壹称而上下皆得焉耳矣。是故君子之观于铭也，既美其所称，又美其所为。为之者，明足以见之，仁足以与之，知足以利之，可谓贤矣。贤而勿伐，可谓恭矣。

> 《礼记·祭统》

由此我们可知，青铜礼器上的铭文从早期的族徽而逐渐转变为弘扬家族声誉的符号，祖上的德善、功劳、受赏等事迹会被以铸刻铭文的形式盛载于青铜礼器之上，既可昭告天下，又可训教子孙。铭文的内容除了表明作器者的身份，也载录铸造器皿的事件背景。如果说早期青铜器上的铭文是族或者国的形象标识，那么随着文字的不断发展，青铜器上铭文字数的增多，内容的丰富，铭文的功能也逐渐复杂，但是它最终的作用还是对国家、宗族、个人所拥有的权力、地位、声望的彰显。

青铜器上的铭文始于商中期，西周时达到鼎盛，战国后逐渐衰落，前后历时千年。在千年的发展演进过程中，铭文书法的艺术风格经历了多次的转变，从艺术史的角度，借鉴金文书法史研究的成果，依时空发展脉络审视先秦时期有铭青铜器上的铭文，并遵循本书对先秦时间段的划分原则，本书将其风格演变大致归纳为四个阶段：商中晚期为形成期，西周早期至西周中期为成熟期，西周晚期为繁荣期，春秋战国时期为蜕变期。接下来我们对各时期青铜器铭文的艺术特征进行综合论述。

一、形成期的朴拙

本书把商作为青铜器铭文艺术的形成期，根据现已掌握的材料可知，最早的有铭青铜器大约出现在商早期。最初出现在青铜器上的铭文多为一个图形，这些图形多被铸在青铜器的内底、圈足内壁、器口内壁、盖内壁等较为隐蔽的部位。中国国家博物馆藏亘鬲口沿铸一字（见图3-79[①]），郑州杨庄出土的目爵鋬两边的铸纹（见图3-80[②]）都是商早期青铜器上的铭文。迄今为止可见的商早和中期有铭青铜器数量不多，而商代晚期遗存中有一定数量的有铭青铜器。

图3-79　亘鬲（商早期）
　　　　口沿铭文拓本

图3-80　目爵（商早期）鋬两侧铭文摹本

形成期青铜器铭文字数少，多为标志性符号，介于文字和图形之间。李济认为："有款识的铜器在殷商时代是罕见之物；偶尔见到的款识，大半只是人名、地名或一种意义不太清楚的符号。"[③] 郭沫若通过对青铜器上"意义不

①　吴镇烽编著：《商周青铜器铭文暨图像集成》第6卷，上海古籍出版社2012年版，第3页。
②　吴镇烽编著：《商周青铜器铭文暨图像集成》第14卷，上海古籍出版社2012年版，第6页。
③　李济：《殷商青铜器研究》，上海人民出版社2008年版，第90页。

太清楚的符号"进行专门研究，认为："准诸一般社会进展之公例及我国自来器物款识之性质，凡图形文字之作鸟兽虫鱼之形者必系古代民族之图腾或其孑遗，其非鸟兽虫鱼之形者，乃图腾之转变，盖已有相当进展之文化，而脱去原始畛域者之族徽也。"① 青铜器上铭文大多与器物浇铸一同而成，阴文为多，偶见用刀契刻之作，华觉明认为这一时期铭文的制法是用朱墨将铭文书写在器模或专用的泥质模具上，再将书写好的铭文刻成阴文，然后翻制成泥芯或者按印成阳文泥版，黏附在制器的泥芯上，铸成后即成阴文，个别的阳文铸铭则是直接在制器的泥芯上刻制阴文反字，铸后即得阳文②。形成期的铭文以"族徽"为主，主要包括当时氏族的名号、方国的国名、地名、人名、祭名等标识，具有辨识功能。"族徽"最初出现于原始陶器上，其功能只是为了把族氏突出而写的美术字，并不是原始的象形文字，也不能作为文字画来理解。③ 按其造型特征可分为两大类，一类是带有图形特征的"图示"，另一类是早期的"文字"。

形成期青铜器上的图示有着典型象形文字的特点，这时期铭文的图画特征明显。河南罗山县出土的天卣内壁铸一个似人的图形（见图 3-81④）；戈甗内壁铸的铭文就绘制了一件长戈（见图 3-82⑤）；还有殷墟妇好墓出土的妇好甗，内壁所铸铭文看上去好像两人面向而跪，他们中间有一个嬉闹的孩童（见图 3-83⑥），这几件都是商晚期器物，这一时期青铜铸造工艺蓬勃发展，铭文与器表的纹饰一起融辨识、表意、装饰功能于一体，图形样式的铭文逐渐规整起来，比较典型的具有早期文字特征的铭文就是"亞"形文字，

① 郭沫若：《殷彝中图形文字之一解》，收录于郭沫若：《郭沫若全集·考古编》第四卷，科学出版社 2002 年版，第 22 页。

② 参见华觉明：《中国古代金属技术——铜和铁造就的文明》，大象出版社 1999 年版，第 151 页。

③ 参见李学勤：《古文字学初阶》，中华书局 1985 年版，第 34 页。

④ 吴镇烽编著：《商周青铜器铭文暨图像集成》第 23 卷，上海古籍出版社 2012 年版，第 3 页。

⑤ 吴镇烽编著：《商周青铜器铭文暨图像集成》第 7 卷，上海古籍出版社 2012 年版，第 5 页。

⑥ 吴镇烽编著：《商周青铜器铭文暨图像集成》第 7 卷，上海古籍出版社 2012 年版，第 15 页。

有亚斝（见图 3-84[1]）、亚鼎（见图 3-85[2]）等以单独的"亚"字为铭的器物，也有铭文用"亚"与其他图形结合，如亚弜鼎（见图 3-86[3]）、二祀邶

图 3-81　天卣（商晚期）
内壁铭文拓本

图 3-82　戈甗（商晚期）
内壁铭文拓本

图 3-83　妇好甗（商晚期）
内壁铭文拓本

图 3-84　亚斝（商晚期）
内底铭文拓本

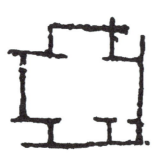

图 3-85　亚鼎（商晚期）
内壁铭文拓本

图 3-86　亚弜鼎（商晚期）
内壁铭文拓本

---

[1]　吴镇烽编著：《商周青铜器铭文暨图像集成》第 20 卷，上海古籍出版社 2012 年版，第 26 页。

[2]　吴镇烽编著：《商周青铜器铭文暨图像集成》第 1 卷，上海古籍出版社 2012 年版，第 67 页。

[3]　吴镇烽编著：《商周青铜器铭文暨图像集成》第 1 卷，上海古籍出版社 2012 年版，第 414 页。

图 3-87　二祀邲其卣（商　　图 3-88　亚告卣（商晚期）　　图 3-89　孤竹亚寰罍（商
　　晚期）盖铭文拓本　　　　　　内底铭文拓本　　　　　　　晚期）口沿铭文拓本

其卣（见图 3-87①）、亚告卣（见图 3-88②）、孤竹亚寰罍（见图 3-89③）等。

　　对于亚字的含义，《宣和博古图》在论及商亚虎父丁鼎时，这样描述：

　　　　凡如此者，皆为亚室，而亚室者，庙室也。庙之有室，如左氏
　　所谓宗祏，而杜预以谓宗庙中藏主石室者是也。

《宣和博古图》

　　将"亚"形作为古时宗庙或宗祏墙垣的说法一直是对"亚"形文字解
释的主流，不过近代学者多有异议，有的认为"亚"形是一种特殊的身份
标记，有的认为是有关祭祀之职务的标记。张光直依据王国维、高去寻等
人对于宗庙形制的考证，并将墨西哥奥尔美克文化遗迹中的亚形石刻与铭

---

① 吴镇烽编著：《商周青铜器铭文暨图像集成》第 24 卷，上海古籍出版社 2012 年版，第
　270 页。

② 吴镇烽编著：《商周青铜器铭文暨图像集成》第 23 卷，上海古籍出版社 2012 年版，第
　110 页。

③ 吴镇烽编著：《商周青铜器铭文暨图像集成》第 25 卷，上海古籍出版社 2012 年版，第
　74 页。

文中的"亞"形作比对后，认为《宣和博古图》的推论是可以成立的。①
这种宗庙建筑的形制被符号化为氏族的徽号，其功能与原始的宗教信仰相
关，宗庙建筑本是天地人神沟通的主要场所，就像原始宗教只有"巫觋"
能沟通天地一样，抽象概括的符号也标注了一个能与天地沟通的氏族场地。
抛开对"亞"形文字内容的推测，我们整体来看这一时期出现在青铜器上
的"族徽"，这些结体特殊、图文结合的抽象符号，让我们感觉到活泼奇肆
的艺术创造能力。青铜器上的铭文不论是"图示"还是"文字"，都十分注
重平衡感的控制，在这些铭文的画里字间，不论字形的组合是上下还是左
右，不论笔画线条的导向如何，每个字都有一个内在的平衡点，这是中国
古人最原初的空间造型意识的符号表现，这些质拙的笔画间，也流露出中
国古人平衡稳重的造物原则，而对于平衡的控制力，一直延续在铭文书法
的发展过程中。

　　随着青铜铸造技术的进步和文字的发展，商晚期，青铜器上的铭文字数
逐渐多了起来，字数的增多必然带来文字排列布局的问题，中国书法美学的
章法排列在这一时期展示出早期的自觉性。铭文字数从一字到两字、三字、

图 3-90　小子父己鼎（商晚期）　　　图 3-91　天黾父癸鼎（商晚期）
　　　　　内壁铭文拓本　　　　　　　　　　内壁铭文拓本

① 　参见张光直：《中国青铜时代》，生活·读书·新知三联书店 1999 年版，第 305—317 页。

四字、五字……商晚期的"小子父己鼎"（见图3-90^①）和"天黾父癸鼎"（见图3-91^②）器腹内壁都有四字铭文，小子父己鼎采用了纵向一列两字的布局形式，天黾父癸鼎采用了四字一列纵向排列的布局，这说明字数的增加对铭文章法的形成产生了一定的影响。

众所周知，中国最为古老的文字是甲骨文。甲骨文是中国文字成熟的标志，亦是中国书法史的发端，它以刀刻骨，线条瘦硬。作为商代巫觋文化的重要载体，契刻有卜辞内容的甲骨是与神灵交流的物质载体，具有通灵的作用，是沟通天地人神的纽带，所以从事在甲骨上刻镂文字符号工作的人定是秉着毕恭毕敬、一丝不苟的态度完成契刻工作，正是他们这种专注的从业精神，使得甲骨上的文字具有审美和实用的双重价值。从时空发展序列来看，甲骨文早于金文，从社会生活地位来看，甲骨文重于金文，所以金文的发端与契刻风格皆受甲骨文影响。甲骨文的结体、线条和章法主要受刻写工具、对象、方式决定。冼剑民对甲骨文进行了统计分析，认为："长方形的字体占了75%，方形的字体占20%，扁方的字体占5%……在占绝大多数的长方形字中其形体都呈5∶8和5∶3的形态。这种长方形符合黄金分割比率的原则，是一种最美最合度的形体。"^③他的统计虽未必精准，但也能帮助我们得出这样的结论：甲骨文长方形的结体特征奠定了汉字结构的基本形式。由于甲骨文契刻于甲骨，甲骨质地坚硬，用刀在其上刻画，较易得到的是直线和折线，使得甲骨文逐渐摆脱了中国早期文字的图画印记，确定了汉字笔画的基本结构形式。由于甲骨以长形居多，在长形的不规则空间中刻写，纵向的章法布局当为首选，从而决定了甲骨文自上而下的刻写方向。由甲骨文所奠定的方形结构、笔画式线条、纵势的章法布局的汉文字基础必然影响着它之后的文字的发展演变。所以，形成期青铜器的铭文有着明显的模仿甲骨文

---

① 吴镇烽编著：《商周青铜器铭文暨图像集成》第2卷，上海古籍出版社2012年版，第412页。

② 吴镇烽编著：《商周青铜器铭文暨图像集成》第2卷，上海古籍出版社2012年版，第425页。

③ 冼剑民：《甲骨文的书法与美学思想》，《书法研究》1987年第4期。

刀刻龟甲的痕迹，字体结体偏长，笔画多为中间粗两头尖细，起笔处多见锋芒，似乎是对刀刻痕迹的模拟。由于金文先刻于泥模，泥模与甲骨的质地不同，与瘦硬滞涩的甲骨文比起来，金文显得丰满流润。由于不受甲骨质地的局限，在泥质的模范上刻画，形成期时金文中的线条流畅婉转，随字布局，字与字间相互顾盼。随着青铜器铭文字数的增多，青铜器铭文的这一特点逐渐彰显出来。

中国台北故宫博物院藏的乃孙鼎，内壁铭文 2 行 11 字（见图 3-92[1]），笔画健硕，文字规整，每个字，甚至每一笔画都力求完美，没有太多的契刻痕迹。前面提到的二祀邲其卣，现藏于故宫博物院，该器外底铸铭文 7 行 37 字（见图 3-93[2]），还有四祀邲其卣（见图 3-94[3]）器外底铸铭 8 行 42

图 3-92　乃孙鼎（商晚期）　　　　图 3-93　二祀邲其卣（商晚期）
　　　　内壁铭文拓本　　　　　　　　　　　器外底铭文拓本

① 吴镇烽编著：《商周青铜器铭文暨图像集成》第 4 卷，上海古籍出版社 2012 年版，第 82 页。
② 吴镇烽编著：《商周青铜器铭文暨图像集成》第 24 卷，上海古籍出版社 2012 年版，第 271 页。
③ 吴镇烽编著：《商周青铜器铭文暨图像集成》第 22 卷，上海古籍出版社 2012 年版，第 374 页。

图 3-94 四祀邲其卣（商晚期）
外底铭文拓本

图 3-95 六祀邲其卣（商晚期）
铭文拓本

字；六祀邲其卣，内壁铭文 4 行 29 字（见图 3-95[①]），三器均为商末邲其家族作器，也都是商晚期铭文字数较多的器皿，三器书法风格略有不同，二祀邲其卣的笔画纤细瘦削，略显杂乱；四祀邲其卣布局宽绰，疏密交织；六祀邲其卣的笔画饱满，线条宽绰，刀锋清晰。三器的铭文布局洒脱恣意，体现出金文章法排列的自由性。犹如宗白华先生所说"中国古代商周铜器铭文里所表现章法的美，令人相信传说仓颉四目窥见了宇宙的神奇，获得自然界最深妙的形式的秘密"[②]。商代晚期有铭青铜器并不少见，但器上铭文字数较少，一般认为长篇铭文多出自周人之笔。但从二祀邲其卣、四祀邲其卣、六祀邲其卣、小子省壶等器的铭文字数来看，自商晚期开始，商人已经开始尝试契刻长篇铭文，内容涉及祭祀、征战、王室与贵族的关系等。

形成期有铭青铜器上的金文中，有的文字具有形象性，并呈现点、线、面结合的特点，金文在承袭甲骨文笔法的同时，也受早期陶文图画造型的影响。将形成期铭文字数较多的几件青铜器铭文排放在一起，我们会发现虽

[①] 吴镇烽编著：《商周青铜器铭文暨图像集成》第 24 卷，上海古籍出版社 2012 年版，第 250 页。

[②] 宗白华：《中国书法里的美学思想》，收录于宗白华：《美学散步》（彩图本），上海人民美术出版社 2015 年版，第 226 页。

然金文尚未褪去文字初始的稚嫩，但也已逐渐形成自己的风格。形成期之初的金文较重视纵行的排列规整，忽视横列的平直，如小子𪔂卣铭文（见图3-96①）；商末则开始重视行距与字距的间隔关系，早期文字所带有的图画意味逐渐被略去，汉字"横平竖直"的特征初见端倪，如小臣𫭢卣的铭文（见图3-97②）。不论是初期略显稚嫩的工整排列，还是商末周初字形组合间的避就挪让，都是汉字在成长的洗礼中摆脱童年稚嫩，走向成熟的必然经历。

图 3-96　小子𪔂卣（商晚期）
器盖铭文拓本

图 3-97　小臣𫭢卣（商晚期）
器盖铭文拓本

在甲骨文基础之上发展而来的金文在商中晚期的时间里，逐渐褪去甲骨文的瘦硬滞板后，不断丰腴起来，又因其载体的庄严厚重，结体的纵横交错，章法的变化多样，从而尽显古朴拙健之美。丛文俊认为："经过甲骨文的契刻与简化，象形蜕变已初步完成，书写开始具备独立的审美意义。"③ 商代晚期叙事性铭文的兴起，使青铜器的礼制功能进一步完善，青铜器的装饰

---

① 吴镇烽编著：《商周青铜器铭文暨图像集成》第24卷，上海古籍出版社2012年版，第279页。
② 吴镇烽编著：《商周青铜器铭文暨图像集成》第24卷，上海古籍出版社2012年版，第211页。
③ 丛文俊：《中国书法史》（先秦·秦代卷），江苏教育出版社2007年版，第184页。

风格在这一时期也呈现新的面貌，有的器物没有装饰大型的兽面纹，外表朴素而庄重，只在颈、腹等部位装饰带状的纹样，器上的金文因运用于礼器之上而规整端庄，这样的特点在西周早期一直被承继。

二、成熟期的疏朗

我们将西周早期和中期作为青铜器铭文艺术发展的成熟期，这一时期青铜器上铭文逐渐摆脱了形成期的稚嫩，汉字逐渐从古形中脱缰出来，线条的形态开始成为关注的要点。这些变化既有文字自身发展演进的内在必然，也有周文化崛起过程中的外在推动。

当商文化在中原地区蒸蒸日上之时，周人还在西部与戎狄周旋，没有一个稳定的立足之地。根据《国语》《史记》的相关记载，周人之祖弃本是尧、舜、禹部落的农官，被称为"后稷"。后稷的儿子不窋子承父职，但是由于夏太康失政废农，不窋失去"农官"之位，不得不回到故地（今甘肃庆阳）。

> 昔我先王世后稷，以服事虞、夏。及夏之衰也，弃稷弗务，我先王不窋用失其官，而自窜于戎、翟之间，不敢怠业，时序其德，纂修其绪，修其训典，朝夕恪勤，守以惇笃，奉以忠信，奕世载德，不忝前人。
>
> 《国语·周语》

> 帝尧闻之，举弃为农师，天下得其利，有功。帝舜曰："弃，黎民始饥，而后稷播时百谷。"封弃于邰，号曰后稷，别姓姬氏。后稷之兴，在陶唐、虞、夏之际，皆有令德。……不窋末年，夏后氏政衰，去稷不务，不窋以失其官而犇戎狄之间。
>
> 《史记·周本纪》

不窋的孙子公刘复在西部与戎狄周旋的同时，重修农业，按照土地的特性开展农业生产，为周人日后的兴盛打下了基础。

> 不窋卒，子鞠立。鞠卒，子公刘立。公刘虽在戎狄之间，复修后稷之业，务耕种，行地宜，自漆、沮渡渭，取材用，行者有资，居者有畜积，民赖其庆。百姓怀之，多徙而保归焉。周道之兴自此始，故诗人歌乐思其德。
>
> 《史记·周本纪》

周人经历十五世的发展壮大，慢慢从庆阳东迁至豳地（今陕西彬州市），在古亶父的带领下，摒弃了戎狄的生活习惯，逐渐在周原一带营建城池房舍，安居下来。

> 豳人举国扶老携幼，尽复归古公于岐下。乃他旁国闻古公仁，亦多归之。于是古公乃贬戎狄之俗，而营筑城郭室屋，而邑别居之。作五官有司。民皆歌乐之，颂其德。
>
> 《史记·周本纪》

随着周边部族的归顺，周人逐渐强大起来，开始建立相应的政治管理体系。终于周武王之世灭商，但是天下未定武王驾崩，大家拥立了年幼的成王，并由武王的弟弟周公旦辅佐成王。西周伊始，周公在"分帮治国"的基础上"制礼作乐"，开启了华夏文明的新篇章。西周在借鉴夏、商治世之道的基础上，制定了一套完善的、用以巩固政权、维护统治的礼乐制度，这套制度是中国古代社会处理各等级社会成员之间关系的行为规范，被后世的封建王朝遵从和效仿的道德规范。虽然在不同的历史时期它的内容有所调整，但是由西周"礼乐制度"所确立的，维护等级社会统治的初衷却从未更改过，礼乐文明也成为中国古代社会文明的特征。《礼记》中写道：

> 礼节民心，乐和民声，政以行之，刑以防之。礼、乐、刑、政，四达而不悖，则主道备矣。乐者为同，礼者为异。同则相亲，异则相敬。乐胜则流，礼胜则离。合情饰貌者，礼、乐之事也。礼义立则贵贱等矣；乐文同，则上下和矣。……大乐与天地同和，大礼与天

地同节。和，故百物不失；节，故祀天祭地。……乐者，天地之和也；礼者，天地之序也。和，故百物皆化；序，故群物皆别。乐由天作，礼以地制。过制则乱，过作则暴。明于天地，然后能兴礼乐也。

《礼记·乐记》

正是秉承着"礼和乐是天地之间的重要秩序，有和谐，万物化生，有秩序，万物有别。"的思想，周公制定的礼乐文化，在政治统治的宏大纲领下，将理性的秩序植入了周人的道德规范和精神世界之中，使周文化呈现出与商文化不同的个性气质。

金文书法的成熟并非一蹴而就，成熟期的大致可以分为三个阶段，第一个阶段是西周早期前段。这一阶段青铜器铭文的内容与形成期后期的内容别无二样，有的铭文也加族徽、图示。一方面这是从商代延续的青铜器物的身份认同功能，另一方面，这也是青铜器社会功能的一次重要转化，作器者的奉献目标由殷商早期的祖先崇拜转向面向子孙后代。正如巫鸿所说："从商末开始，铭文的强调对象逐步从祖先神明转向活着的信众。……这些器物的主要意义不再是在礼仪中与神明交通的器具，而更多地成为展示生者现世荣耀和成就的物证。"① 礼乐制度表现在青铜器的铭文上最突出的一点就是内容多为扬颂祖德，刻篆功绩，篇幅增长，文字趋多。保卣现藏于上海博物馆，器盖同铭，各46字，盖上铭文（见图3-98②），字里行间还残

图 3-98　保卣（西周早期）器盖铭文拓本

---

① ［美］巫鸿：《中国古代艺术与建筑中的"纪念碑性"》，李清泉、郑岩等译，上海人民出版社 2017 年版，第 119 页。

② 吴镇烽编著：《商周青铜器铭文暨图像集成》第 24 卷，上海古籍出版社 2012 年版，第 273 页。

留着象形的图画，但是也让我们感受到笔画在努力表达出一种规范化的意味，每个字都力求端庄周正，线条坚实有力，装饰性曲线的出现打破了刚硬笔画的刻板，其中少数肥笔古形，凭添了几分古拙之美。在文字发展的过程中字体不免日趋符号化，但仍能看到一些稚嫩肥笔的存在，同时部分字的结体比较繁复也说明它是成熟期之初的作品，然而正是这些因素造成了结体大小疏密的变化，线条和块面的变化，丰富了作品的对比关系。现藏于美国弗利尔美术馆的太保簋，器内底铸铭文 34 字（见图 3-99[①]），凭借字体象形和容易变化的优势，在造型上表现的尤为精彩，虽然没有刻意追求字形的方正，但是因为所有的笔画都带有丰中锐末的线条特征，给整篇铭文带来视觉感受的统一感。轻度的修饰不仅带给字形统一的风格，同时也形成了周人崇尚的秩序。谈及西周早期前段的青铜器金文，不能不提的一件器物是有着"西周第一青铜器"美誉的利簋，该器 1976 年陕西临潼窖藏出土，现藏于中国国家博物馆，器内底铸铭 4 行 32 字（见图 3-100[②]），铭文端庄厚重，古

图 3-99　太保簋（西周早期）
内底铭文拓本

图 3-100　利簋（西周早期）
内底铭文拓本

---

① 吴镇烽编著：《商周青铜器铭文暨图像集成》第 11 卷，上海古籍出版社 2012 年版，第 89 页。

② 吴镇烽编著：《商周青铜器铭文暨图像集成》第 11 卷，上海古籍出版社 2012 年版，第 42 页。

朴自然，横向虽不成行，纵向却成列，整体布局虽显松散，视觉上却也齐整，字体大小虽有参差，通篇散见的肥笔却在不经意间制造了统一的视觉氛围。

成熟期的第二个阶段是西周早期后段至西周中期前段。成熟期第一阶段的铭文风格虽然继承自晚商，但是随着时代的变革，周人的审美意识也逐渐融入铭文书写，文字慢慢褪去了商时象形的古拙。进入成熟期的第二阶段后，青铜器铭文篇幅日益增长，所表现出来的自由、优雅、恬淡、和谐，展示出铭文书法已从稚嫩走向成熟。这一阶段的青铜器，首先提及的就是现藏于宝鸡青铜器博物馆的何尊，

图 3-101　何尊（西周早期前段）
内底铭文拓本

该尊 1963 年出土于宝鸡，在清理器上蚀锈的过程中发现内底铸铭 12 行 122 字（见图 3-101①），铭文记载了周成王营建洛邑，修建陪都的历史事件，其中"宅兹中国"中的"中国"二字是现存文献中可见最早的"中国"一词，这一重大发现确定了何尊在西周青铜器中的重要地位，并成为第一批禁止出国展览文物之一。何尊的铭文笔画浑厚，起止处多用钝锋，文间散有肥笔，绮丽瑰伟，字体因势而定，大小变化自然，通篇行款茂密，是一篇颇具"豪迈"气度的优秀作品。②

西周中期是西周王朝国力最为强大的时期，"礼乐制度"的推行，显示出周人治国的理性，这一时期青铜器的铭文也彰显着周人圆融内敛的理性品格。从西周早期后段开始，越来越多的金文书法作品开始注重横向的齐整

---

① 吴镇烽编著：《商周青铜器铭文暨图像集成》第 21 卷，上海古籍出版社 2012 年版，第 312 页。

② 参见沃兴华：《金文书法》，上海人民出版社 2004 年版，第 58 页。

和字体大小的一致，如中甗（见图3-102①）、叔簋（见图3-103②）、古鼎（见图3-104③）、盂方彝（见图3-105④）等器的铭文字里行间已经有了横向对齐的意识，不栺鼎（见图3-106⑤）、折觥（见图3-107⑥）、彧鼎（见图3-108⑦）、御史竞簋（见图3-109⑧）则很明确的呈现出横为行、纵为列的布局形式。不栺鼎出土于陕西扶风，内壁铸铭4行34字，整体看来，纵有列，横有行，却并不刻板，字距间疏密有致，象形字也趋向规整，笔画是

图3-102　中甗（西周早期后段）内壁铭文摹本　　图3-103　叔簋（西周早期后段）内壁铭文拓本　　图3-104　古鼎（西周中期前段）内壁铭文拓本

① 吴镇烽编著：《商周青铜器铭文暨图像集成》第7卷，上海古籍出版社2012年版，第253页。

② 吴镇烽编著：《商周青铜器铭文暨图像集成》第11卷，上海古籍出版社2012年版，第48页。

③ 吴镇烽编著：《商周青铜器铭文暨图像集成》第5卷，上海古籍出版社2012年版，第296页。

④ 吴镇烽编著：《商周青铜器铭文暨图像集成》第24卷，上海古籍出版社2012年版，第434页。

⑤ 吴镇烽编著：《商周青铜器铭文暨图像集成》第5卷，上海古籍出版社2012年版，第140页。

⑥ 曹玮主编：《周原出土青铜器》第3卷，巴蜀书社2005年版，第565页。

⑦ 吴镇烽编著：《商周青铜器铭文暨图像集成》第5卷，上海古籍出版社2012年版，第287页。

⑧ 吴镇烽编著：《商周青铜器铭文暨图像集成》第11卷，上海古籍出版社2012年版，第62页。

图 3-105　盠方彝（西周早期
后段到中期前段）内壁
铭文拓本

图 3-106　不栺鼎（西周
早期后段）内壁铭文拓本

图 3-107　折觥（西周早期
后段）内底铭文拓本

图 3-108　㝚鼎（西周中期
前段）器盖铭文拓本

图 3-109　御史竟簋（西周
中期前段）内底铭文拓本

图 3-110　㝚簋（西周中期
前段）内壁铭文拓本

典型的丰中锐末，粗细均匀如一的纯粹线条化形态是该篇铭文的整体追求。
扶风庄白村一号窖藏出土的折觥是我们提过多次的一件器物，器上铭文 6 行
42 字，笔画复杂的字紧凑，而笔画简单的字则松散，虽然笔画尚带有首尖
尾细的特点，但整体线条圆润流畅，柔美不见纤弱，含蓄不失厚重。这一
阶段青铜器上铭文的字数多了起来，如士山盘内底铸铭 97 字；中甗内壁铸

图 3-111 大盂鼎（西周早期）
内壁铭文拓本

铭 98 字；盂方彝盖器同铭，各有铭文 108 字；𤼢鼎与𤼢簋（见图 3-110[①]）1975 年同出于陕西扶风庄白村西周墓，𤼢鼎内壁铸铭 116 字，𤼢簋盖器同铭，各有铭文 134 字；特别值得一提的是现藏于国家博物馆的大盂鼎，该鼎内壁铸铭 19 行 291 字（见图 3-111[②]），器上铭文记载了康王追忆文王和武王克殷建邦的历程，总结了殷人酗酒亡国的教训，被认为是开青铜器长篇叙述铭文先河之重器。作为成熟期第二阶段铭文书法的典范之作，大盂鼎因其在笔法上的直线、起收笔均取方，被称为"方笔之最"，通篇线条取势干净利落，直线横平竖直，斜线挺拔刚劲，焕发出雄沉庄重、刚柔相济的神韵。这一阶段记录周王朝宫廷册命之礼的铭文开始出现，并且文辞逐渐套路化，"子子孙孙永宝用""子孙永保用"等铭文常见于此阶段青铜器物上，如齐生鲁方彝盖铭、马方彝、𤼢鼎、绅鼎等。

成熟期的第三个阶段就是西周中期后段，这一阶段金文书法布局规整，字体结体严谨，笔画粗细一致，极少出现肥笔。与成熟期的前两个阶段相比，透露着成熟的洒脱与轻松，长篇铭文的大量出现，更是说明文字和书体双方面的成熟。上海博物馆的镇馆之宝大克鼎，清光绪年间出土于陕西扶风法门寺村，与之同出的还有小克鼎 7 件、克钟 6 件、克盨 2 件、克镈 1 件，是西周中期孝王时期的遗存，作器之人名"克"，内壁铸铭共计 28 行 290 字（见图 3-112[③]），内容可分为三个部分，第一部分主要以克的口吻赞美

---

① 吴镇烽编著：《商周青铜器铭文暨图像集成》第 12 卷，上海古籍出版社 2012 年版，第 161 页。

② 吴镇烽编著：《商周青铜器铭文暨图像集成》第 5 卷，上海古籍出版社 2012 年版，第 444 页。

③ 吴镇烽编著：《商周青铜器铭文暨图像集成》第 5 卷，上海古籍出版社 2012 年版，第 442 页。

祖师华父的赫赫功绩，第二部分记述了孝王在宗周穆王庙册命克的事件，第三部分表达了克为了感谢王恩，于是作器记录下这个事件，表达了"克其万年无疆，子子孙孙永宝用"的美好愿望。该篇铭文行列整饬，界栏清晰，文字颇具个性，笔法柔中带刚，笔势流转从容，彰显宗周王室气度。史墙盘可谓是金文书法成熟最具代表性的作品之一，该盘内底铸铭文18行284字（见图3-113[①]），均衡分布在中轴两侧，每侧9行，字形方正规范，字态疏朗伸展，笔画粗细匀称，笔画多者字形略大但不拥挤，笔画少者字形稍小但不松散，同时我们能够看出，此时的汉字书写重视字的大小与间距，特别注意处理上下左右的空间关系，笔画的粗细长短，线与面之间的相互关系，参差交错，穿插避让，自然挥就。

图 3-112　大克鼎（西周中期后段）　　　　图 3-113　史墙盘（西周中期前段）
　　　　　　内壁铭文拓本　　　　　　　　　　　　　　内底铭文拓本

　　成熟期第三阶段的金文书法所呈现的成熟气质与这一时期大量涌现的优秀作品相互辉映，十三年痶壶和三年痶壶同出于扶风窖藏，十三年痶壶铭文铸刻于盖榫和器颈外壁，盖器同铭，各56字（见图3-114[②]），三年痶壶

---

① 吴镇烽编著：《商周青铜器铭文暨图像集成》第25卷，上海古籍出版社2012年版，第601页。
② 吴镇烽编著：《商周青铜器铭文暨图像集成》第22卷，上海古籍出版社2012年版，第385页。

盖榫铸刻铭文 60 字（见图 3-115①）。从作器时间看，两壶虽都是西周中期
后段器，但十三年癫壶略早于三年癫壶。从铭文风格上看，两壶的铭文既有
相似，又有不同，相似之处字的结体基本相同，不同之处在于三年癫壶的
字体更加方正，例如十三年癫壶铭文中的"王"字最底下的一横两端向上翘
起，而三年癫壶"王"字的三横水平横直，十三年癫壶的铭文字形圆润，而
三年癫壶的字形则方正挺括，比较突出的是"宀"的形态，十三年癫壶铭文
中的"宀"两端是圆弧状，而三年癫壶的"宀"两端转折明确方正；十三年
癫壶铭文中的"疒"上一点写作"丶"，三年癫壶铭文中的"疒"上一点与
"厂"采用连笔；十三年癫壶铭文中"乍"的横画都有向上的趋势，竖与横
的转折圆滑流畅，三年癫壶铭文中"乍"的横画基本都呈水平形态，竖与横
的转折周正明确。这一阶段的优秀作品不胜枚举。

图 3-114　十三年癫壶（西周中期后段）　　　图 3-115　三年癫壶（西周中期后段）
　　　　　　盖榫铭文拓本　　　　　　　　　　　　　　　　盖榫铭文拓本

　　总体而言，成熟期的金文承袭了形成期随意天真的浪漫与自由，但是它
也渐渐将形成期的恣意与放纵收敛起来，随着书写规范的基本形成，笔画间
的张力带给我们的是一种由成熟而来的自信。这一时期的金文逐渐放弃了商
文字极具装饰性的书写风格，而是采用适度的装饰线条进行修饰，成熟期铭
文显示出讲求适度修饰的装饰性特点。将这一时期的青铜器铭文与商晚期的

———————————

① 吴镇烽编著：《商周青铜器铭文暨图像集成》第 22 卷，上海古籍出版社 2012 年版，第
　396 页。

铭文做比对，不难发现形成期时文字造型中常出现的不便于刻写的"面"的形态，在成熟期则被线条化处理。形成期模仿甲骨刻刀的笔锋在这一时期也逐渐收敛，字体造型更趋整体，横竖笔画的线条圆润流畅，粗细也逐渐趋于一致。与形成期相比较，成熟期的金文象形程度降低，构成字形的笔画被线条化、平直化，线条的平直与流畅进一步提升了汉字的书写性。正如宗白华先生所说："中国文字的发展，由模写形象里的'文'，到孳乳浸多的'字'，象形字在量的方面减少了，代替它的是抽象的点线笔画所构成的字体。通过结构的疏密、点画的轻重、行笔的缓急，表现作者对形象的情感，发抒自己的意境，就像音乐艺术从自然界的群声里抽出纯洁的'乐音'来，发展这乐音间相互结合的规律。"①

三、繁荣期的典雅

经历了形成期的质朴与成熟期的疏朗，铭文书法在西周晚期进入发展的繁荣时期，但就字体的笔画、结体、章法和风格来看，这一时期也是铭文书法发展演变的瓶颈时期。虽然整体风格与成熟期一脉相承，但是却未能突破成熟期金文的规范化。这一时期有铭青铜器数量可观，且篇幅不断增加，字数不断增多，文字的书写也越来越纯熟。这一时期铭文书法的主要特征可以大致归纳为：字形规整纤长，结体匀称流畅，字与字、行与行之间错落有致，秩序井然。字体的笔画、结体、章法在成熟期得以规范，在一定程度上制约了人们对放逸灵动的追求，于是出现一些仿拟商晚期自由恣肆的铭文作品，这些铭文在高度掌握书写规范的基础上，力求突破和创新。"书法史上常常有这样的情况，当一种字体成熟之后，接下去的发展就是两极分化：趋于规范和趋于放逸，法则的建立和破坏同时产生。"②

---

① 宗白华：《中国书法里的美学思想》，收录于《美学散步（彩图本）》，上海人民出版社2015年版，第205页。

② 沃兴华：《金文书法》，上海人民出版社2004年版，第13页。

就如同楷书自唐代成熟之后，不仅有法度严谨，笔力险峻的欧体，端庄雄伟、气势开张的颜体，清健遒劲、笔法精妙的柳体，圆润端正、飘逸隽秀的赵体的规范，亦有博大清新、纵逸豪放的张旭与骤雨旋风、声势满堂的怀素之狂草。先秦时期的金文书法经历了成熟期的蜕变，在求新求变的过程中，既有逨盘（见图3-116①）的工整，亦有大簋（见图3-117②）的随性，既有青铜铭文之凝重遒劲，亦不失书法之流畅秀美。在规整与恣意间繁荣发展，各种风格不穷涌现。虽然这一时期世事动荡，青铜礼器常有粗制滥造，青铜器铭文也不乏粗劣之作，但是这并不能抹杀金文书法在这一时期所取得的辉煌成就。总体来看繁荣期的青铜器铭文，书法技巧上趋于纯熟，笔法日趋精到，依其风格、线条、结体和章法等特点可归纳为以下三个特点。

图 3-116　逨盘（西周晚期）
内底铭文拓本

图 3-117　大簋（西周晚期）
器盖铭文拓本

---

① 吴镇烽编著：《商周青铜器铭文暨图像集成》第 25 卷，上海古籍出版社 2012 年版，第 607 页。

② 吴镇烽编著：《商周青铜器铭文暨图像集成》第 12 卷，上海古籍出版社 2012 年版，第 78 页。

第一个特点是风格的两极化,即规整与放逸并存。将伯鲜鼎(见图
3-118①)、筥小子簋(见图 3-119②)、宗妇郜娶簋(见图 3-120③)三件器
物的铭文拓本放置在一起,这一特点彰显无疑。三器铭文均为 25 字,我们
不难看出其中风格差异,不论是笔画与结体,还是章法与风格,三器铭文风
格可谓方枘圆凿。伯鲜鼎的铭文内敛饱满,筥小子簋方圆杂糅,宗妇郜娶簋
雄强凝重;伯鲜鼎笔画平直规整,粗细均匀,筥小子簋笔画丰中锐末,流转
随性,宗妇郜娶簋笔画端严挺括。仅就三篇都有的"寶"字而言,伯鲜鼎规
整,上中下结构相互穿插,笔意有装饰性意味,筥小子簋笔画简化,结构紧
凑,宗妇郜娶簋结体完备,规范完整。这一时期还出现了大量仿效商末周初
恣意奇肆风格的金文作品,如大簋、叔孙父簋(见图 3-121④)、敔簋(见

图 3-118 伯鲜鼎(西周   图 3-119 筥小子簋(西   图 3-120 宗妇郜娶簋(春秋
晚期)内壁铭文拓本   周中期)内底铭文拓本   早期)器盖铭文拓本

---

① 吴镇烽编著:《商周青铜器铭文暨图像集成》第 5 卷,上海古籍出版社 2012 年版,第
14 页。

② 吴镇烽编著:《商周青铜器铭文暨图像集成》第 10 卷,上海古籍出版社 2012 年版,第
416 页。

③ 吴镇烽编著:《商周青铜器铭文暨图像集成》第 10 卷,上海古籍出版社 2012 年版,第
418 页。

④ 吴镇烽编著:《商周青铜器铭文暨图像集成》第 11 卷,上海古籍出版社 2012 年版,第
15 页。

图 3-121　叔孙父簋（西周
晚期）内底铭文摹本

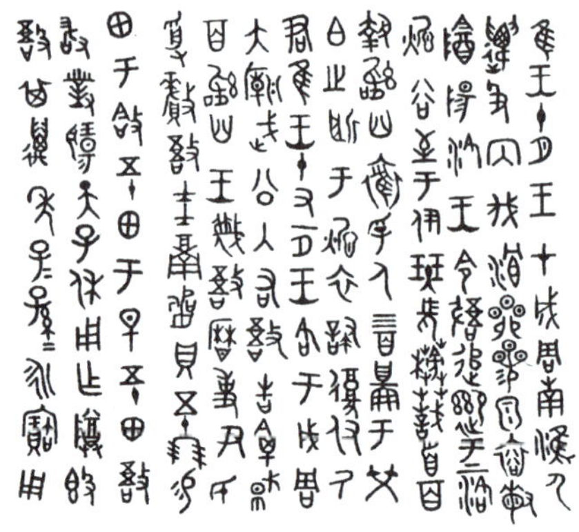

图 3-122　敔簋（西周晚期）
内底铭文摹本

图 3-122①）等。这种风格"卷土重来"的原因主要是因为周代礼乐文化对
人性自由的制约，表现在书法艺术中就是金文书法经历成熟期之后，愈发程
式化，以致僵化，为求突破而回归原初的历程。需要强调的是，端庄典雅是
繁荣期大多数铭文作品的典型风格，这里提到的两极化，与主导的端庄典雅
并不相悖，而是金文书法在经历了成熟期之后，书法艺术寻求自身发展的探
索结果。

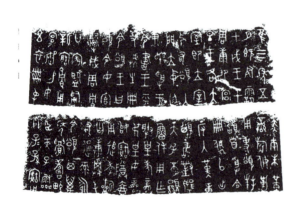

图 3-123　颂壶（西周晚期）盖榫铭文拓本

繁荣期铭文的第二个
特点是线条圆润流畅。繁
荣期的优秀作品很多，颂
壶、毛公鼎、散氏盘等器
的铭文都是这一时期金文
书法的代表，它们既具备
时代特征，又各具特色。
现藏于台北中央博物院的
颂壶是这一时期铭文字数

---

① 吴镇烽编著：《商周青铜器铭文暨图像集成》第 12 卷，上海古籍出版社 2012 年版，第
163 页。

最多的作品，因铸器者是"颂"，故名颂壶，该壶口沿内壁铸铭共 21 行 151 字，壶盖外壁四周铸铭 37 行 150 字（见图 3-123①），内容相同，详尽地记载了周王对颂的一次册命仪式。因器形的局限，器铭七字一列，盖铭四字一列，线条流畅，结体工整，铸就精致，左右结构的字上下参差，章法上注重大小变化和穿插避让。同时我们也看到为了书写的规整，每个字都打了格子，使得全篇纵横有序，工整端严，但端整却并不呆板，文字上密下疏，线条圆润流畅，呈腾跃之势，加之笔画间的曲势流转，增强了篇幅的律动感。作为西周晚期青铜器重要代表的毛公鼎，是中国台北故宫博物院的三件镇馆之宝之一，器腹内壁有铭文 32 行 497 字（见图 3-124②），是一篇记述周宣王诰诫的完整册命，也是现存文字最多的青铜器铭文，被称为"大篆最成熟的形态"，结体优美和谐，笔道圆润优雅，书写流畅飘逸，字形变化自如，直画刚劲，弧笔柔美。与毛公鼎同为中国台北故宫博物院镇馆之宝的散氏盘，也是西周晚期三大青铜器之一，内底铸铭 19 行 357 字

图 3-124　毛公鼎（西周晚期）
内壁铭文拓本

图 3-125　散氏盘（西周晚期）
内底铭文拓本

① 吴镇烽编著：《商周青铜器铭文暨图像集成》第 22 卷，上海古籍出版社 2012 年版，第 428 页。

② 吴镇烽编著：《商周青铜器铭文暨图像集成》第 5 卷，上海古籍出版社 2012 年版，第 473 页。

（见图3-125①），记述的是矢人将田地付给散氏的事件，其铭文书风雄健浑朴，笔道洒脱随性、敦厚圆润，结字隽秀平整，摇曳多姿，有金文的厚重，也有草书的流畅，被认为是开"草篆先河"之作。② 同时期的铭文大都追求规正端庄的静态美，散氏盘却反其道而行，它利用笔画线条的长短对比，字与字的大小错落，结体的上松下紧，笔势的相互贯通，营造了一篇变化中求和谐，散漫中见规矩的完美力作，体现了先秦金文书法艺术所蕴含的形式美感和勃勃生机。

繁荣期铭文的第三个特点是规整化。繁荣期铭文作品的规整化包含三个方面的规整，一是线条的粗细均匀，二是字形的有序，三是章法的齐整。三个方面循序渐进，相辅相成。线条的粗细均匀是书写规范化进程的必经历程，成熟期由形成期承袭而来的肥笔等线条样式在这一时期逐渐被摒弃，粗细均匀的线条标示着周人逐渐摆脱了商代文字的影响，形成自己的文字风貌。字形中图画的意味褪去，线条的个性在字形与书写间的作用日益彰显。如果说姬鼎的铭文（见图3-126③）还留存着成熟期首尾尖细的线条特征，师害簋的铭文（见图3-127④）则追求的是线条的匀称。丛文俊认为："在西周早期的金文书法作品中，还有两个非主流现象。一是线条作首尾尖细或头粗尾细状，意味着两种笔法共存的书写感较强的式样，它们与粗细均一的线条并行，但前者只见于早期，后者则延续到中期。二是分布颇有规律的肥笔，属于象形装饰文字的孑遗。"⑤ 仅就西周晚期青铜器的铭文而言，他的结论是有缺欠的，因为从西周晚期青铜器铭文的线条样式来看，

① 吴镇烽编著：《商周青铜器铭文暨图像集成》第25卷，上海古籍出版社2012年版，第604页。
② 参见李强：《穷源极变　师古开新——李强谈〈散氏盘〉的临摹》，《中国书法》2015年第24期。
③ 吴镇烽编著：《商周青铜器铭文暨图像集成》第5卷，上海古籍出版社2012年版，第52页。
④ 吴镇烽编著：《商周青铜器铭文暨图像集成》第11卷，上海古籍出版社2012年版，第36页。
⑤ 丛文俊：《中国书法史》（先秦·秦代卷），江苏教育出版社2007年版，第184页。

图 3-126 姬鼎（西周晚期） 内壁铭文拓本

图 3-127 师害簋（西周 晚期）器盖铭文拓本

图 3-128 周生豆（西周 晚期）内底铭文拓本

首尾尖细、头粗尾细、丰中锐末以及肥笔等线条样式依然经常出现在繁荣期的铭文作品中。当然，粗细均一是成熟期开始铭文书法线条发展的主导趋势，它为字形的齐整提供了可能，由于线条粗细均一和圆转流畅，字形由成熟期结体偏长逐渐转变为以圆造型，方中见圆，圆中有方。周生豆（见图 3-128①）就是一例，章法的规整是西周青铜铭文从无序到有序的必由之路，线条、字形、章法的规整化为西周青铜器铭文提供了更为广阔的施展空间，繁荣期青铜器铭文充分利用器表空间进行谋篇布局，也表现出西周先民空间造型意识的成熟。上海博物馆藏史颂簋，盖器同铭，各有铭文 6 行 63 字，盖铭（见图 3-129②）充分利用器盖上不算太大的空

图 3-129 史颂簋 （西周晚期）器盖 铭文拓本

① 吴镇烽编著：《商周青铜器铭文暨图像集成》第 13 卷，上海古籍出版社 2012 年版，第 392 页。

② 吴镇烽编著：《商周青铜器铭文暨图像集成》第 11 卷，上海古籍出版社 2012 年版，第 348 页。

图 3-130　虢季子白盘（西周晚期）内底铭文拓本

间顺势而为，字形以方中见圆的方块字为主，每个字占据的大小面积基本相同，线条的均匀，字形的成熟，加之线条的萦绕回转，铭文在这里不仅仅具有文字的表意功能，装饰意味也在这盖沿间流动着。虢季子白盘也是西周晚期宣王世器，盘内底铸铭文 111 字（见图 3-130[①]），讲述虢国子白奉命出征，荣立战功，周宣王为其设宴庆功，并颁发赏赐的事件经过。该篇铭文因为字体端庄秀美，被认为是学习金文书法的范本。通览全篇，线条首尾皆圆，起止无迹，看似单纯的线条在多变的转折中充满变化，笔画方圆互用，挺劲流畅，引导人的视线体味文中的节奏与韵律，字距疏朗有序，预示了金文书法的发展趋势。这一时期包括颂壶在内的不少作品都采用界格来规范文字，用来作为界格的横纵线条清晰可见，每个字都严格地遵守着一字一格的规矩，写作者似乎早就发现了重力对人的心理所产生的影响，每个字的重心都尽可能地偏上而避免字形的散漫，线条劲挺，干净利落，结体方整，方圆适度，井然有序。

繁荣期虽涌现了一些仿拟商晚期随性恣意的金文书法作品，但是多数的作品还是趋向规矩齐整，除了与周人务实、理性的民族品格有关，更为主要的是周宣王继位后，励精图治，周道复兴，为重振天威，规范文字，颁《史籀篇》。关于《史籀篇》的记载见于《说文解字》《汉书》等古籍。

《史籀》十五篇。周宣王太史作大篆十五篇，建武时亡六篇矣。

《汉书·艺文志》

---

① 吴镇烽编著：《商周青铜器铭文暨图像集成》第 25 卷，上海古籍出版社 2012 年版，第 594 页。

及宣王太史籀，箸大篆十五篇，与古文或异。……尉律：学僮十七已上，始试，讽籀书九千字，乃得为吏。

《说文解字·叙》

《史籀篇》作为西周时期学僮的识字教材，是中国有文献记载的最古老的字书。王国维认为："史篇文字，就其见于许书者观之，固有与殷周间古文同者。然其做法大抵左右均一，稍涉繁复，象形象事之意少而规旋矩折之意多。推其体势，实上承石鼓文，下启秦刻石，与篆文极近。"[①] 虽然周宣王颁布的《史籀篇》的书体我们已经无从知晓，但是通过《史籀篇》规范文字的努力在西周晚期青铜器铭文中有所体现。

通过对繁荣期青铜器铭文的研究，我们不难发现礼乐文化所特有的功利意识在这一时期的青铜器铭文中表现的较为突出，最典型的是铭文的内容或记载周王册命，感恩戴德；或讴歌祖德，保佑子孙，彰显家族荣耀；或记录战绩，歌功颂德等等，铭文线条、结体、章法的规范化和程式化都是礼制社会的必然要求。铭文作为礼教的附庸，它们呈现的是"礼乐之和"的社会生活状态，从另一个侧面则反映出西周先民一种稳定的社会文化心理结构，他们遵从以维护王族宗亲血缘关系为基础的宗法制度和维系政治统治的礼乐制度，在从巫术文化向人本文化过渡的进程中，他们不再热衷神秘怪诞的宗教风格，而是推崇静穆自然的礼制风格。

四、蜕变期的分化

中国历史自公元前 770 年周平王迁都洛邑进入东周时代，周宗室式微，诸侯各自为政，征战不断，纷争不止，各诸侯国逐渐形成了相对封闭的政治

[①] （清）王国维：《史籀篇证序》，收录于《观堂集林》卷五，中华书局 2004 年重印版，第 254 页。

环境，同时也因各地不同的风俗文化和地理环境而产生了具有地域特色的民俗风情和审美情趣。从公元前 770 年到始皇帝统一中国的五百多年时间里，中国历史进入大变革时代，先秦社会一直处于动荡之中，同时这一时期也是中国历史上极富思想性和创造性的时代。社会动荡表现为礼崩乐坏，诸侯纷争；思想性与创造性则表现为学术思想活跃，百家争鸣。社会的动荡和思想的活跃，促成了春秋战国时期青铜器铭文地域性风格的形成，我们把这一时期称为铭文发展的蜕变期。称其为蜕变期是因为这一时期的铭义随着政治的变化与文化的发展而呈现新的发展态势。沃兴华将这种态势归纳为三个方面：一是文字的应用范围扩大，青铜器不再是承载文字的唯一选择；二是社会生产力的发展，审美观念偏向形式上的精巧华美；三是各诸侯国分而治之，不同的地理环境和民俗风情所造成的特殊的文化因素在逐渐改变承袭西周的文化传统。① 对于这一时期铭文地域特征的划分，学者们有着各自不同的观点，王国维在《战国秦用籀文六国用古文说》中说："故古文籀文者，乃战国时东西二土文字之异名。"② 唐兰的观点与王国维相仿，他认为对于古文字研究的"新的分类法，应着眼于时代的区分，和地域的别画"③。他将古文字整体划分为殷商系、两周系、六国系和秦系四个系统，由此看来他对春秋战国时期的文字分类应涉及两周系、六国系和秦系。郭沫若则认为"江淮流域诸国南系也，黄河流域北系也。南文尚华藻，字多秀丽，北文重事实，字多浑厚，此其大较也"④。李学勤以战国时期周王室以及诸侯国各自不同的风格将其分为齐国、燕国、三晋、两周、楚国、秦国六种类型的题铭。⑤ 何琳仪认为"战国文字最理想的分类法应该是，首先横向分国，其次纵向断代，打破旧分类法的各种界限（当然也要适当考虑不同品类文字的特点），

① 参见沃兴华：《中国书法史》，湖南美术出版社 2009 年版，第 49—50 页。
② （清）王国维：《战国秦用籀文六国用古文说》，收录于《观堂集林》卷七，中华书局 2004 年重印版，第 306 页。
③ 唐兰：《古文字学导论》，上海古籍出版社 2016 年版，第 35 页。
④ 郭沫若：《两周金文辞大系图录考释（二）》，《郭沫若全集·考古编》第八卷，科学出版社 2002 年版，第 15—16 页。
⑤ 参见李学勤：《战国题铭概述》，《文物》1959 年第 7 期、第 8 期、第 9 期。

使文字本身既能反映出流动变化的趋势，也能反映出由地域造成的差异，从而提高其科学价值"①。将李学勤所分的"六系"题铭中的"两周"去除，而形成"五系说"。不论二系说、四系说、五系说，还是六系说，都是针对东周或者战国时期青铜器铭文的整体而言的。蜕变期是汉文字真正走向成熟的前夜，不同地域的人们以他们对于文字的认知和对美的感受，对汉文字的笔画、结体、章法等构成元素进行了大胆的探索与创新，正因如此，先民为我们构建了先秦晚期铭文风格的分化格局。

这里需要说明的是，就青铜器铭文而言，借鉴李学勤的"六系"和何琳仪的"五系"分类法，依据铭文笔画、结体、章法的特点，本书将蜕变期的青铜器铭文分为晋系、齐系、楚系、燕系、吴越系、秦系等六大系。由于本书第四章至第九章，以先秦晚期青铜艺术的地域分布和风格特征为依据，将青铜艺术分为晋系、齐系、楚系、燕系、吴越系、秦系六个章节分别论述，所以蜕变期六大系铭文不在此处展开，分别归入各系青铜艺术进行论述。

---

① 何琳仪：《战国文字通论》（订补），上海古籍出版社 2017 年版，第 32 页。

第二部分

裂变与融合

第四章　中庸温婉：晋系青铜艺术

黄河中游是商周京畿所在，这里在先秦早期和中期一直是政治、经济、文化的中心地带，先秦晚期，在诸侯国间势力争夺的此消彼长间，这一区域逐渐形成了以三晋为中心，包括邻近的东周、郑等，以及周边戎狄的范围广阔的中原青铜文化圈。[①] 因为以三晋为中心，我们称这一区域的青铜艺术为晋系青铜艺术。春秋战国时期，晋系青铜艺术在恪守西周礼制的前提下尝试创新，在器物的形制、纹饰等方面都有所建树。

第一节　先秦时期晋地历史概况

"晋"作为一个地理区位名词专指太行山以西地区始于东汉时期，但"晋"最初并不是一个地理名词，而是西周时期分封在黄河、汾水东边的一个姬姓诸侯国的国名。晋文化广义的来说泛指山西地区的文化，以历史发展顺序而论，它应当包括旧石器时代的汾河文化（包括西侯度、匼河、丁村文化等）；尧舜禹上古神话传说；夏墟考古及夏文化；两周考古及以区系界定的晋文化类型；战国以法家为特征的三晋文化；汉晋时期的河东文化，南北朝

---

① 参见彭适凡主编：《中国青铜器鉴赏图典》，上海辞书出版社 2007 年版，第 193 页。

时期的北朝文化和隋唐以后走向成熟的山西文化。[①] 作为一种考古学的文化类型，晋文化主要指西周和春秋时期的晋国，以及东周三家分晋的赵、韩、魏三国的考古学文化，它是我国"古代北方地区最主要的一支文化体系，春秋战国时期它与南方的楚文化分别代表了黄河流域和长江流域的两大区域文化，以此二元耦合形成了华夏文化的主体"[②]。从目前的考古学研究成果来看，考古学上的晋文化与山西地区的史前文化之间没有明确的承继关系，这里我们谈到的先秦时期的晋文化是考古学意义上的晋文化。

一、叔虞封唐

周武王时期实行"封建亲戚，以藩屏周"的分封制，通将土地分封给亲戚功臣，让他们在各自的土地上建立国家，让这些国家作为藩篱拱卫周朝等统治。公元前 1043 年，一代雄主周武王撒手人寰，年幼的儿子诵继承王位，史称"周成王"，周公旦辅佐幼主。

> 武王与叔虞母会时，梦天谓武王曰："余命女生子，名虞，余与之唐。"及生子，文在其手曰"虞"，故遂因命之曰虞。……成王与叔虞戏，削桐叶为珪以与叔虞，曰："以此封若。"史佚因请择日立叔虞。成王曰："吾与之戏耳。"史佚曰："天子无戏言。言则史书之，礼成之，乐歌之。"于是遂封叔虞于唐。唐在河、汾之东，方百里，故曰唐叔虞。姓姬氏，字子于。
>
> 《史记·晋世家》

这就是"一叶封侯""桐叶封弟"成语典故的由来，《吕氏春秋》也有类似的记载。年幼的成王学着父王的样子和自己的弟弟叔虞玩着裂土分封的游

---

① 　参见乔志强、李书吉等撰：《晋文化志》，上海人民出版社 1998 年版，第 1 页。

② 　陈燮君：《序》，收录于上海博物馆编：《晋国奇珍——晋侯墓地出土文物精品》，上海人民美术出版社 2002 年版，第 9 页。

戏，未曾想一片扮作玉珪的桐叶就决定了弟弟叔虞一脉的命运。自古"君无戏言"，天子说的每一句话，史官都要记下来，并依礼完成相关仪式。

> 至成王灭唐，而封叔虞。唐有晋水，及叔虞子燮为晋侯云，故参为晋星。

《汉书·地理志》

因为晋的封地有一条河名为晋水，所以叔虞的儿子燮就自名为"晋侯"，从此黄河、汾水以东方圆百里的唐地就成了先秦时期晋文化的发祥地。

> 景霍以为城，而汾、河、涑、浍以为渊，戎、狄之民实环之。

《国语·晋语》

从地理环境来看，晋国的领地有今山西翼城、曲沃、侯马一带，方圆百里，以大霍山作为城墙，以汾河、黄河、涑水、浍水作为护城河，北面有山戎、北狄，南境是陆浑环伺，虽国土广阔，但也危机四伏。

> 昔匄之祖，自虞以上为陶唐氏，在夏为御龙氏，在商为豕韦氏，在周为唐杜氏。

《国语·晋语》

另在《国语》《左传》等文献中都提到虞舜之前生活在晋的封地的是陶唐氏，这可能是一个善于烧制陶器的部族[1]，制陶技术作为青铜铸造的技术储备也为晋国后来青铜冶铸业的发展做好了准备。

二、股肱周室

晋王室秉承分封时周成王颁与《唐诰》中"启以夏政，疆以戎索"的治

---

[1] 参见李孟存、常金仓：《晋国史纲要》，山西人民出版社 1988 年版，第 2 页。

国方略。

　　分唐叔以大路、密须之鼓、阙巩、沽洗，怀姓九宗，职官五
正。命以《唐诰》而封于夏虚，启以夏政，疆以戎索。

　　　　　　　　　　　　　　　　　　　　　《左传·定公四年》

　　在从前夏的故城沿用夏人的传统制度、风俗习惯和社会制度管理夏人，用"戎人"的制度来区划土地，以戎人的习俗与周边的戎人交往，这是周王为了巩固统治地位，根据叔虞封地唐的特殊地理位置制定的能有效控制归顺周王室的异族的施政纲领。在这一政策的指引下，晋国的历代伯侯对封地遗民的政策较为宽容，这也对晋文化的兼容并蓄产生了深刻的影响。作为周王室的重要同姓侯，晋侯一直是西周王室的鼎力支持者。

　　王师及晋穆侯伐条戎、奔戎，王师败逋。

　　　　　　　　　　　　　　　　　　　　　　　《竹书纪年》

　　公元前805年，晋穆侯率兵跟随周王室讨伐条戎和奔戎，败而逃遁。这是可见文献中晋国第一次率军出征。公元前802年，晋穆侯再次随王师出征，伐千亩，胜利而归。公元前780年，晋国迎来了一位英明的君主——晋文侯，由于周幽王昏庸无道，公元前771年，都城镐京被申侯联合鄫、犬戎等攻破，他们杀死周幽王和欲即位的伯服，拥立宜臼为平王，镐京几乎毁于战乱，于是平王决定东徙成周，这时晋文侯与郑武公、秦襄公合力勤王，捕杀携王余臣，稳定了东周开国的政治局势，于是史册上有了收入《尚书》中的《文侯之命》。

　　晋室作为周王室的同姓诸侯，与其他同姓诸侯一起匡扶正统。天马——曲村遗址的考古发掘，基本确定了从晋侯燮父到晋文侯九代国君墓，这里出土的晋国青铜器具有西周早期晋文化之特征，与丰、镐地区典型的周文化区别甚微。[①] 这微小的区别就是晋文化体现在青铜器物上最初的本土化特征。

---

① 　参见刘绪：《晋文化》，文物出版社2007年版，第104页。

三、曲沃代翼

晋文侯文韬武略，在位 35 年，上可勤王以安周王室，下能开疆拓土扩大晋国势力范围，在他的统治下晋国迅速成长为春秋战国时期的北方强国。公元前 745 年，晋文侯的儿子晋昭侯即位，封叔父姬成师于曲沃，史称曲沃桓叔。曲沃桓叔政治经验丰富，很快将曲沃建设成晋国第二大政治经济中心。

> 曲沃邑大于翼。翼，晋君都邑也。
>
> 《史记·晋世家》

公元前 739 年，曲沃桓叔与潘父勾结杀了晋昭侯，意欲取而代之未能得逞，但小宗欲替代大宗成为晋国内耗不断的根本原因。在后来的历史发展格局中，晋国翼都和曲沃两个政治中心并立的局面逐渐变成公开化的事情，晋国也随之陷入长期的政局动荡。

> 武公伐翼，杀哀侯，止栾共子曰："苟无死，吾以子见天子，令子为上卿，制晋国之政。"
>
> 《国语·晋语》

直到公元前 678 年，曲沃武公消灭了苟延残喘的晋国宫室大宗，并选晋室宫中的珠宝重器送给周僖王，周僖王遂册封曲沃武公为晋侯，史称晋侯武公。晋侯武公完成了以小宗代大宗的统一大业，并先后灭了杨、贾、董、荀、冀、邶等国，晋国领土进一步扩张。

四、中原霸主

晋侯献公从自己的父亲那里继承了晋侯之位，决心"继文绍武"，使晋国更加强大。然而他虽有文韬武略，起用异姓能贤贵族，开创了晋国"国无公族"的制度，使晋国跻身春秋大国之列。

> 当此时，晋疆，西有河西，与秦接境，北边翟，东至河内。
>
> 《史记·晋世家》

晋献公却因沉溺女色，酿成"骊姬之乱"，使得晋国刚刚建立起来的大好局面转向衰落。因"骊姬之乱"流亡在外的晋公子重耳，在流亡的十九年间尝尽了人间冷暖，体会了底层社会的疾苦，了解了各国的实力，也磨砺了个人品格，公元前 636 年秦穆公亲自护送他返回晋国，在绛都即位，史称"晋侯文公"。

> 晋文公出亡十九年反国，而霸事至。
>
> 《经史慧解》

晋侯文公外勤周襄王，平定王室叛乱，内部推行改革，君明臣贤，国力迅速发展，晋国迅速崛起。公元前 633 年，晋文公率三军在城濮一战中大败楚军，扼杀了楚国北进的势头。战胜而归的晋侯文公在践土向周襄王献上城濮之战的战利品，周襄王策封他为"侯伯"，并以书面的形式要求他做诸侯的领袖。

> 丁未，献楚俘于王，驷介百乘，徒兵千。郑伯傅王，用平礼也。己酉，王享醴，命晋侯宥。王命尹氏及王子虎、内史叔兴父策命晋侯为侯伯，赐之大辂之服，戎辂之服，彤弓一，彤矢百，玈弓矢千，秬鬯一卣，虎贲三百人，曰："王谓叔父，敬服王命，以绥四国。纠逖王慝。"晋侯三辞，从命。曰："重耳敢再拜稽首，奉扬天子之丕显休命。"受策以出。
>
> 《左传·僖公二十八年》

随后王子虎代表晋国与诸侯们签订盟约：

> "皆奖王室，无相害也。有渝此盟，明神殛之，俾队其师，无克祚国"。
>
> 《左传·僖公二十八年》

305

这就是著名的"践土之盟"。晋文公在"尊王"的旗帜下，顺理成章地登上了霸主宝座，晋国从此开启了长达一个半世纪的春秋霸业。晋文公在城濮之战前设立"六卿"管理晋国军政大事，这是中国最早的议政王大臣制度。"六卿"采用世袭制，由狐氏、韩氏、赵氏、魏氏、郤栾氏、范氏等十一个世族按照"长逝次补"的原则轮流执政，六卿出将入相，在晋国"尊王攘夷"的大旗之下捍卫着晋国的势力范围，也积蓄着世族自身的能量。

五、三家分晋

公元前 585 年，晋侯景公听从韩献子的建议迁都新田。

> 春秋成公六年，晋景公谋去故绛，欲居郇、瑕。韩献子曰：土薄水浅，不如新田，有汾、浍以流其恶。瘵居新田。又谓之绛，即绛阳也。盖在绛、浍之阳。
>
> 《水经注·浍水》

在一百多年的时间里，虽然晋国称霸天下，但是国内政坛却危机重重，卿大夫与晋公室之间的矛盾此消彼长，晋国的霸业艰难维持。当晋侯之位传到昭公和顷公的时候，六卿的势力已经非常强大了。

> 昭公六年卒。六卿疆，公室卑。子顷公去疾立。顷公六年，周景王崩，王子争立。晋六卿平王室乱，立敬王。……十二年，晋之宗家祁傒孙，叔向子，相恶於君。六卿欲弱公室，乃遂以法尽灭其族，而分其邑为十县，各令其子为大夫。晋益弱，六卿皆大。
>
> 《史记·晋本纪》

这时的晋国靠着六卿的合力还能勉强支撑着霸主之位，但是此时东南的吴国已经悄然强大，吴王夫差带领吴军在一路往西大破楚军，又北上打败了徐、齐、鲁之后，胜利的喜悦增添了吴王称霸的雄心，他决心北上与晋侯争夺霸主之位。公元前 482 年，晋侯定公与吴王夫差会于黄池。

> 三十年，定公与吴王夫差会黄池，争长，赵鞅时从，卒长吴。
>
> 《史记·晋本纪》

黄池之会晋侯定公未能再续祖辈的伟绩，晋国的霸主之位告一段落。这时晋国国内正面临着奴隶制逐渐瓦解，新兴的生产关系不断发展的局面。

> 幽公之时，晋畏，反朝韩、赵、魏之君。独有绛、曲沃，余皆入三晋。
>
> 《史记·晋世家》

随着六卿之间矛盾的加剧，晋国内部的政治斗争也愈演愈烈。

> 六卿以法诛公族祁氏、羊舌氏。
>
> 《史记·赵世家》

公元前 453 年，韩、赵、魏联手灭了智氏一族，晋国所有的领地最终集中到了韩、赵、魏三家的手中，晋公室的领地只剩绛都和曲沃。曾经叱咤风云的晋侯权力旁落，再无能力号令天下，成为韩、赵、魏的附庸。

从史书的记载我们知道侯马是春秋中晚期晋国最后的都城，这里战国时期属于魏国。近半个多世纪以来，考古工作者在侯马附近发现了大量的铸铜遗迹，让我们得以窥见作为春秋时期雄霸一方的晋国范铸技术的高超和青铜铸造规模的庞大。

六、求同存异

韩、赵、魏三国瓜分了晋国之后，保持着从前的友好关系，彼此并肩作战，共抵外敌，在列国间的威望不断提升。公元前 445 年，魏文侯当政，他任用法家李悝为相国主持变法，在一系列的政治改革之后，制定了我国历史上第一部较系统的法典——《法经》，魏国很快发展为战国初年最强大的国家。魏国《法经》后来被商鞅带到了秦国，秦国的《秦律》和汉代《汉律》都是以它为基础不断完善的。

> 威烈王二十三年，九鼎震。命韩、魏、赵为诸侯。
>
> 《史记·周本纪》

公元前 403 年，周威烈王承认了韩、赵、魏的诸侯地位，就在这一年，赵国公仲协助赵烈侯施行变法。

> 静公二年，魏武侯、韩哀侯、赵敬侯灭晋后而三分其地，静公迁为家人，晋绝不祀。
>
> 《史记·晋世家》

公元前 376 年，韩、赵、魏灭了晋国，先秦史上再无晋国。韩国也曾进行过一系列的改革，但是未能取得良好的效果。

> 晋之故法未息，而韩之新法又生；先君之令未收，而后君之令又下。
>
> 《韩非子·定法篇》

直到公元前 355 年，韩昭侯起用法家申不害为相国，通过"内修政教，外应诸侯"的一系列政策，帮助韩昭侯推行"法治""术治"，使韩国的专制政权得到巩固，贵族特权受到限制，在申不害为相的十五年间韩国"国治兵强，无侵韩者"，韩国逐渐强盛起来。

第二节　晋系青铜器物的形制特征

进入春秋时期，晋国逐渐强大，在文化上逐渐彰显出自身的特色，青铜器物作为文化的主要承载物，也随之形成了晋地风格。本章节谈及的晋系青铜器，主要以晋国（三晋）青铜器为主，还包括周边的西周、东周、郑等。晋国青铜器最早的出土记录见于《史记》。

> （元狩三年）其夏六月中，汾阴巫锦为民祠魏脽后土营旁，见地如钩状，掊视得鼎。鼎大异于众鼎，文镂无款识。
>
> 《史记·孝武帝本纪》

这只得于汾阴魏脽后土祠的鼎应该是先秦晋地遗物，因为"鼎"乃国家权力的象征，汉武帝认为是祥瑞之兆，遂改年号为"元鼎"。唐朝开元年间，在后土祠再次发现青铜鼎，唐玄宗御笔一挥，便改"汾阴"为"宝鼎"。继20世纪上半叶在河南省汲县、辉县开展的考古发掘后，1949年以来，三晋大地又有长治分水岭、侯马上马、太原金胜、曲沃曲村、北赵等先秦时期晋国墓葬被发现，出土了大量的晋系青铜器物，其中有不少是艺术珍品。令人惋惜的是，20世纪盗墓猖獗，很多器物流失海外，有的成为藏家私藏，我们难有机会一睹它们的风采。在这里仅能根据可见的先秦时期晋系青铜器做简略介绍。

一、青铜鼎的新形态

鼎作为国之重器，是先秦青铜器中时代特征最为典型的器物，随着时代的发展，鼎的功能也依形制而加以区分，用于煮食的是镬鼎，用于祭祀、礼仪活动的是升鼎，用于盛放调味料的是羞鼎，用作盛放食物的是小鼎。功能的细化和形制的区分，也促进了鼎的造型变化。

西周早期，晋地青铜器基本承继商代形制，2000年在曲沃曲村考古工作者对114号墓进行抢救性挖掘，出土叔虞方鼎1件，经过对其上铭文的考证，认为可能是晋国始封君唐叔虞自作之铜器，该鼎通高27厘米，口长18.5厘米，宽16.5厘米，腹深约11.2厘米，为直口、立耳、浅腹、平底、四柱足。腹部饰以云雷纹为底的兽面纹，四角有扉棱[1]，形制与商末方鼎基本相同。西周中期以后商重酒器的厚重之风逐渐消失，食器逐渐成为青铜器的主流，鼎、甗、簋、簠、盨等青铜食器的数量明显增多，器物也逐渐向薄胎、轻巧、玲珑发展。晋国本是周王室同宗，又因晋文侯文韬武略，使晋国最早成长为诸侯国中的强国。晋国率先开始了青铜器物形制的创新，其中，晋系青铜鼎形制的创新值得一书。春秋早期，方鼎逐渐消失，柱足也逐渐过渡为瓦状蹄足。春秋中期，晋系青铜鼎的鼎腹逐渐变浅，并开始设置鼎盖，鼎盖最初为平盖，采集于山西闻喜上郭村的蟠蛇纹鼎（见图 4-1[2]）就是一例，该鼎通高 18.4 厘米，口径 19.4 厘米，素面平盖，盖上有三个矩形钮，器腹较浅，腹壁较直，附耳，圜底，兽蹄足。[3] 晋系青铜鼎的鼎盖逐渐由平盖演变成覆盘形盖，鼎盖的弧度逐渐增大，使鼎盖的线条与鼎腹的线条相呼应，鼎的外部轮廓更加优美流畅。春秋中期晋系青铜鼎多为球形深腹有盖鼎，盖上多设三个环形钮，鼎足较高；到春秋晚期至战国时期，多为联裆矮足圆盖鼎，鼎盖作动物形三钮或圆形捉手。太原赵卿墓出土各式鼎 27 件，有附耳牛头螭纹蹄足镬鼎 1 件，立耳凤螭纹蹄

图 4-1　蟠蛇纹鼎（春秋中期）

图 4-2　铺首牛头螭纹升鼎（春秋晚期）

---

① 参见李伯谦：《叔夨方鼎铭文释考》，《文物》2001 年第 8 期。
② 中国青铜器全集编辑委员会编：《中国青铜器全集 8：东周 2》，文物出版社 1995 年版，图版第 8 页。
③ 参见中国青铜器全集编辑委员会编：《中国青铜器全集 8：东周 2》，文物出版社 1995 年版，图版说明第 3 页。

足羞鼎5件，附耳牛头螭纹升鼎7件，铺首牛头螭纹升鼎6件（见图4-2①），铺首环耳螭纹升鼎5件，猪钮蹄足鼎2件，卧牛钮蹄足鼎1件，这些鼎出土时多有损坏，多数鼎内保存有鼎实，经过清理和修复，它们曾经的豪族气派呈现眼前。6件铺首牛头螭纹升鼎形式花纹相同，大小成列，最大的1件通高32.8厘米，重15公斤，最小的1件通高22厘米，重5公斤。鼎腹呈椭圆形，裆部低矮，小圜底，覆盘形鼎盖，盖中心为一钮，钮内套直径6厘米的铜环捉手，盖上另有三个卧伏犀牛钮，犀牛头顶宝珠，昂首，竖耳，圆眼，大鼻。鼎弇口，微鼓腹，腹部偏上的位置设一对铺首衔环耳。②

　　此外还有一种有盖流鼎也很有特色。流鼎早在商末、西周时期都有铸制，而晋国铸造的有流青铜鼎还设置了鼎盖，颇有一些新意。如1975年出土于山西闻喜上郭村的变形兽纹流鼎（见图4-3③），属春秋早期，通高6.3厘米，口径7.9厘米，附耳，敞口，一侧有一略向上仰起的流，流的上仰角度约为40°，鼎腹下有三较为低矮的瓦状兽蹄足。最有特色的是此鼎鼎盖为平顶，并

图4-3　变形兽纹流鼎（春秋早期）

正好将鼎口和流全部遮住，且看上去严丝合缝，说明当时晋地的铸造技术已经达到很高的水平。

①　太原文物考古研究所：《晋国赵卿墓》，文物出版社2004年版，第7页。
②　参见山西省考古研究所、太原市文物管理委员会、陶正刚等：《太原晋国赵卿墓》，文物出版社1996年版，第17—33页。
③　中国青铜器全集编辑委员会编：《中国青铜器全集8：东周2》，文物出版社1995年版，图版第5页。

二、惟妙惟肖的鸟形尊

鸟形尊是指形状模仿鸟的形体铸造的盛酒器。对于这一类器物的定名一直存在争议，主要因为《周礼》中的描述与现实生活中的器物无法一一对应。

> 掌六尊六彝之位，诏其酌，辨其用与其实。

《周礼·春官》

六尊与六彝如何区分？何为尊？何又为彝？仅凭《周礼》我们无法得到答案。自汉代以来，对于这一类器物的定名较为混乱，相对集中于三种方法：一是依尊上的画像定名；二是以其工艺装饰定名；三是依据尊本身的形象定名。[①] 统一定为鸟兽尊首见于容庚的《商周彝器通考》，"有似鸮者，有似鸟者，有似凫者，有似象者，有似羊者，有似虎者，有不可名状者"[②]。在这里我们仅谈形态似鸮、似鸟、似凫者，所以省去兽字，称为鸟形尊。

图 4-4　晋侯鸟尊（西周早期）

青铜鸟形尊的原形来自陶器时代，仰韶文化遗址出土黑陶鹰尊当属最具代表性的作品之一。我们见到最早的青铜鸟形尊是殷墟妇好墓出土的鸮尊，那是一件模仿鸱鸮铸造的器物。西周早期晋国青铜器中就出现了鸟造型的牺尊，2000 年天马曲沃曲村 114 号墓出土的晋侯鸟尊（见图 4-4[③]）是西周早期晚

---

① 参见朱凤瀚：《中国青铜器综论》上册，上海古籍出版社 2009 年版，第 180—181 页。

② 容庚：《商周彝器通考》上册，中华书局 2012 年版，第 22 页。

③ 上海博物馆编：《晋国奇珍——晋侯墓地出土文物精品》，上海人民美术出版社 2002 年版，第 50 页。

段的作品，这是之前考古发掘中没有见过的器形，说明早在西周早期晋地就开始了鸟形尊的创制。鸟尊作伫立回首的凤鸟形，头微昂，目凝视，凤冠直立，神态傲娇。鸟身丰满圆润，两翼向尾部伸展，翼尾上卷。两足粗壮，凤尾如象鼻状下垂，再向内卷起，与两足形成三点支撑。鸟背依形设盖，盖上有一小立鸟状钮，小鸟仰望凤鸟。该鸟尊遍体用羽纹、羽翎纹、云纹装饰，造型写实生动、构思巧妙、装饰精致，是一件罕见的艺术珍品。鸟尊盖内和附体所铸铭文"晋侯乍向太室宝尊彝"，说明这是一件宗庙礼器。[1]

　　1988 年太原金胜村赵卿墓出土鸟形尊（见图 4-5[2]）1 件，器身为昂首挺立的鸟状，长 33 厘米，高 25.3 厘米，鸟头顶凤冠，双目圆瞪，尖喙，喙下部固定，当鸟尊向前倾斜时，上喙部张开，复位后闭合。该鸟尊颈部细长，腹内中空，鸟背部设躬身虎形捉手，虎身躬如弓状，虎头俯身贴近鸟颈部，虎尾上卷呈 S 形，虎后肢有一铰链与盖上钮环相连。鸟足直立，趾间有蹼。鸟尾下有一虎形支脚。鸟身羽毛丰满，羽纹清晰，写实中不乏装饰趣味。[3] 该墓主人是卿或上大夫，这件鸟尊铸造精巧，比例适度，可谓春秋晚期晋系青铜工艺的杰出作品。传出土于山西太原的美国弗利尔美术馆藏春秋晚期子乍弄鸟尊（见图 4-6[4]），也是一件春秋晚期的作品，通高 26.5 厘米，全器似一

图 4-5　赵卿墓鸟形尊（春秋晚期）

---

[1]　参见上海博物馆：《晋国奇珍——晋侯墓地出土文物精品》，上海人民美术出版社 2002 年版，第 51 页。

[2]　中国青铜器全集编辑委员会编：《中国青铜器全集 8：东周 2》，文物出版社 1995 年版，图版第 47 页。

[3]　参见山西省考古与研究所、太原市文物管理委员会：《太原金胜村 251 号春秋大墓及车马坑发掘简报》，《文物》1989 年第 9 期。

[4]　中国青铜器全集编辑委员会编：《中国青铜器全集 8：东周 2》，文物出版社 1995 年版，图版第 15 页。

图4-6 子乍弄鸟尊（春秋晚期）

只凶猛的鸷鸟，昂首挺胸，双腿直立，鸟的头部与身部以榫卯接合，尖喙亦为可开合状，鸟首饰羽纹、回纹和点纹，背部饰高浮雕羽纹，背部有错金四字"子乍弄鸟"。[1] 这件鸟尊与金胜村出土的鸟尊虽然形态各异，但也有许多相似之处，如喙部的开合，鸟身饰羽纹等，这两件器物都是春秋晚期晋国青铜鸟形尊的典范之作。再如赵卿墓出土瓠壶，通高40.8厘米，口径6.7厘米，腹部最大径18.2厘米，重3.2公斤；盖呈鸷鸟形，羽翼丰满，有冠和角，双目圆瞪，尖勾喙，喙张开，伸长颈，俯伏状，一双利爪紧紧抓住2条小龙，龙作挣扎状；壶体为小口，弯颈，鼓腹，腹部最大径近壶底，壶底为平底，下接矮圈足。壶颈内凹的一侧肩部有虎形提梁，虎昂首张口，前肢微伏，后肢直立，虎身躬曲，尾上卷为"S"形，虎口衔环，环与鸷鸟短尾下接铰链接合。壶口沿下有一周绚索纹，下腹部饰4周蟠虺纹。[2]

可以说在西周早期到春秋晚期，晋地的青铜礼器铸造者们一直在尝试以鸟为原型的青铜尊创制，他们受自然界中鸟的形态启发，融入他们对凤鸟的情感想象，也是作为周人族裔，他们对"凤鸣岐山"的祥瑞传说的回应。在外部造型上，他们遵循鸟的基本形态特征；在艺术加工时，他们将其他动物形象引入创作之中，巧妙地解决了鸟形尊放置时的稳定问题，鸟形尊上的虎形捉手、虎形支撑足与凤鸟的比例尺度清晰可见，在大与小之间，凤鸟与虎的地位已然明了；在功能设计中，他们优化了鸟喙随尊倾斜可轻松开合，审美与实用，象征与功能在晋系鸟形尊的铸制中被完美地结合。

---

① 参见中国青铜器全集编辑委员会：《中国青铜器全集8：东周2》，文物出版社1995年版，图版说明第15页。

② 参见山西省考古研究所、太原市文物管理委员会、陶正刚等：《太原晋国赵卿墓》，文物出版社1996年版，第51—52页。

三、造型与装饰并重的铜方壶

晋系青铜器上承西周祖制，下启各诸侯国的
革新与创制，在青铜壶的铸造中也展示出傲人的
风采。青铜壶自西周早期逐渐成为周朝的重要礼
器之一，因其较为中规中矩的造型和较广泛的适
用性，数量逐渐增多，形制变化也丰富起来，有
方壶、圆壶、提梁壶、瓠壶等不同类型。在晋系
青铜艺术所在的中原文化区，圆角方壶以其典雅
端庄的造型，风行开来。这一形制的方壶四棱皆
为圆角，壶腹的截面为圆角矩形，此类方壶最早
见于西周中期，在曲沃北赵晋侯墓地出土有西周
晚期偏晚的兽目交连纹方壶（见图 4-7[①]），通高
54.5 厘米，壶身作长椭方形，盖设圈形捉手，壶口

图 4-7　兽目交连纹方壶
（西周晚期）

微侈，长颈，垂腹，圈足，颈部两侧各设一个长鼻上扬的兽形耳，耳上穿一
衔环，壶腹设十字形装饰带将壶腹分为八个区域，各区域内分别饰变形兽目
交连纹。[②] 圆角方壶外部造型曲直有度，直中见曲，曲中有直，造型中多了
温润的气氛，下垂的腹部使得整器看上去稳重大气，到春秋时期逐渐发展为
中原文化区的流行器形。

前文在酒器形制曾提及的莲鹤方壶，1923 年新郑李家楼郑国大墓出土，
堪称春秋时期青铜方壶的典范之作，壶顶那只振翅欲飞的仙鹤，宗白华先生
认为它"象征着一个新的精神，一个自由解放的时代"[③]。郭沫若先生在《新

---

①　上海博物馆编：《晋国奇珍——晋侯墓地出土文物精品》，上海人民美术出版社 2002 年版，
　　第 146 页。

②　参见上海博物馆：《晋国奇珍——晋侯墓地出土文物精品》，上海人民美术出版社 2002 年
　　版，第 147 页。

③　宗白华：《美学散步》，上海人民出版社 2015 年版，第 38 页。

郑古器之一二考核》中写道："此器虽无铭文，然其花纹图案即已显示其时代性。……此壶全身均浓重奇诡之传统花纹，予人以无名之压迫，几可窒息。……而于莲瓣之中央复立一清新俊逸之白鹤，翔其双翅，单其一足，微隙其喙作欲鸣之状，余谓此乃时代精神之一象征也。此鹤初突破上古时代之鸿蒙，正踌躇满志，睥睨一切，践踏传统于其脚下，而欲作更高更远之飞翔。此正春秋初年由殷周半神话时代脱出时，一切社会情形及精神文化之一如实表现。"[1] 该壶同出一对，一只现藏于河南博物院，一只现藏于故宫博物院，为区别它们，前者被称为"莲鹤方壶"，通高 126.5 厘米；后者被称为"立鹤方壶"，通高 125.7 厘米，两壶形制基本相同；器身以方形为本，四隅无棱而近圆；器盖为高缘平顶，盖缘四周为双层外翻镂空莲瓣，盖顶中心立一只仙鹤，鹤昂首前视，喙微张，翅展尾垂作振翅欲飞状；盖缘下收与口沿吻合；器颈下敛至腹部膨出；左右侧设顾首伏龙双耳，龙角扁长，有镂空纹饰，龙回首俯视龙身，龙身呈起伏波浪状，龙尾上翘，龙爪与龙尾与壶身相接；器腹平底，下接圈足；圈足下为吐舌俯身卷尾双兽承起全壶。此器外形优美，造型考究，细颈膨腹十分得体，盖顶外翻的莲瓣与下垂膨出的器腹相和谐，膨出的器腹也增强了整器的稳定感。

1988 年，金胜村赵氏正卿墓出土壶 8 件，其中方壶 4 件（见图 4-8[2]），高柄方壶 2 件，扁壶 1 件，瓠壶 1 件，皆为精品。4 件方壶形制、纹样相同，在尺度上略有差异，通高 66.7—70 厘米，圈足径 24—26 厘米，重 17.5—18 公斤；束长颈方筒，肩外弧起棱，鼓腹，腹部最大径接近壶底，圈底，下接喇叭形方座圈足。长方形华盖中

图 4-8 赵卿墓铜方壶（春秋晚期）

---

① 郭沫若：《郭沫若全集·考古编·第四卷·〈殷周青铜器铭文研究〉》，科学出版社 2002 年版，第 117—118 页。

② 太原文物考古研究所编：《晋国赵卿墓》，文物出版社 2004 年版，第 20 页。

空，盖沿一周为八瓣镂空外侈的莲花瓣，每个莲瓣内均饰两条镂空背向缠绕的夔龙纹；壶口外侈，颈部两侧为一对壮硕的兽形耳，兽耳似虎非虎，兽回首卷尾，卷鼻獠牙，四足蹲立；壶腹饰高耸的十字凸棱，将壶腹分成 8 个区域，每个区域内均装饰 4 条背向夔龙纹。① 方壶高大精美，纹饰在古朴间透露着繁缛，龙耳和虎足彰显着该壶的生动与灵气。赵卿墓出土的 2 件高柄方壶，则是晋文化铜方壶中一例较为特殊的形制，2 件高柄方壶的通高为 27.5 和 28 厘米，柄高 13.1 和 13 厘米，口径 4.4 和 4.2 厘米，腹径均为 8.9 厘米。高柄方壶为盝顶盖，四坡面下各附环形钮，壶体平沿小方口，颈部微缩，溜肩，鼓腹，下腹内收，平底，下接喇叭形长柄和圈足；盝顶顶面饰双龙纹，昂首卷尾，其中一条龙身饰黑线，以示雌雄之别。整器纹样精美，寓意深奥。② 在关于凤鸟纹的章节中，我们曾经提及该壶喇叭状的高长柄部装饰三层凤鸟纹样，图案组织异常精美。晋文化区先秦墓地出土的青铜方壶精美者不在少数，1994 年晋侯墓地 93 号墓出土的晋叔家父方壶，102 号墓出土的变形兽体纹方壶③，壶身横截面呈圆角长方形，长颈，垂腹，平底，大圈足，用带状或菱形凸饰将壶腹分为 8 个装饰区，是它们共同的形制特征。

第三节　晋系青铜艺术的装饰特色

晋国青铜艺术与中国青铜艺术的发展演化脉络一致，经历了从重神到重人，由神兽到世俗的演进过程，西周早期青铜器承商周风格，青铜艺术风格区域差别不大，西周中期以后以晋景公迁都新田为标志，晋系青铜艺术开始

① 参见山西省考古研究所、太原市文物管理委员会、陶正刚等：《太原晋国赵卿墓》，文物出版社 1996 年版，第 42 页。
② 参见山西省考古研究所、太原市文物管理委员会、陶正刚等：《太原晋国赵卿墓》，文物出版社 1996 年版，第 42、44 页。
③ 北京大学考古系、山西省考古研究所：《天马——曲村遗址北赵晋侯墓地第五次发掘》，《文物》1995 年第 7 期。

了新风格的尝试，逐渐形成具有地域性文化特色的青铜艺术风格，并影响了周边地区。除了青铜器物形制的变化，纹饰题材风格的变化以及铸造技术的进步都对新风格的形成与发展产生了重要影响。

一、传统纹样的古为今用

西周初年，青铜器纹样继承晚商遗风，崇尚鬼神的神秘主义体现在青铜器上就是神化的动物形象的流行，狞厉、肃穆的气氛仍弥漫在各式青铜器物上，给人压抑得喘不过气的感觉。在西周中期至春秋战国，随着人的意识的觉醒，写实性的人物形象出现在晋系青铜装饰之中，这一时期，晋系青铜装饰并没有舍弃传统，兽面纹仍是晋系青铜装饰的主题纹样之一，一直延续到战国时期，同时晋系青铜装饰纹样中也出现了许多新的创造。

（一）兽面纹由平面到立体的演化

晋系青铜器上最早的兽面纹我们可以追溯到前文提及的叔虞方鼎，作为西周初年晋国唐叔虞所用之鼎，该鼎器体方正，四角和每侧面中部都有扉棱，器身四面均装饰较为典型的兽面纹样，在细密的云雷纹为饰的底纹之上，兽面巨口獠牙，双目圆瞪，兽冠张扬卷曲，在疏密对比之中呈现兽面的神威。这时的兽面纹与晚商差别不大。马承源认为："西周中期，兽面纹开始走下坡路，表现为图案简单而粗率，兽面的主要特征，除了兽目约略可辨以外，其余体躯、鼻、耳、爪子等全部变了形，成为非常粗陋的线条，如果不知道兽面纹的发展过程，甚至无法辨认这是它的变形。"[①] 如果说其他文化区都开始摒弃传统，晋国作为与西周王室休戚相关的重要诸侯国，明白在以礼治天下的王朝国家，对传统的摒弃是大不敬的外显表现，恪守礼制就要善待传统，于是传统的兽面纹被晋国继承了下来。侯马铸铜遗址出土的兽面纹

---

① 马承源：《中国青铜器研究》，上海古籍出版社 2002 年版，第 361 页。

范，出土于属春秋战国之交的铸铜遗址Ⅴ段，从纹饰形态看，到春秋战国之交，晋国青铜器继承了商末周初兽面纹的基本范式，但是构图形式随施用部位的不同发生了较大的变化。①

春秋时期，兽面纹褪去了商周的狰狞，也逐渐远离了装饰主纹的位置，它开始以与其他纹样组合的形式出现在青铜器物之上，如现藏于上海博物馆的鸟兽龙纹壶（见图4-9②），通体饰极为精美的复层浮雕式龙纹、凤纹、蕉叶纹，以及晋国青铜器所特有的辫形绚索纹，该壶从壶口沿部分到壶底有6个装饰带，以辫形绚索纹分隔开来，在器腹最宽大的装饰带内饰兽面与凤鸟结合而成的鸟兽纹二方连续，浅浮雕的兽面线条流畅，兽角向两侧伸展上卷，鳞纹装饰的鼻脊与兽眉相连，与凤鸟纹穿插相间。侯马铸铜遗址曾出土与该壶纹样相同的陶范。③

图4-9 鸟兽龙纹壶（春秋晚期）

随着铸铜技术的不断进步，晋地的铸铜工匠们不满足浅浮雕的装饰趣味，期望进一步彰显兽面的立体感，于是他们尝试深浮雕的表现形式，太原金胜赵卿墓出土镬鼎的鼎足就是这样的一件作品，因为兽面依附于鼎足足根部近乎球形的结构，兽面似乎有了头颅，圆瞪的双目，内卷的鼻子，两侧卷曲的兽角，层次感与立体感的出现，令兽面纹更加生动。同墓出土的虎形灶（见图4-10④），该灶由7个附件组成，在灶门表面饰有大角兽面纹（虎头纹），兽面贴附在灶门的拱形之上，直挺的鼻梁、翻卷的兽角和圆

---

① 参见山西省考古研究所：《侯马铸铜遗址》上册，文物出版社1993年版，第227页。

② 中国青铜器全集编辑委员会编：《中国青铜器全集8：东周2》，文物出版社1995年版，图版第58页。

③ 参见李夏廷、李劭轩编著：《晋国青铜艺术图鉴》，文物出版社2009年版，第103页。

④ 中国青铜器全集编辑委员会编：《中国青铜器全集8：东周2》，文物出版社1995年版，图版第115页。

图 4-10　虎形灶（春秋晚期）

瞪的双目凸起，灶门就像兽面大张的口，一只张着血盆大口欲吞食的巨兽似在眼前。

（二）兽衔兽纹样的氛围营造

兽衔兽纹样是迄今为止仅出现在晋系青铜器物上的纹样之一，包括兽面衔虺纹、兽面衔蟠螭纹、兽面衔凤纹、蟠螭衔虺纹、夔龙衔虺纹等，这些纹样都是在传统的兽面纹、夔龙纹、凤鸟纹、蟠螭纹和蟠虺纹的基础上演变而来的，以兽面纹、夔龙纹为主纹，将凤鸟、蟠螭、蟠虺以被兽面和夔龙衔住的形态巧妙地结合起来，被衔之兽在努力挣扎，陡然间给传统的兽面纹和夔龙纹增加了动人心魄的场面，纹样立刻生动起来，改变了从前单纯靠兽面、夔龙、凤鸟形象的狞厉、恐怖震慑人心的传统，而是通过凤鸟、蟠螭、蟠虺被衔住之后的挣扎来营造神秘的氛围，使人心生敬畏。

侯马铸铜遗址出土的陶模范上有一类未见于其他地区的纹样，因兽面纹的口中衔着蟠虺、蟠螭、凤鸟，我们称之为兽面衔虺纹、兽面衔螭纹、兽面衔凤纹。兽面衔虺纹样（见图 4-11[1]），兽面高冠，眉梢呈猪耳形，兽口衔虺首，爪抓虺尾，虺作挣扎状。[2] 出土的多块青铜钟鼓部的陶范上，有兽面衔蟠螭纹图像，兽面左右由蟠螭构成，螭口衔虺，冠部高

图 4-11　兽面衔虺纹样陶范（战国）摹本

---

① 山西省考古研究所编著：《侯马铸铜遗址》上册，文物出版社 1993 年版，第 233 页。

② 参见山西省考古研究所编著：《侯马铸铜遗址》上册，文物出版社 1993 年版，第 230 页。

大，身体蟠曲与一S
形凤鸟缠绕；兽面衔
凤纹（见图4-12[①]）
描绘头上有S形角
的兽面口衔两凤，凤
鸟长冠飞舞，口生利
齿，衔住兽角，两
爪一爪抓兽角，一

图4-12　兽面衔凤纹陶范（战国）摹本

爪抓凤冠，纹饰为浮雕式，内填鳞片纹、斜线纹、圆点纹，云纹等多种辅
纹，整体纹饰疏朗粗犷。[②] 现藏于美国洛杉矶亚洲艺术博物馆的兽面衔凤纹
方壶[③]，通高28.3厘米，壶上兽面极力张开的大嘴似要吞咽两边的凤鸟，凤
鸟的头和身躯从兽面的头顶和嘴里延伸出来，场面看上去十分激烈，凤鸟与
兽面在复层浮雕的烘托下，层次丰富，灵动轻盈。蟠螭衔虺纹，浮雕式蟠螭
口衔虺首，爪抓虺尾，身填细密云纹、鳞片纹、重环纹、羽毛纹等，虺爪蹬
螭下颌，作挣扎状，造型别致，形象生动，多装饰在钟的鼓部。[④]

（三）纹样布局的疏密有致

晋系青铜器物装饰在吸收与摒弃晚商传统的过程中，也在不断创新，逐
渐形成了颇具特色的地域性风格。晋系青铜器上的装饰花纹布局出现了一
些变化，形式美感在装饰中逐渐占据主导地位。春秋早期晋系青铜器延续
西周中晚期的风格，装饰纹样呈现较为简略的形态，青铜鼎仅装饰一道弦
纹，或一圈窃曲纹。春秋中期以后，青铜器物装饰再次复杂起来，这一次
纹饰的繁复不是复古而是创新，传统的动物纹样呈现更为写实的造型，以

① 　山西省考古研究所编著：《侯马铸铜遗址》上册，文物出版社1993年版，第237页。

② 　参见山西省考古研究所编著：《侯马铸铜遗址》上册，文物出版社1993年版，第235页。

③ 　参见 George W. Weber：*The Ornaments of Late Chou Bronzes*, *A Method of Analysis*, Rutgers
University press,1973 。

④ 　参见山西省考古研究所编著：《侯马铸铜遗址》上册，文物出版社1993年版，第225页。

绹纹和绳络纹作为装饰辅纹将青铜器物表面分割为多个装饰区域成为晋系青铜器在这一时期的一个显著特点。传 20 世纪 30 年代出于辉县的赵孟介壶、智君子鉴、绹索龙纹壶（见图4-13[①]）等均属此类。赵孟介壶设外侈的八瓣莲花盖，壶口外侈，壶身以宽窄相同的凸起绹纹分为六个装饰带，近壶口的一圈以仰莲纹装饰，颈部和肩部的三个装饰带装饰有二方连续的变形龙纹，器腹的装饰带装饰有二方连续的变形兽面纹，靠近圈足的一圈装饰三角几何纹。智君子鉴（见图4-14[②]）在器颈和器肩的接合处、腹中部和圈足装饰三道宽窄不一的凸起绹纹，鉴的颈部和下腹部装饰二方连续的交龙纹，腹部上方装饰二方连续的变形龙纹，就整器而言，腹部上方的装饰带处于视觉中心的位置，所以腹部上方的装饰带最宽，而颈部和下腹部的装饰带略窄，使整器的装饰纹样层次分明。

图4-13　绹索龙纹壶（春秋晚期）　　图4-14　智君子鉴（春秋晚期）线描图

　晋系青铜器在春秋中期改变了从前以底纹烘托主纹的方式，在重视装饰纹样的轮廓造型的基础上以"依形赋纹"的方式，将羽纹、云纹、回纹、三角纹等纹样填入已经刻画好的龙纹、凤鸟纹、蟠螭纹等主体纹样上，在内填

---

① 　中国青铜器全集编辑委员会编：《中国青铜器全集 8：东周 2》，文物出版社 1995 年版，图版第 57 页。
② 　李夏廷、李劭轩编著：《晋国青铜艺术图鉴》，文物出版社 2009 年版，第 52 页。

的过程中非常重视内填纹样的形态与主体纹样的关系，不再刻画底纹，将从前底纹与主纹的对比关系调整为无纹的底与装饰繁密的主纹之间的对比关系，强化了图与底各自的功能与形式，主体纹样更加突出。除了底纹与主纹的对比关系外，纵观晋系青铜器物装饰，特别是春秋以后的青铜器物装饰，对比与调和的形式法则运用地十分巧妙，例如智君子鉴两条窄的交龙纹与一条宽的变形龙纹的对比，再如赵卿墓方壶，壶腹被分割为八个区域，上面四个区域各装饰了繁复的 4 条背向的夔龙纹，下面的四个区域却没有装饰任何花纹，上面繁复密集的夔龙纹与下面光滑圆润的壶腹形成强烈的疏密对比，使方壶凭添几分端庄与稳重，从视觉感受来看，这样的装饰对比也强化了上腹部的内敛和下腹部的凸出，让观者的视觉体验张弛有度，不会因为太专注装饰纹样而忽视了器物造型。

二、人物形象的生动描绘

古代中国，不论是在石器时代的陶器上，还是在青铜时代的青铜器上，人物形象都是相对较为少见的一类装饰题材，然而随着人的意识的觉醒，卸除了"巫""觋"面具的人以真实的形象出现在青铜器物装饰之中，神化而诡谲的宗教色彩消失了，取而代之的是理性的人本主义思想。春秋战国以后，以人物形象为主题的装饰纹样多了起来，特别是晋系青铜器物上出现了大量生动再现当时的礼乐、宴飨、采桑、攻占、狩猎等社会生活场景的纹样，如故宫藏宴乐纹壶、弗利尔美术馆藏车马狩猎纹鉴、襄汾大张村出土的竞射采桑纹壶等等，不仅是我们了解当时社会生活难得的图像资料，也弥补了典籍记载不详之不足。

（一）刖人生活的真实写照

《尚书·吕刑》记载了西周时期的五种刑法，即墨刑、劓刑、刖刑、宫刑、大辟，刖刑是指砍去人的脚，刖人则是受了刖刑的人，刖刑在西周时期是仅次于死刑的一种刑罚。在晋文化区青铜器上出现的刖人形象先后见于 1976 年陕西扶风庄白村窖藏出土的西周中期刖人守门方鼎和故宫博物院藏西周晚期的波曲纹刖人方鼎，这两件鼎的形制虽不一样，但结构颇为相似，上部为一方形容器，下部鼎的四足间做成封闭式空间，设镂空窗棱，正面设门，可开合，门枢齐全，门旁设一刖人守门，前者刖人较小，为高浮雕状，后者刖人为圆雕，左腿自膝下截去，扶杖而立，眉眼清晰。专家认为下方的封闭式空间可以放入炭火，帮助容器内的食物加热，其功能类似今天一人一锅的小火锅，设镂空门窗有利于炭火燃烧以及添加炭火。

图 4-15　刖人守囿辊车（西周晚期或春秋早期）

1989 年山西闻喜上郭村出土一件刖人守囿辊车（见图 4-15①），这是一件设计制作独具匠心的精美器物，高 9.1 厘米，长 13.7 厘米，宽 11.3 厘米。车作方箱式 6 轮状，车顶部有可以开启的双扇盖，盖面正中设猴形钮，周边围绕 4 只振翅欲飞的尖喙小鸟；车厢四角设四只回首顾盼卷尾的兽形装饰；车厢两侧中部设一对匍匐的虎形装饰。器壁饰相背的凤鸟纹；器足由两大、四小共六个轮子组成，两只卧虎各抱两只前面的小轮；车厢后侧有一可以转动的兽面衔环，作牵引用，车厢正面开一小门，门扉上立一赤裸全身的守门刖人，头戴尖帽，左脚残，左手拄拐杖，门栓从他的右臂腋下穿过，控制车门开闭。该辊车车轮可转动，可挽环牵引，可手推前行。整个器物可转动的

① 中国青铜器全集编辑委员会编：《中国青铜器全集 8：东周 2》，文物出版社 1995 年版，图版第 108 页。

部位共计 15 处，除了底纹和浮雕动物图案外，共有猴、虎、鸟等 14 个立体圆雕动物形象。[①] 这件器物从形制来判断它的功用可能是西周晚期到春秋早期晋地王侯贵族把玩的小物件，也可能是收藏小饰件的收纳用器。它不仅是一件青铜艺术精品，同时它还形象地刻画了西周贵族"域养禽兽"的苑囿之景，也证实了《周礼》关于"刖人使守囿"的记载。

> 墨者使守门，劓者使守关，宫者使守内，刖者使守囿，髡者使守积。
>
> 《周礼·秋官》

更值得一提的是车顶小鸟的设计制作，用手轻轻拨动车顶的小鸟，它们还能转动起来，有的甚至吹口气就能转动。专家在修理过程中发现，小鸟内部有顶针装置，肚内灌铅使重心下坠，上轻下重所以旋转灵活。这辆輆车刚制作出来的时候，四只小鸟应该是迎风而动，它们是我们可见的最早的"相风鸟"，所以这件小輆车还是一件科技史的重要资料。它将古代社会残忍的酷刑制度、古代工匠匠心独运的设计与高超的青铜铸造技巧融为一体。

（二）现实生活的生动刻画

春秋战国时期青铜器上出现了许多反映现实生活的图像，常以青铜壶、青铜豆、青铜鉴为载体，多为描绘采桑、水陆攻战、宴乐、竞射、狩猎的图景。值得关注的是，现在可见的这一类青铜器以晋地出土为多，如山西襄汾大张村出土竞射采桑壶、河南汲县山彪镇出土水陆攻战铜鉴、河南辉县琉璃阁墓地出土狩猎纹圆壶、山西浑源李峪出土动物纹盖豆等，这些器物出土地春秋战国时期都属三晋。前文我们已提及的 1965 年成都百花潭出土的嵌错宴乐采桑攻战纹壶，曾被认为是巴蜀文化产物，高崇文从器物形态学的角

---

① 参见山西省考古研究所：《闻喜县上郭村 1989 年发掘简报》，收录于《三晋考古》（第一辑），山西人民出版社 1994 年版，第 145—147 页。

度，依据此壶的形态和纹饰特征将其纳入三晋铜壶之列 [1]。

在这些描绘春秋战国时期现实生活场景的青铜器中，当属北京故宫博物院藏战国早期宴乐狩猎水陆攻战纹壶最为典型（见图 4-16 [2]）（见图 4-17 [3]），该壶整体装饰可分为三个装饰带，装饰带之间由二方连续的斜角云纹隔开，每个装饰带都表现两个生活场景，由上至下的第一个装饰带表现的是竞射和采桑，第二个装饰带表现的是猎雁与宴乐，第三个装饰带表现的是水战与攻防。第一个装饰带由两组几乎相同的图像组成，每组图像的左侧是竞射图，右侧是采桑图。图像被网格纹分为上下两个部分，竞射图上方有两人侧身向左，下方有四人侧身向右，似正在比赛射艺，有的引弓待发，有的箭已射出，正从空中掠过，左上的箭靶上还有两支射中的箭枝；右面采桑图的上方有两株桑树，左边的树上有一女子，右边的桑树上有一男一女，树下还围有几人，他们应该都在采桑，另有一人手持弓箭呈跪射状，与左侧的竞射图相呼应，二图巧妙地合而为一。第二个装饰带的一组图像，左边是猎

图 4-16　宴乐狩猎水陆攻战纹壶（战国　　　图 4-17　宴乐狩猎水陆攻战纹壶
　　　　　早期）纹饰拓本　　　　　　　　　　　　　（战国早期）

[1]　参见高崇文：《两周时期铜壶的形态学研究》，收录于俞伟超主编：《考古类型学的理论与实践》，文物出版社 1989 年版，第 202 页。

[2]　赵茂生编著：《装饰图案》，中国美术学院出版社 1999 年版，第 20 页。

[3]　李建伟、牛瑞红编著：《中国青铜器图录》（上），中国商业出版社 2000 年版，图版第 188 页。

雁图，右边是宴乐图。猎雁图下方用一条水平线表示水面，水下有鱼儿在游
弋，水面上站立着几只姿态各异的大型水鸟，空中有大雁飞过，大雁斜向排
列着，下方的大，上方的小，这应该是透视法则"近大远小"的运用。在水
鸟近旁有身着短装的射手用系绳的箭仰射天空中飞翔的大雁；宴乐图分为上
下两个部分，上部有一座宽宏的建筑物，一人凭几而坐，身后站着持长扇的
侍者，有人持觯倒酒，阶下右边有四人舞蹈，左边有七人在演奏编钟、编磬
等乐器。第三个装饰带表现的是一组水陆攻占的激烈场面。左面的水战图分
为上中下三个部分，中间是奋力划船的将士，下层是游弋的鱼儿，上层是拼
杀的将士，画面描绘的是攻战双方的船只相遇，战士们正在拼杀，双方均有
人落入水中；右面攻防图中的攻城者有的手持盾牌，有的爬上云梯，有的手
持弓箭，守城者正在用手中的武器攻击登上云梯的士兵。

从场景内容的安排来看，桑树在壶顶部，树上为天，水面、鱼儿、水陆
攻战的船只安排在壶底部，天与地的安排合情合理，三个装饰带中不同的情
节和众多的人物、动物等变化有序，繁而不乱，惟妙惟肖。通过人物形态面
向的方向来控制画面，以同向的秩序和逆向的均衡来调节画面的节奏。图案
互不重叠，呈平面散布式的满装饰，这种画面布局形式与中国传统山水画
"以大观小"的表现方法一脉相承，说明多元审美视角的中国传统绘画表现
方法在这时已见端倪。值得注意的是三条装饰带的构成不仅是出于对画面情
景安排的考虑，同时也是制作工艺的要求，画面中长短不同的横线除了分割
画面的作用之外，也为青铜镶嵌工艺固定嵌入物提供了方便。这件宴乐狩猎
水陆攻战纹壶装饰画面构成浓缩情节内容，有效地展现了现实生活场景，图
像布局综合考虑青铜镶嵌工艺的制作需求，是战国时期晋地青铜器物装饰艺
术风格的典型代表。

晋系青铜器物上大量出现关于现实生活的场景并不是偶然事件，这是人
在与自然的抗争中逐渐战胜自然的一种内在自信心的流露，是人的自我意识
觉醒的一种图像化表现，而这些图像多出现在晋系青铜器上，与当时晋国
（三晋）相较于其他诸侯国更加强大不无关系，人的形象在青铜器上的出现
也正是晋国最为强大时期的精神产物。关于人的形象在青铜器物上的出现及

其题材内容在前文已经进行了分析，这里不再赘述。

三、卓越的范铸与装饰技术

晋国青铜艺术的繁荣与其铸造技术的先进有着必然的联系，而提起晋地的范铸技术，一定会谈及侯马铸铜遗址。自 1956 年起，考古人员在山西侯马市汾浍两河之间发现了东起秦村一带，西至台神、虒祁以西，北起汾河南岸台地，南至浍河南岸上马村南，面积近 40 平方公里的侯马晋国遗址。[①]不仅发现了六座东周时代的城址，还发现了大量的文化遗物，特别是在牛村古城南面发现了当时晋国重要的手工业区，这个将近 20 余万平方米的手工业区以铸铜作坊为主，还有制作骨器和制作石圭的作坊。[②] 大量的铸铜陶范的出土，进一步证实了侯马是春秋中晚期晋国国都新绛（新田）所在地。李伯谦认为："西周时期晋地生产的青铜器和宗周青铜器没有明显的差别，只是从公元前 585 年晋景公迁新田开始逐渐形成'新田风格'以后，晋国的青铜艺术才表现得繁花似锦，散发出强烈的自由浪漫气息和泱泱大国风范，成为当时晋国强大国势和'百家争鸣'的特定时代的精神产物。"[③]

（一）精益求精的模范技术

侯马铸铜遗址出土的大量陶范是晋国青铜艺术发展高峰期的产物，承载了晋国青铜艺术由盛而衰的发展历程。作为晋国青铜艺术的重要组成部分，侯马陶范不仅帮助我们确认了晋国青铜器的主要器形和纹饰特征，而且还极大地丰富了我们对于晋国青铜器的认识。侯马铸铜遗址出土各类模范五万多

---

① 参见山西省考古研究所：《侯马铸铜遗址》上册，文物出版社 1993 年版，第 3 页。
② 参见侯马市考古发掘委员会：《侯马牛村古城南东周遗址发掘简报》，《考古》1962 年第 2 期；吴振禄：《晋国石圭作坊遗址发掘简报》，《文物》1987 年第 6 期。
③ 李伯谦：《序》，收录于李夏廷、李劭轩编著：《晋国青铜艺术图鉴》，文物出版社 2009 年版。

件，其中能够辨别器形的约有四千余件。依据侯马陶范，我们可知属于"新田风格"的晋国青铜器主要包括出土于浑源李峪、侯马上马、长治分水岭、太原金胜、汲县山彪镇、辉县琉璃阁等地的青铜器，前文提及的子之弄鸟尊、智君子鉴、宴乐狩猎水陆攻战纹壶等也能在侯马陶范中找到相同或近似的陶范。

从侯马铸铜遗址考古发掘获得的各类铸铜材料来看，当时这里的铸铜业分工细致，有铸造礼乐器、车马器、货币和工具等不同的铸铜作坊，青铜器物的生产呈现程序化、规范化等特点。根据《左传》的记载，晋国的商人、手工业者、杂役都不改变职业。

商工皂隶，不知迁业。

《左传·襄公九年》

这为晋国铸铜业的发展提供了稳定的人才队伍，从而实现铸铜业的规模化和专业化。侯马铸铜作坊出土模范的精度要求高，"出土模、范的设计、制作，灵活多样，技术娴熟。模、范的设计制作中不仅根据器物的形状将器体和钮、耳、足等附件分别制作模和范，较大型而又规整对称器物的器体范普遍根据器形和纹样分为数层，每层分成若干块形制相同的范，每层只需制作一块模。……整个铸型的分块，每块范的位置、形状、大小，分型面的斜度以及浇口、榫卯的多少、位置、大小等都有准确合理的设计，并在制作过程中保持了一定的精确度"[1]。侯马开始大范围推广分铸技术，"分铸铸接成为这一时期青铜通行成形方式，除非器形简单到无须或无可分铸"[2]。分铸法的广泛运用不仅提高了生产效率，同时使批量化生产成为可能。

此外，侯马铸铜遗址还出土有早期的卧式叠铸范，虽然还只是叠铸早期的萌生状态，但足以证明侯马的工匠们在提高生产效率方面曾开展了有益的尝试。

---

[1]　山西省考古研究所：《侯马铸铜遗址》上册，文物出版社 1993 年版，第 449 页。
[2]　苏荣誉等：《中国上古金属技术》，山东科学技术出版社 1995 年版，第 179 页。

（二）流光溢彩的装饰工艺

晋系青铜器使用装饰工艺较为普遍，如错金银、镶嵌、包金银、镂刻、鎏金等。前文提及的狩猎、宴乐、采桑等图像都是使用镶嵌技术进行装饰，有的镶嵌红铜，如出土于浑源，现藏于上海博物馆的嵌红铜狩猎纹豆；有的将多种矿物质研磨处理后再加入某种黏合剂的黑色涂料镶嵌在事先铸出的浅凹纹饰内，赵卿墓出土的高柄小方壶就属此类，利用黑色涂料与青铜的青灰在色彩上的反差凸显图案的装饰美感。

在错金银、鎏金、包金银装饰工艺方面，晋系青铜器物也彰显了晋地高超的技术水平，例如长治分水岭出土的错金云纹豆，万荣后土祠出土的王子孜用戈等都是晋系青铜器错金银技术的代表作。分水岭出土的错金云纹豆（见图4-18[①]）是战国早期作品，该豆通高19厘米，口径17厘米，[②]盖呈覆盆形，盖顶有圆形捉手，器腹深，两侧有环耳，圜底，矮喇叭形圈足。全器遍饰错金云纹，圈足饰错金垂叶纹，此器使用错金法装饰，纹饰效果极为华丽，侯马铸铜遗址曾出土器上错金装饰花纹模。现藏于美国赛克勒

图4-18 错金云纹豆（战国早期）　　　图4-19 错金银鸟纹壶（战国早期）

① 中国青铜器全集编辑委员会编：《中国青铜器全集8：东周2》，文物出版社1995年版，图版第119页。
② 参见边成修：《山西长治分水岭126号墓发掘简报》，《文物》1972年第4期。

美术馆的错金银鸟纹壶（见图4-19[①]）则是将错金与错银工艺共同运用到一器的作品，该壶通高12.8厘米，是战国早期作品，敞口、敛颈、鼓腹、平底、矮圈足，器肩设一对铺首衔环耳（一侧环遗失）。该壶的口沿、颈肩接合处、腹部最大直径处和圈足均以错金带装饰，除腹部的错金带装饰有三道弦纹外，其他三条错金带均无纹，错金带将全器分为三个装饰区，每个装饰区内装饰有错银团形鸟纹[②]，整器的纹饰布置疏密有致，金银双色的交错运用使整器看上去富丽堂皇、雍容华贵。1951年出土于河南辉县固围村的错金银兽首辕饰（见图2-76），也是一件不可多得的错金银青铜珍品，该器出土于战国中晚期的魏国墓地，是一件车軏装饰，整器作兽首状，兽目圆睁，双耳警觉地竖立着，以错金银的云纹、鳞纹和斜线精细描画兽首的眼、鼻等处，不仅使兽首看上去生动有趣，而且也展示出晋地错金银技术的高超水平。

1984年山西榆次猫儿岭出土多件战国中晚期带钩，多以镶嵌绿松石、错金银或鎏金装饰，其中一件鎏金兽纹带钩（见图4-20[③]）历时千年仍然光艳夺目。该带钩长20.3厘米，宽3厘米，呈长条状，带钩正面以

图4-20　鎏金兽纹带钩　　　图4-21　鎏金琵琶形
　　（战国中期）　　　　　带钩（战国时期）

① 中国青铜器全集编辑委员会编：《中国青铜器全集8：东周2》，文物出版社1995年版，图版第71页。

② 参见中国青铜器全集编辑委员会：《中国青铜器全集8：东周2》，文物出版社1995年版，图版说明第23页。

③ 中国青铜器全集编辑委员会编：《中国青铜器全集8：东周2》，文物出版社1995年版，图版第142页。

高浮雕的手法铸造了相背的四兽[1]，纹饰清晰，图案组织合理，全器表面鎏金，看上去熠熠生辉。现藏于美国弗利尔美术馆的鎏金琵琶形带钩（见图4-21[2]）则采用的是当时最流行的琵琶造型，通长 14.2 厘米，以兽面纹装饰，全器鎏金，在带钩的正中镶嵌云纹玉瑗，并在兽面纹的眼、鼻等部位镶嵌绿松石，将鎏金、镶嵌等工艺综合运用到小巧的带钩之上[3]，说明工匠技艺之高超。除鎏金外，晋系青铜器还采用包金的装饰手法，如赵卿墓出土的四组八件包金车軎，就是在器物的表面牢固地黏合一层比纸还薄的金箔，这种装饰方法比鎏金简便，但耗金量大，一般用于小型器物装饰。

此外，晋系青铜器中大量刻纹薄胎青铜器都是先锻打成型之后，再经镂刻完成。主要的工序是先浇铸铜器的坯体，然后锻打成型，经过结晶退火和打磨之后，再绘图、刻纹，刻纹采用錾刻法或刻画法，刻纹完成后，在器表再镀锡铅，不仅可以使器表呈现光滑整洁的视觉效果，同时也起到保护器物坯体的作用。辉县赵固村出土的宴乐纹鉴，长治出土的宴乐射礼盘都属此类。经过锻打的薄胎青铜器不仅成分稳定，而且其材料强度和抗蚀性能都是最好的。当时的工匠们虽然不能用科学的原理来解释他们的操作，但是两千多年以后的今天，我们却可以用科学的原理证明他们当时采用的铸造工艺和技术的有效性。

第四节　晋系青铜艺术的铭文风格

在本书中，我们将先秦时期晋系青铜艺术中的铭文简称为"晋系铭文"，

---

[1] 参见李夏廷、李建生、张童心等：《1984 年榆次猫儿岭战国墓葬发掘简报》，《三晋考古（辑刊）》第一辑，山西人民出版社 1994 年版。

[2] 中国青铜器全集编辑委员会编：《中国青铜器全集 8：东周 2》，文物出版社 1995 年版，图版第 144 页。

[3] 参见中国青铜器全集编辑委员会：《中国青铜器全集 8：东周 2》，文物出版社 1995 年版，图版说明第 45 页。

晋系铭文与同时期的"楚系铭文"和"齐系铭文"在风格的影响力方面有一个较大的区别，楚系和齐系对周边文化的影响较大，这与两国国力强大不无关系，而晋国虽是诸侯国中最早的霸主，但是作为周室宗族，晋国一向以"匡扶周室"为己任，从晋系青铜器的铭文书体中我们也能感受到它继承周王室大统的坚定，西周中晚期以后，晋国逐渐走上强国之路，但整体的书风并没有脱离西周的正统。但是在铭文书法的蜕变期，也就是春秋战国以后，特别是三家分晋之后，晋系铭文也呈现出多元的特色。

一、与宗周共同成长的晋系铭文

晋国紧邻王畿的特殊地理位置和晋侯王室宗族的显赫身份，决定了晋系铭文始终与同时期周王室铭文发展进程基本同步。在先秦时期青铜铭文发展的成熟期，我们可以见到的最早的晋系青铜器铭文当是叔虞方鼎铭文（见图4-22[①]），其铭文共8行48字，经李伯谦先生考释，它是晋国第一代封君自作的铜器，铭文记载了一次重要的祀典仪

图 4-22　叔虞方鼎铭文（西周早期）

式，主持祀典的是周成王，受赏作器的是晋国始封君唐叔虞[②]。从铭文的内容来看，与商末周初的铜器铭文并无二致；从铭文的写作风格来看，此时晋系铭文的书写与西周早期铭文风格也基本相同，模仿晚商风格，用笔圆熟洗练，线条肥瘦变化，行笔规矩稳重，字形端严方正。线条作首尾尖细状，有

---

① 北京大学考古文博学院、山西省考古研究所：《天马——曲村遗址北赵晋侯墓地第六次发掘》，《文物》2001 年第 8 期。

② 参见李伯谦：《叔矢方鼎铭文考释》，《文物》2001 年第 8 期。

规律的肥笔散落其间，使全篇颇具装饰意趣。

西周中期的晋系青铜铭文逐渐形成了较为固定的样式，文字书写更加规范，古之肥笔逐渐消失，精美的大篆书体已见端倪。应为西周中期晚段的晋侯僰马方壶（见图4-23①）1994年出土于曲沃北赵晋侯墓91号墓②，器上铭文4行41字，"隹（唯）正月初吉晋侯僰马，既为宝盂则乍（作）尊壶用，尊于宗室享用考（孝）用祈寿，考子子孙孙其万年永是宝用"③。这虽然不是这一时期最精美的金文作品，但是与西周早期的铭义比较，在文字的书写间我们隐约看到一种风气逐渐形成，装饰趣味在渐渐褪去，字形的美观似乎更加受到重视。在西周中期晚段的晋侯对器铭文（见图4-24④）中，我们就更

图4-23　晋侯僰马方壶（西周
中期）铭文拓本

图4-24　晋侯对盨（西周中期）
铭文拓本

---

① 徐天进、孟跃虎、李夏廷等：《天马——曲村遗址北赵晋侯墓地第五次发掘》，《文物》1995年第7期。

② 参见吴毅强：《晋铜器铭文研究》，浙江大学出版社2018年版，第154页。

③ 徐天进、孟跃虎、李夏廷等：《天马——曲村遗址北赵晋侯墓地第五次发掘》，《文物》1995年第7期。

④ 吴镇烽编著：《商周青铜器铭文暨图像集成》第12卷，上海古籍出版社2012年版，第402页。

清晰地感受到了这一风气，早期的棱角锋芒皆已隐去，优美的曲线成为书写的基调，笔画间多有内敛，大篆的书写规范在同时期的晋系青铜器物铭文中也呈现相同的风貌。这一时期晋系青铜器物铭文并无典型的晋地风貌。直至繁荣期，晋系青铜铭文也一直与宗周保持着几近相同的发展轨迹，西周晚期的休簋、杨姞壶、晋侯苏鼎等都是例证，确立了基本书写规范的金文在这一时期开始了种种风格的尝试，既有休簋横纵对齐的规范写作，也有杨姞壶参差交互的率性生动，既有晋侯苏鼎相互呼应、彼此迁就的灵动率真，也有晋叔家父方壶刻板刻眼的规矩谨慎。

二、崭露头角的晋系铭文

迁都新田的晋国虽然迎来了其春秋霸业的巅峰时刻，然而巅峰是短暂的，三家分晋的史实宣告了晋国的灭亡。本书以"晋"之国号涵而盖之地作为这一系文字的总称，但并不湮没韩、赵、魏三国金文书法的个性。先秦青铜铭文的蜕变期本就是一个百花齐放的时期，这一时期归属于晋系铭文的既有晋国晚期的器铭，也包含韩、赵、魏及周边一些小国的器铭。

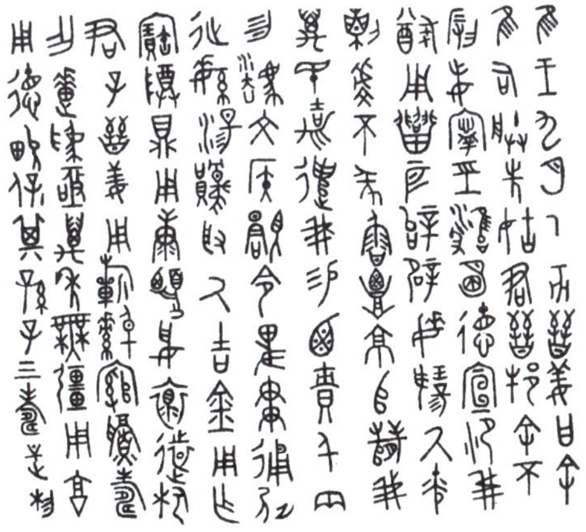

晋姜鼎传北宋时期出土于陕西韩城，所以也称韩城鼎，最早著录于《考古图》，是春秋早期遗物。器内壁铸铭 12 行，121 字（见图 4-25[1]），记录了春秋早期晋

图 4-25 晋姜鼎（春秋早期）内壁铭文摹本

---

① 吴镇烽编著：《商周青铜器铭文暨图像集成》第 5 卷，上海古籍出版社 2012 年版，第 372 页。

国的盐铜贸易情况，对于研究春秋时期的经贸形式具有重要意义。[1] 该篇铭文整齐规整，文字书写基本保持宗周传统，笔画紧凑洗练，线条圆润有余，个别象形性的字符散落其间，在严谨中增加了一分自在。虽然遗存的春秋时期晋国有铭器物不多，但是却保有基本一致的书风面貌。谈及晋国青铜器物铭文，春秋时期的栾书缶（见图4-26[2]）是不能被遗忘的一件重要器物。栾书缶，容庚、张维持在《殷周青铜器通论》中首次为其定名[3]，近年来多位学者对其进行考释，认为其应称为"栾盈缶"[4]。该器通高40.8厘米，器形十分规整，器盖微弧形，上置四个环形钮，平唇，直颈，鼓腹，腹中部设四个对称环形钮，小平底，器底有三个突出的楔形小足。整器除器盖四钮和器腹四钮饰以云纹外，全器素面，颈部自肩以下有五行40字错金铭

图4-26　栾书缶（春秋时期）

图4-27　栾书缶（春秋时期）
外壁铭文拓本

① 参见吴毅强：《晋姜鼎补论》，《中国历史文物》2009年第6期。
② 中国青铜器全集编辑委员会编：《中国青铜器全集8：东周2》，文物出版社1995年版，图版第56页。
③ 参见容庚、张维持：《殷周青铜器通论》，中华书局2012年版，第95页。
④ 参见王冠英：《栾书缶应称名为栾盈缶》，《文物》1990年第12期。

文（见图4-27①），"正月季春元日己丑，余畜孙书也择其吉金，以作铸缶。以祭我皇祖，盧（余）以祈眉寿。栾书之子孙，万世是宝"②。盖内另有铭文8字，"正月季春，元日己丑。"容庚认为"独栾书缶异体较多，与其他晋器不同"③；随着历史学和考古学研究的不断深入，研究者对于该器为晋器产生质疑，他们认为从形制而言，与栾书缶形制相同或相近的器物主要出土地多在楚地或与楚有着密切联系的地区，再者错金的长篇铭文并不见于春秋早期的晋地及其周边地区，而多见于同时期南方诸国，所以他们判断该器应为楚器④。并认为该器是栾盈出逃楚国时所做，是一件"楚材晋用"的特殊风格铜器。⑤ 这也体现了先秦晚期各区域文化交流与融合。

前文曾提到的赵孟介壶，又名"禺邗王铜壶"，铭文铸于盖沿周围（见图4-28⑥），经专家释读，区区19字的铭文记录的是春秋史上一次重要的诸侯会盟——黄池会盟，即公元前482年，晋定公与吴王夫差在黄池签下盟约。"禺邗王于黄池，为赵孟疥，邗王之惕金，台为祠器。"⑦ 依铭文的内容，并结合相关文献，学界多认为铭文中的"赵孟"即赵鞅，因为黄池会盟晋国派出的谈判

图4-28 赵孟介壶（春秋晚期）
铭文拓本

---

① 吴镇烽编著：《商周青铜器铭文暨图像集成》第25卷，上海古籍出版社2012年版，第264页。

② 瓯燕：《栾书缶质疑》，《文物》1990年第12期。

③ 参见容庚、张维持：《殷周青铜器通论》，中华书局2012年版，第97页。

④ 参见瓯燕：《栾书缶质疑》，《文物》1990年第12期。

⑤ 参见王冠英：《栾书缶应称名为栾盈缶》，《文物》1990年第12期。

⑥ 吴镇烽编著：《商周青铜器铭文暨图像集成》第22卷，上海古籍出版社2012年版，第268页。

⑦ 唐兰：《赵孟疥壶跋》，《考古社刊》1937年第6期，转引自故宫博物院编：《唐兰先生金文论文集》，紫禁城出版社1995年版，第43页。

图4-29 智君子鉴（春秋
晚期）铭文拓本

代表是赵鞅，而"介"则是指副手，所以"赵孟
介"是赵鞅的副手董褐，王文清认为："赵鞅是
晋与吴订立'好恶同之'盟约的代表，曾接收吴
王夫差的锡金。董褐是赵鞅的副手，就用夫差之
锡金铸造铜壶。"[①] 这段铭文文字结体修长，工整
秀丽，用笔细腻纤巧，章法循规蹈矩，似乎有受
楚系铭文影响之嫌。作为春秋晚期之典型晋系青
铜器，其铭文也被作为晋系铭文的代表作之一，
虽有旁系铭文书写风格的影响，但其特有的晋系
文字之温婉风度却是典型的晋系之风。正因为这
段铭文，也使该器成为晋系青铜器中不可多得的
年代明确的标准器。在这一点上青铜器再一次体
现了它作为记录史实的物质载体的功能。一般认
为智君子鉴是春秋晚期晋国执政晋卿智瑶用器，
出土两件，分别存于美国的弗利尔美术馆和明尼

阿波利斯艺术研究院，该鉴通高22.8厘米，宽51.7厘米，重9.27公斤。其
上有6字铭文"智君子之弄鉴"（见图4-29[②]），铭文内容简单，但却透露
出一种特殊的审美趣味。其铭文的结体与赵孟介壶有相似之处，但书写不尽
相同，字形讲求形正工美，笔画线条有粗细变化，收笔尖锐，丰中锐末，锋
利的楔形笔画是晋系铭文中少见的形态，每个字都求平衡匀称，在书写中努
力求取视觉美感。

出土于河南洛阳金村战国初年墓葬的嗣子壶，郭沫若认为该器是韩
国器[③]，唐兰根据其壶上铭文所示的主人是"令瓜君嗣子"，以地望考之，

---

① 王文清：《"禺邗王"铭辨》，《东南文化》1991年第1期。
② 吴镇烽编著：《商周青铜器铭文暨图像集成》第26卷，上海古籍出版社2012年版，第
400页。
③ 参见郭沫若：《两周金文辞大系图录考释（二）》，《郭沫若全集·考古编》第八卷，科学
出版社2002年版，第503—505页。

认为"令瓜"即令狐，在今山西猗氏西南，其时属魏国领地，所以断该器为魏国器[1]。不论该壶从属于韩国还是魏国，在本书的研究中，其铭文归属晋系的结论是毋庸置疑的。另有 1971 年河南新郑窖藏出土的郑令赵距戈（见图 4-30[2]）和郑令韩羑戈（见图 4-31[3]）、郑令楈潘戈（见图 4-32[4]）等，均为战国晚期韩国的有铭兵器。这三件戈出于同一窖藏，铸造年代相近，铭文字数分别是 19 字、18 字和 20 字，内容相似。比对三件戈上的铭文，不难看出它们的铭文书写各具风格，赵距戈书写工整，横纵对齐，字与字之间

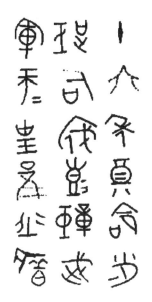
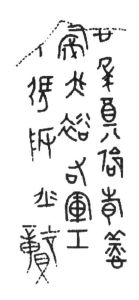
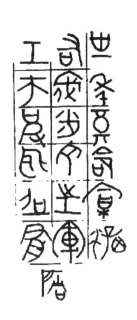

图 4-30 十六年郑令赵距戈　图 4-31 二十年郑令韩羑戈　图 4-32 三十一年
　　　（战国晚期）　　　　　　　（战国晚期）　　　　郑令楈潘戈（战国晚期）

① 参见唐兰：《智君子鉴考》，《辅仁学志》七卷一、二期，转引自故宫博物院编：《唐兰先生金文论集》，紫禁城出版社 1995 年版，第 45—52 页。

② 吴镇烽编著：《商周青铜器铭文暨图像集成》第 32 卷，上海古籍出版社 2012 年版，第 430 页。

③ 吴镇烽编著：《商周青铜器铭文暨图像集成》第 32 卷，上海古籍出版社 2012 年版，第 431 页。

④ 吴镇烽编著：《商周青铜器铭文暨图像集成》第 32 卷，上海古籍出版社 2012 年版，第 433 页。

留有适当的距离，且行距大于字距；韩耑戈则不拘泥于形式上的齐整，笔画讲求变化，复杂的字略大，简单的字略小，在字的大小起伏间画面形成了节奏感；而楯溢戈则将文字控制在事先刻画好的网格架构之中，因为没有考虑字间距，每个字似乎都在自己所处的方块内恣意膨胀。同一个"年"字，赵距戈写得舒展，韩耑戈写得随性，楯溢戈写得规矩；一个"右"字，三件戈写出了三个字的感觉，赵距戈的敦厚，韩耑戈的简洁，楯溢戈的端庄；同是"库"字，赵距戈写的是半包围，韩耑戈写的几乎是全包围，楯溢戈写的介乎二者之间。文字的书写即受书风的影响，也与写作者的书写习惯和审美喜好有着密切关联。

对于晋系文字的特点，沃兴华认为并不具备典型性，他认为："中土的晋国与宗周毗邻，可能是长期受周文化控制，缺乏自我发展的独立意识。进入东周以后，书风表现出一种无所适从的状况。一会儿学齐国风格，一会儿受秦国影响，一会儿又表现出对楚和吴越的倾心，始终没有形成自己的面貌。"[1] 对于这一观点笔者认为有欠公允，首先，其地与宗周毗邻又是周室宗族，受周文化的影响在所难免，对于西周肥笔遗风的承继，这与其地处王畿确实不无关系。其次，其地处中原，与东面的齐、南方的楚、西向的秦交流相对便利，相互的影响也在所难免，因而表现在书风上可能就是对三地的书风均有学习，善于博采众家之长也可谓是晋系铭文的特色之一。纵观晋系青铜器的铭文，虽各有特点，但它们的共性大于个性。大体总结归纳为：第一，丰中锐末。晋系处于西周京畿，笔意承西周肥笔遗风，线条中段丰满，末段尖锐；第二，曲笔为主。追求毫无棱角的圆润书风；第三，工整温婉。铭文工整清秀，文字秀美挺拔，呈现一种温婉秀美的风格。同时我们也看到文字的笔画、结体在刻求规范，这表明文字在向规范化的方向迈进的过程中曾经历了刻意求整的阶段。

---

① 沃兴华：《上古书法图说》，浙江美术学院出版社1992年版，第59、61页。

第五章　兼容并蓄：齐系青铜艺术

春秋时期诸侯争霸，形成了"春秋五霸"的势力格局，对于"春秋五霸"分别指哪五霸，史学研究中有多种观点，认同度最高的两种观点一个来自荀子，他认为"春秋五霸"分别是齐桓公、晋文公、楚庄王、吴王阖闾和越王勾践；

> 故齐桓、晋文、楚庄、吴阖闾、越勾践，是皆僻陋之国也，威动天下，疆殆中国，无他故焉，略信也。是所谓信立而霸也。
>
> 《荀子·王霸》

另一个则来自唐代司马贞在《史记索引》中给出的"春秋五霸"：齐桓公、宋襄公、晋文公、秦穆公、楚庄王。不论哪派观点，齐桓公位列五霸之首却是公论。虽然齐国的强大在先秦的历史上只是短暂的一瞬，但是齐文化的影响却是深远的。齐系青铜艺术作为齐文化的重要物质载体，是我们了解齐文化的重要途径。

第一节　先秦时期齐地历史概况

齐文化作为中华传统文化的主要来源之一，有着悠久的历史和文化传统。在姜太公封于齐地之前，在齐文化生长的这片土地上就有丰富的文化遗存，约四五十万年前的"沂源人"就在这里狩猎捕鱼、繁衍生息。近半个多世纪以来，考古工作者在这片土地上先后发现并命名了一系列新石器时代的考古学文化类型，后李文化、北辛文化、大汶口文化、龙山文化和岳石文化，这些文化间以影响、承继、传播、发展的序列关系在华夏东部滨海的沃土中繁茂生长，它们也被统称为"东夷文化"。也可以说齐文化就是在东夷文化的基础上发展起来的。

一、太公封齐

据《史记》所载，姜太公本姓姜，因为他的封邑为吕姓，所以也叫吕尚。

> 太公望吕尚者，东海上人。……本姓姜氏，从其封姓，故曰吕尚。
>
> 《史记·齐太公世家》

在入周之前，姜太公在政治和生活上有诸多不如意，做过屠夫，当过小贩，但是仍心怀治国安邦之志。

> 太公望，齐之逐夫，朝歌之废屠，子良之逐臣，棘津之雠不庸，文王用之而王。
>
> 《战国策·秦策》

后来他认识了周文王。

> 吕尚三就文王，三入殷而不能有所明，然后合于文王。
>
> 《鬼谷子》

姜太公辅佐周文王，为强周灭商制定了一系列内外政策。

周西伯昌之脱羑里归,与吕尚阴谋修德以倾商政,其事多兵权
与奇计。……天下三分,其二归周者,太公之谋计居多。

《史记·齐太公世家》

文王去世以后,姜太公又辅佐周武王。

十一年正月甲子,誓于牧野,伐商纣。……明日,武王立于社,
群公奉明水,卫康叔封布采席,师尚父牵牲,史佚策祝,以告神讨
纣之罪。……迁九鼎,修周政,兴天下更始。师尚父谋居多。

《史记·齐太公世家》

周武王平定天下,分封诸侯,第一个就是将太公封在齐地。

封诸侯,班赐宗彝,作《分殷之器物》。……于是封功臣谋士,
而师尚父为首封。封尚父于营丘,曰齐。

《史记·周本纪》

姜太公根据齐国的实际情况,推行"因俗简礼""尊贤上功"的国策,
入乡随俗保证了与齐地土著居民的快速融合,任贤赏能保障了领导集团的整
体素质,一系列的治国方略的实施使齐国民富国强。

太公至国,修政,因其俗,简其礼,通商工之业,便鱼盐之
利,而人民多归齐,齐为大国。

《史记·齐太公世家》

初太公治齐,修道术,尊贤智,赏有功。

《汉书·地理志》

齐国很快就成为西周时期的东方大国。齐文化在这片优渥的热土上开始
生根发芽,这既是对东夷文化的继承与发展,同时又是新文化的创造,这种
继承与创新为齐国雄霸一方奠定了基础。

343

二、桓公称霸

公元前 771 年，周幽王被犬戎杀于骊山之下，西周王朝灭亡。太子宜臼即位，史称周平王，他放弃了周王朝在丰、镐故地的千里王畿，东迁雒邑，开启了东周的历史篇章。此时的各诸侯国中已然有了国势的悬殊，齐国利用得天独厚的地理条件，通渔盐之利，发展地区经济，国力已经成为诸侯国中的佼佼者。

> 及平王末，而秦、晋、齐、楚代兴，秦景、襄于是乎取周土，晋文侯于是乎定天子，齐庄、僖于是乎小伯，楚蚡冒于是乎始启濮。
>
> 《国语·郑语》

由于周王室的衰微，许多诸侯国亦不再朝拜周王，也不领王命。

> 宋公不王。
>
> 《左传·隐公七年》

> 蔡人、卫人、郕人不会王命。
>
> 《左传·隐公十年》

为了进一步扩大势力范围，制衡当时鲁、宋、晋等国，齐国开启了一系列结盟活动。

> 冬，齐、郑盟于石门，寻卢之盟也。
>
> 《左传·隐公三年》

> 秋七月庚午，宋公、齐侯、卫侯盟于瓦屋。
>
> 《左传·隐公八年》

公元前 720 年冬天，齐僖公与郑庄公在石门会盟，重修旧好。公元前 715 年，齐僖公与宋殇公、卫宣公瓦屋会盟。此时的齐国霸局初现。

> 齐庄、僖于是乎小伯。

> 《国语·郑语》

韦昭注曰："小伯，小主诸侯盟会。"春秋时期，一般把能够主盟的诸侯国称为"伯主"，后世人称为"霸主"。[1] 吕祖谦认为："春秋之初，齐僖公当时谓之小霸，见于《春秋》经、传。与诸侯会盟、征伐稍多。这便是霸之始。"[2] 之后虽然齐国因为齐襄公的盲目自大，造成了齐国内忧外患的混乱局面，但是自幼善交的齐桓公即位后，任用亲信鲍叔牙至交管仲。

> 君将治齐，即高傒与叔牙足也。君且欲霸王，非管夷吾不可。
> 夷吾所居国国重，不可失也。

> 《史记·齐太公世家》

君臣二人确立了富国强兵、称霸诸侯的目标。在当时"天子卑弱，诸侯力争，南夷北狄交伐中国"的情势下，九合诸侯，一匡天下。

> 夏，公会宰周公、齐侯、宋子、卫侯、郑伯、许男、曹伯于葵丘。……夏，会于葵丘，寻盟，且修好，礼也。……秋，齐侯盟诸侯于葵丘，曰："凡我同盟之人，既盟之后，言归于好。"

> 《左传·僖公九年》

公元前 651 年，齐桓公会诸侯于葵秋，周襄王也派代表参加，这是著名的"葵丘之盟"，标志着齐国霸业达到顶峰，齐桓公成为中原的首位霸主。葵丘之盟的盟文可见于《孟子》，该盟誓的确立，为春秋时期政治统一、经

---

[1]　参见李玉洁：《齐国史》，新华出版社 2007 年版，第 111 页。
[2]　吕祖谦：《左氏传说卷第一》，收录于黄灵庚、吴战垒主编《吕祖谦全集》第 7 册，浙江古籍出版社 2008 年版，第 2 页。

济开放发展具有一定的推动作用。[①] 齐国在桓公治下，政治清明，经济发展，人民安居乐业。

三、田陈代齐

齐国的霸业随着管仲和齐桓公的相继去世而宣告结束，其后齐国发生了长达四十余年的宫廷内乱，五子争位、权臣干政、骨肉相残、内斗不止。齐惠公、齐灵公、齐庄公、齐景公四朝又经历了崔庆之乱，在各国相继变法改革提升国力，晋、楚、吴陆续争霸一方的时候，齐国的政治经济因宫廷内耗而每况愈下，曾经辉煌的姜氏贵族集团走向没落。虽然齐国任用了晏婴作为宰相，但是晏婴空有一身治国方略也无法将宫廷政权旁落的齐国带回桓公时代的辉煌。齐桓公时，陈国内乱，陈国公子出走齐国，得到齐桓公的庇护，改陈氏为田氏。

> 完之奔齐，齐桓公立十四年矣。完卒，谥为敬仲。仲生穉孟
> 夷。敬仲之如齐，以陈字为田氏。
>
> 《史记·田敬仲完世家》

到齐景公时，田氏家族在齐国已经拥有了显赫的地位，为了进一步扩大影响力，田氏用大斗出贷，小斗回收的方式收买人心。

> 田常复修釐子之政，以大斗出贷，以小斗收。齐人歌之曰：
> "妪乎采芑，归乎田成子！"
>
> 《史记·田敬仲完世家》

公元前 481 年，田成子（田常）弑齐简公，立齐平公。五年后，田氏家族彻底剿灭了齐国其他强势的公族，自己划下的封邑也超过了齐平公的。

---

① 参见王阁森、唐致卿主编：《齐国史》，山东人民出版社 1992 年版，第 216 页。

行之五年,齐国之政皆归田常。田常於是尽诛鲍、晏、监止及公族之彊者,而割齐自安平以东至琅邪,自为封邑。封邑大於平公之所食。

《史记·田敬仲完世家》

齐国的政权彻底被田氏家族所垄断,姜齐政权名存实亡。

康公之十九年,田和立为齐侯,列于周室,纪元年。

《史记·田敬仲完世家》

公元前 386 年,周康王册封田和为齐侯,姜齐政权彻底被田氏取代。

四、湣王盛世

战国时期,田齐历经桓公午的广任贤能和齐威王的纳谏图治,齐威王时又得孙膑为齐国军师,使齐国迅速成长为战国时期的军事强国。

秦、赵、齐共伐我,秦将商君诈我将军公子卬而袭夺其军,破之。秦用商君,东地至河,而齐、赵数破我,安邑近秦,于是徒治大梁。

《史记·魏世家》

桂陵之战和马陵之战之后,齐国联合秦国和赵国打败了战国初年霸主魏国,魏国在遭遇一系列的打击之后一蹶不振。公元前 334 年,"徐州相王"拉开了战国时期称王运动的序幕,周天子"天下共主"的地位彻底瓦解,诸侯国间的较量风起云涌。公元前 319 年,齐宣王即位,为了安置他"莅中国而抚四夷"的野心,他扩大稷下学宫的规模,吸引大批学者为齐国的发展出谋划策;发动对外战争,先破燕国,燕国成为齐国的附庸国;后伐楚国,要求楚国割让淮北之地给齐国,齐国的历史再一次被推向了鼎盛之世。

临淄甚富而实，其民无不吹竽、鼓瑟、击筑、弹琴、斗鸡、走犬、六博、蹴踘者。临淄之途，车毂击，人肩摩。连衽成帷，举袂成幕，挥汗成雨，家敦而富，志高而扬。

《战国策·齐策》

《战国策》的这段记载，描述了齐国最鼎盛时期国都临淄的繁盛光景。公元前301年，齐湣王即位，任孟尝君为相，公元前298年，孟尝君利用秦国政局动荡之机，帅齐、韩、魏的军队大举进攻秦国，历时三年打入函谷关，秦国被迫求和。

（秦昭襄王）十一年，齐、韩、魏、赵、宋、中山，五国共攻秦，至盐氏而还。秦与韩、魏河北及封陵以和。

《史记·秦本纪》

（魏哀王）二十一年，与齐、韩共败秦军函谷。二十三年，秦复予我河外及封陵为和。

《史记·魏世家》

（韩襄王）十四年，与齐、魏王共击秦，至函谷而军焉。十六年，秦与我河外及武遂。

《史记·韩世家》

齐国协助赵国灭了中山国，之后灭了宋国。

于是齐遂伐宋，宋王出亡，死于温。齐南割楚之淮北，西侵三晋，欲以并周室，为天子。泗上诸侯、邹、鲁之君皆称臣，诸侯恐惧。

《史记·田敬仲完世家》

这时齐国的土地已延伸到了今天的河南境内，与魏国相比邻，这是齐国最鼎盛的时期，它的强盛也引来了诸侯国的忧虑与忌惮。

五、秦国灭齐

燕国不堪受制于齐，燕昭王招纳天下贤能之人，委乐毅、剧辛等人以重任，安排苏秦前往齐国做反间。

> 我有深怨积怒于齐，而欲报之二年矣。齐者，我仇国也，故寡人之所欲报也。
>
> 《战国策·燕策》

燕国游走于诸侯国间的说客顺利离间了赵国和齐国之间的关系，并游说秦国。

> 齐疆，辅之以宋，楚魏必恐，恐必西事秦，是王不烦一兵，不伤一士，无事而割安邑也。
>
> 《史记·田敬仲完世家》

苏秦的一席话深深地触动了秦昭王，公元前286年，秦昭王联合楚、韩、赵、魏、燕合纵伐齐，大败齐军于济西，各国都得到了自己想要的土地，于是罢兵而去。燕国大将乐毅率燕军直取齐都临淄。

> 轻卒锐兵，长驱至国。齐王逃遁走莒，仅以身免。珠玉财宝，车甲珍器，尽收入燕。大吕陈于元英，故鼎反乎历室，齐器设于宁台。
>
> 《战国策·燕策》

此时的齐国大势已去。乐毅在齐国逗留了五年，率领燕军攻下齐国城池70余座，全部归入燕国领土。虽然六年以后，田单以一己之力，守即墨，破燕军，收复被乐毅攻下的70余城，为齐襄王复国立下不朽功勋，然而齐国元气大伤，已然没有和秦国抗衡的实力。

秦使陈驰诱齐王内之，约与五百里之地。齐王不听即墨大夫而听陈驰，遂入秦。处之共松柏之间，饿而死。先是齐为之歌曰："松耶！柏耶！住建共者，客邪！"

《战国策·齐策》

二十六年，齐王建与其相后胜，发兵守其西界，不通秦。秦使将军王贲从燕南攻齐，得齐王建。

《史记·秦始皇嬴政》

五国已亡，秦兵卒入临淄，民莫敢格者。王建遂降，迁于共。故齐人怨王建不蚤与诸侯合从攻秦，听奸臣宾客以亡其国，歌之曰："松耶柏耶？住建共者客耶？"疾建用客之不详也。

《史记·田敬仲完世家》

关于齐国灭亡的经过史书所载不一，李玉洁据史料分析，认为"齐王建可能确实入朝于秦，乘秦与五国大战之机，偃兵四十余年，终为秦所灭。齐王建当在秦灭齐后，被迁于共地，囚禁而死"[1]。

六、稷下学宫

谈及先秦齐文化有一个概念是不可不提的，那就是稷下学宫。它经常被学界拿来与柏拉图的"雅典学园"相比较。这个开办在齐国国都临淄西门的学宫，钱穆认为它对于战国时期百家争鸣学术氛围的营造和推动功不可没："扶植战国学术，使臻昌隆盛遂之境者，初推魏文，既则齐之稷下。"[2]

---

① 李玉洁：《齐国史》，新华出版社 2007 年版，第 413 页。
② 钱穆：《先秦诸子系年》，商务印书馆 2015 年版，第 268 页。

郭沫若评价它:"这稷下之学的设置,在中国文化史上实在是有划时代的意义,它似乎是一种研究院的性质,和一般的庠序学校不同。发展到能够以学术思想为自由研究的对象,这是社会的进步,不用说也就促进了学术思想的进步。"①

稷下学宫的设立有其必然的社会政治文化背景。西周时期"学在王官",受教育的权力被诸侯贵族所垄断,西周末年,"天子失官,学在四夷。"政治环境的动荡,让大量具备一定文化知识和专长的士人不得不离开原有的靠山投靠新的主人,这为稷下学宫吸引大量的有识之士提供了可能。对于齐国来说,早在姜齐时期的桓公小白时代,就有养士的传统。

> 令夫士,群萃而州处,闲燕则父与父言义,子与子言孝,其事君者言敬,其幼者言悌。少而习焉,其心安焉,不见异物而迁焉。是故其父兄之教不肃而成,其子弟之学不劳而能。夫是,故士之子恒为士。
>
> 《左传·齐语》

标志齐桓公霸业顶峰的葵丘之盟的第二条盟约就是"尊贤育才,以彰有德。"齐桓公养士与其他诸侯国养士有了本质上的区别,他期待士人安定于本职而无其忧,这一政策为齐国的繁荣昌盛提供了人才储备。

对于稷下学宫的准确创办时间学界历来说法不一,多认为是田齐桓公午所创办的。徐干《中论》中这样描述:

> 昔齐宣公立稷下之宫,设大夫之号,招致贤人而尊宠之,自孟轲之徒皆游于齐。
>
> 《中论·亡国》

据《史记》的记载,到齐宣王的时候,因宣王之偏好,稷下学宫再次人

---

① 郭沫若:《稷下黄老学派的批判》,收录于《十批判书》,人民出版社 2012 年,第 120—121 页。

丁兴旺起来。

> 宣王喜文学游说之士，自如驺衍、淳于髡、田骈、接予、慎
> 到、环渊之徒七十六人，皆赐列第，为上大夫，不治而议论。是以
> 齐稷下学士复盛，且数百千人。

《史记·田敬仲完世家》

给学宫中的士人"大夫"的名号，他们不参与治理国家，专门议论国家的政事，先秦时期的各种学派的门生在这里汇聚，诸子学说的思想在这里碰撞。白奚认为："从先秦学术发展的最终结果看，其成就之辉煌在很大程度上有赖于稷下学宫的巨大作用，以至于我们甚至可以说，没有稷下学宫便没有百家争鸣的辉煌。"[1] 稷下学宫清新的文化风气汇聚了战国时期大量的有识之士，成为诸子百家学术思想碰撞的主要阵地，多家思想并存，各派学说齐鸣，在争辩中交融，在融合中发展，最终实现了各家学说的繁荣、创新、发展。稷下学宫海纳百川，兼容并包的宽大胸怀，不仅对齐文化产生了深远影响，而且对整个先秦时期的政治、经济、文化的影响都是不可小觑的。

第二节　齐系青铜器物的形制特征

本章的研究对象齐系青铜器是以先秦时期齐国的青铜器物为主，也包括其周边的鲁、滕、薛、邾、莒、纪等国的青铜器。《史记》中早有关于齐国青铜器的记载：

> 少君见上，上有故铜器，问少君。少君曰："此器齐桓公十年

---

[1]　白奚：《稷下学研究：中国古代的思想自由与百家争鸣》，生活·读书·新知三联书店1998年版，第18页。

陈于柏寝。"已而案其刻，果齐桓公器。

《史记·封禅书》

　　至宋代，《啸堂集古录》《博古图》等书中都收录有齐系青铜器。总体而言，西周早期和中期，齐系青铜器在形制上基本与宗周青铜器保持一致，西周晚期以后地域性特征开始凸显，虽然齐系青铜器在地域性特征方面不及晋系、楚系、燕系、吴越系等具备突出的风格面貌，但是将其青铜艺术略作梳理，也不难看出它与其他地区在器物形制上的区别。相较于其他区域的青铜器物，齐系青铜器少见繁缛张扬的纹饰，形制也显得敦厚朴拙。在这些器物中圆润温雅的青铜敦、形态多变的青铜壶和造型质朴的动物牺尊和摆件都是多见于齐地的流行器形，也是具有典型齐系风貌的青铜艺术器物。

一、圆润温雅的青铜敦

　　我们在前文曾经介绍过青铜敦，它属于盛食器，大约出现于春秋中期，因为铜敦出现的时期宗周王朝已处于礼崩乐坏的时期，在"礼"约束下的器物规制不再是造物的根本遵循，青铜器物凸显出时代赋予的自由，表现在器物形态上就是变化多样的样式，齐系青铜敦的器形多样就是一例。前文提及，青铜敦的器形大体有两类，一类青铜敦为平底或近平底，器盖多平顶，器身与器盖合呈扁圆形；另一类是器身与器盖各为半球状，合之为球形或近球形。齐系的青铜敦两类都有，但器形变化较大，第一类，例如现藏于齐国故城博物馆的人形足敦（见图5-1①）和乳钉纹敦（见图5-2②）就是颇具

---

① 中国青铜器全集编辑委员会编：《中国青铜器全集9：东周3》，文物出版社1997年版，图版第14页。

② 中国青铜器全集编辑委员会编：《中国青铜器全集9：东周3》，文物出版社1997年版，图版第15页。

图 5-1　人形足敦（春秋中期）　　　　图 5-2　乳钉纹敦（春秋晚期）

特色的齐系青铜敦。人形足敦是春秋中期器，1964 年出土于临淄齐国故城
河崖头村，通高 13 厘米，口径 11.6 厘米；整器略呈圆形，器盖微微隆起，
上有四个环形钮；器腹浑圆，腹两侧设一对环形耳；器底设三个人形足，
人头顶敦身，双膝跪地，双手置于膝上；器腹饰交龙纹。① 乳钉纹敦是春
秋晚期器，1973 年出土于临淄齐国故城褚家庄，整器呈扁圆形，通高 17.4
厘米，最大腹围 67 厘米，盖微微隆起，盖顶有三个小蹄形足，可却置；平
口，口沿下方有半圆形凹槽；器腹两侧设环形耳；器底有三个小蹄足；器身
和器盖遍饰乳钉纹。② 1987 年出土于临淄齐陵镇的奁形敦因其形似奁而名；
是战国晚期器，整器为圆筒形，高 15.5 厘米，口径 15.5 厘米，顶部直径
略大于底部直径；盖顶微微膨起，设三个环形钮；器足为三个环形足；通体
素面。③

　　第二类的典型器物当数现藏于中国国家博物馆的陈侯午敦（见图

---

① 参见中国青铜器全集编辑委员会：《中国青铜器全集 9：东周 3》，文物出版社 1997 年版，
　图版说明第 5 页。

② 参见中国青铜器全集编辑委员会：《中国青铜器全集 9：东周 3》，文物出版社 1997 年版，
　图版说明第 5 页。

③ 参见中国青铜器全集编辑委员会：《中国青铜器全集 9：东周 3》，文物出版社 1997 年版，
　图版说明第 6 页。

5-3①），该器为战国中期器，通高
20.5厘米，口径17.8厘米，整器呈
圆球形，器盖上有三环形盖钮，器
底有三个环形器足，器身口沿两侧设
环形双耳，盖钮、器足、器耳大小
相同。陈侯即田齐桓公午，器上铭文
表述了该器为陈侯午用诸侯所献的青
铜铸造了该器。② 先秦晚期器身呈球
形的铜敦较多见于楚系，但楚系青铜
敦多设细长的蹄足以弱化器形浑圆

图5-3　陈侯午敦（战国中期）

的视觉感，使器物看上去修长隽美，而齐系青铜敦则多为矮足，看上去稳
重端庄，说明齐楚的审美意趣各有所好。台北故宫博物院藏另一件无盖的
陈侯午敦，高12.3厘米，整器浑厚敦实，器腹浑圆半球状；平口，口沿两
侧设环形耳，耳上有兽首装饰；器底设三兽形足。③ 两件陈侯午敦的铭文
相同。

　　齐系青铜敦造型变化较多，有球形、半球形、扁圆形、圆筒形等，功能
钮多为环形，春秋时期器表多有装饰，战国以后以素面器为多，制作精细，
整体造型厚重端庄，体现了齐地重实用轻装饰的观念。

二、革故鼎新的青铜壶

　　与青铜敦的情况略有相同，齐系青铜壶造型也呈现朴实持重的情况，在

---

① 中国青铜器全集编辑委员会编：《中国青铜器全集9：东周3》，文物出版社1997年版，
　图版第16页。

② 参见中国青铜器全集编辑委员会：《中国青铜器全集9：东周3》，文物出版社1997年版，
　图版说明第5页。

③ 参见中国青铜器全集编辑委员会：《中国青铜器全集9：东周3》，文物出版社1997年版，
　图版说明第6页。

齐系青铜壶中我们能够见到宗周及周边诸侯国常见的寻常样式，也能见到颇具地域性特点的独特创制。这里既有遵守宗周礼制，造型规整的庚壶、陈喜壶，与同时代流行的方壶形制相近或相仿的陈侯壶、鲁侯壶，也有从实用功能的角度出发创制的侯母壶、鹰首提梁壶等。

  庚壶（见图5-4①）是谈及齐系青铜器经常会提及的1件重要器物，春秋中期器，现藏于台北故宫博物院，通高31.6厘米，口微侈，口沿外有宽带饰；长颈，鼓腹，圈足；肩腹部由一圈凸起弦纹分隔；肩两侧设铺首衔环耳；在器颈部至弦纹的器外壁上有铭文约27行，200余字，记载了名为庚的器主参与齐国三次征伐的事件。② 陈喜壶（见图5-5③）和洹子孟姜壶（见图5-6④）虽为春秋晚期器物，但都保持了春秋早期圆壶侈口，长颈，鼓腹，圈足的造型特征，颈两侧设兽首衔环耳；器颈、肩、腹装饰三道环带纹。陈喜壶高47.5厘米，口径18.5厘米；陈喜即田厘子，原为齐景公大夫，壶上铭文记载了陈喜再立事。⑤ 洹子孟姜壶高22.1厘米，口径13.4厘米；器上

图5-4　庚壶（春秋中期）　　图5-5　陈喜壶（春秋晚期）

---

① 中国青铜器全集编辑委员会编：《中国青铜器全集9：东周3》，文物出版社1997年版，图版第23页。
② 参见陈佩芬编著：《中国青铜器辞典》第4册，上海辞书出版社2013年版，第992页。
③ 中国青铜器全集编辑委员会编：《中国青铜器全集9：东周3》，文物出版社1997年版，图版第27页。
④ 中国青铜器全集编辑委员会编：《中国青铜器全集9：东周3》，文物出版社1997年版，图版第24页。
⑤ 参见陈佩芬编著：《中国青铜器辞典》第4册，上海辞书出版社2013年版，第990页。

铭文表明该器器
主是齐庄公之女、
田桓子之妻。①
鲁 侯 壶（见 图
5-7②）和陈侯壶
都是同时期方壶
的通行形制，侈
口，设盖，盖顶
设椭方形捉手，
束颈鼓腹，腹微
垂，下 置 圈 足，

图 5-6　洹子孟姜壶（春秋晚期）　　图 5-7　鲁侯壶（春秋晚期）

颈部两侧设长鼻兽首环耳，耳内套环，长鼻高举；腹部弦纹纵横交错，交汇
的节点为一突起的菱形纹。鲁侯壶高 54 厘米，口纵径 14 厘米，口横径 20
厘米；器盖缘和器颈饰对称回首鸟纹一周，圈足饰鳞纹，盖内有铭文"鲁侯
作壶"。③ 陈侯壶高 51 厘米，器上除腹部的弦纹外无其他装饰纹，器盖铭
文记载该器为陈侯为妫苏所作媵壶。④

　　与上述几件器物时代风尚不同的是侯母壶（见图 3-33）、鹰首提梁壶
（见图 5-8⑤）的设计制作。侯母壶 1977 年出土于曲阜望父台鲁司徒仲齐墓，
通高 38 厘米，腹径 28 厘米，呈上小下大的圆形；壶盖上两条蛇盘结交错，
以向上昂起的蛇头为盖钮，盖缘两侧各有一个小系；直颈削肩，腹下膨，底
接矮圈足，器肩部和器垂腹两侧各有一系；该壶的肩部装饰有一圈蟠龙纹，

①　参见中国青铜器全集编辑委员会：《中国青铜器全集 9：东周 3》，文物出版社 1997 年版，
　　图版说明第 8 页。
②　陈佩芬编著：《中国青铜器辞典·重要青铜器（酒器）》第四册，上海辞书出版社 2013 年
　　版，第 979 页。
③　参见陈佩芬编著：《中国青铜器辞典》第 4 册，上海辞书出版社 2013 年版，第 979 页。
④　参见陈佩芬编著：《中国青铜器辞典》第 4 册，上海辞书出版社 2013 年版，第 980 页。
⑤　中国青铜器全集编辑委员会编：《中国青铜器全集 9：东周 3》，文物出版社 1997 年版，
　　图版第 28 页。

图 5-8　鹰首提梁壶（战国早期）

肩部以下区域被分为三个装饰带，中间的区域装饰卷体龙纹，上下两个区域装饰三角形编织纹，圈足饰垂鳞纹；器颈有十五字铭文，记侯母为侯父作戎壶，知此壶是一件出征时随身携带的壶，[①] 壶上的系便是为了方便绑缚而设置。该壶小口、阔腹、矮圈足的造型十分讨巧，器盖与器身两侧的六个系打破外轮廓曲线的单调，纹饰亦是主次有序，以三角形编织纹烘托卷体龙纹，使整器稳重中见生动，统一中有变化。该壶造型稳重，纹饰精美，线条流畅，制作精细，承载着作器者的款款深情。

鹰首提梁壶 1970 年出土于诸城臧家庄，是一件运用仿生的造型手法创制的铜器，该器通高 55 厘米，口径 12.5 厘米，器口与盖作鹰首形，雄鹰双目圆瞪，以喙为流，可灵活开合；提梁穿过盖两侧的双环，与颈侧的双耳衔接；颈长腹深，鼓腹平底，矮圈足；通体饰水平瓦楞纹，腹部最膨处为一圈凸弦纹；该器背部有一环形钮，使用时一手握提梁，一手提环形钮，倾倒时鹰喙可以自动开合。整器造型生动有趣，合理地模仿了鹰的形态，将鹰与壶的造型巧妙地结合，辅之以高超的制作技术，成就了这件战国时期齐系青铜器精品。1992 年山东临淄商王村一号战国墓出土的高柄提梁壶，通高 28 厘米，口径 7.5 厘米，足径 9.2 厘米，有盖，盖顶设三个 S 形环钮；器身子口，束颈深腹，球腹圜底；圜底下接高柄，柄上粗下细，柄下为圈足；器腹上部两侧设一对环形钮，与双龙首链式提梁相接；整器素面无纹。[②]

青铜壶形态的多样与这一时期齐国稷下学宫推崇学术观点百家争鸣不无

---

① 参见山东省文物考古研究所等编著：《曲阜鲁国故城》，齐鲁书社 1982 年版，第 151 页。

② 参见徐龙国、贾振国、王滨：《山东临淄商王村一号战国墓发掘简报》，《文物》1997 年第 6 期。

关系，在多元包容的氛围中，齐系青铜壶的形态也表现出形态多样、兼容并包的特点。

三、憨态可掬的动物形牺尊

牺尊，也称鸟兽尊，是先秦青铜艺术具有代表性的器物之一。先秦时期的青铜铸造工匠们将写实的动物形态与酒器的实用功能巧妙结合，创制了以妇好鸮尊、象尊等为代表的大量的青铜牺尊，前文我们也介绍了晋系的鸟形尊也是其中具有代表性的重要作品。与晋地立体造型与铸刻纹样相辅相成的造型手法不同，齐地将错金银工艺运用到牺尊的铸造中，如 1982 年出土于临淄商王村的错金银牺尊（见图 5-9①），高 28.3 厘米，长 46 厘米，仿牛造型，躯体健硕，兽首前探，双耳立于脑后，短肢偶蹄；背上设器盖，盖上立一扁嘴长颈禽鸟，鸟回首将扁喙贴于鸟背，颈部形成一个环状成为盖钮，禽鸟的翅羽以孔雀石铺填。该牺尊采用分铸法铸造而成，兽首和身体的接合处在颈部，铸造者用一个 1 厘米宽的项圈将铸接痕迹掩饰起来，项圈上镶嵌有 16 颗椭圆形银珠（其中 10 枚遗失）；兽的头顶、双耳及鼻梁上端均嵌饰

图 5-9　错金银牺尊（战国中期）

图 5-10　错金银牺尊（战国中期）

---

① 中国青铜器全集编辑委员会编：《中国青铜器全集 9：东周 3》，文物出版社 1997 年版，图版第 49 页。

绿松石，兽的眼睛用墨晶石，双眉之间嵌入 7 枚大小相等的长方形绿松石片；该牺尊通体以错金银几何纹为饰。[①] 1965 年江苏涟水三里墩曾出土一件牺尊（见图 5-10[②]），与此尊相似，高 27.4 厘米，长 41.8 厘米，躯体健硕，兽首前探，双耳立于脑后，短肢蹄足，尾细长；盖在背部，有盖钮；颈部有项圈，圈上饰鎏金鼓泡；通体以错金银的卷云纹和镶嵌的绿松石为饰。[③] 两件器物都是战国中期器，从牺尊的体态来看，铸造者以牛为模仿对象，他们对牛的体态和身体结构特点观察得细致入微，在写实的基础上融入了浪漫的想象，缩短四肢的长度，使牺尊看上去更加朴实淳厚，同时他们注意到动物骨骼与肌肉的关系，在牺尊的四肢和臀部我们可以看到塑造肌肉形态的痕迹。

除了仿动物牺尊外，出土的齐系青铜器中还有动物造型的装饰摆件，如 1978 年出土于平阴孝直镇的立马（见图 5-11[④]）和嵌绿松石卧牛（见

图 5-11　立马（战国晚期）　　　图 5-12　嵌绿松石卧牛（战国晚期）

① 参见中国青铜器全集编辑委员会：《中国青铜器全集 9：东周 3》，文物出版社 1997 年版，图版说明第 16 页。

② 中国青铜器全集编辑委员会编：《中国青铜器全集 9：东周 3》，文物出版社 1997 年版，图版第 48 页。

③ 参见南京博物院：《江苏涟水三里墩西汉墓》，《考古》1973 年第 2 期。

④ 中国青铜器全集编辑委员会编：《中国青铜器全集 9：东周 3》，文物出版社 1997 年版，图版第 50 页。

图5-12 ① ），均为战国晚期器。立马通高15厘米，长15厘米，马呈站立状，通体浑圆，双耳立于头顶，首微晗，口微启，短尾，马的身体表面以流畅的凹线作装饰，线条的方向多以马的肌肉形态为依据，凸显马的健硕身姿。卧牛高9.7厘米，长14.5厘米，作回首顾盼状，犄角向左右伸展，双耳横立，腿蜷曲，一蹄外翻，牛尾在臀部盘曲；该牛遍体嵌饰绿松石。这些仿生装饰摆件的出现，说明战国晚期具有仪礼传统的青铜牺尊逐渐退出历史舞台，以现实生活中常见的动物为母题的青铜装饰摆件开始点缀人们的生活。

第三节 齐系青铜艺术的装饰特色

齐地有着悠远的历史和文化，早在姜太公封齐之前的先齐时期，这里就孕育了丰富的艺术形式。距今8000年以前生活在这片土地上的人们就掌握了烧制陶器的技术 ② ，大汶口文化的彩陶和龙山文化的黑陶都是中国古代艺术史上辉煌的艺术成就。20世纪70年代，考古工作人员先后在山东胶县三里河龙山文化遗址发现两件铜锥形器 ③ ，栖霞县杨家圈龙山文化遗址发现一段残铜条和铜渣 ④ ，说明齐地在龙山文化时期就开始铸造和使用铜质物件。太公封齐之后，重视手工业生产，特别是春秋时期齐国凭借"九合诸侯，一匡天下"的国力，使齐国的铜器制造有了长足发展，铸制了许多别具特色的器物。

---

① 中国青铜器全集编辑委员会编：《中国青铜器全集9：东周3》，文物出版社1997年版，图版第51页。

② 参见王永波、王守功、李振光：《海岱地区史前考古的新课题——试论后李文化》，《考古》1994年第3期。

③ 参见吴汝祚：《山东胶县三里河遗址发掘简报》，《考古》1977年第4期。

④ 参见北京大学考古实习队、山东省文物考古研究所：《栖霞杨家圈遗址发掘报告》，收录于北京大学考古学系、烟台市博物馆编著：《胶东考古》，文物出版社1999年版，第197页。

一、盛开于器顶的莲瓣形捉手

西周时期齐系青铜器在形制和纹饰等方面与宗周区别不大，只略有地域性特色。然而，在春秋中期前后，齐地尝试青铜器型的突破，与周边青铜文化的交流与融合中取长补短，盖顶捉手作莲瓣状的铜簋、铜豆就是其中的典型范例。如故宫博物院藏春秋中期的龙耳簋（见图5-13[①]），通高33.9厘米，口径23.1厘米，盖顶作外翻镂空莲瓣装饰，束颈，扁圆腹，器腹两侧设龙形耳，耳与器身仅一点接触（铜簋的器耳与器身多为两点接触），圈足下连铸方形座，器身与方座遍饰波曲纹，盖顶的莲瓣向外伸展的宽度与方座的宽度相当。[②] 整器看上去浑厚雄健。1940年前后山东临淄近郊出土，现藏于美国旧金山亚洲艺术博物馆的龙耳簋和此器形制颇为相似。

图5-13 龙耳簋（春秋中期）

1978年山东沂水刘家店子出土的公簋（见图5-14[③]），因盘内底有铭文"公簋"二字，故名。该器形似盖豆，通高35.4厘米，盘径24厘米，圈足径17.7厘米；盖呈半球状，盖顶有八瓣镂空莲状捉手，盖沿等距离分布四枚兽首小卡钮，用于器盖与器身的固定；簋身大口，折沿，方唇，浅盘，底略平，喇叭形圈足；器身与器

---

① 中国青铜器全集编辑委员会编：《中国青铜器全集 9：东周 3》，文物出版社 1997 年版，图版第 11 页。
② 参见陈佩芬编著：《中国青铜器辞典》第 3 册，上海辞书出版社 2013 年版，第 681 页。
③ 中国青铜器全集编辑委员会编：《中国青铜器全集 9：东周 3》，文物出版社 1997 年版，图版第 73 页。

盖饰鳞纹、蟠
螭纹和三角鳞
纹，圈足饰镂
空鳞纹。① 该
簋同出 7 件，
形制相同，器
形端庄，纹饰
精美，因其器
形为"豆"却
自铭为"簋"，

图 5-14　公簋（春秋中期）

图 5-15　纪王崮铜铺（春秋）

故专家认为豆和簋在器形的演化上有一定的内在逻辑关系②。在沂水纪王崮
春秋 1 号墓中出土铜铺 7 件（见图 5-15③），"铜铺"在前文我们没有深入
介绍，它是一种形与豆相近的食器，一般归作豆类。这 7 件铜铺大小形制
基本一致，通高在 32.9—33.8 厘米之间，形制与公簋相似，半球形盖，盖
顶也设八瓣镂空蟠螭纹莲状捉手，盖面四周等距分布四个镂空蟠螭纹扉棱；
浅平盘，斜折沿，方唇直壁，平底，喇叭形镂空蟠螭纹圈足；盖顶和盖分
别有两周绚纹凸棱，凸棱之间饰蟠螭纹，整器造型典雅，纹饰繁缛。④

　　器顶设莲瓣形装饰是春秋中期前后较为多见于青铜壶顶的装饰，如莲鹤
方壶、赵卿墓方壶等，这一造型我们也见于楚系铜簋，如蔡侯■簋、曾侯
乙簋，但楚系铜簋器顶的莲瓣非镂空状，且莲瓣的大小也明显小于我们介绍
的这几件齐系铜器，齐系铜器器顶的莲瓣捉手更舒展，更弱化了作为捉手的
功能，强化了装饰性，同时也保证了器盖却置使用时的稳定性。

---

① 参见罗勋章：《山东沂水刘家店子春秋墓发掘简报》，《文物》1984 年第 9 期。
② 参见中国青铜器全集编辑委员会：《中国青铜器全集 9：东周 3》，文物出版社 1997 年版，
　图版说明第 24 页。
③ 山东省文物考古研究所、临沂市文化广电新闻出版局、沂水县文化广电新闻出版局编著：
　《沂水纪王崮春秋墓出土文物集萃》，文物出版社 2016 年版，第 78 页。
④ 参见山东省文物考古研究所等编著：《沂水纪王崮春秋墓出土文物集萃》，文物出版社
　2016 年版，第 76 页。

二、形态万千的鸟形装饰

鸟是齐系青铜器物中较为常见的装饰母题，较有代表性的除前文提到的鹰首提梁壶外，还有铜鸟柄灯、鸟柱方座形器、鸟形杯等，此外还有很多器物以立体圆铸的鸟作为盖钮，如错银立鸟壶、提链簋形卣等。鸟形象的大量出现与齐系的地理位置有着一定的联系，齐系疆域所在本是少皞部落活动的中心地带。少皞部落由四个胞族二十四个氏族组成，齐地爽鸠氏是其中颇有影响力的一支。晏子对曰：

> ……昔爽鸠氏居于此，季荝因之，有逢伯陵因之，蒲姑氏因之，而后大公因之。

《左传·昭公二十年》

童书业在《"鸟夷"说》中称："盖齐地本为以鸠为图腾的氏族所居住。……鲁本东夷之地，盖东夷旧有祀鸟之俗。"[1] 这片疆域也曾孕育了大汶口文化和龙山文化，在大汶口文化遗址出土有仿鸟形态的陶鬶，龙山文化遗址出土的陶器有仿鸟喙的流，还有鸟形的陶塑等，都说明齐地以鸟为图腾有其历史渊源。

铜鸟柄灯1992年出土于临淄商王村一号战国墓，该灯通高13.2厘米，盘径16.6厘米，足径11.8厘米；灯盘为圆形浅盘，盘内设锥形柱；盘下接高柄，柄粗，中腰呈倒葫芦形，下接喇叭形圈足；灯盘底部的一侧伸出一圆柄，上立一只圆铸小鸟，鸟足用铜销固定在圆柄上，小鸟低首引项，喙衔盘沿，鸟尾呈扇形打开；小鸟身上细密的羽毛刻画入微。[2] 该墓还出土有鹰首流匜，通高10厘米，口长18厘米，宽16.6厘米；该匜口沿呈心形，侈口弧

---

[1] 童书业：《"鸟夷"说》，收录于《中国古代地理考证论文集》，中华书局1962年版，第128—129页。
[2] 参见徐龙国、贾振国、王滨：《山东临淄商王村一号战国墓发掘简报》，《文物》1997年第6期。

沿，深腹圜底，高圈足；口沿一侧
有鹰首流，鹰首勾喙，口含圆珠，
以墨晶石为目，眼周嵌银；口沿下
方饰宽带弦纹，形如鹰翅。[1] 1978
年山东滕州城南的薛国故城 4 号
墓出土了 3 件青铜鸟形杯（见图
5-16[2]），因该形制的器物在之前
的考古发掘中从未见过，严志斌曾

图 5-16　鸟形杯（战国）

撰文探讨了该器形的定名，认为该器是"鸟形杯"形爵[3]，其中 2 件形制基
本相同，通高 12 厘米，口径 5.3 厘米，通长分别为 22.8 厘米和 23.4 厘米，
杯为敛口，腹为卵圆形，深腹，喇叭形镂空交龙纹圈足；杯腹一侧中部铸圆
雕鸟首，昂首曲颈，鸟首高于口沿，与鸟首相对的一侧杯腹接长方形曲柄，
作鸟尾状；杯腹另外两侧铸接鸟翅，位置略高于鸟颈部和尾部铸接杯腹的位
置，翅羽微向上翘；其中一件出土时杯内还有一小勺。鸟柱方座形器出土于
济南长清仙人台周代墓地，通高 48 厘米；底座为盝顶方形，边长 15.8 厘米，
高 9.6 厘米；盝顶中心位置设一立柱，高 38.4 厘米，直径 1 厘米，立柱的中
部和顶部各有一只振翅欲飞的禽鸟，鸟的双目镶嵌绿松石，两只鸟飞翔的方
向不同；底座四面饰窃曲纹。[4]

　　此外，齐系青铜器中还有大量的青铜器物设鸟形盖钮，如长清仙人台
周代墓地出土的椭圆形青铜盖罐，盖钮为展翅翘尾鸟形钮[5]；蓬莱村里集镇
出土的提链簋形卣，盖钮为飞鸟形。1965 年出土于江苏涟水西汉墓的战国

① 参见徐龙国、贾振国、王滨：《山东临淄商王村一号战国墓发掘简报》，《文物》1997 年
　 第 6 期。
② 严志斌：《薛国故城出土鸟形杯小议》，《考古》2018 年第 2 期。
③ 参见严志斌：《薛国故城出土鸟形杯小议》，《考古》2018 年第 2 期。
④ 参见于筱筝、赵孟坤、刘善沂等：《山东济南长清仙人台周代墓地 M4 发掘简报》，《文物》
　 2019 年第 4 期。
⑤ 参见于筱筝、赵孟坤、刘善沂等：《山东济南长清仙人台周代墓地 M4 发掘简报》，《文物》
　 2019 年第 4 期。

图 5-17　错银立鸟壶
（战国晚期）

晚期错银立鸟壶（见图 5-17①），也是齐系青铜器中的精品，该壶通高 73 厘米，口径 19 厘米；该壶侈口敛颈，溜肩垂腹，矮圈足，圈足下设三只鸟形足，鸟足呈双足站立，展翅昂首张口状；器盖盖心有洞，另有浮盖盖于其上，浮盖中心有一五瓣莲花形钮，钮中心立一振翅欲飞的大雁，盖沿等距立三只鸟，均面向外侧，作振翅引项高歌状；器肩两侧设铺首衔环耳；该器通体饰繁复的花纹，有错银的蝠纹、斜方纹、三角云纹以及用绿松石镶嵌的粗大的锯齿纹、斜方格纹等，其间还杂以鎏银圆泡。②

大量的鸟形象出现在齐系青铜器上，进一步印证了童书业的论述，齐系青铜器承继了东夷部族以鸟为图腾的旧俗，对于鸟形象的热衷不拘泥于装饰于器表的凤鸟纹样，各种立体圆雕的鸟形象出现在齐系青铜器上，有的是盖钮，有的是器足，有的作流，有的为饰，它们或鹰鼻鹘眼，或小鸟依人，或鸟革翚飞，或引项高歌，千姿百态的鸟形象装点了春秋战国时期齐系青铜器物，其中既蕴含了齐地对崇鸟旧俗的承继，也寄托了齐人渴望与自然界和谐共生的美好愿望。

三、精益求精的铸造技术

在关于青铜量器的章节里我们曾介绍了三件齐国量器：子禾子釜、陈纯釜和左关铜，并引《左传·昭公三年》的相关记述以及研究人员测得的三个器物的容积为依据，介绍了齐国量制的单位容量及其进制关系。这不仅表

---

① 中国青铜器全集编辑委员会编：《中国青铜器全集 9：东周 3》，文物出版社 1997 年版，图版第 29 页。
② 参见南京博物院：《江苏涟水三里墩西汉墓》，《考古》1973 年第 2 期。

明齐人在铸造器具时可以准确的控制容器的容积，同时也间接说明齐人在青铜铸造技术方面的先进性。

齐地掌握冶铜和铸铜技术的历史由来已久，从考古发掘的资料看，山东栖霞杨家圈龙山文化遗址曾出土一件残铜条[1]，长岛店子村和胶县三里河龙山文化遗址分别出土有圆形黄铜片和黄铜锥形器[2]，这都说明在龙山文化时期齐地就已经掌握了冶铜技术。考古发掘材料还显示齐地在岳石文化时期已经进入青铜时代，牟平照格庄、益都郝家庄、泗水尹家城等岳石文化遗址都出土有青铜文化遗存；齐地商代的青铜遗存更是几乎遍及山东全境，济南、临淄、济宁、海阳等地商代墓葬出土的青铜器证明商代齐地的青铜铸造多以一次性成型为主，所铸器物厚重规正。这些都说明先齐时期齐地的青铜铸造已经为齐系青铜艺术的发展奠定了坚实的基础。

齐国作为西周分封最为显赫的异姓诸侯国，在姜太公推行"因俗简礼""尊贤上功"等一系列治国方略的刺激下，齐国逐渐成长为东方最为强大的诸侯国。西周时期，齐地继承商代青铜铸造传统，并逐渐推广分铸法和焊接法，结构复杂的青铜器物开始增多，这与其他文化区的情况大致相同。春秋以后，齐国国力的不断增长，手工业的不断发展，齐地的青铜铸造业进入一个新的发展阶段，不仅在青铜器物的形制和装饰艺术方面表现出地域性特色，同时我们从精美琳琅的器物中也感受到齐地铸造技术的精雕细镂。虽然在齐地我们尚未发现像侯马那样大型的手工业铸铜作坊遗址，但是从传世和出土的器物中我们也能看出齐系青铜艺术依托精湛的铸造技术，展现了春秋时代东方大国曾经的辉煌与气派，特别是海阳嘴子前村和淄博磁村等春秋时代的墓葬出土了大量的青铜兵器，进一步佐证了《左传》关于齐国征伐的记载，这些运用分铸法铸造的各式青铜兵器不仅是齐国铸造技术进步的凭证，也说明在信奉"国之大事，在祀与戎"的时代，齐国以国力的强大为后

---

[1]　参见严文明、吴诗池、张景芳等：《山东栖霞杨家圈遗址发掘简报》，《史前研究》1984年第3期。

[2]　参见宋承钧、史明：《胶东史前文化与莱夷的历史贡献》，《东岳论丛》1984年第1期；吴汝祚：《山东胶县三里河遗址发掘简报》，《考古》1977年第4期。

盾最终成为春秋霸主的主要途径是通过战争。

前文曾经介绍了齐刀币，有研究人员对齐刀币的铜、锡、铅的含量进行了检测，以同时期的齐刀币与燕刀币做比较，数据显示，齐刀币的铜、锡含量大大高于燕刀币，较高的铜和锡占比也确保了齐刀币的铸造质量，同时也说明齐国的经济实力优于燕国。虽然《古泉汇》和《续泉汇》都曾载入齐刀币铜范，并传临淄故城出土，上海博物馆现藏有一个齐刀范，曾经一直被认为是我国叠铸工艺的鼻祖，但是经过专家仔细研究后对其真伪产生质疑，所以在此我们暂且不谈齐刀币的叠铸技术。这并不会掩去齐系青铜工艺技术的风采，齐系青铜艺术还有很多值得书写的传神作品，它们都是齐地精湛技艺的完美创制。

临淄齐国故城曾出土两面透雕铜镜，透雕铜镜又称"夹层透纹镜"，是以一片素质薄铜片的镜面与一个铸造为镂空图案的青铜质镜背合贯为一体的铜镜。两面铜镜的形制相似，大小相近，直径分别为 10.95 厘米和 10.74 厘米；铜镜背面中心设圆形钮座，座上有环形钮；四条透雕蟠螭游绕在钮座周围，蟠螭形态各异，活灵活现；镜缘设一圈凸弦纹，等距离镶嵌圆形绿松石（有的已经遗失）。铜镜的主要功能是"今修饰而窥镜兮"，既要保证镜面平整明净以鉴面理容，又要让镜背华美的装饰体现使用者的尊贵身份，所以透雕铜镜铸造时镜背与镜面的铜锡配比和铸造方法均不同，镜面含锡较多，以呈现亮白色，显得光亮更适于鉴容，镜背透雕则降低锡含量以保证纹饰坚固，采用了失模（蜡）法和镶嵌工艺铸制精美的镜背装饰。对于透雕铜镜镜背与镜面的接合方法，学界尚存在不同的意见，何堂坤曾推断："一般来说，这类镜子应当是先浇镜背，之后才浇镜面；金属冷凝后，与镜面部分连在一起的镜缘同样会产生一个紧箍力，从而加强了两部分金属嵌合。"[1] 而高西省则认为："他们应是两次分铸，然后再黏合在一起，或两次铸造后用铆钉使背与面扣合为一体的。"[2]

① 何堂坤：《中国古代铜镜的技术研究》，紫禁城出版社 1999 年版，第 125 页。
② 高西省：《论战国时期的透雕夹层镜及相关问题》，《中国历史文物》2003 年第 4 期。

前文介绍 1992 年临淄商王村一号战国墓出土的高柄提梁壶，该壶造型线条流畅圆润，壶盖与壶身分铸而成，壶盖与壶身严丝合缝；该墓还出土 1 件无提梁的高柄壶，壶口沿部分伸出一个直角曲尺形合页与器盖相连，与合页相对的另一侧设环钮，使器盖在 180 度的范围内闭合自如；前文提到的鹰首提梁壶，似鹰喙的流在倾倒时同样可以自由开合；此外这一时期广为流行的鎏金、错金银等装饰技术在齐地青铜装饰中得到普遍运用，商王村战国墓出土的鎏金铜器 106 件，其中有 8 件带勾遍体鎏金并镶嵌有绿松石①，展现了当时齐国工匠高超的鎏金和镶嵌技艺。这些都说明齐地铸造技术之精密，精密的铸造技术依托于模范技术的严谨，以及工匠对于所制作的器物精雕细琢、精益求精的执着追求。

第四节　齐系青铜艺术的铭文风格

文化的地域性在铭文书体中体现的最为明显，地域性书风的形成经历了一个渐进的过程。西周到春秋早期齐地的铭文书体以学习模仿宗周为主，春秋早期的《齐紫姬盘》字体的形态与美感与宗周书体几无差别。春秋中后期，齐国逐渐奠定了其"霸主"地位。经济上的繁荣和政治上的强大，不仅为齐文化的发展提供了肥沃的土壤和广阔的空间，也使齐文化对其周边国家和地域产生了重要的影响。"因其俗，简其礼"的务实性，"来天下之人，聚天下之才"的开放性，"不慕古，不留今，与时变，与俗化"的变革性，海纳百川般的兼容并包，使齐文化独树一帜，自成一体。② 齐系铭文也正是在齐文化的务实、开放、变革、包容的影响下发展而来的。

---

① 参见张越、张要登：《齐国青铜铸造工艺初探》，《管子学刊》2013 年第 2 期。
② 参见宣兆琦：《齐文化发展史》，兰州大学出版社 2002 年版，《自序》第 2 页。

一、齐系铭文之锋芒初显

春秋中叶以后，以齐国为中心的鲁、邾、倪、纪、莒、滕、任、杞、薛、祝等国的铜器铭文在西周铭文的基础上发展形成颇具特色的东方文字体系，与西周文字和其他地域文字有着明显的区别。在齐系青铜器物上，能看出齐系铭文的总体特征是线条均称而细密，笔画直为主，曲为辅，转折处多圆中有方，收笔处有甲骨遗韵，毫芒尽显；结体修长，各部分疏密有致，而分布均匀；章法因循繁荣期"横成行，竖成列"的发展趋势，这也是蜕变期各系文字发展的共同特点。

春秋中期是齐系铭文书写逐渐形成地域性风格的时期，有的器物铭文还遵循着西周风范，有的铭文已经开始尝试新的书写形式。如齐侯匜，内底铸铭文16字，其中重文1，整篇铭文带有典型的西周晚期的宗周风尚，强化字形的符号感，笔画起笔与收笔的尖锐感在该铭文中被强化，笔画的向上的生长感有所体现。庚壶铭文（见图5-18[①]）中字的结体非常有特色，横画大多呈向上或向下伸展的弧线，打破口字偏旁四平八稳的静止感，写作三角形或菱形，比正方形更加具有运动感，虽然感觉结体中的角多了，张力增强了，但是所有角的部位都做了圆滑处理，并没有因角的增加而产生尖刻、生硬的感觉。庚壶铭文中装饰点的运用比较特殊，一些脱离

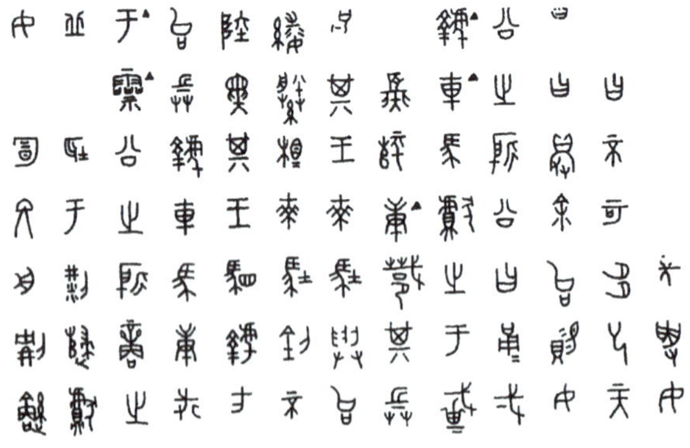

图5-18 庚壶（春秋中期）铭文摹本

---

① 吴镇烽编著：《商周青铜器铭文暨图像集成》第22卷，上海古籍出版社2012年，第436页。

了实际功能的点出现在字的右侧，这些有点伴随的字的共同特征是笔画少，结体简单，点的出现有效地弥补了该字因笔画少而产生的单薄感，同时也增加了作品的装饰性。①

再看北宋宣和五年（1123 年）出土于临淄齐国故城的叔夷钟上的铭文，叔夷钟出土 13 件，分别被命名为叔夷钟一至叔夷钟十三，其中叔夷钟一至叔夷钟八的铭文可以连读，是目前已知铭文最长的齐器。因篇幅原因，这里我们只放叔夷钟一鼓部铭文（见图5-19②）的摹写图片。该钟为春秋晚期齐灵公时的铜器，也称叔尸钟，鼓部铸铭文85字③，文字的形体较庚壶更加修长，文字呈现若有仙骨之清瘦韵味，宗周肥厚质朴的趣味几乎荡然无存，文字书写讲求规整中见变化，例如第 4 行和第 5 行的首字都是"乃"，从摹本我们可以明显看出在写作这两个字的时侯，写作者特意强调了变化，第 4 行

图 5-19　叔夷钟一（春秋晚期）　　　　图 5-20　齐侯盂（春秋晚期）
鼓部铭文摹本　　　　　　　　　　　　　铭文拓本

---

① 参见李嘉：《抚壶论道：造物史视野下的先秦青铜"壶"形器》，中国社会科学出版社 2016 年版，第 240—241 页。

② 吴镇烽编著：《商周青铜器铭文暨图像集成》第 28 卷，上海古籍出版社 2012 年，第 527 页。

③ 参见吴镇烽：《商周青铜器铭文暨图像集成》第 28 卷，上海古籍出版社 2012 年，第 526 页。

的"乃"字起笔轻巧，笔画中的两个弯曲跨度基本相当，收笔自然；而第5行的"乃"字显得十分刻意，起笔有明显的上翘，两个弯曲也是一个弧度大而窄，一个较平缓而阔。不仅是"乃"字，该摹本上三个"女"字也有较明确的区分。这说明齐系铭文在春秋中晚期除了追求文字的结体和书写的风格外，也重视铭文的整体视觉效果，这意味着书体革新的暗流开始涌动。同是春秋晚期，齐侯盂的铭文（见图5-20①）写作风格与叔夷钟相似，内壁铭文26字，其中重文2个，记述了该器是姜姓齐侯为其二女儿所做的陪嫁之器，其铭文铸刻于器腹内壁，字体较叔夷钟更加修长灵秀，在笔画的曲直对比与伸展蜿蜒间我们能感受到平衡是书写者最着力的地方，上紧下松是复杂字形主要的结构特点，但是有的字却又采用上大下小的对比手法，如"宝"字所在的一行以左右对称的字为主，"宝"字上下大小的悬殊不仅是个体的字形变化，也为所在的一行增添了活力，而中间一行的字相对复杂，作者只写了4个字，通过拉长字形保证行与行之间的平衡关系，整篇铭文初看端庄稳重，二看稳中求变，再看变化中有统一，细细品味更能体会其谋篇布局与设计用心。

二、博采众长的齐系铭文

战国时期的齐地，稷下学宫吸引人才，在齐国都城临淄的西门之下，学派思想磨擦碰撞，学术观点争鸣激荡，思想文化大创造与大繁荣从这里推演开来，齐系的青铜铭文也随学术思想的繁荣而多样起来。

战国时期的齐系铭文进一步摒弃传统，对文字的刻意装饰逐渐减少，书写的随意性慢慢充斥在字里行间，春秋时期排放工整的谋篇已然少见，更多的是恣意熟练的书风。战国早期的陈逆簋，内底铸铭文26字（见图5-

---

① 吴镇烽编著:《商周青铜器铭文暨图像集成》第13卷，上海古籍出版社2012年，第452页。

21①），颇具"复古"之风，带着些许西周时期的风格，但是与西周相比则多了份洒脱与自如，与同时期的大篆又有所不同，有的字四平八稳，有的字声张变化，不仅曲直对比颇具审美趣味，粗细变化间也增添了不

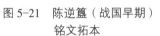

图 5-21 陈逆簋（战国早期）铭文拓本　　图 5-22 陈侯因资敦（战国中期）铭文拓本

少装饰韵味。战国中期的陈侯因资敦内壁铸铭文 8 行 79 字（见图 5-22②），文字间虽保有些许齐地特有的修长，但是春秋时期常见的卷曲摆动明显减少，笔画的粗细变化成为调节氛围的重要媒介。

我们可以看出齐系铭文特点和其发展的过程，归纳起来主要有以下四点：第一是从春秋中期开始，齐系铭文的装饰性加强，横画呈现为向上伸展的弧线的特点较为突出，这种向上伸展的形态为作品带来整体积极向上的张力，一种生长的感觉在字间萌生。第二是齐系铭文笔画的起笔与收笔多为尖细状，这种承袭于甲骨文的书风，给齐系文字增加了一份清秀。第三是齐系铭文总体来看字体修长，结体呈纵向之势，笔画的走向进一步强化了纵长的趋势，而从个体来看每个字各部分的组织疏朗间见细密。第四是齐系铭文在战国时期呈现百花齐放的繁荣局面，书体中有对西周字体的"复古"，有对春秋齐系铭文字体的继承，有对周边楚、晋、燕等铭文字体的学习与吸收，

① 吴镇烽编著：《商周青铜器铭文暨图像集成》第 10 卷，上海古籍出版社 2012 年，第 465 页。
② 吴镇烽编著：《商周青铜器铭文暨图像集成》第 13 卷，上海古籍出版社 2012 年，第 347 页。

也有自身的发展与演进，凡此种种，共同构建了齐系青铜器物铭文的地域性与时代性特征，成为先秦时期中华大地青铜艺术铭文多样性的一颗耀眼的明珠。

第六章　浪漫灵动：楚系青铜艺术

在百花齐放、百家争鸣的东周时期，华夏大地上有两支脱颖而出的区域文化对其后两千多年的文明产生深远的影响，那就是"崛起于南方江汉地区的楚文化和雄长于西北关中地区的秦文化"①。作为先秦时期南方文化的代表，除了老庄道家的哲学思想，屈子《离骚》的文学传统以外，造型奇异诡谲，纹饰飞扬流动，色彩绚丽旖旎的楚艺术也成为先秦时期华夏艺术的重要组成部分之一，而楚系青铜艺术所取得的成就更是其中不可小觑的内容。

第一节　先秦时期楚地历史概况

楚文化是先秦时期活跃在长江流域、汉水流域和淮河流域广阔天地间的楚人创造的具有典型地域性特征的文化遗存，它记载着楚人"筚路蓝缕、以启山林"的创世之路，也充满了浪漫激情、奇特诡谲的艺术想象。严文明认为长江中游"根据古史传说，那里曾是三苗部落活动的地区。该区较早有城背溪文化，其后发展为大溪文化和屈家岭文化。到龙山时代则发展为石家河文化。往后的发展路程虽还有一些不甚清晰的地方，但无论如何，著名的楚

---

① 皮道坚：《楚艺术史》，湖北美术出版社 2012 年版，第 3 页。

文化应是从这里孕育起来的"①。

一、源于三苗

楚文化源于长江中游的江汉平原，早在新石器时代居住在这里的土著是三苗，通过对早期文献的梳理，我们可以得出楚人与三苗的先祖是同源的结论。

> 三苗之居，左有彭蠡之波，右有洞庭之水，文山在其南，而衡山在其北。
>
> 《战国策·魏策》

《史记》和《国语》的记载，让我们可以进一步推论先楚与三苗都是重黎的一支。

> 楚之先祖出自帝颛顼高阳。高阳者，黄帝之孙，昌意之子也。高阳生称，称生卷章，卷章生重黎。重黎为帝喾高辛居火正，甚有功，能光融天下，帝喾命曰祝融。共工氏作乱，帝喾使重黎诛之而不尽。帝乃以庚寅日诛重黎，而以其弟吴回为重黎后，复居火正，为祝融。
>
> 《史记·楚世家》

> 及少暤之衰也，九黎乱德，民神杂糅，不可方物。……颛顼受之，乃命南正重司天以属神，命火正黎司地以属民，使复旧常，无相侵渎，是谓绝地天通。其后三苗复九黎之德，尧复育重黎之后不忘旧者，使复典之，以至于夏、商，故重黎氏世叙天地，而别其分主者也。
>
> 《国语·楚语》

---

① 严文明：《中国史前文化的统一性与多样性》，《文物》1987年第3期。

俞伟超认为三苗的先祖一直追溯到颛顼的说法，又和《离骚》《大戴礼记·帝系》《史记·楚世家》中楚人始祖之说相通，自然也能表示三苗与楚同源[1]。

关于三苗我们也可以通过《史记》了解其曾经的强大。

> 三苗在江淮、荆州数为乱，于是舜归而言于帝，请流共工于幽陵，以变北狄；放驩兜于崇山，以变南蛮；迁三苗于三危，以变西戎；殛鲧于羽山，以变东夷。四罪而天下咸服。
>
> 《史记·五帝本纪》

商人称分布在南方的祝融部落为"荆"。三苗迁走后，祝融部落的一支免于卷入迁徙的队伍，他们在江淮、荆州一带活跃起来。

> 维女荆楚，居国南乡。
>
> 《诗经·商颂》

先楚与三苗迁三危之前的活动区域基本重合，早期的文化遗存可以被看作是三苗和先楚共同的文化遗存。

二、封于楚蛮

《史记》记载了楚子受封于周的传说。

> 周文王之时，季连之苗裔曰鬻熊。鬻熊子事文王，蚤卒。其子曰熊丽。熊丽生熊狂，熊狂生熊绎。熊绎当周成王之时，举文、武勤劳之后嗣，而封熊绎於楚蛮，封以子男之田，姓芈氏，居丹阳。
>
> 《史记·楚世家》

---

[1]　参见俞伟超：《先楚与三苗文化的考古学推测——为中国考古学会第二次年会而作》，《文物》1980年第10期。

楚之祖封于周，号为子男五十里。

《史记·孔子世家》

商末，荆人的主力季连是三苗后人，他们拥戴鬻熊为首领，鬻熊率部落追随周文王征伐天下，当鬻熊的首领之位传到他的曾孙子熊绎的时候，周成王感念他们世代之功，于是封熊绎为子男于楚蛮，"楚"正式作为一个族群、一个国号被载入史册。

昔我先王熊绎，辟在荆山。筚路蓝缕，以处草莽。跋涉山林，以事天子。唯是桃弧棘矢以共御王事。

《左传·昭公十二年》

熊绎的国都丹阳，位于雎山与荆山之间，今蛮河近上游处的南漳县城附近①，楚文化从这块方圆五十里的方寸之地蹒跚起步。

三、初试锋芒

当楚君之位历五世，传到敢为人先的熊渠手里，他低头看了看脚下先祖传下来的这块封地，这里已经安置不下他雄霸天下的野心，趁着周夷王王室衰微，他带领着楚人从窄小的天地间杀将出来，远攻近交，西征庸随，东战杨粤，并将杨粤的经济中心鄂据为己有，鄂的南部就是铜绿山……很快楚就控制了当时最大的铜矿资源，这为今后楚国青铜铸造业的蓬勃发展奠定了坚实的物质基础。

当周夷王之时，王室微，诸侯或不朝，相伐。熊渠甚得江汉间民和，乃兴兵伐庸、杨粤，至于鄂。熊渠曰："我蛮夷也，不与中国之号谥。"乃立其长子康为句亶王，中子红为鄂王，少子执疵为

---

① 参见张正明：《楚文化史》，上海人民出版社 1987 年版，第 17 页。

越章王，皆在江上楚蛮之地。及周厉王之时，暴虐，熊渠畏其伐
楚，亦去其王。

《史记·楚世家》

公元前 877 年，熊渠封长子康为句亶王，次子红为鄂王，少子执疵为
越章王。依周礼，唯有周天子才能称"王"。虽然后来担心周厉王征伐而去
掉"王"的称谓，但是一个被封为子男，偏安一隅的楚君竟然封自己的儿子
为"王"，是僭越，是大不敬，但熊渠无所畏惧："我是蛮夷！不与中国之
号谥！"这是楚国第一次向天下展示自己的实力与野心。周王室实力衰弱之
时，熊渠蔑周夷王之不争，周王室实力雄厚之时，他畏周厉王之暴虐，楚国
未来的壮大与其审时度势不无关系。

正是在征伐杀戮之间，在楚国的领地不断扩大的过程中，长江中游的土
著文化、中原的商文化和周文化、周边的蛮夷文化与楚人不断碰撞、交融，
相互影响，相互渗透，楚文化逐渐形成了，从前传入的商周铜器的造型、扬
越人的铸铜技术在楚之地开始根据楚人的审美趣味、生活方式、风俗习惯发
生转变。西周时期楚文化的风貌只可谓初见端倪，我们仅能从这一时期数量
极少的青铜器感受到楚国青铜冶铸业初露锋芒。

四、问鼎中原

楚君们的野心在楚国疆域不断扩大的过程中慢慢膨胀起来。

若敖、蚡冒，至于武、文，土不过同。

《左传·昭公二十三年》

古时方圆百里曰"同"，此时楚国疆域虽然已比分封时多了一倍，但与
楚君们的梦想还相距甚远。蚡冒死后，他的弟弟熊通杀了他的儿子，自立为
武王（公元前 740 年），灭了权、州、蓼等国。熊通的儿子文王迁都郢（公

379

元前 689 年）。

文王熊赀立，始都郢。

《史记·楚世家》

又吞并了申、息、邓等国，到楚成王之时，已是"楚地千里"。到楚庄王即位（公元前 613 年）的时候，他的父亲楚穆王已经灭掉了江、六、邾、麇等国，将楚国的势力进一步向东北部拓展。庄王伐陆浑而问鼎中原（公元前 607 年）。

楚子伐陆浑之戎，遂至于雒，观兵于周疆。定王使王孙满劳楚子，楚子问鼎之大小轻重焉，对曰：在德不在鼎。昔夏之方有德也，远方图物，贡金九牧。铸鼎象物，百物而为之备，使民知神奸。故民入川泽山林，不逢不若，魑魅罔两，莫能逢之。用能协于上下，以承天休。桀有昏德，鼎迁于商，载祀六百。商纣暴虐，鼎迁于周，德之休明，虽小，重也。其奸回昏乱，虽大，轻也。天祚明德，有所底止。成王定鼎于郏鄏，卜世三十，卜年七百，天所命也。周德虽衰，天命未改。鼎之轻重，未可问也。

《左传·鲁宣公三年》

灭庸、麇、邾而将势力延伸到大巴山和洞庭湖一线，灭诸舒和蓼，灭萧国，其势力已经延伸到了江淮一线，奠定了不可动摇的南方大国地位。楚庄王饮马黄河（公元前 594 年），围郑退晋，确立了楚国的霸主地位。

并国二十六，开地三千里。

《韩非子·有度》

楚人奉行了"抚有蛮夷，以属诸夏"的混一华夏的民族政策，赢得了版图的扩张、财富的增值和文化的繁荣。①

---

① 参见张正明主编：《楚文化志》，湖北人民出版社 1988 年版，第 8 页。

五、由盛而衰

楚庄王称霸天下，奠定了楚国居于南方而环顾天下的霸主地位，楚国在庄王开创的基业的基础上逐渐走上了鼎盛时期，这一时期也是楚文化最为异彩纷呈的时期，青铜器作为楚文化最具代表性的物质形态，被学界冠以"楚系铜器"以突出其不容忽视的文化特征。楚系铜器并不局限于楚国铜器，而是指同一时期楚国及其周边地区铸造的、具有共同特征的青铜器物，它们是楚文化体系在江汉淮地区青铜文化发展基础上，随楚国的统一事业而逐渐形成的。①

楚昭王十年（公元前 506 年），吴王阖闾在伍子胥的辅佐下起兵攻打楚国，楚军大败，吴军攻入郢都。后因秦国施以援手，吴国方退兵。

> 十年冬，吴王阖闾、伍子胥、伯嚭与唐、蔡俱伐楚，楚大败，吴兵遂入郢。……秦以车五百乘救楚，楚亦收余散兵，与秦击吴。
> 十一年六月，败吴于稷。
>
> 《史记·楚世家》

公元前 504 年，吴国两次举兵伐楚，吴军水路在淮水中击败了楚军的舟师，夺取了沈县（今河南固始县境内）；陆路在汝水附近击溃了楚军的步兵，占领了繁扬（今河南新蔡县北）。

> 十二年，吴复伐楚，取番。楚恐，去郢，北徙都鄀。
>
> 《史记·楚世家》

楚国畏吴国之军力，恐吴师再度入郢，于是迁都鄀。楚国多次迁都，但都称为郢。楚昭王九传至楚顷襄王。

---

① 参见杨权喜：《试谈鄂西地区古代文化的发展与楚文化的形成问题》，收录于中国考古学会编辑：《中国考古学会第二次年会论文集》，文物出版社 1982 年版，第 21—32 页。

十九年，秦伐楚，楚军败，割上庸、汉北地予秦。二十年，秦
将白起拔我西陵。二十一年，秦将白起遂拔我郢，烧先王墓夷陵。

《史记·楚世家》

曾经称霸一方的楚国自此雄风不再，昔日的辉煌已是过眼云烟。

六、文化流变

楚文化并没有随着楚国的灭亡而湮灭在浩瀚的历史长河中，顾铁符说：
"至于楚国的文化，除了道家的思想、屈宋的文采、丰富的神话传说是自古
以来公认的翘楚之外，在近代考古发掘中所出现的绘画、竹简、雕塑、铜
器……等等，从它艺术的高超、技巧的精湛，在当时也同样是名列前茅的。
从此以秦代为过渡，到楚国人取得了天下之后，经汉代的发扬光大，使楚文
化成为我国文化史上最重要的源泉之一，这是无庸怀疑的事实。"[1] 楚文化的
独立体系虽然伴随着楚国的消亡而不复存在，但是楚文化的精神仍然为汉唐
文化的恢弘提供了丰富的思想基础和文化积淀，楚式青铜器更是为我们了解
和研究楚文化提供了重要线索。

第二节　楚系青铜器物的形制特征

张正明在《楚文化史》导言中提出营造"楚文化的美轮美奂的高堂邃
宇"的六个要素的第一要素就是青铜冶铸工艺[2]，可见楚国青铜艺术在楚文

---

[1]　顾铁符：《楚文化研究论集·序》，收录于楚文化研究会编：《楚文化研究论集》第一集，
　　　荆楚书社 1987 年版，第 2 页。
[2]　参见张正明：《楚文化史（导言）》，上海人民出版社 1987 年版。

化史上的重要地位。吕大临在《考古图》中曾收录了楚公逆钟、楚王酓章钟等器物的铭文传世，但实物已无遗存。从已掌握的考古发掘资料和历代遗存来看，楚国西周时期的青铜器存世不多，能追溯的年代最早的是西周中期遗物，主要有：楚公豪秉戈、楚公豪钟和楚公逆镈，经过古文字专家考证，豪就是敢为人先的熊渠[1]，戈是他的专用兵器，钟是他在位时的公室用器。从这些器物的形制和纹饰来看，楚国青铜艺术风格的萌生肇始于西周中期，虽然这一时期器物形制与中原青铜器并无二制，但是装饰纹样的母题选择出现了新的图式。楚公豪秉戈上对称的斑点纹，为中原同类戈所未见；楚公豪钟右侧鼓纹饰为象纹，有别于中原使用鸟纹为饰，这是否就是熊渠"不服周""我是蛮夷！不与中国之号谥！"的符号呈现？是否是楚国率先开始青铜器形制、纹饰创制的先声？

我们现在能够看到的楚国青铜器大多是东周遗物，刘彬徽选择了一些年代明确的楚铜器群作为分期的界标，将东周时期的楚铜器分为七期[2]，每期都有代表性的楚铜器墓和楚铜器，全面梳理了楚国青铜文化发展的历史进程。楚国的青铜文化在西周中期到战国末年的700多年的时间里，在继承中原青铜文化的基础上，不断推陈出新，创造了中国青铜艺术史上的一个高峰。

一、楚式升鼎的形制流变

楚国的青铜艺术与其他诸侯国一样，在春秋早期还是延续西周晚期的形制与纹饰，新的风格的创立是在春秋中晚期开始。鼎作为国之重器，一直是学界研究先秦时期历史文化的重要对象，楚式鼎更是因为其形制、纹饰的特殊性而备受关注。高崇文依据器物形态将楚式鼎分为折沿侈耳鼎、附耳折沿束颈鼎、子母口盖鼎、平底升鼎、小口鼎和扁斜足云雷纹鼎六种类型。[3] 刘

---

[1] 参见张亚初：《论楚公豪钟和楚公逆镈的年代》，《江汉考古》1984年第4期。
[2] 参见刘彬徽：《楚式青铜器研究》，湖北教育出版社1995年版，第37—52页。
[3] 参见高崇文：《东周楚式鼎形态分析》，《江汉考古》1983年第1期。

彬徽将楚式鼎分为折沿鼎、箍口鼎、子口鼎、束腰平底鼎、小口鼎五类。[①]二人的分类并没有太大区别，刘彬徽认为出土数量极少的折沿侈耳鼎和扁斜足云雷纹鼎反映楚文化的因素较少，没有专门将它们列为一类。楚国的用鼎制度中的正鼎是核心，可分为两类，一类是继承西周传统鼎形的圆腹圜底鼎，包括箍口鼎、子口鼎、小口鼎，另一类为楚独创的束腰平底鼎。[②]

束腰平底鼎因其自铭为"鼎"，也称升鼎或楚式升鼎。多出土于春秋中晚期至战国末期的楚国贵族墓葬中，被视为楚国贵族墓葬的标志。淅川下寺2号墓出土7件升鼎，高度在61.3—68厘米之间，为3对对鼎和一件单鼎，曾侯乙墓和寿县楚幽王墓各出土9件升鼎，均为4件对鼎和1件单鼎，曾侯乙墓的升鼎的高度在35—36厘米之间，楚幽王墓的升鼎的高度在47.5—51厘米之间。从用鼎制度来看，楚式鼎遵循了中原地区大小相次的列鼎制度，但是序列的大小按双件（对鼎）递减，不同于中原地区大小按单件依次递减。[③]

楚式升鼎的基本形制特征是器形高大，侈口，厚方唇，无颈。立于方折口沿上的一对大方耳以优美的弧线向外伸展，器腹较浅，腹中部内收呈束腰状，平底。兽蹄三足，足根接于底面。有的鼎身外侧等距装饰四只或六只圆雕兽形附饰，有的则等距装饰扉棱；器身及器耳遍布装饰花纹，有的采用鎏金装饰，有的镶嵌绿松石。淅川下寺2号墓出土的王子午鼎器身周围攀附六只扁平透雕的夔龙，足部饰透雕的兽形扉棱；寿县蔡侯墓出土的升鼎器身周围饰六只简化的扁平夔龙；寿县楚幽王墓和曾侯乙墓出土的升鼎器身周围饰四只象形附兽。这些升鼎中以淅川下寺2号墓出土的王子午鼎（见图6-1[④]）最为典型，虽然出土时都碎裂成数十块或者上百块，但是经过专业人员的修复，令我们仍有机会通过它们了解楚式升鼎的绰约风采。7件王子午

---

① 参见刘彬徽：《楚系青铜器研究》，湖北教育出版社1995年版，第110—139页。

② 参见刘彬徽：《楚系青铜器研究》，湖北教育出版社1995年版，第504—515页。

③ 参见刘彬徽：《楚系青铜器研究》，湖北教育出版社1995年版，第516页。

④ 中国青铜器全集编辑委员会编：《中国青铜器全集10：东周4》，文物出版社1998年版，图版第3页。

升鼎的盖、颈、腹和内壁上都有铭
文，纹饰繁缛，耳、口沿、腰部圆
形凸上都以浅浮雕蟠虺纹和蟠螭纹
为饰，三足均有兽形扉棱。

　　作为礼器的鼎，其重要性在于
参与祭祀、礼仪活动时的核心定
位，它们是代表统治者地位和权势
的象征符号，楚式升鼎也不例外。
曾侯乙墓升鼎出土时内部盛有鼎
实，与《周礼》《仪礼》记载大体

图 6-1　王子午鼎（春秋时期）

相符[1]，证明了楚式升鼎列鼎在祭祀、礼仪活动中的实际功用。楚式升鼎沉
重的体量和繁缛的装饰，以及器身装饰的夔龙、兽面都使其不失作为国之重
器的庄重与严肃，升鼎的鼎腹变浅，口沿和双耳的外侈，以及平实的底部等
形态创新，使其在庄重中不失灵动，而就实用功能而言，这样的形制可以使
内部盛装之物更清晰、完整地呈现，虽然器腹变浅减少了容积，但是外侈的
口沿和平底则巧妙地利用视觉心理呈现出感官上的丰盛。

二、曾侯乙编钟的气势恢宏

　　曾侯乙编钟 1978 年出土于湖北随县（今随州市），是战国早期曾国国
君的礼乐之器，其随葬的年代下限是公元前 433 年。

　　这是一件由 65 枚青铜钟和三层曲尺形钟架组成的庞大乐器，总重量
2500 公斤。钟架，古时候称为簨簴，横梁为簨，立柱为簴，铜木结构，由
短架和长架组合而成。短架长 3.35 米，高 2.73 米，长架长 7.48 米，高 2.65
米；横梁截面近正方形，通体髹漆并饰以彩绘，两端施以蟠龙纹青铜套；钟

---

① 参见湖北省博物馆编著：《曾侯乙墓》上册，文物出版社 1989 年版，第 193 页。

架分上中下三层，中下层均有三个佩剑的铜人（见图 6-2[①]）呈举臂状承托横梁，长梁中间另加一铜质圆柱支撑，下层的铜人足下有高 35 厘米，底径80 厘米半球体底座，底座由 16 条高浮雕蟠龙组成，上下两圈，每圈 8 条，上圈的蟠龙两两相对，下圈的蟠龙则两两相背，龙身是另铸成形后焊接上去的。中层与下层的铜人、铜柱位置对齐；上层立于中层横梁之上，为 3 个互补衔接、结构一致的单元小架（短梁上 1 个，长梁上 2 个），小架两端有两根木质圆柱支撑。65 枚青铜钟之中有 19 枚是钮钟，分三组悬挂与钟架上层横梁上，钮钟（见图 6-3[②]）的形制相同，钟体扁如合瓦，铣边有棱；舞部平整，上有长方形单钮；钟体上部略窄，下部稍宽，呈直线外侈；钟口沿部内收成弧形。[③] 45 枚甬钟分五组悬挂于钟架中层和下层的横梁上，甬钟钟体扁如合瓦，铣边有棱；舞部平整，上有长甬，甬下部有旋、斡；钟体上部略窄，下部稍宽，呈直线外侈；钟口沿部内收成弧形；甬部、舞部、篆部、鼓部饰蟠龙纹；钲部和正鼓、左鼓、右鼓部位有铭文。甬钟（见图 6-3）的

图 6-2　曾侯乙编钟铜人柱（战国早期）　　　图 6-3　曾侯乙钮钟与甬钟（战国早期）

① 邹衡、谭维四：《曾侯乙编钟》上册，西苑出版社 2015 年版，第 124 页。
② 湖北省博物馆编：《曾侯乙墓：战国早期的礼乐文明》，文物出版社 2007 年版，第 61 页。
③ 参见湖北省博物馆编著：《曾侯乙墓》上册，文物出版社 1989 年版，第 99 页。

形制大致相同，但各有特点，大小不一。① 另有楚惠王赠送的镈钟 1 枚，体扁而近于椭圆，铣边有棱；钟体上略窄下部稍宽，钟口齐平；舞部满饰浅浮雕蟠龙纹，正中为复式钮，钮饰为两对蟠龙对峙；钲部和鼓部均饰浅浮雕龙纹；钲部正中呈梯形，一面光洁无纹，一面有铭文三行三十一字。② 曾侯乙编钟出土的时候，绝大多数铜钟都十分稳固地悬挂在钟架上，除了钟架、甬钟、钮钟和镈钟外，还出土了挂钟铜构件 65 副，包括各种零件 195 件，在横梁上用朱漆明确标注了挂钟构件的位置。65 个铜钟上的铭文共 3755 字，分为铭记、标音、乐律关系三部分，铭记表明该编钟的制作和享有者；标音注明每个钟两个部分所能击发的乐音的名称；乐律关系则以正鼓音和侧鼓音为议题，阐述乐律之间的关系。③ 与编钟一同出土的还有编磬一架，磬 32 件，鼓 3 件，瑟 7 件，笙 4 件，排箫 2 件，箎 2 件，以及演奏用钟槌、磬槌、鼓槌等 12 件，让我们领略到先秦时期一个颇具规模的宫廷乐队的完整建制。④

曾侯乙编钟的音列充实，音色优美，音域宽广，每一个乐钟都能发出两个乐音，即所谓"一钟双音"。关于一钟双音最早的文献记载见于《新唐书》。

> 浐阳耕得古钟，高尺余，收扣之，曰："此姑洗角也。"既剺拭，有刻在两栾，果然。尝言："琴通黄钟、姑洗、无射三，均侧出诸调，由罗苪附灌木然。"
>
> 《新唐书·杨收列传》

在曾侯乙编钟出土之前，关于先秦编钟"一钟双音"还仅仅只是推测，曾侯乙编钟的出土证明了早在公元前五世纪的中国，"一钟双音"的铸造技术已然炉火纯青，用此技术铸造的乐钟已经具备五个半八度的固定音高，而且在高、中、低音区的中间部分具有完备齐全的半音列；不仅如此，它还可

---

① 参见湖北省博物馆编著：《曾侯乙墓》上册，文物出版社 1989 年版，第 88 页。
② 参见湖北省博物馆编著：《曾侯乙墓》上册，文物出版社 1989 年版，第 87 页。
③ 参见湖北省博物馆编著：《曾侯乙墓》上册，文物出版社 1989 年版，第 122 页。
④ 参见湖北省博物馆编著：《曾侯乙墓》上册，文物出版社 1989 年版，第 75—76 页。

以旋宫转调，具有良好的音乐表现性；它以五声为主的音位设计以及七声音列形式的存在，显示了战国早期楚国音乐内容的丰富性和水准的高超。[①]

三、提链铜壶的纤细秀美

壶形器在先秦时期的青铜器中形制变化较多，有方壶、圆壶、扁壶等，而提链壶则是这一时期颇具特色的一类。提链壶，也称"提梁壶"，出现于春秋中期偏晚，一直到战国时期都使用，是楚青铜器中典型的器物之一，与中原地区以及齐文化的提梁壶相比，壶颈部更加纤长，显得秀气俊美。

淅川下寺 3 号墓出土的提链壶是目前发现年代最早的一件楚式提梁铜壶（见图 6-4[②]），属春秋晚期，是一件设计十分巧妙的作品，壶有盖，方折沿，长颈，瘦腹，平底，壶底有三小兽足。该壶通高 19 厘米，口径 4.7 厘米，腹径 7.3 厘米，腹深 15 厘米，足高 2 厘米，重 0.68 公斤。壶的提梁由一个大铜环，两个小铜环和两根两端为环状的直链组成，两个小铜环将两根直链的一端与大铜环套接在一起，器盖的两侧各有一个水平环耳，两直链从环耳中穿过，另一端的圆环与器颈两侧的器耳套接在一起，器盖被连接在提链上，既不影响壶的使用，又有效地防止了器盖的脱落。器盖上饰浮雕蟠龙纹一组，壶身有五组简单的蟠虺纹装饰带和一组三角蝉纹。[③]

曾侯乙墓出土一对青铜提链壶（见图 6-5[④]），战国早期风格，两件铜壶的形制相同，壶身瘦长，直口微侈，瘦长颈，鼓腹，最大腹径在器腹中部稍微偏上的位置，矮圈足。通高 40.5 厘米，底径 13.4 厘米，重 5.6 公斤，

[①] 参见邹衡、谭维四主编：《曾侯乙编钟》，西苑出版社 2015 年版，前言第 1 页。

[②] 中国青铜器全集编辑委员会编：《中国青铜器全集 10：东周 4》，文物出版社 1998 年版，图版第 36 页。

[③] 参见河南省文物研究所、河南省丹江库区考古发掘队、淅川县博物馆：《淅川下寺春秋楚墓》，文物出版社 1991 年版，第 230 页。

[④] 中国青铜器全集编辑委员会编：《中国青铜器全集 10：东周 4》，文物出版社 1998 年版，图版第 128 页。

口径和腹径略有差异，其中一壶的口径 10.7 厘米，腹径 18.9 厘米，另一壶的口径 10.2 厘米，腹径 19 厘米。圆盖尖顶，顶端为一衔环钮；提链设计极为复杂，提梁为双龙形，提梁左右各接四节交掖钮相互套接的铜链，铜链近耳处为龙形，与龙形器耳套接。全器铸刻繁缛的花纹。盖面以四分式涡纹为中心，向外依次装饰目纹、勾连云纹和梭形纹。颈部以弦纹分割出三个装饰带，依次装饰梭形纹、勾连云纹和三角云纹。腹部以弦纹为界，也分割出三个装饰带，上、下为相同的 T 形勾连纹，中间为龙凤勾连纹，并等距离地间饰六个凸起的圆形乳突，上饰阴线四分式涡纹。两件提梁壶颈腹相接的器表均刻有铭文四行七字："曾侯乙作持用终。"[①] 这对提梁壶造型优雅，纹饰精美，提链的结构复杂，使得其他提链壶都无法与之相媲美。

　　战国中晚期的提链壶，在江陵雨台山 480 号墓、江陵马山 1 号墓、长沙烈士公园 3 号墓中均有出土。1957 年长沙烈士公园 3 号墓出土的蟠虺纹提链壶（见图 6-6[②]），该壶也称"变形龙纹提链壶"。该壶通高 37 厘米，腹

图 6-4　楚式提梁铜壶　　　图 6-5　曾侯乙提链壶　　　图 6-6　蟠虺纹提链壶
　　（春秋晚期）　　　　　　（战国早期）　　　　　　　（战国中期）

① 湖北省博物馆编著：《曾侯乙墓》上册，文物出版社 1989 年版，第 222—223 页。
② 中国青铜器全集编辑委员会编：《中国青铜器全集 10：东周 4》，文物出版社 1998 年版，图版第 41 页。

径 17 厘米；盖弧顶；小口，细长颈，鼓腹，下腹设三个铺首鼻钮；圈足；盖两侧有环与活络提梁相贯，颈肩两侧有环钮与提梁相连接，提梁顶端为一璜形短梁。该壶为战国中期的作品，整体造型清秀，配合壶身精美纹饰，使其显得典雅细腻。

除了升鼎、编钟和提链壶之外，楚系青铜器还有很多创制，如 1977 年出土于湖北当阳金家山楚墓的蟠蛇纹铜盏（见图 6-7[1]），1978 年河南固始侯古堆出土的镶嵌兽纹方豆（见图 6-8[2]）等器，都有着典型的地域性特色，受于篇幅所限，不能一一推介。

图 6-7　蟠蛇纹铜盏（春秋晚期）　　　　图 6-8　镶嵌兽纹方豆（春秋晚期）

第三节　楚系青铜艺术的装饰特色

从熊渠时代的"不服周"，到楚庄王"问鼎中原"，楚人血脉中似乎一

[1]　中国青铜器全集编辑委员会编：《中国青铜器全集 10：东周 4》，文物出版社 1998 年版，图版第 29 页。

[2]　中国青铜器全集编辑委员会编：《中国青铜器全集 10：东周 4》，文物出版社 1998 年版，图版第 31 页。

直有着一股子不愿受控制、被束缚的对自由的渴望。与北方中原对峙的格局和称霸天下的野心，让楚人不自主地弱化了周礼刻板的制约，而身处南蛮之地，与南方"蛮夷"的交往交流，坚定了楚人的志向，正如庄王的儿子子囊所言"抚有蛮夷""以属诸夏"。一种浪漫的、自由的、生动的气息在楚艺术中蔓延开来，运用线雕、浮雕、圆雕、镂孔等表现形式，通过嵌铸法、范铸法、分铸法、铆接法、镶嵌法、错金银和鎏金等铸造技术，楚系青铜器表现出与众不同的地域风貌。

一、楚地龙纹的推陈出新

楚系青铜器纹饰中龙的形象的运用非常广泛，如果说商周之际，青铜器是兽面纹的主场，那么先秦晚期的楚系青铜器则是龙纹的主场，龙纹可以说是楚系青铜器上最常见纹样。楚人在商周时期中原地区夔龙纹的基础上，运用多变的造型手法和构成形式，创造出丰富多彩的龙纹，包括交体龙纹、侧行龙纹、变形龙纹等多种。

（一）交体龙纹

在本书的第三章中，我们将蟠螭纹归入交体龙纹，在这里也不例外。交体龙纹是指纹样单元由两条以上龙相互交合缠绕在一起，因螭是龙的一种，所以我们统一归入交体龙纹，这一类龙纹中包括交龙纹、蟠龙纹、蟠螭纹等。这一类型的纹样在楚系青铜器上大量出现，从春秋早期延续到战国中期，是楚系青铜器常见的装饰纹样之一。有的以二方连续的装饰带形式出现，如枝江姚家港4号墓出土的交龙纹斗，两组交体龙纹装饰在器腹。淅川下寺1号墓出土的铜编钟，蟠螭纹装饰在钮钟的舞部（见图6-9[①]）。有

[①]　河南省文物研究所、河南省丹江库区考古发掘队、淅川县博物馆：《淅川下寺春秋楚墓》，文物出版社1991年版，第82页。

的以生动立体的造型建构，如曾侯乙墓出土的透雕蟠龙纹建鼓座（见图6-10①）、擂鼓墩1号墓出土的蟠龙席镇（见图6-11②）等。前文介绍的王子午升鼎，每件鼎的器腹与器耳上均浮雕交体龙纹。楚系青铜器上交体龙纹的图案组织规整严密，不仅注重单元图形的形态变化，也关注单元间的相互协调，堪称图案设计的典范之作。

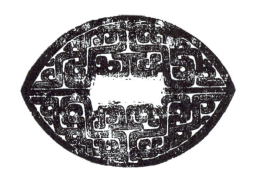

图6-9　钮钟（春秋）舞部蟠螭纹拓本

图6-10　建鼓鼓座（战国早期）

图6-11　蟠龙席镇（战国早期）

---

① 中国青铜器全集编辑委员会编：《中国青铜器全集10：东周4》，文物出版社1998年版，图版第165页。

② 中国青铜器全集编辑委员会编：《中国青铜器全集10：东周4》，文物出版社1998年版，图版第176页。

（二）爬行龙纹

前文以及，"曲身，拱背，尾上卷，首向前，张口"是夔龙纹或称夔纹的典型样式，作为青铜器的装饰主纹，主要流行于殷商中晚期至西周早期，充满神秘、乖张的情绪。楚系青铜器龙纹中的侧行龙纹为侧身行进状，在基本形态上也具备"曲身，拱背，尾上卷，首向前，张口"的特征，但是却生动有趣的多。如淅川下寺2号墓的鄬子倗浴缶和铜铜上见到的爬行龙纹，特别是浴缶盖上的四条龙（见6-12[①]）侧身围绕着盖

图6-12　鄬子倗浴缶（春秋晚期）盖顶夔龙纹拓本

顶的旋涡纹作顺时针追逐状，卷尾曲身，四肢蹬地，其中两只探身向前，两只回首后视，一前一后间隔开来，营造了一个生动的追逐嬉戏画面，无论是造型风格、形式语言，还是表现方式，与早期的夔龙纹已相去甚远，楚艺术的风尚就这样轻松地摒弃了商周时的神秘与狰狞，带着新时代的自由与浪漫款款而来。

（三）变形龙纹

变形龙纹是在交体龙纹、侧行龙纹等龙纹形态的基础上演化而来，从楚系青铜器变形龙纹的形态看，它主要有两个变形路径，一个路径是追求图案的形态变化与美感，图案设计强调形态的优化和创新，强化图案构成的基本要素，图案层次更加丰富。如擂鼓墩2号墓出土的盥缶（见图6-13[②]），盖缘、器肩、器腹均饰以变形蟠螭纹带，螭的形态略有简化，但

---

① 河南省文物研究所、河南省丹江库区考古发掘队、淅川县博物馆：《淅川下寺春秋楚墓》，文物出版社1991年版，第131页。

② 随州市博物馆：《随州擂鼓墩二号墓》，文物出版社2008年版，第58页。

图 6-13　变形蟠螭纹
（战国中晚期盟缶盖纹饰摹本）

螭与螭之间的交缠更加复杂，突出了蟠螭纹相互交体缠绕的特征。还有擂鼓墩 2 号墓出土的铜尊缶上的变形龙纹，以曲线为主要造型手段，两两相对的组织形式，保留侧行龙纹曲身卷尾的基本形态，将龙纹分解为冠、首、颈、身、尾、足几个部分，各部分衔接得当，回转处有圆点纹装饰，图案单元形态优美，组织成装饰带或适合纹样颇具特色。另一个路径是图案的形式简洁化与几何化，将描绘较为精细的龙纹简化成线条的形态，或者将原本复杂的形态简化为几何形，弱化从前的深入刻画，保留并强化从前图案组织的基本结构，代之以程式化的几何纹和线条。如曾侯乙墓铜簠和大鼎上的变形龙纹。

楚系青铜器的装饰纹样除了龙纹之外，还有许多动物形象，凤鸟、虎、蛇、蝉等，这些动物纹饰虽然摆脱了殷商的狞厉，但也保留了些许神秘，加之以楚人特有的浪漫，散发出楚系青铜艺术所特有的灵巧与生动，正如张正明所言："楚人的精神生活仍然散发出浓烈的神秘气息。对于自己生活在其中的世界，他们感到又熟悉又陌生，又亲近又疏远。天与地之间，神鬼与人之间，山川与人之间，乃至禽兽与人之间，都有某种奇特的联系，似乎不难洞悉，而又不可思议。"[1]

从总的发展趋势来看，春秋早期至战国早期，楚系青铜器大多以动物纹作为主题纹样，周边辅以几何纹样，到了战国中晚期，青铜器出现了很多素面器，或是以简单的弦纹做装饰，如楚幽王墓出土的战国晚期大府镐，通体素面无纹；江陵藤店出土的素面方豆，通体素面，仅圆柱柄上部有一道凸起的弦纹，这与战国中晚期各区域的器物发展趋势相近。

———

[1]　张正明：《楚文化史》，上海人民出版社 1987 年版，第 112 页。

二、铸造技术的登峰造极

楚系青铜艺术不论是形态上的创新，结构上的创造，还是纹饰上的变革，都离不开铸造技术的进步。仅曾侯乙墓出土的青铜器物的总重量就近 10.5 吨，不论是器物的种类、数量、重量、工艺，都证明战国早期楚系青铜铸制技术的高超水平。除编钟外，该墓还出土了大尊缶 1 对，高度分别是 126 厘米和 125 厘米，重量分别是 327.5 公斤和

图 6-14　联禁双壶（战国早期）

292 公斤；该墓出土的联禁双壶（见图 6-14[①]），两只壶的高度都是 99 厘米，重量分别是 106 公斤和 99 公斤，铜禁长 117.5 厘米，宽 53.4 厘米，高 13.2 厘米，重 35.2 公斤。[②] 从曾侯乙墓出土的青铜器向我们展示的不仅仅是青铜艺术的形制和纹饰，更呈现了楚系青铜铸造技术的新成就。

（一）复合陶范技术的新发展

曾侯乙编钟在音乐史上的成就是耳目共睹的，最让人不可思议的是它音域的宽广、音调的准确、音色的优美，特别是"一钟双音"，这些成就的取得与铸造技术密不可分。以 1 个甬钟的铸造为例，为了保证音质的纯正、和谐，整个铸型分为两段、四个层次，共使用陶范、陶芯 136 块，需用模具 12 种。[③] 仅这些陶范、陶芯、模具的制作就是一个大工程，烧陶过程中要

---

① 中国青铜器全集编辑委员会编：《中国青铜器全集 10：东周 4》，文物出版社 1998 年版，图版第 127 页。

② 参见湖北省博物馆编著：《曾侯乙墓》上册，文物出版社 1989 年版，第 217—222 页。

③ 参见邹衡、谭维四主编：《曾侯乙编钟》下册，西苑出版社 2015 年版，第 640 页。

保证模范不变形，在浇注之前要做到合范准确，在浇注过程中要考虑钟壁的厚度……只有都做到了，编钟才能达到音色优美、音阶准确的效果。所以说曾侯乙编钟在音乐史上的成就，铸制技术起了决定性作用。

（二）分铸法与焊接法的新运用

曾侯乙墓出土了多件大体量的青铜容器，使用传统的模范法很难铸造如此硕大的青铜容器，那么大尊缶和联禁双壶中的壶又是如何铸造的呢？通过近距离研究曾侯乙墓出土的几件大型青铜容器，研究人员发现联禁双壶和大尊缶都是用分铸法铸制而成的。分铸法与焊接法是商周时期用以铸造青铜器物上的小附件时常使用的技术方法，如铸造器耳、器足等。湖南宁乡出土的四羊方尊上的四个羊头就是运用分铸法铸造，再焊接到方尊的适当位置。楚地的青铜铸造者采用了分开铸制的思路，将大尊缶的器身分两部分铸造，先铸器身的上半部分，再铸接器身的下半部分，这样的铸制工艺需要有严密设计，各个工序紧密衔接、密切配合，防止铸造过程中铜液骤然遇冷发生呛火、冒汽、接不牢固等现象的发生。[①] 联禁双壶的壶则是分三节铸造。

图6-15　鹿角立鹤
（战国早期）

曾侯乙墓青铜器上的小附件仍然采用分铸法铸造，在焊接时，采用了铸卯焊接的方法，如联禁双壶、铜簋、铜鉴缶上的龙形附饰都是采用分铸法铸造，在分铸时在龙的前腿和后腿分别铸有一个卯眼，在器身焊接龙形附饰的相应部位铸有外侈的榫头，焊接前先将榫卯扣合上，再焊接，扣合的榫卯不仅作为龙形附饰定位标识，保证了附件焊接位置的对称、准确，同时也使饰件不易脱落。建鼓鼓座（见图6-10）上的十六条蟠龙更是分割铸成22节，再和座体上14个接头焊接一体。正是战国早期的楚人掌握了复杂的铸造工艺技术，才令我们有机会看到造

---

① 参见湖北省博物馆编著：《曾侯乙墓》上册，文物出版社1989年版，第477—478页。

型如此繁琐复杂的器物。①

　　鹿角立鹤（见图 6-15②）是运用分铸法分为鹤身、鹿角、鹤腿、两翅和座板八个部分铸造，再组装而成的，相互间以子母榫扣接，除两翅被焊接在立鹤腹部，其他部分均可拆卸下来。鹿角立鹤通高 143.5 厘米，立鹤高 110 厘米，颈长 63.5 厘米，鹤腿高 29.5 厘米，重 38.4 公斤，是一件造型别致，独具风格的艺术品。③

（三）失模法的驾轻就熟

　　失模法是指熔模铸造工艺，前文以及，被熔掉的模子可以是多种材质，如果以蜡为模，则被称为失蜡法。在曾侯乙墓发掘之前，学界一直认为中国没有失蜡法，或者认为失蜡法是伴随佛教从印度传入中国的。云南晋宁石寨山出土的西汉时期贮贝器上的装饰曾被认为是我国域内最早的失蜡法铸件。曾侯乙尊盘（见图 6-16④）的出土将

图 6-16　曾侯乙尊盘（战国早期）

我国掌握失蜡法铸造技术的时间提早了 200 年，1979 年淅川下寺 2 号墓发掘出土的多件器物的附件也是采用失蜡法铸造，再次将这一时间提早了 100 多年。⑤ 曾侯乙尊盘不仅是楚系青铜器的绝世之作，它也是中国青铜时代的典范代表。这是一件组合器，它是由一件铜尊和一件铜盘组合而成，出土时

① 参见湖北省博物馆编著：《曾侯乙墓》上册，文物出版社 1989 年版，第 478 页。
② 中国青铜器全集编辑委员会编：《中国青铜器全集 10：东周 4》，文物出版社 1998 年版，图版第 147 页。
③ 参见湖北省博物馆编著：《曾侯乙墓》上册，文物出版社 1989 年版，第 250 页。
④ 中国青铜器全集编辑委员会编：《中国青铜器全集 10：东周 4》，文物出版社 1998 年版，图版第 137 页。
⑤ 参见湖北省博物馆编著：《曾侯乙墓》上册，文物出版社 1989 年版，第 479 页。

尊置于盘中。尊为酒器，盘为水器，二者合为一器。整器造型优美，比例协调，端庄大气，尊盘口沿上的蟠虺纹、盘腹圆雕的双身龙、尊颈部镂孔龙形双耳无不在彰显着它铸制工艺的复杂与铸造者技术的高超。尊盘共饰龙纹84 条（尊 28 条，盘 56 条），蟠虺纹 80 条（尊 32 条，盘 48 条）。尊盘口沿上的蟠虺纹以失蜡法铸造而成，分为上下两层，内外两圈，错落相间，每圈有 16 个花纹单元，每个单元由四个形态不一的蟠虺组成，表层纹饰彼此独立，每条虺的下端都有小铜梗支撑，整器给人玲珑剔透的视觉效果。[1] 尊盘上的蟠虺纹与淅川下寺出土的铜禁上的蟠虺纹形态相近，风格一致，说明是对淅川下寺风格的继承与发展，如此造型繁缛、制作复杂的蟠虺纹，在其他地区均未见，说明这是楚系青铜艺术的独家创制。

三、装饰工艺的游刃有余

楚系青铜器大量使用镶嵌和鎏金工艺以丰富器物的视觉美感，青铜青灰色的色泽、浅浮雕、圆雕、镂空等装饰手法不能满足楚人对瑰丽奇诡艺术风格的追求，新的装饰工艺不断被楚人运用到青铜器的铸造之中。

（一）铸嵌质料的优中选优

曾侯乙墓出土的器物更是采用了不同的器物嵌错不同类型质料的方法突出艺术形象。曾侯乙墓出土盥缶四件，它们的纹饰题材、结构相同，但是镶嵌和铸镶纹饰所用的填嵌质料却不一样，两件镶嵌绿松石，另两件铸镶紫铜花纹，不同质料的选用，使相同的纹饰呈现不同的审美趣味。再如上海博物馆藏战国中期的镶嵌几何纹敦，全器以红铜丝盘嵌或者细银丝镶嵌的云纹作为装饰，红铜、银丝、青铜三种不同质地金属的色泽与质感相对比所产生的绚丽装饰效果，使该器展现出楚系青铜器所特有的不凡气质。除了红铜、绿

---

[1] 参见湖北省博物馆编著：《曾侯乙墓》上册，文物出版社 1989 年版，第 228—231 页。

松石和银丝外，有的器物还采用白色的石灰质填料。

（二）错金银工艺的炉火纯青

　　曾侯乙墓出土的编磬架以两只铜质圆雕怪兽为立柱，怪兽的形态集龙首、鹤颈、鸟身、蹩足为一体，是典型的楚式浪漫主义风格，除了双翼和四足之外，怪兽全身大面积使用错金工艺，显眼之处均以纤细的错金线条勾勒。[①] 江陵望山2号墓出土错金银云纹樽（见图6-17[②]），全器以错金银的装饰手法描绘了三组不同的龙纹，并以细密卷曲的云纹点缀，飞龙在云纹间穿行，金银的闪亮与青铜的灰暗相互映衬，更彰显器物的精美。[③] 河南淮阳马鞍冢2号车马坑出土的错金银龙形辕头（见图6-18[④]），全器形如龙头，龙的面部、颈部装饰错银卷云纹，龙的耳鼻处错金[⑤]，线条流畅，金银相辉映，十分夺目。虽然错金银工艺并不是楚人的创制，用其装饰的具有楚式风格的纹样呈现出的是楚艺术的魅力。皮道坚认为"作为人的审美感觉的物态

图6-17　错金银云纹樽（战国中期）

图6-18　错金银龙形辕头（战国晚期）

---

① 参见湖北省博物馆编著：《曾侯乙墓》上册，文物出版社1989年版，第134—135页。

② 中国青铜器全集编辑委员会编：《中国青铜器全集10：东周4》，文物出版社1998年版，图版第51页。

③ 参见湖北省文物考古研究所：《江陵望山沙冢楚墓》，文物出版社1996年版，第131—134页。

④ 中国青铜器全集编辑委员会编：《中国青铜器全集10：东周4》，文物出版社1998年版，图版第90页。

⑤ 参见曹桂岑、马全、张玉石：《河南淮阳马鞍冢楚墓发掘简报》，《文物》1984年第10期。

显现，作为表现为艺术符号的艺术感觉，楚艺术与同期中原地区各诸侯国艺术的不同风格样式（包括对不同物质媒材的选择和利用），主要应是由文化上的不同特质所造成"①。正是楚文化的特质，造就了楚系青铜器的艺术风格，即使装饰工艺相同，却也因楚地不同的纹样母题而绽放出新的形式。

第四节　楚系青铜艺术的铭文风格

在书法史的研究中，楚系铭文研究范畴十分广泛，它指自春秋中叶以来，以楚国为中心，涵盖吴、越、徐、蔡、宋等较大的国家，以及生存于汉水和淮河流域间的许多小国所构成的楚文化圈所使用的，具有颀长秀美，装饰性强等共同特点的铭文系列，甚至这一时期巴蜀地区一些兵器上所刻的楚文字也在楚系铭文的研究范畴之中。在本书中，吴越专为一章，所以楚系铭文主要研究对象是楚系青铜器上的铭文。楚系铭文被认为是先秦时期与西周文字风格差距最大的一类文字，它线条屈曲流动，飘逸灵动。与齐系铭文相比，楚系铭文的字形也趋向纤长，但结体却较齐系松散，从而显得稀疏开阔。

邹芙都将楚系铭文大致分为四个时期：第一期的时间大约为西周中晚期至两周之际；第二期是两周之际到公元前 600 年左右，这一时期的楚系铭文风格初见端倪，是真正的楚系铭文风格形成的过渡时期；第三期是公元前600 年至公元前 380 年前后；第四期是战国中晚期。② 西周中晚期至两周之际的楚系代表性铭文作品主要有楚公豪钟、楚公豪秉戈、楚公逆镈及楚公逆编钟，这些铭文在风格上与商周文字别无二致③，所以本书不再赘述，而对于二期至四期的楚系铭文，为与其他章节呼应，则分为春秋和战国两个时期加以陈述。

---

① 皮道坚：《楚艺术史》，湖北美术出版社 2012 年版，第 9 页。
② 参见邹芙都：《楚系铭文综合研究》，巴蜀书社 2007 年版，第 237—250 页。
③ 参见邹芙都：《楚系铭文综合研究》，巴蜀书社 2007 年版，第 237 页。

一、春秋时期的楚系青铜铭文

楚系铭文风格在西周晚期已见端倪。春秋早期，楚地的铭文风格率先在荆楚大地上蔓延开来。曾仲斿父壶是春秋早期遗物，其铭文分别铸于壶冠和壶颈内壁

图 6-19　曾仲斿父壶（春秋早期）铭文拓本

的长边上，内容相同，壶颈部的铭文四行，右行，字间距较大，因铸造原因造成第一行铭文字迹模糊。壶冠的铭文（见图 6-19①）左行，五行十二字，"曾仲斿父用吉金自作宝尊壶"②。曾伯陭壶与曾仲斿父壶时间相当，也是春秋早期的器物，其铭文三十九字（又重文二字），器铭和盖铭的内容相同，分别铸于颈口内侧和盖内、盖外缘、子口外侧。③ 从曾仲游父壶和曾伯陭壶的铭文，我们可以看出春秋早期的楚系铭文与西周晚期的文字相差不大，弧笔多而直笔少。

克黄鼎为春秋中期器，同出两件，4 字铭文均铸于鼎内底，铭文为"克黄之"（见图 6-20④），二鼎的铭文字体相同，应为同时制器。与之几乎同期的还有 1979 年出土于淅川下寺的以邓鼎，盖器同铭（见图 6-21⑤），各

---

① 吴镇烽编著：《商周青铜器铭文暨图像集成》第 22 卷，上海古籍出版社 2012 年版，第 160 页。

② 湖北省文物考古研究所编：《曾国青铜器》，文物出版社 2007 年版，第 33 页。另：曾仲斿父壶出土两件，一件现藏于中国国家博物馆，一件现藏于湖北省博物馆，藏于中国国家博物馆的壶冠铭文为十一字，"曾"字下无"中"字。

③ 参见湖北省文物考古研究所编：《曾国青铜器》，文物出版社 2007 年版，第 118 页。

④ 吴镇烽编著：《商周青铜器铭文暨图像集成》第 3 卷，上海古籍出版社 2012 年版，第 33 页。

⑤ 吴镇烽编著：《商周青铜器铭文暨图像集成》第 5 卷，上海古籍出版社 2012 年版，第 30 页。

25 字，记述了楚叔的孙子以邓择金铸鼎。从笔画和结体来看，春秋中期的楚系铭文开始走向飘逸，线条纤细修长，曲多直少，飘若无骨。

　　春秋晚期曾仲姬壶上腹外壁铸有横行铭文六字（见图 6-22[①]），"曾仲姬之酒壶"[②]。字体狭窄修长，线条细密，横画细短，竖画若柳丝飘垂。还有现藏于台北故宫博物院的曾姬无卹壶，为形制相同的对壶，内容相同的铭文分别铸在两壶器口以下的内壁位置，铭文的字间可见网格线，各字可能以类似活字方式置于内芯而后浇铸而成。铭义五行三十九字，左行，铭文为"唯王廿二又六年，圣桓之夫人曾姬无卹，望安漾陵，蒿间之无匹，用作宗彝尊壶。后嗣用之，职在王室"[③]。该壶铭文一直被认为是楚系铭文的典型代表之一。该作品圆曲适度，充满流动之感。线条婉转流畅，结体上下方圆。"每个字的分间布白上紧下松，有一种飘扬上举的感觉，而线条则如柳丝披拂，往下垂引，这一上一下，形成对比，别有一种情趣，黄宾虹先生的篆书很受

图 6-20　克黄鼎（春秋中期）铭文拓本　　图 6-21　以邓鼎（春秋中期）铭文拓本　　图 6-22　曾仲姬壶（春秋中期）铭文拓本

---

① 吴镇烽编著：《商周青铜器铭文暨图像集成》第 22 卷，上海古籍出版社 2012 年版，第 61 页。

② 湖北省文物考古研究所编著：《曾国青铜器》，文物出版社 2007 年版，第 367 页。

③ 湖北省文物考古研究所：《曾国青铜器》，文物出版社 2007 年版，第 410 页。

它的影响。"①

　　1979 年河南淅川下寺
2 号楚墓出土 7 件升鼎，依
器上铭文称为"王子午鼎"，
7 件升鼎形制相同，大小略
有差异，每件鼎的盖内铸篆
书铭文 4 字，内壁铸铭文
14 行 84 字（见图 6-23②），
笔画故作盘曲蜿蜒状，首尾

图 6-23　王子午鼎（春秋晚期前段）铭文拓本

尖细，长足下垂，略似虫形，是为虫书的雏形。③ 作为最早发现的鸟书铭文，
王子午鼎在古文字研究上的地位不容小觑，它是鸟书的滥觞之作。④

二、战国时期的楚系青铜铭文

　　春秋晚期至战国初期，大量的错金鸟虫书出现在兵器上，楚王孙渔戟
（见图 6-24⑤）、楚王孙家戈、楚王孙名戟、许公戈等大都是这一时期的遗
存，器上鸟虫书铭文笔画的弯曲蜒转更多，字体更加瘦长，鸟的形态明确生
动，惟妙惟肖。有代表性的还有楚王酓璋戈、楚王酓前盘、王子臣俎、王子
适匜、竞孙不服壶等。

　　进入战国以后，楚地的铭文艺术有了长足发展。大量楚系青铜器上都铸
有铭文，具有典型的楚地风貌，线条的飘逸婀娜，楚地的浪漫情怀在线条

---

①　沃兴华：《金文书法》，上海人民出版社 2004 年版，第 83 页。

②　吴镇烽编著：《商周青铜器铭文暨图像集成》第 5 卷，上海古籍出版社 2012 年版，第
　　328 页。

③　参见张正明：《楚文化史》，上海人民出版社 1987 年版，第 102—103 页。

④　参见邹芙都：《楚系铭文综合研究》，巴蜀书社 2007 年版，第 243 页。

⑤　吴镇烽编著：《商周青铜器铭文暨图像集成》第 31 卷，上海古籍出版社 2012 年版，第
　　454 页。

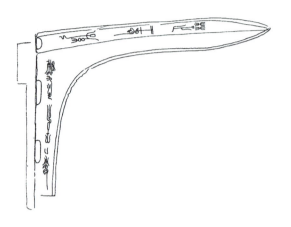

图 6-24　楚王孙渔戟（春秋晚期）铭文摹本

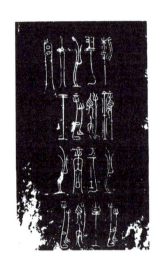

图 6-25　曾侯乙编钟（战国早期）铭文拓本

图 6-26　陇公戈（战国早期）铭文摹本

的飘动间流淌。曾侯乙墓出土的每一枚编钟上都铸刻有铭文（见图 6-25^①），字数不等，有的 66 字，有的 84 字，有的 77 字……但是文字的书写风格却基本一致。笔画波折弯曲，线条圆润流畅，字形结构拉长，文字重心上移，字体显得修长秀丽，装饰趣味浓郁，展示出这一时期楚系铭文字体的成熟与自信。康亦樵认为："体势修长奇魄，笔画弧曲细匀，章法纵横成列，不仅松舒，而且优美。即体现了线条整齐一律，均衡对称的和谐美，又表现了流动变化、饱孕生命活力的自由美。"^②

战国中期以后，楚地鸟虫书已不多见，楚系铭文也出现了一些隶变的趋势，湖北江陵雨花台

① 吴镇烽编著：《商周青铜器铭文暨图像集成》第 28 卷，上海古籍出版社 2012 年版，第 34 页。

② 康亦樵：《曾侯乙编钟铭文书法初探》，《荆楚文史》1991 年第 1 期。

169号楚墓出土的陇公戈（见图6-26[1]）上已是成
熟的隶书形态，刘玉堂据此提出隶书为楚人所创的
观点[2]。楚系铭文一改从前修长清秀的风格，字体逐
渐趋向于方正端庄，曾姬无卹壶、鄂君启节（见图
6-27[3]）上的铭文作为战国中晚期楚系铭文的典型代
表，虽然笔画还保有些许曲转之风，但整体风格以
周正规整为主。这一时期的楚器铭文还流行"物勒
工名"的形式，虽为工匠用利器随手刻于器上，却
也成为战国中晚期青铜器铭文的一个风格特征。[4]

　　整体而言，楚系青铜器铭文的总体特点可以归
纳为三点：一是纤长。自春秋中期开始逐渐摆脱了西
周中晚期铭文的率意，而追求一种较为统一的纤瘦
风格。与齐系相同的特点是同样趋向纵向发展，但
是却不似齐的疏朗，而是柔弱。二是飘逸。与齐
系铭文相比较，楚系铭文的弧笔更多，直笔更少，
即使是竖画也取曲线走势，向下的笔画被尽可能的
拉长，如裙裾飘动，字体显得柔软细腻，飘逸流动。
三是圆润。楚系铭文不仅弧笔多，直笔少，同时转
折以圆弧代替折角，秀丽圆润，同时结体的重心上
移，也使得楚系铭文看上去轻盈飘逸。

图6-27　鄂君启节
（战国晚期）

①　吴镇烽编著：《商周青铜器铭文暨图像集成》第30卷，上海古籍出版社2012年版，第
　　475页。
②　参见刘玉堂：《楚书法艺术简论》，《文艺研究》1992年第3期。
③　吴镇烽编著：《商周青铜器铭文暨图像集成》第34卷，上海古籍出版社2012年版，第
　　562页。
④　参见邹芙都：《楚系铭文综合研究》，巴蜀书社2007年版，第249页。

第七章　典雅朴实：燕系青铜艺术

　　燕，虽是西周时候封地的称谓，但是燕地早在殷商时期就开始了青铜铸造，近年来在燕国故地出土了大量商代的青铜器，不仅说明燕地的青铜文化有其土著文化的基础，也呈现了燕地铜器铸造技术的发展历史。虽地处两周疆域的东北边陲，燕地却是天然府库，在燕文侯的时候国力已经十分强大。据《战国策》的记载：

　　　　苏秦将为从，北说燕文侯曰："燕东有朝鲜、辽东，北有林胡、楼烦，西有云中、九原，南有呼沱、易水。地方二千余里，带甲数十万，车七百乘，骑六千匹，粟支十年。南有碣石、雁门之饶，北有枣栗之利。民虽不由田作，枣栗之实足食于民矣，此所谓天府也。"

《战国策·燕策》

　　到了燕昭王的时候，国力不断提升，疆域进一步扩大。

　　　　燕地，尾、箕分野也。武王定殷，封召公于燕，其后三十六世与六国俱称王。东有渔阳、右北平、辽西、辽东，西有上谷、代郡、雁门，南得涿郡之易、容城、范阳，北新成、故安、涿县、良乡、新昌，及勃海之安次，皆燕分也。乐浪、元菟，亦宜属焉。……蓟，南通齐、赵，勃、碣之间一都会也。

《汉书·地理志》

陈平在《燕文化》中提出了"燕文化圈"的概念，他认为燕文化圈应由两个亚文化圈组成，一个是具有中原华夏文化特征的燕文化亚圈，一个是具有北方草原戎狄文化特征的中山、赵北文化圈。[①] 本章节所谈论的燕系青铜艺术参考陈平对燕文化圈的范围设定，将燕国、中山国的青铜器统一归入本章。

第一节　先秦时期燕地历史概况

燕文化与同期的楚文化和秦文化有着显著的区别，秦文化和楚文化是以商周时期的秦族文化和楚族文化为基础发展起来的地域性考古文化类型。燕文化是以西周初年分封至燕地立国的姬姓周人文化为主体，并吸纳当地商文化、土著文化和其他外来文化的因素，逐渐混融而成。[②] 苏秉琦先生曾说："史书讲燕，多认为周初召公封燕是燕国之称。但是从考古文化来看，燕文化和周文化区别很大。却和商文化有许多联系。所以燕文化是应该有自身的渊源传统。"[③]

一、召公封燕

关于召公姬奭的出身，学界有多种论断，最主要的有两种，一种认为是周文王庶子。这一论断主要来源于史籍的记载。

---

① 参见陈平：《燕文化》，文物出版社 2006 年版，第 3 页。
② 参见陈平：《燕文化》，文物出版社 2006 年版，第 2 页。
③ 转引自华泉：《张家口地新石器时代和青铜时代考古研究学术讨论会侧记》，《史学集刊》1981 年第 4 期。

召公奭、毕公高，周同姓，或云皆昌庶子。

《资治通鉴外纪》

邵公，为文王庶子。

《帝王世纪》

另一种观点虽然也是以史籍为依据，但加入了很多学术推断，他们认为召公本为姬姓的一支，在讨伐商纣的过程中与周文王结成同盟。[①] 这里我们不去讨论姬奭与文王的血脉联系，因为它不影响我们关于燕文化的探讨，不论他与文王的亲疏如何，在周文王伐商的大军中，召公是主力之一。武王即位后，召公仍是武王的骨干之臣。

武王即位，太公望为师，周公旦为辅，召公、毕公之徒左右王，师修文王绪业。

《史记·周本纪》

武王大业即成，"封建亲戚，以藩屏周"。

周武王之灭纣，封召公于北燕。

《史记·燕召公世家》

成王年幼，周公和召公均是他的肱股之臣。

其在成王时，召公为三公：自陕以西，召公主之；自陕以东，周公主之。……召公之治西方，甚得兆民和。

《史记·燕召公世家》

召公治下国泰民安。

---

① 参见杜勇：《〈尚书〉周初八诰研究》（增订本），中国社会科学出版社 2017 年版，第121—126 页。

二、燕齐之谊

有关姬姓燕国的史料记载在召公以后到惠侯之前均不详，所以《史记》中也只是一句带过。

> 自召公已下九世至惠侯。燕惠侯当周厉王奔彘，共和之时。
>
> 《史记·燕召公世家》

从周武王分封到共和元年（公元前 841 年），只有姬奭和惠侯有史料记载。当历史进入春秋时期，燕国北境山戎常来袭，公元前 664 年冬天，鲁庄公与齐桓公在济水举行了非正式会面，目的是策划攻打山戎，以解山戎屡屡侵犯燕国之扰。

> 冬，遇于鲁济，谋山戎也，以其病燕故也。
>
> 《左传·庄公三十年》

> 二十三年，山戎伐燕，燕告急于齐。齐桓公救燕，遂伐山戎，至于孤竹而还。燕庄公遂送桓公入齐境。桓公曰："非天子，诸侯相送不出境，吾不可以无礼于燕。"于是分沟割燕君所至与燕，命燕君复修召公之政，纳贡于周，如成康之时。诸侯闻之，皆从齐。
>
> 《史记·齐太公世家》

正是因为齐桓公率大军不远千里北伐山戎，救燕国于水火，燕国才解了北境之急。之后燕庄公送齐桓公南归时，竟不知不觉入了齐境，齐桓公为了不违背礼制，将燕庄公所至之地割让给了燕国。齐桓公救燕这件事不仅对于桓公称霸天下具有重大意义，同时也表明春秋时期的燕国地处北境，抵御山戎的袭扰还需大国帮衬，与齐国、晋国这样的大国在国力上的悬殊不言而喻。

三、子哙让国

齐桓公与燕庄公建立的邦交并非万世之功，诸侯国间的交往本就是以诸侯国各自的利益为前提的。公元前 320 年，燕王哙即位，这位既有忧国忧民的忧患意识，也有论道经邦雄心的燕王，三年后却在老臣子之的蛊惑下将王位"禅让"给了子之，自己落个"身死国破"的下场，这是燕国历史上一件让人匪夷所思的"传奇"。

> 燕子哙好贤，故子之明不受国。……故子之托于贤以夺其君者也，……子哙以乱死，……
>
> 《韩非子·二柄》

> 惑苏代之浅说，贪尧之名，恶禹之实，自令身死国破，盖无足算。
>
> 《战国策·燕策》

燕王哙让国之后，并没有带来燕国的兴起，燕国处于动乱之中。

> 国构难数月，死者数万众，燕人恫怨，百姓离意。
>
> 《战国策·燕策》

燕国的动乱给了齐国可乘之机，公元前 315 年，齐宣王在孟子的极力劝导下举兵伐燕。

> 孟轲谓齐王曰："今伐燕，此文、武之时，不可失也。"王因令章子将五都之兵，以因北地之众以伐燕。士卒不战，城门不闭，燕君哙死，齐大胜。
>
> 《史记·燕召公世家》

齐宣王破燕之后，听从了孟子的劝诫，在帮助燕国整顿纲纪之后撤兵而去，燕国尚未从混乱中脱身，环伺的中山国举兵来犯，燕国几乎亡国。1974年河北平山出土的中山国三器的铭文详细记述了事件。按中山王鼎铭文的记载，中山国占领了燕国的领土"方数百里，列城数十"。面对周边的强国，孱弱的燕国只能卑躬屈膝、苟延残喘，伺机等待一位得道明君。

四、昭王中兴

公元前 312 年，赵武灵王从韩国召回燕公子职，立为燕王。

> 十一年，王召公子职于韩，立以为燕王，使乐池送之。
>
> 《史记·赵世家》

这位新立燕王就是燕昭王。燕昭王受任于国破家亡之际，即位后决心复兴燕国。第一件事就是招贤纳士。

> 燕昭王于破燕之后即位，卑深厚币以招贤者。谓郭隗曰："齐因孤之国乱而袭破燕，孤极知燕小力少，不足以报。然诚得贤士以共国，以雪先王之耻，孤之愿也。先生视可者，得身事之。"
>
> 《史记·燕召公世家》

于是，他先后从各国招纳了乐毅、邹衍、剧辛等贤士，为燕国复国大业打下了人才基础。其次他力主营建燕下都，将其作为燕国政治经济中心和军备要地。

> 昭王礼宾，广延方士，至如郭隗、乐毅之徒，邹衍、剧辛之俦，宦游历说之民，自远而届者多矣。不欲令诸侯之客，伺隙燕邦，故修连下都，馆之南垂，言燕昭创之于前，子丹踵之于后。
>
> 《水经注·易水》

第三，他加强邦国外交，听从乐毅提出的"举天下而图之"的策略，派说客在各国间奔走，联合各诸侯国结成反齐联盟。燕昭王的励精图治不仅向世人展示了他的深谋远虑，也将燕国的历史推向了一个高峰，燕国一雪前耻的各项谋划准备就绪。

五、乐毅伐齐

乐毅，中山灵寿人，是魏国名将乐羊后裔，是战国时期著名的军事家。《史记》中有《乐毅列传》记载他的事迹。

> 乐毅者，其先祖曰乐羊。乐羊为魏文侯将，伐取中山，魏文侯封乐羊以灵寿。……而乐氏后有乐毅。乐毅贤，好兵，赵人举之。及武灵王有沙邱之乱，乃去赵适魏。……燕国小，辟远，力不能制，于是屈身下士，先礼郭隗以招贤者。乐毅于是为魏昭王使于燕，燕王以客礼待之。乐毅辞让，遂委质为臣，燕昭王以为亚卿，久之。

《史记·乐毅列传》

乐毅曾服务于赵国和魏国，因燕昭王广纳贤才，从赵国经由魏国抵达燕国。此时的齐国和秦国正在不断地扩大自己的势力，燕王想要伐齐，却又顾忌齐国的兵力，于是乐毅建议他联合楚国、赵国和魏国共同讨伐齐国。

> 燕昭王问伐齐之事。乐毅对曰："齐，霸国之余业也，地大人众，未易独攻也。王必欲伐之，莫如与赵及楚、魏。"……燕昭王悉起兵，使乐毅为上将军，赵惠文王以相国印授乐毅。乐毅于是并护赵、楚、韩、魏、燕之兵以伐齐，破之济西。诸侯兵罢归，而燕军乐毅独追，至于临菑。齐湣王之败济西，亡走，保于莒。

《史记·乐毅列传》

燕昭王二十八年（公元前284年），在燕国说客的奔走游说之下，五国合纵伐齐，燕昭王以乐毅为上将军，赵惠文王将相国之印授予乐毅，乐毅统帅五国之师伐齐，先从燕境进攻齐之北地，齐国北地失守，西线济西也很快动摇，齐将触子缺乏斗志，刚一交战就下令退兵，自己先乘车溜走，导致齐军大败。五国联军在乐毅的率领下大败齐军于济西。随后乐毅独自率军直捣临淄，并将齐国的珍宝财物和祭祀用的礼器全部搜刮运回燕国。乐毅率军在齐国奋战五年，拿下齐国除了齐湣王逃往的莒和即墨以外的七十余座城池。

自公元前 315 年，齐宣王令匡章率师攻破燕都，迁其重器，到乐毅率燕师攻入齐都，尽收其宝，毁其宗庙，前后历时 31 年，燕昭王终于洗刷国耻。乐毅伐齐不仅实现了燕昭王一雪前耻的愿望，而且燕国的疆域也得到了充分的扩展，同时也确立了燕国是战国时期"七雄"之一的重要地位。

六、荆轲刺秦

前文已表，齐人在田单的率领下复国，燕国和齐国经历了多年的战乱，元气大伤，再无战事。此时敢于与西方强国秦国抗衡的只有赵国，赵国经历了赵武灵王的系列变革之后，国富兵强。而秦昭王采纳了相国范雎"远交近攻"的策略，对相邻近的三晋展开攻势，对东边的齐国和南边的楚国以结交为主。在秦国攻打韩国和赵国的时候，燕王喜以为有了可乘之机，屡屡发起对赵国的进攻，从公元前 265 年到公元前 236 年，燕国与赵国之间的战争竟然有 9 次之多①，而这些战争多以燕国的败北而告终，燕国的国力在一次次错误的战争中消耗殆尽。

公元前 230 年秦国先灭韩，而后破赵，屯兵易水之滨。

---

① 参见彭华：《燕国史稿》，中国文史出版社 2005 年版，第 123 页。

> 燕见秦且灭六国，秦兵临易水，祸且至燕。
>
> 《史记·燕召公世家》

面对即将到来的大风暴，报仇心切的燕太子丹不顾自己的老师鞠武的反对，执意"刺秦"。鞠武看不能说服太子丹，就举荐田光代替自己为太子傅，田光识得荆轲。

> 其之燕，燕之处士田光先生亦善待之，知其非庸人。
>
> 《史记·刺客荆轲》

在谋划"刺秦"时，田光向太子丹推荐了荆轲。公元前 227 年冬天，荆轲吟唱着"风萧萧兮易水寒，壮士一去兮不复还。"带着盛装着樊於期人头的盒子和卷藏着涂抹了毒药的匕首的督亢地图在易水畔告别太子丹，踏上刺杀秦王的不归路。

> 秦王觉，杀轲，使将军王翦击燕。二十九年，秦攻拔我蓟，燕
> 王亡，徙居辽东，斩丹以献秦。三十年，秦灭魏。
>
> 《史记·燕召公世家》

公元前 222 年，秦灭韩、魏、楚后，再遣王贲攻燕辽东，燕军战败，燕王喜被俘，燕国灭亡。秦在燕辽东故地设辽东郡。

第二节　燕系青铜器物的形制特征

虽然燕地传世和出土的青铜器物数量远不及楚、晋等地，但因燕地处于中原农耕文化与北方草原文化的过渡地带，两种文化的冲突与融合造就了燕文化，也造就了燕系青铜器，成为先秦时期中国青铜文化的重要一支。作为燕文化的重要物质载体，燕系青铜器不仅承继了西周中原青铜文化的传统，

也发扬了本地土著文化的特性，同时不乏北方草原文化浸润。

一、燕韵凸显的高足器

燕系青铜器物既有着与晋系、齐系、楚系、秦系相同的宗周传统，也有自己特有的地域性特征，综观燕系青铜器物不免会发现高足器所占比重明显高于其他地区，高足鼎、高足敦、高足匜屡见不鲜。

1952年河北唐山贾各庄战国墓出土了两件铜鼎，均为鼎足细长的形制，其中的蟠龙纹鼎（见图7-1[①]）现藏于中国国家博物馆，通高26.5厘米，口径21.8厘米，足高14.6厘米；圆腹，器腹两侧口沿下方设二折曲外侈鼎耳，饰兽面纹和蟠龙纹；鼎盖作覆盘形，自中央向外依次饰圆涡纹和三周蟠龙纹；盖周布列三环形钮，钮饰几何纹；器腹中心饰一圈绳纹，上下饰蟠龙纹；圜底设三高蹄足，无纹饰。此鼎采用分铸法铸造，器足、耳、盖钮均分别铸制，最后与器身合铸而成。另一件兽面纹铜鼎，通高33.3厘米，口径20.9厘米，足高18厘米。[②]

图7-1　蟠龙纹鼎（战国早期）

1966年河北阳原九沟村出土凤钮雷纹高足敦（见图7-2[③]），通高16.3厘米，口径12.2厘米；器盖与器腹

① 中国青铜器全集编辑委员会编：《中国青铜器全集9：东周3》，文物出版社1997年版，图版第97页。

② 参见安志敏：《河北省唐山市贾各莊发掘报告》，《考古学报》1953年第Z1期。

③ 中国青铜器全集编辑委员会编：《中国青铜器全集9：东周3》，文物出版社1997年版，图版第109页。

图 7-2　凤钮雷纹高足敦（战国早期）

子母口扣合，深腹，器腹两侧设一对兽面形环耳，腹上部饰三层花纹带，自上至下依次为变形云纹、雷纹、绚纹；器盖顶部中心有一环形钮，围绕环形钮饰变形云纹和绚纹两圈，盖缘处等距离设三凤首钮，长喙双睛，下颌突出，颈部弯曲；腹下部接三个兽面高蹄足，足中部略束。① 1971 年在河北满城、1981 年在北京通县中赵甫分别出土形制相类似的环钮蛇纹高足敦和鸟钮蛇纹高足敦，满城出土的环钮蛇纹高足敦通高 16 厘米，口径 9.3 厘米；盖顶中央设环形钮，盖缘等距离设三个环形钮，盖顶面饰斜线绳纹、蟠蛇纹和几何纹三圈纹带；器腹两侧设一对环耳，器腹上半部饰蟠蛇纹，间以一圈绳纹；盖顶及腹部的蟠蛇纹上均饰有小乳钉。② 通县中赵甫出土的鸟钮蛇纹高足敦通高 15 厘米，口径 14.5 厘米；盖缘设三个伸颈昂头鸟首钮；器腹两侧设一对环钮，器腹上部有宽凹弦纹两周，其间饰蟠虺纹，其下饰垂叶纹；高足根部饰兽面纹。③

1970 年唐县北城子出土 1 件凤首高足匜（见图 7-3④），通高 16.5 厘米，匜体椭圆，流向前突作鸟首形，鸟首顶部有一铜轴，倾水时上喙可以开动，鸟颈部錾刻羽状纹；与流相对的尾部设鸟首形环柄，鸟首突耳、凸睛、尖喙；

①　参见中国青铜器全集编辑委员会：《中国青铜器全集 9：东周 3》，文物出版社 1997 年版，图版说明第 36 页。

②　参见中国青铜器全集编辑委员会：《中国青铜器全集 9：东周 3》，文物出版社 1997 年版，图版说明第 36 页。

③　参见程长新：《北京市通县中赵甫出土一组战国青铜器》，《考古》1985 年第 8 期。（注：该器在文中归入Ⅲ式铜鼎）

④　中国青铜器全集编辑委员会编：《中国青铜器全集 9：东周 3》，文物出版社 1997 年版，图版第 137 页。

器腹两侧设铺首衔环耳；圜底下设接三兽
蹄形长足，上端铸兽面纹。[1] 贾各庄战
国墓也曾出土 1 件凤首高足匜，通高 16
厘米，足高 7.5 厘米，通长 22.9 厘米；形
制与北城子高足匜基本相同，不同点在
于器腹两侧没有辅首衔环耳；器腹装饰
有一周变形绳索纹及羽毛纹，腹内铸有
两个鸭形纹，鸭头与流同一方向，张翼

图 7-3 凤首高足匜（战国早期）

伸尾。[2] 两件铜匜皆采用分铸法铸造，事先铸成附件，再将附件与器身合铸。

　　纤细修长高蹄足的大量出现显露出燕地的审美取向，虽然类似的高足器
也出现在楚青铜器之中，如淅川和尚岭 1 号墓出土的春秋晚期曾太师鼎、淅
川下寺 11 号墓出土的春秋晚期蟠蛇纹鼎等，它们的高足呈弯曲外撇状，荆
门包山 2 号墓出土的战国中期卧牛钮鼎，高足截面呈八棱形，足根部在器腹
中部位置，但是这两种形态的高足并不能像燕系青铜器的高足那样使整器产
生修长挺拔的视觉效果。不仅仅是蹄足的纤长，燕系青铜器中的铜豆也多长
柄。如故宫博物院藏嵌绿松石蟠龙纹豆（见图 7-4[3]），通高 39 厘米，口径
20 厘米，器与盖扣合呈扁圆状，盖顶有圆形捉手，圆形捉手边缘等处镶嵌
绿松石，器与盖饰相互纠结的蟠龙纹和三角云纹；口沿两侧设双环耳；长柄，
腰内收，圈足，柄部饰横 S 纹、三角云纹和变形蛇纹；整器古朴典雅，端庄
灵秀。[4] 通县中赵甫出土的几何纹长柄豆（见图 7-5[5]）堪称最纤秀的 1 件，
不仅柄部纤长，盖顶还加了三个高蹄足形盖钮，纵向的视觉区间被拉伸，整

①　参见郑绍宗：《唐县贾各庄南伏城及北城子出土周代青铜器》，《文物春秋》1991 年第 1 期。
②　参见安志敏：《河北省唐山市贾各莊发掘报告》，《考古学报》1953 年第 Z1 期。
③　中国青铜器全集编辑委员会编：《中国青铜器全集 9：东周 3》，文物出版社 1997 年版，
　　图版第 118 页。
④　参见中国青铜器全集编辑委员会：《中国青铜器全集 9：东周 3》，文物出版社 1997 年版，
　　图版说明第 39 页。
⑤　中国青铜器全集编辑委员会编：《中国青铜器全集 9：东周 3》，文物出版社 1997 年版，
　　图版第 119 页。

器显得更加修长。该铜
豆通高 50.2 厘米，口径
18 厘米，器与盖各为半
球形，扣合后呈近球状，
盖顶部纹饰分别为涡纹、
绹纹、宽体蟠蛇纹、大
三角纹；器腹口沿两侧
设环形耳，盖顶的长钮
和器腹的环形耳均饰斜
角云纹；器腹纹饰与盖
顶纹饰基本相同，惟独
没有涡纹；长柄部饰以贝
纹、绹纹和蝉纹，圈足
以变形云纹为饰；[1] 这件

图 7-4　嵌绿松石蟠龙纹豆　　图 7-5　几何纹长柄豆
（战国早期）　　　　　　　　（战国早期）

几何纹长柄豆纹饰精致细密，铸造精湛，风格特异，盖顶长钮是罕见的形制，
不仅呈现了燕国青铜铸造工艺的高超水平，也展现了燕地独特的审美风貌。

二、多元融合的铜簋与铜敦

　　燕地青铜艺术风格的形成与其独特的地理环境有着必然关系，北方有楼
烦、山戎等草原游牧民族侵扰，南方被赵国、齐国、中山国等觊觎，疆界随
战争决出的胜负发生相应的变更，人员的迁徙、文化的交流成为燕地青铜艺
术兼顾北方草原和中原华夏风格的原始动因。1952 年河北唐山贾各庄战国
墓出土青铜络纹簋（见图 7-6[2]）1 件，通高 14.5 厘米，该簋由器盖和器身

①　程长新：《北京市通县中赵甫出土一组战国青铜器》，《考古》1985 年第 8 期。
②　中国青铜器全集编辑委员会编：《中国青铜器全集 9：东周 3》，文物出版社 1997 年版，
　　图版第 104 页。

两部分组成，盖平顶微鼓，盖中心设半环形钮，周围以双重结纽凸起绳络纹分成 12 格，格内饰以细密蟠螭纹，盖沿等距离设三个兽首饰，兽眼和鼻凸出，双耳侧立；器盖与器身为子母口接合；器身椭圆形圜底，器腹短径的两侧附一对环形耳，两耳之间用双重结纽凸起绳络纹分为 20 格，格内亦填饰细密蟠螭纹；器腹底部设高圈足，圈足靠近下沿饰绚纹。[①] 1966 年、1970年、1975 年和 1982 年分别在河北阳原九沟村[②]、唐县北店头乡北城子村[③]、三河大唐迴村[④]、顺义龙湾屯[⑤] 的战国墓中出土形制基本相同的铜簋，通高在 13.5—14.2 厘米之间，口径在 10.4—13 厘米之间。这几件络纹簋（见图7-7[⑥]）与贾各庄络纹簋形制和纹饰基本相同，唯一不同的是盖沿所立均为鸟形钮，鸟颈直立，鸟喙冲外；唐县北城子村出土的络纹簋器腹两侧的兽面

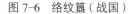

图 7-6　络纹簋（战国）

图 7-7　络纹簋（战国早期）

① 参见安志敏：《河北省唐山市贾各庄发掘报告》，《考古学报》1953 年第 Z1 期。
② 参见中国青铜器全集编辑委员会：《中国青铜器全集 9：东周 3》，文物出版社 1997 年版，图版说明第 35 页。
③ 参见郑绍宗：《唐县南伏城及北城子出土周代青铜器》，《文物春秋》1991 年第 1 期。
④ 参见王其腾：《河北三河大唐迴、双村战国墓》，《考古》1987 年第 4 期。
⑤ 参见程长新：《北京市顺义县龙湾屯出土一组战国青铜器》，《考古》1985 年第 8 期。
⑥ 中国青铜器全集编辑委员会编：《中国青铜器全集 9：东周 3》，文物出版社 1997 年版，图版第 105 页。

的眼睛用绿松石镶嵌而成。从器物形制来看，络纹簋的器身形制与北方草原民族使用的铜鍑类似，椭圆形深腹、圜底高圈足；从装饰纹样来看，绳络纹是晋系青铜器使用最为普遍的纹样之一，以络纹作为分割线划分若干区域，并在区域中装饰细密纹样是晋系青铜器常用的装饰手段；从装饰钮的造型来看，鸟形的装饰钮常见于齐系青铜器。

与博采众长的燕系青铜簋相似的还有燕系青铜敦。前文已及，青铜敦是先秦晚期流行于楚、齐的青铜器物，楚系青铜敦多设细长的蹄足，看上去修长隽美，而齐系青铜敦则多为矮足，看上去稳重端庄。燕系青铜敦在形制上受齐式敦的影响，器盖和器身采用子母口的扣合方式；在装饰纹样上，则汲取楚式敦的装饰之长，器表满饰花纹。如1957年出土于河北赤城龙关镇的勾连雷纹敦和1981年出土于通县中赵甫的变形蟠龙纹敦都属此类。两器均为战国早期遗物，勾连雷纹敦（见图7-8①）通高20.6厘米，口径13厘米，整器呈卵圆形，子母口，扣合严密；器盖有三个云形钮；器腹两侧设环耳，器底设三环形带根足；器盖顶部饰涡纹，外两周皆饰内填粟纹的勾连雷纹，四周间以十二组对顶卷体呈心形图案的龙纹相隔，边沿饰卷

图7-8　勾连雷纹敦（战国早期）

图7-9　变形蟠龙纹敦（战国早期）

---

① 中国青铜器全集编辑委员会编：《中国青铜器全集9：东周3》，文物出版社1997年版，图版第114页。

草纹一周，器身与器盖纹饰对称，三钮、两耳和三足饰云纹。[①] 变形蟠龙纹敦（见图 7-9[②]）通高 21.5 厘米，腹径 16.5 厘米，形制与勾连雷纹敦基本相同，呈卵圆形；器顶三环钮和器底三环足均饰斜角云纹，钮和足的末端呈鸟喙状；除器盖顶部饰涡纹外，器身与器盖的花纹基本相同，均为三角纹和变形龙纹。[③] 燕系青铜敦的造型美观，纹饰繁缛细密，反映出战国早期燕系青铜铸造技术已达到很高的水平。燕系青铜敦是燕地青铜铸造工匠们吸收齐系和楚系青铜敦的造型和纹饰之长，融入燕地文化特色创制的完美制作。

三、独树一帜的平山三器

在燕系青铜器中有一支较为特殊的组成，那便是中山国青铜器。将其归入燕系，一是借鉴陈平关于"燕文化圈"的划定，二是中山国青铜艺术与燕国青铜艺术都有北方草原文化因素。据考证，公元前 414 年，在燕南赵北，北方少数民族白狄人建立了一个诸侯国——中山国。

> （献侯）十年，中山武公初立。……烈侯元年，魏文侯伐中山，使太子击守之。
>
> 《史记·赵世家》

中山国在强国林立的战国时期有过短暂的辉煌，曾是《战国策》中记载的"万乘之国七，千乘之国五"中的"千乘之国"。1974 年至 1978 年，河北平山三汲中山国墓葬群发掘出土了大量文物，特别是别具特色的"平山三器"及其上千余字的铭文，为我们提供了了解战国时期中山国的政治、经

---

① 参见中国青铜器全集编辑委员会：《中国青铜器全集 9：东周 3》，文物出版社 1997 年版，图版说明第 38 页。

② 中国青铜器全集编辑委员会编：《中国青铜器全集 9：东周 3》，文物出版社 1997 年版，图版第 113 页。

③ 参见程长新：《北京市通县中赵甫出土一组战国青铜器》，《考古》1985 年第 8 期。

济、文化的可靠依据。

　　"平山三器"出土于平山 1 号墓，依据"三器"铭文，专家考证三器的年代顺序是中山王𰒀方壶（见图 7-10[①]）早于中山王𰒀鼎（见图 7-11[②]），𰒀蚕圆壶（见图7-12[③]）年代最晚。中山王𰒀方壶通高63厘米，宽35厘米；盖为子口盝顶，四个坡面正中各立一云形钮；壶身直口平唇，短颈微敛，溜肩鼓腹，平底，方圈足；壶的肩部四棱各立一双目圆瞪，张口昂首曲身上行的翼龙，两侧腹部上方设铺首衔环钮；壶的四壁刻有长篇铭文。[④] 整器制作精美，四只翼龙形态优美，方壶造型的硬朗与翼龙优美的曲线在曲直对比间实现美的平衡，这也是中山国在周边势力觊觎下谋求力量平衡的心态呈现。中山王𰒀鼎呈扁球形，通高51.5厘米，宽65.8厘米，重60公斤；鼎盖与鼎

图 7-10　中山王𰒀方壶（战国中期）　　　图 7-11　中山王𰒀鼎（战国中期）

① 中国青铜器全集编辑委员会编：《中国青铜器全集9：东周3》，文物出版社1997年版，图版第157页。
② 郎绍君等主编：《中国造型艺术辞典》，中国青年出版社1996年版，第357页。
③ 中国青铜器全集编辑委员会编：《中国青铜器全集9：东周3》，文物出版社1997年版，图版第159页。
④ 参见张守中、郑名桢、刘来成：《河北省平山县战国时期中山国墓葬发掘简报》，《文物》1979年第1期。

身以子母口扣合，盖顶设三个云形钮，可却置；肩腹两侧设宽厚的方形附耳，腹部设一道凸弦纹，底部平缓，接铸三个粗壮的蹄形铁足，足根粗壮，下敛成蹄足。① 整器造型浑朴，端庄大气，盖顶精致的云形钮与宽厚的方形耳、粗壮的铁蹄足相得益彰。舒蚤圆壶通高 44.5 厘米，宽 32 厘米，盖为子口圆顶，设三个云形钮；器身侈口平唇，短颈微敛，溜肩鼓腹，平底，圈足；肩部两侧设铺首衔环；腹部设两道凸弦纹，两道弦纹间刻有铭文。② 整器形态端庄，器形与同期流行的圆壶形态基本一致。

图 7-12　舒蚤圆壶（战国中期）

第三节　燕系青铜艺术的装饰特色

　　燕系青铜艺术风格的确立既得益于商周青铜艺术的传承与延续，也得益于天凝地闭、林寒涧肃的环境滋养，战争和北方民族的融合又为其注入了新鲜的血液，它所反映的是身处这一特殊地理环境的人们的审美情愫，以及他们对传统和风尚的认识与喜好，同时它还以现实主义的手法记录了当时人们生产生活的部分场景，是我们了解燕地人文历史的重要图像史料。

---

① 参见张守中、郑名桢、刘来成：《河北省平山县战国时期中山国墓葬发掘简报》，《文物》1979 年第 1 期。

② 参见张守中、郑名桢、刘来成：《河北省平山县战国时期中山国墓葬发掘简报》，《文物》1979 年第 1 期。

一、平面与立体兼具的人物造型

燕系青铜器物中大量人物形象的出现与晋系青铜器有着相似之处，这与春秋战国时期人的自我意识的觉醒有着必然联系，同时晋燕地域相近，彼此间的交流也是大概率事件。出现在燕系青铜器物上的人物形象与晋系相近，包括平面和立体两类，主题有相同亦有区别。

平面的人物形象主要指青铜器表面的装饰纹样，如今可见的主要是狩猎纹题材中的人物形象，最具代表性的是贾各庄出土的一件嵌红铜狩猎纹铜壶（见图 7-13[①]），通高 54.9 厘米，口径 10.9 厘米，直口高颈，长圆腹，圜底圈足；微凸平盖，盖顶中间设半环形钮，钮中附一环，环上饰绹纹，盖顶围绕中间环形钮设一周嵌镶纯铜兽形纹；肩颈两侧设环形耳，颈部装饰嵌镶纯铜涡纹；器腹部由双重结纽绳索纹分隔为十二方格，上下两层，每个格内都镶嵌纯铜的狩猎纹。上下两层各格内的纹饰可分为两组，一组四格相同，另外一组两格相同；人持长矛与猛兽搏斗，可辨的兽形有牛、象、虎等，空中还有禽鸟飞翔，纹饰清晰，嵌镶的纯铜呈红色，只可惜大部分已

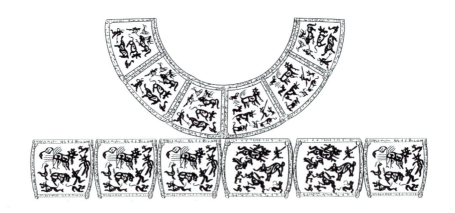

图 7-13　嵌镶狩猎纹壶（战国早期）纹饰拓本

---

① 安志敏：《河北省唐山市贾各庄发掘报告》，《考古学报》1953 年第 Z1 期。

经脱落。^①1981 年在平山三汲穆家庄战国中山鲜虞贵族墓中出土了两件饰有狩猎纹的铜器，其中一件为线刻祭祀狩猎纹铜鉴，通高 16.5 厘米，器形为折沿、敞口、折腹、小平底，鉴外壁两侧有对称的竖环耳，外壁为素面，内壁錾刻图案，图案分上下两部分，上部为 8 只头尾相衔作直身伏地状的凤鸟纹，下部的狩猎祭祀图描绘了在一座大型庄院建筑的院内和高大的殿堂内进行的狩猎祭祀活动，该鉴底部錾刻 8 条 S 形蟠蛇勾联纹。从铜鉴上男性着紧身短衣，挽髻束发，女性着长衣，梳牛角形发髻和前低后高度双髻，判断属北方少数民族鲜虞族。^②另一件凸铸狩猎宴乐图的铜盖豆通高 19.6 厘米，器与盖为子母口扣合，器盖呈覆豆状，盖顶设圆形捉手；深腹，喇叭形圆座；器腹上部两侧设对称环状竖耳一对。全器通体凸铸采桑、宴乐、狩猎等纹饰；整个铜豆上共有人物 90 人，野兽 63 只，大雁 26 只，鱼 6 条，纹饰繁复，花纹精细，人物形象生动，动物栩栩如生。^③与现实生活相关的狩猎纹在燕系青铜器物上的出现，除了对人的活动的关注之外，燕系地处农耕文化与草原文化的交汇地区，青铜装饰纹样的主题既有反映游牧生活的狩猎图，也有反映农耕文明的采桑图，这也为燕系青铜文化多元融合的特点提供了重要佐证。

立体的人物形象主要是指圆雕（铸）或浮雕人物像，最具典型性的是 1964 年燕下都遗址内出土的 1 件铜人像（见图 7-14^④），该人像身高 25.8 厘米，重 4.9 公斤；面部丰满，修目阔鼻，嘴角向上，颜面微扬；前额发分为左右向后梳，发纹尚清晰可辨；头顶一巾，前窄后宽垂于脑后，自头顶以带压住系于颏下，有红色八字形带结；人身直立，两臂前伸拱持一筒状物；身着右衽尖领窄袖长袍，下垂至地面而不见足部，衣纹生动自然，后领口作方形，后颈及背上部袒露于外，衣领、衣边均涂有朱色，身围腰带也作

① 参见安志敏：《河北省唐山市贾各庄发掘报告》，《考古学报》1953 年第 Z1 期。
② 参见陈伟：《对战国中山国两件狩猎纹铜器的再认识》，《文物春秋》2001 年第 3 期。
③ 参见陈伟：《对战国中山国两件狩猎纹铜器的再认识》，《文物春秋》2001 年第 3 期。
④ 中国青铜器全集编辑委员会编：《中国青铜器全集 9：东周 3》，文物出版社 1997 年版，图版第 142 页。

图 7-14　铜人像
（战国晚期）

图 7-15　镂空楼阙形方饰
（战国晚期）

朱红，腰带间有长条形圆头带钩连接腰带两端。该铜人像是国内保存最为完整的一件先秦时期青铜人物塑像，据简报中推断是战国中期遗物。[1] 另外，在燕下都东贯城出土的镂空楼阙形方饰（见图 7-15[2]），通高 22 厘米；下端为方柱，中空，柱下端有对应的两个小孔；方柱四周镂空，雕铸各式人物共计 6 人，每面 2 人，上下各 1 人，均着右衽窄袖短衣，姿态各异；楼阙在方柱之上，为盝顶透空阁楼，盝顶正中前后各饰一只头向外展翅欲飞的禽鸟，四垂脊各饰一扬颈昂首、张口曲身、卷尾怒踞的虎形怪兽，前后坡面上饰嬉戏双龙纹，左右坡面上饰相向而卧的双凤纹，并饰一夔龙纹，夔首止于坡面下缘；盝顶之下为四柱形阙室，阙室中一人束冠，着右衽长袍，拱手坐于矮凳之上，人前置一鼎，鼎左是一盘发插笄，着右衽长衫跪坐者一手扶鼎，一手揭盖；其左右各有一个装束相同的奏乐俑；阙室底部四面中间各伸出一矩尺状饰物，上端各栖以展翅欲飞的鸟。[3] 这件人物鸟兽阙状方形铜饰造型奇特，结构复杂，活动场景繁复，人物动态描绘细致，制作考究，是先秦时期燕系青铜艺术的宝贵遗珍，对于研究先秦时期燕地的服饰、礼制、建筑等都具有重要的学术价值。

---

①　参见河北省文化局文物工作队：《燕下都遗址内发现一件战国时代的铜人象》，《文物》1965 年第 2 期。

②　中国青铜器全集编辑委员会编：《中国青铜器全集 9：东周 3》，文物出版社 1997 年版，图版第 141 页。

③　参见陈平：《燕文化》，文物出版社 2006 年版，第 121 页。

二、审美与功能齐驱的铜灯设计

燕系青铜器中的铜灯造型多样，设计构思奇妙，制作工艺精良，在先秦时期的铜灯设计铸制方面可谓首屈一指。

前文在介绍铜灯类型的时候，我们曾介绍了多枝灯，所举的例子十五连盏灯（见图 7-16[①]）就是燕系青铜艺术的典范之作。十五连盏灯，因此灯为树形，所以也称树影灯，战国中晚期遗存，通高 84.5 厘米，由大小八节连接而成，灯的主干直立于灯座之上，从主干伸展出 14 枝干，每个枝干的顶端都有一个灯盘，连同主干顶端的灯盘共有 15 个灯盘，枝干围绕主干合理安排，错落有致，如果燃以烛火，可以得到均匀的光照效果。这件铜灯最具特色的是其装饰颇具情趣，枝干间铸有栖息鸣叫的小鸟，嬉戏玩耍

图 7-16　十五连盏灯（战国中期）

的群猴，匍匐蜿蜒的四足神龙已快爬到树顶；直径 26 厘米的圆形灯座上装饰有三条弯曲为 S 形的翼龙，灯座下有三只等距环列的双身虎承托；灯座上有两个立体圆雕赤膊着短衣的家奴正向上抛食引猴，群猴中的两只小猴禁不住诱惑，正单臂悬挂在树上，伸爪讨食。该铜灯的结构设计也颇为巧妙，由灯座和 7 节灯架组成，7 节灯架以形状各异的榫卯相连接，连接吻合牢固。[②]设计制作者以巧妙的构思和精细的工艺创制了一件生意盎然的青铜艺术精品，将现实的人、猴、鸟，与神性虚构的龙放置在一个时空之中，这是现实主义的描绘，也是浪漫主义的创造，是燕地的人们渴望天、地、人、神和谐

①　河北博物院编：《战国雄风：古中山国》，文物出版社 2014 年版，第 191 页。

②　参见郎绍君等主编：《中国造型艺术辞典》，中国青年出版社 1996 年版，第 360 页。

图7-17 银首人俑灯（战国中期）

共处的最直接表达。

同是在平山三汲略早于十五连盏灯出土的银首人俑灯（见图7-17[①]），亦为战国中晚期遗存，通高66.4厘米，该灯的造型为一身着长袍的男子，右手平伸，手握一螭，螭口衔灯柱，柱身饰错金银龙纹，并有浮雕螭龙盘绕在灯柱之上，灯柱中部有一圆雕小猴弓背蹬柱奋力攀登；男子左手握一螭尾，螭蜷身挣扎，扬起的头部顶住一灯盘，弯曲的腰部被另一螭衔住，衔它的螭身蟠呈一圈成为其下灯盘的灯口，灯盘着地；男子足下有一方座，上饰兽纹。男子的造型是该灯最为考究之处，男子面首为银质，双目嵌黑宝石，身着宽沿阔袖深衣，衣上以彩漆髹绘云纹；人物双目炯炯有神，神态自若。这种人螭擎灯的造型可谓是构思巧妙，同样将人的现实世界与螭的神化世界融为一体，而螭被人所操纵，更体现了春秋战国时期人的意识觉醒之后，神化的形象已经"失去其主宰人们、支配命运的历史威力，最多只具有某种轻淡的神怪意味以供人玩赏装饰罢了"[②]。

此外还有同样出土于平山的簋形铜灯，在介绍器物形制的章节中曾提及（见图2-84），高15.2厘米，外形呈圆形，似簋，器身与器盖饰瓦楞纹；盖顶设一钮，钮口插入灯盘的活动支柱，柱端套入一圆环，器盖与器身一侧以合页连接，使用时打开，器盖即是灯盘，支柱自然下垂承托器盖，器盖内壁中心有一钎，可以插烛或缠绕灯芯；器身与合页相对的一侧为铺首衔环；此灯不用时将器盖扣合，支柱横倒，支柱上的圆环和铺首之环恰好相称。

燕系青铜器中的铜灯更多地体现了青铜铸造工匠的设计智慧，十五连盏

---

① 中国青铜器全集编辑委员会编：《中国青铜器全集9：东周3》，文物出版社1997年版，图版第180页。

② 李泽厚：《美的历程》，生活·读书·新知三联书店2009年版，第49页。

灯除了营造意趣盎然的氛围外，十五个灯盘高低错落的设置，说明设计者考虑了铜灯的照明区间与角度。银首人俑灯在考虑照明的区间和角度方面与其有异曲同工之妙，而簋形铜灯的设计则考虑了铜灯的收纳、防尘等生活细节，这些都说明先秦时期的工匠们有明确的设计意识，在设计中主动围绕"人"的使用开展设计活动，从功能的角度创制生活用器的物质形态。

三、精湛与精细并进的铸造技术

燕系青铜艺术的遗存数量虽不多，但是其青铜铸造成就却不容忽视，青铜铸造技术的日渐精进与器具设计的别具新意，创作出具有鲜明地域性特色的风格样式的艺术作品，燕地匠师们不遗余力地将他们的观念和愿望赋予昂贵的合金，从而令我们在两千多年后的今天得以看到燕地青铜艺术的华美篇章。

平山三汲大墓出土的中山国错金银青铜器物可谓是精美绝伦之佳作，错金银龙凤鹿方案架、错金银虎噬鹿插座、错银双翼神兽、错金银犀形插座、错金银牛形插座、十五连盏灯等，不仅让我们感受到中山国金属细工工艺技术的精进，器物独特的造型风格也呈现出北方民族的审美意趣。其中错金银龙凤鹿方案架，案架高 36.2 厘米，长 47.5 厘米，此方案架原来应有嵌入的木质漆案面，现在案面遗失，仅剩错金银铜质框架，案架四边缘饰错金银云纹，案下有纠结缠绕的四龙四凤，龙跃凤鸣，龙张口露齿，凤昂首低鸣，四龙首分别向案架的四角伸展，在四个案角的下方以鼻部各承一斗拱，斗拱上接方案架；四凤首向案架的四边伸展；案架底部以四只卧鹿为底座。这个方案架设计构思十分缜密，最为精彩的就是四龙四凤的缠绕盘结，并向各方向伸展所呈现的力度感非常传神，能让人感受到它们承接的方案仿佛有千斤重量。此案的形制前所未见，整器制作之精美令人叹为观止。[①]

---

① 参见郎绍君等主编：《中国造型艺术辞典》，中国青年出版社 1996 年版，第 357 页。

图7-18 铜铺首衔环（战国晚期）

1966年在老姆台东发掘出土一件大型铜铺首衔环（见图7-18[1]），该铺首衔环通高62厘米，内径16厘米，外径29厘米，重21.5公斤；采用透雕与浮雕相结合的制作工艺，中轴对称的造型，其上部为巨目宽眉、戟鼻卷齿的衔环长鼻兽面，兽眼圆瞪直视前方，长鼻作八棱状半椭圆衔孔，环套于衔孔之中；兽面双耳为曲身的蟠螭；兽面头顶正中为一尖冠，冠下一立羊，羊身左右分别是为翘尾伸颈、两爪握蛇的凤鸟，两侧盘绕的是张口怒目的双龙。这件铺首衔环透雕与浮雕结合而产生的虚实相辅的装饰效果，纹饰繁缛，构思精巧，造型生动，制作精美，体量巨大，是难得一见的珍品。以虎视眈眈的兽面创制燕下都宫门上的饰物，颇具威严震慑之效，而它尺度的巨大足以让我们联想燕王宫阙曾经的恢弘与壮观。[2]

燕系青铜器中令人拍案惊绝的作品不胜枚举，金银错铜丝网套壶（见图7-19[3]）更是精雕细镂之精品。该器1982年窖藏出土于江苏盱眙南窑庄，现藏于南京博物院，器高24厘米，口径12.8厘米，重6.25公斤；整器由器身和肩腹上的网套组成；器身长颈侈口，圆腹圈足；铜丝网套由96条卷曲的龙和576枚梅花钉交错套扣而成；网罩中间有错金云纹铜箍，箍上有相间铺首衔环和倒垂的浮雕兽各四个，衔环与立兽上有错金银纹饰；壶颈、圈足、网套下的肩腹部均饰错金银斜方格云纹；壶口的铭文标明了容量，实测容积

① 中国青铜器全集编辑委员会编：《中国青铜器全集9：东周3》，文物出版社1997年版，图版第145页。
② 参见河北省文物研究所：《燕下都》上册，文物出版社1996年版，第733页。
③ 中国青铜器全集编辑委员会编：《中国青铜器全集9：东周3》，文物出版社1997年版，图版第125页。

图 7-19　金银错铜丝网套壶（战国中期）及其局部

为 3020 毫升；圈足外刻有"陈璋伐匽（燕）之获"，记载了齐国讨伐燕国胜利凯旋的历史事件。[1] 这件套壶制作工艺高超，运用失蜡法制作的铜丝网套鬼功神力，与错金银和镶嵌工艺的搭配运用相得益彰，更显雍容富贵，是燕系青铜器中颇具历史和艺术价值的珍品。

第四节　燕系青铜艺术的铭文风格

燕系青铜器的铭文与其他各系铭文有着共同的文化渊源，这是它与其他各系铭文的共性基础，而它特殊的地理位置与历史赓续，则是形成它个性特征的重要因素。西周时期的燕系青铜有铭器物主要集中出土于北京房山琉璃河遗址墓葬群，也包括顺义牛栏山和辽西地区窖藏出土的青铜器物，这些器物铭文的风格源出两脉：一是晚商的金文遗脉，二为西周金文新风。[2] 西周晚期燕系铭文风格逐渐形成，与其他各系青铜铭文风格明显的分野则是在东周时期。东周时期的燕系有铭器物主要集中出土于燕下都武阳城遗址，此外

---

[1]　参见姚迁：《江苏盱眙南窑庄楚汉文物窖藏》，《文物》1982 年第 11 期。

[2]　参见陈思：《两周燕国青铜器铭文风格演化及其源流探析》，《首都博物馆论丛》2020 年总第 34 辑。

还包括归入燕系青铜研究系列的中山国遗址出土的有铭青铜器。

一、燕系铭文风格初见

燕系有铭铜器虽然数量较少，但其上铭文书风却不输其他区域。西周早期的燕系铭文多承续晚商风格，象形的特征贯穿其中，如叔父丙鼎的铭文，铭文中的文字还带有浓郁的图画样式。现藏于日本京都泉屋博古馆的燕侯旨鼎，虽同是西周早期铜器，其上铭文则呈现西周时期的中原风格，铭文字数增多，不再是散落自由的形式，呈现出纵可成列，横亦成排的组织规则，

图7-20　燕伯圣匜（西周晚期）
铭文拓本

可见，在《周礼》规范下的书写规矩逐渐形成。虽仍采取首尾尖中肥厚的笔画形态，但是横平竖直的写作形式已然建立，这与西周早期其他区域的形式并无二致。

西周晚期，燕系铭文的地域性风格逐渐确立，如现藏于故宫博物院的燕伯圣匜（见图7-20[①]），内底铸铭文8字，"匽（燕）白（伯）圣乍（作）工也（匜）永用"，从铭文的字体看，和西周中原地区的文字差别不大，但通过对比也还是能够感受到燕地的些许变化，燕系铭文风格应该是从这时进入了萌生时期。从结体看，此时的燕系铭文虽然遵循基本的西周样态，但是字体明显有向纵向延展的趋势，就笔画而言，线条的肥瘦变化不大，笔势挺拔，不刻意制造线条的曲势

① 吴镇烽编著：《商周青铜器铭文暨图像集成》第26卷，上海古籍出版社2012年版，第264页。

变化，笔锋间还留有西周早期首尾尖锐的特征，这些都为燕系铭文的发展拓展了空间。

春秋时期的燕系有铭青铜器数量不多，最著名的当属春秋晚期的杕氏壶，该器现藏于德国柏林国立博物馆东洋美术部，是一件直口长颈，圆腹圈足的有盖提链壶，其颈部、上腹部和下腹部分别设一道凸弦纹。据郭沫若在《杕氏壶考》中记载，罗振玉最早在《贞松堂集古遗文》中摹录其铭文，该器的41字铭文刻于器壁之上，基本以四字一句，句法齐整，其铭文大意是说"杕氏岁时献纳于鲜虞，而得此金属之瓶，以为弄器而刻辞其上"[1]。由其铭文可知，其器来自鲜虞，刻铭者杕氏为燕人。该器铭文字体端正，线条平直，笔画齐整，曲线相对较少，字的大小和间距未受限于框架结构，整篇铭文看起来略显松散，铭文的写作与句法也无关系，但是燕系铭文端庄的特征展现无余。

二、战国时期的燕系铭文

战国时期的燕系有铭青铜器亦不多，王太后右和室鼎是其中一件，该器为有盖扁球形鼎，一耳外侧刻铭文两处共8字，盖刻铭文三处共8字，口沿下刻长方框，框内刻铭文6字，框下刻铭文2字，共24字。[2] 该鼎1992年出土于山西澄城县，经张懋镕等专家鉴定其为燕器，同时认为器耳（见图7-21[3]）及器盖（见图7-22[4]）的铭文为真，其他皆伪。[5] 从其器耳和器盖上的铭文，我们能感受到燕系文字在战国时期更加端正，字呈方块状，稳重端庄。

---

① 沙宗元：《杕氏壶铭文补释》，《安徽大学学报（哲学社会科学版）》2001年第4期。

② 参见吴镇烽：《商周青铜器铭文暨图像集成》第4卷，上海古籍出版社2012年版，第462页。

③ 吴镇烽编著：《商周青铜器铭文暨图像集成》第4卷，上海古籍出版社2012年版，第463页。

④ 吴镇烽编著：《商周青铜器铭文暨图像集成》第4卷，上海古籍出版社2012年版，第463页。

⑤ 参见张懋镕、王勇：《"王太后右和室"铜鼎考略》，《考古与文物》1994年第3期。

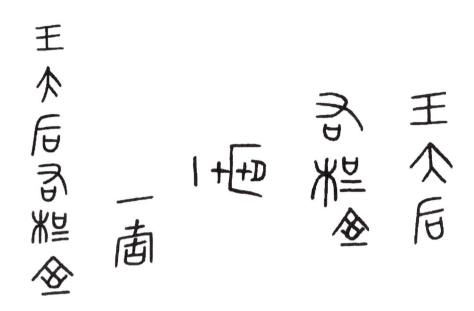

图 7-21　王太后右和室鼎（战国）　　　　图 7-22　王太后右和室鼎（战国）
　　　　　　鼎耳铭文摹本　　　　　　　　　　　　　　鼎盖铭文摹本

　　战国时期的燕系铭文最有特色的当属燕系青铜兵器上的文字。何琳仪认
为"燕国兵器铭文堪称列国之冠"[1]。这里我们列出战国晚期多件戈、矛上的
铭文拓本和摹本（见图7-23[2]、图7-24[3]、图7-25[4]、图7-26[5]），来共同
感受燕系兵器铭文的特色。鉴于兵器的特殊形制和功能，铭文多铸刻于戈的
内部，矛的銎部，受空间范围的限制，字数一般不多，多为 2 行，5—8 字。
从铭文内容来看，燕系青铜兵器上的铭文主要记载了作器者及所作兵器的名
称；从文字的结体来看，燕系文字写作十分规整，总体呈现方块字的形态，
这与王太后右和室鼎上的铭文颇为相似，虽然还有少部分笔画或文字带有图

---

① 　何琳仪：《战国文字通论》（订补），上海古籍出版社 2017 年版，第 116 页。

② 　吴镇烽编著：《商周青铜器铭文暨图像集成》第 32 卷，上海古籍出版社 2012 年版，第 41
　　页、第 49 页。

③ 　吴镇烽编著：《商周青铜器铭文暨图像集成》第 33 卷，上海古籍出版社 2012 年版，第 69 页。

④ 　吴镇烽编著：《商周青铜器铭文暨图像集成》第 32 卷，上海古籍出版社 2012 年版，第 84 页。

⑤ 　吴镇烽编著：《商周青铜器铭文暨图像集成》第 33 卷，上海古籍出版社 2012 年版，第 70
　　页、第 74 页。

案的元素，但多数的字形结构基本定型；从文字的笔画书写看，燕系兵器上的铭文多直线而少曲线，很注重笔画的横平竖直，非横竖的笔画则采用短小的斜线，首方尾尖，利落精干，这也是其整体视觉感工整的重要因素；从整

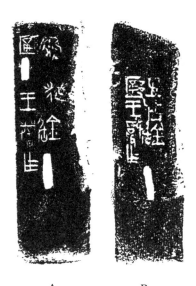

A　　　　　B
图 7-23　燕王职戈（战国晚期）
铭文拓本

图 7-24　燕王职矛（战国晚期）
铭文摹本

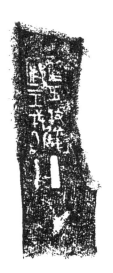

图 7-25　燕王戎人戈（战国
晚期）铭文拓本

A　　　　　　　　　B
图 7-26　燕王喜矛（战国晚期）铭文拓本

体的构成形式看，有的紧凑严密，有的恣肆粗犷，有的内敛含蓄，有的四平八稳。就这些特征而言，燕地铭文的文字结体与书写规范已经规范化，但谋篇布局具有较为宽松的随意性和自由度，与铸刻铭文的空间以及写作者的喜好有一定的关联。

谈及燕系铭文，就不能不提"平山三器"，它们不仅形制独具特色，其上铭文内容之丰富，在春秋战国时期的铜器铭文中难寻其匹，即使将其置于全部的先秦古文字资料中，仍可谓煌煌巨制。近年来对于战国时期文字考释所取得的成果多借力于中山王诸器。[①] 仅"平山三器"上的铭文就共计1101字，分别是：中山王𰯀方壶有铭40行，450字（见图7-27[②]）；中山王𰯀鼎有铭76行，469字；𫊻𫑡圆壶有铭59行，182字（见图7-28[③]）。"平山三器"铭文工整劲挺，结体精巧，章法讲究，文字造型修长挺拔，笔画丰中锐末，

图7-27　中山王𰯀方壶（战国中期）铭文摹本

图7-28　𫊻𫑡圆壶（战国中期）铭文拓本

---

①　参见何琳仪：《战国文字通论（订补）》，江苏教育出版社2003年版，第135页。

②　吴镇烽编著：《商周青铜器铭文暨图像集成》第22卷，上海古籍出版社2012年版，第452页。

③　中国青铜器全集编辑委员会编：《中国青铜器全集9：东周3》，文物出版社1997年版，图版说明第78页。

整篇充满了理性和秩序，表现出契刻者极为高超的驾驭文字造型的能力。本书考虑研究的整体性与系统性，将"平山三器"归于燕系加以研究，但是从其形制、纹饰和铭文风格中我们仍能感受到"平山三器"与燕地的青铜器存在一定的差异性，它们可谓是北方游牧民族在宗周礼制文化的制约下，在周边齐、楚、赵、晋、燕等诸侯势力的影响下，在努力恪守民族特质和融入华夏文明的进程中的独有创制。仅就铭文而言，以先秦时期通用的华夏文字书写中山国与齐国共同征伐燕国的历史事实，并警示后嗣邻邦难亲，在铭文契刻时即遵守文字书写的一般规律，同时也表现出北方草原民族的鲜明特色。

第八章　风刀霜剑：吴越系青铜艺术

长江下游地区的先秦文明曾一度被忽视，"事实上，长江下游诸国的青铜文化相当发达。研究金文的学者早已指出，吴、越、徐等国青铜器制作优美，铭文用韵精严，反映着高度的文化水平"①。这一章我们谈论的吴越系就是先秦时期长江下游以吴、越为代表的青铜艺术。先秦时期的吴越，是指位于东南沿海地区的姬姓句吴和姒姓于越两个诸侯国，两国的国君虽然不同姓，但是他们的国民却都属于百越。

　　夫吴之与越也，接土邻境，壤交同属，习俗同，言语通。

《吕氏春秋·知化》

吴越两国的风俗相同，语言相通，文化面貌基本相同，它们"同俗并土、同气共俗"，逐渐交融、流变、汇聚形成统一的文化类型。它们偏安于长江中下游的广阔天地间，这里江河纵横，湖泊密集，气候宜人，土地肥沃，物产富饶，优越的自然条件为吴越地区青铜冶铸业的发展奠定了良好的物质基础。《越绝书》明确记载了越地不仅拥有丰富的铜锡资源，而且设有专门管理铜业生产的官署。

　　姑中山者，越铜官之山也，越人谓之铜姑渎。长二百五十里，去县二十五里。……练塘者，句践时采锡山为炭，称"炭聚"，载

---

① 李学勤：《从新出青铜器看长江下游文化的发展》，《文物》1980年第8期。

从炭渎至练塘，各因事名之。去县五十里。

《越绝书·外传记地传》

第一节　先秦时期吴越地区历史概况

"吴越文化是东周时期长江下游的一种考古学文化，也就是中国古代吴越民族所创造的一种有自身特征的文化遗存。"[1] 关于先秦时期的吴越文化，我们除了从《左传》《史记》等先秦古籍中搜索，更多的是来自于东汉时期赵晔所撰写的《吴越春秋》，以及袁康、吴平撰写的《越绝书》，两书为我们了解先秦及秦汉时期吴越地区的历史文化和地理环境提供了许多佐证史料。

吴越文化所涵盖的区域主要是长江三角洲地区，大致包括今天的上海市、浙江省，以及与其相邻的江苏省和安徽省的南部，江西省东北部的一部分地区。这一地区是江南水乡，长江、太湖、钱塘江等水系将其连成一片，太湖平原和宁绍平原孕育了吴越悠久灿烂的文化，太湖亦有"包孕吴越"的美誉。这一地区也是中国早期文明的主要发祥地之一，早在新石器时代早期，在这一区域内就相继产生了河姆渡文化、马家浜文化、崧泽文化、良渚文化、马桥文化等原始文化。

一、泰伯奔吴

按《史记·吴太伯世家》等文献的记载，吴国的创始人泰伯（《史记》中写作太伯）和仲雍本是黄帝的第 17 世孙，是岐山周部落首领古公亶父的长子和次子，古公亶父非常器重自己第三个儿子季历以及季历的儿子昌，认为他们终

---

[1]　冯普仁：《吴越文化》，文物出版社 2007 年版，第 2 页。

将成为圣贤之人。为了让父亲能够实现灭商的夙愿，同时也为了表明他们放弃继承部落首领的决心，他们远赴荆荒之地。在荆蛮，他们学习当地的风俗，断发文身，他们的行为，感动了荆蛮的百姓，认为他们是有气节、讲道义的人，于是有很多人追随他们。泰伯自称句吴，追随者们拥立他为吴太伯。

> 吴太伯、太伯弟仲雍，皆周太王之子，而王季历之兄也。季历贤，而有圣子昌，太王欲立季历以及昌，于是太伯、仲雍二人乃奔荆蛮，文身断发，示不可用，以避季历。季历果立，是为王季，而昌为文王。太伯之奔荆蛮，自号句吴。荆蛮义之，从而归之千馀家，立为吴太伯。太伯卒，无子，弟仲雍立，是为吴仲雍。
>
> 《史记·吴太伯世家》

从吴太伯之后，过了五代，武王灭商，泰伯的后人获封了两个封国，一个是中原地区的虞国，一个是蛮夷地区的吴国。到泰伯的第十二代的时候，虞国被晋国所灭，又过了两代，吴国兴盛起来。

> 自太伯作吴，五世而武王克殷，封其后为二：其一虞，在中国；其一吴，在夷蛮。十二世而晋灭中国之虞。中国之虞灭二世，而夷蛮之吴兴。
>
> 《史记·吴太伯世家》

二、盟晋伐楚

吴国偏安东南一隅，不曾参与中原的纷争，到寿梦继位之时，吴国开始蠢蠢欲动，不断攻打周边的小国使他们臣服于吴。吴国的不安分很快引起了中原诸国的注意。此时的晋国和楚国都想称霸中原，两国又势均力敌。为了牵制楚国的兵力，晋景公听从了申公巫臣的建议，联合刚刚兴起的吴国。公元前 584 年，申公巫臣自晋国出使吴国，不仅带去三十辆战车，还将中原地区先进的战车战法和排兵布阵的方法传授给吴国将士，使吴军的战斗力得到有效提升，同时巫臣还充分利用自己对楚国军事部署熟悉的优势，指点吴国如何与楚国抗衡，在他返回晋国时，将十五辆战车留给吴国，并将自己的儿子狐庸留在吴国做外交官。

> 王寿梦二年，楚之亡大夫申公巫臣怨楚将子反而奔晋，自晋使吴，教吴用兵乘车，令其子为吴行人，吴于是始通于中国。吴伐楚。
>
> 《史记·吴太伯世家》

> 巫臣请使于吴，晋侯许之。吴子寿梦说之。乃通吴于晋。以两之一卒适吴，舍偏两之一焉。与其射御，教吴乘车，教之战陈，教之叛楚。置其子狐庸焉，使为行人于吴。
>
> 《左传·成公七年》

与晋国为盟之后，在晋国新式的战车和先进的战法的武装下，吴国开始在楚国东境频繁骚扰，最多的时候一年进攻楚国七次，很快吴国就将蛮夷地区附庸楚国的小国全都攻取下来，使其全部归属吴国。

> 吴始伐楚，伐巢、伐徐。子重奔命。马陵之会，吴入州来。子重自郑奔命。子重、子反于是乎一岁七奔命。蛮夷属于楚者，吴尽取之，是以始大，通吴于上国。
>
> 《左传·成公七年》

与晋国的结盟，是吴国得以强大起来的关键，正是在晋楚此消彼长的争霸过程中，吴作为一个重要的制衡棋子逐渐成长为春秋时期东部地区重要的方国。

三、吴越仇怨

相传夏禹死后葬在会稽，越王是夏禹的后代，受封在会稽是为了看守夏禹祭祀的香火。

> （大禹）三载考功，五年政定。周行天下，归还大越，登茅山，以朝四方群臣，观示中州诸侯。……命群臣曰："吾百世之后，葬我会稽之山。"
>
> 《吴越春秋·越王无余外传》

当夏的王位传到少康，少康担心将来祭祀大禹的香火断了，于是将自己庶出的儿子无余分封到了会稽，称为越国。

> 越王勾践，其先禹之苗裔，而夏后帝少康之庶子也，封于会稽，以奉守禹之祀。
>
> 《史记·越王勾践世家》

越国本是一个百里小国，到了勾践的父亲允常在位的时候，才成为千里之国。

> 越侯传国三十馀叶，历殷至周敬王时，有越侯夫谭，子曰允常，拓土始大，称王，春秋贬为子，号为于越。
>
> 《舆地志辑注·会稽郡》

吴王阖闾登上王位后，听从伍子胥的"从近制远"的建议，在伍子胥、白喜、孙武的谋划下，先破楚，后谋越，并与北方诸国交好。短短几年内，吴国西破强楚，北面威胁齐晋，南伐于越。

> 吴以子胥、白喜、孙武之谋，西破强楚，北威齐、晋，南伐于越。
>
> 《吴越春秋》

吴国打着各种旗号多次攻打越国，公元前510年，吴王阖闾发兵攻越，占领檇李等地。越国国君允常不愿总是挨打受气，公元前505年，趁吴国兴兵伐楚、国内空虚之际，发兵攻入吴境。自此，吴越两国结下怨恨，战争日益频繁。

四、夫差复仇

公元前 497 年，允常去世，年轻的勾践继位。第二年，吴王阖闾不听伍子胥的劝谏，执意亲率 3 万精兵往越国兴师问罪。越王勾践在敌强我弱的劣势下，派出 300 勇士，每 100 人为一排，将利剑置于脖颈处，呼喊着恳请吴王赦免越王的口号，自刎于吴军阵前。吴军不曾见过这样的阵势，只顾着观看越人自刎军前的表演，越军在勾践的带领下，乘机从左中右三路偷袭吴军，吴军措手不及，慌乱应战，年逾六十的吴王阖闾被越国大夫灵姑浮挥戈斩去大脚趾，不得不退兵七里，阖闾最终伤重不治，葬于虎丘。

> （定公十四年）吴伐越。越子句践御之，陈于檇李。句践患吴之整也，使死士再禽焉，不动。使罪人三行，属剑于颈，而辞曰："二君有治，臣奸旗鼓，不敏于君之行前，不敢逃刑，敢归死。"遂自刭也。师属之目，越子因而伐之，大败之。灵姑浮以戈击阖庐，阖庐伤将指，取其一屦。还，卒于陉，去檇李七里。
>
> 《左传·定公十四年》

阖闾的儿子夫差继位，他让身边的人时刻提醒自己："越王勾践是你的杀父仇人。"以此坚定自己报仇的决心，公元前 494 年，勾践听说夫差日夜操练军队，于是想抢在吴国未发兵之前先去攻打它，范蠡的劝阻他已听不进去。夫差动用全部精锐部队予以反击，在夫椒大败越军，杀父之仇得报。

> 三年，句践闻吴王夫差日夜勒兵，且以报越，越欲先吴未发往伐之。范蠡谏曰："不可。臣闻兵者凶器也，战者逆德也，争者事之末也。阴谋逆德，好用凶器，试身于所末，上帝禁之，行者不利。"越王曰："吾已决之矣。"遂兴师。吴王闻之，悉发精兵击越，败之夫椒。越王乃以馀兵五千人保栖于会稽。吴王追而围之。
>
> 《史记·越王句践世家》

王夫差元年，以大夫伯嚭为太宰。习战射，常以报越为志。二年，吴王悉精兵以伐越，败之夫椒，报姑苏也。

《史记·吴太伯世家》

吴军将越王勾践带领的五千残兵围困在会稽山上，越王使大夫文种前去求和，伍子胥建议夫差斩草除根，他说："吴国与越国同处一块土地，却世代为仇敌。勾践是明君，范蠡、文种是良臣。今天如果吴国不灭越国，他日越国定会灭了吴国。"然而夫差被眼前的胜利所蒙蔽，在他看来，越国大势已去，不足以再掀起什么大风浪，于是答应了越国求和的条件。

越子以甲楯五千，保于会稽，使大夫种因吴大宰嚭以行成。吴子将许之。伍员曰："不可，臣闻之：'树德莫如滋，去疾莫如尽'。……勾践能亲而务施，施不失人，亲不弃劳。与我同壤，而世为仇雠。于是乎克而弗取，将又存之，违天而长寇仇，后虽悔之，不可食已。姬之衰也，日可俟也。介在蛮夷，而长寇仇，以是求伯，必不行矣。"弗听。退而告人曰："越十年生聚，而十年教训，二十年之外，吴其为沼乎！"三月，越及吴平。吴入越，不书，吴不告庆，越不告败也。

《左传·哀公元年》

这一切都为后来越灭吴埋下了伏笔。

五、勾践灭吴

按照吴王夫差和越大夫文种的约定，当年 5 月，越王勾践携夫人、文种一起前往吴国做奴仆，如果过了期限未见勾践夫妇，那么吴国就灭了越国。当然，除了认罪，吴国还提出了很多令越国丧权辱国的物质条件。当勾践与夫人、文种将谨献给吴王的金银财宝、粮食、美女都准备妥当，即将出发时，范蠡向勾践建议让文种留在越国，由自己陪越王前往吴国为仆。他认为文种擅长处理国家内部事务，而自己更适合参与外交谈判。

> 王曰："蠡为我守于国。"对曰："四封之内，百姓之事，蠡不如种也。四封之外，敌国之制，立断之事，种亦不如蠡也。"王曰："诺。"令大夫种守于国，与范蠡入宦于吴。
>
> 《国语·越语》

关于勾践是否入吴为仆，《史记》《春秋左氏传》均没有详细记载，《国语》中有简略记述：

> 然后卑事夫差，宦士三百人于吴，其身亲为夫差前马。
>
> 《国语·越语》

越王勾践与夫人、范蠡在吴国为仆三年，吴王夫差才遣送他们回国，期间受尽了侮辱，居于陋室、服役养马、食不果腹。回到越国的勾践时刻提醒自己不要忘记会稽山之耻，卧薪尝胆、励精图治、勤政恤民、等候时机。公元前482年，勾践乘夫差亲率精兵北上黄池，与晋争霸，国内空虚之际，兴师伐吴，这一次越军大胜，不仅俘获了吴国的大将，杀了吴国太子，还放火烧了姑苏台。当夫差取得盟主地位后，以厚礼与勾践议和，勾践看到吴军主力尚存，于是议和而退。

> 吴王北会诸侯于黄池，吴国精兵从王，惟独老弱与太子留守。句践复问范蠡，蠡曰"可矣"。乃发习流二千，教士四万人，君子六千人，诸御千人，伐吴。吴师败，遂杀吴太子。吴告急于王，王方会诸侯于黄池，惧天下闻之，乃秘之。吴王已盟黄池，乃使人厚礼以请成越。越自度亦未能灭吴，乃与吴平。
>
> 《史记·越王句践世家》

四年后（公元前478年），吴国遭遇旱灾，民不聊生，勾践听从文种的建议，再次伐吴，在笠泽大败吴军。吴王夫差带着残兵逃到了姑苏山上，勾践派军队围困吴国。

> 三月，越子伐吴，吴子御之笠泽，夹水而陈，越子为左右句卒，使夜或左或右，鼓噪而进。吴师分以御之。越子以三军潜涉，当吴中军而鼓之，吴师大乱，遂败之。
>
> 《左传·哀公十七年》

这一围就是三年。夫差派人前去和勾践讲和，他希望勾践能像当年会稽山被围困时一样，放了自己，正当勾践犹豫不决时，范蠡说："大王，您谋划了二十二年，不就是在等这一天吗？"当年吴国为仆的一幕幕跃然眼前，勾践拒绝了来使的请求，但还是心生恻隐，预将甬东一百家让与吴王夫差统治，哪知夫差不堪其辱，自杀而亡。

> 冬十一月丁卯，越灭吴，请使吴王居甬东，辞曰："孤老矣，焉能事君？"乃缢。越人以归。
>
> 《左传·哀公二十二年》

至此，曾经称霸诸侯的吴国消失在历史的长河中。

越王勾践平定了吴国，挥师北上，与齐国和晋国的诸侯在徐州会盟，并向周王室进献贡品，周元王赐他为伯。越王勾践将淮河流域送给楚国，将吴国侵夺的宋国土地归还宋国，将泗水东部方圆百里的土地留给鲁国。这一时期是越国势力最为强盛之时，堪称当时一方霸主。

> 句践已平吴，乃以兵北渡淮，与齐、晋诸侯会于徐州，致贡于周。周元王使人赐句践胙，命为伯。句践已去，渡淮南，以淮上地与楚，归吴所侵宋地于宋，与鲁泗东方百里。当是时，越兵横行于江、淮东，诸侯毕贺，号称霸王。
>
> 《史记·越王句践世家》

六、越地长歌

勾践去世以后，越王位历六世传与无疆，此时的越国已经不再有勾践理国时威武一方的霸气。公元前306年，越王无疆欲在中原再起波澜，便与楚怀王相约一起兴兵北上讨伐齐国，天真的无疆怎么也没想到，楚怀王居然没有出兵，这让他非常不快，这时候的齐国早已不是当年齐桓公雄霸天下的齐国，本不是越国的对手，但是他们派人去游说越王，劝他乘楚国与秦、魏、韩交战的时候攻打楚国。

> 王无疆时，越兴师北伐齐，西伐楚，与中国争强。当楚威王之时，越北伐齐，齐威王使人说越王曰："越不伐楚，大不王，小不伯。图越之所为不伐楚者，为不得晋也。……"越王曰："所求于晋者，不至顿刃接兵，而况于攻城围邑乎？……不此之为，而顿刃于河山之间以为齐、秦用，所待者如此其失计，奈何其以此王也！"齐使者曰："幸也越之不亡也！……王所待于晋者，非有马汗之力也，又非可与合军连和也，将待之以分楚众也。今楚众已分，何待于晋？"越王曰："奈何？"曰："……且王之所求者，斗晋楚也；晋楚不斗，越兵不起，是知二五而不知十也。此时不攻楚，臣以是知越大不王，小不伯。复雠、庞、长沙，楚之粟也；竟泽陵，楚之材也。越窥兵通无假之关，此四邑者不上贡事于郢矣。臣闻之，图王不王，其敝可以伯。然而不伯者，王道失也。故愿大王之转攻楚也。"

> 《史记·越王句践世家》

越王无疆觉得齐使说得有理，再加上之前楚怀王失信于他的旧怨，于是转而去攻打楚国。这时正是秦武王举鼎失手而亡的第二年，秦国国内动荡，无心与楚久战，被秦国牵制的楚国军队正好腾出手来，与兴师而来的越军兵戎相见、短兵相接。这一战，越军溃不成军，无疆被杀，越国从此分崩离析，成为楚国的附属国。

> 于是越遂释齐而伐楚。楚威王兴兵而伐之，大败越，杀王无
> 疆，尽取故吴地至浙江，北破齐于徐州。而越以此散，诸族子争
> 立，或为王，或为君，滨于江南海上，服朝于楚。

《史记·越王句践世家》

按太史公《史记·秦始皇本纪》记载，公元前222年，秦国老将王翦收
复了楚国南方，顺便降服了越君，于是秦在越国旧地设会稽郡。然而，《秦
始皇本纪》中司马迁并没有说秦灭越，而是用的"降"，也就是说越并没有
彻底灭亡。在《越王句践世家》中司马迁写道：

> 后七世，至闽君摇，佐诸侯平秦。汉高帝复以摇为越王，以奉
> 越后。东越、闽君，皆其后也。

《史记·越王句践世家》

第二节　吴越系青铜器物的形制特征

在远离周王朝核心区域的长江中下游地区本是荆蛮、百越的活动区域，
虽然受封于西周王朝的吴越是西周的诸侯国，但是其百姓却以荆蛮、百越为
主，所以这一地区遗存的先秦时期青铜器物既体现出受中原商周文化的深远
影响，同时又显现出吴越地区的地域性特色。

一、所向披靡的吴越青铜兵器

提及先秦时期的吴越青铜器，首先想到的就是兵器，因为在《考工记》
中早有记载：

吴粤之剑，迁乎其地而弗能为良，地气然也。

《考工记·总叙》

现藏于湖北省博物馆的越王勾践剑和吴王夫差矛，至今未曾褪去的锋芒伴随着它们曾经拥有者"卧薪尝胆""十年生聚，十年教训"的传奇故事，更让它们凭添了一份神秘。先秦时期吴越在青铜兵器铸造技术上一直处于领先地位，越国领衔青铜宝剑铸造，《越绝书·越绝外传记宝剑》中关于越国宝剑铸造的传说以及各诸侯国国君为求一宝剑不惜发兵征伐的故事，更是让我们对越国宝剑"观其钑，烂如列星之行；观其光，浑浑如水之溢于塘；观其断，岩岩如琐石；观其才，焕焕如冰释。"的形态充满好奇与向往。吴钩则是吴国青铜兵器中的典范贵器，唐人李白诗中有"赵客缦胡缨，吴钩霜雪明"。李贺有诗云"男儿何不带吴钩，收取关山五十州"。冷兵器时代，武器的精良与否对于战争的胜负起着决定性的作用，对于吴越而言，吴国能与其他诸侯国会盟中原，越国终能灭吴，除了治国理政、任贤与能的施政纲领之外，发达的青铜兵器冶铸业也是吴越军队驰骋疆场的重要保障。

越王勾践剑（见图 8-1 [1]） 1965 年 12 月出土于湖北江陵望山一号楚墓之中，据传出土时在场的考古工作人员曾试其锋芒，它竟轻而易举地便将 20 余层白纸划破。该剑全长 55.7 厘米，宽 4.6 厘米，柄长 8.4 厘米，重 875 克；剑身修长，起中脊，两刃锋利，前锋曲弧内凹；剑身满饰规则的黑色菱形暗格花纹，剑格正面镶嵌蓝色琉璃，背面嵌以绿松石装饰的纹样；剑首外翻卷成圆箍形，内铸有间隔在 0.2—0.8 毫米之间的 11 道同心圆；剑身正面近剑格处有两行 8 字鸟篆铭文，经唐兰先

图 8-1　越王勾践剑
（春秋晚期）

① 苏州博物馆编：《大邦之梦：吴越楚青铜器》，上海古籍出版社 2018 年版，第 11 页。

生释读后，确认为"越王鸠（勾）浅（践）自乍（作）用剑"，从而证明其为越王勾践之佩剑。[①] 如今当你在湖北省博物馆越王勾践剑的展柜前驻足，你仍然能感受到它的锋芒逼人，历经两千五百余年不仅纹饰清晰精美，而且毫无锈蚀，让你不得不为越地铸剑师的高超技艺啧啧称奇。对于这把当之无愧的"天下第一剑"，最令人称绝的是其铸造工艺，20世纪70年代，专家们运用当时最先进的质子 X 荧光非真空分析法对越王勾践剑进行了无损科学检测，测得其主要的成分是铜、锡以及少量的铝、铁、镍、硫组成的青铜合金，由于剑身各部位的作用不同，所以各部位的铜锡配比也不一样。[②]"高锡成分的剑从具有较高的硬度，在战斗中能具有更好的砍杀作用；低锡成分的剑脊具有较高的抗拉强度和延伸率，使剑脊具有高的韧性，在使用中不易折断。高锡合金的剑从与低锡合金的剑脊结合，则使青铜复合剑达到了刚柔相济的效果，证明东周时期古人已充分认识到锡含量的变化对青铜机械性能的影响，并加以创造性地应用在复合兵器制作上。"[③] 专家推断复合剑需要经过两次铸造，即先用含铜量较高的合金铸造剑脊，剑脊两边留有榫头，再用含锡量较高的合金包住剑脊两边的榫头铸成剑身。[④] 除了各部位不同的铜锡配比与复合铸造的方法外，越王勾践剑还有多个未解的铸造之"谜"：剑首的 11 个同心圆是如何铸造的？剑身上规整的暗格花纹是如何铸就的？该剑为何能历经两千五百余年锋利如初，毫无锈蚀？越王勾践剑的铸造之谜还未曾全部揭示，1983 年 11 月，考古工作者在距离越王勾践剑发现地 2000 多米的湖北江陵马山五号墓再次与王者之器不期而遇。这是一件长 29.5 厘米，最宽处 5.5 厘米的青铜矛，尾部有中空的骹，出土时骹内存一些竹柲残留；该矛起中脊，脊上有血槽，血槽后端各铸一兽首；下端作鱼尾形；通体有黑色菱形暗纹，矛身近尾处有两行八字错金铭文"吴王夫差自作

① 参见陈振裕：《越王勾践剑发掘亲历记》，《湖北文史》2006 年第 1 期。

② 参见陈琦平：《名剑之王——越王勾践剑》，《轻兵器》2005 年第 11 期。

③ 廉海萍、谭德睿：《东周青铜复合剑制作技术研究》，《文物保护与考古科学》2002 年第 S1 期。

④ 参见翟传好：《吴越青铜剑三绝》，《文物鉴定与鉴赏》2013 年第 1 期。

用鈼"，这件矛我们称作吴王夫差矛。谭维四认为从制作工艺的角度而言，越王勾践剑比吴王夫差矛要强，吴王夫差矛表面有锈迹，而越王勾践剑锋芒尽现，对峙了两千五百年的沧桑岁月之后，两者的胜负之势似乎依然没有改变。① 1961 年出土于山西万荣县宝鼎乡庙前村的王子㺇戈（见图 8-2②），通长

图 8-2 王子㺇戈（春秋晚期）

24.5 厘米，援上翘，中有脊，戈上有错金鸟书铭文 7 字，援上一面两字，另一面一字，胡部四字，据考证为吴王僚为王子时器，错金的鸟虫书铭文精致秀美，彰显着王者之气。③

　　这两件器物只是吴越青铜兵器的冰山一角，或者说作为王者之器，它们是先秦时期吴越青铜兵器之佼佼者，然而吴越在青铜兵器方面的成就却远不止这两件器物所能代表。纵观先秦时期吴越之发展，不难发现，这里地处长江三角洲地带，凭借优渥的自然地理条件，早在 7000 多年前的河姆渡时期就有人类在这里开始种植水稻，构屋休憩。从现如今所掌握的考古发掘资料来看，在先吴、先越时期这里就已开始青铜冶铸，从时间上相当于中原地区商代迁往殷墟之前的湖熟文化遗址出土的青铜器物来看，这一时期的青铜兵器以学习中原地区为主，也适当保留了本地石器时代石质兵器的面貌。

　　吴越之地不似中原地区以广阔的平原为主，这里江湖密布，河岔纵横，吴越地区的地形地貌也在一定程度上决定了当地兵器的形制，例如前文曾提

① 参见朱童：《吴王金戈越王剑——访考古学家谭维四》，《名人传记》2007 年第 12 期。
② 苏州博物馆编：《大邦之梦：吴越楚青铜器》，上海古籍出版社 2018 年版，第 40 页。
③ 参见苏州博物馆编：《大邦之梦：吴越楚青铜器》，上海古籍出版社 2018 年版，第 41 页。

到的常出现于历代诗篇中的"吴钩"，就是为了适应地理环境创制的兵器。所谓吴钩是指器身呈曲翘状的曲刀或弯刀，其造型适合劈砍，是一种适用于吴越之地舰船水战的金属兵器。相传最早是吴王阖闾下令铸造的。

> 阖闾既宝莫耶，复命于国中作金钩，令曰："能为善钩者，赏之百金。"吴作钩者甚众。
>
> 《吴越春秋·阖闾内传》

对于吴越而言，中原地区常见的车戈在这里缺乏施展的空间，于是在中原车戈形制的基础上，吴越地区对青铜兵器进行了改制：（1）铜戈的适用设计。变戈头的肥厚沉重为轻巧锐利，变短援为瘦长援，改适于车战的 3 米以上的长柲为适合短兵相接的 1.2—1.3 米的短柲；（2）铜矛的设计优化。针对流行于中原地区的宽叶矛在作战时容易折断的缺陷，吴越铜矛在缩短銎管的同时，改圆骹为椭圆形或扁形骹，以提升铜矛的抗折强度。

总体而言，吴越青铜兵器在引入和学习中原青铜兵器的基础上，因地制宜地开展了一系列的设计优化，使其更适用于吴越兵士作战，提高了吴越军队的战斗力，同时吴越地区铸剑技术取得迅猛发展，都为吴越青铜兵器能独步天下夯实了基础。

二、分庭抗礼的吴越青铜鼎

青铜鼎作为先秦时期最重要的青铜礼器，是近现代考古发掘中最常见的先秦青铜器物遗存之一，吴越地区亦不例外。吴越地区所见的青铜鼎与其他几个区域既有相同，亦有不同，相同在于吴越青铜鼎的形制、纹饰中拥有诸多中原地区青铜鼎的元素，不同则是指吴越青铜鼎有着彰显吴越风貌的设计特色。虽然吴越同风同俗，但是在作为大国重器的青铜鼎的形制上，吴鼎和越鼎还是存在一定的区别。

先秦时期的吴鼎，根据其器腹和器盖的形制可分为方鼎、圆鼎、有盖鼎三大类，这三类鼎基本也可概括先秦时期铜鼎的基本形制，换句话说，吴鼎在整体的形制上与中原地区是保持基本一致的。但是细作比较，吴鼎与其他地区铜鼎的区别却也是十分明显的，主要表现在小结构的形态变化，即器耳、器足、器腹、器盖以及鼎上的小功能体的变化。例如吴地自西周早期就铸造一种矮足方鼎，溧水乌山西周 2 号墓曾出土 1 件，到西周中期，鼎足更加粗矮，这种形制的鼎的铸造至少延续到春秋晚期，1965 年出土于安徽屯溪的一件凤纹方鼎（见图 8-3[①]）就是春秋晚期遗存，该鼎通高 22.8 厘米。口纵 26.5 厘米，口横 28.5 厘米；鼎两侧口沿上设扁平方耳；四足粗矮，截面呈外圆内空的半环状，外侧似凸起的兽面；腹部四面均设高浮雕凤鸟纹，两凤隔脊棱相对，花冠长尾，利爪尖喙，无底纹，横长两面的凤鸟纹前下方各饰有一大头细尾的怪兽，纵短两面的凤鸟纹前下方有形似逗号的长点纹；鼎的四角设有云形扉棱，凤鸟纹的上下各有粗细两道凸起的横线作为纹饰的界栏。[②] 这件铜鼎的造型和纹饰既有先秦青铜方鼎的共性特征，又具备其他地域青铜方鼎所不具备的个性趣味，粗短的四足带着些许憨厚，规整的高浮雕凤鸟纹彰显着制作的精细，扁平的方耳透露着一分屡弱，翻折的口沿又表达出浑厚的气韵。吴地还有一种被称为汤鼎的器形，如 1978 年安徽繁昌汤家山出土的兽目交连纹汤鼎（见图 8-4[③]），该鼎通高 36.4 厘米，口径 20 厘米；盖顶略拱，设四个矩形钮，盖边下折如盘，圆口短直颈，器盖罩扣在短

图 8-3　凤纹方鼎（春秋晚期）

---

① 中国青铜器全集编辑委员会编：《中国青铜器全集 11：东周 5》，文物出版社 1997 年版，图版第 77 页。

② 参见安徽省博物馆编著：《安徽省博物馆藏青铜器》，上海人民美术出版社 1987 年版，第 218 页。

③ 中国青铜器全集编辑委员会编：《中国青铜器全集 11：东周 5》，文物出版社 1997 年版，图版第 2 页。

图8-4　兽目交连纹汤鼎（春秋）

直颈外；器腹扁圆，双耳对称立于器肩之上，圜底蹄足，足部靠近圜底；腹上部饰一周兽目交连纹，无底纹，纹饰的上下各有一周凸起的弦纹作为界栏，器腹正中略靠上再设一周凸起弦纹。① 从考古发掘研究的情况看，这种形制的鼎未曾见于北方地区，但不局限于吴地，是通行于南方地区的一种鼎的形制。

对于越地的青铜鼎，学界有一个专用名词"越式鼎"。1979年俞伟超应湖北省博物馆和武汉大学之邀，作了题为《关于楚文化发展的新探索》的讲话，在这个讲话中他首次提出了"越式鼎"的概念，并指出越式鼎并不局限于越文化区。② 向桃初进一步明确了"越式鼎"的定义："具有古代越族独特风格、主要在越族聚居区由越人铸造和使用的鼎类器。"③ 并指出"越式鼎主要分布区可以划分为三大区域，即：湘江流域、江浙地区和岭南地区"④。他认为湘江流域的越式鼎是楚越文化融合的产物，岭南地区流行的越式鼎则多为输入品和仿制品，作为越文化核心区的江浙地区主要包括江苏、浙江及皖南地区，其余区域流行的越式鼎种类不多，主要以折沿撇足，扁方耳的器形为主。⑤ 最具代表性的有1959年出土于安徽奕棋的龙纹鼎（见图8-5⑥），通高12.2厘米，口径14.1厘米；器口折沿，沿上立一对近方耳，器腹较浅，圜底；腹下设三足，足呈上粗下细尖锥外撇状；器腹饰

---

① 参见张敬国：《安徽繁昌出土一批春秋青铜器》，《文物》1982年第12期。
② 参见俞伟超：《关于楚文化发展的新探索》，《江汉考古》1980年第1期。
③ 向桃初：《"越式鼎"研究初步》，《古代文明（辑刊）》第4卷，文物出版社2005年版。
④ 向桃初：《"越式鼎"研究初步》，《古代文明（辑刊）》第4卷，文物出版社2005年版。
⑤ 参见向桃初：《"越式鼎"研究初步》，《古代文明（辑刊）》第4卷，文物出版社2005年版。
⑥ 中国青铜器全集编辑委员会编：《中国青铜器全集11：东周5》，文物出版社1997年版，图版第81页。

一周回首龙纹带，龙纹带由三组龙纹组成，每组三个龙纹；龙纹带下方为一周鳞纹带。如果说龙纹鼎小巧精致，那 1969 年出土于湖州市长兴县李家巷的蟠虺纹铜鼎则是一件器形较大的越式鼎，该鼎通高 36.3 厘米，口径 39.8 厘米；敛口斜唇，器腹较浅，平底；附耳近方，耳内外和腹外壁饰细密变形蟠虺纹；

图 8-5 龙纹鼎（春秋晚期）

器底设三足，足截面呈半圆形，自上而下微向外撇，足上部饰蟠虺纹和螺旋纹。① 越式鼎器腹的形态与湖熟文化出土的陶鼎的器腹接近，我们有理由推断越式鼎是由湖熟文化的陶鼎发展演变而来。

吴越地区早在先吴和先越时期就已具备青铜冶炼的条件，拥有青铜铸造的技术，西周时期在国之重器青铜鼎的铸造方面，既恪守西周传统，同时又大胆融入地域性元素。春秋以后伴随着国力的增强与势力的扩张，越式鼎异军突起，在长江以南大范围流行开来。

三、独领风骚的吴越青铜农具

中国的青铜时代以大量的青铜礼器和兵器为特征，区别于以生产工具和兵器为特征的其他文明。正因如此，相较于存世的青铜礼器与兵器，现如今可见的先秦时期的青铜农具可谓少之又少，而青铜农具的大量铸造和使用却是吴越地区先秦时期的一个重要的文化现象。这与《考工记》的记载较为一致。

---

① 参见浙江省博物馆编：《越地范金》，浙江古籍出版社 2009 年版，第 48 页。

粤无镈，……粤之无镈也，非无镈也，夫人而能为镈也。

《考工记·总叙》

郑玄注曰："粤地涂泥，多草秽，而山出金锡，铸冶之业，田器尤多。"从出土的先秦遗存来看，吴越地区的青铜农具种类丰富，包括锄、铲、斧、镰、耨、锸、铚、犁沟器等。

吴越之地是中国稻作文明的发祥地之一，萧山跨湖桥遗址出土的稻谷、稻米和稻谷壳等表明，距今 8000 多年前这一地区就已经开始利用或驯化水稻①，许多与稻作相关的农具也应运而生。当然最初是石质、骨质工具，随着人类社会的进步不断迭代为金属工具，《考工记》中提到的"镈"，就是耕作时用以除草的一种青铜农具，关于镈的形制，《释名》中释为："镈亦锄类也。"唐兰则认为"镈"是斧头，周以前的农器几乎都是由"镈"发展而成②；而孙机认为镈是铲③。《释名》曰："锄，助也，去秽助苗长也。"浙江省博物馆收藏有多件征集所得战国时期的青铜锄（见图8-6④），器身宽扁，

图8-6　铜锄（战国）

图8-7　铜锸（战国）

① 参见郑云飞、蒋乐平、郑建明：《浙江跨湖桥遗址的古稻遗存研究》，《中国水稻科学》2004 年第 2 期。
② 参见唐兰：《中国古代社会使用青铜农器问题的初步研究》，《故宫博物院院刊》1960 年第 1 期。
③ 参见孙机：《汉代物质文化资料图说（增订本）》，上海古籍出版社 2011 年版，第 11 页。
④ 浙江省博物馆：《越地范金》，浙江古籍出版社 2009 年版，第 69 页。

锄体顶部有一定的厚度，中空，设长方形銎，用以插入木叶，再在木叶上横装木柄，锄体中部有一个圆形或鸡心形孔洞，锄体的厚度由顶部向刃部逐渐变薄，刃部薄削。三合潭遗址曾出土一件青铜锄，形制较为罕见，宽14厘米，有双銎，銎口为长方形。[①]与铜锄形制相近的还有铜耜（见图8-7[②]），《说文》："枱，耒也。"郑玄注："今俗做梩。""梩"即是耜。吴越地区出土的先秦时期的铜耜，器身多呈长方形或方形，两侧平直或微弧，銎部有平口和凹口两种类型，是一种用于开沟渠和做垄的农具。

先秦时期吴越青铜镰刀也是较为常见的农具，青铜锯镰更是颇具吴越特色的农具，锯镰也称"锯齿铜镰"（见图8-8[③]），器形多为扁平长条状，背厚平，单薄刃，正面有较深的斜向平行篦齿纹，篦齿纹延伸至刃部呈锯齿状，背面平整。最值得一提的是锯齿铜镰的设计十分科学，当其齿刃部一旦变钝，只要稍微打磨一下背面，齿刃部就可以锋利依旧。还有一种农具称为铜銍（见图8-9[④]）。

图8-8　锯齿铜镰（战国）

禾穗谓之颖。截颖谓之銍。

《小尔雅·广物》

图8-9　铜銍（战国）

---

① 参见林华东：《吴、越农业初论》，《农业考古》1988年第2期。
② 浙江省博物馆：《越地范金》，浙江古籍出版社2009年版，第68页。
③ 浙江省博物馆：《越地范金》，浙江古籍出版社2009年版，第67页。
④ 浙江省博物馆：《越地范金》，浙江古籍出版社2009年版，第68页。

图 8-10　铜耨（春秋中晚期）

据此可知铜铚是用以收割禾穗的工具。铜铚多作蚌贝状，研究人员推断其是由原始农业时期的石刀或者蚌刀演变而来。铜铚背面光素，正面的下部与锯镰相似，有斜向平行的篦齿纹，延长至刃部为锯齿，上部无纹，中间设两个圆孔，用来穿绳索，使用时手掌穿过绳索，握住上部光滑的部分，用下部篦齿部分收割禾穗。铜铚的尺寸均不大，长度都在 10 厘米左右，宽度在 5 厘米以内。

铜耨（见图 8-10[1]）也是先秦时期的一种农耕用具，以吴越地区出土最多。先秦文献关于耨的介绍见于《韩非子》和《吕氏春秋》：

> 耕者且深，耨者熟耘也。
>
> 《韩非子·外储说左》

> 耨柄尺，此其度也；其耨六寸，所以间稼也。
>
> 《吕氏春秋·士容论第六》

吴越地区出土的铜耨的形制多呈锐角状的 V 形，器体薄扁，内缘及中线凸起，两翼设规则细密的篦齿纹，延伸至刃部呈锯齿状，有的铜耨两翼中间还连铸楔形銎部及横阑。20 世纪 80 年代在浙江临海县长甸乡上山冯村发现的一处熔铸遗址出土破损回炉的铜耨就有 42 件之多。[2] 这从一个侧面说明先秦时期青铜农具遗存数量相对较少与青铜农具使用破损后可以回炉再铸有一定的关系。V 形铜耨是先秦时期吴越地区具有典型地方性特色的农具。

---

[1]　浙江省博物馆：《越地范金》，浙江古籍出版社 2009 年版，第 66 页。

[2]　参见林华东：《吴、越农业初论》，《农业考古》1988 年第 2 期。

关于其功用，虽然陈文华对这种 V 形铜器是否应该定名为铜耪有异议，但是他从其形制判断是取得共识的，他认为："（这种器具）应该是属于推割庄稼的器具，而不是耕翻土地的犁铧。……从锯齿排列的方向看，它只能向前推，不能向后锄，不适合作为锄松土壤的中耕工具。……所以，我认为这种带锯齿的 V 形器，应属收割工具，而不是犁铧或中耕农具。"①

总之，吴越地区作为中国最早从事水稻种植的地区之一，在进入青铜时代之后，大量青铜农具的使用促进了农业的发展与进步，特别是颇具地域性特征的多种农具的创制，表明吴越地区农业经济的发达与农耕文明的先进。

第三节　吴越系青铜艺术的装饰特色

吴越地区的青铜文化起步虽然晚于北方地区，但是由于这里本是长江流域史前文明的重要发源地之一，良渚文化遗存下史前中华大地最辉煌的玉文化，孕育了独具特色的印纹陶工艺，深厚的文化底蕴和丰富的矿藏资源为吴越迎来灿烂的青铜文化奠定了良好的基础。总体上看，吴越地区的青铜文化虽然受中原地区影响显著，但同时吴越系青铜器物也流露出另辟蹊径的地域特色，中原风格与地方性风格交织融合，最终呈现出吴越独特的青铜艺术的装饰风貌。

一、装饰纹样的踵事增华

吴越地区的青铜铸造技术和装饰工艺在学习借鉴中原技术的基础上，也

---

① 陈文华：《试论我国农具史上的几个问题》，《考古学报》1981 年第 4 期。

体现出创新的特色，在装饰纹样的表现上，则是在模仿中原风格的基础上，通过改变比例关系、适当的删减添加等手段，使中原风格转化为吴越特色。其中以交连纹最具特色，为吴越独创的纹饰，是中原地区所不曾见过的样式，应该是对中原交连龙纹的变革。该纹样以相似的单位纹样组成，纹样纵向作二层、三层的平行交连，然后以二方连续的结构作横向的延展，图案可简单，亦可复杂，但都具备四个主要特征：一是单位纹样为横向的钩形图形；二是单位纹样上下勾连；三是单位纹样之间有界栏；四是在固定位置有或长或短的疣状突出物。如1976年江苏丹阳司徒窖藏出土的交连纹簋（见图8-11①），该簋通高11.2厘米，口径20.8厘米，侈口卷唇，斜肩束颈，鼓腹圈足；器腹饰两两交连的变形夔纹形交连纹，空白处以圆点纹为点缀，上下各以一道重三角纹为边饰；器腹两侧设夔形双耳，双耳的形态与器腹交连纹的单位纹样相同②，将其看作是吴越地区对中原交连龙纹的演变与创新，是因为其具有交连龙纹的一些造型特点，但是通过简化、归纳等装饰手法的运用，相对写实的交连龙纹被进一步图案化和抽象化，呈现出与交连龙纹不同的审美趣味，

图8-11　交连纹簋（春秋晚期）

图8-12　棘刺纹尊（春秋）

① 中国青铜器全集编辑委员会编：《中国青铜器全集11：东周5》，文物出版社1997年版，图版第15页。
② 参见刘兴、季长隽：《江苏丹阳出土的西周青铜器》，《文物》1980年第8期。

这也体现了吴越地区青铜装饰的审美情趣。在交连纹的基础上还演变出棘刺纹，结构纤细密集，由骨骼架构成若干规整的小方格，每个小方格内以横直的线条作底纹，方格中心为一个有一定长度的青铜刺。1958 年出土于江苏武进淹城的棘刺纹尊（见图 8-12[①]）是具有代表性的器物之一，该器通高 26 厘米，口径 27.1 厘米，侈口高颈，鼓腹圈足；器腹自成一个装饰单元，上下均有一周联珠纹为界栏，两周联珠纹间满饰蟠蛇纹，上有细密的棘刺，转角处棘刺较长，在器颈近器腹处和器足根部装饰有一周锯齿纹和几何纹，使全器装饰浑然一体。

此外在吴越青铜器的装饰中还常见方格纹、编织纹、锯齿纹、折线纹等，这些纹样都具有典型的几何纹特征，不禁让我们联想到这一地区作为中国南方几何印纹陶的发祥地，有着悠远的几何纹运用历史。几何印纹陶装饰纹样的特征是以线的排列和线条的交织组成基本单元，其排列和交织是按照一定的角度、距离和方向延伸展开，形成以四方连续纹样为主的有规则的几何形图案；这些图案不是以刻画和彩绘的方式描绘，而是以拍印的方法印刻在陶器表面。[②] 再看吴越青铜器上的装饰，不难发现，虽然青铜器的制作方法与几何印纹陶的制作方法有着本质上的区别，一个是熔铸成型，一个是拉胚烧制成型，但是其器表的纹饰制作却基本相同。青铜熔铸的装饰纹样依靠模具，几何印纹陶的纹样有专制的陶拍，这里的陶拍其实也是模具的一种。就如同在晋系青铜器章节中我们提到的侯马铸铜遗址出土的错金装饰花模一样，吴越地区因为有着悠久的印纹陶烧制历史，所以对于青铜器具装饰纹样的模印技术

图 8-13　几何变形兽纹簋（春秋晚期）

① 中国青铜器全集编辑委员会编：《中国青铜器全集 11：东周 5》，文物出版社 1997 年版，图版第 28 页。
② 参见彭适凡：《中国南方古代印纹陶》，文物出版社 1987 年版，第 1 页。

图 8-14 几何纹簋（春秋晚期）

驾轻就熟，并将吴越特有的装饰传统运用到青铜器物的装饰之中，呈现出异于其他文化的吴越风格。1965 年安徽屯溪弈棋出土的几何变形兽纹簋（见图 8-13[①]），是春秋晚期遗存，颇具吴越文化与中原文化融合的意趣，该器通高 18.8 厘米，口径 27.2 厘米，翻唇短颈，鼓腹圈足；器腹饰云纹、横竖平行线组叠的装饰纹样，两侧置一对有垂珥的兽形耳，腹部两面各饰一个变形兽面纹；器耳、颈部和器足饰交连纹。这件器物的器耳为中原形制，而几何纹与交连纹的组合，则取吴越特色；器腹的兽面纹虽取中原样式，却被简化抽象。应该说这件器物可谓是南北合璧的典范之作，既可见中原青铜器的形制，又不失几何印纹陶之装饰风格。1978 年出土于安徽繁昌汤家山的几何纹簋和 1979 年出土于江苏无锡北周巷的几何纹簋（见图 8-14[②]），均属春秋晚期器物，器腹和圈足都装饰了细密规整的网络状方格几何纹，与几何纹印纹陶上的纹饰风格相近，是典型的吴越风格。

二、远古图腾的标新立异

先秦时期生活在吴越地区的主体民族是越人，或称"百越"，是居住于我国长江以南的古老民族，族属众多。古越族对于蛇的崇拜不绝于书。

> 它，虫也。从虫而长，象冤曲垂尾形。上古草居患它，故相问无它乎。凡它之属皆从它。蛇，它或从虫。……南蛮，蛇种，从虫，

---

① 中国青铜器全集编辑委员会编：《中国青铜器全集 11：东周 5》，文物出版社 1997 年版，图版第 83 页。

② 中国青铜器全集编辑委员会编：《中国青铜器全集 11：东周 5》，文物出版社 1997 年版，图版第 16 页。

　　蠻声。……闽东南越，蛇种，从虫，门声。

《说文解字》

　　文中"蛇"写作"它"。段玉裁注曰："上古者，谓神农以前也。相问无它，有后人之不恙、无恙也。"唐代司马贞在《史记索隐》中写道："蛮者，闽也，南夷之名，蛮亦称越。"夷越分布的区域也是"南蛮蛇种"文化起源的组成部分，蛇图像早在陶器时代就出现在古越人使用的陶器之上。从吴越地区出土的青铜器来看，进入青铜时代，大量装饰有蛇纹、蟠螭纹的青铜器以其特有的吴越风貌区别于"商周文化"。

　　1979 年江苏丹徒谏壁粮山出土的络纹罍，是一件春秋晚期器物，该器通高 39.3 厘米，短颈鼓腹，平底，下设三个矮小蹄足，器肩两侧设一对顾首兽形耳，耳中套葫芦形环，肩部及近底部饰一周三角雷纹，腹部以交织套结的络纹将器腹分为若干个区域，每个区域内都满饰细密纤细的蟠螭纹，蟠螭身体简略，首尾清晰凸起于器表。1988 年出土于湖南衡阳的蛇纹卣（见图 8-15[①]），也是一件颇具越文化装饰特色的春秋时期的青铜器物，该卣通高 50 厘米，口径 24.4 厘米，器盖微隆，盖顶设四阿形方钮，以钮为中心向四方设四条镂空扉棱将盖面分为四个区域，每个区域内饰一条卷体蛇纹，其间饰有蛙纹和小蛇纹；器颈两侧设龙首提梁，提梁上饰有细密的鳞纹；器腹以几何云纹为地，其上饰凸起的卷体蛇纹，蛇尾部高翘，凸出于器身外壁；在器口沿下方还横置一个微膨出器表的蛙形纹饰。相似题材的

图 8-15　蛇纹卣（春秋）

---

① 中国青铜器全集编辑委员会编：《中国青铜器全集 11：东周 5》，文物出版社 1997 年版，图版第 115 页。

图 8-16　螭纹铜提梁盉（战国早期）

青铜卣在该地区常有出土，说明这是一件具有地方性装饰特征的青铜器。

1982 年出土于绍兴坡塘 306 号墓的螭纹铜提梁盉（见图 8-16[①]），是战国早期遗物，该盉通高 27 厘米，全长 29 厘米，为提梁式三足器，小口短颈，腹扁圆，蹄形足；器盖为覆盘式，以菱形几何纹为地纹，堆塑 11 条螭、16 只兽；面向盖钮立塑 8 只小兽，将盖面分成四个区域，每个区域外弧上逆时针方向各饰 2 只小立兽，可辨认的有熊、虎、犀、象、鹿等；各区域内缘饰一圆雕伏地昂首捕食状螭螭；龙形提梁横截面为八角形，满饰菱形几何纹，提梁的背部前段和后段各设一段扉棱状背鳍，提梁后段内侧有一环，应曾有链与盖钮之环相连接；腹部一侧为曲颈螭首形短流，螭首两侧及后部塑有四组小型圆雕蟠螭；与短流相对的腹部一侧设与提梁背鳍相同之扉棱；器腹以四条凸弦纹为界栏，上下各饰以三角形蝉纹交错组成的装饰纹带一周，两装饰带之间饰细密的蟠螭纹；三蹄足较矮，每足上部饰 12 条蟠螭，足外侧立塑一小虎；整盉除塑立兽 19 只以外，还饰有各种蟠螭 56 条。[②] 这件提梁铜盉纹饰生动，铸造精美，平面的蟠螭纹与立体的蟠螭纹交相辉映，以蟠螭为主体的装饰纹样体现了越文化的民族特色。

三、设计创新的层出不穷

除上面的介绍以外，吴越青铜器物中还有一批颇具特色的创制，有的形

---

① 浙江省博物馆：《越地范金》，浙江古籍出版社 2009 年版，第 50 页。
② 参见牟永抗：《绍兴 306 号战国墓发掘简报》，《文物》1984 年第 1 期。

制独特，有的造型个性化，还有的研究人员尚无法根据形制判断其功用，这些器物融汇着吴越先民的智慧与灵气，历经千年的岁月展示着吴越青铜文化的灵秀与朴拙，同时也呈现出吴越文化与中原文化、楚文化相互影响、彼此融合的痕迹。

1982 年与螭纹铜提梁盉一同出土的还有一座铜质房屋模型，也称伎乐铜屋（见图 8-17[①]），是 306 号墓最珍贵的随葬品，全屋通高 17 厘米，平面作长方形，面宽 13 厘米，进深 11.5 厘米；为三开间的格局，三间深度均等，明间较两侧次间宽 0.3 厘米；南面敞开，无墙、门，有两根圆形明柱；东西两面为长方格透空落地式立壁；北墙仅在中心部位开一个

图 8-17 伎乐铜屋（战国早期）

宽 3 厘米，高 1.5 厘米的小窗；屋顶作四角攒尖顶，顶中立一个 7 厘米高的图腾柱，柱截面为八角形，柱顶塑一大尾鸠，柱身中空；屋下设有四阶；屋顶、后墙及四阶均饰勾连回纹，八角柱各面饰 S 形勾连云纹。屋内跪坐 6 人，分为前后两排，束发裸身；两乐伎双手相交于小腹，其他四位乐师或抚琴、或吹笙、或执槌击鼓、或执棍击筑。[②] 该铜屋可能是按照当时越地的宗庙建筑形制仿制的，屋内的越人可能是在进行一种祭祀活动，这件铜屋模型对于研究先秦时期南方吴越地区的建筑、习俗和乐器组合等都具有重要价值。

提及吴越青铜艺术，有一件青铜器物是不可以被忽略的，那就是 1957

① 浙江省博物馆：《越地范金》，浙江古籍出版社 2009 年版，第 54 页。

② 参见牟永抗：《绍兴 306 号战国墓发掘简报》，《文物》1984 年第 1 期。

图8-18　双兽三轮盘（春秋晚期）

年出土于江苏武进淹城的双兽三轮盘（见图8-18[1]），现藏于中国国家博物馆，该盘高16.3厘米，口径26.4厘米，敞口卷唇，浅腹平底，矮圈足，足下加铸三个可转动的轮子，轮子的直径为7.6厘米；盘子的一端设一对折身回首作饮水状的双兽，双兽形态生动，眼、鼻、角刻画清晰，似乎正觊觎盘中之物，双兽背部下端有一短尾向上卷起，与头顶的卷角相呼应，双兽尾部下方有横轴相连，三轮中的一个轮子则安装在这个轴上，另外两轮则安在盘子左右两侧；盘身外壁饰几何形编织纹。[2] 据说推拉该盘，三只轮子即可转动起来，说明该盘不仅设计巧妙，而且制作精良，该盘也被称为吴国青铜器中最具特色的器物之一。

还有一对颇为神秘的器物，1959年出土于安徽弈棋，同出两件，根据其形制考古工作者给它命名为五柱器，它的造型与信息时代常见的路由器颇为相似，通高31厘米，足部纵宽20厘米，横长21.5厘米，该器的下部为一个空腔方座，四角刓圆，四壁微微鼓起，方座中部饰一周交连纹，交连纹装饰带上下均有弦纹做为界栏；方座顶部为一长方形脊基，脊基上等距离立有五根圆柱。对于这件造型颇为现代的器物的用途，研究人员百思未得其解。

1990年出土于浙江绍兴漓渚中庄村的立鸟杖首及人形杖镦（见图8-19[3]）也是吴越青铜文化的典型器物，在器物形制的章节曾有所提及，该杖

① 中国青铜器全集编辑委员会编：《中国青铜器全集11：东周5》，文物出版社1997年版，图版第59页。
② 参见赵玉泉：《武进县淹城遗址出土春秋文物》，《东南文化》1989年第Z1期。
③ 中国青铜器全集编辑委员会编：《中国青铜器全集11：东周5》，文物出版社1997年版，图版第76页。

首长 26.7 厘米，杖镦高 30.6 厘米，杖首和杖镦分别有三角形箍和扁圆形箍分割为三部分；其间饰有云雷纹、三角蝉纹、蟠蛇纹等[①]；杖首顶端立一鸠鸟，短喙昂首，宽尾翘起，身饰羽纹，振翅预飞；杖镦下为一跪坐之人，束发纹身，双手置于膝上，神态端庄，身上纹饰对称。同样形制的鸠杖首及杖镦在江苏丹徒和浙江湖州也有出土，学界多认为鸠杖是权力的象征。[②]

　　具有典型吴越风貌的青铜器物不绝于此，例如还有蟠螭纹铜甗盉、人面镇于、青铜钩镶、四人形悬鼓环、青铜镂孔筐等等。总体而言，吴越青铜艺术虽

图 8-19　立鸟杖首及人形杖镦
（春秋晚期）

起步较晚，但是通过对中原文化、楚文化的学习与吸收，结合本土优势，吴越之地形成了独具特色的青铜艺术风格。它的优势不在于对中原文化的模仿，而在于它的学为己用，它的优势也不仅限于对于本土文化的继承，而在于它的创新与突破。

第四节　吴越系青铜艺术的铭文风格

　　在书法史的研究中，一般将先秦时期吴越地区的铭文书法归入楚系加以研究，这与这一时期的诸侯征战与政局更迭有着很大的关系，吴、越与楚本

---

① 参见李修松：《绍兴漓渚出土青铜鸠杖源流考》，《安徽史学》2001 年第 2 期。
② 参见王泽强：《中国文化史上"鸠鸟"形象的蕴意、功用及演化》，《山西师大学报（社会科学版）》2008 年第 5 期。

是邻邦，吴伐楚、楚征吴、越灭吴、楚并越……士兵征战、百姓迁徙、商贾流通等都使得这一地区的文化呈现出交汇融合的状态，地处江淮及江南地区的楚、吴、越、徐、蔡等国铭文书法呈现明显的共性特征。对于地域性文化而言，甚至可以说没有哪一种文化是单纯自生，楚文化不是，吴文化和越文化也不是。在此背景下，吴越地区青铜器上的铭文书法亦无法明确区分其文化属性，我们唯有在其共性中比对个性特征，依其青铜器的族属特征对其上铭文进行分析与探讨。总体而言，先秦时期吴越青铜器物的铭文早期受中原文化的影响明显，春秋中期以后受楚文化影响显著。

一、吴越铭文的创新书体

先秦中晚期，吴越青铜器上的铭文和其他诸侯国相似，多遵从宗周传统，又因西邻强楚，文字的书写规范既有中原特色，又有楚国风韵，也出现了一些颇具新意的作品。这一时期吴越铭文风格大致可以分四种类型，一是承宗周传统之书体，二是突破传统的创新型书体，三是吸收楚地书风特色的书体，四是以鸟虫纹美化的装饰性书体。第一种书体与宗周传统并无二致，所以这里不赘述，第四种书体吴越的鸟虫书在春秋战国时期颇具代表性，所以我们在下一小节专门介绍，这里主要探讨一下第二和第三种类型的书体在吴越青铜器物上的呈现

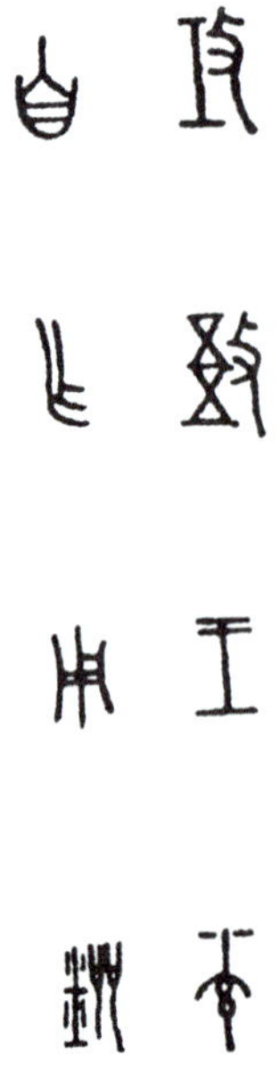

图 8-20　攻吴王光剑（春秋晚期）铭文摹本 　　图 8-21　攻吴王光剑（春秋晚期）铭文摹本

形态。需要说明的是，从迄今所见越地青铜器铭文来看，尚未见遵从宗周传统的作品，因为没有承继传统，也就缺乏突破传统的创新型作品，所以突破传统的创新型书体主要指吴地青铜器铭文。

关于突破传统的创新型书体，我们以吴镇烽编著的《商周青铜器铭文暨图像集成》中收录的7件"攻吴王光剑"为例，这7把铜剑都是吴王光（公元前514年—公元前486年）生前使用的铜剑，这些铜剑在剑身近剑格处均有铭文，铭文的内容

图 8-22 攻吴王光剑
（春秋晚期）铭文拓本

图 8-23 攻吴王光韩剑
（春秋晚期）铭文摹本

基本相同，主要用以表明剑主人的身份，有的8字，有的12字，8字铭文是"攻吴王光，自作用剑"，12字后面则多了"以挡勇人"。这些铜剑的铭文字体各异，除1993年出土于浙江安吉县古城遗址的1件的铭文是以鸟虫书铸刻外，其余6件的书体都流露出创新的意蕴，特别是1964年出土于山西原平县峙峪村（见图8-20①）、1974年出土于安徽庐江县边岗村（见图8-21②）、1978年出土于安徽南陵县茶林村（见图8-22③）的攻吴王光剑以

---

① 吴镇烽编著：《商周青铜器铭文暨图像集成》第33卷，上海古籍出版社2012年版，第267页。

② 吴镇烽编著：《商周青铜器铭文暨图像集成》第33卷，上海古籍出版社2012年版，第270页。

③ 吴镇烽编著：《商周青铜器铭文暨图像集成》第33卷，上海古籍出版社2012年版，第268页。

及现藏于美国华盛顿弗里尔美术馆的攻吴王光韩剑（见图8-23①）的铭文最有特色。图8-20中文字笔画工整，弯曲有度；图8-21和图8-22中文字恪守规范，笔画谨慎；图8-23中文字慷慨大气，伸展自如，也表露出吴地铭文铸刻风格多变。

对于楚地书风特色的吸收，在吴越青铜器铭文中表现的十分显著，这与先秦时期楚国国力强盛不无关系，楚文化凭借着楚国在政治、经济、文化、军事等方面优势，北上中原，南越五岭，西向川蜀，东抵吴越，吴越青铜器铭文所流露的楚风楚韵不在少数。1977年出土于浙江绍兴狗头山的配儿钩鑃1对，每件的正面和背面两栾铸铭文60字（见图8-24②），这些文字有着传统的字体架构，同时又带有楚系铭文的飘逸流转，虽然不及曾侯乙编钟上铭文章法布局的严整和谐，但是也流露出笔画间的迎让避就，字与字之间的相互照应。姑冯同昏之子钩鑃、南疆钲上的铭文均属此类。其中南疆钲楚韵更加突出，该钲也称为"冉钲鋮"，本为罗振玉旧藏，现藏旅顺博物馆，

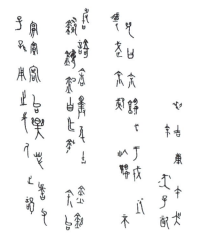 

图8-24　配儿钩鑃（春秋晚期）　　　图8-25　南疆钲（战国）铭文摹本
　　　　铭文摹本

---

① 吴镇烽编著：《商周青铜器铭文暨图像集成》第33卷，上海古籍出版社2012年版，第271页。

② 吴镇烽编著：《商周青铜器铭文暨图像集成》第29卷，上海古籍出版社2012年版，第509页。

钲体两面共铸铭文 92 字，其中有重文 2，（见图 8-25①）为该钲背面的铭文拓本，字体结体主从分明，疏密有致；笔画组织紧凑，曲直相生；章法讲求布局，整体统筹；个别字带着鸟虫书的装饰意趣，规整中不失活泼，统一中不乏变化。

二、飞扬跋扈的鸟虫书

春秋晚期到战国早期，在长江流域的广泛区域内流行一种装饰性字体，我们将其称为"鸟虫书"，在第六章介绍楚系铭文的时候我们已经提到过，一般认为"鸟虫书"是由楚系铭文发展演变而来，根据其装饰纹样的特征进一步细分为鸟书、凤书、龙书、虫书等。从目前掌握的资料来看，鸟虫书流行于春秋晚期至战国时期的楚、吴、越、徐、蔡、宋等国，在吴越地区应用较为普遍，多见于武器、乐器上。如今可见的鸟虫书作品若按时间序列排序，最早的鸟虫书见于吴器王子扢戈（见图 8-2）。该器 1961 年出土于山西万荣县庙前村后土庙一带，经专家考证可能是吴王僚继位前使用的兵器。②其正面有六字铭文"王子扢之用戈"用龙书、凤书、虫书三种书体写成，背面一字，不识。其中龙书二字，"王"字饰以双夔，"子"字饰以单夔；凤书二字，"用"为凤凰衔书，"戈"为最简单的凤书；其余三字皆为虫书。七字铭文写作规整，线条流畅，曲线优美，瘦削清丽，配以错金的装饰，堂皇富贵。③玄镠之用戈以凤书和虫书书写，铭文的曲线样式、凤书和虫书的装饰与王子扢戈基本相同，大王光戈的铭文则以鸟书、凤书、虫书共同书写，但是装饰线条略为简略，可能是鸟虫书演进过程中所因繁就简的尝试。吴器上的鸟虫书在笔画的弯曲处多用肥笔，字体修长，线条丰锐，早期的龙书、凤

① 吴镇烽编著：《商周青铜器铭文暨图像集成》第 29 卷，上海古籍出版社 2012 年版，第 520 页。
② 参见张颔：《万荣出土错金鸟书戈铭文考释》，《文物》1962 年第 Z1 期。
③ 参见丛文俊：《中国书法史（先秦·秦代卷)》，江苏教育出版社 2007 年版，第 270 页。

书中的龙、凤形态描绘精致入微。

越器上的鸟虫书仅见鸟书和虫书，但其应用却最为广泛，鸟虫书为铭的作品数量是诸国之冠。其中可溯最早的越器鸟虫书是越王勾践剑上的8字错金鸟篆铭文"越王勾践，自作用剑"，"越""王""勾"3字用简式鸟首装饰，"自"饰以鸟足，"用"字被上下一双鸟纹包裹其中，"践""作""剑"则以虫书。战国中期的王剑近剑格处有鸟虫书铭文四字："王乍□君"，虽长笔画也有拉长，尾部略留笔锋，笔势温柔内敛。同是战国中期的越王诸稽不光剑（见图8-26①），是一件较为特殊的作品，其上共有24字铭文，剑格处的错金铭文，正面4字为鸟书，背面8字为虫书；剑首铭文12字，隔字错金，鸟书与虫书共铭。正面的鸟书"戉（越）王戉（越）王"，可明确辨认鸟首，鸟的眼睛也被生动地刻画出来，下部拉长的线条使字看起来特别修长，越字下长长的两笔如仙鹤双足，收尾处略向外撇，增强了字体的稳定感；王字下部虽只有单线，却用一短横线条收尾，不仅保证了视觉的稳定性，也略去了单线的薄弱感。背面的虫书"者（诸）旨（稽）不光，自乍（作）用金（剑）"装饰简略，笔画短小圆润，每个字或对称或均衡，齐整排放。剑首的

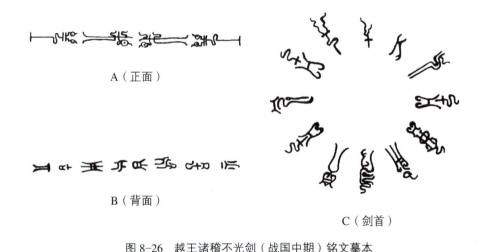

A（正面）

B（背面）

C（剑首）

图8-26　越王诸稽不光剑（战国中期）铭文摹本

---

① 吴镇烽编著：《商周青铜器铭文暨图像集成续编》第4卷，上海古籍出版社2016年版，第74页。

12字"唯□王古□古，自乍（作）用金（剑），古之。"以鸟书和虫书书写，但字体与正面的鸟书和背面的虫书不同，鸟书有简略的倾向，鸟首由曲线替代，下部的线条的延展比较克制。对比越王勾践剑、越王诸稽不光剑（见图8-27①）、王剑（见图8-28②）与王子孜戈、玄镠之用戈、大王光戈上的铭文，可以感受到吴、越鸟虫书书写风格的区别，吴器上的鸟虫书笔画首尾尖

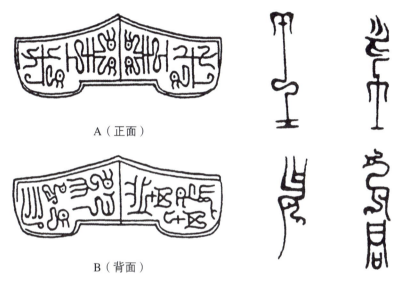

A（正面）

B（背面）

图 8-27　越王诸稽不光剑（战国　　　　　图 8-28　王剑（战国中期）
　　　　　早期）铭文摹本　　　　　　　　　　　　　铭文摹本

锐，转弯处加有肥笔，粗细对比强烈，笔意洒脱，更显修长飘逸，越器的鸟虫书笔画首尾丰润，转弯处虽有肥笔，但不如吴器肥厚。对比而言，吴器上的鸟虫书张扬跋扈，越器上的鸟虫书内敛端秀。

---

① 吴镇烽编著：《商周青铜器铭文暨图像集成》第33卷，上海古籍出版社2012年版，第235页。
② 吴镇烽编著：《商周青铜器铭文暨图像集成续编》第4卷，上海古籍出版社2016年版，第272页。

第九章　淳朴粗犷：秦系青铜艺术

　　秦国最终成为统一华夏的主要势力，有其历史发展的必然，直到战国早期还远远落后于东方诸国的秦国，引进先进文化和技术，开展变法等手段，都是助力秦国发展成为先秦强国的推动力。虽然商鞅变法是列国变法运动中最后一次变法，但是却最为彻底，也为秦国最终走上历史巅峰打下了基础。秦国的发展史证明落后国家可以通过引入先进文化，提升政治、经济、军事等方面的实力，从而达到超越先进国家的目标。当然秦国得以强大的原因并不仅于此，《荀子》中也曾分析原因：

　　　　入境，观其风俗，其百姓朴，其声乐不流污，其服不挑，甚畏
　　有司而顺，古之民也。

《荀子·强国》

　　秦地民风淳朴，以实用为前提的生活方式杜绝了奢靡浪费。从考古发掘来看，秦国百姓墓葬出土的多为陶器，而秦公大墓出土的青铜礼器不及晋、楚精致，这些也都证明秦国对于法家精神贯彻的有效性。

　　在本章里谈及的秦系青铜艺术以先秦时期秦国的青铜艺术为主，但是并不局限于秦，因为先秦特殊的历史背景，以及秦国的地理环境，所谓的秦系青铜艺术包含秦国，及其周边曾经存在的芮国、虢国等在艺术风格上相互影响，彼此交融的青铜器物。

第一节　先秦时期秦地历史概况

秦文化是"指存在于一定时间、分布于一定空间，主要由秦族秦人及相关人群创造和使用的有自身特点的考古学文化遗存，它包括目前发现的遗迹和遗物的总和及其所反映的物质和精神两方面的内容"①。《史记》中的《秦本纪》是我们了解秦国历史可溯源的最早文献，太史公依时间顺序将秦人祖先的传说、姓氏的来历、建立秦国以后世系顺序，以及发生的重大事件做了较为清晰的描述。秦文化所影响的区域有一个自西向东、不断扩大的发展过程，它以西周时期渭河上游、陇山以西的河谷地带为起点，逐渐向东，春秋时期其影响已经遍及整个关中地区，战国中晚期以后它的影响进一步扩大，并不断与三晋、齐、楚、燕、吴越等文化碰撞，为中华文化多元一统打下了基础。

一、历史源流

对于秦人的起源，自古以来的学家观点未曾统一。《史记》中记载颛顼的后代苗裔之女，名为女脩，因吞食了燕子蛋而生下秦人的祖先大业。

秦之先，帝颛顼之苗裔孙曰女脩。

《史记·秦本纪》

王国维先生认为"秦之祖先，起于戎狄，当殷之末"②。翦伯赞认为秦族，本是夏族的一支，是羌族的苗裔，从羌族中分离出来是有史以后的

① 王学理、梁云：《秦文化》，文物出版社 2001 年版，第 3 页。
② （清）王国维：《秦都邑考》，收录于《观堂集林》卷十二，中华书局 2004 年重印版，第 529 页。

事情。① 蒙文通认为秦为戎族，秦即犬戎一支。②

> 女脩织，玄鸟陨卵，女脩吞之，生子大业。
>
> 《史记·秦本纪》

这个神话和"天命玄鸟，降而生商"的传说颇为类似，所以林剑鸣推断秦与商所属同一氏族，都是以玄鸟为图腾的活动于我国东部地区的古代部落集团。③ 因秦人的祖先大费协助舜驯服鸟兽，所以舜赐给大费姓嬴。

> 大费拜受，佐舜调驯鸟兽，鸟兽多驯服，是为柏翳。舜赐姓嬴氏。
>
> 《史记·秦本纪》

在殷商时期有一支归顺商王朝的秦人在中潏的带领下来到渭水中游一带保卫商王朝的西部边陲。

> "昔我先郦山之女，为戎胥轩妻，生中潏，以亲故归周，保西垂，西垂以其故和睦。……"
>
> 《史记·秦本纪》

到西周的时候，仍居东方的秦人参与了反周的叛乱，被周公旦率部镇压，之后被赶往西部边陲，也就是今天的甘肃天水附近，这支因叛乱被迫西迁的东方嬴姓后裔和商时保卫边陲的嬴姓一支的后人形成了一个更大的嬴姓部族。④ 随着考古材料的不断丰富，与林剑鸣持相同观点的研究者逐渐成为秦人起源论断的主流。

---

① 参见翦伯赞：《秦汉史》，北京大学出版社 1999 年版，第 1—2 页。
② 参见蒙文通：《秦为戎族》《秦即犬戎之一支》，收录于《周秦少数民族研究》，巴蜀书社 2019 年版，第 34—37 页。
③ 参见林剑鸣：《秦史稿》，上海人民出版社 1981 年版，第 16—18 页。
④ 参见林剑鸣：《秦史稿》，上海人民出版社 1981 年版，第 20—25 页。

对于秦文化的形成，依从考古发掘的材料，学者探寻到秦文化萌生与发展的相关痕迹，史党社通过对今甘肃东部和陇南地区的周代遗址进行全面的调查，认为该地区在西周晚期到春秋早期出现了一个文化繁荣期，这一时期"秦文化的特征也开始显现，已经有别于周文化，形成自己独特的文化特征"①。

二、分土封秦

秦国获得分封土地和国号不同于晋、燕是周王近亲，也不同于齐是周之功臣，更不曾在伐纣时助周王一臂之力。秦国在西周之时是先获得土地，后获封诸侯国。

> 非子居犬丘，好马及畜，善养息之。犬丘人言之周孝王，孝王召使主马于汧渭之间，马大蕃息。……于是孝王曰："昔柏翳为舜主畜，畜多息，故有土，赐姓嬴。今其后世亦为朕息马，朕其分土为附庸。"邑之秦，使复续嬴氏祀，号曰秦嬴。
>
> 《史记·秦本纪》

按《史记》中的这段记载，周孝王之时，嬴姓一支中名为非子的人，善于养马，周孝王将其派到汧水和渭水流域一带养殖马匹，因为马匹繁殖得快，收到周孝王的赞誉，于是获得秦为封地。这里的秦是地名，在今天甘肃省清水县的秦亭附近，正是这片肥沃的土地给予秦人滋养，他们从这里发迹并逐渐走向政治舞台的中心。这时的秦还非秦国，只是生活在西部地区的一支得以承继嬴姓的香火，"复续嬴氏祀"而已。

> 周宣王乃召庄公昆弟五人，与兵七千人，使伐西戎，破之。于

---

① 史党社：《秦人历史新探——从西汉水流域新近的考古调查说起》，收录于徐卫民、雍际春主编：《早期秦文化研究》，三秦出版社 2006 年版，第 119—120 页。

是复予秦仲后，及其先大骆地犬丘并有之，为西垂大夫。

《史记·秦本纪》

到秦庄公的时候因为讨伐西戎有功，被任命为"西陲大夫"。

至周幽王之世，幽王专宠褒姒，疏于政务，多次上演烽火戏诸侯的闹剧，最终惹来杀身之祸。

西戎犬戎与申侯伐周，杀幽王郦山下。而秦襄公将兵救周，战甚力，有功。周避犬戎难，东徙雒邑，襄公以兵送周平王。平王封襄公为诸侯，赐之岐以西之地。曰："戎无道，侵夺我岐、丰之地，秦能攻逐戎，即有其地。"与誓，封爵之。襄公于是始国，与诸侯通使聘享之礼。

《史记·秦本纪》

西戎中的犬戎趁机攻打周，并在郦山之下杀了幽王。秦襄公与晋文侯、郑武公等合力勤王，拥立周平王，并护送平王东迁，于是平王封秦襄公为诸侯，并将岐山以西的土地封与秦，秦从这时起真正成为诸侯国，这一年是公元前770年。

三、遂霸西戎

秦襄公虽然得到了朝思暮想的政治地位，但是秦国周边的戎狄部族并没有因此而偃旗息鼓。周平王一席话的言下之意也是告诫秦人想守住这块地就必须和戎人继续抗争。直至秦襄公去世，秦人也没有真正拥有岐、丰之地，这里的真正控制者还是戎狄部族，但是"夺下岐、丰"却是这位秦人先祖留给后代子孙的素志。秦襄公以后的各位秦国君王都秉承先祖遗志，不断开疆展土。大约在公元前750年，秦文公率领秦军第一次彻底打败戎人，才真正将疆土扩大到了岐山。岐山本是周人的故土，这里地处关中，气候温和，土地肥沃，适合农业生产，秦人的生活方式逐渐由游牧转变为农耕。生活方式的转变也改变了秦国的经济结构，秦国的经济实力与日俱增，为今后的发展奠定了基础。到秦武公时，加强中央集权，征服了周边的"小虢""荡社""彭戏氏"等戎狄势力，将势力范围扩大到西起甘肃中部，东至华山一线和整个渭水流域。到了秦穆公的时候，秦国趁晋国国内动荡，通过恩威并施的手段压制晋国，解除了东进的阻力，同时灭掉梁、芮，进一步打通了进攻中原的通道。

四、商鞅变法

公元前 361 年，秦孝公继位，此时的秦国与六国已经形成对垒之势。

> 孝公元年，河山以东强国六，与齐威、楚宣、魏惠、燕悼、韩哀、赵成侯并。淮泗之间小国十余。楚、魏与秦接界。魏筑长城，自郑滨洛以北，有上郡。楚自汉中，南有巴、黔中。周室微，诸侯力政，争相并。秦僻在雍州，不与中国诸侯之会盟，夷翟遇之。孝公于是布惠，振孤寡，招战士，明功赏。
>
> 《史记·秦本纪》

秦孝公想要重振穆公时代的霸业，向东收复失地，颁布政令，招纳贤士。

> "……宾客群臣有能出奇计强秦者，吾且尊官，与之分土。"
>
> 《史记·秦本纪》

卫鞅正是在此政令的感召下来到秦国，劝说孝公施行变法。在钱穆先生看来，商鞅变法前秦国的文化远落后于东方六国，变法最重要的废贵族世袭、行县制、禁大家族聚居和行新田制四项举措在晋、楚等国早已推行，而推行地方自治、制军爵、奖农织、建新都、统一度量衡和法律上之平等六项举措也多受晋、魏等国文化的影响。正是由于文化的相对落后，秦国对来自东方的新气象表现得颇易接受。① 商鞅在公元前356年和公元前350年两次施行变法新政，使秦国的旧制度得以废除，经济上改变了旧有的生产关系，确立土地私有制；政治上打击了旧的血缘宗法制度，中央集权制开始施行；军事上，奖励军功，达到了强兵的目的，军队战斗力有效提升。这些举措为秦国统一六国奠定了基础。秦国的富强不仅仅是商鞅变法的一蹴而就，商鞅之后还有张仪仕秦、范雎秉政、荀卿入秦……来自东方的文化虽然没有在秦国之土扎根繁衍，但是却促就了秦国的崛起，所以钱穆先生说："秦之富强，则皆三晋法治新统之成绩也。"②

五、一统天下

公元前338年，19岁的嬴驷继位，史称"秦惠文王"，在其掌政期间，文有张仪、公孙衍为相，连横六国，武有樗里疾、司马错为将，开疆拓土，北灭义渠，西伐巴蜀，东出函谷，南征商於，秦国的版图进一步扩大，先后建立了巴、蜀、汉中、上郡、河东、陇西、南郡等郡。公元前307年，尚无子嗣的秦武王举鼎时被砸断胫骨而亡，在赵武灵王的大力举荐下，在赵国为质的嬴稷继承王位，史称"秦昭襄王"。作为中国史上在位时间最长的国君之一，秦昭襄王执政期间即开始了秦国的统一大业。公元前293年，伊阙之战大胜韩魏联军；公元前279年攻占楚国郢城；公元前273年，华阳之战大胜赵魏联军；公元前260年，长平之战坑杀赵军45万……到秦孝文王和秦庄襄王时，秦国统一六国已呈水到渠成之势。

公元前249年，吕不韦率兵讨伐东周，吞并了东周土地，周亡。

东周君与诸侯谋秦，秦使相国吕不韦诛之，尽入其国。秦不绝

---

① 参见钱穆：《秦汉史》，生活·读书·新知三联书店2012年第3版，第4—6页。
② 钱穆：《秦汉史》，生活·读书·新知三联书店2012年第3版，第7页。

其祀，以阳人地赐周君，奉其祭祀。

《史记·秦本纪》

公元前 247 年，年仅 13 岁的嬴政在权臣吕不韦的辅佐下继承王位，秦国一统天下进入最后总攻阶段。公元前 230 年，秦派内史腾灭韩。

十七年，内史腾攻韩，得韩王安，尽纳其地，以其地为郡，命曰颍川。

《史记·秦始皇本纪》

公元前 229 年，秦大举攻打赵国，次年大破赵军，俘虏了赵王迁，在赵国都邯郸设邯郸郡。

十八年，大兴兵攻赵……。十九年，王翦、羌瘣尽定取赵地东阳，得赵王。

《史记·秦始皇本纪》

公元前 226 年，攻打燕国蓟城，得太子丹人头。

二十一年，王贲攻蓟。乃益发卒诣王翦军，遂破燕太子军，取燕蓟城，得太子丹之首。

《史记·秦始皇本纪》

公元前 225 年，灭魏。

二十二年，王贲攻魏，引河沟灌大梁，大梁城坏，其王请降，尽取其地。

《史记·秦始皇本纪》

公元前 224 年，老将王翦帅军六十万征伐楚国，俘虏了楚王，于是楚国将领项燕立昌平君为楚王，公元前 223 年，王翦、蒙武再次攻打楚国，昌平君被杀，项燕自杀，楚亡。

481

二十三年，秦王复召王翦，强起之，使将击荆，取陈以南至平
舆，虏荆王。秦王游至郢陈。荆将项燕立昌平君为荆王，反秦于淮
南。二十四年，王翦、蒙武攻荆，破荆军，昌平君死，项燕遂自杀。

《史记·秦始皇本纪》

公元前 222 年，王翦率军平定了楚国江南地区，降服了越国国君，在该
地设置了会稽郡。

二十五年，……王翦遂定荆江南地；降越君，置会稽郡。

《史记·秦始皇本纪》

公元前 221 年，王贲率兵攻齐，齐国早已不堪一击。

二十六年，齐王建与其相后胜发兵守其西界，不通秦。秦使将
军王贲从燕南攻齐，得齐王建。

《史记·秦始皇本纪》

秦始皇统一大业成。

第二节　秦系青铜器物的形制特征

一直以来，先秦时期秦国的青铜器传世数量不多，20 世纪中期边家庄、
姜城堡等墓地出土秦国青铜遗物铸造略显粗糙，使得学界对于秦国的青铜器
物有些偏见，认为秦器粗制滥造，礼器不符规制，进而认为秦国的青铜铸造
技艺落后于东方诸国，但是随着礼县大堡子山、圆顶山墓地考古发掘工作的
推进，一批质地精良、铸造精致的青铜器的陆续出土，对于秦国青铜铸造水
平方有较为全面的认识，就铸造技术而言，秦国的铸器水平不亚于同时期的
东方诸国，从器物形制而言，秦国在继承西周晚期朴实凝重风格的基础上，

发展出了具有秦国地域特征的青铜艺术风貌，同时我们还可以从中看到周边晋系、楚系青铜艺术风格影响的痕迹。秦国虽然具备生产高质量青铜器具的能力，但是秦国并没有制作大量的青铜礼器，而是将铜投入兵器生产以确保战争的需要，这是由秦国的国策决定的。李学勤曾撰文专门描述了战国时期秦国青铜器物的若干特征，作为鉴别秦国铜器的参考，说明秦国青铜器具有典型的地域性特征。①

综观秦国及其周边地区出土的秦系青铜器，可以明显地分辨出两方面的风格，一是具有浓郁的西周遗风，二是某些器物也体现了秦人独特的艺术创造力，最有特色的包括以下几个方面。

一、形制严整的青铜钟镈

钟、镈作为先秦青铜礼器的重要组成，是礼制活动不可或缺的重要器物之一。一般认为，钟、镈的区别在于钟口，钟口有弧度的为钟，平口的为镈，但也有平口而自铭为钟的器物。钟多以编钟的形式参与仪礼、宴乐等活动，前面我们为大家介绍的曾侯乙编钟，是迄今为止存世的先秦时期最大型的编钟组合，在其他地区出土或存世的编钟一般多为10件以内，铜镈也常以形制相同，大小渐次的形式出现，称为"编镈"。秦国编钟、编镈出土数量不在少数，但是由于秦公墓被大量盗掘，大量的器物流失海外，很多件秦公钟和秦公镈只能在国外的美术馆里见其真容。1978年在宝鸡市陈仓区虢镇以东5公里处的太公庙出土了8件春秋时期的器物，钟5件，镈3件，令我们可以近距离了解秦国青铜钟镈（见图9-1②、见图9-2③）的基本形制。

---

① 参见李学勤：《战国时代的秦国铜器》，《文物参考资料》1957年第8期。
② 中国青铜器全集编辑委员会编：《中国青铜器全集（东周一）》第7卷，文物出版社1998年版，图版第53页。
③ 中国青铜器全集编辑委员会编：《中国青铜器全集（东周一）》第7卷，文物出版社1998年版，图版第54页。

图 9-1　秦公钟（春秋早期）　　　　图 9-2　秦公镈（春秋早期）

　　五件青铜钟形制相同，大小有别，由大到小依次被命名为甲、乙、丙、丁、戊钟，高度依次为 48、47、45.7、38.5、27.6 厘米。五件青铜钟的花纹也是相同的，钟的甬部装饰了四条小龙；幹带上饰以四组变形雷纹；旋部装饰重环纹；舞部分为四个区域，每个区域内装饰有三条相互缠绕的变体夔纹；钲部依次分为五个区域，其中一、三、五三个区域各有 3 个枚，二、四两个区域则饰以双身夔龙纹；鼓部装饰有相向而立的对凤鸟纹，丙、丁、戊三件钟在对凤鸟纹的右侧另饰一鸟纹。这件编钟上的铭文为刻铭，是我国现存最早的青铜刻铭[①]，五件青铜钟的铭文分为两篇，甲、乙两钟的铭文合为一篇，丙、丁、戊三钟的铭文合为一篇，两篇铭文的内容基本相同，只是与甲乙两钟合成的铭文篇章相比对，发现丙、丁、戊三钟合成的篇章缺失最后一段，判断应还有一钟，已遗失。与青铜钟同出的三件青铜镈亦是形制相同，花纹一致，大小相异；由大到小依次命名为一、二、三号青铜镈，通高依次为 75.1、69.6、64.2 厘米；镈身鼓部平齐，中部膨起，设前后左右四个镂铸扉棱，左右两个扉棱为九条飞龙卷曲缠绕，扉棱下部止于镈身中部最膨

---

①　参见吴杰：《秦公钟》，《西部大开发》2007 年第 7 期。

出部，上部延至舞部连接为钮；前后两个扉棱由五条飞龙与一只凤鸟蟠曲而成，上部起于舞部，各有一龙一凤，相背回首，下端与两侧扉棱平齐；镈身上下各有一条由变形蝉纹、窃曲纹和菱纹枚组成的条带纹，两条带纹中间是青铜镈的主纹装饰区，该装饰区分为四个区域，每个区域内有六条飞龙盘绕勾连；舞部正中有一圆孔，周边分为四个区域，每个区域有两条缠绕飞龙，旁边饰一只小凤鸟。三只青铜镈上均有铭文，内容与青铜钟甲乙合篇相同，只是行款有所差异。[①]青铜镈的形制与西周晚期的克镈颇为相近，但是器形不及克镈修长，装饰于其上的勾连龙纹，以及扉棱与钮的纹饰更加复杂，都凸显出秦器的风尚。这五只青铜钟与三只青铜镈上的装饰线条流畅，布局疏密有致，特别是青铜镈镂铸扉棱，花纹繁复，造型优美，制作精密，显示出王权的威严与神圣。

2006年秋，早期秦文化联合考古队在甘肃礼县大堡子山遗址发现"秦子乐器坑"，坑内出土成套的青铜钟镈，其中甬钟8件，镈3件，铜虎3件，以及挂钩和两套5件一组的石磬，这批钟镈与太公庙出土的钟镈形制基本相同。此外可共查阅的资料显示，秦式钟镈遗存还包括上海博物馆藏秦公镈1件，美国及中国台湾私人收藏的秦公镈各1件，日本美秀博物馆藏秦式镈1件，套钟两套各4件，美国藏家收藏秦式甬钟3件等。赵化成等人对这些秦式青铜钟和青铜镈做了详细地比对研究，并以其上铭文为依据，对它们的铸造时间进行了排序，认为秦式镈制作精良，其形制是由西周青铜镈发展而来，华丽的四出镂空回首龙纹扉棱是秦青铜镈的标准配置，秦式镈在发展演变过程中经历了由相对矮胖向相对瘦高的变化趋势，且体积也不断增大。[②]作为先秦时期秦国礼器的重要遗存，秦式钟镈是研究早期秦文化的珍贵史料，对它们顺序与年代的判定不仅有利于梳理秦式钟镈的发展演变轨迹，归纳秦系青铜钟镈的形制特点，了解秦系青铜装饰纹样的造型特征，探析秦系青铜艺术的审美旨趣，同时铸刻其上铭文也是追索早期秦人发展活动区域、

---

① 参见卢连成、杨满仓：《陕西宝鸡县太公庙村发现秦公钟、秦公镈》，《文物》1978年第11期。

② 参见赵化成、王辉、韦正：《礼县大堡子山秦子"乐器坑"相关问题探讨》，《文物》2008年第11期。

探寻早期秦文化的发展轨迹的重要参考。

二、敦厚规制的青铜簋

青铜簋是秦系青铜礼器中较有个性的一类器物，在墓葬中多以五鼎四簋、三鼎二簋的组合形式出现。现在已知秦人的最早青铜簋当是周宣王时期所铸不其簋[①]（见图9-3[②]），器盖上的圆形捉手、器腹的横向瓦纹装饰都具有典型的西周遗风，这些形制特征均被春秋战国时期的秦系青铜簋所继承，这种承西周宗室旧制的风格在春秋战国时期不断推陈出新地创制新器形的大环境中，却也凸显出秦系青铜簋独有的韵致。

图9-3　不其簋（西周晚期）

上海博物馆藏秦公簋（见图9-4[③]），为对器，传出土于甘肃礼县大堡子山秦公墓地，是春秋早期遗物，其中一件通高23.5厘米，直口，器盖半球形，盖顶的捉手较高大，内饰四个变形兽纹，宽腹下置圈足，圈足下又设

图9-4　秦公簋（春秋早期）

---

① 参见李学勤：《秦国文物的新认识》，《文物》1980年第9期。
② 葛海洋、魏慎玉《不其簋略考》，《文物鉴定与鉴赏》2014年第1期。
③ 中国青铜器全集编辑委员会编：《中国青铜器全集7：东周1》，文物出版社1998年版，图版第41页。

三个粗壮的兽首足；器腹两侧设宽大的兽首耳，有垂珥；盖缘与器口均饰兽目交连纹，纹饰间以浮雕的卷角龙首间隔，盖缘的八个兽首向下，器口的六个兽首向上，盖面和器腹均饰横向瓦纹，圈足饰垂鳞纹。器盖与器身各铸五字铭文"秦公作宝簋"。2006 年陕西韩城梁带村 27 号墓出土芮公簋，春秋早期遗物，通高 23.8 厘米，高隆盖顶设圜形捉手，腹部两侧设一对兽首半环耳，圈足上有三个突起的兽首，下接二兽蹄形足；盖缘和器口各饰一周窃曲纹，盖面与器腹饰瓦楞纹，圈足饰垂鳞纹。与现藏于台北故宫博物院的芮公簋的形制基本相同，台北故宫博物院所藏芮公簋是清宫旧藏，也是春秋早期遗物，通高 21.4 厘米。中国国家博物馆藏秦公簋，传 1919 年出土于甘肃天水西南乡（今礼县红河一带），该簋通高 19.8 厘米，足径 19.5 厘米；器盖呈半球形，顶部设圆形捉手，可却置；器口圆而内敛，器盖与器口为子母口，鼓腹圈足，器腹两侧设双兽耳；器盖与器身均饰细密蟠蛇纹和条纹，圈足饰兽体卷曲纹。器盖与器身对铭，器盖上 54 字，器身 51 字，共 105 字，以秦景公的口吻写道："秦国在大禹开关的地方建都 12 代，开创了威震天下的局面。我要继承祖辈遗志，永葆四方平安。"这件器物堪称最受关注的秦器，先后有王国维、罗振玉、郭沫若、于省吾、容庚等数十位知名学者对其展开研究，被称为"青铜器与秦史研究两片园囿交接处盛开不衰的一株奇葩"[1]。值得一提的是这件器物上的铭文均由印模范铸而成，这种方法鲜见于先秦时期青铜铭文铸刻，被视为开中国早期活字模之先河的作品，其铭文书法之成就在后文再作详述。1987 年陇县边家庄 5 号墓出土的五鼎四簋（见图 9-5[2]）中的四簋形制相同，纹饰一致，大小也一样，隆起的器盖顶部设圆形捉手，子母口，鼓腹圈足，腹部两侧设一对兽首半环耳，器身口沿为一圈简化窃曲纹，盖面和器腹为三道横向瓦楞纹。[3]值得一提的还有圆顶山墓地出土的 1 件异形簋，该簋通高 16.4 厘米，口径 18.4 厘米，小弧顶盖，盖

---

① 祝中熹：《民国初出土秦公簋的文化魅力——兼评丁楠先生〈秦公簋〉铭文考释》，《天水师范学院学报》2015 年第 1 期。

② 曹玮主编：《赫赫宗周：陕西青铜文明巡礼（下）》，三秦出版社 2014 年版，第 352 页。

③ 参见刘军社：《陕西陇县边家庄五号春秋墓发掘简报》，《文物》1988 年第 11 期。

图9-5　边家庄五鼎四簋（春秋中期）

上设细颈小圆捉手，阔圆腹，矮圈足，最为特殊的是该簋器耳缺佚，仅在器身两侧通常设耳的部位各铸上下两个小乳突，乳突是镶嵌在耳内的接榫，这说明在春秋中期已经开始使用分铸法铸造簋耳与簋身，并且在该簋的圈足下沿还等距离分布了 3 个孔洞，可能是用来安装附足的。①

纵观先秦时期秦国及其周边地区青铜簋形制的演变，不难发现，它们基本延续了西周中期的

形制特征，保留了盖顶的圆形捉手，器盖和器腹的横向瓦楞纹，以及器腹两侧的兽首半环耳等特征，同时随着年代的变迁，青铜簋在秦地呈现出"在地化"的风格演进，圈足下的附足逐渐消失，半环耳上的兽首造型不断简化，实用成为推进器形演变的主导力量，这与秦国所推崇的法家治国方略不谋而合。

三、多元交融的青铜短剑

一直以来，学界多认为青铜短剑主要流行于先秦时期的北方草原和西南夷地区，中原地区在西周时期曾经流行的短剑样式是柳叶形青铜短剑，依据柳叶形青铜短剑分布区域来看，呈现出以宝鸡为中心，向东、南、北方向辐射的形态。秦地也是出土青铜短剑数量较多的地区之一，特别是近年考古发

---

① 参见礼县博物馆、礼县秦西垂文化研究会编著：《秦西垂陵区》，文物出版社 2004 年版，第 26 页。

掘出土了数量较多的秦国青铜短剑，引起了学界的关注，并将之命名为"秦式短剑"。

秦式青铜短剑从其材质来看，可以分为两种类型，一种是全剑由青铜铸制，另一种是铜柄铁剑。不论是全铜短剑还是铜柄铁剑，从剑柄、剑格和剑首的装饰造型来看，可以分为三种类型，第一种是剑柄、剑格和剑首均装饰有蟠螭纹或蟠虺纹。1976年陕西省雍城考古工作队在凤翔发掘秦国各时期墓葬40座，出土大量先秦时期秦国遗物，其中有1件青铜短剑，剑身较短，通长25厘米，刃宽2.5厘米，柱状脊；剑格部兽面纹折角方正；茎部和首部装饰细密镂空蟠螭纹，茎部两侧各有5个突齿。[①] 陕西陇县边家庄也曾出土1件秦国的铜柄铁剑（见图9-6[②]），铜柄剑格部位装饰有兽面纹，剑柄的转折处浑圆；茎部和首部装饰有镂空蟠螭纹，蟠螭的鼻、尾向外伸展在茎部两侧形成3个突齿。[③] 第二种是剑格装饰有兽面纹或变形兽面纹，剑首饰有蟠虺纹，剑柄实芯，多无纹饰。如1985年宝鸡谭家村春秋墓出土的一柄残剑，该剑残长22.4厘米，剑身起脊，与柄合铸，剑格装饰有兽面纹，剑柄饰以窃曲纹，茎部呈扁条形。[④] 第三种是剑格装饰有兽面纹，剑首与柄没有明确分界，剑柄呈收腰喇叭形。1978年甘肃灵台县景家庄春秋墓出土1件铜柄铁剑，该剑通长37厘米，剑柄与剑格相连，皆为铜质，两面饰有对称的纹饰，柄中部有4个长方形镂孔。[⑤] 凤

图 9-6　铜柄铁剑
（战国）

---

① 参见吴镇烽、尚志儒：《陕西凤翔八旗屯秦国墓葬发掘简报》，《文物资料丛刊》第3期，文物出版社1980年版，第72页；参见张天恩：《再论秦式短剑》，《考古》1995年第9期。

② 国家文物局编：《秦韵：大堡子山出土文物精粹》，文物出版社2015年版，第110页。

③ 参见张天恩：《再论秦式短剑》，《考古》1995年第9期。

④ 参见张天恩：《宝鸡市谭家村春秋及唐代墓》，《考古》1991年第5期。

⑤ 参见刘得祯、朱建唐：《甘肃灵台县景家庄春秋墓》，《考古》1981年第4期。

图 9-7 青铜短剑
（春秋晚期）

翔八旗屯村也曾出土过 1 柄青铜短剑（见图 9-7[1]），通长 21.6 厘米，剑身短，由棱形脊，剑锋近三角形，剑格饰兽面纹，茎部至首部饰左斜的螺旋形斜带纹，斜带纹内有圆柱状钉凸，两侧共 3 排 28 枚，可能是镶嵌物的底座，镶嵌物已遗失。[2] 这一种类型的剑柄因为是收腰设计，手握住的部分略窄于两端，使手柄的握感更舒适，而斜向的螺旋形带纹可能是由麻绳缠绕剑柄演变而来，斜向带纹增加手掌与剑柄的摩擦力，提升使用时的安全性。

青铜短剑是先秦时期北方草原民族最常见的兵器之一，将其与秦式短剑作比较，张天恩认为两者之间存在一定的相似因素，特别是第三种类型中剑柄部装饰的斜纹带也出现在北方草原民族的青铜短剑上，但是却暂时未能分辨出草原文化与秦文化之间谁是输入者，谁又是输出者。[3] 不过，我们可以断言的是，这些明确出土于秦地、秦墓的青铜短剑，装饰其上的兽面纹、蟠虺纹和蟠螭纹明确昭示着它们中原文化的因素。

第三节　秦系青铜器物艺术的装饰特色

从艺术史的视角观照造物艺术，除了器物的形制外，研究者还多将视点聚焦于器物的装饰特色，这也是判断器物的制作年代及其族属的重要依据，青铜器也不例外。就秦系青铜艺术的整体而言，其在铸制技术方面虽不及晋

---

① 曹玮主编：《赫赫宗周：陕西青铜文明巡礼（下）》，三秦出版社 2014 年版，第 360 页。
② 参见张天恩：《再论秦式短剑》，《考古》1995 年第 9 期。
③ 参见张天恩：《再论秦式短剑》，《考古》1995 年第 9 期。

系的严整，楚系的繁复，但我们并不能因此而忽视秦系青铜艺术的成就。虽然秦系青铜器物在青铜礼器的造型上多遵从宗周规制，但是器物的装饰却掩不住秦人的审美意趣，秦人对实用功能的推崇也通过器物设计中对使用功能的重视而彰显无余。

一、装饰纹样的秦地风范

秦系青铜器装饰纹样与东方列国有着本质的区别，这种区别来自于秦地对西周传统纹样的继承与创新，融合了大量秦文化因素的装饰纹样以大量出现在青铜器物装饰上的蟠虺纹和凤鸟形象为代表。

（一）勾连缠绕的蟠虺纹

蟠虺纹大量出现在秦系青铜器上是春秋中期以后，从考古发掘获得的资料来看，以圆顶山先秦墓葬群出土的器物装饰为代表，秦器上的蟠虺纹装饰开始进入全盛时期。蟠虺纹是由蟠螭纹发展而来的一种纹样，蟠虺和蟠螭的区别在于，蟠虺小而蟠螭大，蟠虺为小蛇，而蟠螭为小龙，蟠虺纹因为没有上下卷曲的长舌，相较于蟠螭纹更加简练。其图案构成是由两条以上的蟠虺相互勾连形成一个纹饰单元，再将这个纹饰单元以四方连续的布局方式不断重复排列而形成的，也称为勾连蟠虺纹。

圆顶山的秦国墓葬群出土的青铜簋在盖沿和器腹上部装饰的蟠虺纹是使用最为频繁的图像之一。圆顶山出土 4 件一组的列鼎，形制与纹饰相同，大小依次递减，在鼎足根部装饰蟠虺纹；出土 1 件铜鼎，通高 23.6 厘米，器腹装饰蟠虺纹和窃曲纹各一周，鼎足根部亦装饰有蟠虺纹；出土的 2 件对凤纹方壶（见图9-8①）形制、纹饰、大小均相同，蟠虺纹被装饰在盖顶、圈足、

---

① 礼县博物馆、礼县秦西垂文化研究会编著：《秦西垂陵区》，文物出版社 2004 年版，第 80 页。

图 9-8　对凤纹方壶（春秋中期）　　　　图 9-9　蟠虺纹圆壶（春秋中期）

璧形环饰上；出土蟠虺纹圆壶（见图 9-9①）1 件，颈部、肩部饰有蟠虺纹；出土的扁形铜盉器盖和器身均饰有蟠虺纹；出土的铜盘器腹和圈足各饰蟠虺纹一周；车形器的车舆盖和舆厢四侧外壁满饰蟠虺纹；长方体铜盒除底面外均饰以蟠虺纹……圆顶山各墓葬出土的铜簋均以蟠虺纹装饰器腹上部、盖缘和圈足。这些器物上装饰的蟠虺纹均处于主体纹样的地位，"蟠虺纹被大量、普遍地使用，一方面显示了秦人的审美观念，另一方面也标志着青铜工艺发展到了一个新的阶段，即模印法出现并广泛使用"②。

　　1963 年在陕西宝鸡阳平镇秦家沟发现 5 座秦墓，在 1 号墓和 2 号墓中各发掘出土春秋时期铜方壶 2 件，形制花纹相同，大小不一，均为有盖方壶，长颈小腹，器腹微鼓，方圈足；盖顶中央似方盒，颈部两侧设兽形耳一对；器盖口沿、器颈、器腹均饰蟠虺纹一周。1 号墓出土的两件方壶略大，通高 27 厘米。1 号墓出土的 3 件铜鼎口沿下均有蟠虺纹一周，2 号墓出土的 3 件器腹上均有蟠虺纹一周。此外这两座墓葬中出土的铜簋、铜匜、铜盘均在器

———————

①　礼县博物馆、礼县秦西垂文化研究会编著：《秦西垂陵区》，文物出版社 2004 年版，第 77 页。

②　礼县博物馆、礼县秦西垂文化研究会编著：《秦西垂陵区》，文物出版社 2004 年版，第 26 页。

腹、盖沿、口沿下等部位装饰有一周蟠虺纹。蟠虺纹不仅是春秋中期以后秦系青铜器的主体纹样，它也成为将一系列形制不同的器物纳入统一体系的重要媒介。

（二）振翅欲飞的凤鸟纹

秦人的祖先自东方而来，东方民族对鸟的崇尚深刻在秦人骨血中，秦系青铜器中大量的鸟形像展现了秦人对鸟所特有的情愫，大堡子山秦墓出土了多件鸷鸟形金饰片更是表达了秦人对鸟的情有独钟。综览秦系青铜器，各式的鸟形象跃然眼前，振动的翅羽，尖锐的勾喙，舒展的冠羽，它们是秦族来自东方的叙述者，也是秦国新时代即将到来的预示者。

1986 年在陕西陇县边家村出土扁体凤鸟纹铜盉（见图 9-10[①]）1 件，青铜扁盉是秦系青铜器在春秋中期较为流行的样式。该盉通高 21.6 厘米，厚 4.6 厘米，圆角方形扁体，前有曲管状兽首形流，后为兽首状鋬，流和鋬均为分铸法铸造后再焊接于盉身，鋬的下端与盉身相连；盖为立体凤鸟形，尖喙立冠，鸟首方向与流一致；器腹中央装饰一鸟纹和一夔纹，鸟纹与器盖上的凤鸟方向相背；器座为方形空心，饰波曲纹和兽体卷曲纹。

图 9-10　凤鸟纹盉（春秋早期）

鸟纹与立鸟的方向相背，即在统一中追求了变化，同时也保证了装饰的均衡与稳定。

---

① 　中国青铜器全集编辑委员会编：《中国青铜器全集 7：东周 1》，文物出版社 1998 年版，图版第 51 页。

出土于陕西延安的交龙纹壶（见图 9-11[1]）是秦文化战国时期遗物，通高 32.5 厘米，口径 11.5 厘米，侈口束颈，鼓腹圈足，器腹由凸起的弦纹和宽带纹分为三个装饰带，装饰带内均饰交龙缠绕纹饰。壶盖顶部均匀分布三个面向外沿的鸟形钮，鸟冠、喙、颈清晰可辨，生动写实。马家塬出土战国时期的鎏金铜壶（见图 9-12[2]）1 对，两件铜壶尺寸虽有微小差异，但形制完全相同，均为侈口长束颈，鼓腹宽圈足，肩部、腹部最大直径处和下腹部各设一周凸起弦纹，肩部弦纹下方设一对铺首衔环；壶盖呈微微膨出状，盖顶设三个形态简化的鸟形捉手，但是仍能清晰地辨认出鸟首、喙、颈、尾等形象，鸟尾上翘与颈部相连成一个环状，形态简练抽象。[3]

图 9-11　交龙纹壶（战国）

图 9-12　马家塬鎏金铜壶（战国）

① 中国青铜器全集编辑委员会编：《中国青铜器全集 7：东周 1》，文物出版社 1998 年版，图版第 46 页。
② 甘肃省文物考古研究所编著：《西戎遗珍：马家塬战国墓地出土文物》，文物出版社 2014 年版，第 118 页。
③ 参见周广济、方志军、谢言等：《2006 年度甘肃张家川回族自治县马家塬战国墓地发掘简报》，《文物》2008 年第 9 期；参见甘肃省文物考古研究所编著：《西戎遗珍：马家塬战国墓地出土文物》，文物出版社 2014 年版，第 118 页。

二、实用与审美兼备的器具设计

梳理先秦晚期秦系青铜器物，不难发现相较于其他文化类型，秦系青铜器物在设计上颇为关注使用功能，多件将审美性与功能性巧妙结合的器具令人击节叹赏。如果说大堡子山秦墓群出土的青铜器物还带着秦文化早期的青涩与稚嫩，呈现出器形不够规整，纹饰还显粗糙，铸制缺乏规范，器壁厚薄不一等现象，如李朝远推断："秦公诸器的铸造颇有西周晚期器的气度，却缺乏西周器的精致，将秦公鼎与类似的史颂鼎相比较，其粗糙程度显而易见……说明秦人尚未完全掌握大型器内外范的等距技术。"[1] 那么春秋中期以后秦国的青铜铸造技术则取得了迅猛的发展，圆顶山秦墓区出土的以铜剑为代表的青铜器，铸造与装饰工艺相辅相成，青铜器物美轮美奂，说明至少从春秋中期开始，秦国的青铜铸造就已经具有了较高的水平，以下列举几件器物以示其详。

圆顶山墓地出土的车形器（发掘简报称其为"盒"）是一件颇受关注的器具，这件车形器（见图9-13[2]）在形制上与前文介绍晋系青铜器时提及的刖人守囿辖车颇为相近，此器四轮，方形车舆，有盖，通高8.8厘米，舆箱长11.1

图9-13 车形器（春秋晚期）

厘米，轮径4厘米；盖上一侧设一蹲坐熊形钮，一侧设一跪坐人形钮（头部残缺）；车舆厢四棱各附一只仰天长啸的虎形钮，车舆四角上各设1只立鸟，

① 李朝远：《上海博物馆新获秦公器研究》，收录于上海博物馆编：《上海博物馆集刊》第七期，上海书画出版社1996年版，第30—31页。

② 国家文物局编：《秦韵：大堡子山出土文物精粹》，文物出版社2015年版，第95页。

旋转4鸟面向盖中，舆盖即锁住，旋转4鸟面向四周，舆盖则打开；舆盖及车舆四侧遍饰同时期秦系器物最常见的蟠虺纹；器身下方设两对带轴圆轮，每轮有8根辐条，车軎、车辖齐全，车轮转动自如。[1] 这件车形器设计颇具匠心，舆盖开合的机关设计，车轮配件完备且灵活转动，都证明春秋中期秦国青铜铸造技术的先进性。

翼兽形提梁铜盉（见图9-14[2]）是战国中期秦系青铜器物具有代表性的作品之一，这件铜盉1962年出土于甘肃泾川，现藏于甘肃省博物馆。该盉通高30.2厘米，长20.8厘米，宽22.5厘米，盉体被设计为一只四足神兽，兽首微昂，双耳侧立，张开的兽首即为盉流，与流相对的一端翘起的短尾即是盉錾；器腹深圆做兽身，四足作短而粗的兽足状，趾爪分明；U状的龙形提梁两端分别连接着流与錾；器颈短小如矮台设于神兽的背部，器盖微微隆起，盖中心饰以小翼首，盖与器身用小环连接；器腹两侧各饰作回首状浮雕飞龙一条，龙身满饰鳞纹，由龙身一侧向斜上方平行伸展出五条羽翼，营造出迎风腾飞的效果，极富动感，两条飞龙正好又构成神兽的双翼，颇为巧妙。

图9-14　**翼兽形提梁铜盉（战国中期）**

1974年甘肃平凉庙庄出土的鼎形行灯（见图9-15[3]）可谓是战国晚期秦系青铜器物的典型代表之一。该行灯是一件供贵族夜间出行

---

[1]　参见礼县博物馆、礼县秦西垂文化研究会编著：《秦西垂陵区》，文物出版社2004年版，第26页。

[2]　中国青铜器全集编辑委员会编：《中国青铜器全集7：东周1》，文物出版社1998年版，图版第52页。

[3]　中国青铜器全集编辑委员会编：《中国青铜器全集7：东周1》，文物出版社1998年版，图版第60页；俄军主编：《甘肃省博物馆文物精品图集》，三秦出版社2006年版，第97页。

A   B

图 9-15　鼎形行灯（战国晚期）及其打开图

时使用的铜灯，开启时高 30.2 厘米，闭合时高 16.7 厘米，口径 11.3 厘米，闭合时看似一件三足圆鼎，器腹呈扁球形，腹内用以盛装燃料；平盖，双附耳，三蹄足；盖中心有一圆柱形托，两侧有两个旋向鸭首，耳上各有一可以活动的支架，闭合时，支架合于器盖之上并被鸭首的宽嘴衔住，使器盖与器腹密合无间，支架升起后顶端合拢，插入翻转后的盖中心柱形托内，翻转后的鼎盖即成灯盘。这件行灯构思巧妙，设计科学，使用方便。[①] 仅凭此灯闭合后鼎盖与器腹严密得不漏灯油，就证明战国晚期秦地青铜模范技术的登峰造极。

　　以上提及的几件器物都不是传统意义上的礼器，至迟到战国时期，在秦器中就已经很难见到传统风格的青铜礼器，取而代之的是颇具秦人风貌的器具，除了以上介绍器具外，最具典型性的还有青铜扁壶、蒜头壶等。青铜扁壶一直被认为是战国时期秦国常见的盛酒器，是秦国贵族墓葬中最具特征的随葬品之一，也是当代考古工作中辨别墓葬国属的重要参照物。1974 年

---

① 参见甘肃省博物馆编，俄军主编：《甘肃省博物馆文物精品图集》，三秦出版社 2006 年版，第 97 页。

图9-16　曲颈蒜头壶（战国晚期）

到1975年间，三门峡市上村岭的村民们发现了8座古墓，并出土了青铜器物百余件，因为非专业发掘所得，研究人员仅能从上村岭的地理位置在战国时期的归属、该墓葬群年代勘察的情形和出土铜器的形制等因素判断其中的多件器物可能为战国时期秦国遗物。遗存中的1件青铜扁壶就是帮助研究人员作出判断的主要参照物，这件扁壶通高34.3厘米，方唇短颈，小圆口，方形圈足；器肩两侧设铺首衔环；器颈饰三角形纹饰，器腹以长方形格栏分割，内饰细密羽状纹，格栏则以红铜镶嵌，纹饰极其精巧，制作颇为精细，这件扁壶与上海博物馆藏两头兽纹铜扁壶的器形和纹饰相近。[1] 蒜头壶也是秦国常见器之一，多为小口长颈，扁球状腹，圈足，器口呈蒜瓣形，比较特殊的一件是陕西米脂官庄出土的曲颈蒜头壶（见图9-16[2]），该壶通高34厘米，小口曲颈，壶腹作扁球状，下有圈足。这件战国晚期的蒜头曲颈器，因其弯曲的颈部在秦器中独树一帜。

三、规整而精巧的建筑装修构件

中国古代建筑使用铜质构件至迟始于商代，考古发掘先后在小屯遗址和小双桥遗址发现青铜建筑构件，燕下都遗址也曾出土有已经无法考证其

---

[1]　参见河南省博物馆：《河南三门峡市上村岭出土的几件战国铜器》，《文物》1976年第3期。
[2]　中国青铜器全集编辑委员会编：《中国青铜器全集7：东周1》，文物出版社1998年版，图版第48页。

用途的金属建筑零件[①]。先秦时期的青铜建筑构件存世数量不多，但现在所知最丰富的一批出于陕西凤翔。凤翔本是秦国雍城故城所在，曾经是秦国政治、经济、文化的中心。传1949年以前在陕西凤翔曾经出土过一批青铜建筑构件，其中部分著录于梅原末治的《欧米蒐储支那古铜精华》。1973年，凤翔石家营豆腐村的村民先后在村庄附近发现两个窖藏，出土一批铜质建筑构件，后经考古工作者对该地点进行抢救性发掘，发现秦宫殿部分遗迹，又出土一批建筑构件，和村民发现的加起来共计64件，这批建筑构件根据形制分为：曲尺形构件、楔形中空构件、方筒形构件、双齿片状构件和小拐头。其中曲尺形构件有阳角和阴角之分，方筒形构件有双齿和单齿之分，这些建筑构件全部装饰有规整的蟠螭纹，但是有的双面装饰，有的单面装饰，也有的三面装饰，判断装饰面的多寡和构件所在的建筑部位相关，有纹样的面应该是暴露在外可以被看见的，而没有纹样的面则不被显露。这些构件内部有的还有朽木的痕迹，说明它们多与木质结构结合使用。曲尺形构件有阳角和阴角之分，根据其形态判断可能用于转角处，两两相对安装在枋木之上。[②]

曲尺形的建筑构件（见图9-17[③]）为曲尺状，外转角的两侧面和底面为板状，满饰蟠螭纹，其两端为锯齿形，呈三齿，其内侧面为空格框架，用它套在两根木件交接处，既实用，又美观。楔形建筑

图9-17　蟠螭纹曲尺形建筑构件（春秋中期）

---

① 参见傅振伦：《燕下都发掘品的初步整理与研究》，《考古通讯》1955年第4期。
② 参见曹明檀、袁仲一、韩伟：《凤翔先秦宫殿试掘及其铜质建筑构件》，《考古》1976年第2期。
③ 中国青铜器全集编辑委员会编：《中国青铜器全集7：东周1》，文物出版社1998年版，图版第59页。

构件（见图 9-18①）为长方形，类似楔形砖而中空，中心偏上处有圆形铆眼，

图 9-18　蟠虺纹楔形建筑构件
（春秋中期）

图 9-19　茧形铜壶（战国晚期）

构件的上面和背面为素面板状，正视和底视满饰蟠虺纹，这种秦国雍城的宫殿建筑构件可加固木构件及衔接木构件，汉代时称之为"金釭"，班固在《西都赋》中就以"金釭衔璧，是为列钱"描写当时长安的宫殿。大型的金釭多为宫殿壁柱、壁带上的饰件，小型的则为门窗构件。杨鸿勋认为凤翔秦釭的出土不仅为研究金釭形制及其发展提供了实物材料，也为探讨木结构节点构造的发展提供了可能，同时它们还为建筑彩画装饰意匠的渊源提供了依据。② 总之，这一批青铜建筑构建数量多且形制独特，不仅体现了秦国宫殿建筑之盛，同时也展现了秦国青铜艺术涉及之广，铸造技术演进之精。

秦系青铜艺术的成就并不止于以上所及，碍于篇幅的关系仅能展开于此。这里还想提及一件较为特殊的器物，就是马家塬战国晚期墓地出土的1件茧形铜壶（见图 9-19③）。马家塬墓地位于甘肃省东南部张家川回族

① 中国青铜器全集编辑委员会编：《中国青铜器全集 7：东周 1》，文物出版社 1998 年版，图版第 58 页。
② 参见杨鸿勋：《凤翔出土春秋秦宫铜构——金釭》，《考古》1976 年第 2 期。
③ 甘肃省文物考古研究所编著：《西戎遗珍：马家塬战国墓地出土文物》，文物出版社 2014 年版，第 132 页。

自治县境内，这是一处有着明确的等级制度和丰富的文化因素的墓地群。这件茧形铜壶通高 25.6 厘米，侈口束颈，矮圈足，肩部设铺首衔环一对，颈部饰链接贝纹一周，器身饰纵向瓦楞纹一周，瓦楞内间隔饰以蟠螭纹，器底部铸有 1 字铭文"鞅"。研究人员认为马家塬墓地可能是战国晚期西戎部族一支的首领和贵族的墓地[①]，但是出土的器物中所显露的大量秦文化、楚文化和中原文化因素，则说明在秦人与西戎的长期斗争中，逐渐占据优势，表现在青铜艺术上就是秦文化因素所占的比例不断增大，同时通过秦作为中介，楚文化和中原文化的因素也出现在西戎的青铜器物之上。

第四节　秦系青铜艺术的铭文风格

春秋战国时期的秦系文字在中国文字发展史中具有划时代的意义，它上承商周古文字，下启秦汉文字，从它的发展演变我们亦可以看到当时社会、政治、经济、文化的发展对于文字的进化所产生的影响。王国维认为："故古文籀文者，乃战国时东西二土文字之异名，其源皆出于殷周古文，而秦居宗周故地，其文字犹有丰镐之遗，故籀文与自籀文出之篆文，其去殷周古文反较东方文字为近。"[②] 秦人在西周后期铭文的基础上演进形成了规整、匀称、挺秀的

图 9-20　不其簋（西周）铭文拓本

① 参见王辉：《张家川马家塬墓地相关问题初探》，《文物》2009 年第 10 期。
② （清）王国维：《战国时秦用籀文六国用古文说》，收录于《观堂集林》卷七，中华书局2004 年重印版，第 306 页。

秦系铭文，它具有同时期其他地域铭文所没有的两个特点，其一是它始终以《史籀篇》为习字范本，保证了周秦文字发展的连续与稳定；其二则是秦人逐渐形成了规范、简化的书写方式，为之后统一文字奠定了基础。这两点是互为表里的，周宣王作《史籀篇》，"同天下之文而治"是其初衷，在摹习《史籀篇》的过程中，这一初衷被秦人继承，因为有《史籀篇》作范本，秦人在书写上较为容易规范化。虽然春秋战国时期秦国青铜艺术遗存并不多，但是已知的有铭铜器为我们尝试梳理秦系铭文的发展脉络提供了可能。从周宣王时期的不其簋铭文（见图9-20①），到大堡子山秦公墓藏群出土的秦公诸器铭，到宝鸡太公庙秦公钟、镈铭文，再到秦公簋铭……秦系铭文发展的脉络清晰可寻。

一、以《史籀篇》书体为摹本的坚守

秦国偏于一隅，文化发展相对保守，周平王东迁，秦国占据西周故地，春秋早期秦文字多承袭西周风范。这一时期的文字线条圆润流畅，结构匀称饱满，直笔多，曲笔少。如今可见最早的秦系铭文见于周宣王时期的秦器不其簋，该器1980年出土于山东省滕州市"居龙腰"遗址一西周残墓，现藏于山东省滕州市博物馆，器内底部铸铭文12行151字，其中重文3字，记述了周宣王十二年（公元前816年）西部戎族猃狁起兵进犯，王命虢季子白率不其（秦庄公）抵御外敌，他们在高陵（今山西洛水一带）三战大胜外敌，不其因功受奖的史实。② 不其簋的铭文书风并未体现秦地风貌，而是呈现着较为浓郁的西周晚期书风，虽不能算作西周晚期铭文书法之翘楚，但其篇幅之长、铭文书写之流畅却是不可多得的秦器之一。

大堡子山出土的秦器多为春秋早期遗存，其铭文书风也逐渐显露出秦人

---

① 葛海洋、魏慎玉《不其簋略考》，《文物鉴定与鉴赏》2014年第1期。
② 参见葛海洋、魏慎玉：《不其簋略考》，《文物鉴定与鉴赏》2014年第1期。

遵守《史籀篇》书体的特征，在丛文俊看来："秦僻居西土，不与东南各国往来，其先君为王室大夫，奉行《史籀篇》是没有问题的，而后来的文化封闭则使其文字在不受外来干扰的情况下，平稳地延续籀文而发展。"[1] 吴镇烽编著的《商周青铜器铭文暨图像集成》中著录了5件出土于甘肃礼县大堡子秦公墓地的秦公簋铭文，5件秦公簋上的铭文均在5—6字间（见图9-21[2]、见图9-22[3]、见图9-23[4]、见图9-24[5]、见图9-25[6]），内容略有不同，但总体书风相近。这时的文字基本承西周旧体，书风圆润沉稳，线条屈曲流动。太公庙出土的钟镈也是春秋早期的遗存，其上铭文字数相对较多，也更易感

图 9-21　秦公簋（春秋　　图 9-22　秦公簋（春秋　　图 9-23　秦公簋（春秋早期）
早期）铭文拓本　　　　　早期）铭文拓本　　　　　铭文拓本

---

① 丛文俊：《中国书法史（先秦·秦代卷）》，江苏教育出版社 2007 年版，第 321 页。

② 吴镇烽编著：《商周青铜器铭文暨图像集成》第 9 卷，上海古籍出版社 2012 年版，第 24 页。

③ 吴镇烽编著：《商周青铜器铭文暨图像集成》第 9 卷，上海古籍出版社 2012 年版，第 141 页。

④ 吴镇烽编著：《商周青铜器铭文暨图像集成》第 9 卷，上海古籍出版社 2012 年版，第 142 页。

⑤ 吴镇烽编著：《商周青铜器铭文暨图像集成》第 9 卷，上海古籍出版社 2012 年版，第 143 页。

⑥ 吴镇烽编著：《商周青铜器铭文暨图像集成》第 9 卷，上海古籍出版社 2012 年版，第 144 页。

图 9-24　秦公簋（春秋　　图 9-25　秦公簋（春秋　　图 9-26　秦公钟戊（春秋早期）
早期）铭文拓本　　　　　早期）铭文拓本　　　　　　铭文拓本

受秦系铭文书法之特征，铭文章法较不其簋更加规整，可能是因为以《史籀篇》为书体范本的缘故，秦公钟（见图9-26[1]）与秦公镈（见图9-27[2]）的字形体势相近，所不同的是秦公钟上的铭文线条略粗，笔力柔和，书风内敛，而秦公镈铭文线条纤细，笔力坚硬，舒展开放。

图 9-27　秦公镈（春秋早期）铭文拓本之一

另有传世春秋晚期秦公镈一件，为宋庆历年间叶清臣守长安时所得，后被收录于《考古图》，该镈舞部有铭文143字，其中重文6，合文2。与太公庙秦公钟镈的铭文对比，变化并不是很显著，但是文字的辨识度更高，书写更流畅，字形有简化的趋势，笔画更加规范，笔画少的字略有伸展，笔画

①　吴镇烽编著：《商周青铜器铭文暨图像集成》第 28 卷，上海古籍出版社 2012 年版，第 557 页。

②　吴镇烽编著：《商周青铜器铭文暨图像集成》第 29 卷，上海古籍出版社 2012 年版，第 378 页。

多的字稍微收敛，相同的字会刻意制造变化，铭文的整体感和装饰性都进一步增强。春秋时期的秦系铭文字体圆润，书法直笔多，曲笔少，笔画纵横平整，线条粗细均一，转折处已见方折的形态在春秋时期已然确立。

二、以"同天下之文而治"的现实追求

战国时期，秦系铭文结体逐渐开始摒弃圆润的书风，字体呈现出方正紧凑、结构匀称的特点，这与齐系、楚系以及中原系修长的结体形成鲜明对比，也显示出秦系文字质朴稳重的风格。咸阳博物馆藏的两件有铭青铜壶则为战国早期器物，一件是雍工堼铜壶（见图9-28①），其腹部竖刻铭文三行，七字"雍工堼，三斗，北寝"，圈足横刻铭文二字"埤府"。一件是工师初铜壶（见图9-29②），器腹由铭文五行十五字"二年寺工师初丞堕塯人莽三斗北寝"，圈足亦刻有铭文"埤府"。③ 依据两壶的形制、容量和铭文内容，研究人员推断两器均为商鞅变法前秦国器物。再看两壶的铭文笔法，直笔多，曲笔少，笔画纵横平整，线条粗细均一，转折处方折明确，春秋时

A

图9-28　雍工堼铜壶（战国中期）　　图9-29　工师初铜壶（战国晚期）
　　　　　铭文摹本　　　　　　　　　　　　　铭文摹本

---

① 李光军、宋蕊：《咸阳博物馆收藏的两件带铭铜壶》，《考古与文物》1983年第6期。
② 吴镇烽编著：《商周青铜器铭文暨图像集成》第22卷，上海古籍出版社2012年版，第253页。
③ 参见李光军、宋蕊：《咸阳博物馆收藏的两件带铭铜壶》，《考古与文物》1983年第6期。

期的圆润已有隐退之势。秦系文字也并非都如此简化朴实，在战国中期的杜虎符、战国晚期的新郪虎符上的文字就显得温润优美，特别是新郪虎符的铭文（见图 9-30[①]），气度优雅，线条转曲柔和，字形方正圆浑，结构工巧。

现藏于上海博物馆的商鞅方升（见图 9-31[②]），是秦孝公任用商鞅，变法图强时期的遗物。该方升铸制于秦孝公十八年（公元前 344 年），外侧有铭文 35 字，其中合文 1，另附有秦始皇二十六年（公元前 221 年）诏铭 40 字[③]，铭文书体虽然略显粗糙，但其在铭文书法史上的地位却不可小觑。方升上的铭文是一种近似于小篆的文字，线条瘦硬，字形开阔，说明在秦孝公理政年间，秦系铭文结体逐渐由圆润向方正转变，字形结体变得端正而规范，被看做是秦小篆的前身，器上始皇诏铭则为小篆，契刻字势端正，线条清瘦纤削。收藏于秦始皇兵马俑博物馆的宜阳鼎，圆鼎，通体光素，腹部设

图 9-30　新郪虎符（战国
晚期）铭文拓本

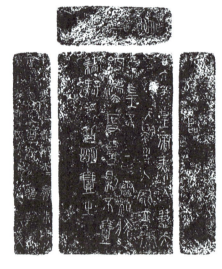

图 9-31　商鞅方升（战国中期）铭文拓本

---

① 吴镇烽编著：《商周青铜器铭文暨图像集成》第 34 卷，上海古籍出版社 2012 年版，第 550 页。

② 吴镇烽编著：《商周青铜器铭文暨图像集成》第 34 卷，上海古籍出版社 2012 年版，第 275 页。

③ 参见吴镇烽编著：《商周青铜器铭文暨图像集成》第 34 卷，上海古籍出版社 2012 年版，第 274 页。

凸起的箍棱一圈，战国晚期遗存，铭文刻于口沿与箍棱之间，据专家考证这些文字是先后分六次刻录，其中"宜阳、咸、一斗四升、一上"是战国时期刻铭，分两次刻录，"宜阳"两字与其他铭文不是一同刻录。[1] 春秋时期承继的圆润已然褪去，曲笔甚少，笔画转折处多为方折，笔势拗折，规整平直。

虽然铸有铭文的战国时期秦系青铜器并不多见，但是仍可以由这些铸铭看到秦系文字的转变与特点，秦系文字的结体在渐变中形成，早期呈现出圆润的特征，中后期逐渐向结体方正的方向转变的趋势，与秦国推崇法家思想，以务实为尚不无关系，这一时期秦系文字的特点是平整端正，实用性强。秦系青铜器物的铭文还有一个不同于东方诸侯国的特点，那就是战国时期秦系青铜容器不论其是否是量器，铭文中大都有与其容量相关的记录，如"三斗""一斗四升""四斗少半升"等，多少透露出法家的功利价值观，计量被铸于容器器身醒目位置，使青铜容器兼有生活用器和量器双重功能，既是便民的举措，亦是利用的方法，也体现了秦国对量器管理的重视。

秦始皇二十六年（公元前 221 年），天下一统，在颁行天下的标准权量上都铸刻了二十六年诏书："廿六年，皇帝尽并兼天下诸侯，黔首大安，立号为皇帝，乃诏丞相状、绾，法度量则不壹，歉疑者皆明壹之。"只有加刻了诏书的度量衡器才可以继续使用，所以商鞅方升上的诏铭是后契刻的。传世的始皇诏量的铭文堪称秦篆的模范之作，该铭文刻于铜方升器外壁一侧，标准小篆，张弛有度，流转有节，线条坚实，特别是其中少数字还有借笔共画现象，这种手法仅见于此器铭文（见图 9-32[2]）。现藏于甘肃省镇原县博物馆的

图 9-32　始皇诏量（战国）铭文摹本

[1]　参见吴镇烽编著：《商周青铜器铭文暨图像集成》第 5 卷，上海古籍出版社 2012 年版，第 240 页。

[2]　吴镇烽编著：《商周青铜器铭文暨图像集成》第 34 卷，上海古籍出版社 2012 年版，第 290 页。

图9-33　始皇诏铜版（战国晚期）

始皇诏版（见图9-33①）是一件长10.8厘米，宽6.8厘米，厚0.4厘米的长方形铜版，四角各伸出一个钉孔（上端两孔已残），应该是用以钉在官定的木容器上或镶嵌在铁器、衡器上的功能体，铜版上有铭文5行40字，字迹清晰，线条纤细，体为小篆，但书风与权量有所不同，文字排放工整，字体方正，大小统一。传世或出土的始皇诏量器不在少数，其铭文风格因契刻者不同而有所区别，但文字的结体形态基本相同，整体观看铸刻于这些权量上的铭文，我们大致可以总结出以下几点：第一，秦统一六国后，颁布始皇诏，以小篆为官方通用的规范字体；第二，小篆由大篆演进而来，图形化的部分消失殆尽，取而代之的是横平竖直、折转方正的笔画建构；第三，由于摹写和契刻技术的差异，刻写的文字有规范但无定法，所以存在一定的风格差异；第四，从商鞅方升上刻有始皇诏铭来看，秦统一中国后的度量衡承秦国旧制。

纵观嬴秦崛起的历史，不难发现，他们是一支极富生命力的族体。秦人西迁之前，属于东夷少昊集团，横跨大半个中国来到甘肃东部，在这里休养生息，养精蓄锐，因为远离了中原文化的核心区，秦文化中关于周文化伦理体制的传统观念较为淡薄，表现在青铜艺术上就是礼制性器物相对数量较少，由于长途迁徙，也使秦人养成了善于学习、吸收相邻民族文化的能力，表现在青铜艺术上则是晋文化、楚文化、西戎文化的因素出现在秦系青铜器物之中。秦国偏于西北一隅，恪守《史籀篇》的文字书写规范，继承了"同天下之文而治"的政治理想，表现在青铜艺术上是铭文书法逐渐形成了便于学习和摹写的规范性字体，成为中华文字上承殷周，下启汉唐的关键。

---

① 王博文主编：《镇原博物馆文物精品图集》，甘肃文化出版社2015年版，第114页。

第十章　和而不同：周边青铜艺术

中华文化的主体是由生活在中原地区的华夏民族创造的，但是这不是中华文化的全部，先秦的青铜艺术亦如此。费孝通先生在《中华民族多元一体格局》一书中写道："秦代的统一还只是中华民族这个民族实体形成的一个步骤，因为当时秦所统一的只是中原地区，在中华民族的生存空间里只占小部分，在三级地形中只是海拔最低的一级，而且还不是全部。中原的周围还有许多不同的族团也正在逐步分区域地向由分而合的统一路上迈进。"[1] 从考古发掘的材料来看，先秦时期的青铜艺术除了中原地区以外，还有以鄂尔多斯为代表的北方青铜艺术，以三星堆为代表的西方青铜艺术，以大洋洲和骆越青铜为代表的南方青铜艺术，以及以古滇国为代表的西南青铜艺术。

第一节　西部区域——三星堆青铜艺术

成都平原，又名川西平原、盆西平原，四川话称之为"川西坝子"，是位于中国四川盆地西部的一处冲积平原，是我国西南部地区最大的平原。西

---

① 费孝通主编：《中华民族多元一体格局》（修订本），中央民族大学出版社 2018 年版，第 23—24 页。

汉时的史学家扬雄曾经这样描述这里：

　　蜀之先，称王者有蚕丛、柏濩、鱼凫、开明。是时人萌椎髻左
衽，不晓文字，未有礼乐。

《扬雄集校注·蜀王本纪》

东晋时常璩在我国现存第一部西南地区的地方志里这样记载：

　　蜀之为国，肇于人皇，与巴同囿。至黄帝，为其子昌意娶蜀山
氏之女，生子高阳，是为帝喾。封其支庶于蜀，世为侯伯。历夏、
商、周。

《华阳国志·蜀志》

李白有诗云：

　　蚕丛及鱼凫，开国何茫然！尔来四万八千岁，不与秦塞通
人烟。

《蜀道难》

　　古蜀国在他们笔下是未开化的，是落后的，是荒凉的，也是神秘的，而且神秘的古蜀国确切的地理位置也无人知晓。

　　1929年春，四川广汉月亮湾的农民燕道诚和他的儿子淘沟底时淘出了400多件各类玉石器，第一次揭开了这片土地上的神秘面纱。在英籍神父董笃宜的关注和大力奔走下，部分玉器得到保护，但是保护的措施和手段并没有达到专业和科学的水平。之后，当时任教于华西大学的美籍教授、地质专家戴谦和对玉器出土地进行了遗址考察。1934年，华西大学博物馆馆长葛维汉博士带领林名均等人开展了三星堆的第一次考古发掘，并写作了《汉州（广汉）发掘简报》。在这一阶段，月亮湾的考古发现先后打着"广汉文化"和"巴蜀文化"的名片进入学界的视野。

　　1949年以后，专家、学者陆续到广汉开展考察，经常有玉石器和陶器碎片出土，偶见青铜。1956年，四川省博物馆王家佑和江甸潮在广汉中

兴乡月亮湾、三星村一带进行遗址调察，在调查报告中分别对"横梁子遗址"和"三星堆遗址"进行了简要介绍。[1] 1963 年，著名人类学家冯汉骥先生指导了两处遗址的考古发掘工作，收获颇丰。[2] 之后二十年间，各种人为因素的影响，对该地区的考古发掘工作时断时续。直到 1980 年，在该地发现了大面积丰富的文化层；1986 年，四川大学考古教研室、四川省考古研究所与广汉共同进行了三星堆史上最大的一次考古发掘，发现了两个大型的祭祀坑，房址、灰坑及各类玉石器、陶用具、陶雕塑品，以及铜戈、铜龙虎尊、铜盘、铜罍、铜立人像、铜神树、金杖……这次发掘不仅将三星堆文化的研究推向了新的高度，也震惊了世界。1987 年，英国《独立报》载："广汉的发现可能是一次出土金属最多的发现，它们的发现可能会使人们对东方艺术重新评价。中国的青铜制造长期就被认为是古代杰出的，而这次发现无论在质量还是数量上都使人们对中国金属制造的认识上升到了一个新的高度。"[3] 2019 年四川省文物考古研究院在三星堆遗址开展考古勘探和发掘工作的过程中又发现了 6 个祭祀坑，并从 2020 年 10 月开始围绕新发现的 6 个祭祀坑开展田野发掘工作。[4]

一、三星堆祭祀坑的发现与青铜器分期

可见记载有关三星堆信息的最早文献是清嘉庆《汉州志》。

---

[1]　参见王家佑、江甸潮：《四川新繁、广汉古遗址调查记》，《考古》1958 年第 8 期。

[2]　参见马继贤：《广汉月亮湾遗址发掘追记》，《南方民族考古（辑刊）》第 5 辑，四川科学技术出版社 1993 年版。

[3]　肖先进：《三星堆古文化、古城、古国遗址发现始末及其重大意义》，收录于宋镇豪、肖先进主编：《殷商文明暨纪念三星堆遗址发现七十周年国际学术研讨会论文集》，社会科学文献出版社 2003 年版，第 15 页。

[4]　参见四川省文物考古研究院、国家文物局考古研究中心与北京大学考古文博学院考古年代学联合实验室：《四川广汉三星堆遗址四号祭祀坑的碳十四年代研究》，《四川文物》2021 年第 2 期。

> 广漠名区，雒城旧壤，连岭矗矗以蔚霞，沱江翩翩而翔雁。其
> 东则涌泉万斛，其西则伴月三星。

《汉州志·形势》

> 三星伴月堆，治西十五里。

《汉州志·山川》

从地形勘探来看，三星堆之名源于其形，是由三个各长数十米、宽
20—30 米、高约 5—8 米，连成一线的土堆组成。20 世纪 80 年代以来，考
古学者在这里先后进行了 14 次正式发掘。1989 年并首次以"三星堆文化"
给遗址命名。[①] 他们发现了运用中国城墙建筑史早期做法建筑的城墙残墙，
经复原，这是一个平面呈南宽北窄形态的古城，东西约 1800 米，南北近
2000 米，城内面积不小于 3.5 平方公里。古城由一道外郭城和若干个内城组
成，城内发现的重要夯土建筑遗迹，以及划分出的祭祀区、居住区、作坊
区、墓葬区等区域的严整布局，都向我们昭示着这里曾经是一个繁荣的，具
有区域中心地位的大型都城遗址。通过碳测年代分析，这座古城的兴建和废
弃时间在公元前 4070 年—公元前 2875 年之间。[②] 三星堆遗址的文化堆积大
致可以分为四个时期：第一期的年代在新石器时代晚期的年代范围内；第二
期的年代大致在夏至商代早期；第三期的年代相当于商代中期或略晚；第四
期的年代约在商代晚期至西周早期。[③]

1986 年暑假，四川大学历史系考古专业在三星堆开展教学实习，对三星
堆遗址有文化堆积的 1000 余平方米的区域进行发掘，并分了三个发掘区，7
月 18 日，在第二发掘区发现一号祭祀坑，经过历时一个月的抢救性发掘，清

---

① 参见四川省文物管理委员会、四川省博物馆、广汉县文化馆:《广汉三星堆遗址》,《考古
学报》1987 年第 2 期。
② 参见林向:《寻找三星堆文化的来龙去脉——成都平原的考古最新发现》,《中华文化论坛》
2001 年第 4 期。
③ 参见陈德安、陈显丹:《广汉三星堆遗址一号祭祀坑发掘简报》,《文物》1987 年第 10 期。

理出金器、铜器、玉器、琥珀、石器、陶器等 420 件，其中铜器 178 件，有人头像、跪坐人像、面具、人面像、龙柱形器、虎形器、龙形饰、戈、瑗、尊、瓿、盘、器盖等。[①] 结束一号坑清理工作的当天，在距一号祭祀坑东南约 30 米处发现二号祭祀坑，随即展开发掘工作，考古工作人员清理出遗物1300件，其中青铜器735件[②]，有立人像、铜头像、人身形牌饰、人面具、兽面具、兽面、眼形饰、眼形器、眼泡、神树、神坛、神殿、太阳形器、礼器、仪仗器等。这些清理出的青铜器物有力地证明了三星堆遗址是公元前 16 世纪至公元前 14 世纪中国青铜文明的重要代表，对研究中国早期国家的形成及宗教意识的发展具有重大学术意义。[③] 2021 年对新发现的四号祭祀坑的碳十四年代测定，其年代也在殷商晚期。[④] 由于新发现的 6 个祭祀坑还没有完整的考古发掘报告，所以本书主要以一号坑和二号坑的考古发现为研究对象。

三星堆两个祭祀坑里的器物主要是用于祭祀，从清理出土的情况看，坑中的器物是在长期的祭祀活动中不断累积在一起的，都属于三星堆文化三期。由于一号祭祀坑中出土的大量器物均属商周考古史上首次发现，无其他材料做年代上的分析比较，研究人员仅能根据器物堆积在坑中的层次，对与商文化圈同类器物近似的器物进行年代分析，判定一号祭祀坑中的青铜瓿、羊尊、龙虎尊、盘等青铜器的年代上限可至二里岗上层一、二期，年代下限为殷墟一期。[⑤] 与一号祭祀坑的情况类似，二号祭祀坑清理出的部分有年代特征的青铜容器的年代上限是殷墟二期的前段，下限是殷墟二期后段。[⑥]

① 参见四川省文物考古研究所编：《三星堆祭祀坑》，文物出版社 1999 年版，第 19、23 页。
② 参见四川省文物考古研究所编：《三星堆祭祀坑》，文物出版社 1999 年版，第 158 页。
③ 参见四川广汉三星堆博物馆、成都金沙遗址博物馆编著：《三星堆与金沙：古蜀文明史上的两次高峰》，四川人民出版社 2010 年版，第 3 页。
④ 参见四川省文物考古研究院、国家文物局考古研究中心与北京大学考古文博学院考古年代学联合实验室：《四川广汉三星堆遗址四号祭祀坑的碳十四年代研究》，《四川文物》2021 年第 2 期。
⑤ 参见四川省文物考古研究所编：《三星堆祭祀坑》，文物出版社 1999 年版，第 433 页。
⑥ 参见四川省文物考古研究所编：《三星堆祭祀坑》，文物出版社 1999 年版，第 430 页。

二、三星堆青铜艺术的创造者

先秦时期的四川盆地已是一个多民族的聚居区，主要居住着巴蜀两大古代民族。古代巴族主要活动在四川盆地东北的丘陵地带，古代蜀族主要居住在盆地西边的平原地带。

> 其地东至鱼复，西至僰道，北接汉中，南极黔涪。
>
> 《华阳国志·巴志》

> 其地东接于巴，南接于越，北与秦分，西奄峨嶓。地称天府，原曰华阳。
>
> 《华阳国志·蜀志》

先秦时期的文献中未见关于蜀国的记载，我们从《蜀王本纪》和《华阳国志》中大致可以获得的信息是：蜀国最早使用禅让制，并先后有蚕丛、柏灌、鱼凫、杜宇、开明等几个氏族为统领，到开明氏之后始天下为家，传位与子。开明氏的第九世孙继承帝位的时候，建立宗庙礼仪，因为受到梦中的指引，将国都迁往成都。

> 开明位号曰丛帝。丛帝生卢帝。卢帝攻秦，至雍。生保子帝。帝攻青衣，雄张獠、僰。九世有开明帝，始立宗庙。……开明王自梦廓移，乃徙治成都。
>
> 《华阳国志·蜀志》

蜀国的国君传位至开明帝的第十二世孙的时候，被秦国所灭，那一年是公元前 316 年。

> 周慎王五年秋，秦大夫张仪、司马错、都尉墨等从石牛道伐蜀。蜀王自于葭萌拒之，败绩。王遯走至武阳，为秦军所害。其傅相及太子退至逢乡，死于白鹿山。开明氏遂亡。凡王蜀十二世。冬

十月，蜀平。

《华阳国志·蜀志》

根据考古发掘所获得的信息，学界将古蜀文化分为先蜀文化和后蜀文化，蚕丛开创的先蜀文化，包括蚕丛、柏灌、鱼凫三代，杜宇开创的后蜀文化包括杜宇、开明两大王朝。先蜀文化相当于考古学上的三星堆文化，后蜀文化相当于考古学上的东周巴蜀文化。在先蜀与后蜀之间有一段文献的空白期，武家璧将这段空白历史称为"'神化'时期"[1]。之所以称之为"神化"，是因为《蜀王本纪》的记载：

三代各数百岁，皆神化不死，其民亦颇随王化去。

《扬雄集校注·蜀王本纪》

据此，先蜀文化的特点是三代的蜀王都受民爱戴，蜀王不死神化而去，民众也随之而去。所谓的"神化"是否就是将宗庙的祭祀用器悉数焚毁、掩埋，我们已不得而知，但是八个祭祀坑中数以千计的精美青铜器、象牙、金器、玉器，却令我们对当时祭祀场景的壮观充满想象。

三、三星堆青铜器的主要形制

三星堆文化遗址两个大型祭祀坑清理出的青铜器数量众多，为我们打开了管窥早期蜀文化内涵的宝库。从考古发掘现场的清理情况分析，三星堆两个祭祀坑内的器物是按照一定的顺序投入坑中的，很多器物在投入坑中之前可能已经在某种祭祀仪式上被故意损坏，还有一部分是在投入坑中的时候因撞击而破损，之后又在坑中经历了火的洗礼，很多青铜器物有烧熔的痕迹，有的青铜人像只有头部，或者只有躯干部……所以很多青铜器物我们可能永

---

[1]　参见武家璧：《古蜀的"神化"与三星堆祭祀坑》，《四川文物》2021 年第 1 期。

远无法了解它最初的形态。有幸的是，经过考古专家复原，令我们有幸能窥见部分青铜器物的全貌，通过这些青铜器物的造型和纹饰，不仅让我们能够领略先秦时期中国西南古蜀文化青铜艺术的成就，进而探讨古蜀人的艺术成就和审美趣味，同时也可以通过它们探究古蜀国的生产技术和社会经济水平，探寻古蜀文化与周边文化交往、交流的痕迹。

依据器物的形态和基本功能，我们将两个祭祀坑出土的文物大致分为四大类：人像类、面具类、容器类、宗教仪式类。

（一）人像类

三星堆遗址祭祀坑清理出土的青铜器物中以各式的青铜人像最为引人注目，最小的青铜人像只有几厘米，最大的却有 260 厘米。一号坑出土青铜人像 14 件，二号坑出土 52 件，这些人像有立人像、人头像和跪坐人像等。

1. 全身像

三星堆遗址出土青铜人像，经复原后为立人像的数目不多，但是却件件精美，多采用圆雕的铸造手法，其中最精致的一尊当属二号祭祀坑出土的大型立人像（见图 10-1[①]）。虽然出土时已经被从腰部斩断成两截，下方底座也残损，但是经复原令我们能一睹芳容。该立人像通高 260.8 厘米，重 180多公斤，由人像和底座两部分组成。头戴饰有兽面纹的花状高冠，粗眉直目，阔嘴高鼻，嘴角下勾，方颐大耳，耳下各有一孔，神情中充满威严与坚毅。立人像身躯挺拔，手臂粗壮，双臂肘关节端起，双手手腕各戴三个镯，右手腕部抬起，左手腕部下垂，硕大的双手握作环形，手中似乎曾经握着某种柱形物。身穿窄袖半臂式左衽长襟衣，外衣、中衣、内衣层次分明，衣服纹饰繁缛华丽。外衣以龙纹为主，辅以锯齿形冠兽面纹，以及简化的虫纹和回纹；中衣为短衣，未被外衣遮挡的左侧后背可见饰长角大耳龙纹；内衣后

[①] 中国青铜器全集编辑委员会编：《中国青铜器全集 13：巴蜀》，文物出版社 1994 年版，图版第 1 页；中国青铜器全集编辑委员会编：《中国青铜器全集 13：巴蜀》，文物出版社 1994 年版，图版第 3 页。

裾下垂如燕尾，饰有锯齿形冠兽面
纹、虫纹和回纹，与外衣的纹饰相
呼应。跣足，踝部戴三个方形脚镯，
底座由座基、座腿、座台三部分组
成，座基素面无纹，座腿由四个相
连的龙头构成，龙头立目，露齿，
吻部上卷，四龙头相邻两角并合支
撑平面呈方形的座台四角。该人像
采用分段浇铸法嵌铸而成，人像中
空，出土时内存泥芯。① 该立人像
各部分的尺寸分别是：花冠 17.7 厘
米，冠下至足底人高 163.5 厘米，
底座 78.8 厘米。②

A   B

图 10-1 立人像（商晚期）及其部分纹饰

　　如此高大的青铜铸像在商周青铜艺术中是罕见的，这尊立人像的身份一直受到学界瞩目，研究者们多倾向于认为他兼具蜀王与祭司的双重身份，认为陈设在宗庙中的大型立人像，具有神权与王权的双重象征意义。他站立的姿势被认为是一种特定的祭祀动作，有的学者认为他手中环抱的是玉琮③，虽然一同出土的一件小型立人像手握玉琮为其提供了佐证，但是玉琮外方内圆的造型与他双手中空的圆弧形态不能契合，使得这一观点还是存在不能自圆其说的一面，也有的学者认为手中环抱的是权杖，或者是象牙……具体是什么，恐还需交由学界继续去考证。

2. 人头像

　　三星堆两个祭祀坑出土的人头像相对数量较多，一号坑出土 13 件，二

① 参见四川省文物考古研究所编：《三星堆祭祀坑》，文物出版社 1999 年版，第 162 页。
② 参见四川省文物管理委员会、四川省文物考古研究所、广汉市文化局、文管所：《广汉三星堆遗址二号祭祀坑发掘简报》，《文物》1989 年第 5 期。
③ 参见沈仲常：《三星堆二号祭祀坑青铜立人像初记》，《文物》1987 年第 10 期。

A   B

图 10-2　平头顶人头像（商中期）正面及背面

A   B

图 10-3　圆头顶人头像（商晚期）正面及背面

号坑出土 44 件，最小的通高 17.6 厘米，最大的 51.6 厘米。[1] 这些人头像从头顶形态上可分为三种类型：平头顶、圆头顶和戴冠顶。

（1）平头顶。平头顶的人头像（见图 10-2[2]）多为顶盖与颅腔分铸，也有个别是在颅顶中部留宽度约为 6—7 厘米的孔，颅腔铸好后再用铜液封住。这些头像的面部造型较为程式化，粗眉立目，高鼻阔口，方颐大耳，耳饰云雷纹，耳垂有孔，面部神态温和。平头顶人头像数量是三个类型中最多的，且多为编发式，头发在脑后编结为辫，垂于身后，类似清代男子的辫子。还有一种则是在头顶戴饰有回纹的平顶冠。

---

[1]　参见四川省文物考古研究所编：《三星堆祭祀坑》，文物出版社 1999 年版，第 23—26 页、第 162—182 页。

[2]　中国青铜器全集编辑委员会编：《中国青铜器全集 13：巴蜀》，文物出版社 1994 年版，图版第 10 页；中国青铜器全集编辑委员会编：《中国青铜器全集 13：巴蜀》，文物出版社 1994 年版，图版第 11 页。

（2）圆头顶。圆头顶的人头像（见图10-3①）多用浑铸法铸造，形体较大，头顶圆润，五官和神态与平头顶差别不大，比较有特色的是它们的发式，有的脑后有一个补铸上的类似蝴蝶结的发饰，有的头发向后梳成椎髻。

（3）戴冠顶。戴冠顶的人头像（见图10-4②）的头顶盖和颅腔分别铸造，戴发辫状帽。五官与神态与其他两类无异。较为特殊的是一号祭祀坑出土的3件，头顶呈子口状，判断可能曾经与头顶戴着的头冠和头饰为子母口套合。

值得一提的是，二号祭祀坑出土人头像中有4件戴有金面罩，戴金面罩平头顶的人头像（见图10-5③）和戴金面罩圆头顶的人头像（见图10-6④）各2件。面罩以纯金皮捶拓而成，上端与额齐，下部包住颌部，

图10-4　戴冠顶人头像（商晚期）

两侧穿过耳部，双眉、双眼、双耳垂穿孔、镂空，并以生漆混合黏土作为黏合剂将面罩覆于头像面部。三星堆遗址青铜人头像的铸造技术高超，人物造型形式多样，装扮各异，写实中含有夸张，统一中不乏个性。

---

① 中国青铜器全集编辑委员会编：《中国青铜器全集13：巴蜀》，文物出版社1994年版，图版第15页；中国青铜器全集编辑委员会编：《中国青铜器全集13：巴蜀》，文物出版社1994年版，图版第14页。

② 中国青铜器全集编辑委员会编：《中国青铜器全集13：巴蜀》，文物出版社1994年版，图版第16页。

③ 中国青铜器全集编辑委员会编：《中国青铜器全集13：巴蜀》，文物出版社1994年版，图版第18页。

④ 中国青铜器全集编辑委员会编：《中国青铜器全集13：巴蜀》，文物出版社1994年版，图版第21页。

图 10-5　戴金面罩平头顶人头像（商晚期）　图 10-6　戴金面罩圆头顶人头像（商晚期）

3. 跪坐人像

　　一号坑出土跪坐人像 1 件，二号坑出土小型跪坐像 4 件，多呈单膝跪地或双膝跪地的形态，一号坑出土的小跪坐人像（见图 10-7①），以圆雕的手法铸造而成，通高 14.6 厘米，宽 8.2 厘米，头发从前往后梳，再向前卷成高髻。人像神态严肃，粗眉大眼，双眼瞪视前方，眼珠外凸，张嘴露齿，方颐硕耳，耳上饰云纹，耳垂有孔，颈部粗短。身着右衽长袖衣，以带束腰，穿"犊鼻裤"，一端系于腰前，另一端系在背后腰带下方。双膝跪地，双手置于膝盖上，手腕各戴二镯，双足套袜置于臀下，前脚

图 10-7　跪坐人像（商中期）

---

① 四川省文物考古研究院、三星堆博物馆、三星堆研究院编：《三星堆出土文物全纪录·青铜器》，天地出版社 2009 年版，第 53 页。

掌着地。有意思的是，两个祭祀坑出土的小型跪坐人像的大小、形态非常相近，人物面部造型略有不同，姿态单膝跪地或双膝跪地，但它们的姿态似乎都在表达他的恭敬与敬畏，与高大的立人像形成了鲜明的对比。

（二）面具类

三星堆遗址出土的面具类青铜器分人面具（像）和兽面具两类。

1. 人面具

人面具共 22 件，其中 1 号坑出土 2 件，1 件为人面具，1 件为人面像。人面具高 14.9 厘米，正面为方形，断面为"U"形，面部形象特征与人头像相似，风格写实，刀眉大眼，三角形棱鼻，阔口紧闭，嘴角下勾，云雷纹竖耳，耳垂穿孔，面具后缘上下拐角处各有一个穿孔。①

图 10-8 人面具（商晚期）

二号坑出土 20 件，14 件完整，6 件残损不可复原。面具的两侧上下均有在铸造完成后凿出的方形穿孔，有的面具前额正中也凿有方穿孔。錾凿这些方形穿孔的目的可能是为了在面具上安装附件，或者是为了方便固定在神像上。相较于一号坑出土的人面具和人面像，二号坑的人物形态更显夸张，人面具（见图 10-8②）都有着三星堆文化青铜人像所特有的刀形粗眉，杏状大眼，鼻梁高挺，阔嘴紧闭，最大的 1 件高 40.3 厘米，宽 60.5 厘米，厚 0.6厘米。③

三星堆遗址二号祭祀坑还出土了三件造型基本相同的青铜纵目人面具，

---

① 参见四川省文物考古研究所编：《三星堆祭祀坑》，文物出版社 1999 年版，第 33 页。
② 四川省文物考古研究所编：《三星堆祭祀坑》，文物出版社 1999 年版，第 551 页。
③ 参见四川省文物考古研究所编：《三星堆祭祀坑》，文物出版社 1999 年版，第 188 页。

图 10-9　戴冠纵目面具（商晚期）

两小一大，它们面部的基本形态与其他人面具相近，所不同的是它们的眼睛和耳朵采用嵌铸法铸造，眼球呈圆筒状向外伸出，方颐，刀眉，眉眼描绘黑色，高鼻梁，鹰钩鼻，阔嘴，舌尖外露，唇齿间涂有朱砂，下巴向前伸出，大大的兽耳向两侧伸展。三件纵目人面具仅一件小型的保存完整，通常称之为"戴冠纵目面具"（见图 10-9①），它通高 82.5 厘米，宽 77.4 厘米，前额正中有一方形穿孔，孔中补铸了高 68.1

厘米的夔龙形额饰，夔龙的头部抵在人面具的鼻梁处，龙身垂直向上举起，龙尾内卷。这三件青铜人面具也被称作"铜兽面具"。"纵目"形态青铜面具的出土，对《蜀王本纪》中"有蜀侯蚕丛，其目纵"的解释从抽象转为具象，陈显丹认为"纵目人面具"是神话传说中千里眼和顺风耳的综合体②；范小平认为纵目青铜人面具是神、鬼、人的集合体，与古蜀族群的图腾可能有着密切的联系③。

2.兽面具（像）

除人面具外，二号祭祀坑还出土了青铜兽面具 9 件。这些兽面具（见图 10-10④）大小不等，最大的 1 件宽 39 厘米，高 21.6 厘米，最小的一件宽

① 河北博物院、四川广汉三星堆博物馆、成都金沙遗址博物馆编：《神秘古蜀：三星堆和金沙遗址出土文物》，北京联合出版公司 2017 年版，第 8 页。

② 参见陈显丹：《神奇的青铜纵目面像》，《广汉信息报》1988 年 2 月 16 日第三版。

③ 参见范小平：《广汉商代纵目青铜面像研究》，《四川文物》1989 年第 S1 期。

④ 中国青铜器全集编辑委员会编：《中国青铜器全集 13：巴蜀》，文物出版社 1994 年版，图版第 36 页。

27.8 厘米，高 12.3 厘米。器形呈薄片状，厚度均为 0.2 厘米，以浅浮雕的手法铸造而成。上有如夔龙纹左右伸展的双角，方彝宽颔，侧立的杏仁状大眼，内外眼角刻画明确，阔嘴中露出两排整齐的牙齿，有的面具下方还有一对小型夔龙承托，有的兽面具的眉毛、眼睛和嘴巴还被施以黑彩，显得既夸张又神

图 10-10　兽面具（商晚期）

秘。从面具两侧留下的穿孔判断可能是祭祀活动中巫师佩戴的面具，或在祭祀活动中悬挂的装饰物。

（三）容器类

与殷墟出土大量的青铜容器不同，三星堆出土的青铜容器的数量屈指可数。一号坑的青铜容器在出土时均为残破状[1]，经复原，现可见龙虎尊（见图 10-11[2]）1 件，喇叭口外侈，束颈，颈部有三圈凸弦纹，折肩，逐渐向下，底部内收，平底，外撇高圈足。尊的肩部以目云纹为地，上铸三个半圆雕向外探出的龙头，龙眼圆瞪，柱状角。龙头下以扉棱将器腹纹饰分为三组，每组均在两扉棱中间折肩略靠下的位置以高浮雕的虎噬人为饰。圈足分为上下两个部分，每个部分都以扉棱分为三组，上半部分装饰凸弦纹，下半部分以兽面纹为饰。[3] 剩下的残片中，专家分析有羊首牺尊、瓶、盘、器盖等，具备复原条件者少。二号坑出土时，青铜容器中仅 1 件四羊首兽面纹罍（见图 10-12[4]）是完整的，该罍通高 34 厘米，口径 21 厘米，肩径 28 厘

[1]　参见陈德安、陈显丹：《广汉三星堆遗址一号祭祀坑发掘简报》，《文物》1987 年第 10 期。

[2]　中国青铜器全集编辑委员会编：《中国青铜器全集 13：巴蜀》，文物出版社 1994 年版，图版第 78 页。

[3]　参见四川省文物考古研究所编：《三星堆祭祀坑》，文物出版社 1999 年版，第 33 页。

[4]　中国青铜器全集编辑委员会编：《中国青铜器全集 13：巴蜀》，文物出版社 1994 年版，图版第 59 页。

米，方唇，窄沿，口微敞，短颈，折肩，深直腹，矮圈足，肩上立四个圆雕羊首，羊角外卷，叠颈饰以四道凸弦纹，肩部饰夔纹，腹部饰兽面纹，器表曾涂有朱砂。① 依据出土的青铜残片的情况和部分可复原的器形推断，二号坑出土的青铜器器形主要包括圆尊、方尊、圆罍、方罍等。虽然这些器物大多呈残缺状，但是我们还是能够从器物的形制和纹饰中感受到殷墟青铜文化对古蜀青铜文化的影响。朱凤瀚先生在《中国青铜器综论》中将三星堆两个祭祀坑出土的青铜器归为三类，第一类是基本上可归属于殷墟青铜器系统的容器，第二类是在殷墟系统铜器形制基础上加以改造的青铜容器，第三类是具有鲜明地域特征的铸造品。② 暂且不去讨论朱先生的这一分类方法是否适用于三星堆文化的青铜器，他依据两个坑出土和复原的容器的形制和纹饰，将它们与殷墟出土的同类器物进行比较，作出推断：一号坑的年代早于二号坑，相当于殷墟文化一期偏晚或二期偏早，二号坑的年代约在殷墟二期偏晚。③ 这一推断是我们研究三星堆文化相关年代信息的重要参照。

图 10-11　龙虎尊（商中期）　　图 10-12　四羊首兽面纹罍（商晚期）

---

① 参见四川省文物管理委员会、四川省文物考古研究所、广汉市文化局、文管所：《广汉三星堆遗址二号祭祀坑发掘简报》，《文物》1989 年第 5 期。
② 参见朱凤瀚：《中国青铜器综论》中册，上海古籍出版社 2009 年版，第 1162 页。
③ 参见朱凤瀚：《中国青铜器综论》中册，上海古籍出版社 2009 年版，第 1164 页。

（四）宗教仪式类

除了上述的青铜人像、容器外，两个祭祀坑还出土了大量用于宗教仪式的青铜祭器，特别是二号坑出土的神殿、祭坛、神树等，更是在向我们描绘三千多年前古蜀人祭祀活动的神圣与繁琐。

1. 礼制性建筑

三星堆文化遗址遗留给我们的建筑痕迹只有人工夯土的城墙遗迹，我们无法全面了解古蜀建筑文化的面貌，二号坑出土的青铜神坛、神殿的残件些许弥补了我们的遗憾。二号坑出土 3 件青铜神坛，均残破得无法复原。但是其中有 1 件虽然一半熔于大火，一半烧得变形，却仍能通过仅剩的部分得知其基本形制（见图 10-13[①]）。整器由兽形座、祭者层、神山层座和神殿四个部分构成。两只怪兽组成的兽形座设置于圈足之上，

图 10-13　神坛残件（商晚期）

怪兽以其角与翅承载着上方的祭者层的方形底座。四个圆雕的祭者面向外侧各自站在底座的一角，祭者身着短袖对襟衫，双手环握一藤状枝条于胸前，它们头顶戴的帽子从四角支撑着神山层，神山层由四面山连接而成，山上饰有兽面纹、窃曲纹等。神山层上面就是盝顶神殿。神殿四面的中间部分镂空，内铸一排大小相等、造型一样的跪坐人像，神殿正中铸有一个人首鸟身像。这个神坛描绘的是一个完整的祭祀场面。李复华、王家祐认为这件神坛与楚帛画的天、人、地相类同，可以被视为是中国"天人合一"

---

① 四川省文物考古研究院、三星堆博物馆、三星堆研究院编：《三星堆出土文物全纪录·青铜器》，天地出版社 2009 年版，第 246 页。

的根源。①

2. 神树

三星堆遗址二号祭祀坑出土神树 6 件，2 大 4 小②。这些神树在入坑之前都被毁坏，经过复原，最高的一棵通高 396 厘米，树干残高 359 厘米。这棵树由底座、树身和飞龙三个部分组成。底座是一个直径 92.4—93.5 厘米的青铜圜（见图 10-14③），三叉状的支架如一座神山从铜圜的四周向中间拱起支撑着树干，铜圜和支架上以云纹装饰，树干由下至上伸展出三层树枝，每层都有三个树枝，每枝又在中部分枝，分枝后长枝弯曲向上，短枝伸展向上，两枝头各绽开一花朵，花朵各有一桃形果实，花托则装饰以炯纹圆环，向上的短枝均有一鸟立于果实之上（见图 10-15④），鸟头朝向外侧，鹰嘴勾喙，喙尖有穿孔，尾上翘，尾羽镂饰。树干的一侧嵌铸一飞龙，龙尾残断，龙身呈波状蜿蜒在树干上，龙项后有一短翅，龙胸、腹、尾分别

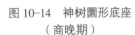

图 10-14　神树圜形底座
（商晚期）

图 10-15　神树立鸟
（商晚期）

---

① 参见李复华、王家祐：《三星堆宗教内涵试探》，收录于宋镇豪、肖先进主编：《殷商文明暨纪念三星堆遗址发现七十周年国际学术研讨会论文集》，社会科学文献出版社 2003 年版，第 62 页。

② 参见四川省文物考古研究所编：《三星堆祭祀坑》，文物出版社 1999 年版，第 214、219 页。

③ 中国青铜器全集编辑委员会编：《中国青铜器全集 13：巴蜀》，文物出版社 1994 年版，图版第 37 页。

④ 中国青铜器全集编辑委员会编：《中国青铜器全集 13：巴蜀》，文物出版社 1994 年版，图版第 41 页。

有一钉与树干相连。

树崇拜是人类早期最为常见的自然崇拜之一。"这在人类思维的那一阶段上显得特别清楚，当时人们看待单个的树木像看待有意识的个人，并且作为后者，对它表示崇拜并奉献供品。"[①] 从三星堆遗址出土的多件神树，我们不难看出树在古蜀人信仰体系中所具有的重要地位。

> 建木在都广，众帝所自上下，日中无景，呼之无向，盖天地之中也。
>
> 　　　　　　　　　　　　　　　　　　　　《淮南子·地形训》

都广即今天的成都，而建木就是天地的中轴。《山海经》在描写东方扶桑树的时候写道：

> 居水中，有大木，九日居下枝，一日居上枝。
>
> 　　　　　　　　　　　　　　　　　　　　《山海经·海内东经》

说的是一棵高大的扶桑树上有十个太阳，九个在树的下枝休息，一个停在树的上枝。再结合神树上的飞龙、神鸟、炯形纹饰、山形底座、云纹等，我们不难推断神树是古蜀人沟通天地人神的重要媒介。

四、三星堆青铜器的艺术特色

三星堆青铜器是先秦时期古蜀人的艺术创制，这些被大火洗礼过的铜器带着破裂的伤痕，带着烟熏火燎后的炭屑灰烬深埋地下三千年，三千年的沉睡并没有磨灭它们应有的光辉。三星堆文化青铜器除了少量青铜容器、礼器的器形与殷墟文化同类器物相近外，大部分的青铜器物如青铜人像、铜面

---

① ［英］爱德华·泰勒：《原始文化：神话、哲学、宗教、语言、艺术和习俗发展之研究》，连树声译，广西师范大学出版社 2005 年版，第 573 页。

具、神树、神殿等都属国内青铜时代考古首次发现，这些神人共生的人物形象，写实与夸张并存的动植物造型，具有典型的地域性特征，代表着古蜀文化所特有的文化性质，反映了先秦时期蜀地独特的宗教信仰和审美意识，与中原的青铜文明迥然有异。

（一）以宗教礼制为核心

因为三星堆文化遗址出土的青铜器几乎全出于两个祭祀坑，其他发掘地层极少见青铜器物，所以对于三星堆青铜艺术的研究，我们主要聚焦于两个祭祀坑。这些青铜器物主要以宗教祭祀、礼仪用器为主，很少见到生产、生活实用器物，这表明原始宗教活动在古蜀文化中占有极其重要的地位。三星堆文化青铜艺术以人像、面具、神树、太阳、禽鸟等为主体，运用写实与夸张相结合的艺术表现手法，与同时期以礼器和兵器为主体、以神秘狞厉的动物纹为装饰的殷商青铜艺术截然不同。三星堆文化大规模的青铜人像造型是青铜时代独树一帜的艺术现象，是特定于三星堆文化独有的政治、经济、文化、信仰而生发的艺术创造，林向认为"三星堆祭祀坑出土的人物造型艺术作品全部是对宗教信仰的诠释"[①] 的观点是具有普适性的，不仅仅局限于人物造型的青铜器，祭祀坑出土的所有器物几乎都是对宗教信仰的诠释，它们所蕴含的文化特质构成了古蜀文化特有的原始宗教体系，以"神树"崇拜为代表的自然崇拜，以"鸟"崇拜为代表的图腾崇拜，以"纵目"为代表的祖先崇拜，以及程式化、缺乏性格、偶像符号化的人像群，描绘祭祀活动的神坛和神殿等，"以自然崇拜、图腾崇拜、祖先崇拜为基本内容，以巫祭集团贯穿起各种宗教活动，构成了三星堆时期精神文化的基本框架"[②]。三星堆青铜器不仅具有神秘的宗教内涵，也生动地呈现出古蜀人的泛神观念和信仰的多重，也表明古蜀王国是一个拥有复杂宗教礼制和神权色彩浓郁的早期国家。

---

① 林向：《三星堆青铜艺术的人物造型研究》，《中华文化论坛》2000 年第 3 期。

② 赵殿增：《三星堆文明原始宗教的构架特征》，《中华文化论坛》1998 年第 1 期。

（二）以"纵目"形象为特征

三星堆青铜人像和面具中的眼睛都颇为夸张，相较于耳、鼻、嘴而言，眼睛的夸张程度异乎寻常，有的眼珠甚至如柱状突出眼眶，而且二号祭祀坑还出土了5件青铜眼形饰，71件眼形器，33件眼泡，这些都表明古蜀人对眼睛有着特殊的情感关注。殷墟甲骨文中的"蜀"字上面是一只大大的眼睛，下面是卷曲着身子的爬行动物。西周早期的班簋铭文中的蜀写作"𧓃"。说文解字中对于蜀的解释是：

蜀，葵中蚕也，从虫。

《说文解字》

一直以来人们认为蚕与蜀人有着密切的联系，《蜀王本纪》和《华阳国志》记载蚕丛是最初的蜀王。

蜀王之先，名蚕丛。

《扬雄集校注·蜀王本纪》

周失纲纪，蜀先称王。有蜀侯蚕丛，其目纵，始称王。死作石棺石椁，国人从之，故俗以石棺椁为纵目人冢也。

《华阳国志·蜀志》

而"蜀"字上面的"四"正是横着的"目"，也格外地突出了眼睛的意象。"从巫文化的角度理解，古蜀人崇拜眼睛的文化心理，当也与认为巫师的眼睛具有能见神鬼幽明的神奇功能这一观念有密切关系。"[1] 范小平结合《山海经》《华阳国志》《路史》《邛崃县志》等古代文献，考察了巴蜀古史和古蜀神话，认为纵目的形象表现的是神、鬼、人的集合体，它可能是烛龙、袄、蚕丛等神、始祖、人鬼、先王的图腾，这些"纵目人"是一类"被神

---

[1] 三星堆博物馆编：《三星堆：古蜀王国的神秘面具》，五洲传播出版社2005年版，第52页。

话"了的事物的集合体。①

第二节　北部区域——鄂尔多斯式青铜艺术

"中国北方地区长城沿线青铜文化带西起陇山向东至鄂尔多斯高原，再向东到桑干河河谷至燕山。这是一个位于中原农业文化以北，其自然环境、经济类型、生活方式和价值观念都有着自身特点的地区。"② 在这里，长城不仅仅是具有军事作用的屏障，它也是中原的农业文化与北方的游牧文化的分界线，在长城以北地区出土的先秦时期的青铜器物在考古学上一般称为"北方系青铜器"，之所以被冠之"北方系"，是因为这一区域的青铜器物在形制、功能、纹样、铭文等方面都与中原地区有着显著区别。林沄先生认为北方系青铜器是一个多源而多分支的复杂综合体，对中原青铜器产生重大影响。③ 在考古发掘过程中发现，北方系青铜器分布的区域很广，因其在鄂尔多斯及其临近地区发现数量最多，所以也被称为"鄂尔多斯青铜器"或"鄂尔多斯式青铜器"，这个称谓相较于地理方位明确的"北方系"具有更强的文化特征指示性。

鄂尔多（Ordo），也称"斡耳朵"，在蒙古语中是指"宫帐"，鄂尔多斯（Ordos）是复数形式，即很多宫帐。大约从唐代开始，生活在北方草原上的突厥人开始把具有"宫殿"性质的大帐称为"斡耳朵"，据史料记载，到蒙古汗国的时候，成吉思汗为自己建有"四大斡耳朵"，出于安全保障的目的，他抽调亲信组成了一支专门守卫"四大斡耳朵"的队伍。成吉思汗去世以后，"四大斡耳朵"成为蒙古草原上的民众祭拜成吉思汗的移动陵寝，

---

① 参见范小平：《广汉商代纵目青铜面像研究》，《四川文物》1989 年第 S1 期。

② 杨建华：《春秋战国时期中国北方文化带的形成》，文物出版社 2004 年版，第 1 页。

③ 参见林沄：《早期北方系青铜器的几个年代问题》，收录于《林沄学术文集》，中国大百科全书出版社 1998 年版，第 289 页。

而守卫"四大斡耳朵"的队伍接受祖训，世代相传，逐渐发展成一个蒙古族部落。由于部落的使命就是保护"四大斡耳朵"，所以这个部落被称为"斡耳朵"。这个部落大约从明代天顺年间就居住在黄河"几"字弯的怀抱里，于是这片位于黄土高原最北端的水草丰美的地方就被称为了"鄂尔多斯"，按照现代地理学的定义，这里的海拔在1100—1500米之间，所以也被称为"鄂尔多斯高原"。

鄂尔多斯是一片有着悠远历史的富饶之地。自19世纪末开始，考古学家在鄂尔多斯地区陆续发现了包括古生代的三叶虫化石、中生代鱼类化石、侏罗纪和白垩纪的恐龙化石、鸟类化石、鱼类化石、新生代哺乳动物化石等在内的早期生物遗迹。1922年，法国古生物学家桑志华（E.Licent）和德日进（P.Teilhare de Chardin）在这里发现一颗古人类牙齿，这是中国乃至亚洲发现的第一件有准确出土地点和地层记录的古人类化石，也是第一批有可靠年代学依据的旧石器时代古人类遗存。国际学术界称其为"鄂尔多斯人"，国内学术界称其为"河套人"。也是从19世纪末开始，鄂尔多斯地区先后出土一大批以动物纹样为主要装饰母题的青铜器及金银制品，这一类具有典型区域性特征的古人类文化遗存分布的区域很广，在我国北方长城沿线的区域内均有发现，以鄂尔多斯地区最多，也最为集中，这就是"鄂尔多斯式青铜器"命名的由来。这里需要说明一点，学界所称的"鄂尔多斯式青铜器"是包括部分金银制品的，在本书中我们暂不将其中的金银器纳入研究范畴。

一、鄂尔多斯式青铜器的起源及分期

20世纪70年代以前，学界关于鄂尔多斯式青铜器的起源的主要观点有：日本学者江上波夫和水野清一认为鄂尔多斯式青铜器（他们称其为"绥远青铜器"，因为鄂尔多斯地区在20世纪50年代前归属绥远省）的时间上限在公元前500年前后，相当于米努辛斯克盆地卡拉索克文化的后半期，是受到米努辛斯克文化影响发展而来的[①]；美国学者 A. 萨尔莫尼认为鄂尔多斯式青铜器独特艺术风格的形成是因为塞种人的最东支月氏部落在公元前 1000 年中叶向中央亚迁徙，受斯基泰——西伯利亚野兽纹风格的影响而形成[②]；苏联学者 A. П. 奥克拉德尼克夫认为鄂尔多斯式青铜器的艺术风格的创造者是欧亚大陆的草原部落，其中主要是斯基泰人[③]。自 1974 年开始，我国考古工作者在内蒙古伊克昭盟（现鄂尔多斯市）伊金霍洛旗纳林塔乡朱开沟遗址进行了系列考古发掘工作，随着相关研究的有序推进，鄂尔多斯式青铜器的起源及其发展序列逐渐清晰，他们提出了鄂尔多斯式青铜器起源于鄂尔多斯及邻近地区，有其自身的发生、发展过程的观点[④]，并逐渐得到学界认同。

从考古发掘的情况来看，鄂尔多斯式青铜器是先秦时期北方草原文化的产物，分布的区域较为广泛，其年代上限大致相当于夏中期；商代晚期以后，其影响的地区逐渐向东、向北扩散；战国晚期逐渐向西、向北传播；到两汉时期，其流传的范围包括今天的蒙古国和俄罗斯的西伯利亚地区。

学界将鄂尔多斯式青铜器的发展演变大致分为三个时期，即青铜器时代、早期铁器时代和铁器时代。青铜器时代指夏中期到春秋时期，是鄂尔多斯式青铜器从滥觞到成熟演进的时期；早期铁器时期是指战国时期，鄂尔多斯式青铜器开始向铁器过渡；铁器时期是指西汉时期，这一时期鄂尔多斯式青铜器已大多被铁器所替代。

先秦时期的鄂尔多斯式青铜器主要包括青铜器时代和早期铁器时代的青铜器。相当于商晚期的鄂尔多斯式青铜器主要出土于鄂尔多斯、山西吕梁地

---

① 参见［日］江上波夫、水野清一：《绥远青铜器》，收录于《内蒙古·长城地带》，《东方考古学丛刊》乙种（第一册），新时代社株式会社 1971 年复刻版。

② 转引自田广金、郭素新：《鄂尔多斯式青铜器》，文物出版社 1986 年版，第 191 页。原文 A. 萨尔莫尼：《米努辛斯克青铜器饰牌》，《美术报道》，巴黎，第 19 卷。

③ 转引自田广金、郭素新：《鄂尔多斯式青铜器》，文物出版社 1986 年版，第 192 页。原文 A. П. 奥克拉德尼克夫：《西伯利亚考古学——昨天、今天和明天》，《苏联历史问题》1968 年第 5 期。

④ 参见田广金、郭素新：《鄂尔多斯式青铜器》，文物出版社 1986 年版，第 195 页。

区和陕西北部地区；相当于西周至春秋时期的鄂尔多斯式青铜器主要出土集中于鄂尔多斯地区，北京昌平、延庆，内蒙古东部亦有发现；春秋末期至战国时期的鄂尔多斯式青铜器主要发现于内蒙古西部、陕西北部和宁夏固原和河北北部，仍以鄂尔多斯地区为最。①

二、鄂尔多斯式青铜艺术的创造者

鄂尔多斯式青铜器主要分布在我国的长城以北沿线，先秦时期在这一区域活动的古代部族较多，周边的少数民族就分别被冠以"北狄、西戎、东夷、南蛮"作为称谓，最早见于《墨子》。

> 昔者尧北教乎八狄，……舜西教乎七戎，……禹东教乎九夷。
>
> 《墨子·节葬》

《史记》中的记述与《墨子》不同，但对于周边族群的称谓相同。

> 于是舜归而言于帝，请流共工于幽陵，以变北狄；放驩兜于崇山，以变南蛮；迁三苗于三危，以变西戎；殛鲧于羽山，以变东夷。四罪而天下咸服。
>
> 《史记·五帝本纪》

西戎和北狄都不是某一个部族的名称，而是对西北部游牧部族的统称，史书中记载的"戎"有山戎、犬戎等，"狄"有赤狄、白狄等。按太史公的记载，当时的戎狄部族有百余。

> 各分散居豀谷，自有君长，往往而聚者百有余戎，然莫能相一。
>
> 《史记·匈奴列传》

---

① 参见田广金、郭素新：《鄂尔多斯式青铜器》，文物出版社1986年版，第187—188页。

许倬云将早期中国族群分为中原族群和边缘族群，而戎狄属于边缘族群，他强调"戎狄所在，属草原上文化"[①]。钱穆先生认为戎狄与华夏族的不同在于生活方式："惟其为耕稼的社会，故有城郭、宫室、宗庙、社稷、衣冠、礼乐、车马、货贿次，此则为诸夏。惟其为游牧的社会，故无上述城郭、宫室诸文物，而饮食、衣服种种与诸夏异，而成其为蛮夷戎狄。"[②] 在华夏各族建立的强大诸侯政权你争我夺的过程中，活动在大漠南北、黄河流域的众多戎、狄部族，有的在与华夏各族的交流交往过程中时战时和，逐渐与华夏各族融合，有的迁往塞北大漠，有的逐渐强大，在史书上留名，如林胡、楼烦……战国后期，随着中原华夏族群的不断整合，为了和南方的华夏族抗衡，北方的戎狄部族逐渐开始整合，形成了一个复杂的族群共同体——匈奴。

> 匈奴之类，总谓之北狄。匈奴地南接燕赵，北暨沙漠，东连九夷，西距六戎。世世自相君臣，不禀中国正朔。夏曰薰鬻，殷曰鬼方，周曰猃狁，汉曰匈奴。
>
> 《晋书·四夷列传》

田广金、郭素新通过考证，发现商周至春秋时期晋国西北部、陕北高原和鄂尔多斯地区的戎、狄部族活动区域与同时期鄂尔多斯式青铜器的分布中心区大致吻合，推断青铜时代的鄂尔多斯式青铜器应为狄人的先期文化和狄人文化；太行山北麓春秋末期至战国晚期的文化遗迹应属于狄人文化，包括毛庆沟早期文化和林格尔范家窑子的遗物；晋北至晋西战国晚期的毛庆沟晚期文化应与楼烦有关；沿秦、赵长城一线的战国晚期鄂尔多斯式青铜器可能是林胡遗物，因为这一时期林胡已被称为匈奴，这些战国晚期遗物也可称为匈奴文化。[③]

---

① 许倬云：《西周史（增补二版）》，生活·读书·新知三联书店 2018 年版，第 145 页。

② 钱穆：《国史大纲》，商务印书馆 2015 年版，第 57 页。

③ 参见田广金、郭素新：《鄂尔多斯式青铜器》，文物出版社 1986 年版，第 197—199 页。

三、鄂尔多斯式青铜器的主要形制

鄂尔多斯式青铜器具有典型的草原游牧民族文化风貌，器物的形制由游牧民族"逐水草而居"的生产生活方式所决定，多是便于携带的小型器物，主要形制可大致归纳为兵器、工具、生活用具、车马器和装饰性器物等几大类。

（一）兵器

鄂尔多斯式青铜器中最具特色的是兵器，彰显着草原游牧民族善骑射的优越。

> 儿能骑羊，引弓射鸟鼠；少长则射狐兔；用为食。士力能弯弓，尽为甲骑。其俗，宽则随畜，因射猎禽兽为生业，急则人习战攻以侵伐，其天性也。其长兵则弓矢，短兵则刀铤。利则进，不利则退，不羞遁走。
>
> 　　　　　　　　　　　　　　　　　　　《史记·匈奴列传》

依《史记》的记载，马背上的民族远距离射杀使用弓箭，近距离搏杀使用短剑。

1. 青铜短剑

短剑是鄂尔多斯青铜器中最为常见的兵器，因剑身的形态多呈柳叶形，所以也称为"柳叶剑"，剑的长度普遍在 20—30 厘米，剑身长度在 11—17.8 厘米，剑身宽度在 2—4 厘米[①]。迄今为止，已知年代最久远的鄂尔多斯式青铜短剑是考古学家在朱开沟遗址第五段发现的，该剑剑身近似柳叶形，

---

① 数据来源于田广金、郭素新：《铜剑登记表》，收录于《鄂尔多斯式青铜器》，文物出版社 1986 年版，第 11 页。

厚脊，双面刃，直柄，柄首略呈环状，柄部缠绕麻绳。[1] 专家判断朱开沟类型短剑至迟在公元前 14—前 13 世纪生成于鄂尔多斯地区。[2]

鄂尔多斯式青铜短剑的柄部形态有直柄和曲柄之分，田广金认为，曲柄短剑是柳叶形短剑发展序列中的重要环节[3]。依据鄂尔多斯式青铜短剑剑首的形态，主要可以将其分为四种类型：（1）铃首短剑（见图 10-16[4]）。这类型短剑的剑首作球形镂空状，内置铜丸或石丸。（2）触角式首短剑（见图 10-17[5]）。此类型短剑剑首早期多呈双鸟回首，鸟喙相触的形态，后来

图 10-16　铃首短剑（商晚期）　　图 10-17　双涡纹首短剑（西周晚期至春秋早期）　　图 10-18　环首短剑（商早期）　　图 10-19　羊首曲柄短剑（商晚期）

---

[1] 参见内蒙古自治区文物考古研究所编著：《朱开沟：青铜时代早期遗址发掘报告》，文物出版社，2000 年版，第 235 页。

[2] 参见乌恩岳斯图：《北方草原考古学文化比较研究：青铜时代至早期匈奴时期》，科学出版社 2008 年版，第 19 页。

[3] 参见田广金、郭素新：《鄂尔多斯式青铜器》，文物出版社 1986 年版，第 10 页。

[4] 中国青铜器全集编辑委员会编：《中国青铜器全集 15：北方民族》，文物出版社 1995 年版，图版第 2 页。

[5] 中国青铜器全集编辑委员会编：《中国青铜器全集 15：北方民族》，文物出版社 1995 年版，图版第 4 页。

在此基础上发展出了一系列变形触角样式，如两只对卧的鹿。（3）环首短剑（见图10-18①）。这类型短剑的剑首为一个或两个环形装饰，学界认为这一类型剑首是由触角式首演变而来，由触角式首逐渐演变为双环，进而演变为一环。（4）兽首短剑（见图10-19②）。以圆雕动物作为剑首，造型生动有趣，如双虎戏蛙首青铜短剑、鹿首青铜短剑等。除上述四种常见的类型外，鄂尔多斯式青铜短剑剑首还有蕈首、三角孔形首等形制。

2. 青铜刀

青铜刀是鄂尔多斯式青铜器最为常见的青铜兵器之一，出土数量较多。与朱开沟遗址第五段出土的青铜短剑同时出土铜刀一件，是典型的鄂尔多斯式青铜刀，具有弧背、环首、凸齿等鄂尔多斯式青铜刀的代表性造型元素。鄂尔多斯式青铜刀有的没有刀柄，可能需要接木质柄使用。有柄的青铜刀的通长在7.5厘米—23.2厘米之间③，青铜刀的刀首有铃首、触角式首、环首（见图10-20④）、兽首（见图10-21⑤）、蕈首、三角孔形首等类型，与青铜剑的剑

图10-20 环首刀　图10-21 兽首刀
（商早期）　　 （商晚期）

---

① 中国青铜器全集编辑委员会编：《中国青铜器全集15：北方民族》，文物出版社1995年版，图版第1页。

② 中国青铜器全集编辑委员会编：《中国青铜器全集15：北方民族》，文物出版社1995年版，图版第3页。

③ 数据来源于田广金、郭素新：《铜刀登记表》，收录于《鄂尔多斯式青铜器》，文物出版社1986年版，第27—32页。

④ 中国青铜器全集编辑委员会编：《中国青铜器全集15：北方民族》，文物出版社1995年版，图版第27页。

⑤ 中国青铜器全集编辑委员会编：《中国青铜器全集15：北方民族》，文物出版社1995年版，图版第29页。

首的发展演进序列基本相同，还有一部分没有刀首的青铜刀，刀柄的一端会设钉孔或三角形孔。

相较于青铜剑剑身较为统一的柳叶形造型，青铜刀刀柄和刀身的造型变化相对丰富。青铜刀的刀柄有两种主要类型，一种为扁平状刀柄，这一类青铜刀刀柄和刀刃的比例多在 1∶1 左右，或刃部略长于柄部，刀柄和刀背没有明显的分割线，刀尖多为圆弧状，有的刀柄上装饰有卷云纹、三角折线纹、动物纹、网状纹等。另一种刀柄富于变化，两侧有凸棱，刀柄与刀刃之间的栏部在刃部方向有外突，有的刀尖后翘呈"S"形，有的刀尖异常尖锐，柄部装饰也比前一种类型复杂，有三角折线纹、鸟形纹、绕线纹、虎纹、勾连云纹等纹样，更有镂空、辫纹等复杂的铸造工艺被运用到青铜刀的铸造中。

不论是鄂尔多斯式青铜剑还是青铜刀，在剑首、刀首、刀柄端都设有孔或环钮，应该是为了方便携带而设置的功能体。时至今日，鄂尔多斯草原上的男性牧民在腰间都会佩戴一把短刀。毛庆沟文化遗址 60 号墓出土悬挂在男性墓主人右侧腰间的青铜短剑一把，说明在春秋中早期，甚至更早，草原游牧民族就形成了腰间佩戴短剑、铜刀的习俗，并流传至今。

3. 铜镞

古代的北方戎狄部落都是善于使用弓箭的部族，在长城沿线旧石器时代晚期的文化遗存中出土有大量石质、骨质的箭镞。作为冷兵器时代射程最远且使用最广泛的武器，鄂尔多斯式青铜镞出土数量较多，在朱开沟文化遗址的早商地层中就曾发现过。鄂尔多斯式青铜镞既有受到中原地区影响的形制，也有地域性创制。田广金和郭素新将鄂尔多斯式铜镞分为三类：扁铤镞、有銎镞和圆铤镞，他们认为圆铤镞和中原箭镞形制基本相同，扁铤镞和有銎镞的发展变化规律虽与圆铤镞相同，经历了由双翼向三棱带翼至三棱式发展，进而发展出锋利的三翼式；由中脊不明显，向中脊加厚、镞身剖面呈菱形至三棱形演进，地方特色浓厚，是鄂尔多斯式铜镞的主要型式。[①]

---

① 参见田广金、郭素新：《鄂尔多斯式青铜器》，文物出版社 1986 年版，第 61 页。

（二）工具

鄂尔多斯式青铜器中的青铜工具也以其独具草原风貌的形制彰显着自身独特的文化内涵，常见的有鹤嘴斧、铜锥、棍棒头等。

1. 鹤嘴斧

鹤科鸟类是典型的大型或中型涉禽，嘴长、颈长，腿长是其典型特征，它们栖息于水域附近的沼泽、草地和草原，以满足对食物和营巢的要求。鄂尔多斯式青铜器中的鹤嘴斧就是充分吸取了鹤嘴长而尖，利于凿、啄的特点的仿生学创制。在考古学上，鹤嘴斧曾被称为"鹤嘴锄""鹤嘴镐""铁斗斧"，后来统一称为"鹤嘴斧"，专指北方系青铜器中一种一端稍尖、另一端扁刃、中间有短銎或銎孔、刃线与器柄相平行的器物，因稍尖的一端在形态上与鹤嘴相仿，故而得名。[1]

鹤嘴斧的出土地或采集地主要集中在阴山以南、毛乌素沙漠以北地带和宁夏回族自治区的固原地区，其流行的年代大约在春秋中期到战国晚期。1972 年出土于内蒙古杭锦旗公苏壕 1 号墓的鹤嘴斧（见图 10-22[2]），通长 14 厘米，中间有銎，一端呈扁刃斧状，另一端为鹤嘴形。林沄等学者通过比对商文化青铜器与北方系青铜器的造型特征，认为鹤嘴斧是融合了商末流行的管銎啄戈和管銎战斧两者的基本特征的基础上产生的。[3]孟琦和彭博对管銎啄戈和鹤嘴斧的銎径、銎孔长度、管銎啄戈和鹤嘴斧刃部的宽度等数据

图 10-22　鹤嘴斧（春秋晚期）

---

[1]　参见张文立：《"鹤嘴斧"的类型、年代与起源》，《边疆考古研究（辑刊）》第 2 辑，科学出版社 2004 年版。

[2]　中国青铜器全集编辑委员会编：《中国青铜器全集 15：北方民族》，文物出版社 1995 年版，图版第 47 页。

[3]　参见林沄：《商文化青铜器与北方地区青铜器关系之再研究》，收录于《林沄学术文集》，中国大百科全书出版社 1998 年版，第 274 页。

进行了比对，管銎啄戈通长13—19.8厘米，刃宽2.7—4.4厘米，銎径3—3.4厘米，而鹤嘴斧的嘴斧长度为9—23.5厘米，刃宽1.2—3厘米，銎径0.8—2.9厘米，鹤嘴斧的尺寸总体小于管銎啄戈。通过分析鹤嘴斧的尺寸和柄部的变化，并结合相关考古发掘的资料，他们提出了銎径较大、器身较长的鹤嘴斧安装长柄或短柄可作为武器或工具使用，銎径较小、器身较短的鹤嘴斧安装短柄作为工具使用的观点。① 这也是我们将其归入工具类的主要依据，因为小型鹤嘴斧的数量在已知鹤嘴斧中占比较高。

2. 铜锥

鄂尔多斯式青铜器出土数量较多的还有青铜锥，因数量多，从而彰显其在早期北方戎狄族群日常生活中的重要性。朱开沟文化遗址曾出土有铜锥1件，依与其伴出的其他物件推断其为早商遗物。② 陈振中曾统计过1987年6月以前各省（区）出土先秦铜锥的数量，其中内蒙古出土60件，是所有省（区）中出土铜锥数量最多的，其中早期1件，西周时期5件，春秋（东周）时期52件，战国时期2件。③ 内蒙古文物工作队收藏了出土于鄂尔多斯地区的东周时期铜锥46件，多为有柄铜锥，长度在10厘米以上，按其形制可分为两种：一种为圆形或椭圆形铃首，其风格与铃首铜刀和铃首短剑类似，铃首锥（见图10-23④） 1993年出土于内蒙古宁城小黑石沟，长23.6厘

图10-23　铃首锥（西周晚期至春秋早期）

---

① 参见孟琦、彭博：《鹤嘴斧的功能及相关问题探讨》，《北方文物》2015年第2期。
② 参见田广金、郭素新：《鄂尔多斯式青铜器》，文物出版社1986年版，第49页。
③ 参见陈振中：《先秦的铜锥和铜钻》，《文物》1989年第2期。
④ 中国青铜器全集编辑委员会编：《中国青铜器全集15：北方民族》，文物出版社1995年版，图版第54页。

米，柄端铸成圆球铃状，四周有镂孔，椎体上圆下方，是西周晚期到春秋早期遗存。另一种为夔首，锥体剖面为方形，靠近尖部逐渐变细，尖部成圆锥形，与夔首铜刀和夔首短剑同属西周时期。

3. 棍棒头与流星锤

棍棒头（见图10-24[①]）和流星锤（见图10-25[②]）是流行于我国北方地区狩猎用的典型器物。这是一种扁圆形球体，表面有规则的乳突状凸起的器物，有六棱、八棱和瓜瓣形等几种。中间有圆形銎的是棍棒头，使用时可以安装在棍棒上，用于击打猎物，也可以装短柄系绳投掷以击打猎物。中间没有銎的是流星锤，两个一对，每个锤的表面都有一个环形钮，用以穿绳将彼此连接起来，使用时抛掷出去以击打或羁绊猎物。

图 10-24　棍棒头（春秋晚期）

图 10-25　流星锤（春秋晚期）

学界多认为棍棒头源自新石器时代末期的环状石斧，甘肃武威皇娘娘台齐家文化遗址出土的八瘤式环状石斧[③]和赤峰药王庙夏家店下层文化出土的六瘤式石斧[④]等，都为这一论断提供了佐证。

[①]　鄂尔多斯博物馆编：《鄂尔多斯青铜器》，文物出版社2006年版，第65页。

[②]　鄂尔多斯博物馆编：《鄂尔多斯青铜器》，文物出版社2006年版，第67页。

[③]　参见甘肃省博物馆：《武威皇娘娘台遗址第四次发掘》，《考古学报》1978年第4期。

[④]　参见中国科学院考古研究所内蒙古工作队：《赤峰药王庙：夏家店遗址试掘报告》，《考古学报》1974年第1期。

（三）食器

游牧民族逐水草而居的生产生活方式，以及他们生活的地理环境决定了他们的饮食习惯，也影响着他们使用的食器的形制。鄂尔多斯式青铜器中的食器形制远不及中原地区多样，比较常见的有青铜匙、铜鍑、铜匕等。

1. 青铜匙

青铜匙（见图 10-26[①]）是指椭圆形或蛋圆形的中凹匙头接扁平或圆柱状匙柄的器物，长度在 5.4—12.8 厘米之间，扁平柄的两侧多作锯齿状，圆柱状柄多装饰缠绕纹，柄端有孔或设环状钮。因其与我们今天使用的长柄金属匙的造型十分接近，所以我们推断其是进食器，将其归入食器。但是小型的青铜匙 5.4 厘米、5.8 厘米的长度，明显是不适于进食的，所以有学者认为其可能另有用途[②]。

图 10-26　虎纹柄青铜匙（春秋晚期）

2. 铜鍑

铜鍑（见图 10-27[③]）是先秦时期北方草原游牧民族使用的炊具，随着铁器时代的来临，逐渐被铁鍑替代。铜鍑有大有小，腹径在 20—60 厘米之间，器形与中原地区的圆鼎较为相似。通过对各时期铜鍑器形进行比对，不难发现鄂尔多斯式铜鍑的演进大致经历了：口沿部分由大口——大口微侈——大口稍内收——口内收；耳部由环状扁平——方形耳；器腹由直

---

① 鄂尔多斯博物馆编：《鄂尔多斯青铜器》，文物出版社 2006 年版，第 120 页。
② 参见田广金、郭素新：《鄂尔多斯式青铜器》，文物出版社 1986 年版，第 145 页。
③ 鄂尔多斯博物馆编：《鄂尔多斯青铜器》，文物出版社 2006 年版，第 103 页。

腹——鼓腹——球腹；底部由圜底——平底——高圈足——镂空高圈足的演进过程。

（四）车马器

"驯马史滥觞于新石器晚期的亚洲草原，当时的草原住民为了取得肉乳，遂由猎马逐步发展为畜养马匹。至青铜时代，随着草原人口的不断扩展而形成新的族群，他们出于战争和迁徙的需要，开始将马匹当作交通和战争的工具，马的使用从而有了新的方向。"[1]人类对马驯化也催生了相关器物。早期北方民族对马的驾驭能力应早于公元前六世纪，《史记》中记载赵武灵王胡服骑射，改变服装，学习骑射就是为了防守与燕国、林胡、楼烦、东胡、秦国、韩国的边界。

图 10-27　铜鍑（战国）

> ……今国东有河、薄洛之水，与齐、中山同之，无舟楫之用。自常山以至代、上党，东有燕、东胡之境，而西有楼烦、秦、韩之边，今无骑射之备。……变服骑射，以备燕、三胡、秦、韩之边。……今骑射之备，近可以便上党之形，而远可以报中山之怨。……
>
> 《史记·赵世家》

赵武灵王之所以要胡服骑射，是因为当时戎狄部族善于骑射，给北方边境带来很多困扰。对于游牧民族而言，见于鄂尔多斯地区的先秦时期青铜车马具主要包括：马衔、竿头饰件、车辕饰、铜铃等。

1. 马衔

马衔也称"马嚼头"，是勒在马嘴以便于驾驭马匹的重要工具，骑马

---

① 郭静云：《古代亚洲的驯马、乘马与游战族群》，《中国社会科学》2012 年第 6 期。

图 10-28　马衔（西周晚期至春秋早期）

者可以用装备有马衔的马笼头驾驭烈马或驯服野马。鄂尔多斯式青铜马衔都是两节直棍套接式，每一节直棍的两端各有一个环孔，其中一端将两节直棍套接在一起。从形制的演进看，早期直棍两端环孔的大小差别不大，中间的环孔呈三角形，后逐渐演变成圆形；中间套接的环孔逐渐变小，两端的环孔逐渐变大。这样形制的马衔和中原地区没有区别，在中原地区的流行时间是殷代至战国时期。1963 年出土于内蒙古宁城南山根 101 号墓的马衔（见图 10-28[①]），通长 23.5 厘米，该马衔为两节，中间有双环套联，两端各有一个锚形附件，抓钩向内，中间圆孔与截棍套联，可以转动，顶端铸半圆套环，可以拴绳，该马衔的结构具有典型的北方民族特征。[②]

另外，春秋晚期至战国时期，北方戎狄部族活动区域还流行一种两端大环外侧附有一方形环钮的马衔，这种马衔在中原地区未曾出现，是鄂尔多斯式所特有的形制。

对于青铜马衔的形制是中原地区受北方游牧部族影响，还是北方游牧部族影响了中原地区，迄今没有定论。从出土情况看，殷墟就有青铜马衔出土，长城一线以北出土的年代最早的青铜马衔大概相当于春秋时期，中原地区已知青铜马衔的年代上限早于已知鄂尔多斯式青铜马衔的年代上限，但是从驯化马匹的时间来看，中原地区是晚于北方草原部族的，从当前考古发掘掌握的资料看，从中原地区商周时期流行皮质马衔来看，在青铜马衔出现之

---

① 中国青铜器全集编辑委员会编：《中国青铜器全集 15：北方民族》，文物出版社 1995 年版，图版第 147 页。

② 参见中国青铜器全集编辑委员会：《中国青铜器全集 15：北方民族》，文物出版社 1995 年版，图版说明第 65 页。

前可能存在过其他质地的马衔。那么就有可能马衔的形制由北方游牧部族创制，并传到中原地区，中原地区由于掌握了较为先进的青铜冶铸技术，率先铸造了青铜质地的马衔，并传播到北方草原。

2.竿头饰件

鄂尔多斯式青铜车马器中有数量不少的竿头饰件，这些饰件都是与车零件伴出，这些饰件和车辕饰不同，车辕饰的銎部都在后侧，竿头饰件的銎部则在下端，所以推断其是装饰在车上的物件。这些竿头饰件都由上下两个部分组成，上部是立体圆铸动物形象，下部是銎部，銎孔向下。这些竿头饰件上的动物形象生动，类型多样，有长喙引项的鹤头，有大耳圆眼的立鹿，有昂首伫立的羚羊，有蹲踞曲卧的马匹，有瞪目凶恶的狼头，还有兽首、狻猊、刺猬等，将北方草原常见的动物形象铸造成装饰车辆的饰件，表现出北方草原游牧民族对大自然的热爱，渴望与草原上的

图 10-29　羚羊形竿头饰件
（战国晚期）

生物和谐共生的自然观念与生命观。羚羊形竿头饰（见图 10-29[①]）1974 年出土于内蒙古准噶尔旗玉隆太，通高 17.2 厘米，羚羊昂首竖耳，双角斜立，四足收拢站立于长方形管銎之上，后腿微曲，似预奔跑状，造型精巧，形态逼真，可以洞见鄂尔多斯青铜器造型艺术之美。

（五）装饰性器物

人类的远祖们几乎不约而同地坚信灵魂不死，这既是当时人类没有科学知识来认识死亡，也是人类对生的渴望、死亡的恐惧，以及不愿以死亡终结

[①] 中国青铜器全集编辑委员会编：《中国青铜器全集 15：北方民族》，文物出版社 1995 年版，图版第 159 页。

生命的本性。从大量的北方草原游牧部族的墓葬中，考古工作者们发现了大量的随葬品，这些随葬品不仅能帮助我们较为直观地了解先秦时期北方游牧部族的服装、饰物、日用品的形制，也能帮助我们了解他们的风俗、习惯、审美观念、意识形态等。

鄂尔多斯式青铜器最具特色的应该是大量的青铜牌饰、带扣、带钩等物件。

1. 牌饰

牌饰，也称"饰牌"，是北方游牧部族装饰在腰间革带上的具有功能性的装饰品。可以说，青铜牌饰是鄂尔多斯式青铜器中最具风格的器物，其造型、纹饰、功用都呈现出先秦时期北方草原游牧部族文化的地域性、民族性特质。

鄂尔多斯式青铜牌饰多出土于 1949 年以前，曾因其独特的早期草原风貌，在当时的欧洲古董市场上备受青睐，很多藏家对其情有独钟，也正因为古董收藏界的趋之若鹜，我们很难获得其明确的信息，特别是在古董市场流通的牌饰很多没有确切的出土地，也不知道出土时的伴随物，所以很难做完整的分期研究，我们仅能依据有明确出土地点的牌饰提出相关推断。

从牌饰背面钮的设置，我们判断它是带扣的一种，使用时用皮条穿过铜饰牌背面的钮，再钉在皮带上，其功能类似于今天皮带上的卡扣。从造型看，牌饰可分为不规则椭圆形、长方形和自由造型三种；从装饰题材看，可分为动物纹、几何纹、现实生活三类，其中最具有表现力的是动物纹牌饰，最初也是它们成功地吸引了国内外学界、收藏界对鄂尔多斯式青铜器的注目。

动物纹牌饰上的动物纹样种类繁多，粗略地就可分出兽首纹、独兽纹、对兽纹、群兽纹、动物搏斗纹等几类，我们可以清晰地从中辨认出狼、虎、马、羊、鹿、牛、骆驼、鹰、野猪、龙、虺龙等形象，其中除了龙和虺龙的形象是现实生活中见不到的，其他都是草原上随处可见的动物，而且我们也知道华夏文明最早的龙形象出土于内蒙古赤峰市翁牛特旗红山文化遗址，也

在长城一线以北，而虺龙纹是
中原地区春秋战国时期普遍使
用的装饰纹样之一。这些动物
纹牌饰有以单独纹样形式出现，
也有以适合纹样形式构成；有
对称式构图，也有均衡式布局；
有描绘人物活动的，也有描绘
动物间噬咬；有的动物蹲踞，
有的动物伫立；有北方草原文
化的创制，有中原文化影响的
痕迹。鎏金卧牛纹牌饰（见
图 10-30①）宁夏西吉苏堡出
土，通长 10.5 厘米，该牌饰铜
质鎏金，整体呈卧牛状，牛头
侧枕着前腿，双角竖直，左蹄
着地，右蹄仰靠腹侧与后蹄相

图 10-30　鎏金卧牛纹牌饰（战国晚期）

图 10-31　虎噬驴纹牌饰（战国晚期）

依，牛身满饰细线纹，貌似一头驯养的牦牛。虎噬驴纹牌饰（见图 10-31②）
1976 年出土于宁夏固原杨郎，同出一对，构图相同，左右对称，其中一件有
长方形铸孔，另一件一端中部有凸出的喙形鼻钮，其中一件长 13.7 厘米，宽
8.2 厘米，为透雕虎噬驴图案，猛虎撕咬着驴的颈部，驴翻转身体倚靠在虎
背上作挣扎状，虎身饰斑纹，图案题材与造型特征均具有典型北方游牧民族
风格。③

　　总之，青铜牌饰上的动物形象千姿百态，形象栩栩如生，特别是有一类

①　中国青铜器全集编辑委员会编：《中国青铜器全集 15：北方民族》，文物出版社 1995 年版，
　　图版第 75 页。

②　中国青铜器全集编辑委员会编：《中国青铜器全集 15：北方民族》，文物出版社 1995 年版，
　　图版第 77 页。

③　参见钟侃：《宁夏固原县出土文物》，《文物》1978 年第 12 期。

以动物咬斗为主题的牌饰，与云南古滇文化遗址出土的青铜牌饰有着异曲同工之妙。

田广金和郭素新依据 20 世纪 60 年代以后通过科学的考古发掘获得的一批动物纹青铜牌饰，并结合苏联考古工作者在南西伯利亚地区发现的不同类型动物纹牌饰，明确了动物纹牌饰的分期和编年标准，他们认为动物牌饰分类中的各类之间并没有直接的早晚相承关系，基本是平行发展。[①]

2. 带扣

带扣，是腰带上具有钩挂功能的饰件，由环孔和舌针两部分组成，是鄂尔多斯式青铜器中最为程式化的一类器物。带扣在中原地区也有发现，上限时代与鄂尔多斯式相当，学界一直有带扣"北来说"的论断，认为带扣是由北方戎狄部族传入中原地区的。王仁湘对比了中原地区和北方地区的带扣形制，认为北方带扣具有自身的特色，但是在发展过程中受到中原地区的制约等现象，并对"北来说"提出质疑。[②] 但是我们也关注到三点：其一是鄂尔多斯式青铜带扣的时间上限与中原地区相同；其二是鄂尔多斯式青铜带扣在先秦时期没有太多演变，其形制是青铜带扣的原始形态；其三是先秦时期的中原地区在政治、经济、文化等方面都具备一定的先进性。笔者更倾向于某一器物的产生具备多发性可能的观点。

鄂尔多斯式青铜带扣整体呈"∞"形，由左右两个一大一小的环形组合而成。小环的一侧呈倒梯形或倒三角形或圆环形，内侧有钮；大环一侧呈圆形，外侧一端正中有一针舌（因为其固定在扣环外侧，所以也称"死舌"），针舌向外且多凸出环外。这种带扣因为像一只展翅预飞的鸟（钩部为鸟首，小环为鸟尾），所以也被称为"鸟形带扣"。[③] 随时代的发展，战国后期也出现了上下两个环均为方形的方形带扣。不论带扣是环形还是方形，带扣的长度小的在 4 厘米左右，大的在 7.5 厘米左右。其使用方法，可能是带状物

[①] 参见田广金、郭素新：《鄂尔多斯式青铜器》，文物出版社 1986 年版，第 97 页。

[②] 参见王仁湘：《善自约束：古代带钩与带扣》，上海古籍出版社 2012 年版，第 130—131 页。

[③] 参见田广金、郭素新：《鄂尔多斯式青铜器》，文物出版社 1986 年版，第 68 页。

从大环穿出绕过钩部，再从大环穿入，然后挂在钮上，起到固定的作用。

3.带钩

带钩，也写作"带勾"，是古时候人们用来将腰带两端固定的钩状物件，其造型类似如意。带钩多呈"S"形，前端有钩，后端下部有柱，使用时将腰带的一端固定在柱上，再将腰带的另一端绕过腰部，在身体正前方勾在带钩的钩上。对于带钩的起源，学术界一直存在争论，20 世纪 80 年代，考古工作者先后在良渚文化遗址发掘出土玉质带钩数件，这些带钩均为造型规整的长方形，凸弧面朝外，右端有一个上下穿透的圆孔，左端有一个平行下折的扁平状弯钩，而从先秦到满清，带钩的形制没有太大变化，都是长条状面钩背钮，所以学界较为公认的论点是最早使用带钩的是北方草原民族，春秋战国时期传入中原，这与公元前 307 年，赵武灵王推行"变俗胡服，习骑射"的政策有关，为了方便骑射，军士着胡服，革带束腰，作为胡服中系扎腰带的功能性物件的带钩也就随着胡服传入中原。王仁湘结合考古发掘报告、文献史料等材料，提出在"胡服骑射"之前，中原和南方广大地区早已大量制作和服用带钩的观点，同时提出带钩的用途多样，并进行了论证。①

鄂尔多斯式青铜带钩数量较多，但其形制变化不大，钩首多呈程式化的鸟首形，早期的带钩有的还写实地刻画出鸟的眼睛，带钩较为个性化的体现是钩面与钩体的变化，钩面装饰纹样早期多以写实的动物纹为主；钩体则由短小逐渐向琵琶形和棒形演化。

四、鄂尔多斯式青铜器的艺术特色

鄂尔多斯式青铜器作为先秦青铜艺术史的组成部分之一，是这一时期北

---

① 参见王仁湘：《善自约束：古代带钩与带扣》，上海古籍出版社 2012 年版，第 73 页。

方草原文化的代表，它不仅彰显了这一时期北方草原民族的生存智慧和卓越创造，同时也展示出草原文化独特的艺术风格和审美意识。

鄂尔多斯式青铜器最初并不是以地理位置来命名，而是被称作野兽纹青铜器，其主要原因就是19世纪末开始在我国北方长城沿线发现一大批以动物纹为装饰的青铜器，动物纹是它们最鲜明的特征。北方草原上空灵勇猛的虎豹，彪悍矫健的马匹，温良娴静的鹿和羊，凶恶阴险的豺狼，昂首健硕的骆驼，自由翱翔的鹰鹫……都是先秦时期北方草原民族青铜铸造技师们取之不竭的创作源泉，他们将自己对生活的热爱，对自然的情感，对生命的感悟，全部都融汇到青铜器物的铸造之中。

先秦早期的动物纹样资料较少，主要以圆雕的艺术表现手法铸造动物的头部，如龙、蛇、羊、鹿等，大多装饰在短剑、铜刀、匕的首部。这一时期的动物纹样造型比较单一。

先秦中期的动物纹样继承商代晚期的风格，仍以圆雕为主，除了装饰在首部，也用以装饰短剑和铜刀的柄部，动物的种类也丰富起来。

春秋时期是鄂尔多斯式青铜器动物纹样发展的重要时期，这一时期动物纹的种类明显增多，题材更加多样，纹样出现程式化特征，"触角式"在这一时期形成，对鸟纹、群兽纹、动物咬斗纹等新的图案题材层出不穷，对称、均衡、重复、随形等图案组织形式运用娴熟，透雕的铸造技法也被运用到青铜铸造中，这一时期还流行以个体动物形象铸造的小型青铜工艺品，这都为鄂尔多斯式动物纹牌饰的推陈出新奠定了基础。

战国时期鄂尔多斯式青铜器上动物纹的种类空前增多，以写实的造型语言，复杂多变的艺术表现手法，将鄂尔多斯式青铜器推向了一个繁荣发展的局面。"触角式"变身为"变形触角式"，写实性的鸟纹、兽首纹都逐渐过渡为装饰性图案，小件的青铜工艺品逐渐减少，大型动物纹牌饰和以圆雕手法塑造的个体动物造型占据主导地位，特别是动物咬斗纹牌饰生动写实地描绘动物噬咬的场面，不仅表现出创作者高超的写实技巧，同时也体现了北方草原民族内在的精神需要和情感追求。

第三节 西南部区域——滇文化青铜艺术

云南，地处中国的西南边陲，因域内最大的淡水湖泊"滇池"，也常被称之为"滇"。由于地理位置偏僻，交通不便等原因，在唐代以前中央王朝对其关注度不高，以至于我们在"正史"中看到的与云南有关的记载非常少，能够追溯到最早的史料文献是司马迁在《史记》中记载滇王率民众归顺大汉王朝的事件。

> 西南夷君长以什数，夜郎最大，其西靡莫之属以什数，滇最大……元封二年，天子发巴蜀兵击灭劳浸、靡莫，以兵临滇。滇王始首善，以故弗诛。滇王离难西南夷，举国降，请置吏入朝，于是以为益州郡，赐滇王王印，复长其民。
>
> 《史记·西南夷列传》

有的史书上仅以一句"唐虞时为荒服之地，夏周时属梁雍域"带过。

云南域内的现代考古活动肇始于20世纪20年代，在十多年的时间里，先后发现了新石器时代遗址、旧石器时代遗址等早期人类活动的遗迹和大量的文物古迹，后因战争等人为因素搁置。1949年以后，云南域内的考古活动陆续展开，1957年在剑川县海门口遗址出土了14件铜器，一同出土的还有用于铸造的石范，据考古发掘简报称全部为紫铜[1]。1978年对该遗址开展了第二次发掘，之后对两次发掘出土的铜器做了合金和金相分析，分析认定这些出土的铜器是人工加入锡的青铜器，加锡的比例最高的达19%，虽然冶炼技术相对原始，但确定海门口遗址已经进入青铜时代。[2] 2008年，对该遗址进行了大规模考古发掘后，李伯谦先生指出："海门口遗址2008年的

---

[1] 参见作铭：《剑川海门口古文化遗址清理简报》，《考古通讯》1958年第6期。

[2] 参见李昆声、闵锐：《云南早期青铜时代研究》，《思想战线》2011年第4期。

发掘面积大、出土遗迹、遗物丰富、地层叠压关系丰富，是一处从新石器时代晚期直至青铜时代的大型水滨木构干栏式建筑遗址。出土的铜器，以确切的地层关系证明该遗址为云贵高原最早的青铜时代遗址，滇西地区是云贵高原青铜文化和青铜冶铸技术的重要起源地之一。"[①] 其后一系列的考古发掘证实，云南地区早在夏代中晚期就已经进入青铜时代。

云南域内山地面积大，河流众多，地形、地势复杂，不同区域的自然地理条件造就了不同的经济形态和地域文化，也造就了云南地区的青铜文化类型丰富、别具特色的特点。云南的青铜时代可依其文化特征的不同，分为滇池区、滇南和滇东南区、滇西区、滇西北区、滇东北区等几个不同的青铜文化区。本章主要聚焦滇池区及其周边地区具有较为统一风格的青铜艺术。

一、古滇国青铜文化

自 1955 年，考古工作者在滇池区域以及滇东地区开展了较为广泛的调查与发掘工作，滇池周边区域出土了大量以青铜器、金器、陶器、漆木器为主的古滇国珍贵文物，其中尤以器物种类众多，装饰题材丰富，造型别具风格的青铜器物最具代表性。这些具有独特地域性特征的精美青铜艺术品主要来自以晋宁石寨山、江川李家山、昆明羊甫头等为代表的大型古墓群的考古发掘，它们不仅呈现出滇池区青铜文化多中心发展的特点，也为我们深入了解滇文化提供了可供探究的物质资料。特别值得一提的是 1956 年底，考古研究人员在

图 10-32 滇王之印（西汉）

[①] 转引自李昆声、闵锐：《云南早期青铜时代研究》，《思想战线》2011 年第 4 期。

云南省晋宁石寨山开展考古发掘工作的时候，清理出一枚印文用阴文篆书"滇王之印"（见图 10-32①）的金质印章，这枚边长只有 2.4 厘米，通高 1.8 厘米的小小印章证实在云南省中东部地区曾经存在一个古王国——滇。

根据考古调查和发掘出土的材料，结合文献史料推断古滇国存在的时间大约是战国末年至东汉初期，前后历经约四百年，东汉初年随着中原王朝"郡县制"的推广而逐渐被取代，继而消亡。② 据史籍记载，滇国是一个小国，地理范围在滇池周边。

滇小邑，最宠焉。

《史记·西南夷列传》

滇池县，郡治。

《华阳国志·南中志》

温水又西南迳滇池城，池在县西北，周三百许里，上源深广，下流浅狭，似如倒流，故曰滇池也。……有滇州，元封三年，立益州郡，治滇池城，刘禅建宁郡也。

《水经注·温水》

结合出土文物的形制及其分布，判定古滇国的疆域范围大致包括今天的昆明市和东川市的全部，曲靖和玉溪的大部分地区，昭通、红河和文山自治州的部分地区。③ 古滇国地处云贵高原，矿产资源种类丰富，特别是铜、锡资源的质量好，自古以来就是重要的铜、锡产区，为青铜文化的高度发展提供了必要的基础。据中国科技大学自然科学史研究室测定研究了殷墟妇好墓出土的十二件青铜器样品铅同位素比值，推断在武丁、妇好晚

---

① 张增祺主编：《滇国青铜艺术》，云南美术出版社、云南人民出版社 2000 年版，第 6 页。

② 参见张增祺主编：《滇国青铜艺术》，云南美术出版社、云南人民出版社 2000 年版，第 12 页。

③ 参见张增祺：《滇文化》，文物出版社 2001 年版，第 5 页。

商最强盛的时期，中原大规模的青铜铸造使用的铅料和锡料可能来自于云南。①

对于滇国青铜文化的时代与分期一直是国内外考古学界争论较多的问题，经过多年的探究并结合越来越多的考古发掘资料，比较统一的观点是古滇国青铜文化分为四个时期：第一期是春秋晚期至战国中期（公元前 6 世纪至公元前 4 世纪前半期），铜器占主要位置，器物组合的特点是无格青铜短剑、半圆或椭圆銎铜斧、铜矛；第二期是战国晚期至西汉中期（公元前 4 世纪后半期至公元前 2 世纪前半期），大型专用青铜农具普遍流行，器物组合以一字格铜剑、方銎铜斧、铜矛为主；第三期是西汉中、晚期（公元前 2 世纪后半期至公元前 1 世纪前半期），青铜器的使用多限于生产和生活领域；第四期是西汉晚期至东汉初（公元前 1 世纪后半期至公元 1 世纪），青铜器逐渐被铁器取代，青铜器的纹饰趋向简单化。②

二、古滇国青铜文化的创造者

对于古滇人的族属，学界争论颇多，主要观点有越人说、庄蹻入滇说、西南古僰人说、羌人南迁说等。其中以越人说和庄蹻入滇说最具代表性。

（一）越人说

"越人说"认为，滇国主体民族是我国古代越系民族中的一支。越人亦称"百越"，是居住于我国长江以南古老民族，族属众多。根据《华阳国志·蜀志》和《华阳国志·南中志》的记载，今云南、贵州以及广西西部及越南北部是古代越系民族聚居区。从滇池区域考古发掘来看，该地出土的有肩石斧、有段石锛、靴型铜斧和铜鼓等，属古代越文化遗物。

---

① 参见金正耀：《晚商中原青铜的锡料问题》，《自然辩证法通讯》1987 年第 4 期。
② 参见王大道：《云南青铜文化及其与越南东山文化、泰国班清文化的关系》，《考古》1990年第 6 期。

《说文解字》中"蛇"写作"它"，

> 它，虫也。从虫而长，象冤曲垂尾形。上古艸居患它，故相问无它乎。凡它之属皆从它。蛇，它或从虫。
>
> 《说文解字》

段玉裁注曰："上古者，谓神农以前也。相问无它，有后人之不羡、无羡也。"古文献中多记载有：

> 南蛮，蛇种，从虫，亦声。……闽东南越，蛇种，从虫，门声。
>
> 《说文解字》

> 蛮者，闽也，南夷之名，蛮亦称越。
>
> 《史记·西南夷列传》

夷越分布的区域也是"南蛮蛇种"文化起源的主要区域，蛇图像早在陶器时代就出现在古越人使用的陶器之上。从古越人活动区出土的青铜器来看，进入青铜时代，大量装饰有蛇纹、蟠螭纹的青铜器以其特有的古越风貌区别于"商周文化"。

（二）庄蹻入滇说

庄蹻入滇说则认为古滇人是楚人后裔。这一说法主要依据《史记》和《汉书》等文献的记载。

> 始楚威王时，使将军庄蹻将兵循江上，略巴、黔中以西。庄蹻者，故楚庄王苗裔也。蹻至滇池，方三百里，旁平地，肥饶数千里，以兵威定属楚。欲归报，会秦击夺楚巴、黔中郡，道塞不通，因还，以其众王滇，变服，从其俗，以长之。
>
> 《史记·西南夷列传》

《汉书·西南夷列传》与此内容几无异。

> 滇王者，庄蹻之后也。
>
> 《后汉书·南蛮西南夷列传》

按此说法，楚国将军庄蹻奉楚威王命南征，讨伐至滇池地区，因不能将滇池地区方圆三百里归顺楚的消息传回楚国，遂变服从俗，在此称王。据此，我们不难看出，滇王乃庄蹻后裔，在庄蹻率军抵达之前滇池地区就有繁衍生息的族群。所以推断古滇人并非庄蹻后裔或楚人后裔，庄蹻所率领的楚军将士应该是在其称王之后逐渐与当地族群融合。

此外，在滇式青铜器和楚式器物装饰中都有鸟衔蛇、鸟践蛇的图像出现。郑岩认为："相近的图像在不同材料之间的传递，以及由此导致的新形式的产生，是中国考古学和美术史上值得进一步注意的问题。"[1] 如湖北江陵望山遗址 1 号楚墓出土的战国中期彩绘透雕漆座屏，屏中雕刻的凤雀在上，蛇蟒在下，蛇蟒咄咄欲袭凤雀，凤雀却悠悠地口啄爪抓蛇蟒。晋宁山出土的鸟衔蛇杖头上则有一鸟立于杖头之上，振翅欲飞，一蛇咬住其翅，鸟却反衔蛇尾，这一图像的组织形式与漆座屏颇为相似。漆座屏上蛇蟒臣服于凤雀的图像被认为传达了以凤鸟为图腾的楚人强盛时期的自信，那么鸟衔蛇杖头是否是庄蹻称王滇池区域时也将楚人的自信传播到了这里呢？相信随着考古发掘资料的不断充实，这个疑团定会被解开。

除了以上两种学说外，西南古僰人说认为古滇人是南迁的古僰人。《华阳国志》这样记述僰道县：

> 在南安东四百里。拒郡百里。高后六年城之，治马湖江会。水通越巂，本有僰人，故《秦纪》言僰童之富。汉民多，渐斥徙之。
>
> 《华阳国志·蜀志》

僰道县即今宜宾市，是金沙江和岷江交汇处，僰人本居住在这里，因为

---

① 郑岩：《关于墓葬壁画起源问题的思考——以河南永城柿园汉墓为中心》，《故宫博物院院刊》2005 年第 3 期。

汉民多了，所以被迫向南迁徙。羌人南迁说认为古滇人是古羌人南迁而来。有研究认为，早在先秦时期，先羌族群就以"四纵三横"的路线从甘青地区进入西南地区。①

我们不能武断地评判关于古滇人族属的各学说孰是孰非，但有一点是清晰的，族群的迁徙与形成并非一蹴而就，它是一个漫长而复杂的过程。我们认为，古滇国的主体民族是古越人，此外，随庄蹻南征的楚人、南迁的古僰人和先羌族群等外来族群逐渐与古越人融合，也成为古滇人的重要组成部分。正是在民族迁徙与交融过程中，古越文化、楚文化与其他外来的文化一起在滇池周边地区融合发展，最终形成了滇文化。

三、古滇国青铜器的主要形制

古滇国青铜器出土数量多，形式丰富多样，造型生动活泼，制作工艺精湛，特别是它独具特色的地域性风格，与其他地区的青铜文化形成鲜明的对照，在中国青铜文化中占有重要的地位。张增祺依据器形和使用功能，将其分为五大类：生产工具类、生活用具类、兵器类、乐器类、装饰及工艺品类，共90余种。② 本书根据滇国青铜器主要的艺术成就，将主要介绍贮贝器、农具、武器和青铜牌饰。

（一）铜鼓

铜鼓是南方少数民族普遍使用的乐器，大约早在春秋时期，由聚居在今云南省中部偏西地区的濮人创制，考古学上称之为"万家坝型铜鼓"。在战国至东汉时期，在滇文化的核心区晋宁、江川一带流行的铜鼓，考古学上称为"石寨山型铜鼓"，是滇文化典型器物之一。万家坝型铜鼓鼓面和鼓身的

① 参见陈苇：《甘青地区与西南山地先秦时期考古学文化及互动关系》，博士学位论文，吉林大学，2009年，第147页。
② 参见张增祺主编：《滇国青铜艺术》，云南美术出版社、云南人民出版社2000年版，第6页。

纹饰较少，鼓体分为三段，鼓面较小，胴部突出，鼓面有太阳纹，但无晕纹，腰部隔间无装饰，胴、足素面，铸造较为粗糙，鼓壁厚薄不均，有的还有烟炱。① 石寨山型铜鼓的装饰花纹丰富，鼓面的太阳纹有芒，鼓壁较薄，腰部用直线分割成若干区域，每个区域内以牛纹、鸟纹、游戏纹等装饰。石寨山型铜鼓以战国中期至西汉早期的遗物为主。②

图 10-33　船纹铜鼓（战国）

江川李家山曾出土多件战国时期铜鼓，它们的形制基本相同，鼓面平，胴部直径大于鼓面直径，束腰，足部侈出，腰胴间设有四绳纹耳，鼓身纹饰大同小异。其中一件船纹铜鼓（见图 10-33③），该鼓高 30.1 厘米，面径 39.1 厘米，鼓面中央装饰有 12 角有芒太阳纹，芒间装饰三角纹，太阳纹外围装饰有五晕，以同心圆和锯齿纹相间装饰而成；腰胴间有四扁耳；胴部四晕，上面三晕是锯齿纹，第四晕较宽，饰有船纹四组，每艘船上人物 4—5 人，腰部及圈足有四晕，第一晕较宽，用直线分隔为八个区域，分别装饰以牛纹、戴冠羽的舞者等。④

（二）青铜贮贝器

贮贝器是滇国青铜器中最具地域性特色的器形，在我国其他地区的考古文化类型中尚未见同类器物，因为出土时内部多盛装大量的海贝，判断其是

---

① 参见云南省文物工作队：《楚雄万家坝古墓群发掘报告》，《考古学报》1983 年第 3 期。

② 参见张增祺：《"万家坝型"铜鼓与"石寨山型"铜鼓的关系》，收录于中国古代铜鼓研究会编：《铜鼓和青铜文化的新探索——中国南方及东南亚地区古代铜鼓和青铜文化第二次国际学术讨论会论文集》，广西民族出版社 1993 年版，第 18—19 页。

③ 中国青铜器全集编辑委员会编：《中国青铜器全集 14：滇 昆明》，文物出版社 1993 年版，图版第 167 页。

④ 参见张增祺、王大道：《云南江川李家山古墓群发掘报告》，《考古学报》1975 年第 2 期。

用以盛放古滇国地区特有的贝币的器皿，故称之为贮贝器。贝币作为流通货币在云南使用时间较长，《新唐书》记载南诏时期还在使用。

以缯帛及贝市易。贝者大若指，十六枚为一觅。

《新唐书·南诏传》

图 10-34　虎牛鹿贮贝器（战国）

贮贝器的形制主要有筒形和鼓形两种，筒形可分为直筒式和束腰式，鼓形的多由铜鼓改制而成。现已知的贮贝器全部出土于呈贡天子庙、晋宁石寨山和江川李家山三个古墓群。① 贮贝器器盖上多铸有造型生动逼真的动物和人物，以表现滇人现实生活的场景为主，如晋宁石寨山出土的七牛贮贝器、虎牛搏斗贮贝器、杀人祭铜鼓贮贝器等，江川李家山出土的虎牛鹿贮贝器（见图 10-34②）、纺织贮贝器、驯马贮贝器、蹲蛙叠鼓贮贝器等。这些贮贝器的年代上限是战国时期，多数为西汉遗物。1972 年江川李家山出土虎牛鹿贮贝器，是战国遗物，全器高34.5 厘米，盖径 16.6 厘米，圆筒束腰式，平底，底部三足作跪坐人形状，双手举过头顶呈托举器身状。器盖作圆盘形，顶端正中铸一头牛，周边一虎三鹿，虎与鹿首尾相接呈逆时针方向分别位于大牛的前后左右，大牛牛头前方是虎。该贮贝器腰部有三组阴刻花纹，一组为六只衔蛇孔雀；一组为羽人赶牛，后面有一人手持曲柄斧；另一组为鹿、牛及绳纹图案。③

① 参见张增祺主编：《滇国青铜艺术》，云南美术出版社、云南人民出版社 2000 年版，第186 页。

② 中国青铜器全集编辑委员会编：《中国青铜器全集 14：滇 昆明》，文物出版社 1993 年版，图版第 26 页。

③ 参见张增祺、王大道：《云南江川李家山古墓群发掘报告》，《考古学报》1975 年第 2 期。

（三）青铜生产工具

图 10-35　立鹿针筒
（战国）

张光直先生说中国的青铜时代是以大量的青铜礼器和兵器为特征的，这个特征是以中原地区的商周考古文化为佐证的，但是却不完全适用于滇文化的青铜时代。在中原地区的青铜时代，金属始终不是制造生产工具的主要原料，但是在滇文化青铜时代的墓葬中却出土了大量的青铜生产工具，如铜锄、铜斧、铜锛、铜铲、铜镰等，在江川李家山墓地还出土了整套的纺织工具，包括卷经杆、纺轮、针线盒、绕线板、锥等。[1]　其中有一个战国时期的立鹿针筒（见图 10-35[2]）造型生动，制作精良，堪称精品。该针筒通高27.5厘米，直径2.7厘米，筒顶为一写实圆雕站立的雄鹿，圆筒状的器身外装饰有经过提炼、加工的抽象化的蛇形纹样。该纹样由抽象化的蛇纹重复排列组合而成，蛇的头部被概括成三角形，身体简化为向右倾斜50°左右的"S"形，尾部被概括为桃心形，并用洗练的短线条装饰蛇纹。这些基本单元被以两个纵列、每列6个的形式装饰在针筒表面，为了让纹样与装饰空间相适应，在每一列蛇纹的上下两端分别加了一个呈水平方向的"S"纹，不仅起到适形的效果，也增加了视觉上的稳定感。整个针筒的造型与装饰颇具形式美感，曲与直，动与静，节奏与韵律，相得益彰。

1991年在江川李家山考古发掘的蛇纲网形器（见图 10-36[3]）就是一件将蛇形态与生产工具结合起来的典范之作。该器高26.5厘米，宽32厘米，整体作镂孔网箩状。器身一侧有圆形銎，另一侧与銎相对方向铸作蛇形，蛇

---

① 参见张增祺、王大道：《云南江川李家山古墓群发掘报告》，《考古学报》1975年第2期。

② 中国青铜器全集编辑委员会编：《中国青铜器全集 14：滇 昆明》，文物出版社1993年版，图版第39页。

③ 张增祺主编：《滇国青铜艺术》，云南美术出版社、云南人民出版社2000年版，第47页。

头极大，目圆瞪，口大张，露出尖锐的牙齿，蛇躬身向后弯曲似预出击。蛇背部中线起脊棱，有菱形鳞纹，腹部有横格鳞纹，蛇身贴附器物穿过器底，蛇尾盘绕着銎部直至銎口。此器物的确切用途暂时不详，张增祺推测其为水田中捞物之工具，遂将其器物归入生产工具[①] 。

图 10-36　蛇纲网形器（战国）

（四）青铜兵器

出土的滇国青铜器中以兵器的数量最多，其中不乏与中原地区形制相同的兵器，但是在纹饰上有别于中原地区，同时滇国青铜文化还拥有部分独具地方特色的青铜兵器。例如铜叉就是滇国青铜文化所特有的用于刺杀的兵器，前端分叉，形似鱼尾，另一端为圆形銎，需要接在木柄上使用。1972 年江川李家山出土 2 件矛头铜狼牙棒（见图 10-37[②]），是矛头与狼牙棒的合制器，上端为矛，矛下有鼓形座，座下接狼牙棒，棒作八棱形，有排列整齐的锥刺，棒尾有銎，其中一件通长 28、矛长 14.5、銎径 3.1厘米；另一件通长 32、矛长 12、銎径 2.5 厘米。[③] 从该兵器的形制判断，是击打与刺杀相结合的多用途兵器，也是仅见于滇国青铜文化的特殊兵器，它展示了兵器创制者的智慧与创造力。

图 10-37　矛头
狼牙棒（战国）

---

① 参见张增祺主编：《滇国青铜艺术》，云南美术出版社、云南人民出版社 2000 年版，第 8 页。

② 中国青铜器全集编辑委员会编：《中国青铜器全集 14：滇 昆明》，文物出版社 1993 年版，图版第 80 页。

③ 参见张增祺、王大道：《云南江川李家山古墓群发掘报告》，《考古学报》1975 年第 2 期。

值得一提的还有滇国青铜兵器中的护甲，这些铜制的铠甲多是用薄铜片锻打或者模压成型，根据防护的部位不同有颈甲、背甲、臂甲、腿甲等。1972 年李家山墓地出土的 1 件虫兽纹铜臂甲（见图 10-38[1]），通长 21.7 厘米，整体呈圆筒形，上粗下细，上端直径 8.5 厘米，下端直径 6.6 厘米，铜片厚 0.5 厘米，背面有开口，开口两侧口沿处及下缘处皆有为绑系设置的穿孔，臂甲表面装饰有线刻的虎、豹、猪等 10 余种虫兽纹样（见图 10-39[2]），线刻的线条流畅，虫兽刻画细致生动，堪称战国时期滇国青铜器铜护甲最精美的作品。

图 10-38　虫兽纹铜臂甲（战国）　　　图 10-39　铜臂甲（战国）线描图

（五）铜扣饰

铜扣饰在滇国青铜文化中占据着重要的地位，造型多样、题材多元、制作精湛，是我们了解古滇国人们的生活方式、审美情趣的重要媒介。从出土的情形来看，战国至西汉时期青铜扣饰在古滇国区域十分流行。铜扣饰的正

---

① 　中国青铜器全集编辑委员会编：《中国青铜器全集 14：滇 昆明》，文物出版社 1993 年版，图版第 69 页。

② 　参见张增祺、王大道：《云南江川李家山古墓群发掘报告》，《考古学报》1975 年第 2 期。

面多有立体半圆雕的装饰，背面多为素面，有一个矩形钩状钮，从形制判断铜扣饰是具有系扣功能的装饰物，其功用类似带勾。依其造型可分为圆形、长方形和自由形三种。

圆形铜扣饰数量最多，扣饰整体作圆盘状，直径在 12—20 厘米之间，出土时大多位于墓主人的腰部。昆明羊甫头 41 号墓地出土的战国时期的圆形人面铜扣饰，正面中央铸长鼻人面，围绕人面铸一圈箭头形纹，箭头方向指向人面，箭头形纹外依次环绕着云雷纹、锯齿纹和弦纹。①

长方形铜扣饰整体作长方形，长大约 9—16 厘米，宽大约 6—10 厘米，李家山出土的战国时期的长方形猫头鹰边铜扣饰（见图 10-40②），长 9 厘米，宽 4 厘米，正中为一长方形"回"纹框，框内镶嵌孔雀石小珠，框外围绕"回"纹装饰一圈镂雕卷

图 10-40　长方形猫头鹰边铜扣饰（战国）

云纹，8 只猫头鹰依次站立在卷云之上，两侧各两只，尾向下，面向上，上面 4 只尾巴朝向左侧，略微扭转头部面向右前方③。

自由形铜扣饰的形状由扣饰上图像的形态决定，自由形铜扣饰的主体部分以人物或动物的不同活动场景构成，在他（它）们的脚下多盘绕有一蛇或二蛇，蛇口多咬住足部、腿部、耳部。自由形铜扣饰最有代表性的是西汉时期的二人盘舞鎏金铜扣饰（见图 10-41④），该扣饰高 12 厘米，宽 16.5 厘米，扣饰中的二人服饰相同，身佩长剑，手中各持一圆盘，一前一后，作边歌边舞状，足下一蛇躬身匍匐，蛇口咬住前面一人之右足，蛇尾缠绕着后面一人

①　参见昆明市文物管理委员会：《呈贡天子庙滇墓》，《考古学报》1985 年第 4 期。

②　张增祺主编：《滇国青铜艺术》，云南美术出版社、云南人民出版社 2000 年版，第 221 页。

③　参见张增祺、王大道：《云南江川李家山古墓群发掘报告》，《考古学报》1975 年第 2 期。

④　中国青铜器全集编辑委员会编：《中国青铜器全集 14：滇 昆明》，文物出版社 1993 年版，图版第 161 页。

图 10-41　二人盘舞鎏金铜扣饰（西汉）

图 10-42　剽牛祭祀铜扣饰（战国）

之左足。李家山遗址出土的战国时期的剽牛祭祀铜扣饰（见图 10-42①），该扣饰高 6 厘米，宽 12 厘米，右侧立一上粗下细的柱子，柱顶端有两层圆台，柱上绑缚着一头巨角牛，牛角倒悬一幼童，一人紧拉系于牛颈及前腿之绳绕于柱；一人被牛踩倒在地，作仰面呻吟状；一人拉住牛颈之绳；另一人双手挽住牛尾；其下有二蛇盘绕，一蛇咬缚之绳，另一蛇头上蹲一蛙。② 蛙纹（蟾蜍纹）是中国母系氏族社会文化遗存中的第二种基本纹样，其出现略晚于鱼纹，因其形状类似女性的子宫而深受膜拜，赵国华认为蛙纹和蛇纹分别象征女性和男性，蛙蛇纹就是男女性结合的象征。③ 这件蛙图像和蛇图像同时出现的扣饰是非常典型的表现古滇人感生信仰的物件。

四、古滇国青铜器的艺术特色

特殊的地理位置和丰富的矿产资源造就了古滇国青铜艺术的独特魅力，

① 张增祺主编：《滇国青铜艺术》，云南美术出版社、云南人民出版社 2000 年版，第 226—227 页。
② 参见张增祺、王大道：《云南江川李家山古墓群发掘报告》，《考古学报》1975 年第 2 期。
③ 参见赵国华：《生殖崇拜文化论》，中国社会科学出版社 1990 年版，第 182、283 页。

不论是装饰母题还是艺术风格都与其他地区的青铜艺术迥然有异，其艺术特征主要表现为三个方面。

（一）审美与实用的高度融合

滇国的青铜器遗存数量大，种类多，不论是生产工具、兵器、贮贝器，还是扣饰，都在兼顾使用功能的同时也不失审美趣味。按《史记》的记载，"滇"是"西南夷"中"耕田有邑聚"的部族，农业是滇国居民的主要生活来源。古滇国由于铜、锡资源丰富，为青铜农具的铸造提供了原料保障。这些青铜农具中绝大部分是实用器，也有部分器物上錾刻了孔雀及牛头等装饰纹样，可能是用于与农业相关的祭祀仪式，或者是有地位的人的陪葬品。滇国青

图 10-43 鸟头形铜斧（战国）

铜兵器中还有几种具有"仿生形"的兵器，以动物身体的一部分为原型创制而成，构思新颖，制作精细，纹饰隽秀。如李家山出土的战国时期的鸟头形铜斧（见图 10-43[①]），就是模仿鸟的形态设计的，整体形似鸟头，高 12 厘米，鸟喙作扁斧状，斧柄装饰有云纹、弦纹、折线纹等，柄部弯曲处设对称圆形装饰，似鸟之双目，銎部呈椭圆形。造型生动，类似的还有鸟头形铜钺、蛇头形铜叉、牙刺形铜棒、蛙形铜矛等。值得一提的是，与青铜工具部分有装饰纹样不同，滇国青铜兵器几乎每件都有装饰。

（二）写实性装饰的广泛应用

滇国青铜艺术的装饰纹样除了几何纹、植物纹、云纹等以单元重复排列组成的装饰纹样以外，多以现实生活中常见的牛、孔雀、蛇、蛙等动物形象，或者剽牛、祭祀、纺织、狩猎、纳贡、战争等人物活动场面

---

① 张增祺主编：《滇国青铜艺术》，云南美术出版社、云南人民出版社 2000 年版，第 108 页。

作为装饰母题，以铸刻、錾刻、刻画、浮雕、圆雕、半圆雕等表现手法，真实生动地反映古滇国居民生产、生活的方方面面。1956年晋宁石寨山出土的祭祀贮贝器（见图10-44[①]），盖上所铸的场景生动地再现了古滇国的一次祭祀活动，场面生动，刻绘细致，器盖上铸造的参加祭祀活动的人物有127个之多。相对于人物活动场景还原的描绘，滇国青铜扣饰上对于动物搏斗、追逐的刻画更加精彩，如李家山出土的三狼噬羊扣饰（见图10-45[②]），是战国时期的遗物，该铜扣饰生动地再现了一只长角羊被三只恶狼分别从颈部、后背和后腿吞噬的场景，羊的哀嚎与狼的得意跃然眼前。类似的作品在滇国青铜器中还有很多，这种以现实生活为主题的青铜艺术创作，表现了古滇国人对自然的尊重和对生活的热爱，与中原地区以"礼"为旗号，以祖先祭祀为核心，带有浓郁巫史文化特征的商周青铜艺术有着本质的区别。

图10-44　祭祀贮贝器（西汉）

图10-45　三狼噬羊扣饰（战国）

（三）多元文化的兼容并蓄

滇国青铜器物的器形种类丰富，既有本土创制，又有周边文化传入，铜扣饰可能与北方鄂尔多斯草原文化有着某些互动关联，兵器中的铜戈、铜

---

① 张增祺主编：《滇国青铜艺术》，云南美术出版社、云南人民出版社2000年版，第200页。
② 张增祺主编：《滇国青铜艺术》，云南美术出版社、云南人民出版社2000年版，第230页。

矛、铜钺不难看出是受到了中原地区青铜兵器形制的影响，"啖蛇""践蛇"等图像的运用与楚文化有着某种内在联系，镶嵌于铜器上的彩色琉璃珠、蚀花肉红石髓珠可能是来自南亚地区[①]……古滇国所处的地理位置和特定的历史条件，成就了古滇国青铜艺术的多元与精彩。古滇国地处西南，地势复杂，河流众多，域内又有丰富的金属资源，在青铜时代的萌发期，受周边文化影响不大，所以古滇国青铜文化早期，大致相当于春秋战国时期，拥有较为独立的艺术风格；随着经济文化的发展，与周边文化的交往交流逐渐增加，古滇国青铜文化鼎盛期的青铜艺术呈现出与周边文化交流的痕迹。可以说，古滇国的青铜艺术成就的取得，既是内动力的完美创造，也有对外部干预力的有效接纳，正是古滇国文化的在地性与包容性，才使得先秦时期在我国西南青铜艺术史上开出一朵奇葩。

第四节 南部区域——骆越青铜艺术

秦统一岭南之前，活跃在那里的主要是百越和百濮族群，因为缺少文字记载，我们仅能依靠考古发掘的材料来还原当时的社会状况。在很长一段时间里，人们提及广西的青铜文化想到的大多是铜鼓。20世纪70年代以来，随着文物考古工作的展开，一座座春秋、战国时期的古墓被发现，墓葬中大量青铜器物的出土，广西地区青铜时代的面纱逐渐被揭开。作为中原与华南、西南交流的重要通道，广西特殊的地理位置与自然环境，以及域内多民族长期共生的人文环境，催生了特有的物质文化，也孕育了具有地域性特色和文化交融特征的青铜文化。

据典籍记载，曾经生活在广西土地上的族群被称为骆越、西瓯、瓯骆、雒越等。

[①] 参见张增祺：《滇国与滇文化》，云南美术出版社1997年版，第23页。

　　且南方卑湿，蛮夷中间，其东闽越千人众号称王，其西瓯骆裸
国亦称王。……越桂林监居翁谕瓯骆属汉。……

《史记·南越列传》

　　且南方卑湿，蛮夷中西有西瓯，其众半羸，南面称王。

《汉书·西南夷两粤朝鲜传》

　　茂名，（潘州）州所治。古西瓯骆越地，秦属桂林郡，汉为合
浦郡之地。

《旧唐书·地理志》

　　但是仅凭典籍，我们很难辨别骆越、西瓯和瓯骆是一个族群还是多个族
群，所以从古至今，对于骆越、西瓯和瓯骆的关系，学者一直在考证，顾野
王在《舆地志》中认为："交趾，周时为骆越，秦时为西瓯。"林惠祥认为：
"骆、越亦称瓯越或骆越，在今广东西南及安南。"[1] 罗香林认为："惟西瓯与
骆越境地相接，尝杂错而居，……似以今日柳江西岸区域为界，柳江东南则
称西瓯，柳江西岸区域以西，则称骆越，而此西岸区域之接连地带则称西瓯
骆越。"[2] 江应樑认为："大概粤、桂以至交趾一带的越人，都概称骆越。"所
以覃彩銮曾将岭南一带的青铜文化全部纳入骆越文化研究[3]，蒋廷瑜认为西
瓯的青铜文化和骆越的青铜文化有区别亦有联系[4]。我们在这里仍然不以如
今的行政区划来介绍岭南的青铜文化，我们选取学界有共识的骆越文化的青
铜艺术作为岭南先秦青铜艺术的代表加以介绍。

---

[1]　林惠祥：《中国民族史》，上海书店出版社 2012 年版，第 82 页。

[2]　罗香林：《百越源流与文化》，国立编译馆中华丛书编审委员会 1978 年版，第 70—71 页。

[3]　参见覃彩銮：《骆越青铜文化初探》，《广西民族研究》1986 年第 2 期。

[4]　参见蒋廷瑜：《西瓯骆越青铜文化比较研究》，收录于《桂岭考古论文集》，科学出版社
2009 年版，第 69—86 页。

一、骆越青铜文化的起源与分期

在骆越部族活动区域内见到的年代最早的青铜器来自广西武鸣县马头乡勉岭窖藏，是两件有着典型的中原青铜文化特征的青铜卣，四面的扉棱，提梁两端的牛首，通体装饰的云雷纹、夔龙纹、兽面纹，以及器盖内一个"天"字族徽，无不彰显着自己是商末周初中原正统的身份。马头乡敢猪岩出土的铜戈，与殷墟、灵宝等地出土的铜戈形制相近，也是殷商遗物。[①] 1986 年，在武鸣马头乡发掘了一个墓葬群，出土了一批铸造铜器的砂石范，其中有完整成套的双面范 8 副，能辨清器形的单扇范 13 件，另有 30 多件破碎不能辨别器形，同时出土的一批青铜器与这批石范的铸形相吻合。[②] 经过碳十四的年代测定，这一墓葬群的年代上限是西周，下限为春秋时期。[③] 也就证明，骆越地区至迟在西周至春秋时期已经进入了青铜时代。

从目前的考古发掘来看，骆越青铜文化大致可以分为三个时期：第一个时期是商至西周时期，这一时期的青铜器物数量少；第二个时期是春秋战国早期，这一时期青铜器数量开始增多，青铜器铸造体现了与周边文化交流的痕迹，第三个时期是战国中晚期，部分包括西汉前期，青铜器数量增加。[④]

二、骆越青铜文化的创造者

虽然学界对于骆越、西瓯、瓯越的关系及其相关族群的研究尚存在争

---

① 参见蒋廷瑜、兰日勇：《近年来广西出土的先秦青铜器》，《考古》1984 年第 9 期。

② 参见韦江、韦仁义：《武鸣元龙坡先秦墓》，《中国文化遗产》2008 年第 5 期。

③ 参见广西壮族自治区文物工作队：《广西武鸣马头元龙坡墓葬发掘简报》，《文物》1988 年第 12 期。

④ 参见杨式挺：《岭南先秦青铜文化考辨》，收录于中国古代铜鼓研究会编：《铜鼓和青铜文化的新探索——中国南方及东南亚地区古代铜鼓和青铜文化第二次国际学术讨论会论文集》，广西民族出版社 1993 年版，第 212—220 页。

议，但是对于骆越是百越族群中的一支，先秦至东汉时期主要聚居在岭南西部（包括今越南北部）地区的一个有着悠久历史的部族的观点基本是一致的。在商周至春秋战国时期，骆越就出现于典籍之中。

> 路人大竹。长沙鳖。
>
> 《诗经考》

这里的"路人"即为骆越，古时"路""骆"通用。《逸周书》的记载，说明早在商周时期，骆越就给周王朝朝贡。

> 和之美者：阳朴之姜，招摇之桂，越骆之菌，鳣鲔之醢，大夏之盐，宰揭之露，其色如玉，长泽之卵。
>
> 《吕氏春秋·本味》

骆越作为族称，始见于《汉书》。

> 骆越之人，父子同川而浴，相习以鼻饮。
>
> 《汉书·贾捐之传》

> 以南越桂林监闻汉兵破番禺，谕瓯骆兵四十余万降侯。……以故瓯骆左将斩西于王功侯。
>
> 《史记·建元以来侯者年表》

> 交趾昔未有郡县之时，土地有雒田，其田从潮水上下，民垦食其田，因名为雒民。设雒王，雒侯，主诸郡县，县多为雒将，雒将铜印青绶。
>
> 《水经注》

覃彩銮认为："骆越是世代居住在岭南地区的原住民族，其主体是源于当地的史前先民，是由岭南地区新石器时代晚期人类发展而来，年代上相互衔接，在岭南地区民族发展史上具有承前启后的作用。"[1]

近年来，学界对骆越人的活动区域做了多方的考证，较为统一的观点是骆越人活动的区域大体相当于"左江流域、右江流域、邕江—郁江流域、海南岛以及越南北部红河流域"[2]。在这个区域内，有着丰富的铜矿资源，为青铜文化的发生提供了物质准备。骆越青铜文化是在当地原始文化的基础发展而来，有着悠久的历史文化传统。早在东汉时期的《后汉书》中就有关于骆越铜鼓的记载。

> 援好骑，善别名马，与交趾得骆越铜鼓，乃铸为马式。
>
> 《后汉书·马援传》

骆越地区青铜文化多是关于铜鼓的记载。然而近年的考古发掘告诉我们，骆越的青铜文化不仅仅局限于铜鼓，还有许多的艺术创造。

三、骆越青铜器的主要形制

骆越青铜文化最有代表性的是广西武鸣县马头元龙坡西周至春秋墓葬群和安等秧战国墓葬群出土的青铜器物，它们基本呈现了先秦时期骆越青铜文化的整体风貌，虽然先秦时期骆越青铜文化的发展程度相较其他地区略有逊色，但仍不失本土风尚，最具代表性的有铜鼓和各类具有典型地域风格的青铜兵器。

（一）铜鼓

虽然铜鼓最初起源于云南中部偏西地区，也就是我们前面提到的"万家

---

[1]　覃彩銮：《骆越起源与发展——骆越文化研究系列之十一》，《广西社会主义学院学报》2019 年第 6 期。

[2]　蒋廷瑜：《西瓯骆越青铜文化比较研究》，收录于《桂岭考古论文集》，科学出版社 2009 年版，第 71 页。

坝型"铜鼓，但是广西却是使用铜鼓最为集中的地区，直到现在铜鼓仍作为一种活态传承的文化现象广泛存在于中国南方少数民族地区。"铜鼓的铸造和使用，标志着铜鼓文化的形成，即以铜鼓及其装饰图像为载体，以铜鼓铸造工艺和铜鼓崇拜为核心，以铜鼓使用习俗为事象，构成了铜鼓内涵丰富、风格独特的文化体系，它集冶炼、铸造、音乐、美术、舞蹈、宗教为一体，是骆越文化中技术含量最高，最为璀璨耀眼的一项文化。"①《后汉书·马援传》是最早关于骆越地区青铜鼓记载的文献。在之后唐宋的典籍中一直持续出现关于骆越地区铜鼓的记载。

咸通末，幽州张直方贬龚州刺史。到任后，修葺州城，因掘土
得一铜鼓。

《岭表录异》

铜鼓，古蛮人所用，南边土中时有掘得者，相传为马伏波所
遗。其制如坐墩，而空其下，满鼓皆细花纹，极工致。

《桂海虞衡志》

广西土中铜鼓，耕者屡得之。

《岭外代答》

骆越故地流传的铜鼓多为秦汉遗物，先秦时期的遗物较少。1977 年和 1982 年，在广西田东县祥周乡甘莲村锅盖岭和联福村北土岭先后发现战国晚期铜鼓，属石寨山型。1993 年在田东县南哈坡墓葬发现 2 面铜鼓，其中一鼓通高 32 厘米，面径 50 厘米，胴径 60.5 厘米，足径 66 厘米，该鼓鼓面太阳纹隆起，有 15 道芒，腰部有几条纵向线段划分的格子，其他地方无纹饰；另一鼓（见图 10-46②）通高 37 厘米，面径 50 厘米，胴径 60.5 厘米，

---

① 覃彩銮：《骆越铜鼓文化研究——骆越文化研究系列之三》，《广西师范学院学报（哲学社
会科学版）》2017 年第 4 期。

② 蒋廷瑜、廖明君编著：《广西铜鼓文化》，广西人民出版社 2012 年版，第 23 页。

足径 66 厘米。该鼓鼓面内凹，太阳纹隆起，有短小杂乱的 22 道芒，芒外有晕圈，腰部有纵向的曲折纹界格，足部有半菱形格子纹和勾连回纹，这两面鼓的鼓面都较小，鼓身花纹较为粗犷，属于万家坝类型。[1] 1994 年林逢乡大岭坡战国墓出土 1 面铜鼓，该鼓通高 29 厘米，面径 34 厘米，

图 10-46　南哈坡铜鼓（战国）

胴径 40 厘米，足径 50 厘米，重 18.5 公斤。大岭坡鼓鼓面小，胴部突出，腰部内缩，下部外撇。足极短，鼓面中心的太阳纹隆起，有 11 道不规则的芒，两侧腰部靠上的位置有一对小扁耳。这两个墓葬的时间都被鉴定为春秋晚期或战国早期。[2] 类似形制的铜鼓在越南北方地区也有出土，就这几面铜鼓而言，铸造较为粗糙，从形制看，都属于万家坝型铜鼓，为早期铜鼓。虽然先秦时期骆越地区铸造和使用的铜鼓尚显粗陋，但是它们却是骆越灿烂铜鼓文化的先声。正是在战国时期万家坝型和石寨山型铜鼓的基础上，骆越人又创制了北流型、冷水冲型、灵山型铜鼓、遵义型、麻江型、西盟型等精美的铜鼓形制。虽然骆越族称在东汉以后就消失了，但是骆越人创制的铜鼓流传两千年仍在骆越故地敲响。在骆越故地活跃的部族也从骆越变为乌浒、僚、俚、蛮，后来又逐渐演变成壮、侗、黎、布依、水等民族，这些民族在重大的节日活动时都会敲起珍藏的铜鼓。

（二）兵器

在先秦时期的骆越故地出土的青铜器中除了铜鼓之外，出土数量最

---

[1]　参见陈其复、黄振良：《田东县出土两面"万家坝型"铜鼓填补了广西铜鼓发展序列的空白》，收录于中国古代铜鼓研究会编：《中国古代铜鼓研究通讯》第九期，1993 年 10 月。

[2]　参见万辅彬、田丰、蒋廷瑜：《论田东出土万家坝型铜鼓的意义》，《广西民族学院学报（哲学社会科学版）》1997 年第 3 期。

多的当属青铜兵器，除了其他地区常见的形制以外，具有骆越地区地域性特征的包括镂空细纹匕首、新月形刀、斜刃钺、铜镞、人面弓形格剑等。

1. 镂空细纹匕首

1985 年在武鸣县元龙坡墓地出土 3 件，形制相同，其中两件长 18.5 厘米，刃宽 6 厘米，1 件长 34 厘米，刃宽 8.5 厘米。该形制匕首叶宽扁，呈锐角三角形，无格，扁茎，阔肩，截面呈菱形，茎部以纤细线条镂刻云雷纹和凿点纹，叶面浅刻极为纤细的三角形细线和眼状纹。这种带有纤细镂刻纹饰的匕首是骆越青铜工艺的杰出代表。在该墓地还出土了这种匕首的石范，说明该形制的匕首是当地铸造。

2. 新月形刀

新月形刀是骆越青铜兵器特有的形制，目前仅见于武鸣县马头元龙坡墓地。这种形制的刀，刀背微弯曲，刃部凸出，形如新月。元龙坡出土的 1 件通长 13.7 厘米，宽 4 厘米，柄长约 3 厘米，宽 2.3 厘米。[①]

3. 斜刃钺

斜刃钺是指刃部倾斜的青铜钺，刃部不对称，是具有骆越地域性特色的青铜兵器。武鸣马头元龙坡出土有两种类型的斜刃钺，分别是双斜刃钺和单斜刃钺。双斜刃钺的双肩内收呈回勾状，两面从肩部至锋尖各有一道弧形棱脊，锋部尖锐，扁圆形銎，近銎部有数道弦纹，其中 1 件通长 15.5 厘米，刃部最宽处 12.5 厘米。单斜刃钺背脊斜直，单肩，扁圆銎，其中 1 件通长 10.5 厘米，刃宽 9.6 厘米。元龙坡单刃越钺伴有石范同出，应为本地铸造。[②]

---

① 参见韦仁义、郑超雄、周继勇：《广西武鸣马头元龙坡墓葬发掘简报》，《文物》1988 年第 12 期。

② 参见韦仁义、郑超雄、周继勇：《广西武鸣马头元龙坡墓葬发掘简报》，《文物》1988 年第 12 期。

弦纹椭圆銎斜刃铜钺（见图 10-47①）
1992 年广西南宁邕江水下出土，该钺
通长 8.9 厘米，刃宽 9.4 厘米，椭圆銎，
不对称斜弧刃，两肩之间有一条不规
整的弧状凸弦纹，銎的中下部铸有一
条横线。②

图 10-47 弦纹椭圆銎斜刃铜钺（战国）

4. 铜镞

骆越地区出土的铜镞主要的形制
是阔叶形、双翼形，阔叶形仅见于骆
越地区，属于地域性特色青铜器，双翼形则为常见于其他地区的形制。阔
叶形中又可分为桃形、桂叶形、心形等，其中最有特点的是阔叶形中的桃
形镂孔铜镞，该形制的铜镞两端小，中间稍大，形似桃形，扁铤，两侧有
刃，中间有镂孔长方形血槽，铤的一侧有倒刺，是一种极具杀伤力的远
射程兵器。武鸣元龙坡出土的 1 件残长 2.9 厘米，刃宽 2.1 厘米，厚 0.05
厘米。③

5. 人面弓形格剑

人面弓形格剑是一种剑身上部铸有倒三角形人面图案的青铜短剑，剑格
两端上翘，形状如弓。人面弓形格剑是很有地域性特征的青铜器，仅见于岭
南、越北，以广西右江—郁江水系的百色、田阳、南宁、贵港一线发现数
量最多，柳江、灵山、广州等地也有发现。比较有代表性的有 1999 年柳州
博物馆征集的 2 件，其中较大的 1 件通长 32 厘米，刃宽 5.8 厘米，无剑首，

① 中国国家博物馆、广西壮族自治区博物馆编：《瓯骆遗粹：广西百越文化文物精品集》，
中国社会科学出版社 2006 年版，第 51 页。
② 参见中国国家博物馆、广西壮族自治区博物馆编：《瓯骆遗粹：广西百越文化文物精品
集》，中国社会科学出版社 2006 年版，第 51 页。
③ 参见广西壮族自治区文物工作队：《广西武鸣马头元龙坡墓葬发掘简报》，《文物》1988
年第 12 期。

茎部为椭圆柱形，上装饰有曲线纹、卷云纹等纹饰，人面纹装饰在剑身近剑格处，人面瘦长，五官清晰，面部两侧饰有齿纹，下接一长叉纹，叉尖指向一只横卧的蛙纹；另一件长 24.5 厘米，双环形剑首，茎中部粗大，分别饰卷云纹、栉纹、鸟纹，剑身近剑格处铸有人面纹。[1] 2002 年广西南宁市邕江水下出土 1 件（见图 10-48[2]），通长 23.6 厘米，无剑首，扁状茎，中部束收，近格处加宽，剑格两端微微上翘，剑身起脊，最宽处在中部，平缓向前收束，前端骤收成锋，近格处饰人面纹。[3]

此外，还有靴形钺（见图 10-49[4]）、叉形器等器物也是在骆越文化区

图 10-48　人面弓形格剑（战国）　　　　图 10-49　靴形钺（春秋）

① 参见黄利捷：《柳博收藏的人面纹铜剑》，《中国古代铜鼓研究通讯》第十五期 1999 年 12 月。
② 中国国家博物馆、广西壮族自治区博物馆编：《瓯骆遗粹：广西百越文化文物精品集》，中国社会科学出版社 2006 年版，第 43 页。
③ 参见中国国家博物馆、广西壮族自治区博物馆编：《瓯骆遗粹：广西百越文化文物精品集》，中国社会科学出版社 2006 年版，第 43 页。
④ 中国国家博物馆、广西壮族自治区博物馆编：《瓯骆遗粹：广西百越文化文物精品集》，中国社会科学出版社 2006 年版，第 29 页。

域考古发掘中常见的青铜器，但它们不是骆越文化的产物，而是受周边文化影响的器物。例如靴形钺，顾名思义，即钺的形制如一只长筒的靴子，有椭圆形或六边形銎，銎部较长，刃部不对称，一端伸出较长如靴子的头部，一端伸出较短如靴子的跟部。靴形钺 1971 年出土于广西恭城，通高 8.8 厘米，整钺作靴形，弧形刃，左右两侧不对称，长方形銎，銎部是云雷纹。[①] 靴形钺是西瓯青铜文化特有的兵器，常见于西瓯活动区域的墓葬中。

学界近年来多赞同西瓯是与骆越相邻的部族，活动区域在骆越的东边的观点，所以一般认为靴形钺出现在骆越文化区证明骆越与西瓯两个族群在先秦至两汉时期有较为深入的交流与交融。

四、骆越青铜器的艺术特色

骆越文化区的青铜文化相较于前面我们谈到的鄂尔多斯式、三星堆、滇文化等青铜文化虽然略显青涩，但是我们也看到先秦时期的骆越青铜器物中也出现了制作精细、纹饰精美的镂空细纹匕首，说明这一时期的骆越青铜铸造技术正在走向成熟。骆越青铜文化仍不失自己的独特魅力。

（一）原始性

在梳理先秦骆越青铜器物的过程中，我们发现骆越青铜文化虽然拥有自己的文化特质，但是相较于其他文化而言，器物种类少，制作相对粗糙，这些都表明骆越青铜文化发展相对缓慢。武鸣元龙坡出土的石范证明在春秋时期骆越地区已经进入青铜时代，但是青铜铸造还在使用石范，而不是更先进的陶范，中原地区早在早商时期就已经开始使用陶范，这些都表明骆越青铜文化的原始性。

---

① 参见中国国家博物馆、广西壮族自治区博物馆编：《瓯骆遗粹：广西百越文化文物精品集》，中国社会科学出版社 2006 年版，第 29 页。

（二）地域性

骆越的青铜文化是在当地原始文化的基础上生发出来的，滥觞于商末周初，从可见的商周时期的青铜卣等器物分析，早期骆越地区以接受中原青铜文化为主，西周春秋时期掌握了青铜铸造技术，以石范铸造为主，重视青铜兵器的铸造，而轻视礼器的铸制。先秦时期骆越青铜器物的造型具有浓厚的地域性特色，我们梳理出多件仅见于骆越文化区的青铜器，如人面弓形格剑、斜刃钺、桃形镞等，这些制作略显粗糙的青铜器物，表现了骆越人粗犷奔放、质朴憨厚的审美趣味。

（三）交融性

先秦时期的骆越文化区既是中国南疆东部与西部的连接区，也是沿海与内陆地区的重要通道，这一时期的骆越青铜器物向我们展示了骆越文化因其特殊的地理位置，在自身发展过程中不断受到周边文化影响的痕迹。"任何考古学文化，都不会是孤立发展的，即便是已经形成的自身特征也会随着生产能力的进步、生活方式的变化而出现新的特征；只要和其它文化发生接触，就会相互影响，内部就会出现来自其它文化的因素。"[1] 例如前面我们提到的铜鼓、靴形钺，都是由周边文化传入的器形，但是却在骆越文化区生根，特别值得一提的是铜鼓，由滇文化传入的铜鼓在骆越故地发展得最为长久，不仅融入了当地的文化，而且当骆越文化区由青铜时代进入铁器时代，铜鼓却因为被赋予了特殊的身份与角色而成为一种活态的文化传承载体，长久地保留了下来，如今依然是西南少数民族聚居区各种民俗活动的重要参与者。

---

① 湖北省荆沙铁路考古队：《包山楚墓》上册，文物出版社 1991 年版，第 341 页。

第三部分
先秦造物观念与
造物制度的演变

第十一章　制器尚象：先秦造物观念
对青铜艺术的影响

　　"造物是文化的产物，造物活动是人的文化活动。造物本质上是文化性的，它表现在两方面，一是人类的造物和造物活动作为最基本的文化现象而存在，它与人类文化的生成与发展同步，并因为它的发生才确证文化的生成。二是人类通过造物和造物活动创造了一个属于人的物质化的文化体系和文化的世界。"[①] 造物观念是以造物活动的存在为前提的，同时造物活动的开展必然伴随着造物观念的存在。人类通过造物活动所制造的任何一件器具，不论是实用性的，还是审美性的，它都具备符合人类要求的性质，这些要求必然与观念相关。人类的造物观念始于石器时代，它们最初只不过是一些心理活动或者言语经验，但是它们留下的造物结果却呈现出"因人而在"的鲜明特征。正是通过对自然改造过程中的人类活动，人造物和自然物有了界线，作为伴随人造物存在的造物观念也随着人造物的不断增多日益丰富起来。

　　先秦时期是中华文明的轴心时代，也是中国青铜艺术最具价值特色的重要时期。如果说魏晋时期是中国艺术真正获得自觉的时期，那么先秦时期，特别是先秦晚期的中国青铜艺术在造物观念的影响下，已经完成了一系列自

[①] 李砚祖：《造物之美：产品设计的艺术与文化》，中国人民大学出版社 2000 年版，第 21—22 页。

觉性创造，为后世造物观念和造物艺术的发展指明了方向。

第一节　物以致用的适用观

中国青铜艺术的主体是被称之为礼器的先秦青铜器，青铜礼器由陶制礼器发展而来，陶制礼器的形态来自于原始陶器，而原始陶器最初只是方便容纳的实用器皿，其最根本的功能是使用。某种形制器物的出现往往与人们生产和生活中的需要相适应，而器物满足人的需要的性质就是它的功能，器物的产生和发展都直接与使用功能相关联。即是说，造物活动首先以实用为目的，伴随着实用功能而衍生出与社会生活相关的其他功能。

一、实用为本

先秦时期对器物的实用功能非常重视。从《周易》的"备物致用"，到老子的"有器之用"，墨子的"利人"等等，都是强调器物实用功能的重要性。

> 形乃谓之器。制而用之谓之法。利用出入，民咸用之谓之神……备物致用，立成器以为天下利，莫大乎圣人。
>
> 《周易·系辞》

> 埏埴以为器，当其无，有器之用。凿户牖以为室，当其无，有室之用。故有之以为利，无之以为用。
>
> 《道德经》

> 仁者之事，必务求兴天下之利，除天下之害，将以为法乎天

下，利人乎，即为；不利人乎，即止。

《墨子·非乐》

《韩非子》用昂贵而无底的玉卮与价廉而不漏的瓦罐作比喻，阐释审美与实用之间的辩证关系，在韩非子看来实用功能也应排在首位。

堂谿公见昭侯曰："今有白玉之卮而无当，有瓦卮而有当。君渴，将何以饮？"君曰："以瓦卮。"堂谿公曰："白玉之卮美而君不以饮者，以其无当耶？"君曰："然。"

《韩非子·外储说右》

可以这样说，物以致用的观念在中国造物艺术发展之初即成为衡量造物成败的首要标准，隐藏在致用的思想之中是先秦造物艺术"以人为本"的基本理念。从造物史的视角来看先秦时期的青铜艺术，其实用功能可以被分解为器物的适于使用和利于使用，即适用和利用，它们属于器物实用功能的两个层次，器物形制最初满足的是适于使用的目的，即它的形制适合使用。在满足适用的基础上进一步追求使用的便利，则是利用，即器物如何更加便于使用。梳理先秦青铜器物形制的演进，更利于我们理解先秦造物对致用的追求。

先秦青铜器物早期形制主要是满足适用的目的，因为青铜器的形制大多来源于陶器，器形已经历过陶器形制的进化，已经具备最基本的适用性，在铸造过程为了适应青铜的性能而有所改变，但是早期青铜器的器形较为单一，除了鼎、鬲等烹饪器，盉、爵、角、斝等饮酒器，以及盛食的簋和盛酒的尊，未见其他形制的器物，然而细数这些器物，就能发现它们基本满足日常生活用器的需要。但是随着社会的发展，不仅人们饮食的内容丰富了，对用以烹煮、盛放饮食的器皿的需求也发生了变化，青铜器铸造技术的进步，为塑造新的器形提供了可能。商中期青铜器的行列中有了壶、瓿、罍。到商晚期，主要的青铜器器形基本都完成了最初的创制，有些器形已经完成了多次的迭代。

二、利用为人

　　夏商之际是青铜铸造技术逐渐形成和完善的重要阶段，这一时期青铜器的铸造主要用以满足实用功能的需要，随着铸造技术的不断进步，如何使青铜器更加利于人的使用成为工匠们追求的新目标。

　　以青铜卣器颈的形态变化为例，最初的青铜卣没有明确的器颈，如郑州向阳回族食品厂出土的兽

图 11-1　兽面纹提梁卣　　图 11-2　兽面纹卣
（商中期）　　　　　　（商中期）

面纹提梁卣（见图 11-1[1]），后来出现了有明确颈肩的器形，颈部竖直状，如盘龙城出土的兽面纹卣（见图 11-2[2]），到商晚期细长颈成为青铜卣的"标配"，口外侈，颈内敛，垂腹圈足是这一时期较为常见的一类青铜卣的形态，如现藏于台北历史研究院的兽面纹三节提梁卣（见图 11-3[3]）。早期的青铜卣颈部形态变化不只是造型上的改变，颈肩的出现是器物使用功能的进阶，没有颈肩的青铜卣器口较大，器壁是直线型，倾倒液体的时候阻力小，容易溢洒，而有了颈肩的青铜卣，器口变小，器壁有曲折变化，增加了倾倒液体时候的阻力，能减少溢洒。特别指出的是台北历史研究院收藏

[1]　中国青铜器全集编辑委员会编：《中国青铜器全集 1：夏 商 1》，文物出版社 1996 年版，图版第 135 页。

[2]　中国青铜器全集编辑委员会编：《中国青铜器全集 1：夏 商 1》，文物出版社 1996 年版，图版第 136 页。

[3]　中国青铜器全集编辑委员会编：《中国青铜器全集 3：商 3》，文物出版社 1997 年版，图版第 117 页。

图 11-3　兽面纹三节提梁卣
（商晚期）

图 11-4　兽面纹三节提梁卣（西周
早期）拆解图

的兽面纹三节提梁卣的形态结构更为特殊，其器颈是一件倒置的铜觚（见图11-4①），拆解下来可作饮酒器使用，这件器物体现了先秦早期青铜造物活动的先进性，它不仅创造性地将饮酒器与盛酒器合二为一，更为突出的是它巧妙地利用了觚与卣的颈部形态上相似的特点。从青铜卣器颈的变化，我们也能感受到器形变化的适用与利用。抛开青铜卣的礼制功能，仅就实用功能而言，早期没有器颈的青铜卣满足盛装的需求，有了颈肩的卣在使用上克服了容易溢洒的缺陷，而觚卣结合的多功能器则满足了更加利于人使用的目的。

再如青铜甗，青铜甗的功能类似如今使用的蒸锅，主要由三部分组成，上部分是盛装食物的甑，下部分是用以煮水的鬲，甑和鬲中间有箅。我们可以依此推想最初可能有人不经意间将一个甑放在了正在煮水的鬲上，没想到的是放在甑内的食物熟了，但是由于蒸汽的缘故，甑内有很多积水，于是人们就在甑的底部设置了一些孔洞，也就是箅的雏形，之后鬲和甑组合有了甗。当然甗的一系列形态演进在龙山文化时期的陶器就已完成，进入青铜时代，青铜甗继承了陶甗的形态，主要有两种最为常见的形制，一是联体甗，

---

①　任雪莉：《几例罕见的复合铜礼器》，《收藏家》2022 年第 1 期。

二是分体甗。此外也有特例，例如迄今为止发现的唯一一件"一拖三"的青铜甗——妇好三联甗（见图11-5[①]），考古发掘报告称其为"前所未见的殷代巨型炊具"[②]。该甗1976年出土于殷墟妇好墓，由长方形器身和三件大甑组成，通高68厘米，长103.7厘米，长方形的器身呈长案形，

图11-5　妇好三联甗（商晚期）

上平面有三个高出的喇叭形圈口，用以置放甑，圈口间距大致相等，体腔中空，平底，下有六足；三件大甑敞口方唇，下腹急收，底部略有内凹，上有三个扇面形孔。[③] 妇好三联甗的独特之处不仅在其器形巨大和三甗合一，它的结构设计也体现出铸造者匠心独运，首先，长案形的器身呈贯通状，形成了一个大的"炉膛"，有利于空气的流动，起到助燃的作用；其次，一拖三的设计，三个甑可以同时蒸煮食物，节约热能的同时还能提高工作效率。可以说，三联甗的创制是商晚期青铜器铸造的一次有益尝试，虽然这种器形为什么没有被推广我们已不得而知，但是却让我们看到了在青铜器器形基本完备的商晚期，青铜铸造工匠们渴望打破常规，推陈出新，并进行了丰富的造物实践。

青铜器物的适用和利用，并不局限于多功能器的创制，器形形制的演进也体现了"以人为本"的造物理念。商中期，青铜簋的形态是敞口、阔腹、圜底、圈足，这样的形制满足盛食器的基本功能需求，阔腹圜底适于多装食物，敞口方便食物的盛装和取食，圈足可以令铜簋放置平稳。后来逐渐增加了双耳，圈足也不断加高，到西周早期的时候，青铜簋圈足的下方添加了一

---

① 尚刚编著：《中国工艺美术史新编》（附录光盘），高等教育出版社2007年版。

② 中国社会科学院考古研究所编著：《殷墟妇好墓》，文物出版社1980年版，第44页。

③ 参见中国社会科学院考古研究所编著：《殷墟妇好墓》，文物出版社1980年版，第44—46页。

个方形的底座（见图11-6[1]），有的在圈足下又加三足（见图11-7[2]）或四足。圈足已经满足放置的需要，为什么还要添加底座和三足呢？因为簋是西周时期重要的礼器，"九鼎八簋""七鼎六簋""五鼎四簋"……说明簋是与鼎一起使用的重要礼器，鼎的器身较大，器下有足，簋在圈足下加底座和三足可以使簋与鼎在形态上更加匹配。

图 11-6　孟簋（西周早期）　　　　　　图 11-7　龙纹簋（西周早期）

　　青铜器功能体的演进也体现了先秦造物对利用的追求，以青铜壶盖钮、青铜卣提梁以及青铜盉流的演进为例。早期的青铜壶多在盖顶中央设一个菌钮或圆钮（见图11-8[3]），取下壶盖时，盖钮冲上放置会污染盖沿，盖钮向下则不能平稳安置，西周中期以后青铜壶盖顶多设圆形捉手（见图11-9[4]），不仅便于拿握，也能平稳倒置，郭宝钧认为设圆形捉手的壶盖倒置

① 中国青铜器全集编辑委员会编：《中国青铜器全集 5：西周 1》，文物出版社 1996 年版，图版第 57 页。
② 中国青铜器全集编辑委员会编：《中国青铜器全集 5：西周 1》，文物出版社 1996 年版，图版第 53 页。
③ 中国青铜器全集编辑委员会编：《中国青铜器全集 3：商 3》，文物出版社 1997 年版，图版第 92 页。
④ 中国青铜器全集编辑委员会编：《中国青铜器全集 5：西周 1》，文物出版社 1996 年版，图版第 131 页。

过来还可以作为饮器①，到战国时期大型圆壶的盖顶均匀设置三个或四个环钮（见图11-10②），保证了倒置时的平稳。再说青铜卣提梁的变化，早期青铜卣多在颈部两侧设钮，穿系绳编物以便提携。随着冶铸技术的进步，提梁演变为铜质。商中期卣的提梁为仿绳状，表明绳编提梁与铜质提梁之间的演变进程。为了防止盖的遗失或错用，在盖与提梁之间还会有环扣或铜链连接。至商晚期青铜卣的提梁不再局限于绳的形态，有的卣设两端为龙首的龙形提梁（见图11-11③），有的提梁为扁平状，提梁加宽扩

图 11-8　勾连雷纹壶
（商晚期）

图 11-9　几父壶
（西周中期）

图 11-10　蟠龙纹壶
（春秋晚期）

图 11-11　册告卣
（商晚期）

① 参见郭宝钧：《商周铜器群综合研究》，文物出版社1981年版，第149页。
② 中国青铜器全集编辑委员会编：《中国青铜器全集8：东周2》，文物出版社1995年版，图版第67页。
③ 中国青铜器全集编辑委员会编：《中国青铜器全集3：商3》，文物出版社1997年版，图版第120页。

粗增加了提握时手与提梁的接触面积，提携起来更加轻便省力。西周晚期，青铜卣逐渐销声匿迹，提梁被青铜壶所采用，春秋战国时期进一步改进为链状提梁，此类壶多称为提链壶，如曾侯乙提链壶、长沙烈士公园出土的蟠虺纹提链壶等，壶的提链的两端为链状，顶端设一璜形提梁，提链的设计保留了早期盖与提梁之间设置链环防止盖遗失的设计，同时它优化了一次成形的 n 形提梁不易平衡着力点的缺憾，顶端璜形提梁的设置也弥补了链状提梁不如一次成形的提梁提携省力的不足。

最后，我们谈谈青铜盉流的变化，夏晚期至商早期的铜盉多为封口袋足，流多为设于盖顶部的冲天管状流，有的流的根部细而口径宽，不便于液体的流出。流设于顶部，当盉内液体少时，必须将整盉倒置方可将盉内液体倒出。商晚期以后有盖铜盉逐渐成为青铜盉的主流，管状流也由器顶部下移至肩颈部位，流的根部口径大于流口，且流口多与盉的口沿保持水平或略高于口沿，这说明工匠们已经发现并掌握了"连通器"原理，并将其运用到设计实践中。

综上，不难看出"物以致用"的观念一直伴随着先秦青铜艺术的发展，体现在青铜艺术中的就是功能与形式之间的平衡。铸造青铜器的工匠们将利于人的使用需求作为器物创制的重要目标，通过对器形及其功能体的不断优化达到形制设计的完善，"形式追随功能，功能满足需求"的设计原则在先秦时期青铜器物的铸造过程中早已驾轻就熟。

第二节　顺天从命的天命观

顺天从命，顾名思义就是对自然力的绝对服从，亦可谓之"天命观"。顺天从命观念的形成是从对"天"的认识开始的，从殷商到西周，人们对"天"的认识有一个变化的过程。

一、商人的恪谨天命

商人崇拜的神分为祖先神、自然神和天神，在对祖先的崇拜中商人强调自己与祖先之间的关系。"天命玄鸟，降而生商。"玄鸟无疑是商的先祖与"天"之间的桥梁，与其说"商"（或者说商王）与"天"之间是一种臣属关系，不如说"商"是"天"的化身，代"天"行使权力。这种授权可以被看作是一种象征或者信念，它是人们笃信"天"是得到各种权力和力量的根源。商人所信奉的神——"帝"，是商人塑造出来用以代表一种无人能及的力量的神灵。但是"上帝与人王并无血统关系……殷人的上帝是自然的主宰，尚未赋以人格化的属性；而殷之先公先王先祖先妣宾天以后则天神化了，而原属自然诸神（如山、川、土地诸祇）则在祭祀上人格化了"[1]。"帝"的权威在商人这里并没有达到无限，"帝"与祖先神、自然神之间还没有明确的统属关系，虽然具有在诸天神中的主导地位，但是在商人神灵体系中的至上神的地位尚未确立。[2] 因为没有一个统领神界的至上神，所以商人祭祀的对象是多元的。

> 禹收九牧之金，铸九鼎，皆尝鬺烹上帝鬼神。
>
> 《史记·封禅书》

> 殷人尊神，率民以事神，先鬼而后礼。
>
> 《礼记·表记》

具有人所不能及能力的鸟兽虫鱼被视为神的化身，将它们的形象铸制于青铜器上，成为与上帝及各路神祇沟通的媒介。它们的形象被塑造的狰狞可怖，具有双向的震慑威力，一方面是用以震慑百姓，强化青铜礼器的

---

① 陈梦家：《殷墟卜辞综述》，科学出版社 1956 年版，第 580 页。
② 参见朱凤瀚：《商周时期的天神崇拜》，《中国社会科学》1993 年第 4 期。

图 11-12　双面神人头像（商晚期）

礼制性地位；另一方面，视它们为人类的护符，平衡人与"帝"的关系。在商人的观念中，"帝"对人世的降祸或保佑具有盲目性，帝的降祸不是惩罚，帝的保佑也不是慰藉[1]，所以这个被商人生造出来的具有无边力量的"帝"是一个假想的存在，是需要与之抗衡的对象。正如贡布里希所说的那样："把一件东西或它的任何部分改做成像魔鬼的结构，使其能与任何潜在的入侵者匹敌。"[2]"帝"就是潜在的入侵者，青铜器上的动物纹饰被塑造得狰厉冷峻是商人以"狰狞"的形象与"帝"对抗的方式。江西新干大洋洲商墓出土双面神人青铜器（见图 11-12[3]），该器通高 53 厘米，重 4.1 公斤，为中空的扁平形双面人首造型，前额宽阔，下颌狭窄，呈倒置的等腰梯形，额顶正中有一个圆形管；该器两面皆有巨目圆睛，竖耳肥鼻，鼻有双孔，颧骨突出，两侧嘴角向上扬起露出牙齿，下方的犬齿外卷似獠牙，头顶两侧设外卷的双角，形象狰狞恐怖，威严诡异[4]，应该是一件用于宗教祭祀活动的礼器。

商中期以后，青铜器内底、外底、口沿或者器盖、内壁等位置会被铸刻上具有辨识性的族氏铭文，这些族氏铭文不是简单的部族标识，通过它们可以了解商王朝的家族组织构成，族与族之间的关系，以及族与商王朝之间的关系，是商人向"帝"明确身份归属的手段。商人关于"帝"的记载主要见

① 参见晁福林：《天命与彝伦：先秦社会思想探研》，北京师范大学出版社 2012 年版，第 31 页。
② [英] E. H. 贡布里希：《秩序感——装饰艺术的心理学研究》，杨思梁、徐一维、范景中译，广西美术出版社 2015 年版，第 291 页。
③ 中国青铜器全集编辑委员会编：《中国青铜器全集 4：商 4》，文物出版社 1998 年版，图版第 170 页。
④ 参见江西省博物馆、江西省文物考古研究所、新干县博物馆：《新干商代大墓》，文物出版社 1997 年版，第 131 页。

于甲骨卜辞，青铜器上惟有二祀邲其卣（见图 11-13^①）的铭文（见图 3-93）中提及："……惟王二祀，既**紮**于上帝"。由于"**紮**"尚未得解，所以我们还不能理解该句的全意，只从可识别的字推测该句铭文中的上帝与祭祀活动相关。商晚期铭文字数开始多了起来，身份归属的内容更加明确，并且还加入了器物是因何而作的内容，有的记录祭祀，如二祀邲其卣、四祀邲其卣等，有的记录赏赐，如六祀邲其卣、小臣缶方鼎等；有的记录征战，如小臣艅犀尊、尹光鼎等；铭文的前半段主要记录事件，后半段表明该器的用途，如小臣缶方鼎的铭文（见图 11-14^②）"王赐小臣缶渪积五年，缶用作享大子乙家祀尊。举父乙"^③，正是在顺天从命的观念的影响下，明确身份归属，炫耀家族兴旺的表达。

图 11-13　二祀邲其卣
（商晚期）

图 11-14　小臣缶方鼎（商晚期）内壁铭文拓本

---

① 中国青铜器全集编辑委员会编：《中国青铜器全集 3：商 3》，文物出版社 1997 年版，图版第 128 页。

② 吴镇烽编著：《商周青铜器铭文暨图像集成》第 4 卷，上海古籍出版社 2012 年版，第442 页。

③ 吴镇烽编著：《商周青铜器铭文暨图像集成》第 4 卷，上海古籍出版社 2012 年版，第442 页。

二、周人的"天命"与"天道"

到西周初年，与后世基本相同的"天"的观念出现了。

　　天休于宁王兴我小邦周，宁王惟卜用，克绥受兹命。

《尚书·周书》

　　文王在上，于昭于天。周虽旧邦，其命维新。

《诗经·大雅》

　　有命自天，命此文王。

《诗经·大雅》

　　皇矣上帝，临下有赫，监观四方。

《诗经·大雅》

如果说殷商之时"帝"是诸神的主导，那么西周初年开始，"天"替代了"帝"，并且成为统领神界的至上神。作为至上神的"天"所具有的神力超过了"帝"，"天"不再仅仅是自然天象的主宰，他还注重人事，关注人间事物。

　　乃命朕文考曰：殪商之多罪纣……霹予天命，维既咸汝，克承天休于我有周。……天王其有命，尔百姓献民其有绶芳，夫自敬其有斯天命。"

《逸周书·商誓解》

与"帝"不同的是他与"天"有着血脉关系，周王是"天"之"大子"，周人是"天生烝民"，"天"与祖先神一脉同宗，进而强调"王承天命"，由此建立起上帝即祖先神的一元化宗教①，天命观也由此而生。周文王在殷商末年即已称王，《酒诰》有："惟天降命，肇我民，惟元祀。"王国维认为："降命之命，即谓天命。自人言之，谓之受命，自天言之，谓之降命。"②"天命"的概念最早见于何尊（见图11-15③）的铭文（见图3-101），"唯王初迁宅于成周，复禀武王礼，福自天。在四月丙戌，王诰宗小子于京室，曰：……唯武王既克大邑商，则廷告于天，曰：余其宅兹中国，自之乂民"④。"天"作为至上神，在与人的关系中占居主导地位。"天命"不仅是周王朝立国的根据，也是周王朝用以号召百姓，巩固统治的重要手段。大盂鼎铭文"丕显文王，受天有大令"⑤，强调文王受命于天，周王朝克殷建国是顺应天意。乖伯簋铭

图 11-15　何尊（西周中期）

图 11-16　乖伯簋（西周中期后段）
内底铭文拓本

① 参见王小盾：《原始信仰和中国古神》，上海古籍出版社 1989 年版，第 151 页。

② （清）王国维：《周开国年表》，收录于《观堂集林》附别集二卷，中华书局 2004 年重印版，第 1141 页。

③ 中国青铜器全集编辑委员会编：《中国青铜器全集 5：西周 1》，文物出版社 1996 年版，图版第 144 页。

④ 吴镇烽编著：《商周青铜器铭文暨图像集成》第 21 卷，上海古籍出版社 2012 年版，第 311 页。

⑤ 吴镇烽编著：《商周青铜器铭文暨图像集成》第 5 卷，上海古籍出版社 2012 年版，第 443 页。

文（见图 11-16^①）"王若曰：乖伯，朕丕显祖文武，膺受大命，乃祖克弼先王，翼自它邦，有当于大命……"^② 记载了乖伯祖辈来到周邦辅佐周王是符合天命的内容，并表达乖伯奉周王之命，光大祖业的决心。

周人用"天"取代"帝"打破了原有部族的狭隘概念，促进了周疆域的统一，"普天之下，莫非王土；率土之滨，莫非王臣"，周王理所应当地成为"天下共主"。为了进一步夯实自己的统治地位，捋顺社会等级关系，于是颁布《周礼》，在《礼记》中有：

> 是故夫礼必本于大一，分而为天地，转而为阴阳，变而为四时，列而为鬼神。其降曰命，其官于天也。
>
> 《礼记·礼运》

孔颖达疏曰："'分而为天地'者，混沌元气既分，轻清为天在上，重浊为地在下，而制礼者法之，以立尊卑之位也。"^③ 在顺天从命的观念中有两层内涵：其一是统治阶级受命于"天"，代"天"行使权力；其二是对"天命"的逆来顺受。到春秋时期，恪谨天命成为一种共识。

> 君子有三畏：畏天命，畏大人，畏圣人之言。小人不知天命而不畏也，狎大人，侮圣人之言。
>
> 《论语·季氏》

周人对于"天"认识的转变，也改变了青铜器物的装饰样态。商时"帝"是与人相对立的存在，是需要对抗的潜在"入侵者"，将青铜器装饰纹样铸制的恐怖狰狞是因为推己及人的心理投射效应，在商人看来"帝"可能和他们一样，他们害怕的东西"帝"也一定害怕。西周时"天"被赋予了

① 吴镇烽编著：《商周青铜器铭文暨图像集成》第 12 卷，上海古籍出版社 2012 年版，第 175 页。
② 吴镇烽编著：《商周青铜器铭文暨图像集成》第 12 卷，上海古籍出版社 2012 年版，第 174 页。
③ （汉）郑玄注，（唐）孔颖达疏，龚抗云整理，王文锦审定：《礼记正义》，北京大学出版社 2000 年版，第 1890 页。

"道德化"的特质。《周书》中有：

> 皇天无亲，惟德是辅，民心无常，惟惠之怀。

《尚书·周书》

披上了道德外衣的"天"不再是喜怒无常的"潜在入侵者"，而是被赋予了"敬德"和"保民"的道德内涵[1]，所以

图 11-17　中友父簋（西周中期）盖沿纹饰拓本

"天"不再是"潜在入侵者"，不再是需要对抗的对象，用以祭祀的青铜器不再需要狰狞恐怖的纹样，于是神秘诡谲的动物纹样从青铜器上消失了，动物纹样变得优美自然，大量由动物纹样演变而来的象形纹和几何纹成为青铜器装饰纹样的主流（见图 11-17[2]）。

在宗法制度逐渐完善的先秦时期，"顺天从命"的思想是统治者用以维护政治统治的工具，青铜礼器作为先秦时期思想观念与宗法制度演变的物化载体之一，是对当时社会的文化现象做出客观诠释的重要媒介。西周以后，随着"天"被赋予了"敬德""保民"的内涵，西周贵族更加重视铭文的内容，正如《祭统》所言：

> 论撰其先祖之有德善、功烈、勋劳、庆赏，声名列于天下，而酌之祭器，自成其名焉，以祀其先祖。

《礼记·祭统》

为了强化周王朝得以统治天下是顺应天命，西周很多青铜器上都以铭文描写周文王和周武王是得到了天的授意推翻殷商，如大盂鼎、克盨等器的铭文。西周宗室弘扬文王和武王的功德，分封的诸侯和有名望的族氏上行下

---

[1]　参见陈来：《古代宗教与伦理：儒家思想的根源》，生活·读书·新知三联书店 2009 年版，第 183 页。

[2]　曹玮主编：《周原出土青铜器》第 1 卷，巴蜀书社 2005 年版，第 38 页。

效，铸器弘扬家族祖先的功德，所以西周中期开始，青铜器的铭文中开始有了"子子孙孙永宝用"的字样。

春秋以后天命的内涵发生了根本性改变。罗新慧通过释读春秋时期青铜器上有关天命的铭文，认为春秋时期的"天命"与"西周时人所强调的与国祚休戚相关的天命，已是大有径庭。春秋时期，受天之命似乎开始向受天所赐之福祉的方向倾斜，与个人之命运联系起来了"[1]。膺受天命不再为周天子独属，诸侯国君、大夫士卿都可以承天修命，秦公簋的铭文称天命可以"保业厥秦"，蔡侯钟称天命"定均庶邦"。

春秋时期占星之术的流行，使天象之变与人间祸福被"合理"地联系起来：

> 天垂象，见吉凶，圣人象之。
>
> 《周易·系辞》

> 天事恒象，今除于火，火出必布焉，诸侯其有火灾乎！
>
> 《左传·昭公十七年》

在春秋时期的人们看来，"天"才是主宰四季轮回、日月流转、物候变迁的终极力量，"'天道'是'天'的神性的秩序化的表现，'顺时'也即是顺应'天'的神圣秩序。"[2]

第三节　取象比类的自然观

人类造物活动在先后经历了对自然形态的意识和认识两个阶段后，逐渐建立起通过生产实践塑造人工形态的能力。人类最初的造物活动是从模拟自然形

---

① 罗新慧：《春秋时期天命观念的演变》，《中国社会科学》2020 年第 12 期。
② 郭晨晖：《"天命"与"天道"——春秋时期"天"崇拜观念之嬗变》，《孔子研究》2021年第 1 期。

态入手的，在模拟自然形态的基础上逐渐积累了造型经验，从而按照自身需要从事造物活动。模拟自然形态的过程就是"取象"，《周易》中描述的"象"是：

> 以制器者尚其象。

《周易·系辞》

> 象也者，像也。

《周易·系辞》

> 象事知器，占事知来。

《周易·系辞》

取象比类是指从事物的形态、属性、规律、意义、象征等角度发掘内在的联系，重新进行整理、归纳。取象比类的造物观念不仅体现了先秦先民的主体意识，同时也表现出自然对于主体意识所造成的必然影响。对"象"的考察，相应地会以"象"的形式去把握、创造从而与自然世界联系起来。[1]正是由于对"象"的认知，对于不同物态在其功能上相近相通的认知体验，使得包括阴阳五行在内的许多先秦学说可以在艺术与技术的领域得到广泛的应用。政治、宗教、文化和社会生活等因素激发了主体运用个性因素进行各种造物活动。先秦造物活动的"观物取象""制器尚象""立象尽意"等都与"取象比类"的造物观念有着直接的关系。取象比类的造物观对先秦青铜造物艺术的影响，因"象"的属性不同，大体可分为以下三个层次：

一、观物取象

第一个层次是指取形态上的相同、相近或相似的"象"。先秦时期大量

---

[1]　参见李立新：《中国设计艺术史论》，人民出版社 2011 年版，第 55 页。

597

仿生造型的器物、动物纹样和象形文字都属于这一个层次的创造，其中最为典型的是青铜牺尊，即鸟兽形尊。作为青铜礼器，牺尊不仅具备实用功能，而且还具有象征意义。《周礼》有云：

掌六尊六彝之位，诏其酌，辨其用与其实。

《周礼·春官》

六尊是盛放五种未经过滤的酒的六种酒器，六彝是盛放郁鬯香酒的六种酒器，它们摆放的位置有尊卑之分。[①] 在《诗经》和《礼记》中也有相关记载：

白牡骍刚，牺尊将将。

《诗经·鲁颂》

季夏六月，以禘礼祀周公于大庙，牲用白牡，尊用牺、象、山罍。

《礼记·明堂位》

牺尊多铸制成鸟兽的形状，如第二章我们曾列举的妇好鸮尊、象尊、盠须尊等，又如 1967 年陕西岐山贺家村出土一件牛形尊（见图 11-18[②]），通高 24 厘米，长 38 厘米，作仿牛造型，牛睛圆瞪，伸颈翘首，张耳抱角，以嘴为流，卷尾作鋬，背部开方形口为盖，盖上设扑攫状虎钮[③]。该器仿牛的形态比例准确，生动而写实。20 世纪 80 年代出土于西安张家坡的邓仲牺

图 11-18　牛形尊（西周中期）

① 参见《周礼》，徐正英、常佩雨译注，中华书局 2014 年版，第 438 页。
② 中国青铜器全集编辑委员会编：《中国青铜器全集 5：西周 1》，文物出版社 1996 年版，图版第 157 页。
③ 参见长水：《岐山贺家村出土的西周铜器》，《文物》1972 年第 6 期。

尊（见图 11-19①），造型十分独特，通高 38.9 厘米，长 40.5 厘米，整器作神兽形，似鹿非鹿，似羊非羊，兽首前瞻，顶有双角，兽鼻隆起，睛圆而外鼓，耳细长而竖起；兽腿短粗，尾短小呈尖棱状，腹部两侧各有一个鸟形立扉，扉下设外侈三角形小翅；兽胸前和尾上各有一立体蜷身曲尾的夔龙，项后立一头顶有角的虎；背上设凸起的圆角长方形盖，盖上有一昂首巨喙翘翅的立鸟；整器器表装饰满布龙纹、回纹、重环纹等②，这件器物构思精巧，造型独特，纹饰缛丽，铸制精湛，是一件不可多得的青铜礼器精品。牺尊主体造型的似象非象营造了一个无限遐想的神秘氛围，鸟形扉、立夔、立虎、立鸟的融入进一步提升了器物的神性特质。如果说憨态可掬的牛形尊是模仿现实生活中的物态形象的铸造物，那么神性闪耀的邓仲牺尊就是在模仿现实的基础上进行的艺术创作，也是取象于现实生活中物态形象的艺术再加工。这样的器物还有很多，子乍弄鸟尊、金胜村鸟尊、豕尊、象尊、小臣艅犀尊、现藏于大英博物馆的双羊尊（见图 11-20③）等。这些造型源自现实

图 11-19　邓仲牺尊（西周中期）

图 11-20　双羊尊（商晚期）

① 中国青铜器全集编辑委员会编：《中国青铜器全集5：西周1》，文物出版社 1996 年版，图版第 158 页。
② 参见中国社会科学院考古研究所编著：《张家坡西周墓地》，中国大百科全书出版社 1999 年版，第 161—162 页。
③ 陈佩芬编著：《中国青铜器辞典》第 4 册，上海辞书出版社 2013 年版，第 892 页。

生活的动物形态的器物，不论是写实还是夸张，不仅呈现出先民对于自然界事物的细致观察和对生活的热爱，而且表达了他们在怀揣着渴望与热情逐渐开启未知世界大门的同时，被自身能力有限所困扰，转而去求助神秘力量的无奈。

先秦青铜器除了器形取象于现实生活，装饰纹样也大量来源于生活实践。例如，动物纹样主要取象于自然界中的鸟兽鱼虫，通过写实和夸张的造型手法进行纹饰创作，写实的多不作太多装饰和变化，夸张的则常将几种动物的特征集于一身。最典型的就是兽面纹，借助于先民的想象力，突破时空的限制，将幻想与现实结合起来，通过它们我们不仅看到狞厉雄浑、繁缛精细的纹饰，还能体会到商人对于"帝"、祖先神等的崇拜之情。西周中期以后广泛流行的象形纹样也都是从自然中取象，然后模仿和创造，绹纹和绳络纹模仿绳索以及绳索绑结的形态。先秦晚期大量出现在宴乐、采桑、狩猎、攻占等图像更是对现实生活的模仿和艺术加工。

众所周知，中国文字是世界文字史上使用最持久的象形文字，是一种完全不同于西方拼音文字的文字体系。被称之为"六书"的"象形、指事、会意、形声、转注、假借"是汉字造字的基本方法。一般认为，六书中象形、指事、会意、形声属造字之法，转注、假借属用字之法，其中象形是汉字造字的最基本手段，汉字多以形表意或以象形为其根本。象形者，画成其物，随体诘诎。所谓以形表意或借汉字的创造来表达思想，实质上都是源于"取象"。先秦青铜器铭文中的象形文字更无须多论，许多字形仍保留着图画的特征，如"日""月""戈""子"等。简而言之，先秦青铜造物活动中第一个层次的"取象"多以自然界中的物态形象为对象，运用写实和夸张的造型手法加工创作，不论器形、纹饰、铭文都有取象之痕迹。

二、制器尚象

第二层次是取意义或属性上相同、相似或相近的"象"。从器形着眼，比较突出的是瓠壶。除了前文我们介绍的赵卿墓瓠壶外，美国赛克勒美术馆藏蟠蛇纹瓠壶（见图11-21[①]）亦是其中的佼佼者，该器通高 38 厘米，器身作瓠瓜状，长颈，鼓腹，平底，顶设鸟形盖，一侧设一对环形耳，双耳间设提梁。瓠壶是模仿瓠瓜的创制，因瓠瓜与"壶"形态相似，都是细颈鼓腹，

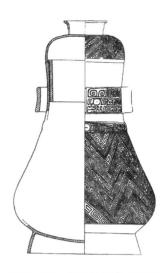

图 11-21　蟠蛇纹瓠壶　图 11-22　云雷纹圆壶（西周
（春秋晚期）　　　　　晚期）摹本

很自然地将二者联系了起来，但是先秦的匠师们并非作瓠如瓠，而是将壶的功能性与瓠瓜的形态巧妙结合。从纹饰来看，云雷纹较为突出。云雷纹（见图11-22[②]）就是受到自然界规律性变化所产生的秩序感的启发，通过流畅生动的抽象线条和充满节奏感的组织形式，运用穿插、勾连、重叠、交错等排列方式创造的图形纹样，不仅构成了充满秩序与节奏的图形，同时也表现出先民对生命的感悟，以及对自然规律的认知。对于青铜器纹饰的功能，各方学说层出，在此不做赘列，唯一可以肯定的是负载于器物上的纹饰都具有象形表意的功能，它们是通过一整套社会行为规范——"礼"，将人与社会、自然结合起来，最终形成一个大型的综合性表意系统。所以我们认为云雷纹不是模仿自然界的云海、雷电的纹样创制，而是受自然界中广泛存在的秩序之美启发的创造，这也是本书没有将云雷纹归入象形纹，而是纳入几何纹研究的原因。再看铭文，如果说第一个层次的取象以象形为主，那么"六

---

① 中国青铜器全集编辑委员会编：《中国青铜器全集 8：东周 2》，文物出版社 1995 年版，图版第 76 页。

② 中国社会科学院考古研究所编著：《张家坡西周墓地》，中国大百科全书出版社 1999 年版，第 157 页。

书"中的指事、会意的造字手法则与第二个层次取象的对象手法相一致，如
"一""二""三"是指事造字，作为能指的笔画与作为所指的意义取得某种
相同性联系；"武""射"是会意造字，它们通过两个或两个以上的字的组合
来表达某个相关联的意义。

三、立象尽意

第三个层次是指取超越了形态、意义、属性之"象"的造物活动。这一
层次的造物活动不再停留在被动地从表象的形态、意义、属性间寻找联通，
而是主动从事物的本质属性间发掘必然联系。如本章第一节提及的兽面纹三
节提梁卣就是一例，卣和觚分别是盛酒
器和饮酒器，是两个单独的个体，卣器
身的部分结构与觚在形态上相近，设计
者将卣的颈部置换为觚，并将卣分解为
可组合的几部分。这件作品没有拘泥于
浅层次的模仿，而是在卣和觚之间挖掘
相似，充分体现了"人为事物"的主观
能动性在造物活动中的作用。再如前文
提及的簋形灯、鼎形行灯、豆形灯（见
图 11-23[①]）等也都属这一层次的造物
活动，簋、鼎、豆都是食器，铜灯是生
活用杂器，在实用功能上本无交集，在
形态和属性上也无相似与相近，先秦晚
期的工匠们巧妙地将形态与功能进行转
换，创造了新颖的实用器物。

图 11-23 错银云纹豆形灯
（战国晚期）

---

① 陈佩芬编著：《中国青铜器辞典》第 6 册，上海辞书出版社 2013 年版，第 1385 页。

天圆地方是"最早出现的、朴素的、直观的宇宙图式"[①]。是华夏文明最古老的宇宙观。

> 上法圆天，以顺三光；下法方地，以顺四时。
>
> 《庄子·说剑》

> 天道圜，地道方。圣王法之，所以立上下。何以说天道之圜也？精气一上一下，圜周复杂，无所稽留，故曰天道圜。何以说地道之方也？万物殊类殊形，皆有分职，不能相为，故曰地道方。主执圜，臣处方，方圆不易，其国乃昌。
>
> 《吕氏春秋·季春纪》

《吕氏春秋》将天圆地方的概念进一步上升为"道"的高度，天圆地方不仅是宇宙结构体系的形态，更重要的在于它是宗法秩序的基本伦理，因此"天圆地方"也成为先秦造物活动"取象"的重要依据：

> 轸之方也，以象地也，盖之圜也，以象天也。
>
> 《考工记·辀人》

> 儒者冠圜冠者，知天时；履句屦者，知地形。
>
> 《庄子·田子方》

> 参尝闻之夫子曰：天道曰圆，地道曰方，方曰幽而圆曰明。
>
> 《大戴礼记·曾子》

青铜器的器形以方圆为主，不论器形如何演进，方和圆是器形变化的主流。鼎有方鼎、圆鼎，壶有方壶、圆壶，瓽也有方圆之分。下方有座的簋都

---

① 郑文光：《中国天文学源流》，科学出版社 1979 年版，第 203 页。

图 11-24　盠簋（西周早期）

是由上方浑圆的器身与下方方正的底座组合而成，如盠簋（见图 11-24①）；现藏于日本千石唯司的镶嵌绿松石透雕几何纹铜镜，是战国遗物，该镜直径 10.8 厘米，镜背以钮为中心由方框将镜背分为方圆两个区域，方区在内，圆区在外。作为古人对天地宇宙空间的抽象认知，天圆地方是中国古代传统造物活动始终秉持的象征性原则，器物的上圆下方、外圆内方、方圆结合都是天圆地方的外显形式，"天尊地卑，等级分明，既符合儒家的理论，又符合统治者的心意，借助天所提供的神圣权威，有益于建立等级森严的封建统治机制。"

先秦青铜器铭文的单个文字多具有象形、指事、会意等特征，但是将文字组合起来的功用远超于文字本身。铭文文字从商中期的单个图像，到春秋战国的数百字长文，文字充分展现了其非凡的功用。不论是族氏徽记、祭天祀祖，还是征伐杀戮、赏赐诰命，这些被组织在一起的文字不仅记载了事件，它们还记录了当时的政治制度、宗亲关系、礼俗文化、宗教信仰、社会组织、经济结构、意识形态等。从观物取象的角度，单独的文字在铭文铸刻过程中被有组织地组合在一起，不同的组合除了表达不同的意义外，还具有不同的审美特征，特别是前文我们介绍过的鸟虫书，更是其中的佼佼者，鸟虫之造型本与文字的笔画没有形态和属性上的联系，但是将抽象化的鸟虫形象与文字结合后所创造的优美文字却是中国书法史上辉煌的一

---

① 中国青铜器全集编辑委员会编：《中国青铜器全集 5：西周 1》，文物出版社 1996 年版，图版第 65 页。

页（见图 11-25①）。

通过青铜器的形制、纹饰、铭文，可以看到"制器尚象""观物取象""立象尽意"是先秦时期自发而又自觉地进行的造物活动，先秦的工匠们将他们对形态的认识与造物活动紧密结合起来，在"近取诸身，远取诸物"的取象比类造物观念的指引下，不断推陈出新，从三个不同的层面开展丰富的造物活动，在强化审美形式对主体情感的表现能力

图 11-25 玄翏夫铝戈（春秋晚期）
铭文拓本

和艺术装饰功能的同时，突出创造物的象征意味。取象比类不仅是运用抽象、象征等手段将对象符号化，也是对象在主体意识中的定型化，更是主体情感表达的方式。

第四节 因物赋形的造型观

所谓因物赋形，是指尊重表现对象的性质与特征，准确而自然地表现对象形态的造物观念。"物"指客观存在的一切物体和现象；"形"指所表现出的客观对象的形态与面貌。造物观念的因物赋形主要包含两个层面的含义：

---

① 吴镇烽编著：《商周青铜器铭文暨图像集成》第 31 卷，上海古籍出版社 2012 年版，第 463 页。

一、形随物成

形随物成是指器物的造型由其功用决定。这里要与物以致用相区别，物以致用是以实用为目标，侧重器物功能体的形态和造型的细节，以求更加利于使用，而形随物成侧重器物整体形态的把控。例如尊彝是盛酒器，重要的青铜礼器之一，根据《周礼》的描述，包括六尊六彝，六尊有牺尊、象尊、著尊、壶尊等，六彝有鸡彝、鸟彝、虎彝等。象尊指象形尊，铸制象尊的时候就要铸成象形，同理，牺尊是牛形，鸟彝如鸟状，虎彝为虎态。（见图11-26[①]）象尊1975年出土于湖南醴陵狮形山，通高22.8厘米，长鼻高卷，粗眉臣目，四肢粗壮；鼻端作凤首形，凤冠上伏一虎，虎口衔一蟠虺；鼻部中空与器腹连通；器身以雷纹为地装饰兽面、虎纹、龙、凤鸟等纹饰，该器形态生动逼真，装饰纹样层次丰富，精致缛丽，铸造技术水平高。[②]（见图11-27[③]）象尊现藏于法国吉美国立亚洲艺术博物馆，通高65厘米，是现存

图 11-26　象尊（商晚期）　　　　　图 11-27　象尊（商晚期）

---

① 中国青铜器全集编辑委员会编：《中国青铜器全集 4：商 4》，文物出版社 1998 年版，图版第 127 页。
② 参见熊传新：《湖南醴陵发现商代铜象尊》，《文物》1976 年第 7 期。
③ 中国青铜器全集编辑委员会编：《中国青铜器全集 4：商 4》，文物出版社 1998 年版，图版第 128 页。

最大的动物形尊，因鼻部断缺已无从知晓鼻部从前的形态。此象也是四肢粗壮，长鼻上卷，双目圆睁，两耳侧展，器身铸刻细密的兽面纹、龙纹、凤鸟纹。此两器虽都为商晚期象尊，但造型与审美趣味则完全不同。形随物成虽然为器物的形态规定了一个框架，但是也给予工匠一定的创作空间，因此才有了鸟兽形尊形态各异，生动灵趣的面貌。

　　形随物成并不局限于器物名称与器形的匹配度，器形与思想观念也关联紧密。形随物成的"物"既包括客观实在的物态、物象，也包括宏观架构的物候、现象。原始陶器本是对自然界事物的稚嫩仿制，随着技术不断进步，稚气褪去的陶器展现出造物者浑然天成的造型能力和颇具装饰意匠的艺术表现能力。青铜时代的到来，在塑制陶器过程中总结的造物经验被有效地迁入青铜器的铸制中，大量三足铜器就是例证。在裴李岗文化和磁山文化遗址都出土有三足陶器，说明华夏先民早在原始社会时期就在生产实践中掌握了三角形是最稳定结构的原理，从最初三个陶钮，再到棍状起稳固作用的支撑足，最后发展为既增加了器皿容积，又扩大了受热面积的袋状足，大量三足陶器呈现出审美与力学原则相协调的优美形态。作为青铜时代重要的技术准备，陶器的铸制技术和器形创制为青铜器的发展奠定了基础，不过陶土与青铜毕竟是两种物理属性和化学性质都截然不同的物质，陶土不适合制作方形的器具，但是青铜可以，器腹圆形的器物配以三足稳固而美观，而方形器腹的器物配上四足则显得更加和谐（见图11-28①）。所以说，青铜时代对陶器器形的继承不是简单的迁移而是创新式

图11-28　兽面纹方斝（商晚期）

---

① 中国青铜器全集编辑委员会编：《中国青铜器全集3：商3》，文物出版社1997年版，图版第58页。

发展，在遵从青铜物理和化学性能的基础上不断推陈出新。

二、因形赋纹

青铜礼器上的动物纹饰一样是统治阶级用以炫耀自己与神亲近的媒介，借助神的威望达到政治统治神圣化的目的，青铜礼器因此具有浓郁的社会功利的属性，所以不论器物还是纹饰都不可避免地涉及宗教与政治的象征意义。杰西卡·罗森认为："所有的装饰纹样在特定的环境之内，都是专为某类型的器物而设定的。"[①] 器形与纹饰的相得益彰，说明先民在装饰纹饰的同时会考虑器形的功能与用途。主纹往往被装饰于器腹、肩部、圈足等空间较为宽阔的位置，纹饰图案大而醒目，辅纹则多在空隙处作填充，同时我们也注意到无论主纹还是辅纹在装饰的空间内总是"因形赋纹"。商代中晚期出现了二重花纹和三重花纹，以动物纹为主纹，以排列整齐密集的云雷纹、羽状纹等为底纹，并通过对动物的角、尾、羽、冠等部位的夸张，使纹样呈现繁缛诡秘的特征。恰到好处的位置安排使得主纹与辅纹间的强弱对比得以调和，器物看上去层次分明，井然有序。还是以前文提及的象尊（见图11-29[②]）为例，这件整器模仿大象的青铜尊器表以云雷纹为地装饰各种动物纹样25种，象的额头上方饰有一对凸起的蟠虺纹，象耳、颈、腹、臀饰有凤鸟纹、虎纹、兽面纹、龙纹等纹样[③]。

图 11-29　象尊（商晚期）侧面纹饰拓本

---

① 　[英] 杰西卡·罗森：《祖先与永恒：杰西卡·罗森中国考古艺术文集》，邓菲等译，生活·读书·新知三联书店 2017 年第 2 版，第 5 页。

② 　熊传新：《湖南醴陵发现商代铜象尊》，《文物》1976 年第 7 期。

③ 　参见熊传新：《湖南醴陵发现商代铜象尊》，《文物》1976 年第 7 期。

先秦中期以后，青铜器纹饰的诡秘色彩逐渐淡化，进而追求形式美感，动物纹褪去了威严规整而富于图案化，大量富于节奏与韵律的几何纹、象形纹的出现，不仅使器物的整体美感增强，同时也是西周青铜纹饰走向规范化、条理化的表现，这与西周初年颁行的《周礼》是相契合的。纹饰的规整与秩序为褪去神诡气质的青铜器凭添一份儒雅气质。斜条纹鬲（见图11-30①）通体细密齐整的斜条纹仿佛一尊优美的印纹陶器。双銴杯（见图11-31②），侈口，平底，束腰，腰部最细处有一周凸弦纹，杯身两侧伸展出高大镂空变形简约龙纹銴，整器散发着高贵典雅的气质，是一件匠心独运之精品。散车父壶（见图11-32③）以垂鳞纹为主纹，"鳞"片层叠，产生立体的美感。使用垂鳞纹的青铜器多为水器，垂鳞纹与波光粼粼的水面有着类同的形式美。先秦晚期现实生活题材的画面出现在青铜器纹饰中，最为典型的是前文中提到的故宫博物院藏战国早期宴乐狩猎水陆攻战纹壶，该壶的三个纹饰带的放置具有典型的因形赋纹的特点，天空、地面和水面三个层次被依照自然界中的顺序由高至低地安置于器表。动物（大雁）不再是主题，而成为人的"涉猎"物，处于画面的次要地位。这种以人为主体的画面是先秦

图 11-30　斜条纹鬲（西周中期）　　　图 11-31　双銴杯（西周中晚期）

---

① 中国青铜器全集编辑委员会编：《中国青铜器全集 5：西周 1》，文物出版社 1996 年版，图版第 39 页。

② 中国青铜器全集编辑委员会编：《中国青铜器全集 5：西周 1》，文物出版社 1996 年版，图版第 121 页。

③ 曹玮主编：《周原出土青铜器》第 2 卷，巴蜀书社 2005 年版，第 192 页。

图 11-32　散车父壶
（西周晚期）

晚期人的自我意识高度觉醒具象表现。

　　青铜器铭文也是"纹"的一种形式，也可以窥见因形赋纹的造型手段。先秦早期，因为铭文字数少，较简洁，多铸刻在器物的口沿、口内壁、腹内壁、内底、外底等位置，其主要作用在于标识宗族归属。先秦中期以后，铭文的字数不断增多，内容也逐渐丰富起来，多依据铭文字数的多少铸刻在器物内壁适宜的位置。随着铭文字数的增多，铭文的铸刻也逐渐由恣意随性向规矩整齐转变，文字的可读性不断提升。西周中晚期的散氏盘、史墙盘、虢季子白盘等盘形器的内底成为大篇幅铭文的重要载体，特别是散氏盘和史墙盘这样的圆形盘，盘底铭文被规整地铸刻在一个方形的区间内，铭文的方与盘形的圆也与"天圆地方"的宇宙观相契合。先秦晚期各方铭文各有特色，不同风格的青铜铭文被铸刻在各区域具有地域性造型特征的青铜器物上，器与铭共同承载着各地域的礼俗文化和审美旨趣。

　　因物赋形的造物观念是先民在造物活动中不断认识自然的必然结果，创作主体个性化的审美情趣与宗法制度浓厚的教化色彩，在因物赋形观念下被完美地糅为一体，历经几千年之后我们仍能在这些精美的青铜器上看到宗法礼制的"色彩"。

第五节　审曲面势的材料观

　　审曲面势是指考察材料的曲直纹理、阴阳向背、形状等特点[1]，是中国

---

[1]　参见戴吾三编著：《考工记图说》，山东画报出版社 2003 年版，第 17 页。

古代主要的造物观念之一。它揭示了中国传统造物的一个普遍规律，强调材料对于造物活动的重要性，材料的形态特征与功能属性决定造物活动的方法与结果。

一、天时地气的限制性条件

审曲面势最早见于《考工记》：

> 审曲面势，以饬五材，以辨民器，谓之百工。

《考工记·总叙》

审曲面势的核心在于"审"，它既是观察又是设想，既是对各要素所做的反应，又是灵活应变的设计。①《考工记》在"审曲面势"后面又明确提出了"注重内外统一、与自然相融合"的造物原则，也可称之为价值标准：

> 天有时，地有气，材有美，工有巧，合此四者，然后可以为良。

《考工记·总叙》

在这个原则中，"天时""地气""材美"强调的是自然环境与物质因素对造物活动的影响，"工巧"强调的是人为因素的影响。对于这个原则，《考工记》接着说：

> 材美工巧，然而不良，则不时，不得地气也。

《考工记·总叙》

由此可见，在古人看来，"天时"与"地气"是创制优质产品的核心因素，即使选用优良的材料，经过能工巧匠的精心制作，缺乏"天时""地气"

---

① 参见李立新：《中国设计艺术史论》，人民出版社 2011 年版，第 67 页。

仍然无法得到最优质的器物。"天时"是指按季节的变化合理安排造物活动，更进一步可理解为是指造物活动要适应时代的变化，这也正是我们可以依据工艺、形制、纹饰、铭文等特征准确判断青铜器属于哪个时代造物遗物的原因。"地气"则涉及地理、地质、气候、生态等多种客观因素，这些因素既包括自然因素，如气候条件、生态环境等，也包括社会因素，如风俗习惯、宗教信仰等，这是我们判断器物文化归属的依据之一。例如前文提及的栾书缶，作为春秋中期以来的 1 件极具史料价值的器物，考古界一直将其归为晋器，然也有学者提出其应为楚器①，争辩双方都是以出土的同一时期晋楚两地相同器形以及铭文风格作为佐证。《礼记》也曾记载了地理气候对人们的性情与习俗的影响。

> 凡居民材，必因天地寒暖燥湿，广谷大川异制。民生其间者异俗，刚柔、轻重、迟速异齐，五味异和，器械异制，衣服异宜。
>
> 《礼记·王制》

地理气候对一个民族造物艺术风格的影响，是一个涉及心理学、社会学、宗教学、人类学等领域的庞大课题。黑格尔说："我们不应该把自然界估量得太高或者太低：爱奥尼亚的明媚的天空固然大大地有助于荷马诗的优美，但这个明媚的天空决不能单独产生荷马。"② 黑格尔虽然并不赞成"地理决定论"，但是他却肯定了地理因素对文学、艺术风格的影响。

二、材美工巧的决定性作用

在具备了决定性的"天时"和"地气"两个因素之后，第三个因素是

---

① 参见瓯燕：《栾书缶质疑》，《文物》1990 年第 12 期；王冠英：《栾书缶应称名为栾盈缶》，《文物》1990 年第 12 期；张德光：《关于栾书缶制作者与其相关问题的一点看法》，《文物世界》2004 年第 4 期。

② [德] 黑格尔：《历史哲学》，王造时译，上海书店出版社 2006 年版，第 74 页。

材美，"材美"指材料因色泽、肌理、质感等因素而呈现的美感。在第二章中我们也曾提到，"燕之角，荆之干，妢胡之笴，吴粤之金锡"均为材美者，而这些优质的材料与其产地是不可分离的，说明在古人看来优质材料的养成与生长环境关系密切。所以"材美"不仅仅是材料的美感，还涉及材料的选择。最后则要通过人为的技术工作实现造物活动的结果，那就是工巧。"工巧"顾名思义是指能工巧匠，工巧的关键在于技术，但其核心是人，造物活动的结果最终是由人来实现，"人"是造物活动的核心因素。我们在第二章中曾对先秦时期长江流域和黄河流域的古铜矿遗址、矿冶遗址、铸铜作坊遗址等作过较为详细地介绍，储量丰富的铜资源是先秦青铜铸造业赖以发展的物质基础，青铜铸造业也正是沿着矿脉逐渐发展起来。

杰西卡·罗森对大英博物馆藏的两件中国先秦时期青铜卣做了原子光谱测试，两件青铜卣一件为中原地区器物，另一件为东南地区器物，测试所得数据支持了罗森关于中原地区青铜器含铜量高于其他地区的推断，同时通过对两件青铜卣形态与铸造方法的分析，她认为中国青铜铸造技术是由中原区向周边地区传播的。在她看来，制作陶范的陶土质地对铸造花纹的清晰度起着决定性的作用，所以东南器的花纹没有中原器清晰。[1] 她的推论间接地指出"天时""地利"直接影响着铸造器物的质量。青铜器的"材美"，包括陶土的质地、铜料的选择、锡铅的比例等等，前文我们曾谈及"六齐"与青铜铸造的关系，吴来明对商周青铜器的合金配比作了细致分析，认为商周青铜器中钟鼎、工具和兵器、鉴燧三类的合金配比是符合现代冶金学理论和器物使用要求的；工具和兵器的合金分为含锡小于14%、含锡17%左右和两者综合应用三大系列锡青铜；在制作实用器时，铅的使用合理地控制在小于6%，在保证机械性能的条件下，最大限度降低熔点，提高流动性和改善磨削性能[2]。

---

[1]　参见 [英] 杰西卡·罗森：《祖先与永恒：杰西卡·罗森中国考古艺术文集》，邓菲等译，生活·读书·新知三联书店2017年第2版，第57—60页。

[2]　参见吴来明：《"六齐"、商周青铜器化学成分及其演变的研究》，《文物》1986年第11期。

图 11-33　绿松石镶嵌兽面纹牌饰
（夏晚期）

除了铸造工艺外，青铜器装饰工艺的选材亦十分重要，被装饰于器物上的镶嵌物、错嵌物往往成为瞩目的焦点，在选材与工艺上更是精益求精。如偃师二里头遗址出土的绿松石镶嵌兽面纹牌饰（见图11-33①），嵌于其上的每一片绿松石都经历过细致的打磨。由于镶嵌用的绿松石片要求小而薄，每一片小小的绿松石嵌片都包涵着难度不小的做工，它们都是严格按照一定的形状和规格削切研磨成。② 除了镶嵌工艺外，第二章提到的错嵌、鎏金、刻纹、髹漆等青铜装饰工艺亦是如此，每种工艺在选材和工艺上都要求精益求精，因为古人早已知道只有保证每一道工序都"材美工巧"才能制作出精美绝伦的器物。

审视历经千年洗礼依旧光彩炫目的青铜器，我们深刻地理解先民"审曲面势"的造物观念是制作精美器物的关键所在。

第六节　技以载道的技术观

技以载道是涉及技术伦理的造物观念，它形成于先秦时期，对中国传统造物的影响可谓深远。一直以来，我们常提"器以载道"，而在"道""器"

---

① 中国青铜器全集编辑委员会编：《中国青铜器全集 1：夏 商 1》，文物出版社 1996 年版，图版第 21 页。
② 参见北京市玉器厂技术研究组：《对商代琢玉工艺的一些初步看法》，《考古》1976 年第 4 期。

之间作为实现"器"的手段的"技"则常被忽略，这也正反映出中国传统思想中对于"技"的轻视。"道"是中国传统哲学中特有的一个基本范畴。《周易》这样言"道"：

> 形而上者谓之道，形而下者谓之器。
>
> 《周易·系辞》

《说文解字》对道的解释是"道，所行道也。从辵首，一达谓之道。"《辞海》中对于"道"的解释则有十七条之多。"道"除去最基本的含义道路外，还含有法规、法律；方法；宇宙万物的本源、本体；一定的人生观、世界观、政治主张或思想体系；封建伦理纲常等意义。在"技以载道"的观念中，"技"主要指造物活动中所采用的技术途径与方法，而"道"是一个高度抽象的概念，是在思维层次上超越了人们对于各种具体途径和方法的认知体验，是通过"技"所体现的对规律、途径、方法的归纳与总结，所以说是"技"有形，而"道"无形。

先秦诸子对"技"与"道"的关系均有论述，他们的观点虽各不尽相同，但是却从不同的侧面阐释了技以载道的技术伦理观念。

一、儒家的技术观

先秦儒家的造物观念注重器物的实用性，提倡经世致用，反对奇技淫巧。在先秦儒家经典《尚书》中就载有：

> 郊社不修，宗庙不享，作奇技淫巧以悦妇人。
>
> 《尚书·泰誓》

> 不役耳目，百度惟贞。玩人丧德，玩物丧志。志以道宁，言以道接。不作无益害有益，功乃成。不贵异物贱用物，民乃足。
>
> 《尚书·旅獒》

《泰誓》中的这句话记述的是商王不扫治宗庙，不举行祭祀活动而用"奇技淫巧"取悦妇人的故事。孔颖达疏："奇技"谓奇异技能，"淫巧"谓过度工巧，二者本同，但"技"据人身，"巧"指器物为异耳。仅凭"过度"二字我们就可以体会出儒家对于技术有"度"的要求，即"适度"，过之则为"淫巧"。《旅獒》篇阐述了儒家强调节俭的技术评价标准。对于孔子的节用观我们在前文曾有论及，儒家宁俭勿奢的技术伦理观念与儒家"惠民"的政治伦理主张是密切关联的。

作为儒家学派的创始人，孔子关于"文"与"质"这一对范畴的陈述最具代表性：

> 子曰："质胜文则野，文胜质则史，文质彬彬，然后君子。"
>
> 《论语·雍也》

孔子的这一观点不仅体现了儒家思想形式与内容要有机统一的旨归，同时也强调了造物活动各环节的相互协同，而达成协同的关键在于技术。孔子的这句话，从字面上理解是说质朴胜过了文采，就显得粗野，文采胜过了质朴，则显得浮夸，只有文采和质朴兼备，才可以称为君子。这里的"质"是指内在的仁德，"文"指外在的表现。在儒家看来，文与质、礼与仁、美与善、技与道是内在与外在的关系，是相互依存的概念，无一可以独立存在，只有在一个相对平衡的条件下才能呈现出最优的状态。

二、道家的技术观

在道家思想中，对于"道"的阐述更加深刻。在道家看来"道"是世界的本原，正所谓"先天地生"。道家关于"技"的论述需要分为两部分来看，第一部分是对于"技"的赞，第二部分是对于"技"的恶，这两部分是互相依存，缺一不可的，它们共同构成了道家"技以载道"的造物观念。

《庄子》关于庖丁解牛、运斤成风、津人操舟、轮扁斫轮的故事，都是道家关于技的赞的体现。这几则小故事都是人在实践活动中由"技"入"道"的典型事例。

> 臣之所好者道也，进乎技矣。始臣之解牛之时，所见无非牛者；三年之后，未尝见全牛也。方今之时，臣以神遇而不以目视，官知止而神欲行。依乎天理，批大郤，导大窾，因其固然，技经肯綮之未尝，而况大軱乎！
>
> 《庄子·养生主》

道家强调的是通过"技"使人与工具和谐统一。在《庄子》中的《天道》《达生》《徐无鬼》中也有类似的故事。道家强调技进乎道的同时，也对技的精进可能对人和自然造成的影响充满忧患：

> 天下神器，不可为也。为者败之，执者失之。
>
> 《老子·治国》

> 民多利器，国家滋昏，人多伎巧，奇物滋起。
>
> 《老子·治国》

> 有机械者必有机事，有机事者必有机心。机心存于胸中，则纯白不备，则神生不定；神生不定者，道之所不载也。吾非不知，羞而不为也。
>
> 《庄子·天地》

通过这些论述不难看出，道家的忧患意识促成了其对于"技"的恶的观点，道家害怕一旦技在人类生活中占据主导地位，将导致人类失去感性的天性而沦为机械的附庸，所以道家将"道"作为技的终极目标，渴望通过"道"来规范"技"的发展，从而避免"技"的异化。

道家的技术观需要将"赞"与"恶"两部分结合分析，对于"技"与

"道"的关系的论述与儒家有相同之处，他们都反对奢侈浪费而提倡节俭，然而儒家的技术观因其积极"入世"的政治理想而落实于"惠民"的政治主张，道家的技术观则突出体现在人与技术、工具之间的关系中，强调人与自然物的和谐共处。

三、墨家的技术观

墨家的代表人物墨子不仅是先秦时期著名的思想家，也是一个精通器具制造的匠师，墨家的技术观注重的是工匠的道德修养与技术的社会影响。墨子关乎"技"与"道"的论述主要有：

> 坚车良马不知贵也；刻镂文采，不知喜也，何则？其所道之然。
>
> 《墨子·辞过》

> 食必常饱，然后求美；衣必常暖，然后求丽；居必常安，然后求乐，为可长，行可久，先质而后文。
>
> 《说苑·反质》

在《辞过》篇中，墨子提出修建宫室应该以方便生活为目的，而不是观赏；制作衣装应以方便穿着为目的，而不是求华美奢丽；制作车船要讲究轻捷便利，方便装载货物。无疑，墨子的思想是讲究实用的，是功利性的。墨家与儒家和道家一样，对于"奇技淫巧"所持的态度是一致的：

> 利于人谓之巧，不利于人谓之拙。
>
> 《墨子》

"巧"与"拙"的对比体现的是墨子"利民"和"实用"的价值追求，墨子还特别强调技术的创新，不仅他自己创制了许多实用器具，在和公孟子谈论"述而不作"时，他也阐述了自己的观点：

> 吾以为古之善者则诛之，今之善者则作之，欲善之益多也。

> 《墨子·耕柱》

在墨子看来，古人的"善"要传承，但是并不影响今人的"善"，两者相加是多多益善之举，依此可以引申出在墨子看来，优秀的传统既需要继承，又需要创新，继承传统和创新发展是相辅相成的。结合《墨子》中《备城门》等十一篇关于防御战术、守城门的兵器与工具的研究，以及墨家对于"技"与"道"的论述的观点，可以看出墨子关于技以载道的造物观念是落脚于"兼利天下"的功利思想，和他的政治主张也是一致的。

四、法家的技术观

先秦法家思想的代表人物有李悝、商鞅、韩非子、李斯等人，思想观点主要收录于《韩非子》《管子》《商君书》等典籍中。法家思想的中心是"以法治国"，提出了一整套政治主张和治国方法。"法"最初的含义并非法律，而是技术标准。

> 尺寸也，绳墨也，规矩也，衡石也，斗斛也，角量也，谓之法。

> 《管子·七法》

> 先王悬权衡，立尺寸，而至今法之，其分明也。

> 《商君书》

作为技术尺度的"法"的涵义最终被引申为道德行为规范的尺度"法律"。

> 法令者，民之命也，为治之本也，所以备民也。

> 《商君书》

奉法者强则国强，奉法者弱则国弱。

《韩非子》

历史学家认为，春秋战国时期秦国的强大和其"依法治国"有着必然联系，李约瑟认为秦国"如果没有某些工艺技术作为他们新的社会理论的基础，他们怎能竟然取得如此的成功？"[①] 也就是说，秦国法制的根本在于其关于"尺度"的"技术"理论基础。

法家早期的代表人物李悝曾经几近偏执地反对"奇技淫巧"：

雕文刻镂，害农事者也；锦绣纂组，伤女工者也。农事害则饥之本也，女工伤则寒之原也，饥寒并至而能不为奸邪者，未之有也……故上不禁技巧，则国贫民侈。

《说苑·反质》

我们还注意到提倡"重农轻商"的韩非子在《五蠹》篇中将从事工商活动的人贬称为"蠹虫"，对于工商活动的敌视，在一定程度上限制了技术活动的开展。《管子》更把"雕文刻镂"称作"末作"，"锦绣纂组"称作"文巧"，并提出：

凡为国之急者，必先禁末作文巧。末作文巧禁则民无所游食。

民无所游食，则必农。

审度量，节衣服，俭财用，禁侈泰，为国之急也。

《管子》

在这一点上，法家与儒道墨是相同的，都反对"奇技淫巧"，而其反对的原因是因为他们认为"奇技淫巧"的流行会使劳作的人意志不坚，荒废农事；而从事手工技艺的人都是为了逃避农战。

---

① ［英］李约瑟：《中国科学技术史第二卷：科学思想史》，何兆武等译，科学出版社1990年版，第237页。

> 声服无通于百县，则民行作不顾，休居不听。休居不听，则气
> 不淫；行作不顾，则意必壹。意壹而气不淫，则草必垦矣。

《法经》

> 要靡事商贾，为技艺，皆以避农战。

《商君书·农战》

《管子》的观点并没有那么偏激，他"立器械以使万物"的思想则是要求人们合理利用自然界所提供的材料去造物，他强调技术对于民生的功用，如果过度的强调技术而不利民生，则不可为。

> 今工以巧矣，而民不足于备用者，其悦在玩好；农以劳矣，而
> 天下饥者，其悦在珍怪，方丈陈于前；女以巧矣，而天下寒者，其
> 悦在文绣。

《管子》

法家关于技以载道的造物观与其政治观点也是一脉相承的，对于"技"的尺度的掌握是其思想的核心，由于"重农轻商"的政治主张使得"技"的发展受到局限。

纵观先秦儒、道、墨、法关于"技以载道"的造物观念，各自有着隶属于自身学派的特点和主张，但是他们几乎共同地抵制了"奇技淫巧"，这不禁让我们联想到春秋晚期以后的青铜器多见造型洗练的素面器（见图11-34[①]）和装饰纹样简单的器物（见图11-35[②]），就连铭文的笔画间都少了装饰的趣味，这可能是反对"奇技淫巧"的观点在器物形制、纹饰、铭文上的反应。先秦造物活动的根本出发点是物以致用，即实用的原则在技以载

[①] 中国青铜器全集编辑委员会编：《中国青铜器全集 9：东周 3》，文物出版社 1997 年版，图版第 151 页。

[②] 中国青铜器全集编辑委员会编：《中国青铜器全集 7：东周 1》，文物出版社 1998 年版，图版第 64 页。

图 11-34　盖鬲（战国中期）　　　　图 11-35　蔡侯鼎（春秋晚期）

道的造物观念中不断被强化，虽然儒、道、墨、法各家对于"技以载道"有着各自的立场和观点，但是对于造物活动的根本目的是适用，他们却是空前一致。

第七节　器以藏礼的伦理观

　　器以藏礼是指按照礼的要求而确立的一整套用以显示身份等级、尊卑贵贱的，具有象征使用者权力与地位的器用制度。被使用的器物实质上是"礼"的物化，它们被赋予了"礼"的神圣外衣。身着"礼"的外衣的器物我们一般将之称为"礼器"。器以藏礼的观念属于先秦造物伦理观的范畴，其中的核心是"器"与"礼"的关系。"器"是形而下的、有形的，指具体的事物。"礼"是中国古代传统文化的核心，"来源于远古至上古（夏商周）的氏族群体的巫术礼仪，经周公而制度化，经孔子而心灵化，……但始终保存了原始巫术的神圣性，成为数千年来中国传统社会的行为准则、生活规范。""礼"是中国古代社会用以维护等级制度的行为规范和道德规范的总称。

先秦的典籍这样定义"礼"：

> 礼，经国家，定社稷，序民人，利后嗣者也。
>
> 《左传·隐公十一年》

> 名以出信，信以守器，器以藏礼，礼以行义，义以生利，利以
> 平民，政之大节也。
>
> 《左传·成公二年》

在禹之前，部落联盟首领的推举采用禅让制，尧禅让给舜，舜再禅让给禹，禹禅让给了益，但益在三年后将首领的地位禅让给了禹的儿子启。据《韩非子》《竹书纪年》《战国策》等记载，益即位之后，遭到启的排挤，亦有说益被启诛杀……启建立了中国历史上第一个王朝——"夏"，开中国历史世袭王权之先例，它标志着中国社会由"天下为公"的大同社会进入"天下为家"的小康时代。政权的世袭带来的是特殊公共权力凌驾于社会之上，部落征战与兼并，刑罚法律的制定……社会等级分化，"礼"应运而生：

> 今大道既隐，天下为家。各亲其亲，各子其子，货力为己，
> 大人世及以为礼，城郭沟池以为固，礼义以为纪，以正君臣，以
> 笃父子，以睦兄弟，以和夫妇，以设制度，以立田里，以贤勇
> 知，以功为己……故圣人参于天地，并于鬼神，以治政也。处其
> 所存，礼之序也；玩其所乐，民之治也……礼义以为器，故事行
> 有考也。
>
> 《礼记·礼运》

和谐的大同社会没落，社会失去了原有的秩序，统治者于是通过制定和颁行"礼乐"制度来区分君臣、父子、兄弟、夫妇等等级身份，巩固人与人之间的等级关系，并且不断地规范化和系统化，"礼义以为器"则是指统治者在施行政治统治的时候可以"礼义"为其协助。

李松认为:"以器涵礼,礼在器中,道在器中,这是青铜器艺术由商代到西周时代在精神内涵方面的一个重大的、质的变化。"[1] 原始陶器的礼制性特点证明精神内涵的变化在石器时代就已萌生,青铜器与原始陶器一脉相承。宋镇豪分别对二里头二期的十座墓葬、三期的十一座墓葬和四期的十三座墓葬出土的陶质礼器和青铜礼器作了认真的比对和研究,认为:"(二里头)四期墓葬随葬铜器中出现了爵与斝两器相配,以及鼎、斝、盉三器相配的形式,表明中国古代青铜礼器的组合,是从二里头四期真正开始,意味着在贵族阶层的礼仪生活领域,铜礼器逐渐加速了取代陶礼器之势。"[2] 夏作为中国原始社会向奴隶社会过渡的时期,在其专制集权制度形成的过程中,从原始巫术脱胎而来的"礼"也逐渐露出锋芒,虽然迄今为止并没有夏文字出土,但是从先秦古籍中我们仍然能看到很多与夏之礼制相关的内容:

夏后氏禘黄帝而祖颛顼,郊鲧而宗禹。

《国语·鲁语》

夏后氏以松,殷人以柏,周人以栗。

《论语·八佾》

有虞氏之两敦,夏后氏之四琏,殷之六瑚,周之八簋……有虞氏祭首,夏后氏祭心,殷祭肝,周祭肺。夏后氏尚明水,殷尚醴,周尚酒……

《礼记·明堂位》

夏道尊命,事鬼敬神而远之。

《礼记·表记》

---

[1] 李松、贺西林:《中国古代青铜器艺术》,陕西人民美术出版社2002年版,第72页。
[2] 宋镇豪:《夏商社会生活史》上册,中国社会科学出版社2005年版,第444页。

从这些记载中不仅可以推断出"礼"在夏已有区别社会等级的作用，同时参与礼制活动的器物也具有区别等级的功能。进入商代更是如此，随着青铜冶铸业的不断进步，贵重而又耐用的青铜器物很快替代了陶器，成为祭祀用礼器的"主力军"。1974年郑州向阳回族食品厂商代窖藏坑出土青铜大方鼎2件、大圆鼎1件、扁足鼎2件、尊2件、罍1件、提梁卣1件、瓿2件、盉1件、盘1件。[1] 1996年郑州南顺城街商代窖藏出土青铜方鼎4件、斝2件、爵2件、簋1件、戈2件、钺1件。[2] 从两处青铜器出土时的放置形态看，两处窖藏应为商代早期大型祭祀后对祭祀用器的规划收藏。[3] 邹衡认为早商的铜礼器是"重酒的组合"。[4] 商人嗜酒，大量殷商酒器的出土正是商人重酒的历史痕迹。从早期以瓿和爵为核心的酒器组合，发展到酒器、食器、水器、礼乐器等器类繁杂而完善的组合形式，青铜酒器在有商一代的礼器组合中一直拥有重要地位。河南省罗山天湖晚商息族墓葬群中，较为大型的墓葬都有尊、卣、斝、瓿、爵等青铜酒器出土，并配以鼎、甗等青铜食器。[5] 商与西周在礼器上最大的区别就是商以酒器为核心，"明贵贱，辨等列"的"礼"的精神内涵在殷商之时已经深入"器"，酒器的质量和数量成为重要的礼制规范，也呈现出浓厚的政治色彩。

周人将商人崇敬的祖先神、自然神和天神合而为至上神——"天"，并建立了一整套强调伦理纲常，注重血缘关系的宗法制度来维护其政治统治，其目的就是"别贵贱，序尊卑"。王国维先生认为"礼"是周人为政之精髓，范文澜先生说周文化是一种尊礼文化，"礼"是周文化的核心，之后被儒家所继承和发展，所以"礼"也是儒家思想的核心。《论语》中有很多孔子尚"礼"的记载，如：

---

[1]　参见杨育彬、于晓兴：《郑州新发现商代窖藏青铜器》，《文物》1983年第3期。

[2]　参见河南省文物考古研究所、郑州市文物考古研究所：《郑州南顺城街青铜器窖藏坑发掘简报》，《华夏考古》1998年第3期。

[3]　参见安金槐：《再论郑州商代青铜器窖藏坑的性质与年代》，《华夏考古》1997年第1期。

[4]　参见北京大学历史系考古教研室商周组编著：《商周考古》，文物出版社1979年版，第88页。

[5]　参见欧潭生：《罗山天湖商周墓地》，《考古学报》1986年第2期。

礼之用，和为贵，先王之道斯为美。

《论语·学而》

恭而无礼则劳，慎而无礼则葸，勇而无礼则乱，直而无礼则绞。

《论语·泰伯》

正是在"礼"这一宗法制度的基础上，先民们逐渐在形式上孕育出以儒雅为尚的文化范式，在行为上追求以淡定为尚的道德境界，在仪式上构筑以庄重为尚的人生礼仪。周人认为商因酒亡国，所以宗周初始就颁布《酒诰》，严令禁酒，所以西周青铜礼器以食器为重点，特别是西周中期之后礼器中食器的比例逐渐加大，"到西周晚期至东周初期，最常见的礼器是鼎、簋、盘、匜、壶5类，鬲、甗、豆次之，酒器则居于更次要的地位"[1]。曾侯乙墓出土9鼎8簋[2]，上村岭虢太子墓出土7鼎6簋[3]，宝鸡茹家庄西周墓1号墓地出土5鼎4簋[4]。在器物的数量上也基本符合《礼记》中"鼎俎奇而笾豆偶"的记述。

"器以藏礼"的造物观念对先秦青铜器的影响在本书的前面章节都有涉及，在这里只做简要概括。总的看来，器以藏礼的伦理观影响着青铜造器活动的每个环节。

首先，青铜器制作材料凸显礼制。先秦时期，青铜作为一种贵重的金属，被少部分人所占有，只有具备一定的社会地位和权力的人才拥有使用青铜器物的资格。铜矿的开采、冶炼，青铜器的铸制都需要大量的人力、物力、财力才能完成，这也决定了青铜器只能被拥有绝对权力的社会集团所掌握。所以青铜器本身的材质就具有"别贵贱，序尊卑"的"礼"的内涵。从

---

① 北京大学历史系考古教研室商周组编著：《商周考古》，文物出版社1979年版，第203页。
② 参见湖北省博物馆编：《曾侯乙墓》上册，文物出版社1989年版，第192—209页。
③ 参见河南省文物研究所、三门峡市文物工作队：《三门峡上村岭虢国墓地M2001发掘简报》，《华夏考古》1992年第3期。
④ 参见宝鸡茹家庄西周墓发掘队：《陕西省宝鸡市茹家庄西周墓发掘简报》，《文物》1976年第4期。

考古发掘的情况看，先秦时期出土铜器的墓葬皆为中型以上墓葬，小型墓葬一般没有铜器出土。

其次，青铜器形制彰显礼制。青铜器的铸造过程复杂，需要耗费大量的人力和物力，但是从问世之日起，青铜器就因其所特有的"礼"的属性而成为统治阶级的专有物，在考古发掘所见的先秦墓葬中，王室宗亲、诸侯贵族的随葬品中青铜器的形制和数量是判断墓主身份的主要依据之一，这也正是先秦时期将"礼"物化为由形制、数量、规格、配置等条件组合的青铜礼器用器制度的重要佐证。《周礼·秋官·司寇》中关于依据宾客的身份、职位高低而使用不同数量的食器、酒器，以及宴会的等级规定，可以看出除了以器物来"明贵贱，辨等列"，器物使用的数量也具有"礼"制的规范，正所谓：

> 名位不同，礼亦异数。
>
> 《左传·庄公十八年》

器以藏礼的造物观念使人们强制性地赋予器物以象征性内容，使器物具有"礼"的属性，成为某种社会行为规范和道德规范的符号，最终达到"明贵贱，辨尊卑"的礼制作用。梅珍生认为礼与器之间构成了一个相互诠释的过程，一方面，器具遮蔽了抽象的礼意，同时它又显现了礼意，器物为承载虚玄的"礼"提供了实物形态；另一方面，礼意又使得器具的文化内涵更为丰富。①

再次，青铜器用途与功能体现"礼"性。本书第二章第二节"先秦礼制与青铜器"简要介绍了在不同的礼制活动中青铜器的使用情况，《周礼》不仅制定了祭祀、朝觐、封国、巡狩、丧葬等大型典礼活动的行为规范，而且也确立了用鼎、乐悬等具体制度，还对青铜礼器使用的等级、组合、形制等作了明确规定，甚至一些礼器的摆放位置都给出了明确方位。可以设想，在先秦的各种礼仪活动中，参与其中的青铜器物共同标志着使用者身份地位的

---

① 参见梅珍生：《晚周礼的文质论》，博士学位论文，武汉大学，2003年，第58页。

高低贵贱，成为社会政治结构秩序的重要表征。

然后，青铜器纹饰体现的礼制。这一点在第三章中我们已有论及，张光直先生认为："商周青铜器上动物纹纹样实际上是当时巫觋通天的一项工具……也正因此而是商周统治阶级的一项政治工具。"① 青铜礼器是统治阶级对于通天的手段的独占，也是其获得和占取政治权力的基础。西周以后，几何纹样的大量运用，其纹饰的规整与秩序与周人追求的礼制秩序不无关系。春秋战国时期，宴乐、狩猎等礼制活动被以图像的方式装饰在青铜器器表，成为学界研究先秦礼制活动的重要图像佐证。

最后，铭文体现的"礼"的内涵。由商至周，青铜器上的铭文内容，从早期的族徽发展到作器者名，再到涉及祭祀典礼、称扬先祖、征伐功绩、赏赐诰命等的长篇阔论，其功能也是为了彰显权力和身份的归属，从而起到强化宗法制的作用。《大盂鼎》铭文："殷边侯甸与殷正百辟，率肆于酒。""正揭示了商代等级制的青铜礼器制度实际的社会氛象及其运作要素。"② 铭文书体的形成与发展不是一蹴而就，在其演进过程中，"礼"一直是一股潜在的推动力量，文字书体的统一，书写方法的变化，规范化字体的兴起等，都是"礼"在潜移默化间影响着铭文艺术的发展。

---

① 张光直：《考古学专题六讲》，生活·读书·新知三联书店 2010 年版，第 94 页。
② 宋镇豪：《夏商社会生活史》上册，中国社会科学出版社 2005 年版，第 473 页。

参考文献

古籍文献

[1]（先秦）左丘明传，（晋）杜预注，（唐）孔颖达正义：《春秋左传正义》，龚抗云、胡遂、于振波、陈咏明整理，杨向奎审定，北京大学出版社 2000 年版。

[2]（汉）班固，（唐）颜师古注：《汉书》，中华书局 1962 年版。

[3]（汉）孔安国传，（唐）孔颖达疏：《尚书正义》，廖名春、陈明整理，吕绍纲审定，北京大学出版社 2000 年版。

[4]（汉）刘熙撰：《释名》，中华书局 2016 年版。

[5]（汉）刘向集录：《战国策》全三册，上海古籍出版社 1985 年版。

[6]（汉）司马迁：《史记》，中华书局 2006 年重印版。

[7]（汉）宋衷注，（清）秦嘉谟等辑：《世本八种》，中华书局 2008 年版。

[8]（汉）吴平、袁康辑录：《越绝书》，上海古籍出版社 1985 年版。

[9]（汉）许慎，（清）段玉裁注：《说文解字注》，上海古籍出版社 1988 年版。

[10]（汉）扬雄：《扬雄集校注》，张震泽校注，上海古籍出版社 1993 年版。

[11]（汉）扬雄，（晋）郭璞注：《方言》，中华书局 2016 年版。

[12]（汉）赵歧注，（宋）孙奭疏：《孟子注疏》，廖名春、刘佑平整理，钱逊审定，北京大学出版社 2000 年版。

[13]（汉）郑玄注，（唐）贾公彦疏：《仪礼注疏》，彭林整理，王文锦审定，北京大学出版社 2000 年版。

[14]（汉）郑玄注，（唐）贾公彦疏：《周礼注疏》，赵伯雄整理，王文锦审定，北京大学出版社 2000 年版。

[15]（汉）郑玄注，（唐）孔颖达疏：《礼记正义》，龚抗云整理，王文锦审定，北京大学出版社 2000 年版。

[16]（三国·魏）何晏注，（宋）邢昺疏：《论语注疏》，朱汉民整理，张岂之审定，北京大学出版社 2000 年版。

[17]（三国·魏）王弼注，（唐）孔颖达疏：《周易正义》，卢光明、李申整理，吕绍纲审定，北京大学出版社 2000 年版。

[18]（三国·魏）徐幹：《中论》，孙启治解诂，中华书局 2014 年版。

[19]（晋）常璩撰：《华阳国志》，齐鲁书社 2010 年版。

[20]（晋）葛洪撰：《西京杂记》，周天游校注，三秦出版社 2006 年版。

[21]（晋）郭璞注，（宋）邢昺疏：《尔雅注疏》，李传书整理，徐朝华审定，北京大学出版社 2000 年版。

[22]（北魏）郦道元：《水经注校证》，陈桥驿校证，中华书局 2013 年版。

[23]（南朝·宋）范晔：《后汉书》，中华书局 2007 年版。

[24]（南朝·梁）顾野王：《玉篇校释》，胡吉宣校释，上海古籍出版社 1989 年版。

[25]（南朝·陈）顾野王：《舆地志辑注》，顾恒一等辑注，上海古籍出版社 2011 年版。

[26]（唐）刘恂：《岭表录异》，鲁迅校勘，广东人民出版社 1983 年版。

[27]（后晋）刘昫等撰：《后唐书》全 16 册，中华书局 1975 年版。

[28]（宋）范成大撰：《桂海虞衡志》，严沛校注，广西人民出版社 1986 年版。

[29]（宋）黄伯思：《东观余论》，中华书局 1988 年版。

[30]（宋）吕大临、赵九成：《考古图 续考古图 考古图释文》，中华书局 1987 年版。

[31]（宋）王黼：《宣和博古图》，上海人民出版社 2006 年版。

[32]（宋）王溥：《唐会要》全二册，上海古籍出版社 1991 年版。

[33]（宋）王俅：《啸堂集古录》全二册，中国台北商务印书馆 1993 年版。

[34]（宋）赵希鹄等著:《洞天清禄》,尹意点校,浙江人民美术出版社 2016 年版。

[35]（宋）周去非:《岭外代答校注》,杨武泉注解,中华书局 1999 年版。

[36]（南宋）吕祖谦:《吕祖谦全集》第 7 册,浙江古籍出版社 2008 年版。

[37]（清）冯云鹏、冯云鹓同辑:《金石索》全 4 册,电子科技大学出版社 2017 年版。

[38]（清）龚自珍:《龚自珍全集》,上海人民出版社 1975 年版。

[39]（清）郝懿行:《尔雅义疏》,王其和、吴庆峰、张金霞点校,中华书局 2017 年版。

[40]（清）李佐贤:《古泉汇》,北京出版社 1993 年版。

[41]（清）梁诗正、蒋溥等编修,陈孝泳、杨瑞莲摹篆,梁观等绘图,励宗万等缮书:《西清古鉴》,中国台北世界书局 1990 年版。

[42]（清）凌廷堪:《礼经释例》,江西人民出版社 2017 年版。

[43]（清）王国维:《观堂集林》全两册,中华书局 2004 年重印版。

[44]（清）王念孙:《广雅疏证》（附索引）,钟宇讯整理,中华书局 2004 年重印版。

[45]（清）王先谦:《荀子集解》全二册,沈啸寰、王星贤点校,中华书局 1988 年版。

中文图书

[46] 安徽省博物馆:《安徽省博物馆藏青铜器》,上海人民美术出版社 1987 年版。

[47] 安徽省博物馆编著:《寿县蔡侯墓出土遗物》,科学出版社 1956 年版。

[48] 安平秋分史主编:《二十四史全译·史记》全二册,汉语大词典出版社 2004 年版。

[49] 安阳市文物考古研究所编著:《安阳殷墟徐家桥郭家庄商代墓葬:2004—2008 年殷墟考古报告》,科学出版社 2011 年版。

[50] 白奚:《稷下学研究:中国古代的思想自由与百家争鸣》,生活·读书·新

知三联书店 1998 年版。

[51] 北京大学历史系考古教研室商周组编著:《商周考古》,文物出版社 1979 年版。

[52] 北京大学考古学系、烟台市博物馆编著:《胶东考古》,文物出版社 1999 年版。

[53] 北京大学中国传统文化研究中心编:《文化的馈赠——汉学研究国际会议论文集》考古学卷,北京大学出版社 2000 年版。

[54] 北京科技大学冶金与材料史研究所、北京科技大学科学技术与文明研究中心编著:《中国冶金史论文集》第四辑,科学出版社 2006 年版。

[55]《北京文物精粹大系》编委会、北京文物局编:《北京文物精粹大系·青铜器卷》,北京出版社 2001 年版。

[56] 曹玮主编:《赫赫宗周:陕西青铜文明巡礼》,三秦出版社 2015 年版。

[57] 曹玮主编:《周原出土青铜器》全十卷,巴蜀书社 2005 年版。

[58] 岑家梧:《中国艺术论集》,上海书店出版社 1991 年版。

[59] 晁福林:《天命与彝伦:先秦社会思想探研》,北京师范大学出版社 2012 年版。

[60] 陈秉才译注:《韩非子》,中华书局 2007 年版。

[61] 陈芳妹:《故宫青铜兵器图录》,国立故宫博物院 1995 年版。

[62] 陈广忠译注:《淮南子》,中华书局 2012 年版。

[63] 陈建立:《中国古代金属冶铸文明新探》,科学出版社 2014 年版。

[64] 陈来:《古代宗教与伦理:儒家思想的根源》,生活·读书·新知三联书店 2009 年版。

[65] 陈梦家:《陈梦家学术论文集》,中华书局 2016 年版。

[66] 陈梦家:《西周铜器断代》全二册,中华书局 2004 年版。

[67] 陈梦家:《殷墟卜辞综述》,科学出版社 1956 年版。

[68] 陈佩芬:《夏商周青铜器研究》全二册,上海古籍出版社 2004 年版。

[69] 陈佩芬编著:《中国青铜器辞典》全六册,上海辞书出版社 2013 年版。

[70] 陈平:《燕文化》,文物出版社 2006 年版。

[71] 陈桐生译注：《国语》，中华书局 2013 年版。

[72] 陈望衡：《狞厉之美——中国青铜艺术》，湖南美术出版社 1991 年版。

[73] 陈望衡：《诡异奇美——中国古代青铜艺术鉴赏》，上海人民美术出版社 2002 年版。

[74] 陈振中：《青铜生产工具与中国奴隶制社会经济》，中国社会科学出版社 1992 年版。

[75] 迟铎集释：《小尔雅集释》，中华书局 2008 年版。

[76] 楚文化研究会编：《楚文化研究论集》第一集，荆楚书社 1987 年版。

[77] 丛文俊：《中国书法史（先秦·秦代卷)》，江苏教育出版社 2007 年版。

[78] 崔冶译注：《吴越春秋》，中华书局 2019 年版。

[78] 戴吾三编著：《考工记图说》，山东画报出版社 2003 年版。

[80] 杜石然主编：《第三届国际中国科学史讨论会论文集》，科学出版社 1990 年版。

[81] 杜勇：《〈尚书〉周初八诰研究》（增订本），中国社会科学出版社 2017 年版。

[82] 段勇：《商周青铜器幻想动物纹研究》，上海古籍出版社 2012 年版。

[83] 方韬译注：《山海经》，中华书局 2009 年版。

[84] 方向东集解：《大戴礼记汇校集解》全二册，中华书局 2008 年版。

[85] 方勇译注：《庄子》，中华书局 2010 年版。

[86] 方勇、李波译注：《荀子》，中华书局 2011 年版。

[87] 费孝通主编：《中华民族多元一体格局》（修订本），中央民族大学出版社 2018 年版。

[88] 冯普仁：《吴越文化》，文物出版社 2007 年版。

[89] 甘肃省博物馆编，俄军主编：《甘肃省博物馆文物精品图集》，三秦出版社 2006 年版。

[90] 高丰：《中国器物艺术论》，山西教育出版社 2001 年版。

[91] 广西壮族自治区博物馆编著：《广西贵县罗泊湾汉墓》，文物出版社 1988 年版。

[92] 郭宝钧：《中国青铜器时代》，生活·读书·新知三联书店 1963 年版。

[93] 郭宝钧：《商周铜器群综合研究》，文物出版社 1981 年版。

[94] 郭宝钧：《浚县辛村》，科学出版社 1964 年版。

[95] 郭宝钧：《山彪镇与琉璃阁》，科学出版社 1959 年版。

[96] 郭沫若：《郭沫若全集·考古编》第四卷，科学出版社 2002 年版。

[97] 郭沫若：《郭沫若全集·考古编》第八卷，科学出版社 2002 年版。

[98] 郭沫若：《十批判书》，人民出版社 2012 年版。

[99] 河北省文物研究所：《䝨墓——战国中山国国王之墓》全二册，文物出版社 1996 年版。

[100] 河北省文物研究所：《燕下都》全二册，文物出版社 1996 年版。

[101] 河北省博物院编著：《战国雄风：古中山国》，文物出版社 2014 年版。

[102] 河北博物院编：《大汉绝唱：满城汉墓》，文物出版社 2014 年版。

[103] 何琳仪：《战国文字通论》（订补），上海古籍出版社 2017 年版。

[104] 河南省文物研究所、河南省丹江库区考古发掘队、淅川县博物馆：《淅川下寺春秋楚墓》，文物出版社 1991 年版。

[105] 何堂坤：《中国古代铜镜的技术研究》，紫禁城出版社 1999 年版。

[106] 湖北省博物馆编著：《曾侯乙墓：战国早期的礼乐文明》，文物出版社 2007 年版。

[107] 湖北省博物馆编著：《曾侯乙墓》全二册，文物出版社 1989 年版。

[108] 湖北省荆沙铁路考古队编著：《包山楚墓》，文物出版社 1991 年版。

[109] 湖北省文物考古研究所编：《曾国青铜器》，文物出版社 2007 年版。

[110] 湖北省文物考古研究所编著：《盘龙城：1963—1994 年考古发掘报告》全二册，文物出版社 2001 年版。

[111] 湖北省文物考古研究所：《江陵望山沙塚楚墓》，文物出版社 1996 年版。

[112] 胡飞：《中国传统设计思维方式探索》，中国建筑工业出版社 2007 年版。

[113] 胡厚宣等：《甲骨探史录》，生活·读书·新知三联书店 1982 年版。

[114] 胡伟峰：《中国古代设计思想研究：以先秦独辀马车为例》，中国轻工业出版社 2017 年版。

[115] 华觉明:《中国古代金属技术——铜和铁造就的文明》,大象出版社 1999 年版。

[116] 黄怀信、张懋镕、田旭东撰:《逸周书汇校集注》(修订本),上海古籍出版社 2007 年版。

[117] 黄石市博物馆编著:《铜绿山古矿冶遗址》,文物出版社 1999 年版。

[118] 黄锡全:《先秦货币通论》,紫禁城出版社 2001 年版。

[119] 翦伯赞:《秦汉史》,北京大学出版社 1999 年版。

[120] 江西省博物馆、江西省文物考古研究所、新干县博物馆:《新干商代大墓》,文物出版社 1997 年版。

[121] 蒋廷瑜:《桂岭考古论文集》,科学出版社 2009 年版。

[122] 蒋廷瑜、廖明君编著:《广西铜鼓文化》,广西人民出版社 2012 年版。

[123] 金泽:《宗教禁忌》,社会科学文献出版社 1998 年版。

[124]《考古》编辑部编著:《考古学集刊》第 1 辑,中国社会科学出版社 1981 年版。

[125] 郎绍君等主编:《中国造型艺术辞典》,中国青年出版社 1996 年版。

[126] 李济:《殷商青铜器研究》,上海人民出版社 2008 年版。

[127] 李嘉:《抚壶论道:造物史视野中的先秦青铜“壶”形器》,中国社会科学出版社 2016 年版。

[128] 李建伟、牛瑞红编著:《中国青铜器图录》全二册,中国商业出版社 2000 年版。

[129] 李立新:《中国设计艺术史论》,人民出版社 2011 年版。

[130] 李孟存、常金仓:《晋国史纲要》,山西人民出版社 1988 年版。

[131] 李山译注:《管子》,中华书局 2009 年版。

[132] 李松:《中国美术史·夏商周卷》,齐鲁书社、明天出版社 2000 年版。

[133] 李松、贺西林:《中国古代青铜器艺术》,陕西人民美术出版社 2002 年版。

[134] 李夏廷、李劭轩编著:《晋国青铜艺术图鉴》,文物出版社 2009 年版。

[135] 礼县博物馆、礼县秦西垂文化研究会编著:《秦西垂陵区》,文物出版社

2004 年版。

[136] 李小龙译注：《墨子》中华书局 2007 年版。

[137] 李学勤：《古文字学初阶》，中华书局 1985 年版。

[138] 李学勤：《东周与秦代文明》，上海人民出版社 2016 年版。

[139] 李砚祖：《造物之美：产品设计的艺术与文化》，中国人民大学出版社 2000 年版。

[140] 李玉洁：《齐国史》，新华出版社 2007 年版。

[141] 李泽厚：《美的历程》，生活·读书·新知三联书店 2009 年版。

[142] 梁沈约：《竹书纪年集解》，广益书局刊行 1936 年版。

[143] 林惠祥：《中国民族史》，上海书店出版社 2012 年版。

[144] 林嘉骊校注：《楚辞》，中华书局 2010 年版。

[145] 林剑鸣：《秦史稿》，上海人民出版社 1981 年版。

[146] 林沄：《林沄学术文集》，中国大百科全书出版社 1998 年版。

[147] 刘彬徽：《楚式青铜器研究》，湖北教育出版社 1995 年版。

[148] 刘敦愿：《美术考古与古代文明》，人民美术出版社 2007 年版。

[149] 刘江：《中国印章艺术史》全二册，西泠印社出版社 2005 年版。

[150] 刘诗中编著：《中国青铜时代采冶铸工艺》，江西科学技术出版社 1997 年版。

[151] 刘绪：《晋文化》，文物出版社 2007 年版。

[152] 柳诒徵：《中国文化史》全三册，中华书局 2015 年版。

[153] 卢昉：《陕西商周青铜艺术的当代转化》，科学出版社 2018 年版。

[154] 陆玖译注：《吕氏春秋》全二册，中华书局 2011 年版。

[155] 罗福颐编：《古玺印概论》，文物出版社 1981 年版。

[156] 罗香林：《百越源流与文化》，国立编译馆中华丛书编审委员会 1978 年版。

[157] 马承源主编：《中国青铜器》（修订本），上海古籍出版社 2003 年版。

[158] 马承源：《中国青铜器研究》，上海古籍出版社 2002 年版。

[159] 蒙文通：《周秦少数民族研究》，巴蜀书社 2019 年版。

[160] 内蒙古自治区文物考古研究所编著:《朱开沟:青铜时代早期遗址发掘报告》,文物出版社,2000 年版。

[161] 彭华:《燕国史稿》,中国文史出版社 2005 年版。

[162] 彭林:《儒家礼乐文明讲演录》,广西师范大学出版社 2008 年版。

[163] 彭林译注:《仪礼》,中华书局 2012 年版。

[164] 彭适凡主编:《中国青铜器鉴赏图典》,上海辞书出版社 2007 年版。

[165] 彭适凡:《中国南方古代印纹陶》,文物出版社 1987 年版。

[166] 皮道坚:《楚艺术史》,湖北美术出版社 2012 年版。

[167] 钱玄:《三礼通论》,南京师范大学出版社 1996 年版。

[168] 钱穆:《先秦诸子系年》,商务印书馆 2015 年版。

[169] 钱穆:《秦汉史》,生活·读书·新知三联书店 2012 年第 3 版。

[170] 钱穆:《国史大纲》,商务印书馆 2015 年版。

[171] 乔志强、李书吉等撰:《晋文化志》,上海人民出版社 1998 年版。

[172] 饶尚宽译注:《老子校译》,中华书局 2006 年版。

[173] 容庚:《商周彝器通考》全二册,中华书局 2012 年版。

[174] 容庚、张维持:《殷周青铜器通论》,中华书局 2012 年版。

[175] 三星堆博物馆编:《三星堆:古蜀王国的神秘面具》,五洲传播出版社 2005 年版。

[176] 山东省文物考古研究所等编著:《曲阜鲁国故城》,齐鲁书社 1982 年版。

[177] 山东省文物考古研究所等编著:《沂水纪王崮春秋墓出土文物集萃》,文物出版社 2016 年版。

[178] 山西省考古研究所:《侯马铸铜遗址》全二册,文物出版社 1993 年版。

[179] 山西省考古研究所、太原市文物管理委员会、陶正刚等:《太原晋国赵卿墓》,文物出版社 1996 年版。

[180] 尚刚编著:《中国工艺美术史新编》,高等教育出版社 2007 年版。

[181] 上海博物馆编:《上海博物馆集刊》第七期,上海书画出版社 1996 年版。

[182] 上海博物馆编著:《晋国奇珍——晋侯墓地出土文物精品》,上海人民美术出版社 2002 年版。

[183] 上海博物馆编著：《周野鹿鸣：宝鸡石鼓山西周贵族墓出土青铜器》，上海书画出版社 2014 年版。

[184] 邵学海：《先秦艺术史》，山东画报出版社 2010 年版。.

[185] 石磊译注：《商君书》，中华书局 2009 年版。

[186] 四川广汉三星堆博物馆、成都金沙遗址博物馆编著：《三星堆与金沙：古蜀文明史上的两次高峰》，四川人民出版社 2010 年版。

[187] 四川省文物考古研究所编：《三星堆祭祀坑》，文物出版社 1999 年版。

[188] 宋镇豪：《夏商社会生活史》全二册，中国社会科学出版社 2005 年版。

[189] 宋镇豪、肖先进主编：《殷商文明暨纪念三星堆遗址发现七十周年国际学术研讨会论文集》，社会科学文献出版社 2003 年版。

[190] 苏秉琦：《苏秉琦考古学论述选集》，文物出版社 1984 年版。

[191] 苏荣誉等：《中国上古金属技术》，山东科学技术出版社 1995 年版。

[192] 随州市博物馆编著：《随州擂鼓墩二号墓》，文物出版社 2008 年。

[193] 孙机：《汉代物质文化资料图说》（增订本），上海古籍出版社 2011 年版。

[194] 唐兰：《古文字学导论》，上海古籍出版社 2016 年版。

[195] 唐兰：《唐兰先生金文论集》，紫禁城出版社 1995 年版。

[196] 田广金、郭素新：《鄂尔多斯式青铜器》，文物出版社 1986 年版。

[197] 田自秉：《中国工艺美术史》，商务印书馆 2014 年版。

[198] 童书业：《中国古代地理考证论文集》，中华书局 1962 年版。

[199] 王阁森、唐致卿主编：《齐国史》山东人民出版社 1992 年版。

[200] 王浩滢、王琥编著：《设计史鉴：中国传统设计技术研究（技术篇）》，江苏美术出版社 2010 年版。

[201] 王家树：《中国工艺美术史》，文化艺术出版社 1994 年版。

[202] 王强：《流光溢彩：中国古代灯具设计研究》，江苏大学出版社 2009 年版。

[203] 王然主编：《中国文物大典》第 1 卷，中国大百科全书出版社 2001 年版。

[204] 王仁湘：《善自约束：古代带钩与带扣》，上海古籍出版社 2012 年版。

[205] 王世民、陈公柔、张长寿：《西周青铜器分期断代研究》，文物出版社 1999 年版。

[206] 王世襄：《谈古论艺》，生活·读书·新知三联书店 2010 年版。

[207] 王天海、杨秀岚译注：《说苑》，中华书局 2019 年版。

[208] 王小盾：《原始信仰和中国古神》，上海古籍出版社 1989 年版。

[209] 王秀梅译注：《诗经》，中华书局 2006 年版。

[210] 王学理、梁云：《秦文化》，文物出版社 2001 年版。

[211] 王毓铨：《中国古代货币的起源和发展》（修订本），中国社会科学出版社
1990 年版。

[212] 闻人军译注：《考工记译注》，上海古籍出版社 2008 年版。

[213] 文物编辑委员会编：《文物资料丛刊》第 3 期，文物出版社 1980 年版。

[214] 沃兴华：《金文书法》，上海人民出版社 2004 年版。

[215] 沃兴华：《中国书法史》，湖南美术出版社 2009 年版。

[216] 沃兴华：《上古书法图说》，浙江美术学院出版社 1992 年版。

[217] 乌恩岳斯图：《北方草原考古学文化比较研究：青铜时代至早期匈奴时
期》，科学出版社 2008 年版。

[218] 吴良宝：《中国东周时期金属货币研究》，社会科学文献出版社 2005
年版。

[219] 吴毅强：《晋铜器铭文研究》，浙江大学出版社 2018 年版。

[220] 吴镇烽编著：《商周青铜器铭文暨图像集成》全 35 卷，上海古籍出版社
2012 年版。

[221] 吴镇烽编著：《商周青铜器铭文暨图像集成续编》全 4 卷，上海古籍出版
社 2016 年版。

[222] 西安半坡博物馆、陕西省考古研究所、临潼县博物馆：《姜寨——新石器
时代遗址发掘报告》全二册，文物出版社 1988 年版。

[223] 夏商周断代工程专家组：《夏商周断代工程 1996—2000 年阶段性成果报
告·简本》，世界图书出版公司北京公司 2000 年版。

[224] 夏燕靖：《中国艺术设计史》，南京师范大学出版社 2016 年版。

[225] 谢崇安：《商周艺术》，巴蜀书社 1997 年版。

[226] 徐飚：《成器之道：先秦工艺造物思想研究》，江苏美术出版社 2008 年版。

[227] 徐卫民，雍际春主编：《早期秦文化研究》，三秦出版社 2006 年版。

[228] 徐正英、常佩雨译注：《周礼》，中华书局 2014 年版。

[229] 许富宏译注：《鬼谷子》，中华书局 2012 年版。

[230] 许倬云：《西周史》（增补二版），生活·读书·新知三联书店 2018 年版。

[231] 宣兆琦：《齐文化发展史》，兰州大学出版社 2002 年版。

[232] 严志斌、洪梅编著：《殷墟青铜器：青铜时代的中国文明》，上海大学出版社 2008 年版。

[233] 杨成寅、林文霞记录整理：《雷圭元论图案艺术》，浙江美术出版社 1992 年版。

[234] 杨建华：《春秋战国时期中国北方文化带的形成》，文物出版社 2004 年版。

[235] 杨宽：《古史新探》，上海人民出版社 2016 年版。

[236] 杨远：《透物见人——夏商周青铜器的装饰艺术研究》，科学出版社 2015 年版。

[237] 于省吾：《双剑誃古器物图录》，中华书局 2009 年版。

[238] 俞伟超：《先秦两汉考古学论集》，文物出版社 1985 年版。

[239] 俞伟超主编：《考古类型学的理论与实践》，文物出版社 1989 年版。

[240] 袁俊杰：《两周射礼研究》，科学出版社 2013 年版。

[241] 《云南青铜器论丛》编辑组编：《云南青铜器论丛》，文物出版社 1981 年版。

[242] 张弛：《中国刀币汇考》，河北人民出版社 1997 年版。

[243] 张光直：《中国青铜时代》，生活·读书·新知三联书店 1999 年版。

[244] 张光直：《考古学专题六讲（增订本）》，生活·读书·新知三联书店 2010 年版。

[245] 张光直：《青铜挥麈》，上海文艺出版社 2000 年版。

[246] 张光直、李光周、李卉等：《商周青铜器与铭文的综合研究》，中央研究院历史语言研究所专刊之六十二，中央研究院历史语言研究所 1973 年版。

[247] 张增祺：《滇文化》，文物出版社 2001 年版。

[248] 张增祺：《滇国与滇文化》，云南美术出版社 1997 年版。

[249] 张增祺主编：《滇国青铜艺术》，云南美术出版社、云南人民出版社 2000 年版。

[250] 张正明：《楚文化史》，上海人民出版社 1987 年版。

[251] 张正明主编：《楚文化志》，湖北人民出版社 1988 年版。

[252] 张忠培：《中国考古学——走进历史真实之道》，科学出版社 2004 年版。

[253] 赵殿增：《三星堆文化与巴蜀文明》，凤凰出版社 2004 年版。

[254] 赵克理：《顺天造物：中国传统设计文化论》，中国轻工业出版社 2008 年版。

[255] 赵匡华、周嘉华：《中国科学技术史·化学卷》，科学出版社 1998 年版。

[256] 赵茂生编著：《装饰图案》，中国美术学院出版社 1999 年版。

[257] 赵农：《中国艺术设计史》，陕西人民美术出版社 2009 年版。

[258] 浙江省博物馆编：《越地范金》，浙江古籍出版社 2009 年版。

[259] 郑文光：《中国天文学源流》，科学出版社 1979 年版。

[260] 中国古代铜鼓研究会编：《铜鼓和青铜文化的新探索——中国南方及东南亚地区古代铜鼓和青铜文化第二次国际学术讨论会论文集》，广西民族出版社 1993 年版。

[261] 中国国家博物馆、广西壮族自治区博物馆编：《瓯骆遗粹：广西百越文化文物精品集》，中国社会科学出版社 2006 年版。

[262] 中国考古学会编辑：《中国考古学会第二次年会论文集》，文物出版社 1982 年版。

[263] 中国考古学会编辑：《中国考古学会第四次年会论文集》，文物出版社 1983 年版。

[264] 中国科学院考古研究所编著：《辉县发掘报告》，科学出版社 1956 年版。

[265] 中国科学院考古研究所编著：《上村岭虢国墓地（黄河水库考古报告之三）》，科学出版社 1959 年版。

[266] 中国钱币学会编：《中国钱币论文集》第三辑，中国金融出版社 1998 年版。

[267] 中国青铜器全集编辑委员会编:《中国青铜器全集 1：夏 商 1》，文物出版社 1996 年版。

[268] 中国青铜器全集编辑委员会编:《中国青铜器全集 2：商 2》，文物出版社 1997 年版。

[269] 中国青铜器全集编辑委员会编:《中国青铜器全集 3：商 3》，文物出版社 1997 年版。

[270] 中国青铜器全集编辑委员会编:《中国青铜器全集 4：商 4》，文物出版社 1998 年版。

[271] 中国青铜器全集编辑委员会编:《中国青铜器全集 5：西周 1》，文物出版社 1996 年版。

[272] 中国青铜器全集编辑委员会编:《中国青铜器全集 6：西周 2》，文物出版社 1997 年版。

[273] 中国青铜器全集编辑委员会编:《中国青铜器全集 7：东周 1》，文物出版社 1998 年版。

[274] 中国青铜器全集编辑委员会编:《中国青铜器全集 8 东周 2》，文物出版社 1995 年版。

[275] 中国青铜器全集编辑委员会编:《中国青铜器全集 9：东周 3》，文物出版社 1997 年版。

[276] 中国青铜器全集编辑委员会编:《中国青铜器全集 10：东周 4》，文物出版社 1998 年版。

[277] 中国青铜器全集编辑委员会编:《中国青铜器全集 11：东周 5》，文物出版社 1997 年版。

[278] 中国青铜器全集编辑委员会编:《中国青铜器全集 13：巴蜀》，文物出版社 1994 年版。

[279] 中国青铜器全集编辑委员会编:《中国青铜器全集 14：滇 昆明》，文物出版社 1993 年版。

[280] 中国青铜器全集编辑委员会编:《中国青铜器全集 15：北方民族》，文物出版社 1995 年版。

[281] 中国青铜器全集编辑委员会编：《中国青铜器全集 16：铜镜》，文物出版社 1998 年版。

[282] 中国人民大学北方民族考古研究所、中国人民大学历史学院考古文博系编：《北方民族考古》第 2 辑，科学出版社 2015 年版。

[283] 中国人民大学北方民族考古研究所、中国人民大学历史学院考古文博系编：《北方民族考古》第 3 辑，科学出版社 2016 年版。

[284] 中国社会科学院考古研究所编：《信阳楚墓》，文物出版社 1986 年版。

[285] 中国社会科学院考古研究所编著：《殷墟妇好墓》，文物出版社 1980 年版。

[286] 中国社会科学院考古研究所编著：《殷墟发掘报告（1958—1961）》，文物出版社 1987 年版。

[287] 中国社会科学院考古研究所编著：《滕州前掌大墓地》全二册，文物出版社 2005 年版。

[288] 中国社会科学院考古研究所编著：《张家坡西周墓地》，中国大百科全书出版社 1999 年版。

[289] 中国社会科学院考古研究所编著：《安阳殷墟郭家庄商代墓葬》，中国大百科全书出版社 1998 年版。

[290] 中国社会科学院考古研究所编著：《中国考古学论丛——中国社会科学院考古研究所建所 40 年纪念》，科学出版社 1993 年版。

[291] 中国先秦史学会、洛阳市第二文物工作队编著：《夏文化研究论集》，中华书局 1996 年版。

[292] 中华书局编辑部编：《中研院历史语言研究所集刊论文类编·考古编》第四册，中华书局 2009 年版。

[293] 周纬：《中国兵器史稿》，中华书局 2018 年版。

[294] 朱凤瀚：《古代中国青铜器》，南开大学出版社 1995 年版。

[295] 朱凤瀚：《中国青铜器综论》全三册，上海古籍出版社 2009 年版。

[296] 朱活：《古钱新典》全二册，三秦出版社 1991 年版。

[297] 宗白华：《美学散步》（彩图本），上海人民出版社 2015 年版。

[298] 邹芙都：《楚系铭文综合研究》，巴蜀书社 2007 年版。

[299] 邹衡、谭维四主编：《曾侯乙编钟》全二册，西苑出版社 2015 年版。

[300]《中国考古学研究》编委会编：《中国考古学研究——夏鼐先生考古五十年纪念论文集》，文物出版社 1986 年版。

译著

[301] [英] 爱德华·泰勒：《原始文化：神话、哲学、宗教、语言、艺术和习俗发展之研究》，连树声译，广西师范大学出版社 2005 年版。

[302] [美] 邓尔麟：《钱穆与七房桥世界》，蓝桦译，社会科学文献出版社 1998 年版。

[303] [英] E. H. 贡布里希：《秩序感——装饰艺术的心理学研究》，杨思梁、徐一维、范景中译，广西美术出版社 2015 年版。

[304] [德] 恩格斯：《家庭、私有制和国家的起源》，中共中央马克思恩格斯列宁斯大林著作编译局编译，人民出版社 2018 年版。

[305] [美] 方闻：《中国青铜时代的艺术：研究方法与途径》，黄厚明、谈晟广译：《西北美术》2015 年第 1 期。

[306] [德] 黑格尔：《历史哲学》，王造时译，上海书店出版社 1999 年版。

[307] [日] 江上波夫等：《内蒙古·长城地带》，新时代社株式会社 1971 年复刻版。

[308] [英] 杰西卡·罗森：《祖先与永恒：杰西卡·罗森中国考古艺术文集》，邓菲等译，生活·读书·新知三联书店 2017 年第 2 版。

[309] [德] 卡尔·雅斯贝斯：《历史的起源与目标》，魏楚雄、俞新天译，华夏出版社 1989 年版。

[310] [英] 李约瑟：《中国科学技术史第二卷：科学思想史》，何兆武等译，科学出版社 1990 年版。

[311] [法] 列维 – 布留尔：《原始思维》，丁由译，商务印书馆 1985 年版。

[312] [日] 林巳奈夫：《殷周青铜器综览第二卷：殷周时代青铜器纹饰之研究》，[日] 广濑薰雄、近藤晴香译，郭永秉润文，上海古籍出版社 2019 年版。

[313]〔日〕林巳奈夫：《神与兽的纹样学：中国古代诸神》，常耀华等译，生活·读书·新知三联书店 2016 年版。

[314]〔美〕罗伯特·贝格利：《罗越与中国青铜器研究：艺术史中的风格与分类》，王海城译，浙江大学出版社 2019 年版。

[315]〔英〕罗森：《中国古代的艺术与文化》，孙心菲等译，北京大学出版社 2002 年版。

[316]〔俄〕普列汉诺夫：《论艺术——没有地址的信》，曹葆华译，生活·读书·新知三联书店 1964 年版。

[317]〔美〕苏珊·朗格：《艺术问题》，滕守尧、朱疆源译，中国社会科学院出版社 1983 年版。

[318]〔美〕巫鸿：《中国古代艺术与建筑中的"纪念碑性"》，李清泉、郑岩等译，上海人民出版社 2017 年版。

[319]〔美〕杨晓能：《另一种古史：青铜器纹饰、图形文字与图像铭文的解读》，唐际根、孙亚冰译，生活·读书·新知三联书店 2017 年第 2 版。

期刊文章

[320] 安金槐：《试论郑州商代城址——隞都》，《文物》1961 年第 Z1 期。

[321] 安金槐：《再论郑州商代青铜器窖藏坑的性质与年代》，《华夏考古》1997 年第 1 期。

[322]《安阳殷墟五号墓座谈纪要》，《考古》1977 年第 5 期。

[323] 安志敏：《河北省唐山市贾各莊发掘报告》，《考古学报》1953 年 Z1 期。

[324] 安志敏：《裴李岗、磁山和仰韶——试论中原新石器文化的渊源及发展》，《考古》1979 年第 4 期。

[325] 宝鸡茹家庄西周墓发掘队：《陕西省宝鸡市茹家庄西周墓发掘简报》，《文物》1976 年第 4 期。

[326] 北京市玉器厂技术研究组：《对商代琢玉工艺的一些初步看法》，《考古》1976 年第 4 期。

[327] 边成修：《山西长治分水岭 126 号墓发掘简报》，《文物》1972 年第 4 期。

[328] 曹桂岑、马全、张玉石：《河南淮阳马鞍冢楚墓发掘简报》，《文物》1984年第 10 期。

[329] 曹明檀、袁仲一、韩伟：《凤翔先秦宫殿试掘及其铜质建筑构件》，《考古》1976 年第 2 期。

[330] 长水：《岐山贺家村出土的西周铜器》，《文物》1972 年第 6 期。

[331] 陈德安、陈显丹：《广汉三星堆遗址一号祭祀坑发掘简报》，《文物》1987年第 10 期。

[332] 陈定荣：《南昌市京家山汉墓》，《考古》1989 年第 8 期。

[333] 陈孟东：《陕西发现一件两诏秦椭量》，《文博》1987 年第 2 期。

[334] 陈梦家：《寿县蔡侯墓铜器》，《考古学报》1956 年第 2 期。

[335] 陈梦家：《战国度量衡略说》，《考古》1964 年第 6 期。

[336] 陈其复、黄振良：《田东县出土两面"万家坝型"铜鼓填补了广西铜鼓发展序列的空白》，中国古代铜鼓研究会编：《中国古代铜鼓研究通讯》（第九期），1993 年 10 月。

[337] 陈琦平：《名剑之王——越王勾践剑》，《轻兵器》2005 年第 11 期。

[338] 陈思：《两周燕国青铜器铭文风格演化及其源流探析》，《首都博物馆论丛》2020 年第 14 卷。

[339] 陈伟：《对战国中山国两件狩猎纹铜器的再认识》，《文物春秋》2001 年第 3 期。

[340] 陈文华：《试论我国农具史上的几个问题》，《考古学报》1981 年第 4 期。

[341] 陈振中：《先秦的铜锥和铜钻》，《文物》1989 年第 2 期。

[342] 程长新：《北京市通县中赵甫出土一组战国青铜器》，《考古》1985 年第 8 期。

[343] 程长新：《北京发现商龟鱼纹盘及春秋宋公差戈》，《文物》1981 年第 8 期。

[344] 初仕宾：《甘肃灵台白草坡西周墓》，《考古学报》1977 年第 2 期。

[345] 丛文俊：《吉金夜话（一）·虢季子白盘》，《艺术品》2018 年第 1 期。

[346] 戴应新：《陕西岐山贺家村西周墓葬》，《考古》1976 年第 1 期。

[347] 戴志强、戴越：《圆足布和三孔布——读先秦布币（四）》，《中国钱币》

2014 年第 4 期。

[448] 范小平:《广汉商代纵目青铜面像研究》,《四川文物》1989 年"广汉三星堆遗址研究专辑"。

[349] 方酉生:《郑州商城即仲丁都隞说》,《武汉大学学报(社会科学版)》1991 年第 1 期。

[350] 冯富根、王振江、白荣金等:《商代青铜器试铸简报》,《考古》1980 年第 1 期。

[351] 冯富根、王振江、华觉明等:《殷墟出土商代青铜瓿铸造工艺的复原研究》,《考古》1982 年第 5 期。

[352] 傅振伦:《燕下都发掘品的初步整理与研究》,《考古通讯》1955 年第 4 期。

[353] 甘肃省博物馆:《武威皇娘娘台遗址第四次发掘》,《考古学报》1978 年第 4 期。

[354] 初仕宾:《甘肃灵台白草坡西周墓》,《考古学报》1977 年第 2 期。

[355] 高崇文:《东周楚式鼎形态分析》,《江汉考古》1983 年第 1 期。

[356] 高西省:《论战国时期的透雕夹层镜及相关问题》,《中国历史文物》2003 年第 4 期。

[357] 高至喜:《商代人面方鼎》,《文物》1960 年第 10 期。

[358] 葛海洋、魏慎玉:《不其簋略考》,《文物鉴定与鉴赏》2014 年第 1 期。

[359] 固始侯古堆一号墓发掘组:《河南固始侯古堆一号墓发掘简报》,《文物》1981 年第 1 期。

[360] 韦仁义、郑超雄、周继勇:《广西武鸣马头元龙坡墓葬发掘简报》,《文物》1988 年第 12 期。

[361] 广西壮族自治区文物考古写作小组:《广西合浦西汉木椁墓》,《考古》1972 年第 5 期。

[362] 郭宝钧:《殷周的青铜武器》,《考古》1961 年第 2 期。

[363] 郭晨晖:《"天命"与"天道"——春秋时期"天"崇拜观念之嬗变》,《孔子研究》2021 年第 1 期。

[364] 郭静云:《古代亚洲的驯马、乘马与游战族群》,《中国社会科学》2012

年第 6 期。

[365] 河北省文化局文物工作队:《燕下都遗址内发现一件战国时代的铜人象》,《文物》1965 年第 2 期。

[366] 河北省文物管理处:《河北省平山战国时期中山国墓葬发掘简报》,《文物》1979 年第 1 期。

[367] 河南省博物馆:《河南三门峡市上村岭出土的几件战国铜器》,《文物》1976 年第 3 期。

[368] 河南省博物馆:《郑州新出土的商代前期大铜鼎》,《文物》1975 年第 6 期。

[369] 河南省文物考古研究所、郑州市文物考古研究所:《郑州南顺城街青铜器窖藏坑发掘简报》,《华夏考古》1998 年第 3 期。

[370] 河南省文物研究所、南阳地区文物研究所、淅川县博物馆:《淅川县和尚岭春秋楚墓的发掘》,《华夏考古》1992 年第 3 期。

[371] 河南省文物研究所、平顶山市文物管理委员会:《平顶山应国墓地九十五号墓的发掘》,《华夏考古》1992 年第 3 期。

[372] 河南省信阳地区文管会、河南省罗山县文化馆:《罗山天湖商周墓地》,《考古学报》1986 年第 2 期。

[373] 何堂坤:《刻纹铜器科学分析》,《考古》1993 年第 5 期。

[374] 侯马市考古发掘委员会:《侯马牛村古城南东周遗址发掘简报》,《考古》1962 年第 2 期。

[375] 侯毅、渠川福:《太原金胜村 251 号春秋大墓及车马坑发掘简报》,《文物》1989 年第 9 期。

[376] 湖北省文化局文物工作队:《湖北江陵三座楚墓出土大批重要文物》,《文物》1966 年第 5 期。

[377] 湖南省文物管理委员会:《衡阳苗圃蒋家山古墓清理简报》,《文物参考资料》1954 年第 6 期。

[378] 胡绍锦:《呈贡天子庙滇墓》,《考古学报》1985 年第 4 期。

[379] 胡永炎、胡静:《铜绿山古铜矿遗址》,《湖北文史资料》1997 年第 3 期。

[380] 华觉明、卢本珊:《长江中下游铜矿带的早期开发和中国青铜文明》,《自

然科学史研究》1996 年第 1 期。

［381］华觉明：《观念转变与技术创新——以陶范铸造和失蜡法为例》，《自然辩证法通讯》1999 年第 1 期。

［382］华泉：《张家口地区新石器时代和青铜时代考古研究学术讨论会侧记》，《史学集刊》1981 年第 4 期。

［383］黄厚明：《商周青铜器饕餮纹的文化原型》，《南京艺术学院学报（美术与设计版）》2009 年第 1 期。

［384］黄利捷：《柳博收藏的人面纹铜剑》，《中国古代铜鼓研究通讯》（第十五期），1999 年 12 月。

［385］贾峨：《关于东周错金镶嵌铜器的几个问题的探讨》，《江汉考古》1986 年第 4 期。

［386］贾靖、王均显：《扶风黄堆西周墓地钻探清理简报》，《文物》1986 年第 8 期。

［387］姜付炬：《喀什河与喀孜温——伊犁史地论札之七》，《伊犁师范学院学报（社会科学版）》2012 年第 1 期。

［388］江苏省丹徒考古队：《江苏丹徒北山顶春秋墓发掘报告》，《东南文化》1998 年第 Z1 期。

［389］江西省文物考古研究所铜岭遗址发掘队：《江西瑞昌铜岭商周矿冶遗址第一期发掘简报》，《江西文物》1990 年第 3 期。

［390］蒋廷瑜、兰日勇：《近年来广西出土的先秦青铜器》，《考古》1984 年第 9 期。

［391］金正耀：《二里头青铜器的自然科学研究与夏文明探索》，《文物》2000 年第 1 期。

［392］金正耀：《晚商中原青铜的锡料问题》，《自然辩证法通讯》1987 年第 4 期。

［393］康亦樵：《曾侯乙铭文书法初探》，《荆楚文史》1991 年第 1 期。

［394］李伯谦：《叔矢方鼎铭文考释》，《文物》2001 年第 8 期。

［395］李步青、林仙庭、王富强：《山东长岛王沟东周墓群》，《考古学报》1993 年第 1 期。

[396] 李步青：《山东莱阳县出土己国铜器》，《文物》1983 年第 12 期。

[397] 李锋：《偃师商城与郑州商城性质之我见》，《郑州大学学报（哲学社会科学版)》1996 年第 2 期。

[398] 李光军、宋蕊：《咸阳博物馆收藏的两件带铭铜壶》，《考古与文物》1983 年第 6 期。

[399] 李济：《记小屯出土之青铜器》，《考古学报》1948 年第 3 期。

[400] 李健：《湖北江陵万城出土西周铜器》，《考古》1963 年第 4 期。

[401] 李捷民、华向荣、文启明等：《河北藁城县台西村商代遗址 1973 年的重要发现》，《文物》1974 年第 8 期。

[402] 李京华：《关于中原地区早期冶铜技术及相关问题的几点看法》，《文物》1985 年第 12 期。

[403] 李京华：《〈偃师二里头〉有关铸铜技术的探讨——兼谈报告存在的几点问题》，《中原文物》2004 年第 3 期。

[404] 李昆声、闵锐：《云南早期青铜时代研究》，《思想战线》2011 年第 4 期。

[405] 李零：《论爯盨发现的意义》，《中国历史文物》2002 年第 6 期。

[406] 李零：《山纹考——说环带纹、波纹、波曲纹、波浪纹应正名为山纹》，《中国国家博物馆馆刊》2019 年第 1 期。

[407] 李琴：《故宫博物院藏辉县琉璃阁甲乙墓青铜器》，《中原文物》2010 年第 6 期。

[408] 李强：《穷源极变师古开新——李强谈〈散氏盘〉的临摹》，《中国书法》2015 年第 24 期。

[409] 李水城：《权杖头：古丝绸之路早期文化交流的重要见证》，收录于中国社会科学院古代文明研究中心编著：《中国社会科学院古代文明研究中心通讯》第四期。

[410] 李水城、水涛：《四坝文化铜器研究》，《文物》2000 年第 3 期。

[411] 李夏廷、孙先徒、李建生等：《山西隰县瓦窑坡墓地春秋墓葬 M23 发掘简报》，《中原文物》2019 年第 1 期。

[412] 李修松：《绍兴漓渚出土青铜鸠杖源流考》，《安徽史学》2001 年第 2 期。

［413］李学勤:《论美澳收藏的几件商周文物》,《文物》1979 年第 12 期。

［414］李学勤:《良渚文化玉器与饕餮纹的演变》,《东南文化》1991 年第 5 期。

［415］李学勤:《战国题铭概述》,《文物》1959 年第 7 期、第 8 期、第 9 期。

［416］李学勤:《从新出青铜器看长江下游文化的发展》,《文物》1980 年第 8 期。

［417］李学勤:《战国时代的秦国铜器》,《文物参考资料》1957 年第 8 期。

［418］李学勤:《秦国文物的新认识》,《文物》1980 年第 9 期。

［419］李延祥等:《辽西地区早期冶铜技术》,《广西民族学院学报（自然科学版)》2004 年第 2 期。

［420］李延祥:《中条山古铜矿冶遗址初步考察研究》,《文物季刊》1993 第 2 期。

［421］李衍垣:《镎于述略》,《文物》1984 年第 8 期。

［422］廉海萍、谭德睿:《东周青铜复合剑制作技术研究》,《文物保护与考古科学》2002 年第 S1 期。

［423］廉海萍、谭德睿、郑光:《二里头遗址铸铜技术研究》,《考古学报》2011 年第 4 期。

［424］涟溏:《说权论衡——秤的由来》,《南方文物》2007 年第 3 期。

［425］梁宏刚,孙淑云:《二里头遗址出土铜器研究综述》,《中原文物》2004 年第 4 期。

［426］梁津:《周代合金成分考》,《科学》1925 年第 10 期。

［427］林华东:《吴、越农业初论》,《农业考古》1988 年第 2 期。

［428］林向:《寻找三星堆文化的来龙去脉——成都平原的考古最新发现》,《中华文化论坛》2001 年第 4 期。

［429］林向:《三星堆青铜艺术的人物造型研究》,《中华文化论坛》2000 年第 3 期。

［430］凌勇、梅建军、吕恩国:《新疆伊犁地区出土史前铜器的科学分析》,《自然科学史研究》2008 年第 3 期。

［431］刘得祯、朱建唐:《甘肃灵台县景家庄春秋墓》,《考古》1987 年第 4 期。

［432］刘敦愿:《中国青铜器上的采桑图像》,《文物天地》1990 年第 5 期。

［433］刘军社:《陕西陇县边家庄五号春秋墓发掘简报》,《文物》1988 年第 11 期。

[434] 刘兴、季长隽:《江苏丹阳出土的西周青铜器》,《文物》1980 年第 8 期。

[435] 刘煜:《殷墟青铜礼器铸造工艺研究综论》,《华夏考古》2009 年第 1 期。

[436] 罗坚:《从象征到写实——论先秦青铜文化的审美特性》,《江海学刊》1998 年第 6 期。

[437] 罗西章,吴镇烽,雒忠如:《陕西扶风出土西周伯㿱诸器》,《文物》1976 年第 6 期。

[438] 罗西章、吴镇烽、尚志儒:《陕西扶风县召李村一号周墓清理简报》,《文物》1976 年第 6 期。

[439] 罗新慧:《春秋时期天命观念的演变》,《中国社会科学》2020 年第 12 期。

[440] 罗勋章:《山东沂水刘家店子春秋墓发掘简报》,《文物》1984 年第 9 期。

[441] 卢连成、杨满仓:《陕西宝鸡县太公庙村发现秦公钟、秦公镈》,《文物》1978 年第 11 期。

[442] 马承源:《漫谈战国青铜器上的图像》,《文物》1961 年第 10 期。

[443] 马承源:《商鞅方升和战国量制》,《文物》1972 年第 6 期。

[444] 马继贤:《广汉月亮湾遗址发掘追记》,《南方民族考古》1993 年第 6 期。

[445] 孟琦、彭博:《鹤嘴斧的功能及相关问题探讨》,《北方文物》2015 年第 2 期。

[446] 牟永抗:《绍兴 306 号战国墓发掘简报》,《文物》1984 年第 1 期。

[447] 欧潭生:《罗山天湖商周墓地》,《考古学报》1986 年第 2 期。

[448] 瓯燕:《栾书缶质疑》,《文物》1990 年第 12 期。

[449] 庞怀青等:《陕西省岐山县董家村西周铜器窖穴发掘简报》,《文物》1976 年第 5 期。

[450] 彭适凡、刘林、詹开逊等:《江西新干大洋洲商墓发掘简报》,《文物》1991 年第 10 期。

[451] 齐文涛:《概述近年来山东出土的商周青铜器》,《文物》1972 年第 5 期。

[452] 覃彩銮:《骆越青铜文化初探》,《广西民族研究》1986 年第 2 期。

[453] 覃彩銮:《骆越起源与发展——骆越文化研究系列之十一》,《广西社会主义学院学报》2019 年第 6 期。

［454］覃彩銮：《骆越铜鼓文化研究——骆越文化研究系列之三》，《广西师范学院学报（哲学社会科学版）》2017 年第 4 期。

［455］丘光明：《试论战国容量制度》，《文物》1981 年第 10 期。

［456］容庚：《商周礼乐器考略》，《燕京学报》1927 年第 1 期。

［457］沙宗元：《枏氏壶铭文补释》，《安徽大学学报（哲学社会科学版）》2001 年第 4 期。

［458］陕西周原考古队：《陕西扶风县云塘、庄白二号西周墓铜器窖藏》，《文物》1978 年第 11 期。

［459］陕西周原考古队：《陕西扶风庄白一号西周青铜器窖藏发掘简报》，《文物》1978 年第 3 期。

［460］沈兼士：《从古器款识上推寻六书以前的文字画》，《辅仁学志》1928 年（卷 1）第 1 期。

［461］沈仲常：《三星堆二号祭祀坑青铜立人像初记》，《文物》1987 年第 10 期。

［462］四川省文物管理委员会、四川省博物馆、广汉县文化馆：《广汉三星堆遗址》，《考古学报》1987 年第 2 期。

［463］四川省文物管理委员会、四川省文物考古研究所、广汉市文化局、文管所：《广汉三星堆遗址二号祭祀坑发掘简报》，《文物》1989 年第 5 期。

［464］四川省文物考古研究院、国家文物局考古研究中心与北京大学考古文博学院考古年代学联合实验室：《四川广汉三星堆遗址四号祭祀坑的碳十四年代研究》，《四川文物》2021 年第 2 期。

［465］宋承钧、史明：《胶东史前文化与莱夷的历史贡献》，《东岳论丛》1984 年第 1 期。

［466］孙淑云、韩汝玢：《中国早期铜器的初步研究》，《考古学报》1981 年第 3 期。

［467］孙思贤、邵福玉：《辽宁义县发现商周铜器窖藏》，《文物》1982 年第 2 期。

［468］谭德睿：《中国早期失蜡铸造问题的考察与思考》，《南方文物》2007 年第 2 期。

［469］汤文心：《淅川下寺一号墓青铜的铸造技术》，《考古》1981 年第 2 期。

[470] 唐兰：《智君子鉴考》，《辅仁学志》1938 年第 7 期。

[471] 唐兰：《中国古代社会使用青铜农器问题的初步研究》，《故宫博物院院刊》1960 年第 1 期。

[472] 田建花、金正耀：《南京博物院藏侯家庄 1004 号大墓出土青铜胄》，《东南文化》2014 年第 3 期。

[473] 万辅彬、田丰、蒋廷瑜：《论田东出土万家坝型铜鼓的意义》，《广西民族学院学报（哲学社会科学版）》1997 年第 3 期。

[474] 万家保：《古代中国青铜器的失蜡法和块范法铸造》，《大陆杂志》1984 年第 2 期。

[475] 汪庆正：《十五年以来古代货币资料的发现和研究中的若干问题》，《文物》1965 年第 1 期。

[476] 汪瑞霞：《中国青铜设计文化"象思维"洞悉》，《文艺争鸣》2010 年第 22 期。

[477] 汪遵国、郁厚本、尤振尧：《江苏六合程桥东周墓》，《考古》1965 年第 3 期。

[478] 王传富、汤学锋：《荆门郭店一号楚墓》，《文物》1997 年第 7 期。

[479] 王大道：《云南青铜文化及其与越南东山文化、泰国班清文化的关系》，《考古》1990 年第 6 期。

[480] 王冠英：《栾书缶应称为栾盈缶》，《文物》1990 年第 12 期。

[481] 王辉：《张家川马家塬墓地相关问题初探》，《文物》2009 年第 10 期。

[482] 王家佑、江甸潮：《四川新繁、广汉古遗址调查记》，《考古通讯》1958 年第 8 期。

[483] 王其腾：《河北三河大唐迴、双村战国墓》，《考古》1987 年第 4 期。

[484] 王寿芝：《陕西城固出土的商代青铜器》，《文博》1988 年第 6 期。

[485] 王文清：《"禺邗王"铭辨》，《东南文化》1991 年第 1 期。

[486] 王永波、王守功、李振光：《海岱地区史前考古的新课题——试论后李文化》，《考古》1994 年第 3 期。

[487] 王仲殊：《中国古代墓葬概说》，《考古》1981 年第 5 期。

[488] 韦江、韦仁义：《武鸣元龙坡先秦墓》，《中国文化遗产》2008 年第 5 期。

[489] 文启明：《河北新乐中同村发现战国墓》，《文物》1985 年第 6 期。

[490] 吴杰：《秦公钟》，《西部大开发》2007 年第 7 期。

[491] 吴来明：《"六齐"、商周青铜器化学成分及其演变的研究》，《文物》1986 年第 11 期。

[492] 吴汝祚：《山东胶县三里河遗址发掘简报》，《考古》1977 年第 4 期。

[493] 吴毅强：《晋姜鼎补论》，《中国历史文物》2009 年第 6 期。

[494] 吴振禄：《晋国石圭作坊遗址发掘简报》，《文物》1987 年第 6 期。

[495] 武家璧：《古蜀的"神化"与三星堆祭祀坑》，《四川文物》2021 年第 1 期。

[496] 冼剑民：《甲骨文的书法与美学思想》，《书法研究》1987 年第 4 期。

[497] 向桃初：《"越式鼎"研究初步》，《古代文明（辑刊）》第 4 卷，文物出版社 2005 年版。

[498] 向祎、司秀琳：《摭谈鄂尔多斯式青铜器的动物纹样》，《中原文物》2014 年第 4 期。

[499] 熊传新：《湖南醴陵发现商代铜象尊》，《文物》1976 年第 7 期。

[500] 徐龙国、贾振国、王滨：《山东临淄商王村一号战国墓发掘简报》，《文物》1997 年第 6 期。

[501] 徐天进、孟跃虎、李夏廷等：《天马——曲村遗址北赵晋侯墓地第五次发掘》，《文物》1995 年第 7 期。

[502] 阎奇：《辽宁凌源县发现燕国□□钱》，《中国钱币》1994 年第 2 期。

[503] 严文明：《中国史前文化的统一性与多样性》，《文物》1987 年第 3 期。

[504] 严文明、吴诗池、张景芳等：《山东栖霞杨家圈遗址发掘简报》，《史前研究》1984 年第 3 期。

[505] 严志斌：《薛国故城出土鸟形杯小议》，《考古》2018 年第 2 期。

[506] 杨华：《礼乐文化与古代东方社会》，《社会科学战线》1995 年第 5 期。

[507] 杨琳、井中伟：《中国古代权杖头渊源与演变研究》，《考古与文物》2017 年第 3 期。

[508] 杨锡璋、刘一曼：《安阳郭家庄 160 号墓》，《考古》1991 年第 5 期。

[509] 杨育彬、于晓兴:《郑州新发现商代窖藏青铜器》,《文物》1983 年第 3 期。

[510] 姚迁:《江苏盱眙南窑庄楚汉文物窖藏》,《文物》1982 年第 11 期。

[511] 叶小燕:《我国古代青铜器上的装饰工艺》,《考古与文物》1983 年第 4 期。

[512] 叶小燕:《东周刻纹铜器》,《考古》1983 年第 2 期。

[513] 于省吾:《略论图腾与宗教起源和夏商图腾》,《历史研究》1959 年第 11 期。

[514] 俞伟超:《关于楚文化发展的新探索》,《江汉考古》1980 年第 1 期。

[515] 俞伟超:《先楚与三苗文化的考古学推测——为中国考古学会第二次年会而作》,《文物》1980 年第 10 期。

[516] 俞伟超、高明:《周代用鼎制度研究（上)》,《北京大学学报（哲学社会科学版)》1978 年第 1 期。

[517] 俞伟超、高明:《周代用鼎制度研究（中)》,《北京大学学报（哲学社会科学版)》1978 年第 2 期。

[518] 俞伟超、高明:《周代用鼎制度研究（下)》,《北京大学学报（哲学社会科学版)》1979 年第 1 期。

[519] 于筱笭、赵孟坤、刘善沂等:《山东济南长清仙人台周代墓地 M4 发掘简报》,《文物》2019 年第 4 期。

[520] 岳占伟,王学荣,何毓灵等:《河南安阳市孝民屯商代铸铜遗址 2003—2004 年的发掘》,《考古》2007 年第 1 期。

[521] 云南省文物工作队:《楚雄万家坝古墓群发掘报告》,《考古学报》1983 年第 3 期。

[522] 翟传好:《吴越青铜剑三绝》,《文物鉴定与鉴赏》2013 年第 1 期。

[523] 张弛:《尖首刀若干问题初探》,《中国钱币》1993 年第 2 期。

[524] 张岱海:《山西襄汾陶寺遗址首次发现铜器》,《考古》1984 年第 12 期。

[525] 张德光:《关于栾书缶制作者与其相关问题的一点看法》,《文物世界》2004 年第 4 期。

[526] 张光远:《中国最早"失镴法"春秋中期"蛇网盖冠龙虎方壶"的铸法论证》,《东南文化》2002 年第 1 期。

[527] 张颔:《万荣出土错金鸟书戈铭文考释》,《文物》1962 年第 Z1 期。

[528] 张剑、赵世刚:《河南省淅川县下寺春秋楚墓》,《文物》1980 年第 10 期。

[529] 张建中:《郑州市白家庄商代墓葬发掘简报》,《文物参考资料》1955 年第 10 期。

[530] 张敬国:《安徽繁昌出土一批春秋青铜器》,《文物》1982 年第 12 期。

[531] 张文立:《"鹤嘴斧"的类型、年代与起源》,《边疆考古研究(辑刊)》第 2 辑,科学出版社 2004 年版。

[532] 张懋镕、王勇:《"王太后右和室"铜鼎考略》,《考古与文物》1994 年第 3 期。

[533] 张明华:《谈谈中国古代权杖的发现》,《收藏家》2020 年第 1 期。

[534] 张守中、郑名桢、刘来成:《河北省平山县战国时期中山国墓葬发掘简报》,《文物》1979 年第 1 期。

[535] 张天恩:《再论秦式短剑》,《考古》1995 年第 9 期。

[536] 张天恩:《宝鸡市谭家村春秋及唐代墓》,《考古》1991 年第 5 期。

[537] 张颖:《对于"六齐"成份诸见解的思考》,《阜阳师范学院学报(自然科学版)》1994 年第 1 期。

[538] 张越、张要登:《齐国青铜铸造工艺初探》,《管子学刊》2013 年第 2 期。

[539] 张增祺、王大道:《云南江川李家山古墓群发掘报告》,《考古学报》1975 年第 2 期。

[540] 张子高:《六齐别解》,《清华大学学报》1958 年第 2 期。

[541] 张子高:《从镀锡铜器谈到鋈字本义》,《考古学报》1958 年第 3 期。

[542] 赵殿增:《三星堆文明原始宗教的构架特征》,《中华文化论坛》1998 年第 1 期。

[543] 赵德云、杨建华:《西南夷青铜兵器上蹲踞式人形图像初探》,《文物》2020 年第 5 期。

[544] 赵化成、王辉、韦正:《礼县大堡子山秦子"乐器坑"相关问题探讨》,《文物》2008 年第 11 期。

[545] 赵玉泉:《武进县淹城遗址出土春秋文物》,《东南文化》1989 年第 Z1 期。

[546] 郑绍宗:《唐县贾各庄南伏城及北城子出土周代青铜器》,《文物春秋》

1991 年第 1 期。

[547] 郑岩:《关于墓葬壁画起源问题的思考——以河南永城柿园汉墓为中心》,《故宫博物院院刊》2005 年第 3 期。

[548] 郑云飞、蒋乐平、郑建明:《浙江跨湖桥遗址的古稻遗存研究》,《中国水稻科学》2004 年第 2 期。

[549] 中国科学院考古研究所内蒙古工作队:《赤峰药王庙:夏家店遗址发掘报告》,《考古学报》1974 年第 1 期。

[550] 钟侃:《宁夏固原县出土文物》,《文物》1978 年第 12 期。

[551] 周卫荣:《失蜡工艺的起源与失蜡铸造的工艺特征——兼谈失蜡工艺问题研究的进展与意义》,《南方文物》2009 年第 4 期。

[552] 朱凤瀚:《商周时期的天神崇拜》,《中国社会科学》1993 年第 4 期。

[553] 朱童:《吴王金戈越王剑——访考古学家谭维四》,《名人传记》2007 年第 12 期。

[554] 朱心持:《江西余干黄金埠出土铜甗》,《考古》1960 年第 2 期。

[555] 祝中熹:《民国初出土秦公簋的文化魅力——兼评丁楠先生〈秦公簋〉铭文考释》,《天水师范学院学报》2015 年第 1 期。

[556] 作铭:《剑川海门口古文化遗址清理简报》,《考古通讯》1958 年第 6 期。

学位论文

[557] 陈苇:《甘青地区与西南山地先秦时期考古学文化及互动关系》,博士学位论文,吉林大学,2009 年。

[558] 程曼妮:《商周青铜器钮饰研究》,硕士学位论文,湖北工业大学,2018 年。

[559] 冯卓慧:《商周镈研究》,博士学位论文,中国艺术研究院,2008 年。

[560] 黄锦前:《张家山汉简〈二年律令〉之〈置吏律〉、〈户律〉、〈效律〉、〈傅律〉、〈置后律〉、〈爵律〉校释》,硕士学位论文,武汉大学,2005 年。

[561] 蒋孟:《巴族地区青铜艺术研究》,博士学位论文,武汉理工大学,2013 年。

［562］兰娟:《先秦制器思想研究》，博士学位论文，南开大学，2014年。

［563］梅珍生:《晚周礼的文质论》，博士学位论文，武汉大学，2003年。

［564］曾曦:《法象明器占施知来——先秦鼎文化考论》，博士学位论文，武汉理工大学，2010年。

外文文献

［565］Bernhard Karlgren, "New Studies on Chinese Bronzes", *Bulletin of the Museum of Far Eastern Antiquities*, Stockholm, 9, 1937.

［566］B. L. Simpson, *Development of the Metal Casting Industry*, American Foundry men's Association, Chicago, 1948.

［567］George W. Weber, *The Ornaments of Late Chou Bronzes*: *A Method of Analysis*. Rutgers University Press, 1973.

［568］H. G. Creel, *Studies in Early Chinese Culture,* First Series, American Council of Learned Societies, Studies in Chinese and Related Civilizations, No.3, 1938.

［569］Ludwig Bachhofer, *A Short History of Chinese Art*, NewYork, 1946.

［570］Max Loehr, "The Bronze Style of the Anyang Period（1300-1028B.C.）", *Archives of Chinese Art Society of American*, 7, 1953.

［571］Max Loehr, *Ritual Vessels of Bronze Age China*, New York, 1968.

［572］Phyllis Ackerman, *Ritual Bronzes of China*, New York: Dryden Press, 1945.

［573］R. J. Gettens, *The Freer Chinese Bronzes*, Vol. Ⅱ , Technical Studies, Freer Gallery of Art, Oriental Studies, No. 7, Washington. C.,1969.

报纸文章

［574］陈显丹:《神奇的青铜纵目面像》,《广汉信息报》1988年2月16日第三版。

［575］曾毅等:《世界使用漆的历史提早到8000多年前》,《光明日报》2021年7月8日第9版。

图　录

导　言

第一章　技艺推陈：青铜艺术的起源与发展

第二章　藏礼于器：青铜器物的形制与构成

第三章　文以载道：青铜艺术的纹饰与铭文

动物纹的神化

几何纹的流变

第四章　中庸温婉：晋系青铜艺术

第五章　兼容并蓄：齐系青铜艺术

第六章　浪漫灵动：楚系青铜艺术

第七章　典雅朴实：燕系青铜艺术

第八章　风刀霜剑：吴越系青铜艺术

第九章　淳朴粗犷：秦系青铜艺术

第十章　和而不同：周边青铜艺术

第十一章　制器尚象：先秦造物观念对青铜艺术的影响

后　记

本书是我持续专注于中国青铜艺术史研究的成果的又一次凝结成集。最初选取中华早期文明的瑰丽结晶青铜器作为我的学术研究方向，源于博士论文的选题，在我的博士学位论文中集中将先秦青铜器中的一类器物作为研究对象，基本完成了规范的学术训练，也形成了点滴成果。但我在浩如烟海的文献中管窥和梳理的一点积累还只是略知皮毛，先秦青铜艺术的恢宏气象磁石般地吸引着我围绕它继续开展相关的科研活动。感谢教育部人文社科项目的支持，使我在先秦青铜艺术史领域的研究获得新进展。

坚守先秦青铜艺术作为研究方向，也促进和成就了我设计艺术史的课程教学。我不是艺术史科班出身，在艺术学专业蓬勃发展的时期承担备课量较大的史论课程，本是出于无奈，但是课程教学回报于我的远非我所想。我最初承担的是"中国工艺美术史"的课程教学，后来因为专业调整，课程名称改为"中国设计艺术史"，课程名称的改变带来的还有教学内容的更替。在教学内容的迭代过程中，我也逐渐从对先秦时期青铜器图案、纹饰、形制的关注转向思考先秦时期"人"与"物"的关系，也让我进一步了解古代青铜器的生产流程和铸造工艺，总结其中蕴含的工艺思想，极大地增进了我对中国古代社会和中华文明的系统认知。

习近平总书记高度重视中华文明探源，他指出：中华文明源远流长，博大精深，是中华民族独特的精神标识，是当代中国文化的根基。先秦时期是华夷交融分合、彼此吸收、兼并往来，逐步走向"大一统"的奠基时代。随着研究的进一步推进，我在课题研究设计中高度专注先秦青铜器物中涉及民族形成、交错分布、相互汲取和依存交融的历史事实的梳理，尝试以民族关系发展趋势为依据进行联系性分析，力图整理图像中各民族交往交流交融的系统性知识，希冀对于唤起中华民族的共同历史记忆、增强中华文化认同、铸牢中华民族共同体意识提供史料支撑。

基于课题研究和项目综合开展的需要，2019 年我获得前往西南大学历史文化学院民族学院做访问学者的机会，我的指导老师是从事文化人类学研究的田阡教授，他对我的访学规划做了两个方面的导引，一方面积极向艺术人类学学科汲取学术营养，一方面围绕课题的完成有针对性地从民族学、人类学关注的核心问题中找结合点。在访学期间，我有时间系统地重新审视一些过去的研究思路和理念，更多学习人类学关注的族际交往、生产生活方式、移民迁徙带来的文化传播对艺术的影响，这些都是我过往在设计史研究中了解但并没有引起重视的问题。田教授总是提醒我要学会用人类学的整体观去分析研究文化现象，要将文化现象置于该文化的整体框架中去探究它与其他文化现象之间的关系，要学会探查文化因素间的互动方式及其影响。在本书的第二部分我努力尝试从中华文化整体性的角度去探索先秦青铜艺术的地域性风貌，期望能够通过青铜艺术的研究，呈现中华文明"多元一体"的格局早在先秦时期就已达成"共识"，无论是天时地利的自然条件，还是族群互动与文化融合的历史趋势，在"裂变""碰撞""吸纳""融合"的过程中，中华文明以其独一无二的开放性和包容性，壁立千仞，海纳百川，逐渐积淀了中华民族深厚的文化底蕴和文化资源的先秦篇章。

从初入设计史教学，到开始做研究，再到此书完稿，岁月如流，如入太仓，所获不过一稊米，所成书稿必存讹误疏漏之处，只待后续不断努力弥补。感谢中国社会科学院民族学与人类学研究所易华先生为本书作序，深感关怀备至。易老师嘱我后续进一步强化秦汉研究，并为我提出不断进击写就《中国青铜艺术史》的愿景。

感谢人民出版社陈登编审为本书的出版劳心尽力，极具情怀地给予我最多的支持。在书稿的写作过程中，项目团队中的本科生夏步领、于佳瑶、万志、葛梦梦和石娟娟利用暑假帮我处理书中全部图片，研究生田雨、娄强、梅笑寒、高莹、向清宇等在研究过程中帮我爬梳整理文献，特别是研究生陈浩川尽职尽责地帮我校对脚注，查缺补漏，对于他们的辛勤付出在这里一并谨致谢忱。

李 嘉

2022 年 11 月 3 日

责任编辑：陈　登
封面设计：汪　阳

图书在版编目（CIP）数据

裂变与融合：先秦青铜艺术史 / 李嘉　著 . —— 北京：人民出版社，2023.3
ISBN 978 - 7 - 01 - 024980 - 3

I.①裂…　II.①李…　III.①青铜器（考古）- 艺术史 - 中国 - 先秦时代
　IV.① K876.41

中国版本图书馆 CIP 数据核字（2022）第 148328 号

裂变与融合

LIEBIAN YU RONGHE

——先秦青铜艺术史

李　嘉　著

人民出版社出版发行
（100706　北京市东城区隆福寺街 99 号）

北京盛通印刷股份有限公司印刷　新华书店经销

2023 年 3 月第 1 版　2023 年 3 月北京第 1 次印刷
开本：710 毫米 × 1000 毫米 1/16　印张：43.75
字数：645 千字

ISBN 978 - 7 - 01 - 024980 - 3　定价：168.00 元

邮购地址 100706　北京市东城区隆福寺街 99 号
人民东方图书销售中心　电话（010）65250042　65289539

版权所有·侵权必究
凡购买本社图书，如有印制质量问题，我社负责调换。
服务电话：（010）65250042